PRÓLOGO

En materias relacionadas con «Diccionarios de Sinónimos y Antónimos» es preciso señalar que éstos, comúnmente, no comprenden vocablos similares ni contrarios sobre plantas, árboles, animales, peces ni ciencias. De ahí que un Léxico de «Sinónimos-Antónimos y Parónimos», como unidad lexicológica, es técnicamente específico en la clase de palabras que considera. Por esta razón, como conjunto heterogéneo de vocablos, es un ***acervo de cultura idiomático-redaccional*** *o un vocabulario extensivo de sinónimos-antónimos de* ***sustantivos, adjetivos y predominantemente VERBOS*** *de uso común y medio frecuente. Por estas circunstancias, un Diccionario de Sinónimos-Antónimos y Parónimos —como este Léxico— es un valiosísimo complemento que proporciona gradual y sistemáticamente el incremento mental y visual del DOMINIO de un VOCABULARIO para toda clase de actividades laborales, culturales e intelectuales.*

En cuanto a clases de diccionarios de esta índole, prácticamente existen los que sólo comprenden una cantidad limitada de vocablos similares y un número escasísimo de voces contrarias o antónimas, cual bosquejo introductivo de términos reducidos y de significado opuesto. En cambio, este diccionario básico de sinónimos-antónimos y parónimos es de voces contrarias al cien por cien, frente a los sinónimos. Esto equivale a la amalgama de «sinonimia doble». De ahí que es de imponderable valor expresivo-cultural.

Además, considera los vocablos de igual pronunciación, pero de distinto valor significativo, que reciben el nombre de parónimos u homónimos, como: gravar-grabar, abría-habría, abjurar-adjurar, etc. Por estas razones esta obra léxica es completa en todos estos puntos, y quizás, única en su clase, puesto que es el primer diccionario de antónimos-sinónimos al cien por cien.

En relación con el valor de DOBLE SINONIMIA: sinónimos-antónimos y antónimos-sinónimos, preceptúa la GRADUALIDAD ACEPTIVA, conforme con este principio propio de «Vocabulario de cultura idiomático-redaccional»:

1.º Voces semejantes o iguales en su valor aceptivo.
2.º Términos parecidos o cercanos en su valor significativo.
3.º Vocablos lejanos o distantes en su valor aceptivo, y
4.º Contenidos fraseológicos o ideológicos (Clave: «f» e «i»).

*En virtud de este **código lexicológico o fórmula aceptiva** —tomado de «GRAMÁTICA LABORAL», publicado en 1973, por Michel Doezis— todos los sustantivos, adjetivos, participios pasivos, participios activos y adverbios terminados en MENTE tienen el correspondiente término antónimo o palabra sinónima, incluso hasta los vocablos cuestionables, como:*

SINÓNIMOS	ANTÓNIMOS
Anabólico: activante, constructivo, energético, convirtiente	**Catabólico:** desgradativo, desechante, transformante, matericida.
Androcracia: machismo, hombrerismo, f– Supremacía del hombre.	**Ginecocracia:** feminismo, mujerismo. f– Supremacía de la mujer.
Diabetes: hiperglucemia, glucoferación. f– Desorden pancreático por deficiencia celular.	**Hipoglucemia:** hiperglucosuria. f– disminución de azúcar en la sangre. Deficiencia metabólica funcional, etc.

En función de la GRADUALIDAD ACEPTIVA, no cabe el concepto tradicional de «ideas afines», porque la «gradualidad aceptiva» ha sustituido por completo el principio referido.

*En lo relativo al empleo implícito de la **Lexicogenesia** (formación de palabras por analogía, derivación y composición), es preciso no olvidar que cuando no se encuentre en el acto el **antónimo requerido o precisado,** buen recurso lexicológico es el empleo antepuesto de las partículas prepositivas que sea necesario, las cuales, generalmente, pueden ser: EN-IN-EM-IM-DE-DES-DIS-ANA-ANTI-CONTRA-A-I, etc., en voces como: frente-ENfrente, poner-IMponer, montar-DESmontar, gráfico-ANAgráfico, aéreo-ANTIaéreo, orden-CONTRAorden, noche-Anoche, legítimo-Ilegítimo, etc.*

Además, como en nuestros días aumentan continuamente las voces derivadas, técnicas y especializadas en todos los medios culturales, literarios y científicos, UN BUEN DICCIONARIO DE SINÓNIMOS-ANTÓNIMOS AL CIEN POR CIEN —como este acervo de SINONIMIA DOBLE— debe considerar, aparte de las voces usuales y selectas del plano hablante, vocablos complementarios y aún neologismos en uso:

Auditar-Ecutividad-Extraditar-Nadizar-Priorizar-Viabilizar, etc.

Respecto al concepto tradicional de «neologismos», cabe apuntar que la Real Academia Española sólo «legitimiza» una palabra cuando tiene más de diez años de empleo corriente entre las personas cultas, como el término «hodierno» (tiempo presente o actualmente), que sólo aceptó en la decimonovena edición. El verbo «incentivar» lo consideró como infinitivo desde la vigésima edición. Por esta razón —precedente tradicional muy mesurado y plausible de la RAE— no es extraño que en la vigésima primera edición no considere neologismos, como «nadizar» —vale decir, convertir en la nada una cosa—; «signofonía»: escritura signofonética, etc. En apoyo a este principio general, esta obra de «vocabulario de cultura idiomático-redaccional», considera varios «neologismos» con sus correspondientes significados.

Asimismo, es preciso señalar que como parte complementaria «Diccionario básico de sinónimos-antónimos y parónimos», considera frasificados los casos de parónimos y paronomásticos, en razón de que esta clase de voces son de trascendental importancia ortográfico-redaccional, dado que no es lo mismo: botar-votar, lazo-laxo, absolver-absorber, etc. Por estas circunstancias, la paronimia y la paronomasia son partes indispensables de este «Vocabulario de sinonimia doble».

En cuanto a vocabulario extensivo, esta obra léxica comprende —entre sinónimos-antónimos, antónimos-sinónimos, parónimos y paronomásticos frasificados— más de cien mil voces.

Por las razones expresadas, en este Léxico —uno de los más completos que existen en materia de Lexicología española— como esencia del contenido de voces similarias, términos contrarios y parónimos, todo está entrelazado y aplicacionalmente sugerido, porque fue concebido con notoria tendencia de efecto presente y futuro, e indispensable en todos los planos culturales del hoy, sobre todo en los medios progresivos del hombre del hodierno.

Michel Doezis

A

PRIMERA PARTE:
Sinonimia doble o voces similarias y contrarias, simultáneamente

Abadía: convento, monasterio, cenobio, claustro.	**Antro:** caverna, cueva, guarida, madriguera.
Abajar: bajar, rebajar, humillar, descalificar.	**Ensalzar:** encarecer, subir, enaltecer, ennoblecer.
Abajo: debajo, parte inferior, f- después de este lugar.	**Arriba:** encima, sobre, parte, superior.
Abalanzar: equilibrar, igualar, nivelar, compensar.	**Desequilibrar:** inestabilizar, debilitar, zozobrar, ablandar.
Abalanzarse: precipitarse, arrojarse, lanzarse, atacar.	**Contenerse:** reprimirse, refrenarse, dominarse, sujetarse.
Abaldonar: denigrar, envilecer, humillar, ofender.	**Honrar:** enaltecer, ennoblecer, dignificar, ensalzar.
Abalizar: señalizar, amojonar, marcar, indicar.	**Esconder:** ocultar, encubrir, disimular, encerrar.
Abalorio: cuentecilla, lentejuela, oropel, quincalla.	**Cuantía:** calidad, categoría, monto, valor.
Abanderado: señalero, corneta, alférez, portaestandarte.	**Ignorado:** desconocido, ignoto, oculto, anónimo.
Abanderizar: afiliarse, inscribirse, anotarse, fanatizarse.	**Independizar:** emancipar, libertar, eximir, redimir.
Abandonado: dejado, descuidado, desamparado, desvalido.	**Cuidadoso:** diligente, pulcro, arreglado, protegido.
Abandonar: desamparar, desatender, descuidar, dejar.	**Amparar:** proteger, defender, apoyar, escoltar.
Abandono: dejadez, descuido, apatía, desidia.	**Cuidado:** diligencia, amparo, abrigo, esmero.
Abaratamiento: rebaja, depreciación, desvalorización, devaluación.	**Encarecimiento:** subida, alza, aumento, carestía.
Abaratar: rebajar, reducir, depreciar, desestimar.	**Encarecer:** subir, alzar, aumentar, abultar.
Abarcar: comprender, incluir, contener, englobar.	**Excluir:** eliminar, descartar, suprimir, exceptuar.
Abarquillado: alabeado, combado, corvo, curvado.	**Derecho:** recto, plano, rectilíneo, tieso.
Abarrotar: llenar, atestar, atiborrar, saturar.	**Vaciar:** verter, arrojar, sacar, afluir.
Abastardar: degenerar, pervertir, corromper, viciar.	**Depurar:** regenerar, enmendar, corregir, limpiar.

SINÓNIMOS	ANTÓNIMOS
Abastecer: aprovisionar, surtir, proveer, suministrar.	**Consumir:** agotar, desabastecer, carecer, escasear.
Abatimiento: decaimiento, desánimo, postración, depresión.	**Aliento:** ánimo, vigor, energía, incitación.
Abatir: derribar, derrotar, vencer, avasallar (1).	**Levantar:** elevar, alzar, edificar, construir.
Abdicación: renuncia, dimisión, abandono, adjuración.	**Aceptación:** asentimiento, consentimiento, aquiescencia, beneplácito.
Abdicar: dimitir, renunciar, abandonar, declinar.	**Asumir:** tomar, aceptar, asentir, admitir.
Abecedario: silabario, abecé, alfabeto, lectura.	**Ideario:** pensamientos, invención, ideograma, pictograma.
Abellacarse: envilecerse, encanallarse, avillanarse, enviciarse.	**Ennoblecerse:** reformarse, corregirse, regenerarse, rehabilitarse.
Aberración: error, equivocación, extravío, absurdo.	**Verdad:** evidencia, realidad, certeza, certidumbre, axioma.
Aberrar: errar, equivocarse, desviarse, confundirse (2).	**Acertar:** atinar, orientarse, encaminarse, informarse.
Abertura: rendija, hendidura, grieta, resquicio.	**Cerrado:** hermético, oculto, cubierto, encapotado, exaltado.
Abiertamente: claramente, explícitamente, sinceramente, francamente.	**Subrepticiamente:** reservadamente, solapadamente, furtivamente, sigilosamente.
Abierto: despejado, llano, franco, sincero.	**Cubierto:** cerrado, obstruido, tapado.
Abigarrado: estridente, recargado, barroco, heterogéneo.	**Sobrio:** sencillo, austero, moderado, homogéneo.
Abigarrar: mezclar, promiscuar, entremezclar, desordenar.	**Clarificar:** iluminar, alumbrar, acrisolar, perfeccionar.
Abigeato: f- robo de ganado, hurto de animales.	**Honradez:** integridad, probidad, rectitud, moralidad.
Abiogénesis: autogénesis, autogeneración, autoconcepción, autogeneramiento.	**Biogénesis:** concepción, generamiento, cruzamiento, derivación.
Abismar: abatir, confundir, desesperar, hundir.	**Alentar:** animar, confortar, estimular, infundir.
Abismo: precipicio, profundidad, despeñadero, barranco.	**Cumbre:** cúspide, pináculo, altura, vértice, cresta.
Abjuración: apostasía, retractación, deserción, renegación.	**Conversión:** mutación, cambio, enmienda, corrección.
Abjurar: renegar, apostatar, retractarse, detestar.	**Abrazar:** convertirse, enmendarse, cambiar, catequizar.

(1) En cuanto a la existencia de las palabras derivadas o compuestas que se precisen y que no figuran en este Diccionario, se emplea el procedimiento formativo o lexicogenésico correspondiente. Así, 'abaratamiento', 'abaratado', 'abaratante', etc., es parte de la iniciativa del lector, aplicando —en tal caso— el sistema de «voces contrarias» que requiera cada vocablo. De este modo se evita extender innecesariamente este *Diccionario de sinónimos-antónimos.*

(2) Observación: Por cuanto los antónimos —al igual que los sinónimos— están determinados por la gradualidad aceptiva, en muchos casos pueden considerarse otros grupos de voces similares o contrarias. Como ejemplo de lo comentado, cabe considerar que, como antónimos del verbo «aberrar», también se pueden incluir: discernir, reflexionar, recapacitar, meditar, pues, en este caso se aplica discrecionalmente el caso gradualizante «3.º» o «4.º» de la gradualidad aceptiva.

SINÓNIMOS	ANTÓNIMOS
Ablandamiento: reblandecimiento, emblandecimiento, suavizamiento, desenfadamiento.	**Fortalecimiento:** endurecimiento, robustecimiento, recrudecimiento.
Ablandar: molificar, suavizar, mitigar, conmover.	**Endurecer:** fortalecer, robustecer, insensibilizar, recrudecer.
Ablución: purificación, acendramiento, lavatorio, ceremonia.	**Impurificación:** suciedad, polución, imperfección, corrupción.
Abnegación: desprendimiento, altruismo, generosidad, filantropía.	**Egoísmo:** egolatría, personalismo, individualismo, mezquindad.
Abobar: atontar, embobar, apavarse, atontolinar.	**Despabilar:** avivar, avispar, despertar, apremiar.
Abocar: acercar, aproximar, allegar, considerar.	**Retirar:** apartar, separar, distanciar, ahuyentar.
Abochornar: avergonzar, ruborizar, sonrojar, sofocar.	**Ensalzar:** celebrar, alabar, elogiar, enaltecer.
Abogado: defensor, jurista, legista, jurisperito.	**Acusador:** denunciante, inculpador, delator, fiscal.
Abogar: patrocinar, interceder, defender, resguardar.	**Atacar:** embestir, agredir, arremeter, asaltar.
Abolengo: alcurnia, linaje, solera, estirpe.	**Plebeyez:** humildad.
Abolición: anulación, derogación, supresión, revocación.	**Instauración:** implantación, restauración, reposición, establecimiento.
Abolido: revocado, derogado, anulado, suprimido.	**Aprobado:** autorizado, confirmado, ratificado, implantado.
Abolir: derogar, anular, invalidar, revocar.	**Instaurar:** instituir, implantar, formar, establecer.
Abollar: deformar, hundir, hender, aplastar.	**Aplanar:** alisar, allanar, igualar, bruñir.
Abombar: abultar, alabear, arquear, combar, curvar.	**Alisar:** aplanar, nivelar, allanar, planchar.
Abominable: aborrecible, detestable, odioso, repudiable.	**Admirable:** atractivo, estimable, adorable, apreciable.
Abominación: aborrecimiento, aversión, execración, odio.	**Adoración:** veneración, amor, admiración, idolatría.
Abominar: detestar, execrar, aborrecer, odiar.	**Amar:** querer, estimar, adorar, apreciar.
Abonar: acreditar, amortiguar, responder, satisfacer.	**Cargar:** imputar, gravitar, atacar, molestar.
Abordar: emprender, tratar, gestionar, diligenciar.	**Impedir:** estorbar, obstaculizar, detener, entorpecer.
Aborigen: nativo, indígena, vernáculo, autóctono.	**Forastero:** extraño, foráneo, ajeno, extranjero.
Aborrecer: detestar, abominar, odiar, execrar.	**Querer:** amar, adorar, apreciar, codiciar.
Aborrecible: repugnante, detestable, abominable, condenable.	**Amable:** adorable, admirable, simpático, cordial.
Aborrecimiento: repulsión, aversión, odio, desprecio.	**Aprecio:** admiración, cariño, afecto, estima.
Abortar: malparir, malograr, fracasar, frustrar.	**Lograr:** alcanzar, obtener, superar, conquistar.

Aborto: malogro, fracaso, frustración, interrupción.	**Éxito:** logro, triunfo, consecución, culminación.
Abrasar: quemar, consumir, arder, incendiar.	**Enfriar:** templar, apagar, extinguir, sofocar.
Abrazar: ceñir, abarcar, rodear, comprender.	**Soltar:** desatar, desligar, libertar, excarcelar.
Abreviación: resumen, compendio, reducción, epítome.	**Ampliación:** aumento, incremento, desarrollo, amplificación.
Abreviado: resumido, sintetizado, reducido, simplificado.	**Ampliado:** extenso, largo, incrementado, desarrollado.
Abreviar: resumir, compendiar, condensar, sintetizar.	**Ampliar:** extender, expandir, ensanchar, aumentar.
Abrigar: arropar, cubrir, tapar, cobijar.	**Destapar:** desabrigar, desvestir, desnudar, descubrir.
Abrillantar: pulir, pulimentar, esmerilar, lustrar.	**Deslucir:** opacar, enturbiar, empañar, deslustrar.
Abrir: perforar, taladrar, horadar, agujerear.	**Cerrar:** tapar, obstruir, impedir, clausurar.
Abrogar: abolir, anular, derogar, invalidar.	**Restablecer:** reponer, restituir, rehabilitar, reparar.
Abrojo: cardo, planta, penas, dolores.	**Alivio:** mitigación, descanso, consuelo, mejoramiento.
Abroncar: insultar, injuriar, enojar, disgustar.	**Elogiar:** felicitar, agradar, loar, alabar.
Abroquelarse: protegerse, ampararse, cubrirse, escudarse.	**Descuidarse:** olvidarse, desampararse, desatenderse, descubrirse.
Abrumado: agobiado, apabullado, fatigado, agotado.	**Aliviado:** relajado, descansado, sosegado, calmado.
Abrumar: agobiar, fastidiar, molestar, hastiar.	**Aliviar:** atenuar, mitigar, mejorar, recuperar.
Abrupción: fractura, desgarro, f- supresión preambular en los discursos.	**Integridad:** plenitud, perfección, unión, mancomunación.
Abrupto: escarpado, escabroso, accidentado, acantilado.	**Llano:** plano, parejo, liso, afable.
Absentismo: ausencia, abandono, alejamiento, deserción.	**Presencia:** asistencia, comparecencia, concurrencia, asiduidad.
Absolución: indulto, amnistía, liberación, condonación.	**Condenación:** castigo, sanción, sentencia, reprobación.
Absolutismo: autoritarismo, totalitarismo, despotismo, autocracia.	**Democracia:** constitucionalismo, autonomía, autodeterminación.
Absoluto: categórico, irrestricto, definitivo, incondicional.	**Relativo:** liberal, restricto, condicional, proporcional.
Absolver: perdonar, exculpar, eximir, indultar.	**Condenar:** castigar, reprobar, sancionar, penar.
Absorber: embeber, atraer, captar, empapar.	**Repeler:** rehusar, desechar, desdeñar, despreciar.
Absorto: abstraído, ensimismado, abismado, atónito.	**Distraído:** indiferente, despreocupado, desatento, negligente.
Abstemio: sobrio, sereno, frugal, mesurado.	**Borracho:** bebedor, alcohólico, ebrio, beodo.

SINÓNIMOS

Abstención: privación, abstinencia, carencia, ausencia.

Abstenerse: privarse, prescindir, desechar, inhibirse.

Abstinencia: continencia, privación, moderación, templanza.

Abstracción: ensimismamiento, reconcentración, absorbimiento, preocupación.

Abstracto: impreciso, intangible, obscuro, abstruso.

Abstraer: prescindir, privar, ensimismar, concentrar.

Abstruso: recóndito, impenetrable, difícil, esotérico.

Absuelto: libre, perdonado, redimido, condonado.

Absurdo: desatinado, ilógico, irrazonable, aberrante.

Abuchear: protestar, silbar, abroncar, desaprobar.

Abucheo: rechifla, silbido, pifia, reprobación.

Abulia: displicencia, indiferencia, desinterés, negligencia.

Abúlico: apático, indolente, desidioso, desanimado.

Abultar: acrecentar, agrandar, ponderar, exagerar.

Abundancia: riqueza, exuberancia, fortuna, opulencia.

Abundante: copioso, numeroso, frondoso, óptimo.

Abundar: sobrar, bastar, saturar, pulular.

Aburguesado: pudiente, acaudalado, acomodado, próspero.

Aburrido: cansado, desganado, pesado, tedioso.

Aburrimiento: fastidio, tedio, cansancio, disgusto.

Aburrir: fastidiar, abrumar, disgustar, contrariar.

Abusar: atropellar, violar, someter, excederse.

Abusión: abuso, exceso, extralimitación, injusticia.

Abyección: infamia, ruindad, vileza, villanía.

Abyecto: despreciable, vil, ignominioso, rastrero.

ANTÓNIMOS

Participación: intervención, colaboración, adhesión, información.

Participar: comunicar, intervenir, informar, notificar.

Incontinencia: liviandad, libertinaje, sensualidad, concupiscencia.

Distracción: entretenimiento, diversión, omisión, inadvertencia.

Concreto: preciso, determinado, delimitado, esclarecido.

Distraer: divertir, entretener, separarse, desviar.

Obvio: manifiesto, evidente, patente, específico.

Condenado: culpado, procesado, castigado, penado.

Sensato: lógico, razonado, adecuado, pertinente.

Aplaudir: ovacionar, elogiar, aclamar, vitorear.

Aplauso: ovación, aclamación, aprobación, beneplácito.

Aspiración: ansia, ambición, ilusión, voluntad.

Ocurrente: oportuno, espontáneo, diligente, discerniente.

Reducir: aminorar, atenuar, amortiguar, disminuir.

Escasez: estrechez, privación, miseria, insuficiencia.

Escaso: exiguo, insuficiente, falto, incompleto.

Escasear: faltar, carecer, necesitar, escatimar.

Proletario: obrero, asalariado, trabajador, productor.

Animado: alegre, divertido, entretenido, distraído.

Entretenimiento: distracción, diversión, solazamiento, pasatiempo.

Entretener: recrear, distraer, divertir, amenizar.

Respetar: acatar, obedecer, considerar, apreciar.

Consideración: respeto, acatamiento, deferencia, sumisión.

Nobleza: decoro, hidalguía, dignidad, pundonor.

Noble: digno, honorable, hidalgo, pundonoroso.

SINÓNIMOS	ANTÓNIMOS
Acá: aquí, allí, cerca, próximo.	**Allá:** allende, distante, lejos, lontananza.
Acabado: completo, consumado, perfecto, concluido.	**Incompleto:** inconcluso, fragmentario, truncado, defectuoso.
Acabamiento: terminación, extinción, conclusión, fenecimiento.	**Nacimiento:** natalicio, origen, germinación, motivo.
Acabar: terminar, concluir, finiquitar, finalizar.	**Iniciar:** empezar, comenzar, principiar, emprender.
Academia: escuela, colegio, instituto, corporación.	**Anarquía:** acracia, anarquismo, desorden, desgobierno.
Academicismo: correccionismo, sujecionismo, seguidismo, clasicismo.	**Liberalismo:** racionalismo, amplismo, crieterismo, innovacionismo.
Académico: correcto, atildado, escolástico, purista.	**Inconformista:** disconforme, personal, anarquista, individual.
Acaecer: suceder, ocurrir, acontecer, surgir.	**Interrumpir:** detener, frenar, sujetar, compeler.
Acaecimiento: acontecimiento, hecho, suceso, evento.	**Esfumación:** desaparición, dispersión, escabullimiento, desvanecimiento.
Acalorado: enardecido, exaltado, agitado, fatigado.	**Moderado:** controlado, reflexivo, enfriado, entibiado.
Acaloramiento: enardecimiento, sofocación, calor, exaltación.	**Enfriamiento:** mitigación, moderación, frialdad, indiferencia.
Acalorarse: exaltarse, enardecerse, irritarse, sofocarse.	**Moderarse:** templar, atenuar, aplacar, contenerse.
Acallar: silenciar, aquietar sosegar, tranquilizar.	**Incitar:** excitar, estimular, activar, provocar.
Acanalar: surcar, estriar, rayar, marcar.	**Rellenar:** llenar, emparejar, igualar, alisar.
Acanallarse: envilecerse, pervertirse, degradarse, embribonarse.	**Ennoblecerse:** engrandecerse, dignificarse, regenerarse, ensalzarse.
Acantilado: escarpado, abrupto, despeñadero, precipicio.	**Llano:** plano, parejo, liso, abierto.
Acaparar: monopolizar, acumular, almacenar, retener.	**Distribuir:** repartir, compartir, dividir, prorratear.
Acápite: párrafo, parágrafo, contenido, punto.	**Motivo:** causa, efecto, móvil, circunstancia.
Acaramelado: galante, obsequioso, dulcífico, melifluo.	**Acidulado:** acibado, amargado, desabrido, desacertado.
Acariciar: mimar, halagar, besar, abrazar.	**Maltratar:** reprender, amonestar, golpear, vapulear.
Acarrear: llevar, transportar, conducir, cargar.	**Dejar:** desechar, ceder, abandonar, rechazar.
Acartonado: apergaminado, tieso, momificado, amojamado.	**Lozano:** fresco, sano, rozagante, saludable.
Acaso: quizás, tal vez, azar, incierto.	**Cierto:** evidente, seguro, indudable, efectivo.
Acatamiento: respeto, reverencia, sumisión, obediencia.	**Desacato:** rebelión, desobediencia, irreverencia, desdeñamiento.
Acatar: obedecer, respetar, someterse, doblegarse.	**Rebelarse:** oponerse, resistir, sublevarse, indisciplinarse.

Acaudalado: millonario, rico, pudiente, adinerado. — **Pobre:** necesitado, mísero, menesteroso, indigente.

Acaudalar: enriquecerse, atesorar, acumular, allegar. — **Derrochar:** disipar, dilapidar, malgastar, malinvertir.

Acaudillar: capitanear, dirigir, conducir, comandar. — **Obedecer:** cumplir, acatar, respetar, escuchar.

Acceder: consentir, permitir, asentir, condescender. — **Rehusar:** rechazar, denegar, excusar, impedir.

Accesible: asequible, alcanzable, comprensible, inteligible. — **Inaccesible:** inalcanzable, inestricable, abrupto, abstruso.

Accesión: consentimiento, asentimiento, condescendencia, compraventa. — **Negación:** rehusamiento, impedimento, rechazo, entorpecimiento.

Accésit: premio, distinción, galardón, segunda recompensa. — **Sanción:** punición, corrección, afrenta, condena.

Acceso: entrada, ataque, crisis, accesión. — **Salida:** puerta, partida, efugio, pretexto.

Accesorio: accidental, secundario, repuesto, complementario. — **Cardinal:** esencial, vital, fundamental, importante.

Accidentado: abrupto, escabroso, escarpado, montañoso. — **Liso:** llano, suave, plano, regular.

Accidental: casual, eventual, fortuito, incidental. — **Intencional:** deliberado, concebido, previsto, premeditado.

Accidentar: lesionar, dañar, vulnerar, perjudicar. — **Auxiliar:** socorrer, amparar, apoyar, beneficiar.

Accidente: contingente, eventual, casual, percance. — **Prevención:** precaución, medida, previsión, providencia.

Acción: hecho, acto, actividad, movimiento. — **Inacción:** inercia, inmovilidad, quietud, ociosidad.

Accionar: funcionar, maniobrar, mover, gesticular. — **Desactivar:** descuidar, despreocuparse, desprevenir, desestimar.

Accionista: poseedor, propietario, capitalista. — **Proletario:** trabajador, jornalero, indigente, desposeído.

Acechanza: observación, vigilancia, atisbo, espiación. — **Alertamiento:** prevención, precaución, resguardo, esquivamiento.

Acechar: atisbar, vigilar, espiar, observar. — **Alertar:** prevenir, avisar, precaver, cautelar.

Acedía: agrura, aspereza, acidez, vinagrera. — **Dulzura:** suavidad, deleitoso, agradable, delicioso.

Acéfalo: descabezado, decapitado, cercenado, mutilado. — **Completo:** íntegro, unitario, indiviso, cabal.

Aceitar: engrasar, lubricar, olear, suavizar. — **Resecar:** desengrasar, limpiar, lavar, ejuagar.

Aceleración: celeridad, prontitud, aceleramiento, activación. — **Retardación:** atraso, demora, aplazamiento, dilación.

Acelerar: apresurar, aligerar, activar, apurar. — **Retardar:** aplazar, demorar, detener, postergar.

Acendrado: purificado, depurado, limpiado, quintaesenciado. — **Adulterado:** mezclado, viciado, falsificado, sofismado.

Acendrar: depurar, limpiar, acrisolar, pulimentar. — **Enturbiar:** obscurecer, opacar, ennubecer, empañar.

SINÓNIMOS	ANTÓNIMOS
Acentuación: vigorización, resaltamiento, realce, tildación.	**Atenuación:** disminución, disuasión, desanimamiento, amortiguación.
Acentuar: insistir, recalcar, subrayar, infundir.	**Atenuar:** disminuir, amortiguar, disuadir, desanimar.
Acepción: significado, sentido, concepto, contenido.	**Cuestión:** materia, objeto, asunto, enigma.
Aceptable: admisible, tolerable, soportable, apto.	**Inaceptable:** inadmisible, inepto, rechazable, suspenso.
Aceptación: aprobación, admisión, asentimiento, tolerancia.	**Denegación:** negativa, desestimación, rechazo, negación.
Aceptar: admitir, recibir, asentir, comprometerse.	**Rechazar:** rehusar, alejar, apartar, expulsar.
Acequia: canal, reguero, zanja, regato.	**Lecho:** cauce, fondo, tálamo, cama.
Acerado: punzante, incisivo, mordaz, cáustico.	**Blando:** inocuo, benigno, benévolo, muelle.
Acerbo: áspero, tosco, amargo, cruel.	**Suave:** benigno, dulce, agradable, indulgente.
Acerca de: referente a, respecto a, tocante a, en lo relativo a.	**Razón:** motivo, circunstancia, móvil, efecto.
Acercamiento: aproximación, arrimamiento, proximidad, avecinamiento.	**Alejamiento:** distanciamiento, separación, enemistamiento, ausencia.
Acercar: aproximar, arrimar, juntar, allegar.	**Alejar:** separar, distanciar, apartar, ahuyentar.
Acérrimo: tenaz, encarnizado, obstinado, intransigente.	**Transigente:** temperante, tratable, tolerante, adaptable.
Acertado: adecuado, apropiado, oportuno, conveniente.	**Equivocado:** desacertado, inadecuado, inoportuno, erróneo.
Acertar: atinar, descifrar, descubrir, interpretar.	**Errar:** fallar, equivocarse, desacertar, marrar.
Acertijo: enigma, adivinanza, charada, rompecabezas.	**Desacierto:** desatino, disparate, error, torpeza.
Acervo: cúmulo, conjunto, caudal, bagaje, montón.	**Dispersión:** derrame, esparcimiento, disimulación, desperdigamiento.
Aciago: infeliz, fatal, funesto, infausto.	**Dichoso:** feliz, venturoso, alegre, afortunado.
Acibarar: amargar, disgustar, apesadumbrar, turbar.	**Endulzar:** dulcificar, mitigar, confortar, suavizar.
Acicalado: limpio, pulcro, arreglado, compuesto.	**Sucio:** desaliñado, descuidado, descompuesto, desharrapado.
Acicalamiento: embellecimiento, arreglo, pulcritud, aseo.	**Dejadez:** abandono, suciedad, descuido, desidia.
Acicalar: adornar, ataviar, aderezar, atildar.	**Descuidar:** desatinar, olvidar, abandonar, dejar.
Acicate: aliciente, incentivo, estímulo, aguijón.	**Contención:** freno, coerción, sujeción, represión.
Acidia: flojedad, descuido, tardanza, pereza.	**Diligencia:** gana.
Acidificar: acidar, acidular, acibar, agriar.	**Dulcificar:** endulzar, suavizar, mitigar, melificar.

SINÓNIMOS	ANTÓNIMOS
Acierto: tino, destreza, éxito, precisión.	**Torpeza:** desacierto, equivocación, descuido, chambonada.
Acinesia: inmovilidad, inactividad, inercia, parálisis.	**Movilidad:** actividad, agilidad, normalidad, desplazamiento.
Acinésico: inmóvil, inactivo, inerciático, paralítico.	**Normalizado:** diestro, activo, flexible, acostumbrado.
Aclamación: ovación, palmoteo, aplauso, vítores.	**Rechifla:** abucheo, silbatina, pifia, protesta.
Aclamar: aplaudir, ovacionar, vitorear, proclamar.	**Abuchear:** censurar, criticar, reprender, protestar.
Aclaración: explicación, justificación, dilucidación, apostilla.	**Obscurecimiento:** empañamiento, obscuridad, lobreguez, nubosidad.
Aclarar: explicar, esclarecer, dilucidar, despejar.	**Obscurecer:** complicar, embrollar, debilitar, confundir.
Aclaratorio: explicatorio, esclarecedor, dilucidatorio, desenredatorio (3).	**Complicatorio:** obscureciente, aborrascatorio, embrollante, lobregatorio.
Aclimatación: adaptación, habituamiento, arraigamiento, acomodamiento.	**Desacostumbramiento:** inadaptación, desarraigo, desajustamiento, inhabituación.
Aclimatar: adaptarse, habituarse, arraigarse, naturalizar.	**Inadaptarse:** desacostumbrarse, desarraigarse, inhabituarse, desajustarse.
Acobardado: temeroso, amedrentado, asustado, intimidado.	**Resuelto:** arrojado, envalentonado, atrevido, audaz.
Acobardar: amilanar, atemorizar, amedrentar, acoquinar.	**Envalentonar:** animar, alentar, acicatear, incitar.
Acoceamiento: abatimiento, humillación, insulto, degradación.	**Consideración:** alabanza, ensalzamiento, deferencia, encomio.
Acodar: sostener, apoyar, apuntalar, doblegar.	**Liberar:** eximir, redimir, aflojar, franquear.
Acogedor: cómodo, hospitalario, agradable, sociable.	**Incómodo:** intratable, insociable, rudo, inhóspito
Acoger: aceptar, admitir, proteger, favorecer.	**Rehusar:** refutar, impugnar, objetar, rebatir.
Acogida: admisión, aceptación, protección, acogimiento.	**Rechazo:** inadmisión, rehusamiento, inhospitalidad, expulsión.
Acogotar: arrinconar, atrapar, acoquinar, asustar.	**Tranquilizar:** animar, envalentonar, liberar, soltar.
Acolchado: almohadillado, enguatado, mullido, blando.	**Duro:** compacto, consistente, pétreo, rígido.
Acólito: monaguillo, sacristán, asistente, ayudante.	**Sacerdote:** clérigo, prelado, presbítero, eclesiástico.
Acollar: ungir, enyugar, acoyuntar, entrelazar.	**Desuncir:** separar, aislar, apartar, desarticular.
Acometer: arremeter, agredir, asaltar, atracar.	**Defender:** proteger, amparar, socorrer, vigilar.
Acometimiento: arreglo, acuerdo, transacción.	**Defensa:** protección, vigilancia, socorro.

(3) Para formar adjetivos adecuados a cada circunstancia, las terminaciones más usuales son: al-able-ible-tivo-torio-toria, en voces como las indicadas en esta explicación.

Acomodado: adecuado, apropiado, rico, adinerado. **Inadecuado:** imprudente, inoportuno, pobre, necesitado.

Acomodar: adecuar, adaptar, combinar, acondicionar, **Desarreglar:** desordenar, descomponer, revolver, alterar.

Acomodaticio: acomodatizo, complaciente, transigente, elástico. **Intolerante:** obcecado, terco, pertinaz, intransigente.

Acompañar: escoltar, convoyar, agregar. **Separar:** dejar, abandonar, apartar, aislar.

Acompasar: ajustar, medir, proporcionar, armonizar. **Desajustar:** descomponer, desencajar, desacoplar, desarreglar.

Acomplejado: disminuido, maniático, inhibido, retraído. **Seguro:** cabal, equilibrado, estable, sensato.

Acomplejar: inhibirse, turbarse, anonadarse, confundirse. **Entusiasmarse:** exaltarse, elevarse, excitarse, animarse.

Aconchar: decantar, precipitar, varar, encallar. **Suspender:** colgar, emperchar, flotar.

Acondicionar: adecuar, adaptar, arreglar, preparar. **Desacondicionar:** desajustar, desacoplar, desavenir, desapropiar.

Acongojado: apenado, triste, afligido, consternado. **Animado:** alegre, aliviado, confortado, consolado.

Acongojar: afligir, apenar, oprimir, atribular. **Aliviar:** alentar, animar, alegrar, entusiasmar.

Aconsejable: conveniente, adecuado, recomendable, indicado. **Inadecuado:** inconveniente, despreciable, censurable.

Aconsejar: asesorar, sugerir, insinuar, proponer. **Disuadir:** convencer, inducir, persuadir, sugestionar.

Acontecer: ocurrir, suceder, acaecer, pasar. **Concernir:** atañer, incumbir, competer, corresponder.

Acontecimiento: suceso, acaecimiento, caso, hecho. **Motivación:** causa, origen, móvil, finalidad.

Acopiar: amontonar, reunir, juntar, acumular. **Esparcir:** desparramar, desperdigar, diseminar, dispersar.

Acopio: acumulación, acaparamiento, provisión, almacenamiento. **Dispersión:** carencia, diseminación, difusión.

Acoplar: unir, enlazar, casar, encajar. **Separar:** desunir, desligar, despegar, desencajar.

Acoquinar: acobardar, amedrentar, amilanar, atemorizar. **Alentar:** infundir, envalentonar, exhortar, incentivar.

Acorazado: blindado, fortalecido, fortificado, reforzado. **Frágil:** débil, blando, desprotegido, quebradizo.

Acorazar: blindar, proteger, revestir, defender. **Desguarecer:** desblindar, desproteger, desguarnecer, desarmar.

Acordado: convenido, decidido, pactado, avenido. **Olvidado:** desestimado, abandonado, prescindido, descuidado.

Acordar: convenir, concertar, conciliar, estipular. **Debatir:** deliberar, discutir, controvertir, cuestionar.

Acorde: conforme, concorde, compatible, coincidente. **Discorde:** disconforme, opuesto, discrepante, incompatible.

Acorralar: encerrar, arrinconar, cercar, confundir. **Libertar:** emancipar, eximir, descercar, desenjaular.

SINÓNIMOS	ANTÓNIMOS
Acorrer: acudir, auxiliar, ayudar, socorrer.	**Desamparar:** desasistir, abandonar, desatender.
Acortamiento: reducción, disminución, cercenamiento, restricción.	**Alargamiento:** prolongación, extensión, aumento, prórroga.
Acortar: disminuir, reducir, aminorar, achicar.	**Alargar:** prolongar, estirar, extender, expandir.
Acosar: asediar, perseguir, cercar, estrechar.	**Esquivar:** eludir, soslayar, escurrir, escabullirse.
Acostarse: tenderse, tumbarse, encamarse, yacer.	**Levantarse:** enderezarse, erguirse, incorporarse, auparse.
Acostumbrado: habituado, familiarizado, avezado, aclimatado.	**Inusual:** insólito, inusitado, desacostumbrado.
Acostumbrar: habituar, familiarizar, avezar, arraigar.	**Desacostumbrar:** desarraigar, erradicar, cambiar, desterrar.
Acotación: comentario, observación, explicación, advertencia.	**Reticencia:** restricción, omisión, callamiento, silencio.
Acotado: vedado, cercado, limitado, amojonado.	**Libre:** abierto, despejado, expedito.
Acotar: señalar, indicar, comentar, observar.	**Limitar:** restringir, constreñir, coartar, refrenar.
Acracia: anarquía, anarquismo, desgobierno, desorden.	**Opresión:** absolutismo, tiranía, despotismo, totalitarismo.
Ácrata: anarquista, nihilista, libertario, subversivo.	**Absolutista:** tiránico, déspota, arbitrario, autoritario.
Acre: amargo, picante, agrio, desagradable.	**Dulce:** suave, agradable, amable.
Acrecentar: aumentar, acrecer, propagar, agrandar.	**Reducir:** achicar, empequeñecer, aminorar, contraer.
Acrecer: agrandar, aumentar, acrecentar, engrandecer.	**Menguar:** disminuir, menoscabar, reducir, achicar.
Acreditar: reputar, afamar, abonar, probar.	**Murmurar:** desacreditar, desmerecer, desvalorar, denigrar.
Acreedor: fiante, vendiente, f- persona a quien se le debe dinero.	**Deudor:** adeudador, debitador, f- persona que debe dinero.
Acremente: rudamente, bruscamente, ásperamente, agriamente.	**Suavemente:** delicadamente, muellemente, agradablemente, apaciblemente.
Acribillar: agujerear, taladrar, horadar, acuchillar.	**Defender:** proteger, amparar, preservar, resguardar.
Acrimonia: aspereza, acritud, desabrimiento, mordacidad.	**Dulzura:** suavidad, afabilidad, bondad, delicadeza.
Acrisolado: depurado, refinado, purificado, aquilatado.	**Adulterado:** mezclado, impuro, inseguro, incierto.
Acrisolar: depurar, sublimar, pulir, perfeccionar.	**Corromper:** viciar, envilecer, dañar, pervertir.
Acritud: brusquedad, aspereza, dureza, acrimonia.	**Amabilidad:** dulzura, afabilidad, delicadeza.
Acrobacia: equilibrio, trapecismo, acrobatismo, gimnasismo.	**Torpeza:** inhabilidad, ineptitud, insuficiencia, plancha.
Acróbata: equilibrista, trapecista, funámbulo, gimnasta.	**Torpe:** inhábil, desmañado, lerdo, tardo.

SINÓNIMOS	ANTÓNIMOS
Acrofobia: vértigo, vahído, mareo, desvanecimiento.	**Impavidez:** denuedo, valentía, serenidad, aliento.
Acrópolis: fortificación, fortaleza, elevación, altura.	**Debilitamiento:** limación, ablandamiento, extenuación, flaqueza.
Actitud: ademán, disposición, modales, expresión.	**Impostura:** engaño, alarde, fingimiento, doblez.
Activar: acelerar, apurar, apremiar, apresurar.	**Retardar:** aplazar, demorar, detener, rezagar.
Actividad: acción, movimiento, prontitud, diligencia.	**Apatía:** indiferencia, indolencia, incuria, ineficacia.
Activista: agitador, exaltador, propagandista, enardecedor.	**Tranquilo:** calmado, sereno, apacible, pacífico.
Activo: diligente, dinámico, eficaz, enérgico.	**Pasivo:** parado, inactivo, perezoso, indiferente.
Actor: cómico, representante, artista, protagonista.	**Espectador:** público, concurrente, circunstante, telespectador.
Actuación: actividad, comportamiento, proceder, desempeño.	**Negligencia:** desidia, incuria, inercia, pereza.
Actual: presente, real, hodierno, moderno.	**Inactual:** ayer, pasado, pretérito, futuro.
Actualidad: ahora, coyuntura, oportunidad, sazón (4).	**Inactualidad:** pasado, futuro, inhodierno.
Actualidad: novedad, modernidad, hodierno, contemporaneidad.	**Antigüedad:** anterioridad, arcaísmo, otrora, prehistoria.
Actualizar: modernizar, renovar, remozar, recientizar.	**Envejecer:** caducar, revejecer, encanecer, marchitar.
Actuar: obrar, ejecutar, proceder, ejercer.	**Abstenerse:** prescindir, privarse, inhibirse, absorberse.
Actuario: escribano, judiciario, calculista, matemático.	**Oficinista:** escribiente, dactilógrafo, amanuense, auxiliar.
Acuciar: incitar, apremiar, estimular, urgir, impulsar.	**Contener:** refrenar, detener, dilatar, mantener.
Acuciosidad: dinamismo, actividad, prisa, agilidad.	**Apatía:** negligencia, pereza, incuria, dejadez.
Acudir: llegar, presentarse, concurrir, comparecer.	**Marcharse:** retirarse, ausentarse, irse, incomunicarse.
Acuerdo: pacto, armonía, entendimiento, avenencia.	**Desacuerdo:** disputa, polémica, desavenencia, disconformidad.
Acuidad: viveza, agudeza, penetración, intensidad.	**Necedad:** inepcia, bobería, sandez, estupidez.
Acuitar: afligir, acongojar, apesadumbrar, angustiar.	**Consolar:** conformar, aliviar, alentar, animar.
Acumular: juntar, acopiar, hacinar, amontonar.	**Esparcir:** diseminar, extender, distribuir, propagar.
Acuñar: amonedar, estampar, imprimir, grabar.	**Olvidar:** desatender, desaprender, abandonar, descuidar.
Acusación: incriminación, imputación, denuncia, delación.	**Defensa:** protección, resguardo, apoyo, auxilio.

(4) En muchos casos, tanto los sinónimos como los antónimos pueden tener —extensivamente— otro grupo de similarios y contrarios, como se ilustra en este caso.

SINÓNIMOS	ANTÓNIMOS
Acusador: delator, denunciante, inculpador, difamador.	**Defensor:** valedor, abogado, amparador, protector.
Acusar: delatar, culpar, denunciar, achacar.	**Defender:** proteger, amparar, abogar, resguardar.
Achacar: atribuir, imputar, implicar, involucrar.	**Disculpar:** propugnar, interceder, perdonar, dispensar.
Achacoso: delicado, enfermizo, enclenque, débil.	**Vigoroso:** sano, robusto, fuerte, vital.
Achantado: acobardado, doblegado, acoquinado, atemorizado.	**Atrevido:** crecido, valiente, arrojado, audaz.
Achantar: acoquinar, atemorizar, intimidar, acobardar.	**Animar:** engallar, evalentonar, alentar, espolear.
Achaparrado: rechoncho, regordete, zamborondón, bajo.	**Alto:** esbelto, estilizado, fino, espigado.
Achaque: dolencia, enfermedad, defecto, tacha.	**Salud:** vigor, vitalidad, energía, potencia.
Achatado: aplastado, despuntado, romo.	**Perfilado:** afilado, agudo, punzante, puntiagudo.
Achicar: reducir, empequeñecer, disminuir, acobardar.	**Agrandar:** ampliar, aumentar, acrecentar, engrandecer.
Acholar: avergonzar, abochornar, enrojecer, amilanar.	**Enorgullecer:** ufanar, presumir, envanecer, ensoberbecer.
Adagio: sentencia, refrán, aforismo, proverbio.	**Episodio:** cuento, novela, historia, anécdota.
Adalid: caudillo, guía, líder, conductor.	**Guerrero:** combatiente, miliciano, contendiente, beligerante.
Adamantino: acerado, diamantino, duro, inquebrantable.	**Maleable:** blando, dúctil, moldeable.
Adán: desaliñado, descuidado, harapiento, sucio.	**Elegante:** limpio, aseado, atildado.
Adaptar: acomodar, ajustar, apropiar, arreglar.	**Desajustar:** desarreglar, desconectar, desvencijar, enmarañar.
Adecentar: asear, componer, limpiar, ordenar, arreglar.	**Ensuciar:** desordenar, descomponer, manchar.
Adecuación: acomodamiento, ajuste, adaptación, conciliación.	**Incongruencia:** inadecuación, inconveniencia, extemporaneidad, impropiedad.
Adecuado: conveniente, apropiado, congruente, oportuno.	**Discorde:** disconforme, discordante, impropio, improcedente.
Adecuar: ajustar, acomodar, concordar, proporcionar.	**Discordar:** discrepar, divergir, disentir, desajustar.
Adefesio: mamarracho, esperpento, espantajo, ridículo.	**Gallardo:** elegante, impecable, distinguido, esbelto.
Adelantar: anticipar, aventajar, apresurar, avanzar.	**Atrasar:** retroceder, lentificar, rezagar, replegarse.
Adelante: progreso, avance, desarrollo, anticipo.	**Atraso:** demora, retardo, dilación, detención.
Adelgazamiento: delgadez, desmedro, desnutrición, demacración.	**Engorde:** engrosamiento, robustecimiento, aumento, ensanchamiento.

Adelgazar: enflaquecer, encanijarse, debilitar, sutilizar.

Ademán: gesto, actitud, manera, modales.

Además: también, asimismo, igualmente, otrosí.

Adentrarse: ahondar, entrar, penetrar, introducir.

Adepto: adicto, prosélito, partidario, simpatizante.

Aderezar: ataviar, acicalar, componer, arreglar.

Adeudar: deber, debitar, cargar, comprometer.

Adherencia: cohesión, adhesión, soldadura, unión.

Adherido: junto, unido, pegado, ligado.

Adherir: aceptar, aprobar, unir, pegar.

Adhesión: cohesión, adherencia, aceptación, adicción.

Adiamantado: adamantino, diamantino, duro, resistente.

Adiar: fijar, señalar, f- determinar día.

Adición: aumento, suma, agregación, añadidura.

Adicional: accesorio, complementario, añadido, sumado.

Adicionar: sumar, añadir, aumentar, incluir.

Adicto: adepto, partidario, afiliado, adherido.

Adiestrado: educado, entrenado, instruido, preparado.

Adiestrar: instruir, aleccionar, enseñar, guiar.

Adinerado: rico, acaudalado, pudiente, opulento.

Adiposo: obeso, gordo, grueso, aumentado.

Aditamento: añadidura, adición, aumento, complemento.

Aditivo: agregado, añadido, aumentado, adicionado.

Adivinar: acertar, atinar, descifrar, predecir.

Adivino: vate, augur, nigromante, sibilo.

Engordar: engrosar, encarnecer, robustecer, cebar.

Aspecto: facha, apariencia, figura, traza.

Excepto: menos, salvo, excluido, descontado.

Salir: partir, marcharse, echarse, surgir.

Contrario: enemigo, antagonista, émulo, aleve.

Estropear: desaliñar, deteriorar, dañar, menoscabar.

Acreditar: abonar, anticipar, amortizar, justificar.

Separación: aislamiento, desunión, división, escisión.

Desunido: suelto, separado, desligado, despegado.

Discrepar: disentir, discordar, desavenir, contrariar.

Reprobación: desafección, disconformidad, separación, malquerencia.

Blando: quebradizo, maleable, dúctil, moldeable.

Indeterminar: imprecisar, inadecuar, vacilar, versatilizar.

Resta: disminución, sustracción, diferencia, descuento.

Principal: fundamental, esencial, básico.

Substraer: restar, quitar, disminuir, cercenar.

Contrario: opuesto, desafecto, adverso, antónimo.

Inexperto: profano, inculto, ignorante.

Embrutecer: entorpecer, atontar, atolondrar, confundir.

Menesteroso: pobre, necesitado, indigente, carente.

Magro: seco, enjuto, delgado, escuálido.

Supresión: eliminación, omisión, cesación, anulación.

Restado: deducido, mermado, rebajado, disminuido.

Engañar: embaucar, burlar, embaír, engatusar.

Embarullador: embrollador, engatusador, mixtificador, enmarañador.

Adjetivo: epíteto, calificativo, determinante, accidental.
Adjudicar: asignar, otorgar, conferir, atribuir.
Adjuntar: acompañar, incluir, insertar, adherir.
Adjunto: incluso, anexo, agregado, inclusive.
Adminículo: auxilio, ayuda, apoyo, avío.

Administración: dirección, gerencia, régimen, gobierno.
Administrar: dirigir, gobernar, manejar, conducir.
Admirable: excelente, asombroso, sorprendente, maravilloso.
Admiración: sorpresa, maravilla, asombro, estupor.
Admirador: simpatizante, partidario, incondicional, adepto.
Admirar: asombrar, maravillar, sorprender, impresionar.
Admisible: aceptable, válido, verosímil, plausible.
Admisión: aceptación, aprobación, recepción, ingreso.
Admitir: consentir, permitir, tolerar, aceptar.
Admonición: amonestación, reconvención, advertencia, represión.
Admonitorio: amonestante, reconvencional, advertencial, reprobacional.
Adobar: aliñar, guisar, condimentar, sazonar.
Adocenado: común, trillado, lamido, sobrado.
Adocenamiento: vulgaridad, ramplonería, mediocridad, zafiedad.
Adoctrinar: enseñar, aleccionar, instruir, educar.
Adolecer: padecer, sufrir, viciar, sentir.

Adolescencia: pubertad, juventud, mocedad, pubescencia.
Adolescente: muchacho, mancebo, zagal, chaval.
Adonis: joven hermoso, mancebo, bello, doncel, precioso.
Adopción: aceptación, admisión, compromiso, prohijación.

Sustantivo: substancia, esencia, objeto, materia.
Quitar: privar, despojar, expropiar, confiscar.
Separar: aislar, dividir, apartar, desprender.

Excluido: separado, eliminado, descartado, suprimido.
Perjuicio: daño, deterioro, menoscabo, lesión.
Anarquía: desgobierno, desordenamiento, desorganización, confusión.
Anarquizar: desordenar, desgobernar, confundir, despedazar.
Detestable: execrable, odiable, despreciable, desdeñable.
Indiferencia: apatía, displicencia, olvido, frialdad.
Detractor: adversario, hostil, enemigo, opositor.
Decepcionar: despreciar, menospreciar, desilusionar, desengañar.
Inverosímil: inaceptable, inadmisible, imposible.
Denegación: desestimación, inadmisión, rehusamiento, invaluación.
Rechazar: rehusar, repeler, resistir, repudiar.
Encomio: elogio, parabién, felicitación, congratulación.
Encomiástico: loable, plausible, ditirámbico, celebrante.
Estropear: deteriorar, menoscabar, malograr, averiar.
Raro: ralo, disperso, tenue, extraño.

Originalidad: personalidad, singularidad, particularidad.
Nescienciar: entontecer, abobar, embrutecer, imbecilizar.
Mejorar: aliviar, recuperar, sanar, restablecer.
Niñez: infancia, vejez, senectud, senilidad.
Adulto: maduro, hecho, perfecto, acabado.

Adefesio: esperpento, espantajo, mamarracho, mondongo.
Repudio: rechazo, desecho, repulsión, renuencia.

Adoptar: aceptar, admitir, concertar, comprometer.

Adoquinar: empedrar, pavimentar, enlosar, asfaltar.

Adorable: encantador, amable, delicioso, agradable.

Adoración: veneración, devoción, admiración, amor.

Adorador: venerador, devoto, entusiasta, admirador.

Adorar: amar, querer, venerar, valorar.

Adormecedor: tranquilizador, calmante, soporífero, sosegador.

Adormecer: calmar, aletargar, anestesiar, adormilar.

Adornar: engalanar, ataviar, componer, acicalar.

Adosar: arrimar, apoyar, yuxtaponer, juntar.

Adquirir: obtener, lograr, conseguir, alcanzar.

Adquisición: posesionamiento, obtención, consecución, posesión.

Adquisitivo: lograble, obtenible, comprable, alcanzable.

Adrede: intencionalmente, deliberadamente, expresamente, premeditadamente.

Adscribir: agregar, anexar, atribuir, inscribir.

Aducción: atracción, absorción, extracción, chupamiento.

Aducir: argüir, argumentar, exponer, expresar.

Adueñarse: apropiarse, apoderarse, posesionarse, conquistar.

Adulación: halago, lisonja, alabanza, apología.

Adulador: lisonjero, halagador, adulón, cobista.

Adular: lisonjear, halagar, piropear, condescender.

Adulteración: falsificación, falseamiento, sofisticación, mixtificación.

Adulterado: fraudulento, falsificado, imitado, falseado.

Adulterar: falsificar, viciar, malear, enviciar.

Repudiar: desechar, repeler, rechazar, renunciar.

Desempedrar: despavimentar, entierrar, desasfaltar, desenlosar.

Detestable: repugnante, repulsivo, despreciable, abominable.

Desdén: desprecio, odio, rencor, menosprecio.

Desdeñoso: despectivo, displicente, esquivo, rencoroso.

Odiar: aborrecer, abominar, detestar, execrar.

Excitante: somnífugo, estimulante, agitador.

Despertar: avivar, excitar, estimular, impulsar.

Desaliñar: desarreglar, descomponer, desordenar, deslucir.

Apartar: retirar, alejar, distanciar, puntuar.

Perder: extraviar, zozobrar, derrochar, dilapidar.

Perdición: extravío, deterioro, perjuicio, daño, ruina.

Perdible: deteriorable, inalcanzable, desperdiciable, destructivo.

Involuntariamente: inconscientemente, mecánicamente, automáticamente, impulsivamente.

Excluir: eliminar, suprimir, separar, descartar.

Expulsión: exclusión, echamiento, lanzamiento, evacuación.

Opugnar: contradecir, oponer, objetar, discutir.

Renunciar: desprenderse, desposeerse, entregar, alejarse.

Afrenta: insulto, injuria, desaire, desprecio.

Crítico: difamador, calumniador, acusador, censor.

Ofender: infamar, insultar, injuriar, agravar.

Acendramiento: depuración, limpieza, acrisolamiento, moralización.

Auténtico: verdadero, cabal, legítimo, genuino.

Sanear: depurar, acendrar, regenerar, moralizar.

SINÓNIMOS	ANTÓNIMOS
Adulterio: falsificación, fraude, f- ayuntamiento carnal prohibido.	**Honestidad:** honradez, pudicia, moralización, acendramiento.
Adúltero: infiel, amancebado, abarraganado, liado.	**Fiel:** leal, honesto, legal.
Adulto: maduro, formado, moldeado, f- mayor de edad.	**Niño:** bebé, crío, chamaco, pebete.
Adustez: malhumor, seriedad, brusquedad, rigor.	**Afabilidad:** sociabilidad, amabilidad, cortesía, cordialidad.
Adusto: severo, serio, esquivo, rígido.	**Afable:** cortés, sociable, benigno, atento.
Advenedizo: meteco, sobrevenido, entrometido, importuno.	**Autóctono:** originario, vernáculo, nativo, indígena.
Advenir: ocurrir, suceder, venir, llegar.	**Ocasionar:** causar, motivar, producir, provocar.
Adversario: contrario, enemigo, antagonista, rival.	**Aliado:** amigo, adicto, afecto, simpatizante.
Adversidad: infortunio, desgracia, fatalidad, desastre.	**Dicha:** felicidad, ventura, prosperidad, auge.
Adversión: odio, antipatía, animadversión, ojeriza.	**Simpatía:** afecto, inclinación, propensión, querencia.
Adverso: hostil, opuesto, enemigo, infortunado.	**Favorable:** propicio, benigno, acogedor, auspicioso.
Advertencia: prevención, consejo, aviso, amonestación.	**Confianza:** esperanza, seguridad, llaneza, tranquilidad.
Advertido: despierto, ocurrente, sagaz, astuto.	**Lerdo:** torpe, incapaz, perezoso, obtuso.
Advertir: notar, observar, reparar, percatarse.	**Sancionar:** reprender, amonestar, disciplinar, castigar.
Adyacente: aledaño, contiguo, inmediato, próximo.	**Distante:** alejado, apartado, lejano, remoto.
Aéreo: etéreo, vaporoso, sutil, espiritual.	**Corpóreo:** sólido, macizo, terrenal, material.
Aerodinámico: esbelto, ahusado, alargado, fino.	**Chato:** romo, corto, pesado, macizo.
Aeronáutica: aviación, aerostación, astronavegación, helicoptenáutica.	**Navegación:** náutica, navío, buque, motonave.
Afabilidad: cordialidad, afecto, amabilidad, atención.	**Brusquedad:** aspereza, hosquedad, adustez, sequedad.
Afable: atento, amable, cortés, simpático.	**Hosco:** adusto, ceñudo, intratable, antipático.
Afamado: famoso, acreditado, renombrado, reputado.	**Ignoto:** desconocido, ignorado, obscurecido, opaco.
Afamar: prestigiar, acreditar, glorificar, enaltecer.	**Calumniar:** desacreditar, infamar, deshonrar, imputar.
Afán: anhelo, ansia, ambición, esfuerzo.	**Desidia:** negligencia, apatía, desgana, pigricia.
Afanar: trabajar, esforzarse, diligenciar, contraer.	**Desalentar:** desanimar, debilitar, haraganear, gandulear.
Afanoso: trabajador, diligente, penoso, duro.	**Vago:** gandul, perezoso, fácil, cómodo.

Afeamiento: deformación, ajamiento, desfavorecimiento, fealdad.

Afear: deslucir, deformar, desfigurar, ennegrecer.

Afección: dolencia, enfermedad, inclinación, aprecio.

Afectación: doblez, amaneramiento, fingimiento, artificio.

Afectado: amanerado, relamido, artificial, falso.

Afectar: conmover, impresionar, sobresaltar, perturbar.

Afectivo: cariñoso, cordial, sensible, afable.

Afecto: adscrito, anexado, unido, vinculado.

Afectuoso: amable, cariñoso, cordial, amistoso.

Afeitado: rasurado, barbirrapado, imberbe, barbilampiño.

Afeminado: amujerado, adamado, feminoide, amariconado.

Aferrar: asir, agarrar, afianzar, asegurar.

Afianzamiento: aseguramiento, consolidación, garantía, asimiento.

Afianzar: consolidar, asegurar, garantizar, avalar.

Afición: inclinación, apego, empeño, gusto.

Aficionado: admirador, seguidor, simpatizante, inclinado.

Aficionarse: habituarse, acostumbrarse, prendarse, apasionarse.

Afilar: aguzar, amoldar, adelgazar, enflaquecer.

Afiliar: alistar, asociar, adherir, inscribir.

Afín: parecido, semejante, análogo, similar.

Afinar: perfeccionar, acabar, sutilizar, templar.

Afincarse: establecerse, fijarse, asentarse, avecindarse.

Afinidad: semejante, analogía, similitud, coincidencia.

Afirmación: aserción, aseveración, aserto, ratificación.

Afirmar: asegurar, aseverar, certificar, ratificar.

Hermoseamiento: embellecimiento, agraciamiento, acicalamiento, realce.

Embellecer: hermosear, agradar, adornar, aderezar.

Malquerencia: desafección, aversión, antipatía, desafecto.

Naturalidad: sencillez, sinceridad, espontaneidad, llaneza.

Natural: espontáneo, sencillo, llano, sincero.

Olvidar: nadizar, posponer, ocultar, mitigar.

Hosco: desabrido, frío, cerebral.

Ajeno: extraño, lejano, distanciado, impropio.

Arisco: brusco, desabrido, desafecto, despegado.

Barbudo: barbado, peludo, velludo.

Varonil: masculino, macho, viril, viripotente.

Soltar: dejar, abandonar, desatar, desligar.

Aflojamiento: debilitación, debilitamiento, soltamiento, relajación.

Aflojar: soltar, desapretar, debilitar, relajar.

Displicencia: indiferencia, indolencia, apatía, desabrimiento.

Indiferente: desinteresado, despegado, desdeñoso, displicente.

Despegarse: desilusionarse, desapasionarse, desinteresarse.

Embotar: despuntar, debilitar, entorpecer, enervar.

Desafiliar: desligarse, desasirse, desprenderse, separarse.

Distinto: extraño, diverso, diferente, desigual.

Desafinar: desentonar, disonar, destemplar, contrastar.

Marcharse: mudarse, emigrar, partir, desplazarse.

Disparidad: variedad, diferencia, disidencia, antítesis.

Negación: refutación, contradicción, impedimento, prohibición.

Refutar: negar, contradecir, objetar, rebatir.

SINÓNIMOS	ANTÓNIMOS
Afirmativo: aseverativo, confirmativo, positivo, fehaciente.	**Negativo:** contrario, opuesto, vedado, prohibido.
Aflicción: cuita, pesadumbre, disgusto, tribulación.	**Satisfacción:** alegría, dicha, contento, fruición.
Aflictivo: desesperante, acongojante, atribulante, mortificante.	**Reconfortante:** reavivante, consolante, reanimante, fortaleciente.
Afligido: apenado, dolorido, apesadumbrado, acongojado.	**Alegre:** contento, feliz, ufano, satisfecho.
Afligir: acongojar, apesadumbrar, entristecer, angustiar.	**Alegrar:** regocijar, alborozar, deleitar, contentar.
Aflojamiento: relajamiento, relajación, laxitud, flaccidez.	**Endurecimiento:** solidez, tono, robustez.
Aflojar: soltar, distender, relajar, amainar.	**Apretar:** comprimir, ceñir, prensar, estrechar.
Aflorar: asomar, emerger, surgir, aparecer.	**Agostar:** marchitarse, secarse, mustiarse, perderse.
Afluencia: concurrencia, abundancia, aglomeración, asistencia.	**Escasez:** falta, insuficiencia, indigencia, inopia.
Afluir: verter, desaguar, acudir, aparecer.	**Alejar:** distanciar, ausentarse, retirarse, abandonar.
Aforar: valuar, determinar, calcular, f- conceder fuero.	**Invaluar:** invalorar, depreciar, rebajar, desvalorizar.
Aforismo: sentencia, refrán, máxima, apotegma.	**Historia:** narración, comentario, gesta, hazaña.
Afortunado: dichoso, feliz, venturoso, placentero.	**Infeliz:** desafortunado, desdichado, desventurado, desgraciado.
Afrenta: ofensa, agravio, ultraje, insulto.	**Respeto:** consideración, cumplido, elogio, encomio.
Afrentar: agraviar, ultrajar, insultar, vilipendiar.	**Honrar:** venerar, respetar, reverenciar, enaltecer.
Afrodisíaco: excitativo, estimulatne, reavivante, sexuativo.	**Mitigante:** moderante, atenuante, aplacante, morigerante.
Afrontar: desafiar, arrostrar, oponerse, enfrentar.	**Eludir:** esquivar, evitar, huir, rehusar.
Afuera: alrededor, cercano, inmediato, próximo.	**Adentro:** interior, central, íntimo, interno.
Agacharse: encogerse, doblarse, inclinarse, encorvarse.	**Incorporarse:** levantarse, erguirse, elevarse.
Agallas: bronquios, respiraderos, arrestos, osadía.	**Temor:** miedo, timidez, espanto, recelo.
Ágape: atención, festín, convite, banquete.	**Hambre:** apetito, deseo, anhelo, gazuza.
Agarraderas: recomendación, influencia, enchufe, amparo.	**Desamparo:** abandono, olvido, desvalimiento, soledad.
Agarradero: mango, asidero, recurso, medios.	**Vacilación:** titubeo, incertidumbre, perplejidad, irresolución.
Agarrado: avaro, mezquino, tacaño, cicatero.	**Generoso:** dadivoso, suelto, desprendido, espléndido.
Agarrar: aprehender, coger, atrapar, asir, aferrar.	**Soltar:** desprender, destrabar, desceñir, aflojar.

Agarrotado: contraído, entumecido, acalambrado, rígido.
Relajado: suelto, distendido, tranquilo.

Agarrotar: oprimir, apretar, endurecer, dificultar.
Atenuar: soltar, relajar, aflojar, ablandar.

Agasajar: festejar, halagar, regalar, lisonjear.
Desdeñar: despreciar, menospreciar, desestimar, desechar.

Agasajo: homenaje, obsequio, fiesta, lisonja.
Desaire: desatención, desprecio, desdén, menosprecio.

Agazaparse: encogerse, agacharse, encuclillarse, esconderse.
Levantarse: pararse, elevarse, enderezarse, amotinarse.

Agencia: oficina, despacho, administración, delegación.
Nadería: vacuidad, nimiedad, bagatela, necedad.

Agenda: memorándum, libreta, calendario, cartapacio.
Memoria: retención, recuerdo, recordación, relación.

Agente: representante, comisionista, delegado, dependiente.
Extraño: ajeno, inusitado, insólito, desconcertante.

Agerasia: entereza, viveza, vitalidad, f- vejez sin achaques.
Achaque: dolencia, enfermedad, vejez, desánimo.

Agible: factible, posible, realizable, hacedero.
Irrealizable: imposible, inviable, impracticable.

Agigantar: crecer, aumentar, agrandar, acrecentar.
Empequeñecer: disminuir, rebajar, mermar, menguar.

Ágil: ligero, veloz, expedito, diligente.
Lento: tardo, torpe, lerdo, perezoso.

Agilidad: presteza, diligencia, soltura, vivacidad.
Lentitud: calma, tardanza, torpeza, flojera.

Agilizar: agilitar, activar, acelerar, aligerar.
Retardar: frenar, detener, retrasar, demorar.

Agio: especulación, agiotaje, lucro, usura.
Corrección: honradez, espontaneidad, ecuanimidad, circunspección.

Agitación: movimiento, inquietud, perturbación, conmoción.
Tranquilidad: quietud, sosiego, placidez, serenamiento.

Agitado: alterado, intranquilo, nervioso, inquieto.
Tranquilo: sosegado, calmado, sereno, apacible.

Agitar: conmover, perturbar, sacudir, inquietar.
Aquietar: pacificar, serenar, apaciguar, calmar.

Aglomeración: amontonamiento, hacinamiento, multitud, afluencia.
Dispersión: diseminación, esparcimiento, disgregación, huida.

Aglomerar: acumular, hacinar, amontonar, acopiar.
Separar: alejar, apartar, dispersar, incomunicar.

Aglutinamiento: aglutinación, mancomunación, cohesión, unificación.
Desperdigamiento: desunión, desligamiento, desgajamiento, desconexión.

Aglutinante: aglutinativo, adhesivo, juntante, conglutinante.
Separante: apartante, desuniente, excluyente, descartante.

Aglutinar: pegar, unificar, aunar, concentrar.
Apartar: separar, alejar, confinar, desunir.

Agnación: parentesco, consanguinidad, entronque, sucesión.
Extraño: ajeno, singular, anormal, exótico.

Agnosia: perturbación, alteración, excitación, variación.
Permanencia: invariación, estabilidad, normalidad, inmanencia.

Agnóstico: escéptico, descreído, ateo, incrédulo.
Creyente: religioso, practicante, fiel.

Agobiado: angustiado, preocupado, abatido, abrumado.
Despreocupado: descansado, contento, calmado, sosegado.

Agobiante: desesperante, oprimente, abrumante, angustiante.
Fruicionante: deleitante, regocijante, recreativo, agradante.

Agobiar: abrumar, aburrir, molestar, fatigar, oprimir.
Entretener: distraer, deleitar, recrear, regocijar.

Agobio: angustia, preocupación, desazón, zozobra.
Alivio: consuelo, distracción, sosiego, desahogo.

Agolparse: amontonarse, reunirse, juntarse, concurrir.
Dispersarse: separarse, dividirse, diseminarse, desparramarse.

Agonía: extinción, muerte, angustia, estertor.
Alegría: dicha, felicidad, alborozo, satisfacción.

Agonística: combatística, lidialogía, luchística, f- arte de los atletas, ciencia de los combates.
Anagonística: tranquilidad, sosiego, pasividad, inlidiamiento.

Agonizar: perecer, morir, fenecer, terminar.
Nacer: germinar, brotar, salir, novizar.

Agorar: presagiar, vaticinar, augurar, profetizar.
Silenciar: ocultar, esconder, callar, omitir.

Agorero: pesimista, derrotista, sombrío, fatídico.
Optimista: alegre, positivo, ilusionado, eufórico.

Agostar: marchitar, secar, ajar, languidecer.
Florecer: crecer, desarrollarse, medrar.

Agotado: exhausto, extenuado, debilitado, fatigado.
Vigoroso: fuerte, fresco, activo, vital.

Agotamiento: extinción, consunción, debilidad, colapso.
Plenitud: lozanía, vigor, integridad, henchimiento.

Agotar: extenuar, fatigar, debilitar, decaer.
Vigorizar: fortalecer, robustecer, potencializar, consubstanciar.

Agraciado: afortunado, venturoso, guapo, hermoso.
Desafortunado: castigado, feo, deforme, desagradable.

Agraciar: premiar, compensar, resarcir, favorecer.
Sancionar: autorizar, aprobar, castigar, sentenciar.

Agradable: grato, atractivo, encantador, ameno.
Desagradable: fastidioso, antipático, enojoso, cargante.

Agradar: satisfacer, complacer, deleitar, contentar.
Molestar: estorbar, fastidiar, enfadar, entorpecer.

Agradecer: reconocer, corresponder, gratificar, dar las gracias.
Desagradecer: olvidar, ignorar, desdeñar.

Agradecimiento: gratitud, reconocimiento, correspondencia, gratificación.
Desagradecimiento: ingratitud, olvido, deslealtad.

Agrado: gusto, satisfacción, interés, complacencia.
Desagrado: descontento, repulsión, antipatía, tristeza.

Agrandar: aumentar, ampliar, acrecer, ensanchar.
Achicar: empequeñecer, reducir, disminuir, menguar.

Agranujado: granuja, truhán, golfo, pillo.
Noble: honrado, cabal, decente, íntegro.

SINÓNIMOS	ANTÓNIMOS
Agravamiento: empeoramiento, agravación, recaída, desmejoramiento.	**Alivio:** mejoría, atenuación, restablecimiento, curación.
Agravante: cargo, culpa, ofensa, afrenta.	**Descargo:** disculpa, excusa, justificación, defensa.
Agravar: empeorar, recrudecer, adolecer, soportar.	**Mejorar:** aliviar, recuperar, restablecer, meliorar.
Agraviar: ofender, afrentar, injuriar, insultar.	**Reparar:** enmendar, remediar, compensar, conformar.
Agravio: injuria, afrenta, ofensa, ultraje.	**Desagravio:** satisfacción, reparación, compensación.
Agredir: atacar, embestir, arremeter, contundir.	**Defender:** proteger, preservar, apoyar, resguardar.
Agregación: adicionamiento, anexión, aumento, incremento.	**Disminución:** merma, decrecimiento, reducción, menoscabo.
Agregar: añadir, adicionar, aumentar, anexar.	**Quitar:** restar, sustraer, deducir, suprimir.
Agresión: ataque, acometida, embestida, provocación.	**Respeto:** consideración, miramiento, deferencia, lealtad.
Agresivo: violento, provocador, ofensivo, agresor.	**Respetuoso:** deferente, cordial, sumiso, caballeroso.
Agreste: salvaje, silvestre, áspero, rudo.	**Cultivado:** labrado, trabajado, sembrado, instruido.
Agriar: acedar, acidificar, avinagrar, alterar.	**Endulzar:** suavizar, tranquilizar, calmar.
Agrietar: hender, abrir, rajar, resquebrajar.	**Cerrar:** juntar, unir, pegar, aglutinar.
Agrio: ácido, acre, acidulado, desabrido.	**Suave:** dulce, amable, agradable.
Agrupación: asociación, sociedad, reunión, corporación.	**Disociación:** separación, disgregación, desintegración, desmembración.
Agrupar: asociar, reunir, juntar, unir.	**Desunir:** separar, disgregar, dispersar, desmembrar.
Aguafiesta: soso, insípido, desabrido, anodino.	**Avivafiesta:** alegrefiesta, divertido, achispado, bailarín.
Aguantar: soportar, resistir, sobrellevar, tolerar.	**Flaquear:** aflojar, ceder, desmayar, desanimar.
Aguar: desleír, turbar, frustrar, interrumpir.	**Alegrar:** entusiasmar, regocijar, animar, alborozar.
Aguardar: esperar, confiar, creer, anhelar.	**Desesperar:** impacientar, afligir, angustiar, violentar.
Agudeza: viveza, ingenio, sutileza, perspicacia.	**Necedad:** simpleza, majadería, tontería, vulgaridad.
Agudizar: agravar, empeorar, recrudecer, malignar.	**Mejorar:** aliviar, restablecer perfeccionar, acrecentar.
Agudo: afilado, puntiagudo, aguzado, perspicaz.	**Romo:** chato, obtuso, tardo, torpe.
Agüero: presagio, augurio, predicción, pronóstico.	**Certidumbre:** seguridad, certeza, evidencia, convicción.
Aguerrido: experimentado, avezado, diestro, perito.	**Bisoño:** novato, inexperto, novel, principiante.

Aguijón: púa, pinche, espina, incentivo. **Freno:** moderación, detención, sujeción, paralización.

Aguijonear: aguijar, punzar, picar, estimular. **Calmar:** tranquilizar, disuadir, desanimar, desalentar.

Aguinaldo: propina, gratificación, recompensa, regalo. **Cicatería:** tacañería, egoísmo, escasez.

Agujerear: horadar, perforar, taladrar, escariar. **Obturar:** tapar, cerrar, taponar, ocluir.

Aguzar: incitar, estimular, incentivar, avivar. **Embotar:** debilitar, entorpecer, despuntar, armar.

Aherrojar: encadenar, esclavizar, sojuzgar, subyugar. **Libertar:** emancipar, liberar, redimir, independizar.

Ahijar: adoptar, apadrinar, prohijar, acoger. **Abandonar:** desproteger, desamparar, renunciar, desentender.

Ahínco: empeño, esfuerzo, asiduidad, hincapié. **Apatía:** indiferencia, incuria, abulia, indolencia.

Ahíto: saciado, repleto, harto, satisfecho. **Hambriento:** famélico, insaciable, ansioso, voraz.

Ahogar: asfixiar, estrangular, extinguir, sofocar. **Desahogar:** aliviar, descansar, holgar, resignar.

Ahogo: sofoco, asfixia, congoja, escasez. **Alivio:** consuelo, sosiego, riqueza, abundancia.

Ahondar: penetrar, profundizar, escudriñar, excavar. **Estancar:** detener, obstruir, paralizar, retardar.

Ahora: instante, momento, actualidad, hoy día. **Ayer:** antes, anteriormente, pasado, atrasado.

Ahorrador: ahorrativo, sobrio, austero, frugal. **Gastador:** pródigo, manirroto, derrochador, dilapidador.

Ahorrar: guardar, economizar, reservar, atesorar. **Gastar:** agotar, consumir, derrochar, dilapidar.

Ahorro: economía, conservación, reserva, avaricia. **Derroche:** gasto, despilfarro, dilapidación, prodigalidad.

Ahuecar: esponjar, bullir, ablandar, reblandecer. **Tupir:** apretar, atestar, compactar, atorar.

Ahusado: fusiforme, afilado, aguzado, puntiagudo. **Chato:** romo, corto, mellado, aplastado, obtuso.

Ahuyentar: alejar, repeler, apartar, rechazar. **Atraer:** cautivar, encantar, hechizar, embrujar.

Airar: enfurecer, enojar, enfadar, exasperar. **Tranquilizar:** sosegar, calmar, apaciguar, aplacar, relajar.

Airoso: gallardo, garboso, apuesto, vencedor, cuidado. **Desgarbado:** descuidado, desaliñado, desgalichado, desmadejado.

Aislamiento: soledad, abandono, separación, incomunicación. **Compañía:** sociabilidad, integración, asociación, compañerismo.

Aislar: incomunicar, desconectar, separar, dividir, alejar. **Comunicar:** conectar, enlazar, contactar, informar.

Ajar: marchitar, deteriorar, deslucir, desmejorar, desgastar. **Lozanear:** mejorar, reverdecer, remozar, rejuvenecer.

Ajeno: extraño, impropio, forastero, exótico. — **Propio:** peculiar, privativo, especial, característico.

Ajetrear: trajinar, bregar, trabajar, revolver. — **Holgar:** descansar, relajarse, sosegarse, reposar.

Ajetreo: agitación, trajín, movimiento, tránsito. — **Quietud:** calma, serenidad, reposo, tranquilidad.

Ajustar: apretar, adaptar, acoplar, concordar. — **Romper:** desajustar, descomponer, deteriorar, desconectar.

Ajuste: arreglo, trato, pacto, conciliación. — **Inconveniente:** desajuste, inadecuación, incongruente, contrariedad.

Ajusticiar: ejecutar, fusilar, decapitar, degollar. — **Perdonar:** absolver, indultar, eximir, excusar.

Alabancioso: jactancioso, presuntuoso, engreído, petulante. — **Modesto:** sencillo, tímido, humilde, moderado.

Alabanza: elogio, encomio, apología, enaltecimiento. — **Detracción:** censura, vituperio, desaprobación, desprestigio.

Alabar: ensalzar, enaltecer, loar, exaltar, engrandecer. — **Censurar:** condenar, desaprobar, vituperar, apostrofar.

Alacridad: animación, entusiasmo, prontitud, ligereza. — **Torpeza:** yerro, error, descuido, ineptitud, rudeza.

Alado: ligero, raudo, veloz, rápido. — **Lento:** pesado, pausado, calmoso, tardo.

Alambicar: sutilizar, refinar, destilar, quintaesenciar. — **Empeorar:** dañar, lesionar, agravar, peyorar, perjudicar.

Alarde: ostentación, jactancia, pedantería, petulancia. — **Modestia:** llaneza, humildad, honestidad, espontaneidad.

Alardear: vanagloriarse, jactarse, alabarse, preciarse. — **Reprochar:** reprobar, censurar, criticar, recriminar.

Alargamiento: prolongación, ampliación, extensión, prórroga. — **Acortamiento:** encogimiento, reducción, disminución, adelantamiento.

Alargar: prolongar, estirar, prorrogar, tender. — **Acortar:** reducir, achicar, menguar, restringir.

Alarido: grito, chillido, bramido, rugido. — **Silencio:** calma, mudez, mutismo, olvido.

Alarmante: inquietante, causante, intranquilizante, zozobrante. — **Tranquilizante:** aquietante, serenante, pacificante, despreocupante.

Alarmar: inquietar, sobresaltar, preocupar, perturbar. — **Tranquilizar:** sosegar, aquietar, serenar, contener.

Albarán: recibo, comprobante, talón, resguardo. — **Entrega:** recepción, rendición, dación, fascículo.

Albardán: bufón, payaso, histrión, juglar. — **Grave:** serio, formal, circunspecto, pesante.

Albedrío: libertad, autonomía, independencia, voluntad. — **Sujeción:** subordinación, obediencia, limitación, sojuzgamiento.

Albergar: cobijar, hospedar, alojar, aposentar. — **Expulsar:** arrojar, echar, expeler, lanzar.

Albergue: refugio, alojamiento, hospedaje, asilo. — **Inhospitalidad:** desamparo, desabrigo, intemperie, desierto.

Albo: blanco, albino, claro, níveo. — **Negro:** oscuro, bruno, negruzco, moreno.

Alborear: amanecer, clarear. — **Anochecer:** oscurecer.

Albores: comienzos, principios, empieces, inicios.

Alborotador: jaranero, bullicioso, vocinglero, agitador.

Alborotar: gritar, perturbar, trastornar, amotinar, agitar.

Alboroto: algazara, bullicio, batahola, confusión.

Alborozar: regocijar, alegrar, contentar, satisfacer.

Alborozo: júbilo, regocijo, alegría, satisfacción.

Albricias: enhorabuena, júbilo, felicitaciones, congratulaciones.

Albur: azar, contingencia, riesgo, eventualidad.

Alcahuete: encubridor, proxeneta, villano, indigno.

Alcaide: guardián, cancerbero, vigilante, carcelero.

Alcalde: corregidor, ayuntador, f- primera autoridad municipal.

Alcance: persecución, seguimiento, importancia, trascendencia.

Alcancía: hucha, vidriola, ollaciega, ladronera.

Alcanzar: lograr, conseguir, obtener, llegar.

Alcázar: palacio, castillo, fortaleza, firmeza.

Alcoba: aposento, cubículo, dormitorio, tálamo.

Alcohólico: borracho, beodo, embriagado, alcoholizado.

Alcoholizar: embrutecer, inconcienciar, entontecer, despersonificar.

Alcorzar: adornar, acicalar, pulir, emperifollar.

Alcurnia: estirpe, linaje, prosapia, ascendencia.

Aldea: caserío, pueblecito, aldehuela, aldeorrio.

Aleación: mezcla, fusión, liga, combinación.

Alear: mezclar, ligar, fusionar, combinar.

Aleatorio: casual, eventual, contingente, circunstancial.

Ocaso: decadencia, declinación, postrimería, crepúsculo.

Calmado: tranquilo, serio, formal, respetuoso.

Apaciguar: tranquilizar, aquietar, silenciar, acallar.

Silencio: pausa, calma, reserva, intervalo, abstención.

Entristecer: contristar, consternar, acongojar, apesadumbrar.

Consternación: pesadumbre, tribulación, cuita, aflicción.

Censura: crítica, tacha, reproche, reprobación.

Seguridad: certeza, certidumbre, garantía, confianza.

Revelador: descubridor, detector, delator, declarante.

Delincuente: forajido, infractor, maleante, malhechor.

Amanuense: oficinista, dependiente, despachador, secretario.

Interrupción: impedimento, obstáculo, suspensión, detenimiento.

Monedero: portamonedas, sencillero, billetero, chauchero.

Conjeturar: suponer, imaginar, calcular, sopesar, idear.

Zahúrda: pocilga, cuchitril, corral, establo.

Vivienda: casa, habitación, morada, residencia.

Abstemio: sereno, sobrio, moderado.

Recuperar: normalizar, sanar, rescatar, desalcoholizar.

Desaliñar: estropear, determinar, desordenar, desarreglar.

Descendencia: sucesión, generación, prole, hijos.

Urbe: ciudad, población, provincia, región.

Separación: desligación, desunión, desgaje, análisis.

Separar: apartar, dividir, descartar, discriminar.

Substancial: normal, lógico, deductivo, razonado.

Aleccionar: instruir, adiestrar, amaestrar, enseñar.
Rebuznar: nescienciar, ignorar, necedar, embrutecer.

Aledaño: lindante, colindante, limítrofe, contiguo.
Lejano: separado, distante, apartado, distanciado.

Alegar: aducir, argüir, invocar, justificar.
Aprobar: asentir, aceptar, compartir, consentir.

Alegoría: metáfora, símbolo, ficción, apariencia.
Nadería: necedad, vulgaridad, nimiedad, trivialidad.

Alegorizar: interpretar, figurizar, imaginar, simbolizar.
Nadizar: anular, invalorar, vanizar, invalidar.

Alegrar: animar, regocijar, alborozar, entusiasmar.
Contristar: entristecer, atribuir, apenar, consternar.

Alegre: contento, divertido, jocoso, jubiloso.
Triste: apenado, afligido, pesimista, apagado.

Alegría: contento, júbilo, regocijo, satisfacción.
Aflicción: tristeza, pesadumbre, melancolía, tribulación.

Alejamiento: apartamiento, ausencia, distancia, dejación.
Acercamiento: aproximación, avecinamiento, arrimamiento, yuxtaposición.

Alejar: apartar, ahuyentar, retirar, desviar.
Acercar: allegar, aproximar, juntar, avecinar.

Alelar: embobar, atontar, abobar, entontecer.
Despabilar: despertar, avispar, diligenciar, adelantar.

Aleluya: alegría, regocijo, júbilo, contentamiento.
Congoja: angustia, zozobra, desconsuelo, aflicción.

Alentador: consolador, confortador, estimulante, animador.
Desalentador: deprimente, desmoralizador, descorazonador, depresivo.

Alentar: estimular, incitar, animar, conformar, vigorizar.
Desalentar: desanimar, desengañar, disuadir, acoquinar.

Alergia: alteración, trastorno, f- perturbaciones por efectos exteriores.
Normalidad: naturalidad, regularidad, sistematicidad, habitualidad.

Alertar: avisar, advertir, prevenir, anunciar.
Silenciar: callar, omitir, enmudecer, sigilar.

Aletargar: adormecer, dormitar, narcotizar, hipnotizar.
Despertar: avivar, despabilar, estimular, incitar.

Aletargarse: adormecerse, amodorrarse, atontarse, entumecerse.
Despertar: espabilarse, animarse, desentumecerse, desvelarse.

Aletear: agitar, mover, f- mover las alas, tomar aliento.
Aquietar: apaciguar, tranquilizar, calmar, aplacar.

Alevosía: perfidia, traición, infidelidad, felonía.
Lealtad: fidelidad, nobleza, rectitud, sinceridad.

Alevoso: traicionero, pérfido, aleve, desleal.
Noble: fiel, leal, íntegro, correcto.

Alfabetizar: clasificar, ordenar, f- enseñar a leer y escribir.
Nescienciar: rebuznar, ignorar, desconocer, insaber.

Alfeñique: merengue, melindroso, blandengue, enteco.
Fuerte: fornido, corpulento, forzudo, hercúleo.

Algarabía: griterío, algazara, bulla, confusión.
Silencio: serenidad, paz, orden, disposición.

Algarada: motín, alboroto, asonada, escalada, vocería.
Fidelidad: acatamiento, sumisión, lealtad, nobleza.

Álgido: frío, helado, glacial, algente.

Cálido: abrasador, caliente, ardiente, candente.

Algo: poco, escaso, algún, corto.

Mucho: bastante, suficiente, harto, necesario.

Alguien: alguno, cualquiera, uno, diverso.

Nadie: ninguno, tampoco, incierto, dudoso.

Alianza: coalición, liga, confederación, unión.

Rivalidad: emulación, contienda, lucha, enemistad.

Aliar: unir, juntar, combinar, enlazar.

Separar: desunir, desligar, enemistar, dividir.

Alias: apodo, sobrenombre, mote, mal nombre.

Nombre: denominación, designación, cognomento, seudónimo.

Alible: alimentable, nutrible, alimenticio, alimentario.

Desnutrible: pauperible, extenuable, debilitable, anémico.

Alicaído: abatido, desanimado, decaído, triste.

Enardecido: exaltado, alegre, entusiasmado, reanimado.

Aliciente: acicate, incentivo, estímulo, compensación.

Coercitivo: coactivo, restrictivo, represivo, limitativo.

Alienado: demente, perturbado, sicópata, extraviado.

Cuerdo: exaltado, alegre, entusiasmado, reanimado.

Alienar: enajenar, enloquecer, perturbar, desequilibrarse.

Normar: sanar, curar, normalizar, recuperar.

Aliento: hálito, soplo, valor, voluntad.

Desánimo: desaliento, desengaño, decepción, descorazonamiento.

Aligerar: apresurar, activar, acelerar, apurar.

Retardar: aplazar, demorar, detener, retrasar.

Alimentar: sustentar, nutrir, mantener, fomentar.

Retardar: aplazar, demorar, detener, retrasar.

Alinear: formar, enderezar, incluir, organizar.

Arquear: doblar, encorvar, combar, zigzaguear.

Alisar: pulir, pulimentar, bruñir, desarrugar.

Arrugar: ajar, plegar, estriar, marchitar.

Alistar: inscribir, afiliar, matricular, reclutar.

Retirar: separar, desviar, alejar, apartar.

Aliviar: moderar, mitigar, suavizar, mejorar.

Agravar: empeorar, desmejorar, recrudecer, enconar.

Alma: espíritu, ánimo, aliento, energía.

Desánimo: desaliento, abatimiento, flaqueza, inexpresión.

Almacén: depósito, factoría, productoría, domestiquería.

Ferretería: ferrería, forja, herramentería, ferruría.

Almacenar: acumular, reunir, recopilar, allegar.

Repartir: fraccionar, dividir, partir, compartir.

Almibarado: dulzón, empalagoso, dulce, azucarado.

Seco: grosero, amargo, agrio, avinagrado.

Almidonado: tieso, planchado, rígido, estirado, compuesto.

Blando: arrugado, estrujado, desarreglado, descuidado.

Almoneda: subasta, licitación, puja, martillo.

Venta: expedición, despacho, salida, entrega.

Almorzar: comer, engullir, alimentar, nutrirse.

Ayunar: abstenerse, privarse, f- no comer o guardar ayuno.

SINÓNIMOS	ANTÓNIMOS
Alocado: irreflexivo, precipitado, desatinado, desequilibrado.	**Juicioso:** prudente, cuerdo, mesurado, reflexivo.
Alocución: arenga, discurso, disertación, homilía.	**Razonamiento:** lógica, planteamiento, dialéctica, método.
Alojar: albergar, guarecer, cobijar, hospedar.	**Desalojar:** despedir, arrojar, echar, lanzar.
Alquilar: arrendar, rentar, inquilinar, parroquiar.	**Vender:** expender, desalquilar, entregar, transferir.
Alrededor: cerca, contorno, próximo, circundante.	**Lejano:** apartado, distante, retirado, separado.
Alta: ingreso, inscripción, entrada, admisión, inclusión.	**Baja:** separación, expulsión, destitución, exclusión.
Altanería: altivez, orgullo, soberbia, arrogancia.	**Modestia:** humildad, sencillez, recato, comedimiento.
Altanero: altivo, engreído, arrogante, presumido.	**Humilde:** modesto, sencillo, respetuoso, sobrio.
Alteración: variación, transformación, perturbación, excitación.	**Invariación:** inmutación, permanencia, constancia, inmovilidad.
Alterar: cambiar, modificar, variar, transformar, reformar.	**Mantener:** conservar, amparar, sustentar, salvaguardar.
Altercado: disputa, reyerta, gresca, bronca.	**Conciliación:** zanjamiento, superación, solución, comprensión.
Alternar: turnar, cambiar, relevarse, sucederse.	**Fijar:** precisar, determinar, limitar, establecer.
Alternativa: disyuntiva, dilema, opción, coyuntura.	**Coacción:** coerción, fuerza, violencia, constreñimiento.
Altibajo: fluctuación, salto, desigualdad, disparidad.	**Regularidad:** periodicidad, método, uniformidad, normalidad.
Altisonante: ampuloso, rimbombante, campanudo, pomposo.	**Modestia:** sencillez, humildad, espontaneidad, naturalidad.
Altivez: altanería, soberbia, orgullo, arrogancia.	**Humildad:** modestia, sencillez, llaneza, circunspección.
Alto: elevado, prominente, encumbrado, cúmulo.	**Bajo:** pequeño, achaparrado, enteco, hondo.
Altruismo: generosidad, bondad, benevolencia, filantropía.	**Egoísmo:** individualismo, personalismo, materialismo, egolatría.
Altruista: generoso, benévolo, bondadoso, dadivoso.	**Egoísta:** individualista, personalista, ególatra, narcisista.
Altura: altitud, elevación, cima, cúspide.	**Bajura:** depresión, aplanamiento, profundidad.
Alucinación: deslumbramiento, alucinamiento, confusión, engaño.	**Clarividencia:** penetración, intuición, perspicacia, comprensión.
Alucinante: emocionante, fantástico, deslumbrante, imponente.	**Sencillo:** natural, corriente, ordinario, simple.
Alucinar: confundir, engañar, embaucar, ilusionar.	**Intuir:** percibir, vislumbrar, entrever, detectar, prever.
Aludir: referir, mencionar, citar, nombrar.	**Silenciar:** acallar, enmudecer, reservar, guardar.

Alumbramiento: iluminación, encendimiento, aclaramiento, parto.	**Apagamiento:** extinción, oscurecimiento, lobreguez, tinieblas.
Alumbrar: iluminar, aclarar, encender, aflorar.	**Apagar:** extinguir, sofocar, aplacar, disipar.
Alumno: discípulo, escolar, colegial, estudiante.	**Profesor:** maestro, educador, pedagogo, mentor.
Alusión: referencia, mención, cita, relación.	**Mudez:** silencio, reserva, callamiento, sigilo.
Aluvión: inundación, desbordamiento, torrente, enjambre.	**Sequedad:** sequía, aridez, agostamiento, marchitez.
Alza: elevación, subida, aumento, encarecimiento.	**Bajada:** rebaja, abaratamiento, depreciación, devaluación.
Alzamiento: sublevación, sedición, levantamiento, insurrección.	**Obediencia:** acatamiento, sumisión, sujeción, disciplina.
Alzar: subir, levantar, elevar, encumbrar.	**Bajar:** rebajar, disminuir, depreciar, abaratar.
Allá: allí, lejos, distante, ultratumba.	**Aquí:** acá, cerca, alrededor, próximo.
Allanamiento: aplastamiento, forzamiento, transgresión, violentamiento.	**Permisión:** consentimiento, beneplácito, venia, autorización.
Allanar: facilitar, posibilitar, obviar, resolver, preparar.	**Dificultar:** complicar, entorpecer, obstaculizar, embrollar.
Allegar: arribar, acercar, juntar, adherir.	**Alejar:** distanciar, retirar, desviar, apartar.
Allende: allá, lejos, distante, f- al otro lado.	**Alrededor:** cercano, circundante, próximo, aquí.
Amabilidad: afabilidad, cortesía, gentileza, delicadeza.	**Rudeza:** descortesía, brusquedad, aspereza, incultura.
Amable: cortés, gentil, diferente, afable.	**Descortés:** desatento, indiferente, intratable, insociable.
Amaestrar: adiestrar, enseñar, ejercitar, instruir.	**Inhabilitar:** incapacitar, imposibilitar, entorpecer, obstruir.
Amagar: amenazar, conminar, sugerir, insinuar.	**Proteger:** defender, amparar, preservar, custodiar.
Amago: indicio, señal, síntoma, inicio.	**Sofocamiento:** extinción, dominio, ahogamiento, sofocación.
Amainar: escampar, calmar, despejar, aflojar.	**Arreciar:** empeorar, recrudecer, redoblar, intensificar.
Amalgama: mezcla, combinación, fusión, aleación.	**Separación:** división, bifurcación, disgregación, diseminación.
Amalgamar: combinar, unir, mezclar, fusionar.	**Separar:** dividir, bifurcar, cercenar, disgregar.
Amanecer: alborecer, clarear, despuntar, rayar.	**Anochecer:** oscurecer, atardecer, esconderse, estrellarse.
Amanerado: afeminado, amariconado, afectado, remilgado.	**Varonil:** natural, sencillo, enérgico, viril.
Amaneramiento: afectación, rebuscamiento, doblez, fingimiento.	**Naturalidad:** espontaneidad, llaneza, simpleza.
Amansar: domar, domesticar, calmar, aplacar.	**Embravecer:** encrespar, encolerizar, sulfurar, exacerbar.

SINÓNIMOS	ANTÓNIMOS
Amante: galante, tierno, afectuoso, querido.	**Despegado:** frío, indiferente, desafecto, descariñado.
Amanuense: copista, escribiente, manuscritor, quirógrafo.	**Dactilógrafo:** mecanógrafo, ofsegrafista, mimeografista, xerografista.
Amañar: componer, preparar, falsear, falsificar.	**Confiar:** creer, fiar, esperar, depositar.
Amaño: treta, ardid, artificio, pillería.	**Ingenuidad:** candidez, inocencia, candor, puerilidad.
Amar: querer, estimar, apreciar, adorar.	**Odiar:** aborrecer, detestar, abominar, execrar.
Amargar: acibarar, agrazar, apenar, atribular.	**Endulzar:** alegrar, animar, dulcificar, mielizar.
Amargo: agrio, áspero, desagradable, doloroso.	**Dulce:** alegre, agradable, amable, grato.
Amargura: aflicción, disgusto, pesadumbre, amargor.	**Dulzura:** dulzor, deleite, bondad, afabilidad, suavidad.
Amarrar: atar, ligar, sujetar, trincar.	**Soltar:** desatar, desceñir, desunir, libertar.
Amartelarse: enamorarse, amarse, encariñarse, acaramelarse.	**Desenamorarse:** aborrecer, detestar, odiar, abominar.
Amasar: mezclar, combinar, heñir, amalgamar.	**Cercenar:** separar, bifurcar, aislar, dividir.
Amazacotado: apelmazado, compacto, abigarrado, pesado.	**Ligero:** esponjoso, fluido, suave, blando.
Ambages: rodeos, perífrasis, circunloquio, pretexto.	**Imposición:** exigencia, coerción, coacción, obligación.
Ambición: codicia, avaricia, aspiración, esperanza.	**Desinterés:** renuncia, alejamiento, despreocupación, abandono.
Ambicionar: desear, anhelar, aspirar, ansiar.	**Desdeñar:** despreciar, invalorar, odiar, detestar.
Ambicioso: codicioso, ansioso, insaciable, deseoso.	**Desdeñoso:** displicente, desinteresado, desprendido, generoso.
Ambidextro: alternativo, maniego, cambiante, f- que usa las dos manos.	**Unidextro:** rígido, invariable, estricto, f- que sólo usa una mano, unimaniego.
Ambientar: adaptar, acostumbrar, entonar, habituar.	**Desambientar:** alejar, desarraigar, inadaptar, desentonar.
Ambiente: medio, entorno, lugar, espacio.	**Génesis:** motivo, razón, causa, fuente.
Ambigüedad: anfibología, imprecisión, indeterminación, equívoco.	**Precisión:** claridad, exactitud, fidelidad, puntualidad.
Ambiguo: confuso, incierto, vacilante, dubitativo.	**Definido:** claro, preciso, concluyente, tajante.
Ámbito: recinto, espacio, contorno, perímetro.	**Reducto:** núcleo, centro, eje, bastión.
Ambrosía: manjar, miel, delicia, exquisitez.	**Insipidez:** desabrimiento, sosería, insabor, insubstancialidad.
Ambulancia: auto-hospital, coche-hospital, transportaenfermo.	**Dispensario:** enfermería, clínica, nosocomio, sanatorio.
Ambulante: errante, transeúnte, móvil, pasajero.	**Estacionario:** detenido, parado, fijo, estable.

SINÓNIMOS	ANTÓNIMOS
Amedrentar: atemorizar, acobardar, amilanar, arredrar.	**Animar:** alentar, envalentonar, confortar, exhortar.
Amenazar: conminar, apremiar, intimidar, constreñir.	**Halagar:** lisonjear, agasajar, adular, loar, agradar.
Amenguar: disminuir, menospreciar, mermar, decrecer.	**Acrecentar:** aumentar, acrecer, ponderar, magnificar.
Amenidad: deleite, atractivo, afabilidad, diversión.	**Aburrimiento:** fastidio, tedio, disgusto, abrumación.
Amenizar: encantar, atraer, matizar, deleitar.	**Aburrir:** molestar, enfadar, disgustar, repeler.
Ameno: placentero, grato, complaciente, agradable.	**Aburrido:** tedioso, hastiado, importuno, molesto.
Ameritar: merecer, meritar, lograr, ennoblecer.	**Desmerecer:** perder, deteriorar, nadizar, vanizar.
Ametrallar: acribillar, disparar, destrozar, arrasar.	**Preservar:** proteger, amparar, defender, conservar.
Amigo: adicto, afecto, devoto, camarada.	**Enemigo:** adversario, contrario, rival, antagonista.
Amilanar: acoquinar, aterrar, amedrentar, atemorizar.	**Envalentonar:** animar, entusiasmar, esforzar, provocar.
Aminorar: disminuir, mermar, reducir, paliar.	**Acrecentar:** agrandar, expandir, ensanchar, extender.
Amistad: afecto, apego, devoción, inclinación.	**Enemistad:** aversión, rivalidad, oposición, enfrentamiento.
Amistar: amigar, reconciliar, avenir, conciliar.	**Enemistar:** regañar, desavenir, desarreglar.
Amnesia: desmemoria, olvido, omisión, preterición.	**Memoria:** retentiva, rememoración, fama, recordación.
Amnistía: perdón, indulto, condonación, indulgencia.	**Sanción:** castigo, encarcelación, punición, multa.
Amnistiar: absolver, condonar, indultar, perdonar.	**Inculpar:** sentenciar, condenar, culpar, castigar.
Amodorramiento: somnolencia, letargo, sopor, aletargamiento.	**Insomnio:** vigilia, desvelo, agripnia, excitación.
Amodorrarse: adormecerse, aletargarse, adormilarse, trasponerse.	**Despabilarse:** despejarse, despertarse, desvelarse, animarse.
Amojonar: demarcar, deslindar, mojonar, separar.	**Confundir:** trastocar, enredar, embrollar, perturbar.
Amoldar: adaptar, acomodar, ajustar, aclimatar.	**Resistir:** reaccionar, rechazar, repeler, soportar.
Amoldarse: acomodarse, conformarse, habituarse, transigir.	**Rebelarse:** oponerse, insubordinarse, sublevarse, levantarse.
Amonestación: admonición, advertencia, apercibimiento, regaño.	**Aviso:** anuncio, consejo, advertencia, recomendación.
Amonestar: advertir, avisar, reprender, prevenir.	**Felicitar:** congratular, cumplimentar, exteriorizar, manifestar.
Amontonar: apilar, acumular, hacinar, aglomerar.	**Esparcir:** desparramar, dispersar, diseminar, desperdigar.

SINÓNIMOS	ANTÓNIMOS
Amor: ternura, cariño, devoción, simpatía.	**Odio:** encono, inquina, saña, antipatía.
Amoral: licencioso, libertino, vicioso, perdido.	**Virtuoso:** íntegro, moralista, ético, probo.
Amordazar: coartar, reprimir, restringir, coaccionar.	**Liberar:** rescatar, redimir, emancipar, desencadenar.
Amorfo: informe, impreciso, indefinido, confuso.	**Formado:** configurado, plasmado, modelado, moldeado.
Amoroso: afectuoso, entrañable, apasionado, cariñoso.	**Odioso:** aborrecible, detestable, repelente, antipático.
Amortiguar: mitigar, paliar, atenuar, moderar.	**Exacerbar:** irritar, agriar, agravar, exasperar.
Amortizar: rebajar, disminuir, aminorar, extinguir.	**Acrecentar:** aumentar, acrecer, agrandar, capitalizar.
Amostazar: irritar, enojar, enfurecer, indignarse.	**Calmar:** apaciguar, serenarse, amainar, suavizar.
Amotinar: sublevar, levantar, alzar, insubordinar.	**Obedecer:** acatar, respetar, cumplir, disciplinar.
Amparar: proteger, defender, favorecer, escudar.	**Abandonar:** dejar, huir, desatender, desamparar.
Amparo: protección, ayuda, apoyo, refugio, atención.	**Abandono:** desamparo, desatención, descuido, indefensión.
Ampliación: aumento, desarrollo, magnificación, extensión.	**Reducción:** achicamiento, empequeñecimiento, acortamiento, comprensión.
Ampliar: extender, aumentar, ensanchar, agrandar.	**Reducir:** condensar, resumir, achicar, acortar.
Amplificar: aumentar, extender, desarrollar, ampliar.	**Reducir:** acortar, disminuir, limitar, rebajar.
Amplitud: extensión, espaciosidad, anchura, holgura.	**Exigüidad:** estrechez, pequeñez, reducción, insuficiencia.
Ampulosidad: pomposidad, grandilocuencia, énfasis, redundancia.	**Sencillez:** llaneza, naturalidad, confianza, espontaneidad.
Ampuloso: inflado, pomposo, redundante, altisonante.	**Sencillo:** natural, llano, propio, moderado.
Amputación: mutilación, escisión, cercenamiento, lisiamiento.	**Anexión:** ligamiento, mancomunación, unión, amalgama.
Amputar: cercenar, cortar, separar, truncar.	**Unir:** anexar, ligar, enlazar, armonizar.
Amuleto: talismán, fetiche, mascota, filacteria.	**Reliquia:** recuerdo, valía, vestigio, huella.
Anacoreta: solitario, ermitaño, eremita, cenobita.	**Acompañado:** emparejado, escoltado, conducido, llevado.
Anacronismo: extemporaneidad, equivocación, anacrología, incoherencia.	**Cronologismo:** adecuación, concordancia, correlación, armonía.
Anacrótico: extemporáneo, impropio, equivocado, incongruente.	**Propio:** adecuado, oportuno, conveniente, contemporáneo.
Anáfora: repetición, duplicidad, redundancia, dilogía.	**Variedad:** diferencia, diversidad, variación, amenidad.
Analectas: antología, crestomatía, selección, colección.	**Embrollo:** confusión, enmarañamiento, revolute, heterogeneidad.

SINÓNIMOS	ANTÓNIMOS
Analéptico: reconstituyente, vigorizante, potencial, energizante.	**Debilitante:** desfalleciente, extenuante, postrante, enervante.
Anales: memorias, crónicas, comentario, historia.	**Olvidos:** omisión, descuido, distracción, inadvertencia.
Analfabetismo: ignorancia, incultura, ineducación, desconocimiento.	**Ilustración:** sabiduría, cultura, conocimiento, educación.
Análisis: razonamiento, examen, estudio, descomposición.	**Síntesis:** esquema, esbozo, resumen, compendio.
Analítico: examinante, deduciente, inferidor, descomponente.	**Superficial:** infundante, superficiario, externizante, charallante.
Analizar: separar, disntiguir, estudiar, examinar.	**Sintetizar:** resumir, compendiar, extractar, condensar.
Analogía: similitud, semejanza, equivalencia, afinidad.	**Diferencia:** desigualdad, contrariedad, oposición, disparidad.
Análogo: similar, idéntico, gemelo, homogéneo, parecido.	**Diferente:** desigual, distinto, disímil, heterogéneo.
Anarquía: desorden, confusión, caos, desconcierto.	**Disciplina:** orden, obediencia, observación, doctrina.
Anatema: imprecación, maldición, excomunión, condena.	**Canonización:** santificación, beatificación, bendición, consagración.
Anatemizar: condenar, censurar, reprobar, excomulgar.	**Aprobar:** aplaudir, bendecir, consagrar, aceptar.
Anciano: viejo, cano, vetusto, longevo.	**Joven:** mozo, gallardo, lozano, mancebo.
Áncora: ancla, boya, baliza, esperanza.	**Dique:** malecón, tajamar, rompeolas, terraplén.
Ancho: amplio, dilatado, extenso, espacioso, holgado.	**Estrecho:** delgado, angosto, limitado, ajustado.
Andanada: descarga, salva, repetición, reprimenda.	**Elogio:** palmoteo, cumplimiento, aprobación, aclamación.
Andar: caminar, circular, avanzar, marchar.	**Detenerse:** pararse, frenar, estacionarse, descansar.
Andariego: errante, andante, deambulante, caminante.	**Casero:** hogareño, familiar, doméstico, tranquilo.
Andrajoso: harapiento, haraposo, astroso, guiñapiento.	**Flamante:** lucido, brillante, centelleante, rutilante.
Andrógino: hermafrodita, bisexual, bigénere.	**Unisexual:** normal, natural, singular, unigénere.
Andrómina: mentira, embuste, engaño, enredo.	**Verdad:** certeza, autenticidad, evidencia, axioma.
Anécdota: historieta, chascarrillo, sucedido, f- breve hecho vivido.	**Ficción:** apariencia, engaño, quimera, invención.
Anegar: inundar, sumergir, ahogar, encharcar.	**Achicar:** secar, enjugar, desecar, agostar.
Anémico: desnutrido, inapetente, lánguido, pálido.	**Vigoroso:** fuerte, sano, robusto, enérgico, potente.
Anestesia: narcosis, insensibilidad, analgesia, dormitivo.	**Sensibilidad:** viveza, perceptibilidad, delicadeza, sentimentalidad.
Anestesiar: insensibilizar, adormecer, eterizar, calmar.	**Despertar:** sensibilizar, avivar, desvelar, incitar.

Anexar: agregar, unir, incorporar, acompañar.
Separar: disgregar, desligar, desasir, desenlazar.

Anfibio: ambivalente, biambiente, ambiambiente, f- tierra-mar.
Unifibio: uniambiente, univalente, terrícola, acuícola.

Anfibología: ambigüedad, equívoco, imprecisión, duplicidad.
Claridad: precisión, exactitud, distinción, delimitación.

Ánfora: jarra, cántaro, vasija, f- medida antigua.
Vaso: copa, póculo, pote, bernegal.

Angelical: seráfico, angélico, candoroso, ingenuo, bello.
Infernal: demoniaco, perverso, maligno, pérfido.

Angostar: estrechar, reducir, ceñir, encajonar.
Ensanchar: ampliar, dilatar, extender, holgar.

Ángulo: esquina, rincón, recodo, arista.
Círculo: redondel, órbita, cerco, circunferencia.

Angustia: ansiedad, aflicción, congoja, tribulación.
Regocijo: alborozo, alegría, júbilo, tranquilidad.

Angustiar: acongojar, agobiar, apenar, atribular.
Animar: consolar, tranquilizar, sosegar, calmar.

Anhelar: desear, esperar, ansiar, aspirar.
Desistir: dejar, renunciar, abandonar, dimitir.

Anhelo: deseo, gana, afán, ansia.
Desgana: hastío, tedio, apatía, desinterés.

Animación: actividad, agitación, movimiento, viveza.
Desanimación: desinterés, desánimo, flema, pasividad.

Animadversión: enemistad, malquerencia, animosidad, antipatía.
Amistad: simpatía, lealtad, camaradería, aprecio.

Animalizar: embrutecer, entontecer, f- convertir los alimentos en nutrientes:
Civilizar: cultivar, desanimalar, mejorar, humanizar.

Animar: alentar, esforzar, confortar, exhortar.
Disuadir: desanimar, desalentar, decepcionar, abatir.

Anímico: espiritual, emocional, psíquico, interior.
Corporal: material, somático, orgánico, corpóreo.

Ánimo: coraje, arrojo, valentía, energía, esfuerzo.
Desaliento: desánimo, cobardía, temor, apocamiento.

Animosidad: ojeriza, inquina, odio, desafecto.
Apego: inclinación, tendencia, afecto, simpatía.

Aniquilación: aniquilamiento, asolación, destrucción, masacre.
Conservación: mantenimiento, defensa, vida.

Aniquilar: destruir, exterminar, abatir, anonadar.
Crear: concebir, forjar, idear, inventar.

Aniversario: conmemoración, celebración, evocación, cumpleaños.
Silencio: mutismo, inadvertencia, ocultación, reticencia.

Anochecer: atardecer, obscurecer, crepúsculo, ocaso.
Amanecer: alborear, rayar, despuntar, alborecer.

Anodino: insubstancial, insignificante, nimio, ineficaz.
Importante: capital, primordial, genial, relevante.

Anomalía: anormalidad, rareza, extrañeza, impreciso.
Regularidad: normalidad, uniformidad, periodicidad, precisión.

Anonadar: humillar, aniquilar, abatir, postrar.
Exaltar: realzar, entronizar, enaltecer, enfervorizar.

Anónimo: ignorado, desconocido, ignoto, secreto.	**Conocido:** sabido, advertido, entendido, comprendido.
Anormal: anómalo, irregular, desusado, estrambótico.	**Normal:** usual, habitual, regular, común.
Anotar: apuntar, registrar, trasuntar, señalar.	**Borrar:** tachar, eliminar, suprimir, excluir.
Anquilosar: paralizar, agarrotar, tullir, atrofiar.	**Acuciar:** impulsar, apremiar, instar, impeler.
Ansiedad: impaciencia, angustia, agitación, preocupación.	**Serenidad:** calmosidad, sosiego, pasividad, sensatez.
Antagónico: opuesto, contrario, adversario, incompatible.	**Favorable:** propio, propicio, benigno, congruente.
Antagonismo: rivalidad, oposición, disensión, enemistad.	**Concordia:** armonía, fraternidad, conformidad, camaradería.
Antaño: antes, antiguamente, entonces, otrora.	**Hogaño:** ahora, recién, actual, hodierno.
Antecedente: precedente, anterior, informe, noticia.	**Siguiente:** posterior, subsiguiente, sucesor, ulterior.
Anteceder: preceder, anticipar, adelantar, preliminar.	**Seguir:** continuar, proseguir, acosar, perseguir.
Antelación: anticipación, prelación, precedencia, prioridad.	**Dilación:** demora, retraso, tardanza, postergación.
Anteponer: preferir, preponer, aventajar.	**Posponer:** humillar.
Anterior: previo, precedente, antecedente, precursor.	**Posterior:** siguiente, ulterior, consecutivo, posteriormente.
Antes: anteriormente, primeramente.	**Después:** luego, posteriormente.
Antibiótico: microorganicida, antígeno, febricida, anticuerpo.	**Contagioso:** infeccioso, contaminante, infectante, inoculante.
Anticipación: antelación, adelanto, madrugación, evolución.	**Postergación:** aplazamiento, demora, rezago, preterización.
Anticipar: adelantar, aventajar, evolucionar, madrugar.	**Retrasar:** demorar, posponer, diferir, retardar.
Anticonstitucional: ilegal, contrario, indebido, arbitrario.	**Constitucional:** legal, legítimo, lícito, vigente.
Anticuado: caduco, anacrónico, antiguo, obsoleto.	**Moderno:** actual, nuevo, reciente, imperante.
Antídoto: contraveneno, antitóxico, anticuerpo, antibiótico.	**Toxina:** veneno, tósigo, infección, ponzoña.
Antigüedad: vetustez, prehistoria, vejez, proclividad.	**Actualidad:** modernidad, presente, ahora, hodiernidad.
Antinatural: contranatural, falso, aberrante, anormal.	**Auténtico:** natural, normal, lógico, evidente.
Antinomia: oposición, contradicción, discordancia, antítesis.	**Concordancia:** conformidad, acuerdo, avenencia, anuencia.
Antipatía: aversión, repulsión, repugnancia, aborrecimiento.	**Simpatía:** afinidad, inclinación, predilección, correspondencia.
Antipático: grosero, odioso, agrio, insolente.	**Amable:** simpático, agradable, cordial, afectuoso.

SINÓNIMOS	ANTÓNIMOS
Antípoda: opuesto, contrario, antagónico, contradictorio.	**Similar:** igual, equivalente, idéntico.
Antítesis: oposición, contrariedad, antinomia, paradoja.	**Armonía:** concordancia, concierto, conformidad, cohesión.
Antitético: opuesto, contrario, antinómico, contrastivo.	**Concertante:** armónico, concordante, congruente, conformante.
Antojadizo: caprichoso, veleidoso, mudable, versátil.	**Constante:** consecuente, perseverante, tenaz, duradero.
Antología: florilegio, selección, crestomatía, analectas.	**Vulgaridad:** banalidad, trivialidad, ramplonería, insignificancia.
Antónimo: contrario, opuesto.	**Sinónimo:** equivalente, semejante.
Antonomasia: excelencia, excelsitud, grandiosidad, magnificencia.	**Inferioridad:** medianía, imperfección, dependencia, insignificancia.
Antorcha: lumbrera, guía, orientación, norte, luz.	**Obscuridad:** lobreguez, negrura, tinieblas, ofuscamiento.
Antuvión: golpe, hecho, acontecimiento, sorpresa.	**Caricia:** mimo, afecto, arrumaco, zalamería.
Anudar: atar, enlazar, ligar, sujetar.	**Desatar:** soltar, desligar.
Anudrir: extenuar, consumir, desnutrir, pauperizar.	**Robustecer:** vigorizar, tonificar, fortalecer, enriquecer.
Anuencia: consentimiento, venia, asentimiento, aquiescencia.	**Denegación:** rechazo, reprobación, oposición, vedamiento.
Anuente: consciente, aquiescente, aprobante, autorizante.	**Denegante:** opositor, vedante, prohibiente, reprobante.
Anular: abolir, derogar, abrogar, invalidar.	**Validar:** aprobar, legalizar, legitimar, homologar.
Anunciar: avisar, notificar, informar, participar.	**Callar:** silenciar, omitir, enmudecer, musitar.
Anverso: faz, cara, haz, frente.	**Reverso:** cruz, envés, verso, vuelto.
Añadir: agregar, incrementar, aumentar, incorporar.	**Quitar:** privar, substraer, retirar, despojar.
Añejo: añoso, viejo, antiguo, vetusto.	**Reciente:** nuevo, flamante, moderno, actual.
Añicos: pedazos, trizas, fragmentos, partes.	**Entero:** total, completo, íntegro, cabal.
Añoranza: nostalgia, morriña, melancolía, saudade.	**Amnesia:** olvido, preterición, omisión, posposición.
Añorar: evocar, acordarse, recordar, rememorar.	**Olvidar:** preterir, abandonar, omitir, amnesiar.
Apabullar: aplastar, humillar, estrujar, anonadar.	**Halagar:** adular, alabar, complacer, lisonjear.
Apacible: tranquilo, sosegado, reposado, pacífico.	**Rabioso:** iracundo, sulfurante, bilioso, irritable.
Apaciguar: tranquilizar, pacificar, sosegar, aplacar.	**Exasperar:** irritar, exacerbar, alterar, impacientar.
Apadrinar: proteger, patrocinar, favorecer, auspiciar.	**Desentenderse:** olvidarse, descuidarse, omitir, silenciar.
Apagar: obscurecer, extinguir, sofocar, reprimir.	**Encender:** iluminar, alumbrar, irradiar, inflamar.

Apañar: asir, coger, ataviar, componer.
Liberar: soltar, emancipar, excarcelar, desenjaular.

Aparar: recoser, preparar, adornar, igualar.
Partir: separar, repartir, fraccionar, cercenar.

Aparato: instrumento, artefacto, máquina, ostentación.
Nadería: nimiedad, fruslería, necedad, bagatela.

Aparatoso: dramático, ostentoso, fastuoso, solemne.
Sobrio: sencillo, elemental, moderado.

Aparcar: colocar, ubicar, situar, poner.
Desubicar: desacomodar, descolocar, sacar, quitar.

Aparear: arreglar, juntar, f- unir las hembras con los machos.
Separar: dividir, cercenar, desunir, desarreglar.

Aparecer: asomar, surgir, mostrar, manifestarse.
Desaparecer: esconderse, ocultarse, encerrarse, esfumarse.

Aparejar: disponer, aprestar, preparar, instrumentar.
Desaparejar: desaprestar, desmontar, desvincular, desligar.

Aparentar: fingir, simular, figurar, camuflar.
Revelar: admitir, aceptar, descubrir, confesar.

Aparente: supuesto, ficticio, ilusorio, postizo.
Real: auténtico, verdadero, fidedigno, legítimo.

Aparición: visión, espectro, fantasma, fenómeno.
Realidad: evidencia, certidumbre, convicción, efectividad.

Apariencia: aspecto, traza, forma, verosimilitud.
Realidad: efectividad, autencidad, concreción, existencia.

Apartamento: vivienda, morada, habitación, residencia.
Erial: baldío, eriazo, campo, yermo.

Apartamiento: separación, aislamiento, división, alejamiento.
Acercamiento: aproximación, avecinamiento, allegamiento, yuxtaposición.

Apartar: alejar, retirar, desviar, distraer.
Acercar: arrimar, aproximar, allegar, avecinar.

Apasionado: vehemente, ardiente, impetuoso, entusiasta.
Desapasionado: frío, desinteresado, impasible, indiferente.

Apasionante: excitante, patético, emocionante, conmovedor.
Aquietante: mitigante, tranquilizante, desanimante, descongestionante.

Apasionar: exaltar, entusiasmar, transtornar, inflamar.
Desengañar: desinteresar, desentusiasmar, decepcionar, desalentar.

Apatía: indolencia, indiferencia, displicencia, incuria.
Pasión: ardor, vehemencia, afición, encantamiento.

Apático: indiferente, abúlico, displicente, indolente.
Apasionado: vehemente, entusiasta, ardoroso, delirante.

Apear: descender, bajar, desmontar, disuadir.
Subir: montar, ascender, elevar, aupar.

Apechugar: apechar, enfrentar, afrontar, oponer.
Rechazar: repeler, rehusar, impugnar, desestimar.

Apegarse: encariñarse, simpatizar, aficionarse, adherirse.
Enemistarse: odiarse, desunir, distanciar, dividir.

Apego: inclinación, afición, tendencia, interés.
Desapego: frialdad, alejamiento, distanciamiento, desafecto.

Apelación: interposición, recurso, solicitación, reclamación.

Apelar: acudir, recurrir, clamar, suplicar.

Apelativo: nombre, apellido, distintivo, señal.

Apelmazado: compacto, denso, apretado, amazacotado.

Apelotonar: amontonar, acumular, atiborrar, apiñar.

Apenado: triste, apesadumbrado, atribulado, afligido.

Apenar: entristecer, apesadumbrar, afligir, acongojar.

Apéndice: agregado, suplemento, prolongación, extensión.

Apercibimiento: aviso, prevención, notificación, advertencia.

Apercibir: disponer, prevenir, amonestar, notificar.

Apergaminado: acartonado, marchito, momificado, seco.

Aperreado: molesto, incómodo, difícil, trabajoso.

Apertura: inauguración, principio, estreno, culminación.

Apesadumbrar: apesarar, atribular, acongojar, entristecer.

Apestar: corromper, causar, heder, viciar, maloler.

Apestoso: hediondo, corrompido, maloliente, pestilente.

Apetecer: desear, ambicionar, anhelar, codiciar.

Apetito: deseo, gana, inclinación, sensación, hambre.

Apiadarse: compadecerse, condolerse, compungirse, conmoverse.

Ápice: pequeñez, exigüidad, menudencia, insignificancia.

Apilar: acumular, amontonar, juntar, hacinar.

Apiñar: apilar, juntar, estrechar, agrupar.

Apiolar: prender, atar, sujetar, amarrar.

Aplacamiento: alivio, atenuación, mitigación, moderación.

Aprobación: aceptación, conformidad, asentimiento, admisión.

Prescindir: abstenerse, privarse, evitar, silenciar.

Confuso: desorden, enmarañante, mixto, desconcertante.

Suelto: blando, suave, ligero, esponjoso.

Desperdigar: dispersar, esparcir, disgregar, diseminar.

Alegre: animado, contento, gozoso, jubiloso.

Alegrar: animar, contentar, divertir, deleitar.

Acortamiento: reducción, disminución, achicamiento, restricción.

Omisión: olvido, silencio, velación, supresión.

Desatender: descuidar, desestimar, desoír, menospreciar.

Lozano: fresco, sano, rozagante, saludable.

Cómodo: sencillo, fácil, adecuado, agradable.

Clausura: cierre, cesación, aislamiento, finalización.

Alegrar: animar, alborozar, regocijar, satisfacer.

Prevenir: advertir, prever, precaver, impedir.

Aromático: fragante, oloroso, perfumado.

Desistir: cesar, abandonar, olvidar, desentenderse.

Inapetencia: desgana, anorexia, disorexia, saciedad.

Ensañarse: cebarse, regodearse, encarnizarse, enconarse.

Grandeza: extensión, inmensidad, tamaño, enormidad.

Esparcir: diseminar, disgregar, dispersar, desasir.

Disgregar: separar, desprender, desligar, desenlazar.

Soltar: desceñir, desatar, desligar, desenlazar.

Irritación: excitación, agitación, nerviosismo.

SINÓNIMOS	ANTÓNIMOS
Aplacar: calmar, serenar, amansar, moderar.	**Irritar:** excitar, sulfurar, azuzar, enfurecer.
Aplanamiento: abatimiento, decaimiento, dasaliento, extenuación.	**Fortalecimiento:** ánimo, energía, resolución.
Aplanar: explanar, igualar, allanar, debilitar.	**Horadar:** perforar, hollar, agujerear, taladrar.
Aplastado: achatado, aplanado, romo, comprimido.	**Agudo:** saliente, afilado, punzante, puntiagudo.
Aplastar: comprimir, apabullar, abatir, humillar.	**Exaltar:** elogiar, glorificar, condescender, lisonjear.
Aplaudir: palmotear, encomiar, celebrar, ponderar.	**Abuchear:** pifiar, silbar, rechiflar, protestar.
Aplauso: aclamación, ovación, felicitación, palmoteo.	**Abucheo:** censura, reproche, protesta, bronca.
Aplazar: postergar, prorrogar, demorar, lentificar.	**Anticipar:** adelantar, aligerar, acelerar, precipitar.
Aplicación: adopción, atención, interés, asiduidad.	**Negligencia:** omisión, desaplicación, desidia, dejadez.
Aplicado: estudioso, trabajador, laborioso, perseverante.	**Perezoso:** inconstante, vago, indolente, dejado, negligente.
Aplicar: sancionar, castigar, condensar, imponer.	**Absolver:** indultar, condonar, conmutar, sobreseer.
Aplomado: sereno, sensato, juicioso, prudente.	**Insensato:** irreflexivo, inseguro, imprudente.
Aplomo: gravedad, seguridad, serenidad, madurez.	**Vacilación:** duda, incertidumbre, perplejidad, irresolución.
Apocado: tímido, vergonzoso, retraído, timorato.	**Atrevido:** decidido, valiente, intrépido, audaz, lanzado.
Apocalíptico: horrible, aterrador, espeluznante, dantesco.	**Grato:** alegre, agradable, placentero, gustoso.
Apocamiento: cortedad, pusilanimidad, timidez, encogimiento.	**Osadía:** valentía, intrepidez, arrojo, desenvoltura.
Apocar: minorar, mermar, acortar, limitar.	**Aumentar:** acrecer, incrementar, crecer, progresar.
Apócrifo: supuesto, falso, fingido, simulado.	**Auténtico:** fidedigno, legítimo, verdadero, genuino.
Apoderar: facultar, conferir, otorgar, asignar.	**Desautorizar:** denegar, descalificar, incapacitar, desconceptuar.
Apodíctico: demostrativo, convincente, explicativo, decisivo.	**Anodino:** ineficaz, insuficiente, ignorado, decadente.
Apogeo: plenitud, auge, culminación, desarrollo.	**Decadencia:** ruina, ocaso, declinación, postrimería.
Apolíneo: apuesto, hermoso, perfecto, guapo.	**Feo:** imperfecto, deforme, entiestético, repugnante.
Apología: elogio, alabanza, justificación, defensa.	**Diatriba:** crítica, murmuración, vituperio, catilinaria.
Apologizar: elogiar, encomiar, panegirizar, alabar.	**Criticar:** censurar, reprobar, murmurar, satirizar.

SINÓNIMOS	ANTÓNIMOS
Apólogo: fábula, cuento, ficción, parábola.	**Verdad:** axioma, dogma, evidencia, certidumbre.
Apoltronado: repantingado, comodón, aplatanado, ocioso.	**Dinámico:** activo, diligente, enérgico, trabajador.
Aporrear: golpear, apalear, bastonar, sacrificar.	**Alentar:** estimular, animar, confortar, incitar.
Aportar: contribuir, llevar, suscribir, proporcionar.	**Sacar:** extraer, extirpar, colegir, lograr.
Aporte: contribución, ayuda, aportación, participación.	**Negación:** negativa, denegación, olvido, abandono.
Aposar: detener, contener, estancar, atajar.	**Impulsar:** impeler, empujar, incitar, empellar.
Aposentar: alojar, instalar, establecer, hospedar.	**Mudarse:** desalojar, irse, marcharse, emigrar.
Aposento: habitación, vivienda, morada, estancia.	**Pocilga:** corral, establo, cocha, porqueriza.
Aposición: convergencia, afluencia, f- reunión de dos elementos análogos sin conjunción.	**Disyunción:** división, separación, dislocación, alejamiento.
Apostar: situar, colocar, emboscar, poner.	**Liberar:** eximir, aliviar, exonerar, emancipar.
Apostasía: adjuración, retracción, denegación, deserción.	**Conversión:** mutación, transmutación, transformación, metamorfosis.
Apóstata: renegado, desertor, perjuro, traidor.	**Fiel:** leal, honesto, sincero, legal.
Apostatar: renegar, adjurar, desertar, traicionar.	**Convertirse:** catequizar, persuadir, mudarse, convencerse.
Apóstol: defensor, propagador, misionero, evangelizador.	**Forajido:** bandido, criminal, facineroso, proscrito.
Apostrofar: achacar, inculpar, acusar, motejar.	**Defender:** proteger, amparar, resguardar, preservar.
Apoteósico: apoteótico, grandioso, sobresaliente, portentoso.	**Anatemático:** condenativo, reprobante, estigmativo, apostrofante.
Apoteosis: exaltación, ensalzamiento, grandiosidad, deificación.	**Condenación:** reprobación, anatema, desaprobación, sanción.
Apoyar: amparar, proteger, favorecer, cimentar.	**Atacar:** refutar, impugnar, agredir, debilitar.
Apoyo: base, soporte, protección, ayuda.	**Oposición:** crítica, ataque, censura, reproche.
Apreciación: evaluación, valoración, juicio, dictamen.	**Invaloración:** menosprecio, desprecio, nimiedad, insignificancia.
Apreciar: valorar, estimar, evaluar, calificar, reconocer.	**Menospreciar:** despreciar, desdeñar, desechar, vilipendiar.
Aprecio: afecto, estima, cariño, amor, reconocimiento.	**Descrédito:** desestimación, indiferencia, antipatía, odio.
Aprehender: asir, coger, capturar, acosar.	**Soltar:** libertar, liberar, emancipar, desasir.
Apremiar: instar, acuciar, urgir, acosar, compeler.	**Eximir:** libertar, revelar, condonar, perdonar.

SINÓNIMOS	ANTÓNIMOS
Apremio: apuro, urgencia, premura, acucia.	**Demora:** aplazamiento, tardanza, espera, dilatoria.
Aprender: estudiar, instruirse, cultivarse, educarse.	**Olvidar:** preterir, relegar, descuidar, omitir.
Aprendiz: discípulo, alumno, aspirante, estudiante.	**Maestro:** experto, veterano, profesor, instructor.
Aprendizaje: noviciado, tirocinio, instrucción, pasantía.	**Maestría:** destreza, ingenio, arte, habilidad.
Aprensión: temor, recelo, desconfianza, escrúpulo.	**Seguridad:** certeza, confianza, garantía, evidencia.
Aprensivo: receloso, temeroso, suspicaz, desconfiado.	**Despreocupado:** tranquilo, flemático, confiado.
Apresar: capturar, aprehender, aprisionar, detener.	**Soltar:** libertar, excarcelar, desceñir, desasir.
Aprestar: preparar, disponer, aviar, aderezar.	**Realizar:** efectuar, ejecutar, hacer, improvisar.
Apresuramiento: prisa, premura, urgencia, apremio.	**Lentitud:** tardanza, dilación, duración, morosidad.
Apresurar: aligerar, acelerar, adelantar, impulsar.	**Retardar:** detener, paralizar, sujetar, interrumpir.
Apretado: cicatero, mezquino, avaro, agarrado.	**Desprendido:** generoso, liberal, magnánimo, dadivoso.
Apretar: aprensar, apretujar, oprimir, estrechar.	**Aflojar:** ceder, debilitar, amainar, distender.
Apretujar: comprimir, oprimir, apretar, constreñir.	**Liberar:** soltar, libertar, desenmallar, liberalizar.
Aprieto: apuro, conflicto, compromiso, necesidad.	**Soltura:** desembarazo, desenvoltura, comodidad, desahogo.
Apriorismo: razonamiento, argumento, demostración, explicación.	**Irreflexión:** imprudencia, disparate, aberración.
Apriorístico: juicioso, razonable, demostrativo, evidenciante.	**Irreflexivo:** atropellado, imprudente, precipitado, atolondrado.
Aprisa: deprisa, rápidamente, pronto, rápido, urgente.	**Lentamente:** despacio, pausadamente, tranquilamente.
Aprisionar: atar, sujetar, prender, encarcelar.	**Emancipar:** desatar, liberar, excarcelar, manumitir.
Aprobación: conformidad, anuencia, asentimiento, aquiescencia.	**Reprobación:** desaprobación, denegación, rechazo, negativa.
Aprobado: apto, capacitado, capaz, admitido, suficiente.	**Suspenso:** rechazado, incompetente, inepto, insuficiente.
Aprobar: asentir, consentir, admitir, aceptar.	**Reprobar:** desaprobar, censurar, condenar, reconvenir.
Aprontar: disponer, prevenir, preparar, entregar.	**Retardar:** atrasar, diferir, retrasar, aplazar.
Apropiado: adecuado, conveniente, oportuno, ajustado.	**Inapropiado:** inadecuado, impropio, inoportuno, improcedente.
Apropiar: adecuar, acomodar, adaptar, ajustar.	**Inconvenir:** dificultar, entorpecer, impedir, estorbar.

Aprovechable: útil, servible, aplicable, explotable.

Aprovechar: utilizar, usufructuar, disfrutar, explotar.

Aprovisionamiento: abastecimiento, avituallamiento, suministro, almacenamiento.

Aproximación: acercamiento, proximidad, avecinamiento, cálculo.

Aproximar: acercar, allegar, arrimar, avecinar.

Aptitud: idoneidad, capacidad, competencia, suficiencia.

Apto: capaz, idóneo, capacitado, competente, adecuado.

Apuesto: gallardo, airoso, bizarro, arrogante.

Apuntalar: apoyar, sostener, afirmar, consolidar.

Apuntar: anotar, asentir, indicar, señalar.

Apunte: nota, esbozo, boceto, croquis.

Apurado: apremiante, dificultoso, pobre, necesitado.

Apurar: agotar, acabar, acelerar, apresurar.

Apuro: angustia, aprieto, problema, dilema, desasosiego.

Aquejar: afligir, apenar, apesadumbrar, atribular.

Aquelarre: orgía, bacanal, brujería, magia.

Aquiescencia: consentimiento, aprobación, permiso, venia.

Aquietar: calmar, tranquilizar, apaciguar, pacificar.

Aquilatar: evaluar, estimar, compensar, cotizar, aforar.

Aquistar: conseguir, recabar, adquirir, conquistar.

Arancel: tarifa, derecho, tasa, cuantía.

Arañar: rasar, rasguñar, escarbar, recoger.

Arar: remover, escarbar, trastornar, desplazar.

Arbitrar: dictaminar, juzgar, procurar, concordar.

Inaprovechable: inutilizable, inútil, infructuoso, inservible.

Desechar: excluir, rechazar, desestimar, desperdiciar.

Escasez: insuficiencia, exigüidad, penuria, desabastecimiento.

Alejamiento: apartamiento, distanciamiento, ahuyentamiento, desviación.

Alejar: distanciar, apartar, retirar, desviar.

Ineptitud: incapacidad, inhabilidad, torpeza, rareza.

Inepto: incompetente, incapaz, suspenso, inadecuado.

Desgarbardo: descuidado, desarreglado, abandonado, desaliñado.

Desalentar: deanimar, acoquinar, abatir, amedrentar.

Omitir: callar, silenciar, prescindir, suprimir.

Motivo: razón, circunstancia, móvil, objeto.

Sencillo: fácil, simple, desahogado, tranquilo, natural.

Retardar: demorar, aplazar, detener, postergar.

Tranquilidad: despreocupación, sosiego, alivio, bienestar.

Confortar: consolar, estimular, animar, alentar.

Silencio: sigilo, reserva, mutismo, tranquilidad.

Denegación: desaprobación, negación, desestimación, inadmisión.

Excitar: inquietar, provocar, incitar, instigar.

Depreciar: desvalorar, desestimar, menospreciar, rebajar.

Perder: zozobrar, destruir, arruinar, derrotar.

Perplejidad: vacilación, incertidumbre, inseguridad, indecisión.

Abrazar: besar, mimar, halagar, agradar.

Fijar: sujetar, consolidar, inmovilizar, estabilizar.

Vacilar: titubear, dudar, flucturar, turbar.

Arbitrariedad: abuso, atropello, injusticia, iniquidad.

Arbitrario: ilegal, injusto, abusivo, improcedente.

Arbitrio: ilegal, injusto, antojadizo, infundado.

Arbolar: levantar, enarbolar, izar, arborizar.

Arcaico: antiguo, viejo, añoso, anticuado, obsoleto.

Arcaizar: envejecer, marchitar, obsoletizar, desgastar.

Arcano: secreto, misterioso, recóndito, enigmático.

Archivar: guardar, registrar, protocolizar, conservar.

Arder: quemar, abrasar, encender, prender.

Ardid: treta, maña, artificio, astucia.

Ardiente: candente, hirviente, vehemente, fervoroso.

Ardor: vehemencia, entusiasmo, pasión, dolor.

Ardoroso: vigoroso, ardiente, apasionado, encendido.

Arduo: difícil, trabajoso, dificultoso, complicado.

Área: extensión, superficie, dimensión, espacio, delimitación.

Arenga: perorata, alocución, discurso, oración.

Argucia: sutileza, apariencia, treta, tergiversación.

Argüir: alegar, replicar, contradecir, discutir.

Argumentar: razonar, argüir, replicar, cuestionar.

Argumentativo: convincente, probativo, deductivo, cuestionable.

Aridez: sequedad, enjutez, esterilidad, infecundidad.

Árido: seco, estéril, yermo, baldío.

Ariete: delantero, embestidor, empujador, elevador.

Arisco: huraño, áspero, hosco, esquivo.

Aristocracia: nobleza, distinción, finura, patricidad.

Justicia: derecho, razón, equidad, imparcialidad.

Justo: legal, reglamentario, imparcial, firme.

Consecuente: justo, razonable, fundado, conveniente.

Bajar: descender, disminuir, desmontar, arriar.

Reciente: fresco, moderno, actual, contemporáneo.

Renovar: rejuvenecer, reparar, actualizar, hodiernizar.

Patente: manifiesto, evidente, palmario, ostensible.

Extraviar: perder, traspapelar, confundir, equivocar.

Sofocar: apagar, enfriar, extinguir, mitigar.

Rectitud: derechura, integridad, sinceridad, imparcialidad.

Flemático: reposado, calmoso, tranquilo, sereno.

Frialdad: apatía, dejadez, indiferencia, desatención.

Apagado: frío, dejado, indiferente, desatento.

Fácil: cómodo, sencillo, elemental, probable, simple.

Limitación: restricción, demarcación, cortapisa, deslindamiento.

Sanción: norma, venia, aprobación, punición.

Necedad: desatino, bobada, disparate, sandez.

Aprobar: asentir, consentir, aceptar, admitir.

Disentir: discrepar, divergir, discordar, desavenir.

Impugnativo: refutativo, rebatitorio, replicativo, redargüible.

Fecundidad: fertilidad, feracidad, abundancia, exuberancia.

Fértil: fecundo, exuberante, feraz, productivo.

Defensor: protector, velador, paladín, cancerbero.

Sociable: cordial, afable, tratable, comunicativo.

Democracia: igualdad, justicia, equidad, acuerdo.

Aristócrata: noble, patricio, ilustre, distinguido.
Plebeyo: trabajador, humilde, proletario.

Armar: montar, disponer, construir, promover.
Desarmar: desmontar, desunir, apartar, alejar.

Armazón: andamio, armadura, montura, estructura.
Desperdigamiento: desparramamiento, esparcimiento, diseminación, separación.

Armisticio: tregua, cesación, interrupción, suspensión.
Guerra: hostilidad, rivalidad, discordia, batalla.

Armonía: conformidad, concordancia, cadencia, euritmia.
Discrepancia: desarmonía, disonancia, divergencia, dilogía.

Armonioso: armónico, melodioso, cadencioso, rítmico.
Discordante: disonante, estridente, chillón, estruendoso.

Armonizar: concordar, consonar, avenir, concertar.
Enemistar: desarmonizar, indisponer, malquistar, desavenir.

Aroma: perfume, fragancia, esencia, sahumerio.
Fetidez: hedor, hediondez, pestilencia, peste.

Aromático: fragante, aromatizado, oloroso, perfumado.
Maloliente: pestilente, hediondo, fétido, apestoso.

Arpía: bruja, diabólica, furia, basilisco, codiciosa.
Bondad: mansedumbre, benignidad, piedad, caridad.

Arquear: doblar, encorvar, torcer, combar.
Enderezar: encausar, guiar, encaminar, dirigir.

Arquetipo: ejemplar, espécimen, selecto, dechado.
Ordinario: vulgar, mediocre, común, prosaico.

Arrabal: barrio, población, extremos, afuera.
Centro: núcleo, corazón, foco, abigarramiento.

Arrabalero: vulgar, ordinario, chabacano, soez.
Educado: exquisito, fino, instruido, correcto.

Arraigar: enraizar, radicar, habituar, establecer.
Erradicar: arrancar, extirpar, desarraigar, sacar.

Arrancar: sacar, quitar, huir, arrebatar.
Plantar: colocar, poner, arborizar, fundar.

Arranque: arrebato, impulso, crisis, principio.
Control: serenidad, conciencia, dominio, contención.

Arrasar: asolar, demoler, devastar, destruir.
Construir: edificar, erigir, levantar, restablecer.

Arrastrado: aperreado, achuchado, miserable, penoso.
Fácil: cómodo, sencillo, gozoso, asequible, accesible.

Arrastrar: acarrear, remolcar, conducir, transportar.
Levantar: alzar, elevar, subir, amotinar.

Arrear: espolear, aguijar, apresurar, activar.
Enfrenar: roncear, dominar, contener, reprimir.

Arrebatado: impetuoso, fogoso, impulsivo, arrobado.
Flemático: prudente, tranquilo, sosegado, indiferente.

Arrebatar: quitar, arrancar, tomar, retener.
Devolver: integrar, restituir, reponer, reembolsar.

Arrebato: ímpetu, arranque, impulso, pronto.
Calma: tranquilidad, sosiego, circunspección, quietud.

Arrebozar: rebozar, cubrir, envolver, ocultar.
Destapar: descubrir, desenvolver, desnudar, desabrigar.

Arrebujar: abrigar, arropar, tapar, amontonar, arrugar.	**Destapar:** descubrir, desabrigar, desarropar, estirar.
Arreciar: aumentar, acrecer, intensificar, recrudecer.	**Amainar:** aflojar, ceder, modelar, disminuir.
Arrecife: escollo, banco, bajío, tropiezo.	**Simplicidad:** posibilidad, llaneza, naturalidad, disposición.
Arredrar: amedrentar, atemorizar, acobardar, amilanar.	**Envalentonar:** animar, reanimar, esforzar, estimular.
Arreglado: adornado, acicalado, reparado, recompuesto.	**Desarreglado:** desaseado, desastrado, estropeado, roto.
Arreglar: componer, reparar, remendar, aderezar.	**Estropear:** desordenar, desajustar, averiar, deteriorar.
Arreglo: orden, acuerdo, solución, reparación.	**Desorden:** desconcierto, discordia, rotura, avería.
Arrellanarse: acomodarse, ensancharse, extenderse, solazarse.	**Levantarse:** erguirse, auparse, moverse, incorporarse.
Arremeter: atacar, embestir, agredir, acometer.	**Huir:** escapar, evadirse, escurrirse, fugarse.
Arremolinarse: agruparse, arracimarse, concentrarse, apiñarse.	**Separarse:** dispersarse, disgregarse, disolverse, distanciarse.
Arrendar: alquilar, traspasar, rentar, realquilar.	**Desalojar:** despedir, desalquilar, desahuciar, echar.
Arrepentido: contrito, apesadumbrado, compungido, acongojado.	**Impenitente:** contumaz, insensible, impertérrito, reincidente.
Arrepentimiento: remordimiento, compunción, contrición, pesadumbre.	**Contumacia:** rebeldía, obstinación, terquedad, recalcitración.
Arrepentirse: deplorar, sentirse, lamentar, sincerarse.	**Empecinarse:** obstinarse, encapicharse, persistir, reincidir.
Arrepticio: endemoniado, espiritado, poseso, energúmeno.	**Liberado:** tranquilizado, serenado, emancipado, manumitido.
Arrestar: apresar, detener, prender, aprehender.	**Soltar:** desatar, liberar, desunir, desprender.
Arresto: arrojo, atrevimiento, valor, resolución.	**Cobardía:** timidez, pusilanimidad, apocamiento.
Arreveque: ribete, adorno, atavío, circunstancia.	**Deslucimiento:** desaliño, desarreglo, descompostura, desadorno.
Arriar: bajar, soltar, largar, aflojar.	**Izar:** enarbolar, subir, levantar, alzar.
Arribar: llegar, venir, abordar, aportar.	**Zarpar:** salir, partir, desamarrar, desancorar.
Arriesgado: osado, temerario, audaz, atrevido.	**Prudente:** precavido, tímido, pusilánime, cobarde.
Arriesgar: exponer, aventurar, peligrar, atreverse.	**Resguardar:** proteger, preservar, defender, amparar.
Arrimar: acercar, juntar, unir, aproximar.	**Apartar:** separar, alejar, distanciar, desviar.
Arrinconar: arrumbar, acorralar, desechar, postergar.	**Franquear:** libertar, librar, destrabar, desencadenar.
Arriscado: abrupto, escarpado, atrevido, resuelto.	**Liso:** regular, cobarde, temeroso.

SINÓNIMOS	ANTÓNIMOS
Arriscar: levantar, enriscar, encresparse, alborotarse.	**Empequeñecer:** apocar, minimizar, nadizar, serenarse.
Arritmia: irregularidad, desorden, desigualdad, anormalidad.	**Normalidad:** naturalidad, regularidad, sistematicidad, metodicidad.
Arrítmico: irregular, anormal, desigual, inhabitual.	**Normal:** usual, regular, común, habitual, sistemático.
Arrobamiento: arrobo, éxtasis, embelesamiento, hechizo.	**Indiferencia:** desilusión, desinterés, impasibilidad, desdén.
Arrodillar: postrar, inclinar, ahinojar, agachar.	**Erguirse:** levantarse, alzarse, enderezarse.
Arrogancia: orgullo, soberbia, altanería, altivez.	**Modestia:** pudor, recato, decencia, honestidad.
Arrogante: altanero, engreído, brioso, desdeñoso.	**Sencillo:** humilde, modesto, llano, tímido.
Arrogar: atribuirse, apropiarse, usurpar, adueñarse.	**Desistir:** cejar, ceder, abandonar, renunciar.
Arrojado: valiente, intrépido, resuelto, osado.	**Cobarde:** prudente, sensato, precavido, pusilánime.
Arrojar: lanzar, disparar, proyectar, tirar.	**Atajar:** parar, detener, suspender, terminar.
Arrollar: enrollar, encartuchar, destrozar, aniquilar.	**Desarrollar:** desenvolver, desplegar, acrecentar, extender.
Arropar: abrigar, cubrir, enmantar, envolver, tapar.	**Desarropar:** desabrigar, destapar, descubrir, desmantar.
Arrostrar: afrontar, desafiar, enfrentar, soportar.	**Rehuir:** esquivar, eludir, soslayar, evitar.
Arrugar: plegar, surcar, estriar, contraer.	**Estirar:** extender, dilatar, desplegar, alargar.
Arruinar: arrasar, aniquilar, asolar, devastar.	**Levantar:** construir, edificar, elevar, establecer.
Arrullar: adormecer, dormir, acomodar, acariciar.	**Despertar:** desvelar, mover, incitar, excitar.
Arrumar: arrinconar, arrollar, fijar, dirigir.	**Esparcir:** diseminar, desperdigar, dispersar, propagar.
Arrumbar: arrinconar, arrollar, fijar, dirigir.	**Desarrumbar:** despistar, extraviar, confundir, desorientar.
Arsenal: depósito, almacén, cúmulo, montón.	**Génesis:** motivo, causa, razón, objeto.
Arte: destreza, habilidad, oficio, maestría, capacidad.	**Inhabilidad:** torpeza, incapacidad, ineptitud, anquilosis.
Arteria: vía, calle, vado, vena.	**Pasadizo:** pasillo, corredor, pasada, pasarela.
Artero: astuto, taimado, mañoso, hábil.	**Noble:** leal, franco, honrado, fiel.
Artesanía: manualía, menestralía, familiaría, artesanado.	**Fabricación:** industria, producción, elaboración, manufacturación.
Artesano: manualista, artífice, trabajador, familiarista.	**Fabricante:** manufacturador, industrial, productor, elaborador.
Ártico: boreal, septentrional, norte.	**Antártico:** meridional.
Articulación: coyuntura, unión, sinartrosis, pronunciación.	**Anquilosis:** impedimento, atrofia, esclerosis, inmovilidad.

SINÓNIMOS	ANTÓNIMOS
Articular: pronunciar, modular, enlazar, construir.	**Desarticular:** separar, desunir, disgregar, descomponer.
Artículo: apartado, capítulo, artejo, nudillo.	**Acumulación:** unión, concordancia, enlace, multiplicación.
Artífice: creador, forjador, artista, autor.	**Aniquilador:** exterminador, destructor, extirpador, demoledor.
Artificial: ficticio, falso, simulado, irreal.	**Natural:** simple, espontáneo, humilde, modesto.
Artificio: engaño, disimulo, artimaña, doblez.	**Naturalidad:** simpleza, llaneza, humildad, espontaneidad.
Artificioso: disimulado, engañoso, artero, habilidoso.	**Sencillo:** natural, llano, franco, espontáneo, simple.
Artilugio: enredo, artimaña, ardid, artefacto.	**Reprobación:** crítica, censura, condena, tilde.
Artista: artífice, ejecutante, intérprete, comediante.	**Marañento:** embustero, engañador, infundioso, cuentista.
Artístico: bello, hermoso, estético, atrayente.	**Feo:** antiestético, prosaico, deforme, repugnante.
Arúspice: adivino, agorero, augur, sibila.	**Clarividente:** penetrante, perspicaz, intuitivo, sensorialista.
Asalariado: empleado, obrero, jornalero, trabajador.	**Empresario:** patrón, capitalista, jefe, dueño.
Asaltar: acometer, embestir, agredir, sorprender.	**Defender:** proteger, amparar, socorrer, auxiliar.
Asamblea: reunión, agrupación, concentración, deliberación.	**Separación:** desvinculación, desunión, desmembración, bifurcación.
Asar: tostar, soasar, abrasar, afogar.	**Crudecer:** intostar, naturalizar, f- carne cruda.
Asaz: suficiente, mucho, bastante, lleno.	**Poco:** escaso, insuficiente, limitado, estrecho.
Ascender: subir, elevarse, adelantar, promover.	**Descender:** bajar, caer, decrecer, menguar.
Ascendiente: prestigio, influencia, valimiento, autoridad.	**Denigrante:** injuriado, infamado, desprestigiado.
Ascensión: subida, ascenso, elevación, progreso.	**Descenso:** caída, declive, atraso, retroceso.
Ascético: religioso, austero, espiritualista, místico.	**Incrédulo:** indevoto, irreligioso, laico, materialista.
Ascetismo: austeridad, mortificación, religiosidad, misticismo.	**Incredulidad:** blandicia, molicie, indevoción, laicismo.
Asco: repugnancia, aversión, repulsión, grima.	**Agrado:** gusto, placer, simpatía, atracción.
Asear: limpiar, lavar, cuidar, alcorzar, adornar.	**Desasear:** ensuciar, manchar, enmugrentar, descuidar.
Asechar: espiar, observar, engañar, emboscar.	**Protestar:** rebelarse, oponerse, indignarse, reclamar.
Asediar: bloquear, cercar, sitiar, acosar.	**Escapar:** huir, fugarse, evadirse, escabullirse.

Asegurar: confirmar, ratificar, garantizar, afianzar.
Refutar: contradecir, objetar, rebatir, rechazar.

Asenso: aprobación, beneplácito, asentimiento.
Denegación: desaprobación, desestimación, negativa, desestimiento.

Asentar: afianzar, asegurar, afirmar, anotar.
Soliviantar: inducir, mover, incitar, impulsar.

Asentimiento: asenso, aprobación, aquiescencia, beneplácito.
Disentimiento: desacuerdo, divergencia, disconformidad, desavenencia.

Asentir: aprobar, afirmar, permitir, otorgar.
Disentir: divergir, discordar, diferir, discrepar.

Asepsia: desinfección, limpieza, preservación, profilaxis.
Sepsia: infección, putrefacción, contaminación, polución.

Asequible: alcanzable, accesible, posible, abordable.
Inasequible: inasible, inabordable, inalcanzable, imposible.

Aserción: afirmación, aseveración, confirmación, testificación.
Negación: objeción, refutación, opugnación, mentís.

Asesinar: matar, acabar, eliminar, exterminar.
Resucitar: revivir, vivificar, resurgir, reaparecer.

Asesinato: homicidio, crimen, atentado, pistolamiento.
Resucitación: revivimiento, reaparecimiento, revivificación, nacimiento.

Asesoramiento: orientación, guía, ayuda, sugerencia.
Confusión: desorientación, dubitación, vacilación, desconcierto.

Asesorar: aconsejar, orientar, sugerir, ayudar, informar.
Desorientar: confundir, despistar, perder, extraviarse.

Asesoría: aconsejamiento, asesoramiento, indicación, sugerencia.
Enmarañamiento: confusión, embrollo, desviación, disuasión.

Asestar: apuntar, dirigir, disponer, señalar.
Embotar: despuntar, desbrotar, debilitar, entorpecer.

Aseveración: confirmación, aserción, ratificación, testimonio.
Negación: desmentido, refutación, rehusamiento, vedamiento.

Aseverar: apuntar, dirigir, disponer, señalar.
Negar: desmentir, denegar, contradecir, refutar.

Asfixia: ahogamiento, sofocación, opresión, estrangulamiento.
Respiración: aliento, alivio, descanso, tregua.

Así: también, además, asimismo, igualmente.
No: nunca, jamás, tampoco, f- de ningún modo.

Asidero: agarradero, cogedero, motivo, razón.
Evasiva: disculpa, excusa, subterfugio, ambages.

Asido: cogido, tomado, agarrado, atrapado.
Soltado: liberado, desatado, desligado, desenjaulado.

Asiduidad: frecuencia, constancia, puntualidad, perseverancia.
Intermitencia: interrupción, intervalo, alternatividad, discontinuidad.

Asiduo: constante, persistente, perseverante, acérrimo.
Intermitente: discontinuo, espontáneo, ocasional, entrecortado.

Asiento: butaca, silla, localidad, anotación.
Vacío: vacuo, hueco, vano, oquedad.

Asignar: fijar, señalar, destinar, conceder.
Suprimir: anular, quitar, callar, abolir.

Asilo: refugio, amparo, protección, hospicio.
Indefensión: desamparo, abandono, desprotección, desvalimiento.

SINÓNIMOS	ANTÓNIMOS
Asimiento: apego, inclinación, tendencia, afición.	**Indiferencia:** apatía, insensibilidad, descuido, desafiliación.
Asimilar: igualar, equiparar, comparar, nivelar.	**Diferenciar:** distinguir, separar, señalar, especificar.
Asimismo: además, también, igualmente, otrosí.	**Tampoco:** menos, nunca, jamás, excluido.
Asir: coger, agarrar, tomar, aferrar.	**Desasir:** soltar, desatar, destrabar, desunir.
Asistencia: ayuda, socorro, auxilio, cooperación.	**Desamparo:** abandono, desapoyo, abandonamiento, dimisión.
Asistir: concurrir, presenciar, servir, socorrer.	**Abandonar:** desamparar, dejar, desatender, renunciar.
Asociación: comunidad, sociedad, corporación, agrupación.	**Disociación:** separación, disgregación, desunión, aniquilamento.
Asociar: unir, aliar, juntar, incorporar.	**Disociar:** separar, desunir, disgregar, dividir.
Asolar: arrasar, devastar, destruir, arruinar.	**Reconstruir:** rehacer, reedificar, constituir, restablecer.
Asomar: aparecer, mostrar, manifestarse, exhibirse.	**Esconder:** desaparecer, esfumarse, perderse, escabullirse.
Asombrar: admirar, sobresaltar, alarmar, confundir.	**Abrumar:** hastiar, atosigar, agobiar, aburrir.
Asombroso: admirable, pasmoso, maravilloso, sorprendente.	**Tedioso:** aburrido, fastidioso, enfadado, latoso.
Asomo: atisbo, indicio, señal, síntoma.	**Evidencia:** prueba, confirmación, certeza, seguridad.
Asonada: tumulto, disturbio, alboroto, algarada.	**Sumisión:** tranquilidad, serenidad, paz, consideración.
Aspaviento: alharaca, escándalo, demostración, ademán.	**Silencio:** quietud, morigeración, sosiego, mutismo.
Aspecto: apariencia, aire, presencia, cariz.	**Evidencia:** certeza, verdad, postulado, realidad.
Aspereza: escabrosidad, rudeza, dureza, rigidez.	**Suavidad:** llaneza, afabilidad, cortesía, sociabilidad.
Áspero: rudo, seco, adusto, escabroso.	**Amable:** dulce, delicado, sociable, llano.
Aspiración: deseo, anhelo, pretensión, ambición.	**Repulsión:** aversión, exclusión, inquina, distanciamiento.
Aspirar: desear, pretender, ansiar, anhelar.	**Rehusar:** eludir, evitar, esquivar, rechazar.
Asquear: repugnar, repeler, desagradar, fastidiar.	**Atraer:** gustar, agradar, seducir, fascinar.
Asqueroso: repugnante, nauseabundo, repulsivo, mugriento.	**Atractivo:** encanto, hechizo, seducción, incentivo.
Astenia: debilidad, decaimiento, cansancio, lasitud.	**Vigor:** fuerza, energía, aliento, actividad.
Astringir: constreñir, apretar, contraer, estrechar.	**Dilatar:** agrandar, aumentar, expandir, ensanchar.
Astrólogo: adivino, vate, augur, nigromante.	**Parasicólogo:** telépata, premonitor, presciente, precognicista.

Astroso: desaseado, harapiento, andrajoso, sucio.
Aseado: limpio, pulcro, acicalado, ataviado.

Astucia: picardía, sutileza, sagacidad, perspicacia.
Simpleza: candidez, llaneza, sencillez, puerilidad.

Asumir: ocupar, aceptar, tomar, detentar.
Rehusar: rechazar, eludir, refutar, impugnar.

Asunción: exaltación, pasión, frenesí, elevación.
Indiferencia: frialdad, distancia, apatía, desapego.

Asunto: tema, contenido, materia, cuestión.
Reflexión: juicio, consejo, meditación, especulación.

Asustar: espantar, intimidar, atemorizar, amedrentar.
Animar: tranquilizar, alentar, exhortar, confortar.

Atacar: agredir, acometer, embestir, combatir.
Defender: amparar, proteger, resguardar, custodiar.

Atajar: contener, acortar, detener, sujetar, impedir.
Estimular: incitar, excitar, avivar, entusiasmar.

Atalayar: vigilar, otear, espiar, observar.
Descuidar: dejar, abandonar, olvidar, desatender.

Atañer: concernir, afectar, tocar, pertenecer.
Limitar: delimitar, demarcar, definir, determinar.

Ataque: agresión, embestida, arremetida, asalto.
Defensa: protección, resguardo, amparo, apoyo.

Atar: amarrar, liar, ligar, anudar.
Desatar: deshacer, desligar, soltar, liberar.

Atardecer: anochecer, obscurecer, ensombrecer, ocaso.
Amanecer: clarear, alborear, despuntar, aclarar.

Atareado: ocupado, preocupado, engolfado, poseído.
Ocioso: inactivo, parado, desocupado, gandul.

Atascar: atorar, obstruir, cerrar, impedir, imposibilitar.
Desatascar: liberar, posibilitar, destapar, liberalizar.

Ataujía: adorno, embutición, ornamentación, engalanura.
Desadornamiento: desaliño, descompostura, abandono, negligencia.

Ataviar: acicalar, aderezar, adornar, orlar, vestir.
Desataviar: desatender, descuidar, distraer, descomponer.

Atávico: herencial, ancestral, tendencial, semejante.
Inatávico: diferente, distinto, contrario, opuesto.

Atemorizar: asustar, alarmar, espantar, inquietar.
Instigar: envalentonar, estimular, animar, afrontar.

Atemperar: moderar, mitigar, suavizar, aplacar.
Endurecer: agravar, empeorar, presionar, recrudecer.

Atención: miramiento, cuidado, vigilancia, esmero.
Descortesía: desatención, incorrección, disfraz, inatención.

Atender: escuchar, oír, cuidar, observar.
Desatender: desoír, descuidar, olvidar, desadvertir.

Atentar: delinquir, contravenir, quebrantar, transgredir.
Reaccionar: resguardar, precaver, defender, preservar.

Atento: fino, cortés, comedido, solícito.
Distraído: descortés, descuidado, despreocupado, desatento.

Atenuar: amortiguar, aminorar, mitigar, paliar.
Acentuar: insistir, subrayar, destacar, señalar.

Ateo: incrédulo, agnóstico, escéptico, impío.

Aterirse: pasmarse, acobardar, aterrorizar, horripilar.

Aterrador: espantoso, horrendo, espeluznante, horrible.

Aterrorizar: aterrar, espantar, horrorizar, acobardar.

Atesorar: acumular, amontonar, hacinar, almacenar.

Atestar: atiborrar, rellenar, introducir, henchir.

Atestiguar: testimoniar, testificar, declarar, probar.

Atezado: tostado, quemado, endrino, pizmentado.

Atiborrar: llenar, abastecer, saturar, rellenar, atestar.

Atildado: apuesto, compuesto, gallardo, garboso.

Atinar: acertar, encontrar, hallar, interpretar.

Atinente: tocante, atingente, perteneciente, incumbente.

Atingencia: relación, analogía, conexión, coherencia.

Atisbar: mirar, observar, acechar, avizorar.

Atizar: avivar, fomentar, impulsar, impeler.

Atleta: corredor, pedestrista, deportista, gladiador.

Atolondrado: alocado, imprudente, irreflexivo, precipitado.

Atolladero: obstáculo, dificultad, escollo, inconveniente.

Atónito: estupefacto, asombrado, pasmado, sorprendido.

Atontado: pasmado, bobo, mentecato, mareado.

Atorar: obstruir, atascar, obturar, impedir.

Atormentar: atribular, afligir, amargar, martirizar.

Atorrante: vagabundo, holgazán, haragán, torrante.

Atosigar: abrumar, agobiar, atribular, fatigar.

Creyente: religioso, practicante, fiel.

Calentarse: entibiarse, atemperarse, avivarse, alentarse.

Agradable: alegre, grato, atractivo, placentero, ameno.

Reconfortar: reanimar, alentar, envalentonar, estimular.

Dilapidar: derrochar, malgastar, malbaratar, despilfarrar.

Vaciar: verter, derramar, agotar, desaguar.

Negar: callar, olvidar, omitir, silenciar.

Pálido: descolorido, deslucido, empañado, amarillento.

Vaciar: verter, desocupar, afluir, desembocar.

Astroso: desarreglado, desaliñado, descuidado, mamarracho.

Errar: fallar, desacertar, equivocar, marrar.

Ajeno: extraño, inoportuno, impropio, insólito.

Interrupción: desunión, desconexión, suspensión, desacierto.

Descuidar: olvidar, abandonar, omitir, desatender.

Aplacar: sofocar, calmar, pacificar, apaciguar, mitigar.

Enclenque: achacoso, débil, enfermizo, endeble.

Juicioso: prudente, mesurado, maduro, sensato, reflexivo.

Solución: posibilidad, remedio, salida, arreglo.

Impertérrito: sereno, imperturbable, insensible, impávido.

Vivo: listo, espabilado, avispado, capaz, despierto.

Desatascar: posibilitar, liberar, desatorar, factibilizar.

Contentar: alegrar, alborozar, confortar, consolar.

Estático: sedentario, inmóvil, parado, inmutable.

Aliviar: mejorar, reponerse, recobrar, restablecer.

Atrabiliario: irascible, irritable, iracundo, violento.

Atracar: entrar, abordar, fondear, recalar.

Atracción: atractivo, simpatía, encanto, gravitación.

Atractivo: fascinante, atrayente, seductor, cautivante.

Atraer: encantar, simpatizar, congeniar, granjear, acercar.

Atrancar: obstruir, atascar, taponar, cerrar, asegurar.

Atrapar: coger, pillar, pescar, conseguir.

Atrás: detrás, antes, lejos, enseguida.

Atrasado: subdesarrollado, inculto, anticuado, caduco.

Atrasar: demorar, retardar, rezagar, diferir.

Atraso: demora, retardo, retraso, dilación.

Atravesar: cruzar, traspasar, transitar, circular.

Atrevido: osado, audaz, arrojado, arriesgado.

Atribución: atributo, señalamiento, aplicación, facultad.

Atribuir: imputar, asignar, achacar, inculpar.

Atribular: angustiar, afligir, atormentar, acongojar.

Atributo: cualidad, propiedad, símbolo, idiosincrasia.

Atrición: arrepentimiento, compunción, dolor, aflicción.

Atrio: entrada, vestíbulo, porche, andén.

Atrocidad: crueldad, barbaridad, exceso, demasía.

Atrofia: consunción, raquitismo, distrofia, anemia.

Atrofiar: padecer, disminuir, aniquilar, menguar.

Atropellar: arrollar, embestir, derribar, empujar.

Atropello: abuso, extralimitación, exceso, atropellamiento.

Pacífico: tranquilo, reposado, afable, ofensivo.

Zarpar: desatracar, desamarrar, navegar, gobernar.

Repelación: objeción, repulsión, desdeñamiento, exclusión.

Repelente: mordaz, hiriente, tajante, cáustico.

Repeler: carmenar, repulsar, disgustar, contrariar.

Desatrancar: abrir, desatascar, limpiar, destapar.

Soltar: desatar, desligar, desceñir, desprender.

Delante: primero, enfrente, adelante, anticipado.

Moderno: actual, reciente, fresco, renovado.

Adelantar: anticipar, aventajar, alcanzar, apurar.

Anticipado: adelantado, aventajado, madrugado, modernizado.

Detenerse: pararse, retardarse, demorarse, lentificar.

Cauteloso: temeroso, prudente, correcto, comedido.

Limitación: restricción, cortapisa, demarcación, circunscripción.

Disculpar: excusar, perdonar, justificar, eximir.

Aliviar: atenuar, mitigar, confortar, paliar.

Defecto: falta, falla, tacha, vicio.

Impenitencia: inconveniencia, despropósito, inoportunidad, necedad.

Salida: puerta, abertura, pretexto, subterfugio.

Piedad: conmiseración, lástima, compasión, misericordia.

Mantenimiento: alimentación, nutrición, manutención, aprovechamiento.

Desarrollar: acrecentar, aumentar, expandir, extender.

Respetar: acatar, honrar, considerar, distinguir.

Respeto: consideración, acatamiento, reverencia, veneración.

Atroz: fiero, cruel, bárbaro, inhumano.
Apacible: tranquilo, placentero, manso, pacífico.

Atuendo: atavío, vestido, adorno, indumentaria.
Desaliño: descuido, negligencia, desaseo, desidia.

Aturdimiento: irreflexión, precipitación, turbación, atropellamiento.
Reavivamiento: reanimación, estimulación, incitación, aguijoneamiento.

Aturdir: turbar, atontar, atolondrar, perturbar.
Avivar: animar, despabilar, despejar, alentar.

Audacia: valor, arrojo, coraje, intrepidez, atrevimiento.
Prudencia: cordura, tacto, juicio, circunspección.

Audaz: osado, atrevido, intrépido, valiente.
Pusilánime: temeroso, miedoso, apocado, corto.

Audición: concierto, sesión, lectura, ajuste.
Desconcierto: desorden, desarmonía, desacuerdo, confusión.

Audiovisual: audiovisión, filmecomentario, objetovisión, comentoproyección.
Tradicional: escritural, inveterado, holográfico, instrumental.

Auditar: controlar, verificar, revisar, autentificar.
Viciar: corromper, mixtificar, tergiversar, falsificar.

Auditor: oyente, concurrente, informante, expositor.
Conformante: concorde, aceptante, aveniente, congruente.

Auditorio: público, oyente, concurrente, espectador.
Divergencia: desacuerdo, diferencia, bifurcación, separación.

Auge: apogeo, elevación, incremento, progreso.
Decadencia: ocaso, declinación, descenso, menosprecio.

Augurar: auspiciar, vaticinar, presagiar, pronosticar.
Desechar: excluir, apartar, olvidar, silenciar.

Augurio: predicción, presagio, profecía, vaticinio.
Veracidad: vericidad, evidencia, verdad, autenticidad.

Augusto: venerable, honorable, majestuoso, respetable.
Humilde: modesto, sencillo, moderado, pudibundo.

Aula: clase, sala, auditorio, afluencia.
Carencia: insignificancia, exigüidad, escasez, insuficiencia.

Áulico: palaciego, cortesano, paladino, cortés.
Rústico: burdo, patán, zafio, inculto.

Aumentar: acrecentar, acrecer, incrementar, magnificar.
Reducir: disminuir, minimizar, decrecer, achicar.

Aunar: unir, juntar, asociar, unificar.
Dividir: partir, fraccionar, repartir, bifurcar.

Aura: brisa, vientecillo, hálito, céfiro.
Rastro: huella, vestigio, pista, estela.

Aureola: diadema, corona, gloria, fama.
Anatema: condenación, excomunión, maldición, imprecación.

Ausencia: alejamiento, abandono, separación, privación.
Presencia: asistencia, concurrencia, apariencia, compostura.

Auspicio: ayuda, amparo, cobijo, protección, favor.
Desaliento: desánimo, decaimiento, abatimiento, postración.

Austeridad: severidad, ascetismo, rigor, aspereza.
Blandicia: blandura, molicie, indulgencia, deleite.

Austero: estricto, serio, severo, riguroso.
Indulgente: benigno, benévolo, tolerante, afable.

Autarquía: autoalimentación, autocapacidad, autonomía, independencia.
Insuficiencia: deficiencia, penuria, miseria, poquedad.

Autárquico: autoabastecido, autónomo, autocapacitado, autoalimentado.
Insuficiente: deficiente, necesitado, mísero, paupérrimo.

Autenticidad: verdad, realidad, propiedad, naturalidad.
Falsedad: irrealidad, ficción, engaño, apariencia.

Auténtico: real, verdadero, genuino, propio.
Falso: aparente, irreal, apócrifo, adventicio.

Auto: documento, escritura, automóvil, uno mismo.
Nadería: nimiedad, fruslería, bagatela, papandujo.

Autocracia: tiranía, despotismo, dictadura, cesarismo.
Democracia: respeto, soberanía, constitucionalismo, autoridad.

Autóctono: nativo, aborigen, natural, originario.
Extranjero: forastero, afuerino, extraño, foráneo.

Autodidacto: autoinstruido, autoeducado, f- persona que se instruye por sí misma.
Iletrado: indocto, inculto, ignorante, insapiente.

Autómata: manejable, dirigible, maniquí, robot.
Albedrío: voluntad, facultad, carácter, personalidad.

Automático: maquinal, irreflexivo, inconsciente, instintivo.
Consciente: reflexivo, juicioso, discerniente, meditado.

Automatizar: maquinizar, mecanizar, ejecutorizar, instintivizar.
Discernir: pensar, reflexionar, discriminar, diferenciar.

Autonomía: libertad, independencia, facultad, derecho.
Dependencia: subordinación, sujeción, control, fiscalización.

Autoridad: poder, mando, dominio, facultad.
Anarquía: acracia, anarquismo, desgobierno, desorden.

Autoritario: autocrático, despótico, tiránico, arbitrario.
Humilde: dócil, sumiso, obediente, respetuoso.

Autorizar: permitir, facultar, acceder, consentir.
Impedir: denegar, rechazar, rehusar, prohibir, refutar.

Auxilio: socorro, ayuda, asistencia, protección.
Daño: perjuicio, lesión, detrimento, deterioro.

Avalar: garantizar, asegurar, responder, caucionar.
Arriesgar: exponer, aventurar, temer, peligrar.

Avance: adelanto, progreso, marcha, anticipo.
Regreso: regresión, retrocesión, retrogradación, retirada.

Avante: adelante, avance, progreso, adelantamiento.
Retroceso: regresión, reculada, retirada, retrocesión.

Avanzar: proteger, prosperar, acometer, irrumpir.
Retroceder: desandar, evacuar, replegarse, desistir.

Avaricia: mezquindad, cicatería, codicia, ambición.
Largueza: prodigalidad, generosidad, desprendimiento, filantropía.

Avariento: avaricioso, avaro, codicioso, tacaño.
Pródigo: generoso, bondadoso, benévolo, gastador.

Avasallar: dominar, sojuzgar, subyugar, someter.
Emancipar: libertar, redimir, librar, manumitir.

Avatar: cambio, suceso, circunstancia, eventualidad.
Invariación: inmutabilidad, inalterabilidad, permanencia, estabilidad.

Avecinarse: aproximarse, acercarse, allegarse, arrimarse.
Avecindar: arraigar, establecerse, domiciliarse, residir.
Avejentarse: envejecer, aviejarse, revejecer, marchitarse.
Avenencia: acuerdo, convenio, pacto, armonía.
Avenirse: congeniar, concordar, entenderse, comprenderse.
Aventajar: prevalecer, sobresalir, superar, excederse.
Aventura: lance, episodio, suceso, peripecia, andanza.
Avergonzar: abochornar, sofocar, sonrojar, ruborizar.
Avería: daño, deterioro, perjuicio, desperdicio.
Averiguar: indagar, investigar, inquirir, consultar.
Aversión: repulsión, antipatía, fobia, ojeriza.
Avezado: experimentado, ducho, experto, amaestrado.
Avezar: habituarse, acostumbrarse, experimentar, familiarizar.
Aviar: preparar, disponer, arreglar, prevenir.
Avidez: codicia, ambición, ansia, voracidad.
Avieso: malintencionado, infame, despiadado, atravesado.
Avilantez: audacia, atrevimiento, osadía, insolencia.
Avinagrado: agriado, áspero, acre, acedo.
Avión: aeroplano, bimotor, avioneta, reactor.
Avisar: notificar, comunicar, informar, participar.
Avistar: divisar, descubrir, entrever, percibir.
Avituallar: abastecer, proveer, surtir, suministrar.
Avivar: acelerar, apresurar, animar, enardecer.
Avizorar: atisbar, acechar, otear, espiar.

Axiología: moralogía, evidentismo, f- valoración de los factores morales.

Alejarse: distanciarse, separarse, apartarse, irse.
Emigrar: salir, irse, ausentarse, mudarse, cambiarse.
Rejuvenecer: vigorizar, fortalecer, restaurar, remozar.
Desavenencia: incongruencia, inconveniencia, inconformidad, inadecuación.
Discrepar: disentir, divergir, distar, desavenirse.
Rezagar: atrasar, quedarse, retardar, retrasar.
Inseguridad: vacilación, hesitación, incertidumbre, inestabilidad.
Enorgullecer: presumir, ufanar, envanecer, ensoberbecer.
Reparación: arreglo, enmienda, restauración, compostura.
Contestar: responder, expresar, exponer, manifestar.
Simpatía: atracción, embeleso, fascinación, seducción.
Novato: principiante, bisoño, novel, iniciante.
Desacostumbrar: deshabituarse, erradicarse, cambiarse, variar.
Entretener: distraer, divertir, solazar, recrear.
Saciedad: saturación, hartura, repleción, hartazgo.
Bondadoso: benevolente, abnegado, indulgente, benigno.
Prudencia: tacto, parsimonia, moderación, templanza.
Dulce: suave, agradable, fruible, gustable.
Navío: barco, buque, nave, motonave.

Silenciar: ocultar, encubrir, reservar, sigilar, callar.
Ocultar: esconder, callar, encubrir, despistar.
Carecer: faltar, privar, fallar, escasear.

Frenar: detener, paralizar, sujetar, entretener.
Despistar: desconocer, distraer, fallar, ignorar.
Corrupción: perversión, cohecho, depravación, maleficencia.

Axioma: principio, sentencia, verdad, apotegma.
Ficción: invención, fábula, quimera, apariencia.

Axiomático: evidente, manifiesto, inequívoco, absoluto.
Problemático: incierto, discutible, ambiguo, erróneo.

Ayudar: socorrer, auxiliar, cooperar, cuidar.
Perjudicar: dañar, damnificar, empobrecer, arruinar.

Ayunar: abstenerse, privarse, retenerse, contenerse.
Hartarse: saciarse, repletarse, satisfacerse, llenarse.

Ayuntamiento: consistorio, municipio, corporación, junta.
Disensión: división, desunión, desacuerdo, desavenencia.

Azafata: asistenta, atendedora, f- doncella que atiende a los pasajeros.
Sirvienta: criada, camarera, moza, servidora.

Azana: trabajo, faena, labor, obligación.
Descanso: reposo, sosiego, alivio, respiro.

Azar: casualidad, eventualidad, contingencia, albur.
Certeza: seguridad, garantía, fianza, certidumbre.

Azaroso: expuesto, arriesgado, aventurado, peligroso.
Seguro: garantizado, protegido, inequívoco, certero.

Azorar: conturbar, sobresaltar, turbar, inquietar.
Tranquilizar: apaciguar, aquietar, serenar, contener.

Azotar: zurrar, golpear, vapulear, flagelar.
Acariciar: mimar, arrullar, halagar, lisonjear.

Azote: látigo, golpe, calamidad, desastre.
Caricia: mimo, agasajo, bendición, fortuna.

Azucarado: dulce, almibarado, meloso, pegajoso.
Amargo: agrio, ácido, seco, cortante.

Azucarar: endulzar, dulcificar, enmelar, almibarar.
Acibarar: acidular, amargar, agriar, acedar.

Azul: índigo, añil, endrino, opalino.
Rojo: bermejo, purpúreo, encarnado, carmín.

Azuzar: incitar, instigar, impeler, provocar.
Sujetar: frenar, contener, detener, coartar.

B

Babel: confusión, desorden, barullo, barahúnda.
Babilónico: ostentoso, fastuoso, lujoso, suntuoso.
Bacanal: orgía, festín, desenfreno, banquete.
Bacteria: microbio, bacilo, virus, microorganismo.
Báculo: cayado, soporte, apoyo, consuelo.
Bache: hoyo, pozo, agujero, laguna.

Bachiller: hablador, charlador, fisgón, entretenido.
Badomía: disparate, desatino, despropósito, dislate.
Badulaque: necio, bobo, tonto, inepto.

Bagaje: equipaje, bulto, valija, maleta.

Bagatela: friolera, nadería, menudencia, minucia.
Bahía: rada, puerto, caleta, golfo.

Bailar: danzar, saltar, moverse, brincar.

Baja: depreciación, descenso, devaluación, víctima.
Bajamar: reflujo, descenso, retirada.
Bajar: descender, decrecer, disminuir, depreciar.
Bajel: nave, barco, buque, nao.

Bajeza: ruindad, avilantez, abyección, vileza.
Bajo: pequeño, menudo, chico, plebeyo.
Baladí: nimio, fútil, trivial, superficial.

Baladro: bramido, grito, alarido, quejumbre.
Baladronada: fanfarronada, bravata, bravuconada, chulería.

Orden: concierto, armonía, disposición, equilibrio.
Sencillo: simple, natural, fácil, comprensible.
Freno: moderación, coto, control, sobriedad.
Molécula: partícula, corpúsculo, célula, átomo.
Desconsuelo: pena, aflicción, pesar, tristeza.
Lleno: ocupado, completo, repleto, henchido.
Discreto: circunspecto, callado, observador, juicioso.
Acierto: tacto, tino, prudencia, cordura.

Listo: astuto, despierto, ocurrente, discurrente.
Fruslería: chuchería, baratija, nadería, bicoca.
Grandeza: esplendidez, magnificencia, magnitud, importancia.
Parada: pausa, detención, suspensión, estación.
Detener: parar, suspender, frenar, estancar.
Alta: subida, aumento, alza, curación.

Pleamar: flujo, plenamar.
Subir: ascender, trepar, remontar, elevarse.
Juguete: muñeco, trebejo, trástulo, chanza.
Nobleza: dignidad, hidalguía, decoro, distinción.
Alto: espigado, elevado, crecido, noble.
Importancia: vital, primordial, valioso, trascendencia.
Silencio: sigilo, mudez, callamiento, quietud.
Cobardía: apocamiento, timidez, temor, miedo.

SINÓNIMOS	ANTÓNIMOS
Balance: arqueo, confrontación, cotejo, comprobación.	**Confusión:** desorden, revuelto, desconcierto, desajuste.
Balbucear: mascullar, susurrar, tartamudear, murmurar.	**Silenciar:** callar, mutisar, sigilar, insonorizar.
Baldar: tullir, lisiar, estropear, derrengar.	**Curar:** sanar, remediar, reponerse, restituir.
Baldío: vano, inútil, seco, yermo.	**Útil:** beneficioso, provechoso, conveniente, servible.
Baldón: oprobio, afrenta, injuria, vituperio.	**Loor:** alabanza, elogio, encomio, ditirambo.
Baldonar: injuriar, afrentar, vilipendiar, ultrajar.	**Alabar:** ensalzar, elogiar, halagar, encumbrar.
Balizar: señalar, marcar, boyar, guiar.	**Entorpecer:** dificultar, impedir, obstruir, embotar.
Balsámico: aromático, fragante, perfumado, suavizante.	**Apestoso:** hediondo, maloliente, pestilente, infecto.
Bálsamo: alivio, consuelo, calmante, lenitivo.	**Excitante:** estimulante, activante, avivante, impulsor.
Baluarte: fortaleza, defensa, protección, bastión.	**Debilitamiento:** endeblez, flaqueza, febledad, fragilidad.
Bamboleo: oscilación, mecedura, bandeo, cabeceo.	**Quietud:** inmovilidad, reposo, calma, sosiego.
Banal: trivial, común, insustancial, intrascendente.	**Profundo:** trascendente, reflexivo, sustancial, relevante.
Banalidad: futilidad, trivialidad, frivolidad, fruslería.	**Interés:** importancia, trascendencia, relevancia, envergadura.
Bancarrota: desastre, quiebra, ruina, derrumbe.	**Apogeo:** auge, plenitud, esplendor, progreso.
Bandeja: fuente, plato, cajón, facilidad.	**Vianda:** sustento, comida, merienda, alimento, yanta.
Bandera: pabellón, pendón, enseña, estandarte.	**Basura:** porquería, mugre, suceidad, bazofia.
Bando: grupo, partido, bandería, facción.	**Oficio:** profesión, ocupación, acción, gestión.
Bandolero: bandido, salteador, malhechor, gángster.	**Honesto:** honrado, decoroso, decente, correcto.
Banquete: comida, festín, convite, comilona.	**Necesidad:** apetito, hambre, ansia, apetencia.
Bañar: mojar, sumergir, humedecer, limpiar.	**Secar:** enjugar, ventilar, deshidratar, evaporar.
Baquía: experiencia, pericia, práctica, maestría.	**Ineptitud:** impericia, inhabilidad, incompetencia, inexperiencia.
Barahúnda: tumulto, confusión, bulla, desorden.	**Sosiego:** quietud, tranquilidad, calma, apacibilidad.
Barajar: mezclar, revolver, entremezclar, confundir.	**Ordenar:** disponer, establecer, preparar, coordinar.
Baratija: chuchería, bujería, fruslería, bagatela.	**Valía:** valer, valor, cuantía, monto.
Barato: módico, económico, rebajado, depreciado.	**Caro:** oneroso, costoso, dispendioso, gravoso.

SINÓNIMOS	ANTÓNIMOS
Barbaridad: atrocidad, crueldad, salvajismo, otomía.	**Piedad:** compasión, delicadeza, sensibilidad, conmiseración.
Barbarismo: barbarie, barbaridad, extranjerismo, solecismo.	**Casticismo:** corrección, propiedad, castidad, pureza.
Bárbaro: cruel, fiero, salvaje, irracional.	**Civilizado:** culto, refinado, pulido, educado.
Barbitúrico: sedante, tranquilizante, calmante, hipnótico.	**Excitante:** estimulante, provocador, acalorante, aguijoneante.
Barbotar: balbucear, susurrar, mascullar, musitar.	**Silenciar:** callar, sigilar, mutisar, quietar.
Barra: lingote, tranca, palanca, barrote.	**Hoja:** pétalo, lámina, folio, página.
Barrabasada: disparate, despropósito, travesura, picardía.	**Compostura:** formalidad, decoro, moderación.
Barraca: choza, chabola, pocilga, tugurio.	**Mansión:** chalé, morada, vivienda, habitación.
Barragana: bagasa, ramera, concubina, manceba.	**Esposa:** cónyuge, consorte, mujer, amarra.
Barranco: despeñadero, quebrada, barranca, precipicio.	**Planicie:** meseta, llanura, explanada, desierto.
Barrenar: agujerear, taladrar, horadar, atropellar.	**Obstruir:** cerrar, taponar, obturar, tapar.
Barrer: limpiar, escobar, asear, dispersar.	**Ensuciar:** enmugrar, manchar, emporcar, embijar.
Barrera: valla, cerca, muro, atajo.	**Facilidad:** simplicidad, posibilidad, complacencia.
Barricada: obstáculo, estorbo, impedimento, parapeto.	**Expedición:** facilidad, simplicidad, desembarazo, desenvoltura.
Barroquismo: abigarramiento, exageración, profusión, exuberancia.	**Sencillez:** sobriedad, austeridad, concisión, mesura.
Barruntar: conjeturar, presumir, vislumbrar, suponer.	**Constatar:** aseverar, confirmar, verificar, corroborar.
Bartolear: haraganear, gandulear, cavilar, meditar.	**Trabajar:** laborar, faenar, obrar, ajetrear.
Bártulos: enseres, aperos, trastos, utensilios.	**Bagatela:** friolera, bicoca, minucia, nimiedad.
Barullo: confusión, desorden, bullicio, alboroto.	**Orden:** método, sistema, disposición, precepto.
Basar: apoyar, cimentar, asentar, fundamentar.	**Debilitar:** quebrantar, reblandecer, extenuar, agotar.
Básico: capital, fundamental, primordial, esencial.	**Superficial:** insustancial, ligero, somero, ilusorio.
Bastante: suficiente, mucho, abundante, considerable.	**Poco:** escaso, exiguo, limitado, insuficiente.
Bastar: sobrar, quedar, tener, abundar.	**Faltar:** carecer, escasear, acabarse, necesitar.
Bastardo: espúreo, ilegítimo, degenerado, mestizo.	**Legítimo:** genuino, propio, fidedigno, auténtico.
Basteza: grosería, tosquedad, ordinariez, rusticidad.	**Finura:** delicadeza, refinamiento, exquisitez, cortesía.
Basto: rudo, tosco, rústico, burdo.	**Fino:** delicado, amable, atento, cortés.

SINÓNIMOS	ANTÓNIMOS
Bastón: cayado, palo, báculo, croza.	**Cinta:** tira, huincha, banda, película.
Batahola: alboroto, bullicio, griterío, escándalo.	**Silencio:** calma, apaciguamiento, sosiego, tranquilidad.
Batalla: contienda, combate, beligerancia, conflicto.	**Concordia:** conciliación, tregua, convenio, armisticio.
Batallar: luchar, pelear, lidiar, disputar.	**Rendirse:** entregarse, capitular, someterse, humillar.
Batería: conjunto, grupo, hilera, artefacto.	**Singularidad:** rareza, distinción, particularidad, unificación.
Batida: reconocimiento, caza, búsqueda, exploración.	**Abandono:** descuido, desatención, defección, desamparo.
Batir: vencer, arrollar, percutir, golpear.	**Sazonar:** adoptar, aderezar, condimentar, armonizar.
Batología: repetición, redundancia, f- uso de voces inmotivadas o innecesarias.	**Precisión:** exactitud, claridad, propiedad, justeza.
Batuta: dirección, guía, f- bastón del director de orquesta.	**Desorden:** confusión, enmarañamiento, barullo, anarquía.
Bausano: bobo, necio, simple, maniquí.	**Astuto:** hábil, ocurrente, despierto, listo.
Bautizar: cristianizar, denominar, llamar, apelativar.	**Innominar:** descristianizar, descristianar, descalificar, inapelativar.
Bazofia: comistrajo, sancocho, bodrio, desperdicio.	**Banquete:** festín, comida, orgía, beodez.
Beber: absorber, tomar, libar, escanciar.	**Abstenerse:** privarse, inhibirse, prescindir, descartar.
Bebido: borracho, embriagado, beodo, ebrio.	**Sobrio:** sereno, abstemio, frugal, moderado.
Befa: mofa, burla, irritación, ludibrio.	**Respeto:** consideración, aprecio, distinción, miramiento.
Beldad: hermosura, belleza, lindura, perfección.	**Fealdad:** deformidad, afeamiento, monstruosidad, deshonestidad.
Belicoso: pendenciero, agresivo, guerrero, belígero.	**Pacífico:** quieto, reposado, pausado, afable.
Beligerancia: contienda, conflicto, conflagración, hostilidad.	**Pacificación:** sosiego, tranquilidad, serenidad, conciliación.
Beligerante: contendiente, guerrero, conflagrante, conflictivo.	**Pacificante:** tranquilo, sosegado, sereno, conciliador.
Belitre: pícaro, bellaco, ruin, pillo.	**Decoroso:** digno, decente, grave, íntegro.
Bellaco: malo, ruin, pícaro, bribón.	**Bueno:** clemente, compasivo, benévolo, bondadoso.
Belleza: beldad, hermosura, preciosidad, primor.	**Fealdad:** deformidad, desproporción, defectuosidad, anormalidad.
Bello: bonito, hermoso, guapo, excelente.	**Feo:** monstruoso, deforme, malo, innoble.
Bencina: gasolina, nafta, carburante, esencia.	**Agua:** líquido, linfa, fluido, lluvia.
Bendecir: ensalzar, alabar, consagrar, glorificar.	**Maldecir:** imprecar, blasfemar, detractar, murmurar.
Bendición: consagración, sacralización, favor, dicha.	**Maldición:** imprecación, infortunio, adversidad, desventura.
Bendito: bienaventurado, dichoso, feliz, santo.	**Malaventurado:** infeliz, desdichado, aciago, desgraciado.

SINÓNIMOS	ANTÓNIMOS
Beneficencia: benevolencia, caridad, merced, atención.	**Desatención:** descortesía, desaire, descuido, abandono.
Beneficiar: favorecer, ayudar, contribuir, coadyuvar.	**Perjudicar:** dañar, arruinar, empeorar, empobrecer.
Beneficio: utilidad, provecho, fruto, favor, ayuda.	**Pérdida:** déficit, perjuicio, daño, quebranto.
Beneficioso: provechoso, útil, necesario, benéfico.	**Lesivo:** dañino, nocivo, pernicioso, perjudicial.
Benéfico: beneficioso, benefactor, humanitario, filántropo.	**Perjudicial:** patógeno, maléfico, nocivo, dañino.
Benemérito: estimable, apreciable, distinguido, meritorio.	**Despreciable:** indigno, carcamán, bajo, abyecto.
Beneplácito: aprobación, asentimiento, venia, consentimiento.	**Reprobación:** desaprobación, amonestación, censura, condena.
Benevolencia: generosidad, magnanimidad, bondad, indulgencia.	**Malevolencia:** severidad, enemistad, rencor, odio.
Benévolo: clemente, indulgente, humano, benigno.	**Malévolo:** malo, perverso, venenoso, enredoso.
Benignidad: bondad, benevolencia, mansedumbre, humanidad.	**Malignidad:** maldad, perversidad, virulencia, extremismo.
Benigno: apacible, suave, templado, bondadoso.	**Maligno:** dañino, perjudicial, virulento, violentista.
Beodo: ebrio, borracho, embriagado, dipsómano.	**Abstemio:** sobrio, abstinente, temperante, moderado.
Bergante: pícaro, bribón, bellaco, sinvergüenza.	**Virtuoso:** bueno, benigno, bondadoso, correcto.
Berma: acera, calzada, vereda, caminillo.	**Senda:** camino, trocha, atajo, vía.
Berrinche: rabieta, enfado, disgusto, enojo.	**Alegría:** júbilo, contento, alborozo, alegrón.
Bestia: animal, bruto, irracional, bárbaro.	**Humano:** benigno, sensible, bondadoso, humanitario.
Bestialidad: brutalidad, ferocidad, barbaridad, animalidad.	**Humanidad:** comprensión, fragilidad, sensibilidad.
Bicoca: nadería, fruslería, bagatela, baratija.	**Magnitud:** grandeza, amplitud, extensión, enormidad.
Bicho: sabandija, alimaña, malo, pérfido.	**Bueno:** bondadoso, benévolo, bienhechor, amable.
Bien: gracia, favor, provecho, carisma.	**Mal:** daño, dolencia, desgracia, deficiencia.
Bienaventuranza: beatitud, santidad, dicha, prosperidad.	**Condenación:** maldición, imprecación, infortunio, desventura.
Bienestar: confort, holgura, comodidad, complacencia.	**Pobreza:** necesidad, inopia, escasez, estrechez.
Bienhechor: protector, benefactor, favorecedor, filántropo.	**Malhechor:** delincuente, salteador, criminal, forajido.
Bienquisto: estimado, apreciado, querido, considerado.	**Desestimado:** despreciado.
Bienvenida: bienllegada, buenacogida, parabién, saludo.	**Malvenido:** descontento, desagrado, malatención, malignidad.
Bifurcación: separación, división, divergencia, desviación.	**Mancomunación:** concurrencia, coincidencia, simultaneidad, conexión.

SINÓNIMOS	ANTÓNIMOS
Bifurcar: dividir, separar, cercenar, divergir.	**Confluir:** converger, coincidir, cohonestar, amalgamar.
Bigotudo: mostachudo, abigotado, enmostachado, velludo.	**Imberbe:** afeitado, rasurado, barbilampiño, barbirrapado.
Bilioso: malhumorado, colérico, atrabiliario, amargado.	**Afable:** atento, cordial, sencillo, simpático.
Billete: boleto, entrada, asiento, localidad.	**Gravamen:** impuesto, canon, carga, hipoteca.
Biodinámica: biosiconomía, ergiología, f- valoración de las fuerzas humanas.	**Retrodinámica:** bestiada, invaloración, f- pérdida inconsciente de las fuerzas humanas.
Biografía: trayectoria, semblanza, historia, profesión.	**Equívoco:** ambigüedad, anfibología, imprecisión, confusión.
Biotipo: clase, especie, orden, género.	**Confusión:** mezcla, enredo, diversidad, enmarañamiento.
Birlar: robar, hurtar, quitar, estafar.	**Recuperar:** restablecer, devolver, integrar, restaurar.
Birria: moharracho, adefesio, mamarracho, zaharrón.	**Bizarro:** gallardo, espléndido, generoso, vistoso.
Bisbisear: musitar, mascullar, cuchichear, susurrar.	**Observar:** mirar, espiar, acechar, atisbar.
Bisoño: novato, novel, nuevo, inexperto.	**Veterano:** avezado, experto, experimentado, diestro.
Bizantino: intrascendente, leve, insignificante, fútil.	**Importante:** valioso, considerable, sustancial, interesante.
Bizarría: valentía, valor, intrepidez, gallardía.	**Cobardía:** temor, timidez, cortedad, apocamiento.
Bizarro: gallardo, garboso, espléndido, valiente.	**Desgarbado:** desgalichado, descuidado, desaliñado, fargallón.
Blanco: albo, níveo, albino, diana.	**Negro:** oscuro, moreno, bruno, opaco, negruzco.
Blandir: esgrimir, mover, enarbolar, elevar.	**Serenar:** aquietar, tranquilizar, pacificar, apaciguar.
Blando: tierno, muelle, benigno, apacible.	**Duro:** resistente, consistente, fuerte, macizo.
Blandura: elasticidad, suavidad, ductilidad, maleabilidad.	**Dureza:** resistencia, aspereza, rudeza, consistencia.
Blanquear: blanquecer, enlucir, limpiar, carmenar.	**Ennegrecer:** denegrir, sombrear, obscurecer, enmugrecer.
Blasfemar: renegar, maldecir, jurar, imprecar.	**Santificar:** consagrar, bendecir, adorar, divinizar.
Blasón: honor, gloria, escudo, ostentación.	**Nimiedad:** poquedad, insignificancia, bagatela, futesa.
Boato: lujo, ostentación, pompa, fastuosidad.	**Sobriedad:** sencillez, mesura, moderación, comedimiento.
Bobada: bobería, tontería, necedad, memez.	**Agudeza:** ingenio, inteligencia, lucidez, chispa.
Bobo: tonto, palurdo, ingenuo, bolonio.	**Listo:** vivo, avispado, ocurrente, discurrente.
Bocado: mordisco, mascada, f- porción de alimento.	**Tragonada:** gula, glotonada, zamponada, epulonada.

Bocazas: bocaza, charlatán, parlanchín, hablador.
Boceto: bosquejo, diseño, proyecto, esbozo.
Bochorno: rubor, timidez, vergüenza, vacilación.
Boda: casamiento, matrimonio, nupcias, desposorio.
Bodoque: bordado, refuerzo, memo, bobo.
Bodrio: mezcla, revoltijo, desperdicio, asquerosidad.
Bofetada: bofetón, sopapo, manotazo, cachetada.
Boga: moda, novedad, actualidad, hodierno.
Bogar: remar, navegar, limpiar, bregar.

Bohemio: gitano, vagabundo, trotamundo, liberal.
Boicotear: sabotear, perjudicar, dañar, deteriorar.
Boleta: comprobante, papeleta, entrada, libranza.
Boliche: figón, tabernucha, f- negocio pequeño.
Bomba: aguatocha, máquina, proyectil, noticia.
Bombardear: cañonear, proyectilar, martillear, hostigar.
Bombástico: ampuloso, campanudo, f- lenguaje hinchado.
Bonachón: buenazo, bondadoso, cándido, amable.
Bonancible: sereno, apacible, suave, despejado.
Bonanza: serenidad, tranquilidad, calma, felicidad.
Bondad: amabilidad, generosidad, abnegación.
Bongo: canoa, bote, barca, lancha.

Bonificar: compensar, premiar, resarcir, indemnizar.
Bonito: bello, hermoso, precioso, primoroso.
Bono: vale, papeleta, tarjeta, título.

Borde: orilla, margen, canto, extremo.

Discreto: callado, reservado, secreto, sigiloso.
Conclusión: deducción, realidad, término, consecuencia.
Desfachatez: atrevimiento, irreverencia, descaro, avilantez.
Divorcio: separación, descasamiento, desunión, ruptura.
Listo: despierto, dispuesto, vivo, agudo.

Selección: pureza, puridad, limpidez, acendramiento.
Caricia: cariño, mimo, arrumaco, carantoña.
Desuso: anticuado, anacrónico, obsoleto, desechado.
Reposar: descansar, yacer, dormir, respirar.
Aristócrata: noble, distinguido, burgués, patricio.
Beneficiar: favorecer, utilizar, mejorar, perfeccionar.
Revista: semanario, gaceta, folleto, parada.
Comercio: tráfico, almacén, establecimiento, negociación.
Artimaña: artificio, artilugio, ardid, trampa.
Pasear: circular, rondar, turistear, vagar, recrearse.
Circunspecto: moderado, discreto, cauto, oportuno.
Inflexible: malvado, pérfido, perverso, ruin.
Tempestuoso: desapacible, desabrido, tormentoso, violento.
Tempestad: tormenta, desdicha, desventura, ruvuelo.
Maldad: infamia, iniquidad, corrupción, perfidia.
Buque: barco, navío, motonave, embarcación.
Cuitar: privar, mermar, despojar, estrujar.

Feo: horrendo, abominable, repulsivo, repugnante.
Cédula: documento, despacho, f- cédula de identidad.
Contorno: perfil, periferia, derredor, perímetro.

Bordear: orillar, virar, serpentear, zigzaguear.
Seguir: continuar, proseguir, acosar, perseguir.

Borracho: ebrio, embriagado, beodo, bebido.
Sobrio: abstemio, sereno, frugal, moderado.

Borrar: tachar, quitar, rayar, anular.
Validar: homologar, confirmar, legalizar, autentificar.

Borrasca: temporal, tempestad, tormenta, peligro.
Bonanza: serenidad, tranquilidad, claridad, despeje.

Borrascoso: tormentoso, tempestuoso, turbulento, desordenado.
Apacible: tranquilo, calmado, sereno, plácido.

Borrico: asno, burro, bruto, zoquete.
Listo: inteligente, avispado, espabilado, despierto.

Borroso: confuso, nebuloso, opaco, desvanecido.
Diáfano: claro, cristalino, transparente, límpido.

Bosque: arboleda, boscaje, espesura, selva.
Páramo: yermo, desierto, sabana, erial.

Bosquejar: proyectar, planificar, trazar, esbozar.
Realizar: operar, proceder, materializar, concretar.

Botar: tirar, derramar, vaciar, volcar.
Recoger: juntar, reunir, cosechar, seleccionar.

Botarate: irreflexivo, insensato, informal, imprudente.
Sensato: juicioso, discreto, prudente, cauto.

Botín: zapatón, despojo, trofeo, presa.
Nimiedad: nadería, nonada, bagatela, fruslería.

Bóveda: cripta, techo, cavidad, oquedad.
Enjundia: jugo, meollo, vigor, fuerza.

Boyante: afortunado, feliz, rico, próspero.
Aciago: infeliz, infausto, desdichado, desgraciado.

Bozo: pelillo, vello, pelusilla, vellosidad.
Barba: barbilla, perilla, mosca, barbada.

Bragado: valiente, atrevido, decidido, firme.
Indeciso: cobarde, apocado, tímido, amilanado.

Braquigrafía: breviscritura, abrevioscritura, estenotipia, f- estudio de las abreviaturas.
Integrografía: manuscritura, mecanografía, dactilografía, ortografía.

Bravío: indómito, fiero, montaraz, salvaje.
Manso: domesticado, cultivado, suave, apacible.

Bravo: valiente, audaz, espléndido, impetuoso.
Cobarde: tímido, malo, manso, dócil.

Bravucón: fanfarrón, patrañero, valentón, bravatero.
Intrépido: valiente, denodado, osado, arrojado.

Bravura: coraje, valentía, intrepidez, audacia.
Cobardía: timidez, humanidad, docilidad, apacibilidad.

Brebaje: bebida, mejunje, poción, sorbete.
Manjar: alimento, comestible, néctar, ambrosía.

Brecha: abertura, boquete, rotura, resquicio.
Cierre: cerrojo, clausura, oclusión, aldaba.

Bregar: batallar, lidiar, luchar, forcejear.
Gandulear: flojear, haraganear, holgazanear, pajarear.

Breña: maleza, matorral, f- tierra quebrada.
Alfalfa: mielga, bieldo, f- planta de forraje.

Breve: corto, conciso, sucinto, compendioso.
Largo: extenso, prolongado, extendido, profuso.

SINÓNIMOS	ANTÓNIMOS
Brevedad: concisión, reducción, condensación, laconismo.	**Profusión:** abundancia, exuberancia, exceso, fecundidad.
Bribón: holgazán, vagabundo, gandul, haragán.	**Púdico:** honesto, correcto, decoroso, pudoroso.
Bribonada: canallada, tunantada, bellaquería, pillería.	**Trabajo:** labor, actividad, faena, ocupación.
Brigada: conjunto, fusión, combinación, totalidad.	**Bifurcación:** separación, desunión, ramificación.
Brillante: reluciente, espléndido, radiante, sobresaliente.	**Gris:** opaco, obscuro, apagado, lánguido.
Brillar: resplandecer, refulgir, relumbrar, centellear.	**Opacar:** obscurecer, extinguirse, apagarse, lugubrecer.
Brillo: resplandor, esplendor, lustre, gloria.	**Opacidad:** negrura, oscuridad, descrédito, desprestigio.
Brindar: convidar, invitar, atender, servir.	**Rechazar:** rehusar, inaceptar, desestimar, repeler.
Brío: ánimo, valor, fuerza, denuedo.	**Decaimiento:** fatiga, desfallecimiento, debilitamiento, impotencia.
Brizna: filamento, hebra, f- hilo delgado.	**Cordel:** cuerda, cinta, guita, bramante.
Broche: hebilla, pasador, final, culminación.	**Principio:** comienzo, iniciación, advenimiento, preludio.
Broma: chanza, burla, chiste, chunga.	**Seriedad:** mesura, adustez, gravedad, formalidad.
Bromatología: f- ciencia de los alimentos, tratado de alimentos.	**Arboricultura:** f- cultivo de los árboles, enseñanza del cultivo de los árboles.
Bronca: gresca, pendencia, alborozo, riña.	**Amistad:** inclinación, apego, afición, estimación.
Bronco: brusco, áspero, tosco, disonante.	**Suave:** delicado, agradable, tranquilo, apacible.
Brotar: germinar, nacer, surgir, existir.	**Fenecer:** perecer, sucumbir, fallecer, expirar.
Brujería: magia, hechicería, encantamiento, maleficio.	**Repulsión:** repudio, aversión, repugnancia, renuencia.
Bruma: niebla, nube, humedad, rocío.	**Despeje:** abierto, claro, limpio, escampado.
Bruñir: pulir, lustrar, enlucir, abrillantar.	**Empañar:** ensuciar, enturbiar, deslucir, manchar.
Brusco: repentino, imprevisto, súbito, violento.	**Apacible:** afable, tranquilo, agradable, placentero.
Brusquedad: descortesía, desprecio, rudeza, violencia.	**Finura:** suavidad, delicadeza, simpatía, consideración.
Brutal: feroz, salvaje, bestial, bárbaro.	**Humano:** sensible, benigno, bueno, comprensivo.
Bruto: ignorante, inculto, necio, tosco.	**Inteligente:** educado, fino, delicado, pacífico.
Bucear: sumergirse, hundirse, inmergir, zambullirse.	**Emerger:** flotar, nadar, surgir, avanzar.
Bucólico: campestre, pastoril, eglógico, silvestre.	**Cívico:** ciudadano, civil, cortés.

Bueno: benévolo, bondadoso, virtuoso, compasivo.
Bufete: escritorio, despacho, oficina, estudio.
Bufón: histrión, payaso, truhán, chancero.
Buhardilla: guardilla, desván, buharda, sotabanco.
Bula: privilegio, gracia, favor, concesión.
Bulevar: avenida, alameda, f- calle ancha y grande.
Bulo: mentira, embuste, engaño, camelo.
Bulla: griterío, algazara, bullicio, vocerío.
Bullicio: algarabía, vocerío, griterío, algazara.
Bullir: agitarse, moverse, sacudir, hervir.
Buquet: sabor, aroma, perfume, ramillete.
Burbujear: hervir, espumar, gorjear, campanilar.
Burdel: prostíbulo, lenocinio, lupanar, mancebía.
Burdo: tosco, grosero, rústico, ordinario.
Burgués: pudiente, acomodado, conservador, reaccionario.
Burla: broma, mofa, chanza, guasa.
Burlar: chancear, bromear, embaucar, eludir.
Buscar: indagar, investigar, averiguar, inquirir.
Buscavidas: diligente, trabajador, laborioso, entremetido.
Buscona: bagasa, ramera, prostituta, cortesana.
Busilis: quid, asunto, toque, dificultad.
Butaca: asiento, sillón, luneta, localidad.

Malo: malvado, viciado, corrompido, perverso.
Documento: escritura, credencial, expediente, ficha.
Espectador: concurrente, asistente, circundante, admirador.
Mansión: morada, habitación, residencia, vivienda.
Marca: medida, escala, módulo, regla.
Vereda: trocha, ramal, atajo, sendero.
Verdad: certeza, veracidad, sinceridad, franqueza.
Silencio: sosiego, quietud, calma, serenidad.
Calma: tranquilidad, sosiego, mutismo, reticencia.
Aquietar: calmar, sosegar, apaciguar, inmovilizar.
Desabridez: insipidez, insulsez, desaboridez.
Solidificar: endurecer, condensar, cuajar, espesar.
Hogar: familia, domicilio, casa, morada.
Refinado: fino, sutil, delicado, delgado.
Proletario: trabajador, jornalero, obrero, indigente.
Seriedad: verdad, sinceridad, respeto, realidad.
Afrontar: enfrentar, resistir, desafiar, apechugar.
Encontrar: hallar, descubrir, localizar, tropezar.
Ocioso: inactivo, perezoso, discreto, reservado.
Regenerada: renovada, corregida, restablecida, normalizada.
Claridad: diafanidad, luminosidad, orientación, facilidad.
Sitio: lugar, punto, espacio, paraje.

C

Cabal: íntegro, completo, entero, perfecto.
Parcial: fraccionario, incompleto, inexacto, infundado.

Cábala: intriga, maquinación, ardid, suposición.
Realidad: evidencia, existencia, propiedad, objetividad.

Cabalgar: montar, pasear, f- subirse al caballo y pasear en él.
Caminar: andar, marchar, recorrer, viajar.

Caballeresco: educado, fino, galante, cortés.
Descortés: grosero, basto, descarado, insolente.

Caballero: señor, noble, hidalgo, jinete.
Villano: plebeyo, rústico, abyecto, indigno.

Caballeroso: digno, fiel, noble, generoso.
Bellaco: pícaro, villano, bribón, perverso.

Cabaña: choza, barraca, chamizo, chabola.
Mansión: habitación, vivienda, residencia, morada.

Cabecilla: caudillo, jefe, líder, dirigente.
Subordinado: subalterno, supeditado, disciplinado, sometido.

Caber: contener, poder, entrar, coger.
Delimitar: demarcar, determinar, limitar, jalonar.

Cabeza: cráneo, testa, talento, capacidad.
Poquedad: cortedad, pequeñez, escasez, miseria.

Cabezón: cabezudo, testarudo, tozudo, terco.
Flexible: condescendiente, transigente, complaciente, tolerante.

Cabida: espacio, volumen, cupo, envase.
Limitación: restricción, escasez, pequeñez, cortapisa.

Cabildo: junta, asamblea, corporación, representación.
Unicidad: solidaridad, aislamiento, singularidad, especialidad.

Cabina: locutorio, departamento, f- lugar destinado para el piloto.
Sala: local, aposento, reunión, pieza.

Cabizbajo: alicaído, deprimido, triste, lánguido.
Animado: alentado, alegre, contento, satisfecho.

Cabo: extremo, punta, extremidad, f- grado militar.
Principio: comienzo, apertura, iniciación, advenimiento.

Cabotaje: f- tráfico marítimo, navegación costera.
Camionaje: f- cargamento terrestre, transporte en camiones.

Cabrear: enfadar, irritar, disgustar, enojar.
Calmar: tranquilizar, sosegar, contentar, serenar.

Cacumen: talento, cabeza, ingenio, perspicacia.
Bobería: bobada, necedad, simpleza, mentecatez.

Cacharro: utensilio, bártulo, cachivache, vasija.
Valor: cuantía, importe, beneficio, provecho.

Cachaza: flema, lentitud, tranquilidad, pachorra.
Brío: nerviosismo, energía, ánimo, fuerza.

Cachondo: libidinoso, animado, divertido, gracioso.
Casto: aburrido, tristón, pesado, tedioso.

Cada: todo, entero, conjunto, unidad.
Infinidad: multitud, sinnúmro, cúmulo, inmensidad.

Cadalso: patíbulo, suplicio, horca, guillotina.
Exilio: destierro, deportación, confinamiento, proscripción.

Cadena: eslabonada, cuerda, sujeción, sucesión.
Desceñimiento: desatadura, libertad, desprendimiento, desligamiento.

Cadencia: armonía, compás, ritmo, euritmia.
Arritmia: desarmonía, descontrol, desarticulación, diferencia.

Cadete: colegial, iniciante, f- alumno de una escuela militar.
Adulto: maduro, hecho, formado, perfecto.

Caducar: prescribir, expirar, extinguirse, anular.
Iniciar: empezar, comenzar, principiar, instruir.

Caducidad: cesación, término, expiración, finiquito.
Validez: vigencia, actualidad, permanencia, duración.

Caduco: viejo, perecedero, efímero, decrépito.
Lozano: gallardo, vigoroso, robusto, frondoso.

Caer: bajar, decaer, incurrir, incidir.
Levantarse: pararse, sobresalir, alzarse, ascender.

Cafre: bárbaro, bestia, cruel, salvaje.
Fino: delicado, refinado, educado, sensible.

Caída: desplome, declive, descenso, derrumbe.
Ascensión: subida, elevación, rampa, pendiente.

Caído: acobardado, acoquinado, flojo, rendido.
Animado: fuerte, firme, entero, victorioso.

Caja: arca, cofre, envase, estuche.
Bóveda: cripta, techo, nicho, firmamento.

Calabozo: celda, mazmorra, f- aposento de cárcel.
Hacienda: predio, heredad, estancia, propiedad.

Calado: labor, encaje, galón, profundidad.
Liso: plano, raso, llano, superficie.

Calafatear: cerrar, taponar, obstruir, llenar.
Separar: desgajar, desperdiciar, alejar, aislar.

Calamidad: desgracia, desastre, infortunio, drama.
Ventura: destino, casualidad, felicidad, dicha.

Calamitoso: desastroso, aciago, infeliz, desdichado.
Beneficioso: afortunado, dichoso, feliz, venturoso.

Calaña: ralea, laya, índole, calidad.
Figura: forma, traza, porte, catadura.

Calar: perforar, atravesar, penetrar, introducir.
Detener: frenar, paralizar, contener, interrumpir.

Calavera: cráneo, perdido, vicioso, disoluto.
Juicioso: prudente, maduro, reflexivo, meolludo.

Calcar: copiar, reproducir, remedar, plagiar.
Plasmar: concebir, crear, formar, figurar.

Calcinar: quemar, abrasar, carbonizar, incinerar.
Preservar: conservar, salvar, proteger, resguardar.

Calculador: interesado, egoísta, prudente, precavido.
Generoso: desinteresado, dadivoso, desprevenido, incauto.

Calcular: evaluar, computar, crecer, deducir.
Comprobar: asegurar, confirmar, cerciorarse, verificar.

Caldear: calentar, templar, acalorar, apasionar.
Enfriar: destemplar, refrescar, aplacar, calmar.

SINÓNIMOS	ANTÓNIMOS
Calenda: lejano, remoto, f- tiempo pasado.	**Hodierno:** hoy, ahora, f- tiempo presente.
Calentamiento: caldeamiento, excitación, acaloramiento, enardecimiento.	**Enfriamiento:** moderación, refrigeración, frialdad, alejamiento.
Calentar: caldear, asolar, hervir, acalorar.	**Enfriar:** refrescar, entibiar, moderar, mitigar.
Calentito: caliente, ardiente, f- recién hecho.	**Heladito:** friolento, helado, f- recién enfriado.
Calentura: fiebre, temperatura, febrícula, desesperación.	**Hipotermia:** descanso, desánimo, decaimiento, postración.
Caletre: tino, discernimiento, capacidad, ingenio.	**Torpeza:** necedad, ineptitud, aturdimiento, desacierto.
Calibrar: medir, reconocer, cuantificar, valorar.	**Descalibrar:** desmedir, diferenciar, descuidar, invalorar.
Calibre: diámetro, dimensión, tamaño, formato.	**Imprecisión:** indefinición, confusión, ambigüedad, vaguedad.
Cálido: caliente, caluroso, acogedor, afectuoso.	**Frío:** helado, congelado, indiferente, insensible.
Caliente: caluroso, ardiente, cálido, fogoso.	**Frío:** helado, fresco, gélido, impasible.
Calificar: considerar, conceptuar, reputar, ponderar.	**Prescindir:** abstenerse, privarse, omitir, olvidar.
Calina: niebla, bruma, calima, bochorno.	**Fresco:** frío, frescor, relente, gélido.
Cáliz: vaso, copa, f- vaso para celebrar la misa.	**Áncora:** esperanza, confianza, alegría, dicha.
Calma: paz, tranquilidad, sosiego, quietud.	**Intranquilidad:** desasosiego, inquietud, rapidez, alarma.
Calmante: paliativo, sedante, narcótico, tranquilizador.	**Estimulante:** incitativo, excitativo, exhortativo, reanimante.
Calmar: sosegar, tranquilizar, mitigar, suavizar.	**Excitar:** incitar, estimular, instigar, exaltar.
Calmoso: tranquilo, parsimonioso, flemático, cachazudo.	**Activo:** nervioso, enérgico, animoso, dinámico.
Caló: jerga, germanía, argot, jerigonza.	**Pureza:** casticidad, corrección, limpieza, claridad.
Calobiótica: tendencia, inclinación, f- arte de vivir bien.	**Malobiótica:** aversión, contrariedad, f- inclinación a la mala vida.
Calor: ardor, viveza, actividad, entusiasmo.	**Frialdad:** frío, frigidez, indiferencia, desapego.
Calumnia: difamación, infundio, mentira, maledicencia.	**Verdad:** elogio, realidad, sinceridad, certeza.
Calumniar: infamar, desacreditar, difamar, deshonrar.	**Encomiar:** elogiar, alabar, ensalzar, apologizar.
Caluroso: caliente, cálido, entusiasta, fogoso.	**Frío:** apagado, desanimado, helado, distante.
Calvario: cruz, tormento, tribulación, martirio.	**Consuelo:** alivio, descanso, bálsamo, lenitivo.
Calzar: cubrir, poner, ajustar, afianzar.	**Descalzar:** socavar, desajustar, f- andar sin zapatos.
Callado: discreto, reservado, secreto, sigiloso.	**Hablador:** parlanchín, charlatán, locuaz, indiscreto.

Callar: enmudecer, silenciar, omitir, encubrir.
Hablar: expresar, manifestar, conversar, parlamentar.

Callejear: pasear, vagar, pintonear, vagabundear.
Trabajar: laborar, ejercitar, adiestrar, funcionar.

Cámara: artefacto, aparato, sala, f- cuerpo legislativo.
Artificio: artimaña, enredo, artilugio, ardid.

Camarada: compañero, colega, compinche, amigo.
Enemigo: contrario, adversario, rival, contrincante.

Camaradería: compañerismo, solidaridad, amistad, concordia.
Enemistad: desconfianza, rivalidad, hostilidad, desavenencia.

Cambiar: alterar, canjear, permutar, modificar.
Mantener: conservar, preservar, persistir, permanecer.

Cambio: permuta, canje, mudanza, transformación.
Invariabilidad: permanencia, continuidad, estabilidad, constancia.

Camelar: seducir, engatusar, enamorar, cortejar.
Repeler: desdeñar, rehusar, rechazar, repudiar.

Caminar: recorrer, deslizarse, marchar, transitar.
Detenerse: estacionarse, descansar, pararse, frenar.

Camino: ruta, senda, pista, sistema.
Interrupción: suspenso, detención, intermisión, atasco.

Camorra: riña, pelea, pendencia, contienda.
Conciliación: armonía, comprensión, concordia, pacificación.

Campamento: campo, acantonamiento, vivaque, toldería.
Población: ciudad, urbe, pueblo, poblado.

Campante: ufano, satisfecho, alegre, tranquilo.
Descontento: intranquilo, agobiado, abrumado, abatido.

Campanudo: retumbante, hinchado, sobresaliente, altisonante.
Natural: sencillo, llano, espontáneo, juicioso.

Campaña: cruzada, acción, operación, maniobra.
Planificación: proyección, programa, planeamiento, planning.

Campechano: jovial, abierto, franco, alegre.
Estirado: seco, lacónico, engreído, orgulloso.

Campeón: vencedor, defensor, sostenedor, paladín.
Perdedor: derrotado, frustrado, vencido, desorientado.

Campesino: aldeano, lugareño, labrador, rústico.
Urbano: civil, ciudadano, cortés, sociable.

Campestre: agreste, silvestre, campesino, bucólico.
Civil: urbano, cortés, afable, deferente.

Camposanto: cementerio, fosa, necrópolis, enterradero.
Arboleda: pastal, sembradero, finca, hacienda.

Camuflar: encubrir, ocultar, esconder, aparentar.
Detectar: descubrir, admitir, aceptar, revelar.

Canal: conducto, conexión, acequia, comunicación.
Aislamiento: incomunicación, apartamiento, confinación, distanciamiento.

Canalizar: encauzar, encaminar, drenar, infundir.
Dispersar: esparcir, diseminar, expandir, extenderse.

Canalla: bandido, pillo, bribón, gentuza.
Benigno: bondadoso, indulgente, humano, afectuoso.

Canallada: vileza, infamia, ruindad, maldad.
Nobleza: dignidad, honradez, honestidad, decencia.

Canapé: refrigerio, tentempié, sofá, diván.

Cancelar: anular, abolir, derogar, rescindir.

Cáncer: carcinoma, epitelioma, f- tumor maligno u oncología.

Cancerbero: portero, guardián, vigilante, celador.

Candente: ardiente, abrasador, irritante, latente.

Candidez: inocencia, ingenuidad, simplicidad, sencillez.

Cándido: ingenuo, inocente, sencillo, candoroso.

Candor: sencillez, inocencia, pureza, sinceridad.

Canela: exquisitez, finura, delicadeza, primorosidad.

Caníbal: antropófago, humanívoro, sanguinario, salvaje.

Canijo: flaco, débil, escuálido, enfermizo.

Canjear: cambiar, permutar, trocar, reemplazar.

Cano: viejo, anciano, encanecido, blanquecino.

Canon: norma, principio, valor, tarifa.

Canonizar: santificar, beatificar, venerar, reverenciar.

Canoro: melodioso, armonioso, cadencioso, agradable.

Cansancio: fatiga, agotamiento, extenuación, lasitud.

Cansar: fatigar, extenuar, agotar, fastidiar.

Cansino: cansado, fatigado, perezoso, cansío.

Cantar: entonar, canturrear, tararear, coplar.

Cantidad: cuantía, porción, parte, monto.

Cantón: región, parte, división, circunscripción.

Cañón: obús, arma, tubo, enfiladero.

Caos: confusión, desconcierto, anarquía, terrorismo.

Caótico: confuso, enmarañado, desconcertado, embrollado.

Capa: manto, cubridero, estrato, losa.

Friolera: bagatela, bicoca, futesa, nimiedad.

Cobrar: recaudar, percibir, recibir, recuperar.

Sanidad: salubridad, salud, higiene, incolumidad.

Desidioso: descuidado, negligente, dejado, indiferente.

Frío: helado, tieso, yerto, estoico.

Malicia: astucia, agudeza, sutileza, sagacidad.

Malicioso: receloso, artero, sagaz, suspicaz.

Agudeza: maldad, picardía, ardid, maña.

Rusticidad: tosquedad, rudeza, ordinariez, zafiedad.

Civilizado: clemente, benigno, compasivo, indulgente.

Robusto: fuerte, fornido, forzudo, resistente.

Obtener: adquirir, lograr, comprar, alcanzar.

Joven: mancebo, muchacho, nuevo, actual.

Anarquía: desorden, confusión, voluntariosidad, arbitrariedad.

Despreciar: desdeñar, menospreciar, denigrar, vilipendiar.

Discorde: disconforme, disonante, discordante, incoherente.

Entusiasmo: vigor, interés, fervor, pasión.

Vigorizar: fortalecer, robustecer, animar, tonificar.

Vivo: ágil, activo, listo, veloz.

Desentonar: desafinar, disonar, discordar, contrastar.

Nadería: friolera, bagatela, nimiedad, futilidad.

País: nación, patria, estado, territorio.

Montaña: sierra, colina, monte, meseta.

Orden: disposición, método, sistema, concierto.

Ordenado: regulado, armonioso, dispuesto, metódico.

Vestido: prenda, ropa, traje, indumentaria.

Capacidad: cabida, amplitud, talento, inteligencia.
Incapacidad: ineptitud, inutilidad, incompetencia, torpeza.
Capacitar: habilitar, facilitar, comisionar, facultar.
Incapacitar: inhabilitar, nulificar, invalidar, imposibilitar.
Caparazón: concha, cubierta, corteza, defensa.
Centro: núcleo, corazón, foco, cogollo.
Capaz: apto, idóneo, suficiente, competente.
Incapaz: inhábil, inepto, torpe, insuficiente.
Capcioso: artificioso, engañoso, insidioso.
Franco: llano, veraz, fehaciente, claro.
Capear: sortear, eludir, soslayar, despejar.
Enfrentar: arrostrar, afrontar, oponer, resistir.
Capellán: cura, párroco, sacerdote, padre.
Sacristán: monaguillo, ayudante, acólito, escolano.
Capital: caudal, fortuna, hacienda, metrópoli.
Insignificante: pequeño, leve, exiguo, diminuto.
Capitalizar: invertir, atesorar, acaudalar, economizar.
Despilfarrar: dilapidar, derrochar, desperdiciar, malgastar.
Capitán: jefe, caudillo, conductor, mandante.
Dependiente: subalterno, subordinado, súbdito, satélite.
Capitulación: convenio, pacto, rendición, derrota.
Batalla: combate, lucha, contienda, enfrentamiento.
Capitular: rendirse, entregarse, pactar, convenir.
Combatir: luchar, lidiar, batallar, disputar.
Capítulo: división, apartado, párrafo, parágrafo.
Enlace: vínculo, trabazón, ligazón, concatenación.
Caporal: mayordomo, capataz, encargado, cabo.
Gañán: patán, rústico, iletrado, mozo.
Capricho: antojo, deseo, obsesión, ligereza.
Consecuencia: resultado, conclusión, corolario, finalidad.
Captación: atracción, conquista, percepción, fascinación.
Repulsión: aversión, repudio, odio, ojeriza.
Captar: lograr, atraer, conquistar, alcanzar.
Rechazar: repeler, repudiar, rebatir, rehusar.
Capturar: aprisionar, apresar, aprehender, detener.
Libertar: liberar, redimir, rescatar, independizar.
Caquexia: debilitamiento, extenuación, desnutrición, tabes.
Robustecimiento: vigorización, remozamiento, fortalecimiento, tonificación.
Cara: rostro, fisonomía, semblante, faz.
Dorso: espalda, revés, reverso, cruz.
Carácter: condición, índole, idiosincrasia, temperamento.
Singularidad: particularidad, individualidad, peculiaridad, modalidad.
Característico: único, peculiar, distintivo, unilateral.
Genérico: común, frecuente, usual, masivo.
Caracterizar: identificar, distinguir, definir, determinar.
Confundir: desconcertar, turbar, equivocar, perturbar.
Carambola: casualidad, chiripa, suerte, eventualidad.
Seguridad: certeza, certidumbre, garantía, confianza.
Carantoña: carátula, título, embeleso, caricia.
Antipatía: ojeriza, aversión, malquerencia, desafecto.
Carátula: portada, tapa, careta, rótulo.
Impresión: estampación, tirada, marca, señal.

Caravana: multitud, muchedumbre, tropel, romería.
Carbonizar: calcinar, incendiar, chamuscar, quemar.
Carcamán: ruin, innoble, feble, indigno.
Cárcel: prisión, penal, penitenciaría, mazmorra.
Cardinal: esencial, principal, fundamental, capital.
Cardumen: abundancia, profusión, banco, multitud.
Carear: enfrentar, encarar, arrostrar, cotejar.
Carecer: faltar, privar, vacar, escasear.
Carencia: privación, falta, ausencia, defecto.
Carente: falto, incompleto, insuficiente, necesitado.
Carestía: escasez, penuria, encarecimiento, subida.
Careta: máscara, antifaz, mascarilla, tapujo.
Cargar: aumentar, incrementar, acometer, atacar.
Cargo: falta, imputación, puesto, plaza.
Cariacontecido: apenado, triste, atribulado, turbado.
Caricatura: exageración, maximación, parodia, hipérbole.
Caricia: cariño, mimo, afecto, ternura.
Caridad: dádiva, socorro, altruismo, filantropía.
Cariño: afecto, amor, amistad, apego.
Carisma: don, gracia, cualidad, dotes.
Carismático: bondadoso, magnánimo, obsequioso, espiritual.
Caritativo: desinteresado, desprendido, generoso, altruista.
Cariz: aspecto, perspectiva, fase, situación.
Carmenar: desenredar, desenmarañar, escarmenar, desentrabar.
Carnal: sensual, lúbrico, libidinoso, lujurioso.
Caro: costoso, dispendioso, alzado, amado.

Exigüidad: poquedad, escasez, reducción, cortedad.
Apagar: calmar, enfriar, aplacar, apaciguar.
Digno: merecedor, acreedor, íntegro, delicado.
Libertad: independencia, liberación, emancipación, autonomía.
Accesorio: adicional, secundario, suplementario, complementario.
Poquedad: escasez, exigüidad, nimiedad, insuficiencia.
Esquivar: rehusar, eludir, soslayar, evitar.
Poseer: disfrutar, tener, gozar, deleitar.
Abundancia: cantidad, plétora, riqueza, fertilidad.
Saturado: abundante, colmado, lleno, harto.
Baja: merma, caída, descenso, pérdida.
Verdad: evidencia, certeza, axioma, evangelio.
Descargar: aliviar, aligerar, eximir, desestimar.
Vacío: vacuo, descargo, ocioso, parado.
Contento: alegre, gozoso, satisfecho, complacido.
Morigeración: moderación, prudencia, discreción, sensatez.
Malquerencia: aversión, antipatía, desamor, ojeriza.
Mezquindad: tacañería, cicatería, avaricia, ruindad.
Desamor: enemistad, odio, rencor, desafecto.
Defecto: tacha, imperfección, carencia, deficiencia.
Desconcertante: insólito, extraño, inusitado, egoísta.
Inhumano: egoísta, acaparador, codicioso, interesado.
Incidencia: contingencia, emergencia, suceso, cuestión.
Enmendar: remediar, corregir, subsanar, modificar.
Espiritual: anímico, psíquico, mental, sutil.
Barato: módico, rebajado, económico, reducido.

Carpeta: cubierta, forro, cartapacio, cortina.
Carrera: profesión, estudio, función, trayecto.
Carril: rodera, andén, corredera, huella.

Carta: misiva, epístola, esquela, constitución.
Cartabón: evaluativo, meditivo, f- instrumento para medir.
Cartapacio: carpeta, cuaderno, portafolio, portapliegos.
Cartel: anuncio, proclama, aviso, noticia.

Cartelera: avisadora, anunciadora, f- lugar en que se colocan los anuncios.
Cartera: billetera, vademécum, f- conjunto de clientes.
Cartilla: catón, abecedario, silabario, libreta.
Casa: vivienda, morada, hogar, habitación.
Casación: anulación, renovación, invalidación, abolición.
Casar: anular, revocar, abolir, f- contraer matrimonio.
Cascado: viejo, débil, achacoso, quebrado.
Cascar: romper, quebrar, pegar, charlar.
Cascarrabias: quisquilloso, gruñón, irascible, aguafiestas.
Casco: cabeza, cráneo, tonel, pezuña.

Casi: cercano, próximo, inmediato, parte.
Casino: club, centro, círculo, diversionario.
Caso: suceso, acontecimiento, ocasión, ocurrencia.
Casquivano: irreflexivo, acalorado, precipitado, atolondrado.
Castidad: pureza, inocencia, pudor, honestidad.
Castigar: sancionar, penar, mortificar, afligir.
Castizo: fecundo, fértil, correcto, puro.
Castrar: capar, mutilar, extirpar, debilitar.
Casual: fortuito, ocasional, eventual, contingente.
Casualidad: azar, eventualidad, albur, contingencia.

Olvido: descuido, inadvertencia, desmemoria, amnesia.
Vocación: inclinación, propensión, tendencia, preferencia.
Ámbito: espacio, superficie, perímetro, contorno.
Epigrama: idea, pensamiento, dicho, sentencia.
Hipótesis: suposición, presunción, conjetura, presuposición.
Libro: obra, volumen, ejemplar, texto.

Detrimento: menosprecio, perjuicio, deterioro, quebranto.
Nadería: nimiedad, minucia, futileza, bagatela.
Bolsa: morral, talega, bolso, escarcela.

Heterogeneidad: mezcolanza, variedad, diversidad, multiplicidad.
Campo: campiña, sembrado, cultivo, ámbito.
Validación: aprobación, certificación, confirmación, aseveración.
Confirmar: asegurar, aseverar, atestiguar, corroborar.
Nuevo: lozano, joven, fresco, intacto.

Pegar: unir, recomponer, arreglar, callar.
Comprensivo: tranquilo, tolerable, benevolente, indulgente.
Coraza: blindaje, caparazón, armadura, coselete.
Completo: íntegro, todo, lejos, distante.
Morada: casa, habitación, vivienda, mansión.
Inercia: inacción, quietismo, inactividad, pasividad.
Sensato: cuerdo, circunspecto, discreto, mesurado.
Lujuria: impudicia, lascivia, concupiscencia, sexualidad.
Perdonar: absolver, condenar, dispensar, indultar.
Bárbaro: cruel, salvaje, tosco, inculto.
Vigorizar: fortalecer, implantar, fomentar.
Lógico: racional, deductivo, justo, legítimo.
Certidumbre: certeza, convicción, evidencia, seguridad.

Casuística: casos, f- casos de conciencia, consideraciones diversas.
Catadura: aspecto, facha, traza, semblante.
Catalizar: transformar, modificar, transmutar, variar.
Catalogar: clasificar, individualizar, inventariar, ordenar.
Catar: gustar, probar, saborear, examinar.
Catarsis: purificación, eliminación, f- liberación de recuerdos extraños.
Catártico: purificativo, eliminativo, purgativo, abstersivo.
Catástrofe: cataclismo, desastre, calamidad, hecatombe.
Catastrófico: adverso, calamitoso, desgraciado, desastroso.
Cátedra: púlpito, asiento, materia, aula.
Categoría: clase, condición, talla, jerarquía.
Categórico: preciso, concluyente, rotundo.
Catequizar: enseñar, instruir, atraer, convertir.
Caterva: multitud, infinidad, muchedumbre, abundancia.
Catilinaria: increpación, sermón, apóstrofe, diatriba.
Caución: garantía, fianza, precaución, aval.
Caudal: corriente, tendencia, dinero, conocimientos.
Caudillo: jefe, guía, líder, conductor.
Causa: origen, principio, génesis, procedencia.
Causar: producir, originar, ocasionar, motivar.
Cáustico: mordaz, satírico, punzante, incisivo.
Cautela: cuidado, precaución, prevención, juicio.
Cauteloso: precavido, reservado, circunspecto, recatado.
Cauterizar: quemar, foguear, curar, corregir.
Cautivar: fascinar, seducir, encantar, embelesar.

Circunstancia: razón, motivo, móvil, incidencia.
Inverosímil: raro, extraño, irreal, fantástico.
Mantener: continuar, seguir, permanecer, inalterar.
Embrollar: revolver, enmarañar, enredar, confundir.
Invalidar: anular, desestimar, inhabilitar, desautorizar.
Maculación: impureza, impudicia, patraña, mixtificación.
Polutivo: contaminativo, maculante, contagiante, manchante.
Dicha: ventura, felicidad, prosperidad, progreso.
Afortunado: próspero, floreciente, venturoso, opulento.
Maraña: enredo, mezcolanza, confusión, vaciedad.
Vaguedad: indecisión, imprecisión, confusión, vaciedad.
Dubitativo: vago, impreciso, incierto, confuso.
Apostatar: abjurar, renegar, desertar, traicionar.
Poquedad: exigüidad, nimiedad, cortedad, escasez.
Elogio: encomio, alabanza, apología, zalamería.
Imprevisión: distracción, irreflexión, divagación.
Inopia: indigencia, pobreza, miseria, estrechez.
Subordinado: sometido, subalterno, supeditado, disciplinado.
Efecto: consecuencia, secuela, indiferencia.
Evitar: impedir, prevenir, precaver, esquivar.
Benévolo: benigno, indulgente, bondadoso, complaciente.
Imprudencia: precipitación, disparate, desatino, temeridad.
Desconfiado: receloso, suspicaz, previsor.
Fomentar: proteger, promover, sostener, impulsar.
Repeler: repulsar, rehusar, desdeñar, desechar.

Cautividad: cautiverio, privación, esclavitud, sujeción.
Libertad: emancipación, redención, eximición, liberación.

Cauto: precavido, ocurrente, circunspecto, previsor.
Incauto: ingenuo, inocentón, imprevisor, simple.

Cavar: ahondar, profundizar, penetrar, excavar.
Observar: atender, vigilar, respetar, considerar.

Cavernícola: cavernario, retrógrado, anticuado, antigüista.
Moderno: actual, nuevo, reciente, contemporáneo.

Cavidad: hoyo, hueco, vacío, fosa.
Compactación: llenamiento, espesor, solidez, macicez.

Cavilar: pensar, meditar, considerar, reflexionar.
Divagar: desatender, distraerse, descuidar, improvisar.

Cazar: perseguir, atrapar, pillar, coger.
Emancipar: libertar, independizar, rescatar, redimir.

Cazurro: encerrado, ensimismado, reservado, malicioso.
Abierto: despejado, claro, llano, desembarazado.

Cebar: engordar, sobrealimentar, obesar, habituar.
Limitar: restringir, delimitar, demarcar, circunscribir.

Ceder: dar, traspasar, transferir, transigir.
Posesionarse: apropiarse, adueñarse, apoderarse, incautarse.

Cegar: alucinar, ofuscar, obcecar, obturar.
Iluminar: alumbrar, resplandecer, rutilar, brillar.

Ceguera: invidencia, ofuscamiento, obstinación, obcecación.
Vista: claridad, sensatez, lucidez, precisión.

Cejar: ceder, aflojar, recular, retroceder.
Resistir: oponer, defender, aguantar, combatir.

Celada: emboscada, trampa, insidia, asechanza.
Efugio: salida, escapatoria, evasión, pretexto.

Celar: cuidar, atender, observar, vigilar.
Revelar: descuidar, detectar, demostrar, manifestar.

Celebrar: ensalzar, encomiar, alabar, elogiar.
Denigrar: infamar, injuriar, calumniar, deshonrar.

Célebre: famoso, vitoreado, aplaudido, ovacionado.
Ignoto: desconocido, ignorado, opaco, obscuro.

Celeridad: rapidez, prontitud, ligereza, premura.
Lentitud: tardanza, demora, retraso, aplazamiento.

Celestial: celeste, divino, paradisiaco, delicioso.
Infernal: terrenal, maléfico, horrible, horroroso.

Celestina: alcahueta, encubridora, proxeneta, tapadora.
Moralizada: corregida, regenerada, reformada, renovada.

Celo: afán, ahínco, entusiasmo, esmero.
Indiferencia: frialdad, desinterés, apatía, desdén.

Celos: temor, desconfianza, recelo, inquietud.
Confianza: seguridad, creencia, convicción, aliento, esperanza.

Celotipia: celomanía, vehemencia, f- pasión desmedida de celos.
Indiferencia: frialdad, insensibilidad, desafición, desamor.

Celsitud: elevación, grandeza, excelencia, eminencia.
Bajeza: ruindad, vileza, abyección, degradación.

Cenestesia: sensibilidad, comprensión, sensitividad, corporosidad.
Insensibilidad: inercia, inacción, adormecimiento, anestesia.

Cénit: cima, perfección, culminación, cúspide.
Censo: empadronamiento, anotación, registro, catastro.
Censor: corrector, interventor, examinador, calificador.
Censura: crítica, desaprobación, reprobación, examen.
Censurar: criticar, juzgar, fustigar, reprobar.
Centinela: guardia, vigilante, custodia, guardián.
Centralizar: concentrar, agrupar, juntar, mancomunar.
Centro: núcleo, foco, eje, meta.

Ceñir: apretar, estrechar, ajustar, contornar.
Ceporro: ignorante, torpe, lerdo, inculto.

Cercano: próximo, inmediato, allegado, contiguo.
Cercar: rodear, circundar, asediar, perseguir.
Cercenar: desunir, cortar, mutilar, coartar.

Cerciorarse: asegurar, convencer, persuadir, confirmar.
Cerdo: puerco, marrano, cochino, sucio.
Cerebral: intelectual, especulativo, teórico, estudioso.
Cerebro: talento, seso, cabeza, cacumen.

Ceremonia: rito, pompa, solemnidad, formalidad.
Ceremonioso: ritual, formal, artificioso, afectado.
Cereño: fuerte, resistente, duro.
Cernícalo: bruto, rudo, necio, sandio.

Cerrado: clausurado, tapiado, torpe, cubierto, introvertido.
Cerrar: tapar, cubrir, clausurar, obstruir.

Cerril: grosero, tosco, rústico, rudo, montaraz, bronco, bravío, terco, obstinado, tozudo.
Cerro: elevación, colina, montículo, monte.
Certero: seguro, diestro, experto, eficaz.

Decadencia: penuria, declive, ocaso, deterioro.
Tacha: borramiento, rayadura, supresión, eliminación.
Cómplice: coautor, partícipe, connivente, conspirador.
Elogio: alabanza, encomio, cumplido, felicitación.
Aprobar: asentir, sancionar, celebrar, corroborar.
Delincuente: malhechor, criminal, salteador, forajido.
Descentralizar: separar, desunir, esparcir, diseminar.
Periferia: contorno, circunferencia, alrededor, perímetro.
Desceñir: soltar, liberar, desatar, descifrar.

Culto: despejado, leído, inteligente, afable.
Lejano: distante, separado, apartado, remoto.
Escapar: huir, fugarse, evadirse, escabullirse.
Prolongar: extender, alargar, estirar, dilatar.
Vacilar: dudar, titubear, recelar, examinar.

Limpio: aseado, pulcro, lavado, atildado.
Emocional: apasionado, impresionado, entendido, conmovido.
Vacuidad: vaciedad, oquedad, carencia, ausencia.
Nimiedad: insignificancia, fatuidad, necedad, fruslería.
Informal: natural, sencillo, espontáneo, franco.
Débil: flojo, frágil, blando.
Diligente: listo, expedito, activo, dispuesto.
Abierto: descubierto, despejado, claro, comunicativo, extrovertido.
Abrir: rasgar, hendir, descubrir, horadar, inaugurar.
Razonable: civilizado, cultivado, juicioso, sensato.

Llanura: explanada, planicie, llaneda, valle.
Incierto: dudoso, ambiguo, inseguro, vacilante.

Certeza: certidumbre, seguridad, convicción, confianza, evidencia.	**Incertidumbre:** duda, inseguridad, vacilación, titubeo, indecisión, dilema, recelo, sospecha.
Certificar: confirmar, atestiguar, asegurar, aseverar.	**Desmentir:** desdecir, desvirtuar, negar, contradecir.
Cesante: parado, desempleado, desocupado, inactivo.	**Activo:** trabajador, empleado, ocupado, diligente.
Cesar: finalizar, acabar, suspender, interrumpir.	**Continuar:** proseguir, prorrumpir, perdurar, persistir.
Cesión: entrega, traspaso, abandono, donación.	**Apropiación:** usurpación, apropiamiento, incautación, confiscación.
Cetrino: amarillento, taciturno, melancólico, adusto.	**Alegre:** contento, jubiloso, bromista, luminoso.
Cetro: reinado, primacía, mando, imperio.	**Pérdida:** privación, carencia, perdimiento, quebranto.
Chabacanería: vulgaridad, ramplonería, tosquedad, ordinariez.	**Delicadeza:** finura, atención, tacto, cortesía.
Chabacano: ordinario, vulgar, trivial, insulso.	**Refinado:** delicado, eminente, elevado, superior.
Chabola: choza, barraca, chamizo, tugurio.	**Mansión:** morada, vivienda, habitación, chalé.
Chacota: broma, chanza, burla, mofa.	**Seriedad:** formalidad, compostura, calma, ceremonia.
Cháchara: palique, charla, parloteo, verborrea.	**Conferenciar:** disertación, conversación, peroración, discurso.
Chafar: ajar, marchitar, aplastar, apabullar.	**Remozar:** rejuvenecer, renovar, fortalecer, vigorizar.
Chalado: chiflado, alelado, tocado, enloquecido.	**Cuerdo:** juicioso, prudente, reflexivo, sensato.
Chaladura: locura, chifladura, manía, aturdimiento.	**Cordura:** sensatez, juicio, prudencia, formalidad.
Chambón: chapucero, torpe, farfallón, remendón.	**Consciente:** esmerado, cuidadoso, concienzudo, atento.
Chambonada: descuido, desacierto, error, contrasentido.	**Acierto:** tino, tacto, prudencia, cordura.
Chantaje: extorsión, engaño, timo, mixtificación.	**Corrección:** decoro, pudicia, decencia, pureza.
Chanza: broma, burla, chirigota, chacota.	**Circunspección:** prudencia, discreción, precaución, reserva.
Chapa: hoja, lámina, alaria, palastro.	**Imprudencia:** descuido, precipitación, ligereza, irreflexión.
Chapucero: chafallón, frangollón, tosco, rudo.	**Esmerado:** cuidado, pulcro, escrupuloso, pulido.
Chapurrar: mezclar, combinar, farfullar, chapurrear.	**Aislar:** separar, dividir, purificar, pulimentar.
Chaquetero: oportunista, aprovechado, traidor, adulador.	**Leal:** condicional, fiel, honrado, constante.
Charada: acertijo, enigma, problema, adivinanza.	**Solución:** acierto, explicación, comprensión, decisión.
Charco: charca, bache, fangal, hoyo.	**Limpieza:** aseo, higiene, acendramiento, perfección.

SINÓNIMOS	ANTÓNIMOS
Charla: palique, cháchara, coloquio, conversación.	**Discreción:** silencio, reserva, mutismo, omisión.
Charlar: conversar, parlar, departir, parlamentar.	**Callar:** enmudecer, silenciar, encubrir, omitir.
Charlatán: hablador, parlanchín, locuaz, embaucador.	**Callado:** silencioso, enmudecido, sigiloso, formal.
Charlatanería: verborrea, locuacidad, palabrería, vaniloquio.	**Discreción:** moderación, prudencia, tino, juicio.
Charro: vulgar, ordinario, chabacano, basto.	**Elegante:** fino, distinguido, refinado, sencillo.
Chasco: burla, broma, engaño, decepción.	**Respeto:** deferencia, miramiento, devoción, consideración.
Chasquear: engañar, embrollar, burlar, chancear.	**Corresponder:** atañer, incumbir, concernir, afectar.
Chato: romo, aplanado, obtuso, tosco.	**Proporcionado:** adecuado, prudente, atinado, listo.
Chaval: joven, muchacho, mancebo, doncel.	**Anciano:** veterano, viejo, vetusto, provecto.
Cheque: documento, dinérico, talón, libranza.	**Ficha:** pieza, cédula, papeleta, seña.
Chévere: bonito, vistoso, primoroso, gracioso.	**Feo:** avocastro, horrible, macaco, asqueroso.
Chic: distinción, elegancia, donaire, gusto.	**Cursilería:** afectación, recargo, pretensión, ridiculez.
Chico: pequeño, reducido, bajo, diminuto.	**Grande:** crecido, desarrollado, alto, extenso.
Chicotear: zurrar, latigar, pegar, azotar, castigar.	**Acariciar:** mimar, amar, querer, distinguir.
Chichón: hinchazón, bulto, tolondrón, tumefacción.	**Reflexión:** cavilación, cogitación, hesitación, meditación.
Chiflado: alelado, chalado, tocado, desquiciado.	**Cuerdo:** normal, juicioso, prudente, reflexivo.
Chilindrina: burla, broma, chanza, chirigota.	**Seriedad:** formalidad, entereza, gravedad, circunspección.
Chillar: gritar, vociferar, rechinar, rugir.	**Enmudecer:** callar, silenciar, mutisar, sigilar.
Chillón: gritón, vocinglero, recargado, estridente.	**Discreto:** atinado, prudente, circunspecto, atildado.
Chingar: molestar, fastidiar, frustrar, beber.	**Deleitar:** alegrar, animar, regocijar, complacer.
Chiquillo: bebé, nene, niño, pibe.	**Joven:** mozo, muchacho, mancebo, chamaco.
Chiripa: casualidad, azar, circunstancia, suerte.	**Taxatividad:** exactitud, precisión, puntualidad, fidedignidad.
Chisme: embuste, murmuración, habladuría, enredo.	**Consideración:** respeto, diferencia, acatamiento, urbanidad.
Chismoso: murmurador, enredoso, maledicente, lioso.	**Veraz:** cierto, certero, verídico, fidedigno.
Chispa: gracia, agudeza, viveza, centella.	**Simpleza:** bobería, necedad, vaciedad, majadería.

Chispear: brillar, relucir, refulgir, lloviznar.
Chiste: agudeza, ocurrencia, gracia, chascada.
Chistoso: ingenioso, ocurrente, divertido, gracioso.
Chocante: extraño, inesperado, raro, sorprendente.
Chocar: tropezar, encontrarse, estrellarse, contrastar.
Chochear: envejecer, caducar, disparatar, desacertar.
Chocho: ñoño, canelón, caduco, consentido.
Choque: colisión, estrellón, encontrón, contienda.
Chubasco: chaparrón, chaparrada, aguacero, nubada.
Chuchería: fruslería, baratija, nadería, menudencia.
Chuchurrido: marchito, lacio, aplanado, desanimado.
Chueco: estevado, patituerto, cambiante, incorrecto.
Chulo: guapo, curro, vistoso, majo.
Chunga: broma, burla, chanza, diversión.
Chupado: consumido, extenuado, delgado, avergonzado.
Chupar: sorber, libar, absorber, succionar.
Churro: buñuelo, rizo de pelo, vistoso, donosura.
Churumbel: niño, crío, chiquillo, pequeño.
Chusco: chistoso, gracioso, ocurrente, vividor.
Chusma: populacho, gentuza, patulea, plebeyada.
Chuzón: ladino, astuto, bellaco, burlón.
Cibernética: f- funcionamiento de las conexiones nerviosas, manejo de las máquinas electrónicas.
Cicatear: restringir, racanear, economizar, ahorrar.
Cicatero: avaro, tacaño, mezquino, agarrado.
Cicatrizar: cerrar, curar, detener, estancar.

Opacar: obscurecer, nubecer, grisar, ennegrecer.
Bobería: simpleza, tontería, necedad, patochada.
Soso: aburrido, serio, insulso, desaborido.
Corriente: común, vulgar, habitual, cotidiano.
Esquivar: eludir, evadirse, burlar, soslayar.
Lozanear: remozar, rejuvenecer, enmozar, enlozanarse.
Lozano: gallardo, airoso, arrogante, jovial.
Alejamiento: aparte, retiro, desvío, distanciamiento.
Solana: carasol, solar, soleridad, solaridad.
Categoría: clase, condición, esfera, jerarquía.
Lozano: rozagante, fresco, sano, animado.
Correcto: cabal, exacto, justo, castizo.
Macaco: feo, asqueroso, repulsivo, repugnante.
Gravedad: seriedad, formalidad, circunspección, prudencia.
Rollizo: gordo, grueso, crecido, inflado.
Expeler: echar, expulsar, despedir, tirar, arrojar.
Esperpento: adefesio, feo, espantajo, asqueroso.
Veterano: viejo, longevo, ducho, avezado.
Soso: desabrido, insípido, insulso, zonzo.
Donosura: donosidad, lindeza, picardía, astucia.
Incauto: ingenuo, simple, crédulo, cándido.
Anomalía: anormalidad, irregularidad, extrañeza, singularidad.
Dilapidar: despilfarrar, gastar, derrochar, malgastar.
Desprendido: generoso, desinteresado, dadivoso.
Abrir: destapar, desplegar, rasgar, hendir.

SINÓNIMOS	ANTÓNIMOS
Cicerone: guía, baqueano, intérprete, líder.	**Despistador:** confusor, extraviante, desconcertante, desvinculante.
Ciclo: período, época, temporada, estación.	**Perenne:** eterno, perpetuo, imperecedero, sempiterno.
Ciclópeo: gigantesco, colosal, descomunal, monumental.	**Pequeño:** enano, pigmeo, liliputiense, diminuto.
Ciego: invidente, alucinado, tenaz, obcecado.	**Vidente:** iluminado, inspirado, adivino, clarividente.
Cielo: gloria, paraíso, empíreo, firmamento.	**Infierno:** averno, orco, erebo, fuego.
Ciencia: sapiencia, erudición, cognición, sabiduría.	**Ignorancia:** analfabetismo, incultura, desconocimiento, nesciencia.
Cierre: cerradura, clausura, obstrucción, taponamiento.	**Apertura:** desatasco, abertura, comienzo, principio.
Cierto: manifiesto, auténtico, indudable, innegable.	**Incierto:** dudoso, ambiguo, vacilante, perplejo.
Cifrar: confiar, ansiar, resumir, reducir.	**Titubear:** dudar, vacilar, fluctuar, confundir.
Cilicio: suplicio, tormento, aflicción, tribulación.	**Goce:** posesión, uso, disfrute, fruición.
Cima: cumbre, cúspide, cúpula, cresta.	**Fondo:** cimiento, base, entraña, interior.
Cimentar: fundamentar, establecer, fundar, asentir.	**Debilitar:** aflorar, extenuar, agotar, flaquear.
Cimero: culminante, supremo, superior, sobresaliente.	**Inferior:** ínfimo, exiguo, dependiente, subalterno.
Cincelar: tallar, esculpir, trabajar, modelar.	**Gandulear:** holgazanear, haraganear, apoltronarse, callejear.
Cinética: moviente, cambiante, agitante, desplazante.	**Inmovilizante:** paralizante, aquietante, afianzante, consolidante.
Cínico: desvergonzado, impúdico, procaz, descarado.	**Respetuoso:** púdico, deferente, afable, considerado.
Circular: transitar, andar, pasar, deambular.	**Detenerse:** estacionarse, pararse, demorarse, retardarse.
Circundar: circuir, cercar, rodear, circunvalar.	**Escapar:** huir, evadirse, escabullirse, librarse.
Circunloquio: rodeo, ambages, perífrasis, comentario.	**Concisión:** brevedad, precisión, claridad, laconismo.
Circunscribir: ceñir, ajustar, amoldar, conformar.	**Extender:** ampliar, aumentar, difundir, desarrollar.
Circunspección: cautela, prudencia, precaución, discreción.	**Indiscreción:** imprudencia, descomedimiento, desatino, intromisión.
Circunspecto: discreto, mesurado, prudente, cauteloso.	**Imprudente:** atolondrado, arriesgado, precipitado, temerario.
Circunstancial: casual, accidental, ocasional, coyuntural.	**Intencionado:** deliberado, premeditado, voluntario, adrede.
Circunstante: concurrente, asistente, espectador, visitante.	**Ausente:** alejado, separado, ido, lejano.
Circunvalar: circular, circundar, rodear, contornar.	**Impedir:** dificultar, obstaculizar, estorbar, imposibilitar.
Cisma: rompimiento, ruptura, diferendo, disensión.	**Unión:** enlace, mancomunión, coordinación, federación.

Cismático: discorde, disidente, disensivo, escisivo.

Cisura: rotura, hendidura, cisión, abertura.

Citar: mencionar, nombrar, convocar, emplazar.

Ciudadano: habitante, residente, vecino, capitalino.

Cívico: ciudadano, urbano, cortés, educado.

Civil: ciudadano, urbano, metropolitano, paisano.

Civilización: cultura, adelanto, progreso, educación.

Cizaña: discordia, enemistad, disensión, desavenencia.

Clamar: quejarse, lamentarse, exclamar, gemir.

Clamor: lamento, queja, gemido, súplica.

Clandestino: secreto, oculto, ilegal, ilícito.

Clarear: amanecer, alborear, escampar, abrir.

Claridad: luminosidad, diafanidad, limpidez, llaneza.

Clarificación: aclaramiento, depuramiento, alumbramiento, especificación.

Clarificar: iluminar, alumbrar, aclarar, filtrar.

Clarividencia: intuición, penetración, perspicacia, sagacidad.

Claro: diáfano, cristalino, manifiesto, evidente.

Clasificación: ordenamiento, alineamiento, numeramiento, sistematización.

Clasificar: ordenar, alinear, archivar, coordinar.

Claudicación: sometimiento, entrega, admisión, transigencia.

Claudicar: transigir, tolerar, admitir, contemporanizar.

Cláusula: estipulación, condición, disposición, período.

Clausurar: cerrar, aislar, finalizar, terminar.

Clavar: hundir, fijar, hincar, remachar.

Clave: fórmula, cifra, explicación, contenido.

Vinculativo: unitivo, conexivo, conjuntivo, integracional.

Oclusión: cierre, obstrucción, clausura, impedimento.

Silenciar: callar, omitir, reservar, pausar.

Campesino: aldeano, lugareño, provinciano, ruralista.

Incívico: bárbaro, maleducado, descortés, grosero.

Militar: soldado, miliciano, guerrero, estratega.

Barbarie: crueldad, rusticidad, salvajismo, incultura.

Concordia: armonía, unión, euritmia, fraternidad.

Oír: escuchar, atender, percibir, considerar.

Silencio: enmudecimiento, callamiento, soportamiento, omisión.

Manifiesto: público, conocido, notorio, divulgado.

Anochecer: oscurecer, encapotarse, nublarse, cerrarse.

Oscuridad: tiniebla, lobreguez, penumbra, opacidad.

Lobreguez: obscuridad, ensombrecimiento, tenebrosidad, embrollamiento.

Obscurecer: entenebrecer, ensombrecer, lobreguecer, anochecer.

Obcecación: obsesión, ofuscamiento, ceguera, pesadilla.

Obscuro: turbio, opaco, sombrío, lóbrego.

Enmarañamiento: confusión, revolvimiento, barullo, anarquía.

Revolver: desordenar, desalinear, desorganizar, encarar.

Encaramiento: enfrentamiento, oposición, defensa, forcejeamiento, resistencia.

Enfrentar: resistir, encarar, defender, forcejear.

Nonada: nadería, menudencia, nimiedad, fruslería.

Inaugurar: abrir, comenzar, iniciar, estrenar.

Desclavar: extraer, arrancar, quitar, extirpar.

Confusión: mezcolanza, enredo, embrollo, entrevero.

Clemencia: piedad, indulgencia, misericordia, compasión. — **Crueldad:** ferocidad, salvajismo, atrocidad, barbarie.
Clemente: compasivo, benigno, indulgente, piadoso. — **Severo:** rígido, riguroso, duro, hosco.
Cleptomanía: f- inclinación al robo, propensión a tomar lo ajeno. — **Honradez:** corrección, moralidad, integridad, normalidad.
Clima: atmósfera, temperatura, agitación, conturbación. — **Efecto:** resultado, consecuencia, circunstancia, reacción.
Cloaca: sumidero, alcantarilla, albañal, desaguadero. — **Estuario:** estero, restañadero, acequia, zanja.
Club: centro, círculo, casino, asociación. — **Ciudad:** pueblo, país, región, zona.
Coacción: imposición, forzamiento, obligación, violencia. — **Espontaneidad:** naturalidad, llaneza, voluntad, liberalidad
Coaccionar: forzar, obligar, imponer, amenazar. — **Tolerar:** permitir, aceptar, admitir, consentir.
Coadyuvar: cooperar, colaborar, secundar, favorecer. — **Perjudicar:** dañar, lesionar, deteriorar, menospreciar.
Coagular: cuajar, espesar, solidificar, condensar. — **Diluir:** disolver, desleír, deshacer, desunir.
Coalición: alianza, unión, mancomunación, confederación. — **Bifurcación:** separación, desligamiento, diseminación, escisión.
Coartada: pretexto, disculpa, defensa, excusa. — **Impugnación:** inculpación, acusación, imputación, procesamiento.
Coartar: limitar, refrenar, reducir, restringir. — **Estimular:** incitar, avivar, aguijonear, incentivar.
Cobarde: tímido, pusilánime, miedoso, gallina. — **Valiente:** osado, intrépido, corajudo, audaz.
Cobardía: timidez, pusilanimidad, temor, espanto. — **Valentía:** intrepidez, osadía, coraje, audacia.
Cobertura: cubierta, tejado, cautelación, responsabilidad. — **Consecuencia:** resultado, implicación, circunstancia.
Cobijar: albergar, refugiar, asilar, hospedar. — **Arrojar:** lanzar, expulsar, marginar, erradicar.
Cobijo: albergue, refugio, amparo, protección. — **Abandono:** desamparo, indefensión, desatención, expulsión.
Cobrar: recibir, recuperar, recoger, recaudar. — **Pagar:** saldar, satisfacer, abonar, remunerar.
Cobro: cobranza, recaudación, percepción, ingreso. — **Pago:** reembolso, retribución, entrega, desembolso.
Cochambroso: sucio, inmundo, asqueroso, descuidado. — **Limpio:** aseado, pulcro, atildado, lavado.
Cochinada: cochinería, incorrección, suciedad, porquería. — **Limpieza:** pulcritud, aseo, higiene, corrección.
Codicia: avaricia, ambición, avidez, ansia. — **Moderación:** mesura, templanza, morigeración, sobriedad.
Codicioso: ávido, avaricioso, mezquino, miserable. — **Desprendido:** desinteresado, altruista, espléndido, generoso.
Codificar: reglamentar, regular, pautar, legislar. — **Modificar:** corregir, cambiar, reformar, innovar.
Código: recopilación, reglamentación, fórmula, pauta. — **Enmarañamiento:** enredo, confusión, embrollo, revoltura.

SINÓNIMOS	ANTÓNIMOS
Coeficiente: factor, puntos, medio, capacidad.	**Exponente:** expreso, manifiesto, mostrado, presente.
Coercer: contener, refrenar, reprimir, sujetar.	**Liberar:** emancipar, libertar, eximir, licenciar.
Coercitivo: represivo, coactivo, restrictivo, restringido.	**Liberado:** libre, eximido, redimido, emancipado.
Coexistencia: coincidencia, simultaneidad, concordancia, sincronía.	**Incoexistencia:** discordancia, disparidad, anacronía, inconcordancia.
Cofradía: hermandad, corporación, institución, asociación.	**Disyunción:** división, desunión, separación, bifurcación.
Coger: asir, atrapar, agarrar, sujetar.	**Soltar:** desdeñar, desligar, desunir, emancipar.
Cogitabundo: pensativo, meditabundo, ensimismado, reflexivo.	**Distraído:** desatento, descuidado, volado, olvidadizo.
Cogitar: cavilar, meditar, reflexionar, pensar.	**Vagar:** deambular, gandulear, holgazanear.
Cognación: parentesco, parentela, origen, genealogía.	**Extraño:** distinto, diferente, ajeno, foráneo.
Cognición: conocimiento, entendimiento, razón, discernimiento.	**Nesciencia:** desconocimiento, ignorancia, obscuridad, analfabetismo.
Cognoscible: comprensible, inteligible, conocible, identificable.	**Incognoscible:** inasequible, inasible, incomprensible, impenetrable.
Cohabitar: convivir, congeniar, f- hacer vida marital.	**Discordar:** discrepar, divergir, enemistar, disociar.
Cohechar: corromper, sobornar, comprar, viciar.	**Conservar:** cuidar, preservar, salvaguardar, mantener.
Coherencia: encadenamiento, conexión, concatenación, simetría.	**Incoherencia:** desunión, separación, bifurcación, desarmonía.
Coherente: congruente, racional, lógico, acorde.	**Incongruente:** incoherente, inconexo, ilógico.
Cohesión: coherencia, conexión, ilación, consistencia.	**Inconsistencia:** incoherencia, disconformidad, confusión, embrollo.
Cohibido: tímido, apocado, cortado, amilanado.	**Desenvuelto:** resuelto, seguro, confiado, desenfadado.
Cohibir: contener, coartar, refrenar, sujetar.	**Acicatear:** estimular, incitar, alentar, aguijonear.
Cohonestar: disfrazar, disimular, encubrir, simular.	**Denunciar:** delatar, revelar, descubrir, sindicar.
Cohorte: séquito, grupo, legión, serie.	**Marginación:** apostillas, escollo, nota, paráfrasis.
Coincidencia: concomitancia, encuentro, concurrencia, sincronía.	**Divergencia:** contraste, separación, desacuerdo, discrepancia.
Coincidir: concordar, ajustar, convenir, armonizar.	**Divergir:** separar, disentir, diferir, discrepar.
Colaboración: participación, contribución, ayuda.	**Daño:** perjuicio, lesión, deterioro, menoscabo.
Colaborar: auxiliar, coadyuvar, cooperar, participar.	**Perjudicar:** lesionar, dañar, quebrantar, deteriorar.
Colación: tema, conversación, asunto, refrigerio.	**Negación:** desdeñamiento, desestimación, ocultación, denegación.

Colacionar: comparar, cotejar, parangonar, confrontar.
Coladura: desacierto, error, equivocación, indiscreción.
Colapso: vahído, síncope, desmayo, enervación.
Colar: filtrar, pasar, purificar, limpiar.

Colateral: adyacente, colindante, pariente, familiar.
Coleccionar: reunir, compilar, recopilar, atesorar.
Colectividad: conjunto, generalidad, comunidad, sociedad.
Colectivizar: socializar, comunizar, generalizar, intercambiar.
Colectivo: común, general, público, sabido.

Colegiar: asociar, juntar, corporizar, coaligar.
Colegio: sociedad, corporación, comunidad.
Colegir: deducir, inferir, desprender, derivar.
Cólera: rabia, furor, enojo, ira.

Colérico: iracundo, furioso, violento, ceñudo.
Colgar: pender, suspender, achacar, imputar.
Colindar: lindar, tocar, limitar, confinar.

Coliseo: teatro, escenario, circo, espectaculario.
Colisión: encuentro, choque, pugna, encontronazo.
Colmar: llenar, henchir, saturar, ocupar.
Colocación: situación, posición, disposición, ocupación.
Colocar: ubicar, instalar, estacionar, aparcar.
Colofón: final, término, pulimiento, finalización.
Colonizar: habitar, cultivar, radicarse, establecerse.
Coloquio: conversación, plática, diálogo, conferencia.
Color: matiz, tinte, tono, combinación.

Colorido: coloración, tonalidad, animación, vivacidad.

Aceptar: aprobar, admitir, consentir, tolerar.
Acierto: discreción, destreza, éxito, prudencia.
Vigor: fuerza, energía, potencia, vigencia.

Macular: manchar, ensuciar, mancillar, enlodar.
Ajeno: extraño, forastero, foráneo, separado.
Desperdigar: diseminar, dispersar, esparcir, desparramar.
Individualidad: unidad, entidad, ser, individuo.
Individualizar: particularizar, personalizar, pormenorizar, especificar.
Individual: particular, personal, propio, distinto.
Disociar: disgregar, desunir, separar, desmantelar.
Efecto: resultado, consecuencia, inferencia, secuela.
Ocultar: encubrir, esconder, encerrar, recatar.
Calma: tranquilidad, pasividad, placidez, serenidad.
Plácido: tranquilo, sereno, manso, quieto.

Descolgar: desprender, bajar, arriar, aballar.

Distanciar: preceder, separar, superar, avanzar.
Estadio: campo, círculo, redondel, multitudinario.
Apartamiento: desviación, separación, desencuentro, alejamiento.
Vaciar: arrojar, verter, desocupar, afluir.
Desorden: desconcierto, desorganización, desempleo, paro.
Marginar: despedir, destituir, arrojar, separar.
Comienzo: empiece, principio, partida, encabezamiento.
Erializar: yermar, baldiar, deshabitar, incultivar.
Mutismo: silencio, mudez, sigilo, reticencia.
Nadería: vaguedad, vacuidad, oquedad, nimiedad.
Decoloración: difuminación, palidez, tristeza, desanimación.

SINÓNIMOS	ANTÓNIMOS
Colosal: gigantesco, enorme, titánico, estupendo.	**Pequeño:** diminuto, enano, exiguo, minucia.
Coludir: confabular, tramar, conspirar, intrigar.	**Revelar:** detectar, exhumar, vislumbrar, descubrir.
Columbrar: entrever, vislumbrar, divisar, sospechar.	**Confiar:** fiarse, entregarse, esperar, encomendar.
Colusión: complicidad, confabulación, contubernio, connivencia.	**Rectitud:** integridad, probidad, sinceridad, corrección.
Collar: gargantilla, carlanca, horcajo, collerín.	**Chuchería:** baratija, bujería, fruslería, bicoca.
Comandar: dirigir, mandar, acaudillar, capitanear.	**Conspirar:** urgir, complotar, revolucinonar, confabular.
Comanditar: adelantar, aprontar, f- disponer los fondos necesarios.	**Rezagar:** atrasar, retardar, demorar, diferir.
Combate: lucha, pelea, enfrentamiento, batalla.	**Paz:** concordia, calma, reposo, sosiego.
Combatir: luchar, lidiar, batallar, contender.	**Defender:** proteger, amparar, resguardar, justificar.
Combinar: concertar, alear, coordinar, mezclar.	**Desintegrar:** descomponer, disgregar, disociar, desligar.
Combustión: ignición, incineración, abrasamiento, inflamación.	**Incombustible:** agua, tierra, suelo, terreno.
Comedido: moderado, mesurado, prudente, sensato.	**Imprudente:** indiscreto, inoportuno, irresponsable, atrevido.
Comedimiento: discreción, urbanidad, atención, cortesía.	**Atrevimiento:** audacia, osadía, temeridad, valentía.
Comedir: ocurrir, pensar, arreglar, preparar.	**Entontecer:** entorpecer, abobar, aturdir, idiotizar.
Comentar: desarrollar, explicar, explanar, interpretar.	**Silenciar:** callar, sigilar, observar, pausar.
Comentario: interpretación, escolio, explicación, acotación.	**Silencio:** omisión, mutismo, callamiento, ocultación.
Comenzar: empezar, iniciar, principiar, emprender.	**Terminar:** concluir, finalizar, culminar, acabar.
Comer: tragar, engullir, devorar, zampar.	**Ayunar:** privarse, abstenerse, retenerse, resistir.
Comercialización: ordenamiento, metodización, mercantilización, marketing o estudio de mercado.	**Idealización:** quimera, teorismo, sublimación, irrealización.
Comerciar: negociar, traficar, especular, compravender.	**Idealizar:** enseñar, quimerizar, elevar, imaginar.
Cometer: incidir, incurrir, realizar, perpetrar.	**Eludir:** esquivar, evitar, evadir, soslayar.
Comezón: picor, desazón, anhelo, ansia.	**Sosiego:** tranquilidad, calma, serenidad, placidez.
Comicidad: jocosidad, gracia, irrisión, hilaridad.	**Tristeza:** aflicción, tribulación, consternación.
Cómico: divertido, jocoso, chistoso, comediante.	**Serio:** aburrido, pesado, hastiado, tedioso.
Comienzo: iniciación, principio, origen, inauguración.	**Fin:** clausura, conclusión, término, final.

SINÓNIMOS	ANTÓNIMOS
Comisión: cometido, encargo, misión, delegación.	**Servicio:** prestación, favor, provecho, beneficio.
Comitiva: séquto, escolta, cortejo, comparsa.	**Abandono:** desatención, dejación, desinterés, descuido.
Cómodo: holgado, agradable, favorable, oportuno.	**Incómodo:** molesto, enfadoso, mortificante, difícil.
Compacto: macizo, consistente, espeso, sólido.	**Poroso:** esponjoso, agujereado, fláccido, fofo.
Compadecer: apenar, afligir, enternecer, deplorar.	**Congratular:** felicitar, cumplimentar, saludar, exteriorizar.
Compaginar: armonizar, concordar, corresponder, conjugar.	**Discordar:** discrepar, divergir, disentir, disociar.
Comparación: parangón, cotejo, confrontación, metáfora.	**Desigualdad:** disparidad, disimilitud, diferencia, divergencia.
Comparar: confrontar, cotejar, parangonar, compulsar.	**Controlar:** inspeccionar, fiscalizar, revisar, supervisar.
Comparecer: acudir, presentarse, aparecer, asistir.	**Desaparecer:** ausentarse, irse, retirarse, alejarse.
Compartimiento: división, departamento, partición, apartamiento.	**Acumulación:** amontonamiento, hacinamiento, acopiamiento, juntamiento.
Compasado: moderado, mesurado, ordenado, medido.	**Desordenado:** inmoderado, desacompasado, desajustado.
Compasión: piedad, misericordia, caridad, conmiseración.	**Dureza:** crueldad, desprecio, severidad, rigor.
Compasivo: humanitario, caritativo, bondadoso, indulgente.	**Cruel:** inhumano, despiadado, bárbaro, atroz.
Compatibilizar: concordar, conformar, conciliar, posibilitar.	**Incompatibilizar:** discordar, oponerse, imposibilitar, desarmonizar.
Compatible: concordante, comprendente, concurrente, concertante.	**Incompatible:** discordante, contrario, desconcertante.
Compeler: forzar, obligar, presionar, constreñir.	**Eximir:** liberar, librar, desligar, condonar.
Compendiar: resumir, reducir, extraer, recapitular.	**Ampliar:** desarrollar, entender, aumentar, incrementar.
Compendio: resumen, recopilación, epítome, sinopsis.	**Desarrollo:** amplificación, aumento, extensión, incremento.
Compenetrarse: entenderse, identificarse, coincidir, comprenderse.	**Discrepar:** divergir, disentir, discordar, contrariar.
Compensación: resarcimiento, indemnización, nivelación, equivalencia.	**Menoscabo:** daño, perjuicio, avería, estropeamiento.
Compensar: resarcir, indemnizar, igualar, equiparar.	**Perjudicar:** lesionar, dañar, deteriorar, empeorar.
Competencia: autoridad, jurisdicción, incumbencia, suficiencia.	**Incompetencia:** ineptitud, inhabilidad, incapacidad, desmaña.
Competente: capacitado, cualificado, experto, capaz.	**Incompetente:** inexperto, incapaz, negado, inútil.
Competer: atañer, incumbir, pertenecer, corresponder.	**Entorpecer:** dificultar, impedir, obstruir, estorbar.
Competición: lucha, riña, disputa, rivalidad.	**Conciliación:** concordia, armonía, avenencia, acuerdo.

Competir: contender, lidiar, rivalizar, emular.
Compilación: colección, extracción, recopilación, amalgamiento.
Compilar: seleccionar, recolectar, coleccionar, reunir.
Complacencia: satisfacción, alegría, agrado, placer.
Complacer: agradar, contentar, gustar, satisfacer.
Complejidad: complicación, obstáculo, diversidad, confusión.
Complejo: difícil, complicado, arduo, intrincado.
Complementación: adicionamiento, suplementación, enteramiento, subsidio.
Complementar: auxiliar, completar, integrar, suplementar.
Complementario: accesorio, agregatorio, secundario, ayudatorio.
Complemento: suplemento, agregación, continuación, subsidio.
Completar: integrar, ultimar, acabar, perfeccionar.
Completo: lleno, saturado, entero, total.

Complicación: confusión, complejidad, empeoramiento, agravamiento.
Complicar: enredar, obstaculizar, entorpecer, dificultar.
Cómplice: partícipe, colaborador, coautor, codelincuente.
Componenda: arreglo, compostura, transacción, compromiso.
Componer: reparar, arreglar, restaurar, renovar.
Comportamiento: proceder, conducta, actuación, evidencia.
Comportar: actuar, aguantar, permitir, tolerar.
Composición: ajuste, compostura, compaginación, arreglo.
Compostura: reparación, restauración, arreglo, compaginación.
Comprar: adquirir, lograr, obtener, conseguir.
Comprender: entender, conocer, abarcar, incluir.
Comprensible: inteligible, accesible, claro, patente, manifiesto.

Concordar: concertar, convenir, ajustar, armonizar.
Separación: bifurcamiento, desperdigamiento, diseminación, cercenamiento.
Abigarrar: mezclar, jaspear, vegetar, entremezclar.
Desagrado: disgusto, descontento, fastidio, enfado.
Contrariar: contradecir, mortificar, enfadar, repugnar.
Simplicidad: sencillez, naturalidad, ingenuidad, candidez.
Simple: fácil, sencillo, llano, espontáneo.

Vulneración: lesionamiento, quebrantamiento, arruinamiento, deterioración.
Iniciar: comenzar, principiar, empezar, inaugurar.
Innecesario: inútil, sobrado, superfluo, excesivo.
Base: fundamento, consistencia, cimiento, soporte.
Comenzar: empezar, principiar, iniciar, emprender.
Vacío: incompleto, libre, desocupado, vacante.
Simplificación: mejoría, restablecimiento, alivio.
Simplificar: facilitar, posibilitar, ayudar, compendiar.
Extraño: ajeno, apartado, chocante, insólito.
Rectificación: enmienda, corrección, modificación, reformación.
Estropear: rasgar, destruir, destrozar, deteriorar.
Evaluación: apreciación, valuación, computación, cuantificación.
Evaluar: valuar, valorar, estimar, tasar.

Valoración: medición, evaluación, ponderación, proporción.
Descaro: descompostura, desfachatez, impudor, imprudencia.
Vender: expender, traficar, despachar, realizar.
Excluir: quitar, suprimir, descartar, desglosar.
Incomprensible: ininteligible, inaccesible, inconcebible, enigmático.

Comprensión: penetración, entendimiento, agudeza, perspicacia.
Comprensivo: concorde, penetrado, discernido, complaciente.
Comprimir: apretar, prensar, estrujar, oprimir.
Comprobar: verificar, cerciorarse, asegurarse, empeñarse.
Comprometer: exponer, arriesgar, obligarse, empeñarse.
Comprometido: incluido, ligado, espinudo, arduo.
Compromiso: apuro, embarazo, aprieto, deber.
Compuesto: mezclado, complejo, agregado, mesurado.
Compulsar: confrontar, cotejar, comparar, colacionar.
Compunción: contricción, aflicción, dolor, recordamiento.
Compungido: contrito, arrepentido, afligido, contristado.
Compungirse: apenarse, afligirse, atribularse, lamentarse.
Computar: contar, comprobar, calcular, computarizar.
Comulgar: compartir, concordar, f- recibir la sagrada comunión.
Común: genérico, corriente, frecuente, ordinario.
Comunicación: escrito, comunicado, relación, oficio.
Comunicar: manifestar, participar, notificar, informar.
Comunicativo: sociable, expansivo, tratable, extrovertido.
Comunidad: corporación, vecindad, congregación, asociación.
Comunión: participación, relación, fraternidad, congregación.
Conato: indicio, amago, asomo, tentativa.

Concatenación: enlace, conexión, serie, eslabonamiento.
Concatenar: encadenar, eslabonar, conectar, juntar.
Concebir: comprender, entender, penetrar, alcanzar.
Conceder: otorgar, asignar, admitir, conferir.

Incomprensión: desacuerdo, desavenencia, desunión, discrepancia.
Incomprensivo: desajustado, discorde, discrepante, divergente.
Aflojar: desahogar, relajar, distender, amainar.
Desmentir: rebatir, impugnar, objetar, contradecir.
Salvaguardar: custodiar, guardar, garantizar, amparar.
Desligado: suelto, exceptuado, inconexo, discorde.
Liberación: salvación, desligamiento, redención.
Descompuesto: desarreglado, alterado, putrefacto, podrido.
Diferir: retardar, demorar, dilatar, retrasar.

Impenitencia: contumacia, reincidencia, resistencia, empedernición.
Impenitente: contumaz, incorregible, terco, obstinado.
Alegrarse: animarse, contentarse, aliviarse, regocijarse.
Cerciorarse: confirmar, verificar, asegurar, testificar.
Discordar: disentir, discrepar, divergir, desavenir.
Propio: específico, fino, singular, especial.

Incomunicación: aislamiento, confirmación, apartamiento, desconexión.
Retener: detener, guardar, conservar, suspender.
Reservado: callado, silencioso, cauteloso, circunspecto.
Disyunción: desunión, disgregación, separación, alejamiento.
Disociación: desunión, disgregación, separación, incomunicabilidad.
Conclusión: terminación, consumación, consecuencia, secuela.
Bifurcación: derivación, desunión, separación, desacoplamiento.
Apartar: alejar, separar, desviar, disuadir.

Descartar: desechar, eliminar, suprimir, prescindir.
Denegar: refutar, impregnar, desestimar, negar.

SINÓNIMOS	ANTÓNIMOS
Concentración: densidad, manifestación, aglomeración, muchedumbre.	**Disolución:** dispersión, desunión, separación.
Concentrar: reunir, condensar, centralizar, compendiar.	**Diluir:** disolver, desleír, deshacer, destruir.
Concepción: proyecto, idea, concepto, juicio.	**Vacuidad:** vaciedad, oquedad, necedad, bobería.
Concepto: idea, noción, conocimiento, opinión.	**Programa:** proyecto, plan, sistema, método.
Conceptuar: juzgar, estimar, apreciar, calificar.	**Censurar:** tildar, tachar, borrar, reprobar.
Concerniente: relativo, referente, tocante, perteneciente.	**Extraño:** ajeno, absoluto, singular, insólito.
Concernir: atañer, corresponder, incumbir, pertenecer.	**Delimitar:** limitar, restringir, demarcar, determinar.
Concertar: convenir, ajustar, tratar, acordar.	**Quebrantar:** romper, rajar, deteriorar, destrozar.
Concesión: permiso, privilegio, licencia, contrata.	**Denegación:** negación, negativa, prohibición, repulsa.
Conciencia: razón, juicio, responsabilidad.	**Automatismo:** inconsciencia, instinto, abstracción, descuido.
Concientizar: cristianizar, sensibilizar, partidarizar, fanatizar.	**Benignizar:** dulcificar, humanizar, indulgenciar, magnanimizar.
Concienzudo: responsable, juicioso, cuidadoso, aplicado.	**Negligente:** indiferente, desidioso, indolente, descuidado.
Concierto: ajuste, acuerdo, orden, armonía.	**Desconcierto:** desorden, confusión, desarreglo, desavenencia.
Conciliábulo: maquinación, conjuración, conspiración, cábala.	**Reflexión:** cogitación, cavilación, deliberación, consideración.
Conciliación: armonía, avenencia, arreglo, concordancia.	**Malquerencia:** antipatía, tirria, ojeriza, conflicto.
Conciliar: concordar, armonizar, ajustar, pacificar.	**Enemistar:** indisponer, malquistar, cizañar, azuzar.
Conciliatorio: concordatorio, armonizatorio, pacificante, tolerante.	**Malquistorio:** indisponente, enemistante, provocativo, encizañatorio.
Concisión: brevedad, precisión, síntesis, resumen.	**Profusión:** amplificación, prolijidad, infinidad, prodigalidad.
Conciso: breve, corto, comprendioso, somero.	**Extenso:** amplio, dilatado, vasto, espacioso.
Concitar: incitar, instigar, aguijonear, provocar.	**Tranquilizar:** serenar, apaciguar, aquietar, sosegar.
Cónclave: reunión, junta, congreso, concentración.	**Detracción:** detrimento, perjuicio, menoscabo, denigración.
Concluir: terminar, finalizar, culminar, ultimar.	**Iniciar:** comenzar, principiar, emprender, incoar.
Conclusión: final, término, culminación, deducción.	**Comienzo:** iniciación, principio, premisa, prólogo.
Concluyente: decisivo, determinante, definitivo, irrebatible.	**Discutible:** cuestionable, controvertible, impugnable, problemático.
Concomitancia: concordancia, coincidencia, correspondencia, relación.	**Inconcordancia:** desconcierto, desordenamiento, desconexión, desenlace.

SINÓNIMOS	ANTÓNIMOS
Concomitante: concurrente, simultáneo, acompañante, coincidente.	**Adventicio:** ajeno, forastero, intruso, incoincidente.
Concordancia: conformidad, correspondencia, concierto, armonía.	**Discordancia:** desacuerdo, disconformidad, incoherencia.
Concordar: concertar, convenir, pactar, admitir.	**Discordar:** discrepar, disentir, divergir, diferir.
Concordia: armonía, conformidad, unión, hermandad.	**Discordia:** desavenencia, división, disensión, divergencia.
Concreción: acumulación, apiñamiento, hacinamiento, acopio.	**Diseminación:** desperdigamiento, esparcimiento, extensión, difusión.
Concretar: precisar, puntualizar, aclarar, resumir.	**Generalizar:** divagar, desviarse, dispersarse, desorientarse.
Concreto: preciso, cabal, determinado, fijo.	**Confuso:** dudoso, vacilante, revuelto, embrollado.
Conculcar: incurrir, quebrantar, atropellar, transgredir.	**Respetar:** acatar, preciar, estimar, honrar.
Concupiscencia: sexualidad, avidez, liviandad, lascivia.	**Castidad:** honestidad, pureza, candor, virginidad.
Concurrencia: asistencia, auditorio, espectadores, coincidencia.	**Divergencia:** discrepancia, separación, diferencia, discordancia.
Concurrir: asistir, presenciar, confluir, convergir.	**Divagar:** discrepar, disentir, bifurcar, separar.
Concursar: participar, concurrir, asistir, presentarse.	**Ignorar:** desconocer, insaber, albisar, nescienciar.
Concusión: conmoción, sacudimiento, convulsión, prevaricación.	**Tranquilidad:** serenidad, quietud, apacibilidad, ataraxia.
Condena: sanción, castigo, multa, pena, censura.	**Absolución:** elogio, exculpación, indulto, perdón.
Condenado: reo, procesado, maldito, réprobo.	**Absuelto:** libre, perdonado, redimido, bienaventurado.
Condenar: sancionar, castigar, reprobar, enjuiciar.	**Absolver:** eximir, libertar, perdonar, condonar.
Condensar: comprimir, concentrar, apretar, espesar.	**Licuar:** fundir, liquidar, derretir, disolver.
Condescendencia: complacencia, indulgencia, beneplácito, tolerancia.	**Intolerancia:** intransigencia, terquedad, obcecación.
Condescender: complacer, tolerar, simpatizar, contemporizar.	**Rehusar:** denigrar, rechazar, recusar, impedir.
Condescendiente: complaciente, accesible, tolerante, indulgente.	**Intransigente:** terco, obstinado, obcecado, pertinaz.
Condición: índole, carácter, situación, requisito.	**Deliberación:** reflexión, discusión, examen, resolución.
Condicional: eventual, temporal, condicionado, supeditado.	**Firme:** definitivo, estable, seguro, consistente.
Condolencia: pesar, aflicción, compasión, indulgencia.	**Pláceme:** felicitación, parabién, enhorabuena, congratulación.
Condolerse: conmoverse, apiadarse, compadecerse, enternecerse.	**Alegrarse:** congratularse, regocijarse, elogiar, alabar.
Condonar: perdonar, absolver, dispensar, indultar.	**Castigar:** penar, sancionar, mortificar, corregir.

Conducción: acarreo, transporte, manejo, dirección.
Conducente: propio, adecuado, conveniente, procedente.
Conducir: guiar, dirigir, gobernar, administrar.
Conducta: comportamiento, actitud, proceder, actuación.
Conducto: canal, vía, camino, sistema.
Conectar: unir, enlazar, ligar, amalgamar.

Conexión: enlace, unión, trabazón, atingencia.
Conexo: ligado, unido, relacionado, conectado.
Confabulación: conjuración, conspiración, maquinación, connivencia.
Confabular: conspirar, intrigar, conjurar, complotar.
Confeccionar: preparar, elaborar, realizar, fabricar.
Confederación: alianza, unión, liga, coalición.
Conferencia: coloquio, conversación, disertación, planteamiento.
Conferir: acordar, otorgar, asignar, conceder.
Confesar: admitir, aceptar, reconocer, declarar.
Confesión: declaración, confidencia, exteriorización, manifestación.
Confiado: ingenuo, incauto, creído, seguro.

Confianza: seguridad, tranquilidad, esperanza, familiaridad.
Confiar: fiar, esperar, depositar, delegar.

Confidencia: secreto, revelación, confesión, comunicación.
Configurar: conformar, figurar, plasmar, concordar.
Confinar: lindar, limitar, colindar, rayar.

Confinidad: cercanía, contigüidad, inmediación, aseveración.
Confirmar: corroborar, ratificar, revalidar, convalidar.
Confiscar: decomisar, incautar, apropiarse, adueñarse.
Confitar: almibarar, endulzar, azucarar, dulcificar.

Confusión: mezcla, desorden, enredeo, embrollo.
Inadecuado: impropio, inconveniente, extraño, inadvertido.
Maquinar: tramar, urdir, intrigar, coludir.

Evaluación: valoración, apreciación, cuantificación, medición.
Aspecto: presencia, aire, cariz, catadura.
Desconectar: interrumpir, desenlazar, desligar, desprender.
Desconexión: desunión, desligamiento, separación, interrupción.
Inconexo: separado, suelto, desunido, disuelto.
Revelación: detección, descubrimiento, manifestación, patentización.
Detectar: revelar, descubrir, encontrar, destapar.
Deshacer: anular, desbaratar, desvencijar, dispersar.
Separación: desviación, desunión, aislamiento, análisis.
Deliberación: reflexión, meditación, examen, discusión.
Denegar: desestimar, rehusar, excusar, silenciar.
Silenciar: ocultar, sigilar, negar, desmentir.

Ocultamiento: silencio, negación, mudez, denegación.
Desconfiado: inseguro, receloso, escéptico, incrédulo.
Desconfianza: temor, malicia, prevención, inseguridad.
Temer: recelar, maliciar, sospechar, desconfiar.
Inconfidencia: desconfianza, infidelidad, traición, insidia.
Discrepar: divergir, discordar, disentir, inconcordar.
Separar: distanciar, alejar, dividir, cercenar.
Rectificación: modificación, enmienda, corrección, reformulación.
Desmentir: rectificar, objetar, rebatir, contrariar.
Restituir: devolver, reintegrar, reponer, restablecer.
Acibarar: amargar, acidular, disgustar, apesadumbrar.

Conflagración: perturbación, guerra, incendio, revolución.
Conflagrar: inflamar, incendiar, enardecer, acalorar.
Conflictivo: intolerante, dificultoso, pugnativo, complicado.
Conflicto: dificultad, aprieto, desavenencia, pugna.
Confluencia: convergencia, afluencia, concurrencia, juntura.
Confluir: converger, concurrir, coincidir, juntarse.
Conformar: adaptar, ajustar, concordar, acomodar.
Conforme: acorde, concorde, ajustado, proporcionado.
Conformidad: resignación, aceptación, aquiescencia, anuencia.
Conformista: tolerante, comprensivo, resignado, sacrificado.
Confortar: animar, alentar, reanimar, reconfortar.
Confraternidad: hermandad, fraternidad, convivencia.
Confrontar: comparar, cotejar, compulsar, colacionar.
Confundir: enredar, perturbar, mezclar, embarullar.
Confundir: golpear, pegar, azotar, magullar.
Confusión: desorden, mezcolanza, perturbación, enervamiento.
Confuso: mezclado, abigarrado, perplejo, confundido.
Congelar: helar, enfriar, cuajar, espesar.
Congeniar: avenirse, concordar, entenderse, comprenderse.
Congénito: hereditario, innato, connatural, herencial.
Congestión: exceso, acumulación, abundancia, apoplejía.
Congestionar: aglomerar, reunir, conglutinar, amontonar.
Conglomerado: aglomerado, reunido, conglutinado, amontonado.
Conglutinar: unir, enlazar, aglutinar, mancomunar.
Congoja: desmayo, angustia, inquietud, zozobra.

Conciliación: entendimiento, armonía, comprensión, concordia.
Apaciguar: aquietar, morigerar, mitigar, tranquilizar.
Avenible: congeniable, conciliable, allanable, conformable.
Arreglo: avenencia, ajuste, pacto, acuerdo, convenio.
Dispersión: separación, bifurcación, distanciamiento, difluencia.
Dispersar: esparcir, diseminar, disipar, difluir.
Disentir: divergir, discordar, discrepar, desencajar.
Disconforme: discorde, inconforme, discrepante, discordante.
Disconformidad: divergencia, disparidad, desacuerdo, discordancia.
Rebelde: inconformista, contestatario, insumiso.
Desalentar: desanimar, desesperar, abatir, avasallar.
Enemistad: rivalidad, distanciamiento, malquerencia, aversión.
Diferir: discrepar, diferenciar, distinguir, disociar.
Distinguir: diferenciar, especificar, discernir, discriminar.
Acariciar: mimar, arrullar, halagar, abrazar.
Claridad: distinción, precisión, exactitud, cabalidad.
Preciso: claro, distinto, singular, exacto.
Fundir: licuar, derretir, liquidar, copelar.
Discordar: disentir, discrepar, divergir, desavenir.
Adquirido: obtenido, alcanzado, logrado, conquistado.
Descongestión: descongestionamiento, disgregación, dispersión, desperdigamiento.
Disgregar: desunir, separar, desagregar, desligar.
Dispersado: desunido, desconexo, disgregado, desligado.
Disgregar: desunir, separar, disociar, divorciar.
Alegría: placer, satisfacción, júbilo, fruición.

Congratular: felicitar, cumplimentar, saludar, visitar.
Congregar: juntar, reunir, reagrupar, convocar.
Congruencia: oportunidad, conveniencia, momento, pertinencia.
Congruente: conveniente, oportuno, adecuado, coherente.
Conjeturar: suponer, presumir, imaginar, sospechar.
Conjugación: unión, enlace, coincidencia, correlación.
Conjugar: unir, juntar, armonizar, relacionar.
Conjunto: fusión, compuesto, amalgamada, elenco.
Conjura: conspiración, complot, confabulación, intriga.
Conjurar: evitar, alejar, remediar, exorcizar.
Conllevar: comprender, conformar, amoldar, sobrellevar.
Conmemoración: recuerdo, memoria, evocación, celebración.
Conmemorar: evocar, recordar, rememorar, festejar.
Conminación: amenaza, intimación, apercibimiento, bravata.
Conminar: amenazar, intimidar, apremiar, asustar.
Conmiseración: lástima, piedad, compasión, misericordia.
Conmoción: agitación, perturbación, sacudimiento, alteración.
Conmover: alterar, perturbar, impresionar, emocionar.
Conmutación: permuta, cambio, indulto, condonación.
Conmutar: permutar, trocar, cambiar, transferir.
Connivencia: conspiración, complicidad, confabulación.
Connotación: implicación, sugerencia, significación, relación.
Connotado: relacionado, emparentado, allegado, reputado.
Connotar: implicar, sugerir, significar, entrañar.
Conocer: saber, comprender, entender, percatarse.

Deplorar: sentir, lamentar, compadecer, enternecer.
Disociar: disgregar, separar, alejar, distanciar.
Incongruencia: inconexión, inconveniencia, incoherencia, desligamiento.
Incongruente: incoherente, inconexo, impropio, improcedente.
Inadecuar: inconexar, incoherir, inarticular, desenlazar.
Disyunción: desunión, desenlace, división, alejamiento.
Diferir: discrepar, divergir, distar, disentir.

Separado: dividido, cercenado, desligado, divorciado.
Sopesamiento: reflexión, discernimiento, intención, consideración.
Causar: originar, motivar, provocar, producir.
Sentir: lamentar, deplorar, sufrir, experimentar.
Olvido: silencio, mudez, sigilo, callamiento.

Concurrir: asistir, afluir, acudir, comparecer.
Aliciente: incentivo, estímulo, acicate, premiación.
Proteger: defender, amparar, cobijar, resguardar.
Escarnio: afrenta, burla, mofa, injuria.

Razonamiento: reflexión, conciencia, tranquilidad, serenidad.
Aquietar: calmar, serenar, apaciguar, sosegar.
Condena: castigo, pena, sanción, multa.

Conservar: mantener, retener, continuar, preservar.
Corrección: honestidad, rectitud, censura, represión.
Independencia: liberalidad, autonomía, emancipación, resolución.
Inadvertido: desconocido, ignorado, anodino, incógnito.
Descartar: desechar, suprimir, eliminar, prescindir.
Ignorar: desconocer, iletrar, inexplorar, aborricar.

Conocimiento: entendimiento, juicio, comprensión, discernimiento.
Conquistador: explotador, invasor, seductor, galán.
Conquistar: ocupar, tomar, ganarse, adueñarse.
Consabido: aludido, citado, mencionado, nombrado.
Consagrar: dedicar, destinar, ofrendar, sancionar.
Consanguinidad: afinidad, parentesco, cognación, tronco.
Consciente: responsable, apercibido, cuidadoso, escrupuloso.
Consecución: obtención, logro, alcance, éxito.
Consecuencia: resultado, inferencia, producto, conclusión.
Consecuente: razonable, justo, lógico, reflexivo.
Consecutivo: siguiente, inmediato, continuante, lindante.
Conseguir: lograr, alcanzar, obtener, ganar.

Consejo: reunión, junta, parecer, sugestión.
Consenso: anuencia, consentimiento, beneplácito, aceptación.
Consentido: autorizado, permitido, mimado, caprichoso.
Consentimiento: consenso, permiso, venia, anuencia.
Consentir: acceder, autorizar, permitir, tolerar.
Conserje: mayordomo, bedel, ordenanza, vigilante.
Conservar: mantener, guardar, cuidar, preservar.
Considerable: importante, cuantioso, abundante, enorme.
Consideración: respeto, deferencia, miramiento, aprecio.
Considerar: examinar, reflexionar, respetar, conceptuar.
Consigna: orden, regla, sistema, mandato.

Consignar: destinar, entregar, señalar, depositar.
Consignatario: depositario, f- persona que recibe mercaderías para venderlas.

Desconocimiento: ignorancia, inconsciencia, anonimia, obscuridad.
Vencido: invadido, sometido, dominado, batido.
Perder: derrotar, malograr, derrochar, frustrar.
Desconocido: ignorado, anónimo, ignoto, obscuro.
Profanar: irreverenciar, anatemizar, imprecar, blasfemar.
Inconsanguinidad: desafinidad, imparentesco, destronque, desatavismo.
Inconsciente: inseguro, irresponsable, insensato, inmaduro.
Pérdida: menoscabo, perdición, quebranto, privación.
Causa: proceso, fuente, origen, motivo.

Inconsecuente: irreflexivo, instintivo, maquinal, automático.
Mediato: precedente, antecedente, susodicho.
Perder: desperdiciar, derrochar, deteriorar, malgastar.
Apremio: necesidad, urgencia, premura, acucia.
Reprobación: denegación, rechazo, negativa, oposición.
Prohibido: vedado, vetado, ilegal, contraindicado.
Disentimiento: desacuerdo, divergencia, disconformidad, discordia.
Denegar: desestimar, desconsiderar, excusar, rechazar.
Imprudente: desatinado, indiscreto, irreflexivo, atolondrado.
Deteriorar: estropear, averiar, menoscabar, desechar.
Insignificante: pequeño, nimio, reducido, despreciable.
Desprecio: desdeñamiento, menosprecio, invaloración, rebajamiento.
Menospreciar: despreciar, desdeñar, desestimar.
Trastorno: desorden, desobediencia, rebelión, desbarajuste.
Rematar: subastar, licitar, concluir, liquidar.
Consignante: depositante, comitente, f- persona que comisiona un negocio.

Consiguiente: resultante, obrante, f- por consiguiente, por lo tanto.
Consistencia: resistencia, solidez, estabilidad, firmeza.
Consistente: denso, duro, compacto, estable.
Consistir: estribar, fundamentar, residir, gravitar.
Consolar: animar, alentar, confortar, tranquilizar.
Consolidación: alivio, atenuación, consuelo, confortación.
Consolidar: asegurar, afianzar, afirmar, fortalecer.
Consonancia: armonía, proporción, conformidad, relación.
Consonante: adecuado, coherente, afín, acorde.
Consorcio: compañía, sociedad, asociación, corporación.
Conspicuo: notable, egregio, distinguido, insigne.
Conspirar: tramar, maquinar, intrigar, confabular.
Constancia: tenacidad, persistencia, perseverancia, asiduidad.
Constante: tenaz, perseverante, persistente, pertinaz.
Constar: constituir, consistir, contener, comprender.
Consternación: espanto, desolación, entristecimiento, quebranto.
Consternar: afligir, abatir, conturbar, desolar.
Constitución: contextura, complexión, configuración, naturaleza.
Constituir: formar, organizar, ordenar, instituir.
Constreñir: apremiar, compeler, impeler, impulsar.
Constricción: encogimiento, apocamiento, acortamiento, amilanación.
Constrictivo: coercitivo, imperativo, obligatorio, represivo.
Construir: edificar, levantar, erigir, montar.

Consubstancial: esencial, substancial, indispensable, ineludible.
Consuelo: alivio, descanso, calmante, lenitivo.

Improcedente: inadecuado, innecesario, inconsistente, incongruente.
Inconsistencia: volubilidad, versatilidad, inestabilidad, mudanza.
Blando: débil, inestable, voluble, inconstante.
Derivar: proceder, originar, deducir, emanar.
Atribuir: desolar, angustiar, acongojar, atormentar.
Exacerbación: irritación, agravamiento, exasperación, sulfuración.
Debilitar: flaquear, desfallecer, consumir, extenuar.
Disonancia: discrepancia, divergencia, desacuerdo, desavenencia.
Disconforme: disonante, discrepante, discordante.
Disociación: desunión, disgregación, separación, desmembramiento.
Obscuro: ignorado, desconocido, insignificante, exiguo.
Deliberar: debatir, discutir, discurrir, decidir.
Volubilidad: inseguridad, dubitación, vacilación, perplejidad.
Esporádico: inconstante, eventual, ocasional, fortuito.
Menoscabar: estropear, deteriorar, averiar, malograr.
Aliento: exhortación, incitación, animación, confianza.
Alentar: animar, avivar, incitar, exhortar.

Aniquilación: supresión, destrucción, anarquía, anonadación.
Disolver: deshacer, diluir, destruir, aniquilar.
Liberar: libertar, emancipar, eximir, redimir.
Desembarazo: soltura, desenvoltura, impudor, desvergüenza.
Voluntario: opcional, facultativo, optativo, libre.
Destruir: asolar, demoler, devastar, derrumbar.
Insubstancial: innecesario, baladí, superficial, insuficiente.
Desolación: quebranto, aflicción, tribulación, angustia.

Consuetudinario: común, frecuente, habitual, cotidiano.
Consultar: examinar, estudiar, analizar, aquilatar.
Consultor: consejero, asesor, informador, maestro.
Consumación: culminación, terminación, finalización, acabamiento.
Consumar: realizar, concluir, acabar, ejecutar.
Consumición: consumo, gasto, dispendio, insumo.
Consumido: flaco, extenuado, demacrado, escuálido.
Consumir: gastar, extinguir, agotar, acabar.

Consunción: agotamiento, extenuación, languidez, debilitamiento.
Contactar: conectar, enlazar, relacionar, acercar.
Contacto: trato, relación, comunicación, contactación.
Contado: señalado, determinado, precisado, escaso.
Contagiar: contaminar, inficionar, infectar, inocular.
Contaminar: infectar, contagiar, emponzoñar, intoxicar.
Contar: relatar, narrar, referir, contabilizar.
Contemplar: admirar, asombrar, complacer, maravillar.
Contemplativo: curioso, observador, ensimismado, meditativo.
Contemporáneo: actual, coexistente, sincrónico, simultáneo.
Contemporanizar: temporizar, transigir, condescender, complacer.
Contender: luchar, batallar, pelear, disputar.
Contener: encerrar, poseer, comprender, involucrar.
Contentadizo: conformable, allanable, satisfaciente, aveniente.
Contentar: complacer, satisfacer, agradar, condescender.
Contento: complacido, encantado, gozoso, alegre.
Contestar: responder, replicar, objetar, proporcionar.

Desusado: extraño, raro, insólito, inusitado.
Responder: contestar, objetar, cuestionar, proporcionar.
Acuciador: incitador, estimulador, exhortante, apremiante.
Iniciación: principio, comienzo, génesis, preparación.
Intentar: pretender, probar, procurar, ensayar.
Ahorro: economía, reserva, guarda, control.
Vigoroso: robusto, corpulento, fuerte, vital.

Conservar: mantener, preservar, guardar, salvaguardar.
Fortalecimiento: robustecimiento, vigorización, remozamiento, vivificación.
Distanciar: alejar, separar, apartar, retirar.

Distanciamiento: apartamiento, separación, alejamiento.
Frecuente: habitual, usual, común, asiduo.

Inmunizar: desinfectar, esterilizar, pasteurizar, higienizar.
Higienizar: depurar, purificar, desinfectar, esterilizar.
Omitir: silenciar, callar, pescindir, olvidar.

Desdeñar: despreciar, desestimar, desairar, denigrar.
Desdeñante: despreciativo, desechante, menospreciante, indiferente.
Extemporáneo: impropio, inoportuno, inadecuado, anacrónico.
Empecinar: encerrarse, obstinarse, encapricharse, entercarse.
Pacificar: aquietar, tranquilizar, apaciguar, conciliar.
Liberar: desligar, desanudar, desenlazar, independizar.
Insatisfecho: insaciable, inconforme, disconforme, descontento.
Disgustar: fastidiar, hostigar, molestar, conturbar.
Triste: insatisfecho, afligido, apenado, pesaroso.
Afirmar: afianzar, consolidar, cimentar, atestiguar.

SINÓNIMOS	ANTÓNIMOS
Contestatario: inconformista, crítico, rebelde, insumiso.	**Sumiso:** conformista, tolerante, comprensivo, resignado.
Contexto: contenido, texto, trabazón, argumento.	**Desligazón:** destrabazón, inconexión, inconcordancia, dispersión.
Contienda: disputa, riña, pendencia, competición.	**Concordia:** hermandad, armonía, comprensión, avenencia.
Contigüidad: cercanía, vecindad, adyacencia, proximidad.	**Lejanía:** distancia, lontananza, alejamiento, ultramar.
Contiguo: inmediato, adyacente, confinante, limítrofe.	**Separado:** apartado, alejado, distante, lejano.
Continencia: moderación, templanza, abstinencia, mesura.	**Incontinencia:** sensualidad, liviandad, deshonestidad, desenfreno.
Continente: abstinente, púdico, puro, casto.	**Incontinente:** libertino, deshonesto, sensual, liviano.
Contingencia: eventualidad, perspectiva, circunstancia, casualidad.	**Necesidad:** apuro, apremio, privación, insuficiencia.
Contingente: casual, eventual, incidental, fortuito.	**Necesario:** inevitable, ineludible, imprescindible, obligatorio.
Continuación: prolongación, extensión, prosecución, continuidad.	**Interrupción:** detención, paralización, impedimento, intermisión.
Continuar: seguir, persistir, proseguir, extender.	**Interrumpir:** cortar, cercenar, romper, detener.
Continuo: incesante, indefinido, infinito, perenne.	**Intermitente:** discontinuo, esporádico, entrecortado, circunstancial.
Contorno: periferia, perímetro, alrededor, circuito.	**Centro:** núcleo, medio, interior, eje.
Contorsión: contracción, retorcimiento, encogimiento, ademán.	**Relajación:** relajamiento, aflojamiento, laxitud, atenuación.
Contra: oposición, dificultad, objeción, obstáculo.	**Pro:** provecho, utilidad, favor, posición.
Contrabando: fraude, matute, contravención, alijo.	**Observancia:** cumplimiento, acatamiento, respeto, honradez.
Contracción: contorsión, convulsión, crispación, astricción.	**Laxitud:** relajación, aflojamiento, alivio, atenuación.
Contradecir: replicar, discutir, desmentir, objetar.	**Confirmar:** ratificar, testimoniar, corroborar, aseverar.
Contradictorio: contrario, opuesto, contrapuesto, paradójico.	**Concorde:** conforme, acorde, concertado, armónico.
Contraer: adquirir, estrechar, encoger, constreñir.	**Extender:** dilatar, desenvolver, desarrollar, propagar.
Contrahecho: jorobado, giboso, malhecho, deforme.	**Bienhecho:** esbelto, gallardo, espigado, bienformado.
Contraorden: revocación, retracción, anulación, cancelación.	**Cumplimiento:** enmarañamiento, embrollo, trastorno, desconcierto.
Contrapeso: equilibrio, armonía, ecuanimidad, resarcimiento.	**Desequilibrio:** desarmonía, discordancia, desproporción, incomodidad.
Contraponer: oponer, enfrentar, encarar, afrontar.	**Aceptar:** admitir, asentir, recibir, tomar.
Contraposición: oposición, rivalidad, enfrentamiento, resistencia.	**Igualdad:** armonía, paridad, equidad, ecuanimidad.

Contraproducente: adverso, contrario, perjudicial, desfavorable.
Contrariar: dificultar, estorbar, entorpecer, fastidiar.
Contrariedad: obstáculo, impedimento, contratiempo, oposición.
Contrario: adverso, opuesto, rival, adversario.
Contrarrestar: afrontar, resistir, desafiar, equilibrar.
Contrasentido: error, equivocación, sinrazón, aberración.
Contraseña: consigna, contramarca, señal, distintivo.
Contrastar: oponer, resistir, diferenciar, discordar.
Contraste: oposición, diferencia, disparidad, incongruencia.
Contratar: acordar, pactar, convenir, estipular.
Contratiempo: percance, contrariedad, dificultad, perjuicio.
Contrato: acuerdo, convenio, compromiso, pacto.
Contravención: desobedecimiento, desacato, indisciplina, rebeldía.
Contravenir: quebrantar, transgredir, inflingir, vulnerar.
Contribución: impuesto, tributo, cooperación, aportación
Contribuir: ayudar, colaborar, cooperar, coadyuvar.
Contrición: pesar, dolor, arrepentimiento, compunción.
Contrincante: émulo, adversario, contrario, antagonista.
Contristar: entristecer, afligir, atribular, desconsolar.
Contrito: arrepentido, compungido, atribulado, sentido.
Control: vigilancia, inspección, examen, comprobación.
Controlar: inspeccionar, verificar, examinar, vigilar.
Controversia: polémica, discusión, altercado, debate.
Controvertir: debatir, disputar, discutir, polemizar.
Contubernio: conspiracion, connivencia, confabulación, intriga.

Positivo: favorable, conveniente, propicio, benigno.
Complacer: agradar, gustar, contentar, sasfisfacer.
Agrado: complacencia, júbilo, satisfacción, fruición.
Simpatizante: aficionado, congeniante, adepto, adicto.
Ceder: transigir, doblegar, entregar, someter.
Corroboración: apoyo, robustecimiento, confirmación, ratificación.
Corroboración: apoyo, robustecimiento, confirmación, ratificación.
Confusión: enmarañamiento, embrollo, trastorno, desconcierto.
Parangón: comparación, paralelo, semejanza, equivalencia.
Rescindir: anular, invalidar, abrogar, caducar.
Facilidad: disposición, posibilidad, expedición, simplicidad.
Desacuerdo: desavenencia, ruptura, disensión.
Acatamiento: respeto, obediencia, sometimiento, sumisión.
Cumplir: realizar, ejecutar, efectuar, acatar.

Arruinamiento: empobrecimiento, hundimiento, aniquilación, asolamiento.
Perjudicar: dañar, arruinar, empobrecer, damnificar.
Impenitencia: contumacia, reincidencia, terquedad, recalcitración.
Partidario: simpatizante, adepto, prosélito, compañero.
Alegrar: alborozar, regocijar, entusiasmar, animar.
Resentido: desalmado, fementido, malévolo, rencoroso.
Licencia: permiso, consentimiento, autorización, anuencia.
Tolerar: permitir, consentir, admitir, asentir.

Avenencia: acuerdo, arreglo, convenio, transacción.
Concordar: convenir, conformar, acordar, coincidir.
Censura: repudio, represión, castigo, sanción.

Contumaz: impertinente, rebelde, tozudo, obstinado. — **Arrepentido:** compungido, contrito, penitente, pesaroso.

Contumelia: ofensa, injuria, afrenta, ultraje. — **Alabanza:** elogio, loa, aplauso, encomio.

Contundente: terminante, concluyente, rotundo, lapidario. — **Discutible:** controvertible, cuestionable, rebatible, impugnable.

Conturbación: desasosiego, turbación, conmoción, desesperación. — **Serenidad:** entereza, impavidez, imperturbabilidad.

Conturbar: alterar, conmover, perturbar, intranquilizar. — **Calmar:** sosegar, serenar, apaciguar, pacificar.

Contusión: lesión, golpe, daño, magullamiento. — **Beneficio:** provecho, servicio, gracia, favor.

Contuso: magullado, lesionado, golpeado, machucado. — **Ileso:** sano, indemne, incólume, zafo.

Convalecencia: mejoría, recuperación, melioración, recobramiento. — **Empeoramiento:** agravación, declinación, malignación, peyoración.

Convalecer: mejorar, recuperarse, recobrarse, restablecerse. — **Empeorar:** agravarse, postrarse, declinar, peyorar.

Convalidar: revalidar, ratificar, confirmar, corroborar. — **Anular:** revocar, rescindir, invalidar, abolir.

Convencer: persuadir, catequizar, convertir, conquistar. — **Disuadir:** desaconsejar, desengañar, decepcionar.

Convencimiento: certeza, convicción, persuasión, seguridad. — **Duda:** incertidumbre, inseguridad, titubeo, vacilación.

Convención: congreso, reunión, tratado, convenio. — **Discordia:** desavenencia, división, disensión, divergencia.

Conveniencia: comodidad, provecho, utilidad, beneficio. — **Inconveniencia:** molestia, contrariedad, disconformidad, dificultad.

Conveniente: beneficioso, útil, provechoso, ventajoso. — **Inconveniente:** inadecuado, improcedente, inadmisible, inoportuno.

Convenio: pacto, acuerdo, ajuste, contrato. — **Inconformidad:** desacuerdo, desavenencia, discrepancia.

Convenir: aceptar, admitir, coincidir, ajustar. — **Discrepar:** discordar, disentir, entorpecer, obstaculizar.

Convergencia: confluencia, coincidencia, concurrencia, cohesión. — **Divergencia:** separación, desunión, discrepancia, discordancia.

Convergir: confluir, concurrir, coincidir, propender. — **Divergir:** discrepar, disentir, diferir, separarse.

Conversación: diálogo, coloquio, plática, charla. — **Silencio:** callamiento, mudez, olvido, sigilo.

Conversar: platicar, charlar, parlamentar, dialogar. — **Callar:** silenciar, enmudecer, omitir, observar.

Conversión: cambio, mudanza, transformación, modificación. — **Estabilidad:** permanencia, fijación, duración, inalterabilidad.

Converso: neófito, catecúmeno, confeso, cristianizado. — **Apóstata:** renegado, perjuro, desertor.

Convertir: mudar, cambiar, trocar, catequizar. — **Fijar:** consolidar, estabilizar, inmovilizar, precisar.

Convicción: convencimiento, persuasión, certidumbre, creencia. — **Incertidumbre:** disuasión, indecisión, perplejidad, volubilidad.

Convicto: probado, confirmado, demostrado, confeso.
Convidar: invitar, atraer, ofrecer, inducir.
Convincente: terminante, concluyente, categórico, contundente.
Conviviente: cohabitante, conmorante, f- persona con quien se vive, compartiente.
Convivir: compartir, comunicar, participar, cohabitar.
Convocar: congregar, citar, invitar, requerir.
Convocatoria: convocación, llamamiento, aviso, edicto.
Convulsión: conmoción, perturbación, disturbio, sacudida.
Convulso: trémulo, agitado, tembloroso, excitado.
Cónyuge: esposa, consorte, mujer, compañera.
Cooperación: participación, contribución, colaboración, ayuda.
Cooperar: colaborar, ayudar, coadyuvar, participar.
Coordinación: ordenamiento, combinación, armonía, coherencia.
Coordinante: coordinativo, concertante, aglutinante, coherente.
Coordinar: ordenar, metodizar, regularizar, concertar.
Copa: cáliz, vaso, premio, galardón.
Copar: rodear, envolver, sorprender, circuir.
Copartícipe: coautor, codueño, cómplice, participante.
Copete: penacho, mechón, cumbre, linajudo.
Copetudo: notorio, prominente, adinerado, vanidoso.
Copiar: reproducir, transcribir, trasladar, fotocopiar.
Copioso: abundante, cuantioso, numeroso, pingüe.
Cópula: unión, atadura, ligamiento, coito.
Coqueta: casquivana, frívola, presumida, vanidosa.
Coraje: valor, arrojo, audacia, intrepidez.
Corajudo: valiente, intrépido, denodado, colérico.

Oculto: encubierto, invisible, inhallado, escondido.
Desdeñar: repeler, repudiar, desechar, repulsar.
Perplejo: discutible, incierto, dubitable, redargüible.
Viviente: habitante, existente, residente, morador.
Retener: guardar, conservar, preservar, mantener.
Dispersar: disgregar, desunir, separar, diseminar.
Dispersión: separación, diseminación, ahuyentamiento, desparrame.
Sosiego: calma, quietud, tranquilidad, contención.
Tranquilo: sereno, pacífico, quieto, inmóvil.
Concubina: amante, manceba, querida, bagasa.
Estorbamiento: entorpecimiento, traba, impedimento, obstáculo.
Estorbar: dificultar, obstaculizar, entrabar, impedir.
Incoherencia: desconexión, desorden, incongruencia, incohesión.
Desconcertante: disgregante, inconexo, incoherente, incongruente.
Trastornar: desordenar, desorganizar, desconcertar, confundir.
Circunstancia: móvil, razón, efecto, fin.
Extender: desplegar, desenvolver, desdoblar, desarrollar.
Ajeno: extraño, inmezclado, probo, honrado.
Fondo: base, cimiento, manera, hondo.
Ignoto: desconocido, menguado, minúsculo, humilde.
Inventar: urdir, tejer, concebir, imaginar.
Escaso: limitado, exiguo, falto, insuficiente.
Escisión: ruptura, separación, alejamiento, cisma.
Recatada: cauta, juiciosa, reservada, discreta.
Miedo: temor, susto, espanto, recelo.
Pusilánime: cobarde, medroso, tímido, encogido.

Coraza: armadura, blindaje, revestimiento, envoltura.
Corazón: valor, ánimo, sensibilidad, intangibilidad.
Corazonada: presentimiento, impulso, instinto, intuición.
Corcel: caballo, animal, trotón, palafrén.
Cordel: cuerda, cinta, bramante, guita.
Cordial: afable, amable, cariñoso, afectuoso.
Cordialidad: afecto, sinceridad, llaneza, amabilidad.
Cordura: juicio, prudencia, discreción, sensatez.
Corifeo: jefe, caudillo, adalid, conductor.
Corolario: secuela, resultado, conclusión, consecuencia.
Corona: aureola, diadema, tonsura, monarquía.
Coronar: terminar, finalizar, f- poner la corona.
Corporación: institución, organización, sociedad, compañía.
Corporal: somático, carnal, corpóreo, material.
Corporizar: materializar, concretar, convertir, determinar.
Corpulencia: gordura, obesidad, robustez, fortaleza.
Corpulento: corpudo, gordo, enorme, grande.
Corpúsculo: molécula, átomo, partícula, célula.
Corrección: enmienda, rectificación, modificación, cortesía.
Correctivo: corrector, reformativo, enmendador, correccional.
Correcto: comedido, discreto, cortés, exacto.
Corregir: enmendar, rectificar, modificar, subsanar.
Correlación: analogía, reciprocidad, similitud, afinidad.
Correlacionar: ordenar, armonizar, cohesionar, aglutinar.
Correlativo: sucesivo, continuo, ininterrumpido, siguiente.
Correligionario: camarada, compañero, colega, compinche.

Cubrimiento: yantura, defensa, tapadura, protección.
Exterior: superfice, apariencia, rostro, aspecto.
Falacia: falsedad, engaño, equivocación, impostura.
Nimiedad: poquedad, pequeñez, cortedad, exigüidad.
Objeto: móvil, razón, circunstancia, efecto.
Huraño: arisco, insaciable, intratable, misántropo.
Frialdad: indiferencia, adustez, desabrimiento, desapego.
Locura: insensatez, delirio, manía, paranoia.
Dependiente: subordinado, acólito, satélite, tributario.
Premisa: proporción, indicio, vestigio, señal.
Nadería: futesa, bagatela, bicoca, porquería.
Comenzar: empezar, iniciar, principiar, acometer.
Separación: desunión, desligamiento, desconexión, clasificación.
Espiritual: incorpóreo, anímico, psíquico, mental.
Conjeturar: suponer, presumir, imaginar, hipnotizar.
Delgadez: debilidad, fragilidad, flaqueza.
Enjuto: flaco, delgado, magro, macilento.
Materia: sustancia, cuerpo, principio, esencia.
Incorrección: error, deficiencia, defecto, falla.
Maléfico: nocivo, pernicioso, perjudicial, dañino.
Incorrecto: erróneo, anormal, defectuoso, deficiente.
Corromper: viciar, degenerar, pervertir, depravar.
Diferencia: desigualdad, diversidad, desemejanza, divergencia.
Enmarañar: confundir, embrollar, mezclar, alterar.
Interrumpido: detenido, frenado, cortado, truncado.
Extraño: desconocido, ignorado, peregrino, ajeno.

Correr: pasar, viajar, andar, escapar.	**Detenerse:** parar, frenar, atajar, paralizar, suspender.
Correspondencia: relación, conexión, correlación, servicio.	**Inconexión:** contrariedad, contraste, disconformidad, disensión.
Corresponder: incumbir, atañer, concernir, retribuir.	**Diferir:** discrepar, diferenciar, distinguir, aplazar.
Correspondiente: adecuado, oportuno, conveniente, respectivo.	**Disconforme:** discorde, inadecuado, inoportuno, inconciliable.
Corretaje: correduría, comisión, porcentaje, prima.	**Condición:** clase, categoría, motivo, compromiso.
Correveidile: chismoso, murmurador, f- persona que lleva y trae chismes.	**Veraciente:** ilioso, achismógrafo, veridicista, inconciliable.
Corrido: ducho, fogueado, experimentado, avergonzado.	**Novato:** novicio, principiante, bisoño, neófito.
Corriente: común, usual, ordinario, frecuente.	**Desusado:** inusual, infrecuente, insólito, olvidado.
Corrimiento: desmoronamiento, deslizamiento, bochorno, confusión.	**Honra:** honor, honradez, llaneza, osadía.
Corroboración: aseveración, confirmación, testificación, aprobación.	**Refutación:** impugnación, objeción, rebatimiento, desmentido.
Corroborar: afirmar, aseverar, aprobar, robustecer.	**Desmentir:** denegar, rehusar, objetar, rebatir.
Corroer: desgastar, consumar, roer, minar.	**Conservar:** mantener, preservar, guardar, salvaguardar.
Corromper: viciar, pervertir, alterar, modificar.	**Preservar:** cuidar, guardar, remediar, cobijar.
Corrompido: corrupto, viciado, putrefacto, libertino.	**Incorrupto:** puro, probo, virtuoso, íntegro.
Corrosión: desgaste, uso, consumo, deterioro.	**Conservación:** preservación, mantención, salvedad, integridad
Corrupción: descomposición, putrefacción, depravación, degeneración.	**Honestidad:** pureza, integridad, mantención, reservación.
Corruptor: putrefacto, perviviente, corruptivo, depravante.	**Aséptico:** incorrupto, virtuoso, íntegro, insobornable.
Corsario: pirata, bucanero, filibustero, contrabandista.	**Capitán:** jefe, mandante, caudillo, oficial.
Cortado: tímido, vergonzoso, cohibido, indeciso.	**Atrevido:** decidido, osado, audaz, valiente.
Cortante: tajante, acelerado, incisivo, intransigente.	**Incierto:** vago, impreciso, confuso, ambiguo.
Cortapisa: obstáculo, inconveniente, restricción, limitación.	**Facilidad:** simplicidad, expedición, posibilidad.
Cortar: partir, cercenar, trocear, fragmentar.	**Pegar:** unir, enlazar, aglutinar, fusionar.
Cortedad: apocamiento, timidez, pusilanimidad, temor.	**Viveza:** agudeza, animación, ardor, penetración.
Cortejar: galantear, enamorar, festejar, requebrar.	**Desairar:** desdeñar, despreciar, desatender, desvirtuar.
Cortés: educado, correcto, atento, delicado.	**Descortés:** maleducado, incorrecto, grosero, ordinario.

SINÓNIMOS	ANTÓNIMOS
Cortesía: atención, educación, delicadeza, galantería.	**Descortesía:** desatención, rudeza, desabrimiento, incorrección.
Corteza: envoltura, cáscara, costra, cubierta.	**Interioridad:** entraña, fondo, macicez, ánimo.
Cortijo: granja, rancho, finca, campo.	**Cerro:** colina, montículo, montaña, alcor.
Corto: breve, conciso, sucinto, escaso.	**Largo:** extenso, dilatado, prolongado, amplio.
Corvo: arqueado, curvado, combado, cabizbajo.	**Recto:** derecho, erguido, levantado, ajustado.
Cosechar: recolectar, recoger, juntar, apilar.	**Talar:** cortar, arrancar, amputar, desgajar.
Coser: puntear, pespuntar, hilvanar, sobrehilar.	**Separar:** apartar, descoser, deshilvanar, desligar.
Cósmico: universal, espacial, cosmal, ubicual.	**Terrenal:** terráqueo, terrestre, material, corpóreo.
Cosmonauta: astronauta, espacionauta, f-piloto, interplanetario.	**Acuonauta:** nauta, marino, navegante, argonauta.
Cosmopolita: mundialista, universal, internacional, orbal.	**Nacionalista:** zonalista, paisajista, regionalista.
Cosquilloso: sensible, susceptible, quisquilloso, puntilloso.	**Indiferente:** insensible, frío, flemático, apático.
Costa: ribera, orilla, litoral, coste.	**Interior:** central, interno, profundo, recóndito.
Costear: sufragar, abonar, pagar, gastar.	**Desamparar:** abandonar, desatender, dejar, descuidar.
Costoso: gravoso, dispendioso, trabajoso, complicado.	**Barato:** módico, económico, rebajado, reducido.
Costumbre: hábito, tradición, uso, rutina.	**Anomalía:** rareza, extravagancia, anormalidad, excentricidad.
Cotejar: comparar, confrontar, compulsar, colacionar.	**Discrepar:** disentir, divergir, distar, discordar.
Coterráneo: paisano, vecino, coetáneo, compatriota.	**Diferente:** diverso, desigual, desemejante.
Cotidiano: diario, periódico, habitual, usual.	**Irregular:** anormal, infrecuente, inusual, anómalo.
Cotización: valoración, evaluación, valuación, aforamiento.	**Ofrecimiento:** promoción, venta, oferta, transacción.
Cotizado: valioso, preciado, deseable, importante.	**Insignificante:** baladí, despreciable, insustancial, inapreciable.
Cotizar: evaluar, valorar, valorizar, aforar.	**Ofrecer:** promover, garantizar, asegurar, ofertar.
Coto: límite, término, freno, bocio.	**Origen:** motivo, razón, objeto, móvil.
Cotorra: loro, charlatán, parlanchín, hablador.	**Callado:** silencioso, reservado, tácito, sigiloso.
Coyuntura: juntura, unión, articulación, circunstancia.	**Efugio:** pretexto, salida, disculpa, excusa.
Crápula: vicio, desenfreno, libertinaje, borrachera.	**Integridad:** honestidad, honradez, decencia, pudicia.
Crasitud: gordura, adiposidad, enjundia, obesidad.	**Delgadez:** flaqueza, magrura, escualidez, demacración.

Craso: grueso, gordo, espeso, macizo.
Crear: fundar, establecer, hacer, produir.
Crecer: acrecentar, aumentar, progresar, incrementar.
Crecido: desarrollado, grande, inmenso, cuantioso.
Credencial: justificativo, título, acreditativo, permiso.
Crédito: confianza, solvencia, reputación, consideración.
Credo: doctrina, programa, disciplina, opinión.
Crédulo: cándido, ingenuo, confiado, inocente.
Creer: confiar, suponer, pensar, entender.
Creíble: posible, probable, verosímil, viable.
Creído: altivo, presumido, petulante, arrogante.
Crema: nata, flor, pasta, cosmético.
Cremación: incineración, combustión, calcinación, ignición.
Crematístico: pecuniario, monetario, numismático, económico.
Crepitar: crujir, traquear, rechinar, chirriar.
Crepúsculo: obscurecido, ensombrecido, anochecer, declinación.
Creso: rico, acaudalado, millonario, potentado.
Crespo: rizado, ensortijado, ondulado, tieso.
Cretino: estúpido, idiota, imbécil, inepto.
Creyente: fiel, religioso, piadoso, devoto.
Cría: camada, lechugada, f- nueva emisión de acciones.
Criar: crear, originar, producir, amamantar.
Crimen: delito, atentado, asesinato, homicidio.
Criollo: mestizo, calpamulo, ñapango, mulato.
Crisis: angustia, arranque, peligro, paroxismo.
Crisol: fundidor, fusor, callana, craza.
Crisopeya: alquimia, trasmutación, f- pretensión de trasmutar los metales en oro.

Flaco: magro, seco, enjuto, momio.
Aniquilar: exterminar, destruir, arruinar, devastar.
Decrecer: menguar, disminuir, decaer, declinar.
Reducido: pequeño, bajo, diminuto, exiguo.
Desacreditativo: descalificativo, desautorizante, incapacitativo, desconceptuante.
Descrédito: desdoro, deshonor, insolvencia, mácula.
Fundamento: base, cimiento, razón, motivo.
Suspicaz: incrédulo, receloso, malicioso, desconfiado.
Negar: refutar, objetar, rechazar, rebatir.
Increíble: inadmisible, improbable, inverosímil, inaudito.
Modesto: humilde, recatado, sobrio, sencillo.
Linfa: suero, agua, humor, acuosidad.
Incremación: apagamiento, acabamiento, cesación, extinción.
Nadería: nonada, bagatela, nimiedad, futileza.
Silenciar: callar, mudizar, olvidar, insonorizar.
Aurora: alba, amanecida, comienzo, principio.
Pobre: indigente, necesitado, menesteroso, mendigo.
Lacio: liso, débil, mustio.
Listo: diligente, activo, vivo, sagaz.
Ateo: incrédulo, agnóstico, escéptico, impío.
Extinción: acabamiento, muerte, exterminio, inactividad.
Matar: asesinar, acabar, eliminar, exterminar.
Castigo: pena, represión, condena, punición.
Oriundo: originario, indígena, nativo, primigenio.
Apogeo: auge, plenitud, esplendor, crecimiento.
Solidificador: endurecedor, condensador, coagulador, concentrador.
Realidad: materialidad, objetividad, efectividad, concreción.

SINÓNIMOS	ANTÓNIMOS
Crispamiento: convulsión, conmoción, irritación, crispación.	**Relajación:** distensión, relax, laxitud.
Crispar: contraer, encoger, endurecer, convulsionar.	**Relajar:** aflojar, soltar, ablandar, atenuar.
Cristalización: conformación, plasmación, concreción, precipitación.	**Confusión:** embrollo, enredo, trastocación, enmarañamiento.
Cristalizar: concretar, precisar, especificar, clarificar.	**Confundir:** embrollar, enredar, enmarañar, trastocar.
Cristiano: bautizado, católico, creyente, hermano.	**Impío:** irreligioso, incrédulo, ateo, infiel.
Criterio: razonamiento, parecer, principio, juicio.	**Confusión:** caos, desconcierto, trastorno, turbación.
Crítica: análisis, juicio, censura, reproche.	**Alabanza:** elogio, encomio, cumplido, felicitación.
Criticar: juzgar, censurar, objetar, reprobar.	**Aprobar:** celebrar, encomiar, aceptar, admitir.
Crítico: censor, juez, evaluador, imparcial.	**Parcial:** arbitrario, injusto, partidario, fragmentario.
Crocante: crujiente, sonante, f- pasta o fritos que crujen al masticarlos.	**Silenciante:** silente, insonorizante, mutismante, callante.
Crónico: habitual, inveterado, acostumbrado, insanable.	**Sanable:** curable, remediable, viable, inmunizado.
Crucial: decisivo, perentorio, concluyente, crítico.	**Incierto:** confuso, vacilante, titubeante, nebuloso.
Crucificar: aspar, sacrificar, importunar, fastidiar.	**Beneficiar:** favorecer, aprovechar, mejorar, meliorar.
Crudeza: severidad, rudeza, aspereza, crueldad.	**Suavidad:** mansedumbre, placidez, tranquilidad, eufemismo.
Crudo: inmaduro, verde, riguroso, severo.	**Maduro:** suave, agradable, blando, dulce.
Cruel: brutal, inhumano, atroz, despiadado.	**Compasivo:** humano, bondadoso, indulgente, caritativo.
Crueldad: crudeza, salvajismo, ferocidad, brutalidad.	**Piedad:** bondad, suavidad, conmiseración, comprensión.
Cruento: sangriento, encarnizado, brutal, feroz.	**Incruento:** benigno, suave, pacífico.
Crujir: rechinar, chirriar, gruñir, estridular.	**Sigilar:** callar, silenciar, ocultar, esconder.
Cruzar: pasar, atravesar, traspasar, transitar.	**Detener:** parar, frenar, contener, retener.
Cuadrar: corresponder, encajar, coincidir, concordar.	**Diferir:** discordar, disentir, divergir, discrepar.
Cuadro: marco, pintura, lienzo, panorama.	**Evaluación:** valuación, ponderación, estimación, tasación.
Cuajar: solidificar, condensar, coagular, cortar.	**Licuar:** diluir, disolver, fundir, derretir.
Cualidad: atributo, peculiaridad, disposición, pericia.	**Defecto:** deficiencia, falta, falla, culpa.
Cuando: tiempo, momento, instante, circunstancia.	**Planeamiento:** concepción, trazado, esquema, proyecto.
Cuantía: cantidad, valor, precio, consideración.	**Evaluación:** medida, ponderación, volumen, dimensión.

Cuantificar: medir, evaluar, ponderar, considerar.
Cuantioso: abundante, numeroso, copioso, prolífico.
Cuanto: cosa, especie, contenido, materia.
Cuartel: acantonamiento, división, acuartelamiento, caserna.
Cubierta: cobertura, revestimiento, cobijo, capa.
Cubierto: tapado, abrigado, servicio, plato.
Cubrir: tapar, ocultar, esconder, proteger.

Cuco: astuto, avispado, bonito, gracioso.
Cuchichear: murmurar, susurrar, secretear, bisbisar.
Cuchufleta: chanza, chirigota, burla, broma.
Cuento: fábula, narración, historieta, relato.
Cuerdo: sensato, juicioso, prudente, reflexivo.
Cuerpo: sustancia, materia, masa, elemento.
Cuesta: pendiente, subida, bajada, rampa.

Cuestión: materia, asunto, tema, suceso.

Cuestionar: discutir, disputar, debatir, deliberar.
Cuidado: atención, esmero, cautela, pulcritud.
Cuidadoso: solícito, diligente, meticuloso, pulcro.
Cuidar: atender, velar, vigilar, asistir.

Cuita: angustia, zozobra, aflicción, inquietud.
Culminación: cúspide, cresta, pináculo, cumbre.
Culminante: dominante, preminente, sobresaliente, principal.
Culminar: elevar, sobresalir, predominar, encimar.
Culpar: inculpar, acusar, achacar, imputar.
Cultivar: laborar, surcar, estudiar, practicar.
Culto: educado, instruido, erudito, ilustrado.

Menospreciar: desestimar, despreciar, invalorar, subestimar.
Escaso: exiguo, insuficiente, pobre, corto.

Definición: especificación, clasificación, descripción, precisión.
Mezcolanza: mezcla, frangollo, promiscuidad, heterogeneidad.
Interioridad: interior, intimidad, fondo, profundidad.
Descubierto: destapado, despejado, aclarado, detectado.
Descubrir: mostrar, exhibir, presentar, evidenciar.
Ingenuo: cándido, inocente, feo, deforme.
Aclarar: dilucidar, explicar, concretar, especificar.
Gravedad: seriedad, formalidad, compostura, circunspección.
Verdad: certeza, efectividad, evidencia, veracidad.
Alocado: insensato, irreflexivo, impulsivo, atolondrado.
Alma: espíritu, ánima, psiquis, voluntad.

Llanura: meseta, planicie, llano, explanada.
Circunstancia: armonía, unión, cariz, aspecto.
Concordar: convenir, concertar, armonizar.
Negligencia: descuido, pereza, dejadez, incuria.
Descuidado: negligente, indolente, perezoso, apático.
Descuidar: desatender, abandonar, olvidar, omitir.
Regocijo: alegría, júbilo, contento, gozo.

Sima: fondo, entraña, profundidad, hondura.
Ínfimo: inferior, último, bajo, mínimo.

Bajar: descender, aterrizar, planear, amarrar.
Exculpar: excusar, disculpar, absolver, liberar.
Secar: agotar, enjugar, marchitar, absorber.

Inculto: ignorante, analfabeto, profano, desconocedor.

SINÓNIMOS	ANTÓNIMOS
Cultura: ilustración, instrucción, erudición, civilización.	**Incultura:** barbarie, rusticidad, salvajismo, rudeza.
Cumbre: pico, cúspide, cima, culmen.	**Valle:** llanura, planicie, vaguada, hondonada.
Cumplido: completo, amplio, cortés, atento.	**Incompleto:** escaso, corto, descortés, grosero.
Cumplidor: aplicado, diligente, trabajador, responsable.	**Negligente:** informal, indolente, perezoso, apático.
Cumplimentar: felicitar, saludar, visitar, elogiar.	**Incumplir:** vulnerar, inflingir, quebrantar, controvertir.
Cumplimiento: cumplido, ceremonia, realización, cortesía.	**Incumplimiento:** infringimiento, quebrantamiento, vulneración, contravención.
Cumplir: efectuar, realizar, ejecutar, obedecer.	**Fallar:** incumplir, desobedecer, quebrantar, controvertir.
Cúmulo: multitud, muchedumbre, montón, acumulación.	**Insignificancia:** menudencia, bagatela, nimiedad, poquedad.
Cuna: linaje, estirpe, origen, principio.	**Rusticidad:** tosquedad, ordinariez, selvariquez, patanería.
Cundir: aumentar, crecer, extender, propagarse.	**Reducir:** mermar, disminuir, acortar, decrecer.
Cuño: troquel, señal, huella, modelo.	**Evaluación:** cuantía, valoración, medida, apreciación.
Cuota: canon, porción, asignación, mensualidad.	**Insolidez:** inusualidad, desuso, inhabilidad, extrañeza.
Cupido: amor, eros, enamoradizo, faldero.	**Odio:** aversión, rencor, antipatía, execración.
Cupo: porción, cuota, ajuste, totalidad.	**Vaguedad:** imprecisión, indeterminación, inexactitud, indistinción.
Cupón: parte, seña, billete, bono.	**Todo:** íntegro, conjunto, bloque, entero.
Cúpula: bóveda, domo, cúspide, cimborrio.	**Sima:** fosa, cavidad, cuenca, profundidad.
Cura: sacerdote, clérigo, presbítero, eclesiástico.	**Seglar:** laico, secular, seglar.
Curado: adobado, curtido, recuperado, sano.	**Crudo:** fresco, enfermo, indispuesto, aquejado.
Curandero: embaidor, charlatán, matasanos, embalsamador.	**Médico:** doctor, facultativo, galeno, cirujano.
Curar: tratar, recuperarse, sanar, mejorar.	**Enfermar:** agravarse, indisponerse, debilitarse, postrarse.
Curia: cancillería, división, tribunal, pontificario.	**Congreso:** junta, reunión, asamblea, agrupación.
Curiomanía: curiosidad, curiofrenia, f- manía de curiosidad.	**Equilibrio:** ecuanimidad, sobriedad, prudencia, normalidad.
Curiosidad: indiscreción, inquietud, esmero, impertinencia.	**Indiferencia:** displicencia, incuria, apatía, frialdad.
Curioso: observador, veedor, indiscreto, entrometido.	**Indiferente:** incurioso, descuidado, apático, desidioso.
Currículum: relación, exposición, f- historial profesional.	**Enmarañamiento:** enredamiento, confusión, embrollo, mezcolanza.
Currinche: novato, principiante, f- periodista empezante.	**Veterano:** experto, ducho, avezado, experimentado.

Cursado: versado, ducho, experto, avezado. — **Inexperto:** novato, profano, nuevo, principiante.

Cursar: seguir, estudiar, despachar, tramitar. — **Demorar:** retardar, retrasar, aplazar, diferir.

Cursi: afectado, pedante, ridículo, chabacano. — **Natural:** espontáneo, automático, sencillo, elegante.

Curso: desarrollo, trayectoria, rumbo, cauce. — **Detención:** paro, parada, interrupción, alto.

Curtido: avezado, ducho, tostado, bronceado. — **Novato:** inexperto, principiante, blanco, pálido.

Curtir: adobar, aderezar, endurecer, baquetear. — **Suavizar:** reblandecer, moderar, mitigar.

Curvo: curvado, arqueado, combado, cóncavo. — **Recto:** derecho, rectilíneo, plano, tieso.

Cúspide: cumbre, cima, pináculo, cresta. — **Fondo:** base, hondo, cimiento, interior.

Custodia: resguardo, protección, conservación, cuidado. — **Desamparo:** descuido, intemperie, abandono, olvido.

Custodiar: proteger, conservar, defender, vigilar. — **Abandonar:** desamparar, desatender, despreocuparse.

Cutre: tacaño, miserable, sucio, mugriento. — **Desprendido:** generoso, rumboso, lujoso, suntuoso.

D

Dable: posible, factible, hacedero, viable.

Dación: entrega, concesión, f- efecto de dar.

Dádiva: obsequio, regalo, presente, agasajo.

Dadivoso: desprendido, generoso, pródigo, caritativo.

Dado: entregado, obsequiado, concedido, otorgado.

Dama: señora, selecta, distinguida, sobresaliente.

Damisela: doncella, cortesana, damita, señorita.

Damnificado: dañado, perjudicado, lastimado, deteriorado.

Damnificar: perjudicar, dañar, arruinar, fallar.

Dantesco: espantoso, terrible, espeluznante, pavoroso.

Danzar: bailar, acompasar, moverse, tripudiar.

Dañado: deteriorado, malherido, damnificado, perjudicado.

Dañar: perjudicar, estropear, menoscabar, damnificar.

Dañino: malo, nocivo, pernicioso, funesto.

Dar: ceder, entregar, proporcionar, producir.

Dardo: flecha, venablo, jabalina.

Datar: fechar, registrar, principiar, notar.

Deambular: andar, vagar, circular, recorrer.

Debajo: bajo, abajo, infra, sub.

Debatir: disputar, contender, altercar, discutir.

Debe: deuda, cargo, débito, pasivo.

Deber: adeudar, comprometer, convenir, debitar.

Débil: endeble, flaco, decaído, lánguido.

Imposible: dudoso, incierto, vacilante, dubitativo.

Equivocación: error, falta, desatino, inadvertencia.

Tacañería: cicatería, mezquindad, avaricia, sordidez.

Mezquino: avaro, egoísta, tacaño, avariento.

Quitado: privado, retirado, sacado, eliminado.

Mucama: criada, sirvienta, camarera, fámula.

Criada: sirvienta, muchacha, moza, sirviente.

Ileso: indemne, incólume, intacto, beneficiado.

Beneficiar: favorecer, ayudar, secundar, apoyar.

Bonito: agradable, bello, alegre, grato.

Observar: atisbar, acechar, mirar, vigilar.

Favorecido: beneficiado, agraciado, mejorado, indemne.

Favorecer: beneficiar, aprovechar, utilizar, mejorar.

Beneficioso: benéfico, favorable, provechoso, productivo.

Quitar: retirar, apartar, mudar, desposeer.

Lanza: asta, pica, espontón, alabarda.

Numerar: marcar, cifrar, foliar, señalar.

Trabajar: laborar, operar, obrar, faenar.

Encima: sobre, arriba.

Acordar: determinar, conciliar, confirmar, resolver.

Haber: capital, renta.

Pagar: cancelar, saldar, cubrir, liquidar.

Fuerte: robusto, vigoroso, fornido, potente.

Debilidad: decaimiento, desfallecimiento, languidez, astenia.
Debilitar: aflojar, apagar, amortiguar, extenuar.
Debutar: novizar, primificar, primigenizar, estrenar.
Decadencia: declinación, decaimiento, ocaso, crepúsculo.
Decadente: decaído, caduco, decrépito, degenerado.
Decaer: debilitar, desfallecer, disminuir, declinar.
Decano: superior, privilegiado, respetable, antiguo.
Decantar: ponderar, aconchar, afondar, trasegar.
Decapitar: descabezar, degollar, guillotinar, desmochar.
Decencia: honestidad, recato, modestia, moderación.
Decente: honesto, honrado, ético, moral.
Decepción: desengaño, desencanto, desilusión, desaliento.
Decepcionar: defraudar, desilusionar, desalentar, descorazonar.
Deceso: muerte, fallecimiento, defunción, óbito.
Decidido: resuelto, emprendedor, lanzado, atrevido.
Decidir: deliberar, disponer, resolver, determinar.
Decimal: fracción, quebrado, parte.
Decir: expresar, manifestar, comunicar, participar.
Decisión: resolución, determinación, disposición, sentencia.
Decisivo: definitivo, concluyente, perentorio, tajante.
Declamar: recitar, decir, pronunciar, exponer.
Declaración: exposición, manifestación, revelación, afirmación.
Declarado: notorio, manifiesto, patente, obvio.
Declarar: manifestar, comunicar, expresar, exponer.
Declinación: declive, pendiente, decadencia, rehusamiento.

Vigor: vitalidad, energía, fuerza, ánimo.
Vigorizar: fortalecer, robustecer, tonificar, esforzar.
Terminar: concluir, finalizar, finiquitar, clausurar.
Auge: apogeo, esplendor, grandeza, magnificencia.
Poderoso: fuerte, vigoroso, enérgico, recio.
Ascender: subir, elevar, adelantar, progresar.
Inferior: dependiente, colaborador, subalterno, subordinado.
Vituperar: afear, criticar, motejar, reprobar.
Vivificar: alentar, animar, conformar, reanimar.
Indecencia: obscenidad, deshonestidad, indignidad, liviandad.
Inmoral: indecente, deshonesto, amoral, ilícito.
Ilusión: ficción, quimera, imagen, esperanza.
Confiar: ilusionar, animar, alentar, alegrar.
Nacimiento: natividad, emersión, principio, fuente.
Medroso: timorato, indeciso, temeroso, tímido.
Titubear: dudar, fluctuar, vacilar, desconfiar.
Entero: completo.
Callar: enmudecer, silenciar, esconder, encubrir.
Indecisión: incertidumbre, irresolución, perplejidad, dubitación.
Dudoso: incierto, inseguro, problemático, equívoco.
Escuchar: atender, oír, observar, entender.
Silencio: ocultación, mudez, encubrimiento, sigilo.
Dudoso: incierto, inseguro, oscuro, impreciso.
Callar: negar, denegar, enmudecer, reservar.
Admisión: aceptación, acogimiento, tolerancia, permisión.

SINÓNIMOS	ANTÓNIMOS
Declinar: rehusar, renunciar, decaer, menguar.	**Aceptar:** admitir, acoger, cobijar, hospedar.
Declive: pendiente, inclinación, gradiente, rampa.	**Subida:** ascenso, elevación, ascensión, promoción.
Decomisar: confiscar, incautarse, desposeer, requisar.	**Restituir:** devolver, reintegrar, recuperar, restablecer.
Decorar: ornar, ornamentar, adornar, orlar.	**Deslucir:** desmejorar, empeorar, deteriorar, palidecer.
Decrecer: aminorar, menguar, disminuir, reducir.	**Crecer:** aumentar, cundir, acrecentar, desarrollar.
Decrecimiento: disminución, reducción, mengua, rebaja.	**Crecimiento:** aumento, incremento, desarrollo, ampliación.
Decrépito: caduco, chocho, ñoño, viejo.	**Lozano:** gallardo, vigoroso, jovial, rozagante.
Decretar: decidir, determinar, establecer, resolver.	**Vacilar:** titubear, hesitar, oscilar, trepidar.
Decúbito: yacente, tendido, tumbado.	**Vertical:** erguido.
Decurso: transcurso, curso, sucesión, paso.	**Interrupción:** detención, suspensión, intermisión, impedimento.
Dechado: ejemplo, modelo, prototipo, ideal.	**Vulgar:** común, ordinario, mediocre, prosaico.
Dedicar: ofrecer, ofrendar, consagrar, destinar.	**Aquilatar:** evaluar, apreciar, estimar, sopesar.
Deducción: consecuencia, derivación, resultado, conclusión.	**Incremento:** adición, desarrollo, dilatación, ampliación.
Deducir: derivar, colegir, inferir, concluir.	**Añadir:** incrementar, aumentar, agregar, adicionar.
Defección: deserción, abandono, traición, deslealtad.	**Adhesión:** adherencia, aprobación, aceptación, consentimiento.
Defecto: carencia, deficiencia, falta, vicio.	**Cualidad:** propiedad, atributo, condición, peculiaridad.
Defectuoso: incompleto, insuficiente, carente, deficiente.	**Perfecto:** simétrico, cabal, armonioso, compacto.
Defender: proteger, resguardar, amparar, preservar.	**Atacar:** embestir, acometer, arremeter, irrumpir.
Defendible: justificable, disculpable, tolerable, perdonable.	**Denunciable:** insostenible, achacable, imputable, atribuible.
Defendido: resguardado, protegido, cubierto, abrigado.	**Desamparado:** indefenso, abandonado, desvalido, desatendido.
Defensa: amparo, protección, defensión, justificación.	**Acusación:** incriminación, inculpación, imputación, culpamiento.
Defensor: valedor, intercesor, protector, garante.	**Ofensor:** acusador, denunciante, inculpador, difamador.
Deferencia: atención, miramiento, respeto, consideración.	**Menosprecio:** desprecio, desatención, desinterés, desapego.
Deferir: admitir, respetar, aceptar, considerar.	**Rechazar:** rehusar, apartar, repeler, resistir.
Deficiencia: falta, tacha, defecto, insuficiencia.	**Eficiencia:** suficiencia, perfección, desarrollo, superávit.

SINÓNIMOS	ANTÓNIMOS
Deficiente: defectuoso, escaso, insuficiente, imperfecto.	**Perfecto:** suficiente, completo, sobrado, proporcionado.
Déficit: falta, descubierto, descuido, deficiencia.	**Superávit:** exceso, residuo, sobra, excedente.
Definición: explicación, exposición, significación, descripción.	**Perplejidad:** vacilación, incertidumbre, titubeo, vaivén.
Definido: delimitado, determinado, claro, concreto.	**Ambiguo:** impreciso, indeterminado, claro, concreto.
Definir: explicar, precisar, fijar, determinar.	**Vacilar:** titubear, tambalear, fluctuar, pender.
Definitivo: concluyente, decisivo, indiscutible, terminante.	**Provisional:** momentáneo, precario, transitorio, pasajero.
Definitorio: definiente, fijante, determinante, precisante.	**Vacilante:** fluctuante, tambaleante, dubitante, titubeante.
Deflagrar: arder, quemar, llamear, incendiar.	**Apagar:** extinguir, sofocar, terminar, aplacar.
Deformación: alteración, desfiguración, anomalía, aberración.	**Perfección:** mejoramiento, pulimiento, hermosura, excelencia.
Deformar: falsear, desfigurar, alterar, modificar.	**Perfeccionar:** pulir, mejorar, adelantar, estilizar.
Deforme: desfigurado, contrahecho, giboso, anómalo.	**Perfecto:** hermoso, apuesto, completo, magistral.
Defraudar: engañar, malversar, malograr, estafar.	**Restituir:** recuperar, reintegrar, rehabilitar, reponer.
Defunción: muerte, óbito, extinción, expiración.	**Nacimiento:** principio, origen, fuente, manantial.
Degeneración: decadencia, declinación, degradación, bizantinismo.	**Regeneración:** reconstitución, restablecimiento, renacimiento, palingenesia.
Degenerar: empeorar, corromper, depravar, inficionar.	**Regenerar:** corregir, reformar, moralizar, renovar.
Deglutir: tragar, engullir, ingerir, comer.	**Regurgitar:** vomitar, devolver, arrojar, provocar.
Degradación: rebajamiento, disminución, humillación, envejecimiento.	**Entaltecimiento:** elevación, exaltación, ensalzamiento, ennoblecimiento.
Degradar: rebajar, privar, remover, destituir.	**Ennoblecer:** enaltecer, exaltar, engrandecer, elevar.
Degustar: probar, saborear, paladear, catar.	**Disgustar:** desazonar, repugnar, desagradar, incomodar.
Dehesa: campo, majada, campiña, cancha.	**Yermo:** páramo, erial, baldío, estéril.
Deidad: divinidad, esencia, f- dios de los idólatras.	**Dios:** Señor, Creador, Providencia, Todopoderoso.
Deificar: divinizar, endiosar, sublimar, glorificar.	**Humillar:** abatir, postrar, rebajar, desdeñar.
Dejación: abandono, desistimiento, dejamiento, renuncia.	**Reivindicación:** reclamación, recuperación, vindicación, exigencia.
Dejadez: desidia, incuria, descuido, negligencia.	**Diligencia:** rapidez, prontitud, expedición, actividad.
Dejado: negligente, descuidado, desaliñado, desordenado.	**Diligente:** trabajador, limpio, aseado, pulcro.

SINÓNIMOS	ANTÓNIMOS
Dejar: desistir, renunciar, admitir, tolerar.	**Permanecer:** continuar, seguir, mantener, persistir.
Delación: acusación, denuncia, confidencia, soplonada.	**Exculpación:** defensa, intercesión, protección, alegato.
Delantera: frente, fachada, vista, ventaja.	**Trasera:** posterior, ulterior, espalda, zaguero.
Delatar: denunciar, acusar, sindicar, incriminar.	**Encubrir:** ocultar, esconder, recatar, substraer.
Delator: denunciante, acusador, chivato, soplón.	**Encubridor:** cómplice, protector, colaborador, tapadera.
Delectación: deleite, placer, satisfacción, gusto.	**Asco:** repulsión, repugnancia, aversión, manía.
Delegar: facultar, encomendar, entregar, comisionar.	**Privar:** quitar, prohibir, vedar, impedir.
Deleitar: agradar, encantar, complacer, gustar.	**Hastiar:** enojar, molestar, aburrir, fastidiar.
Deleite: placer, agrado, goce, gusto.	**Aburrimiento:** repugnancia, tedio, sopor, asco.
Deletéreo: mortal, letal, destructor, mortífero.	**Vivificante:** reconfortante, tonificante, alentador.
Deleznable: quebradizo, frágil, débil, inconsistente.	**Sólido:** firme, duro, inflexible, valioso.
Delgadez: flacura, desnutrición, demacración, escualidez.	**Gordura:** obesidad, carnosidad, corpulencia, robustez.
Delgado: flaco, seco, afilado, escuálido.	**Obeso:** gordo, grueso, repolludo, rollizo.
Deliberación: discusión, reflexión, decisión, resolución.	**Despreocupación:** calmosidad, tranquilidad, flematicidad, desentendimiento.
Deliberar: considerar, reflexionar, resolver, discutir.	**Resolver:** solucionar, acordar, determinar, decidir.
Delicadeza: finura, suavidad, atención, tacto.	**Indelicadeza:** desatención, descortesía, descuido, tosquedad.
Delicado: enfermizo, débil, atento, exquisito.	**Desconsiderado:** desalentado, descortés, irreflexivo, atolondrado.
Delicia: placer, gozo, agrado, complacencia.	**Sufrimiento:** molestia, enfado, fastidio, tristeza, pesar.
Delicioso: deleitoso, placentero, ameno, encantador.	**Desagradable:** molesto, fastidioso, ingrato, desapacible.
Delictivo: delictuoso, criminal, punible, reprensible.	**Loable:** encomiable, plausible, elogiable, ensalzable.
Delimitar: deslindar, señalar, demarcar, determinar.	**Contener:** limitar, reducir, restringir, reprimir.
Delincuencia: criminalidad, robo, asalto, asesinato.	**Bondad:** piedad, generosidad, benevolencia, humanidad.
Delincuente: criminal, malhechor, asaltante, homicida.	**Vigilante:** guardia, policía, detective.
Delinear: diseñar, bosquejar, esbozar, dibujar.	**Improvisar:** descuidar, desatender, desentender, divagar.
Delinquir: inflingir, quebrantar, transigir, contravenir.	**Respetar:** acatar, aceptar, venerar, honrar.

Deliquio: desmayo, desfallecimiento, suspensión, enajenamiento.
Delirar: desvariar, disparatar, desatinar, alucinar.
Delirio: alucinación, enajenación, desvarío, desatino.
Delito: culpa, crimen, falta, infracción.
Deludir: burlar, engañar, alucinar, mofarse.
Delusorio: ficticio, artificial, engañoso, artificioso.
Demacrado: enflaquecido, adelgazado, desmejorado, desnutrido.
Demagogo: embaucador, engatusador, verbogogo, jacobino.
Demanda: petición, solicitud, ruego, súplica.
Demandar: denunciar, acusar, emplazar, suplicar.
Demarcación: deslinde, frontera, distrito, circunscripción.
Demarcar: delimitar, deslindar, fijar, señalar.
Demasía: abuso, atropello, delito, atrevimiento.
Demasiado: excesivo, innecesario, bastante, exuberante.
Demencia: locura, vesania, alienación, psicopatía.
Demente: vesánico, anormal, loco, alienado.
Demérito: desmerecido, desaprobado, descalificado, menospreciado.
Democracia: f- predominio del pueblo, preponderancia de la comunidad.
Democratizar: generalizar, institucionalizar, f- introducir los principios democráticos.
Demoler: destruir, derribar, arrasar, aniquilar.
Demolición: arrasamiento, derribamiento, aniquilación, destrucción.
Demoníaco: diabólico, perverso, satánico, infernal.
Demora: tardanza, atraso, dilación, retardo.
Demorar: retrasar, retardar, detener, aplazar.
Demostración: expresión, exposición, manifestación, evidencia.

Recuperación: recobramiento, fortalecimiento, reanimación, restablecimiento.
Razonar: reflexionar, discurrir, conjeturar, sugerir.
Razonamiento: reflexión, raciocinio, explicación, demostración.
Castigo: sanción, punición, pena, condena.
Descubrir: descifrar, destapar, veridizar, desenmascarar.
Real: auténtico, veraz, cierto, indiscutible.
Engordado: engrosado, recuperado, mejorado, recobrado.
Veracista: sincero, auténtico, llano, juicioso.
Oferta: ofrecimiento, promesa, proposición, propuesta.
Exigir: ordenar, reclamar, mandar, requerir.
Abrogación: invalidación, revocamiento, anulación, desconocimiento.
Revocar: anular, abrogar, apartar, invalidar.
Respeto: consideración, miramiento, deferencia, veneración.
Poco: insuficiente, escaso, limitado, estrecho.
Cordura: juicio, reflexión, prudencia, acierto.
Cuerdo: juicioso, consciente, prudente, acertado.
Meritorio: digno, plausible, alabable, loable.
Aristocracia: f- predominio de la nobleza, soberanía del potestado.
Autocratizar: tiranizar, subyugar, f- imponer las ideas del «yoísmo».
Construir: edificar, erigir, elevar, levantar.
Edificación: construcción, poblacionamiento, erección, levantamiento.
Angelical: seráfico, purísimo, bondadoso, indulgente.
Adelanto: avance, adelantamiento, progreso, desarrollo.
Apurar: urgir, acelerar, apresurar, apremiar.
Ocultación: encubrimiento, disimulación, velamiento, disfrazamiento.

SINÓNIMOS	ANTÓNIMOS
Demostrado: probado, comprobado, confirmado, evidenciado.	**Dudoso:** hipotético, incierto, inseguro, irresoluto.
Demostrar: indicar, señalar, evidenciar, manifestar.	**Ocultar:** esconder, tapar, enmascarar, camuflar.
Demostrativo: evidente, convincente, probatorio, apodíctico.	**Cuestionable:** dubitativo, incierto, falso, mixtificado.
Demudar: variar, cambiar, alterar, desfigurar.	**Estabilizar:** permanecer, perdurar, perennizar, inmutabilizar.
Denegación: negativa, desestimación, negatividad, inconsistencia.	**Concesión:** aprobación, accesión, beneplácito, anuencia.
Denegar: desestimar, negar, rechazar, contradecir.	**Acceder:** asentir, consentir, permitir, facultar.
Denigración: difamación, descrédito, desprestigio, agravio.	**Alabanza:** honra, loa, elogio, enaltecimiento.
Denigrante: injurioso, vergonzoso, afrentoso, infamante.	**Enalteciente:** elevante, encomiable, ensalzante, honoroso.
Denigrar: infamar, calumniar, ofender, mancillar.	**Enaltecer:** exaltar, realzar, encubrir, dignificar.
Denodado: esforzado, animoso, intrépido, atrevido.	**Tímido:** apocado, miedoso, aprensivo, irresoluto.
Denominar: designar, intitular, nominar, señalar.	**Omitir:** olvidar, posponer, relegar, prescindir.
Denostar: injuriar, insultar, ofender, apostrofar.	**Encomiar:** alabar, elogiar, ensalzar, enaltecer.
Denotar: indicar, significar, expresar, anunciar.	**Ignorar:** desconocer, confundir, olvidar, equivocar.
Densidad: consistencia, espesor, cohesión, resistencia.	**Fluidez:** liquidez, vaporosidad, elasticidad, flexibilidad.
Densificar: espesar, apretar, compactar, tupir.	**Fluidificar:** clarificar, blandecer, molificar, suavizar.
Denso: compacto, macizo, espeso, apretado.	**Fofo:** vano, fluido, hueco, huero.
Denuedo: valor, arrojo, ánimo, bizarría.	**Cobardía:** pusilanimidad, timidez, cortesía, zozobra.
Denuesto: ofensa, insulto, improperio, agravio.	**Lisonja:** alabanza, halago, adulación, agasajo.
Denuncia: delación, acusación, confidencia, información.	**Ocultación:** encubrimiento, ocultamiento, silencio, mudez.
Denunciar: delatar, acusar, revelar, descubrir.	**Encubrir:** esconder, ocultar, camuflar, entorpecer.
Deparar: facilitar, entregar, proporcionar, suministrar.	**Obstruir:** complicar, contrariar, estorbar, dificultar.
Departamento: división, dependencia, oficina, cantón.	**Acumulación:** hacinamiento, amontonamiento, amalgama, multiplicación.
Departir: conversar, dialogar, platicar, conferenciar.	**Callar:** silenciar, omitir, enmudecer, observar.
Depauperación: debilitamiento, extenuación, enflaquecimiento, consunción.	**Robustecimiento:** vigorización, tonificación, reforzamiento, fortalecimiento.
Depauperar: empobrecer, extenuar, enflaquecer, debilitar.	**Robustecer:** consolidar, reafirmar, fortalecer, restablecer.

Dependencia: sometimiento, sumisión, subordinación, sujeción.
Depender: pender, servir, obedecer, acatar.

Dependiente: subordinado, vendedor, subalterno, oficinista.
Depilar: desvellar, pelar, f- arrancar el pelo.
Deplorable: lamentable, nefasto, funesto, aciago.
Deplorar: lamentar, sentir, afligir, condolerse.
Deponer: dejar, apartar, degradar, separar.

Deportación: exilio, extrañamiento, relegación, proscripción.
Deportar: desterrar, confinar, exiliar, extrañar.
Deposición: declaración, exposición, testimonio, evacuación.
Depositar: consignar, confiar, guardar, colocar.
Depositario: fiduciario, tesorero, cajero, consignatario.
Depósito: consignación, resguardo, custodia, provisión.
Depravación: envilecimiento, corrupción, degradación, degeneración.
Depravado: vicioso, pervertido, degenerado, licencioso.
Depravar: degradar, corromper, envilecer, pervertir.
Deprecación: ruego, súplica, petición, impetración.
Deprecar: rogar, pedir, suplicar, impetrar.

Depreciación: devaluación, abaratamiento, disminución, bajada.
Depreciar: rebajar, reducir, desvalorar, liquidar.
Depredar: robar, pillar, devorar, rapiñar.

Depresión: abatimiento, desaliento, decaimiento, profundidad.
Deprimido: melancólico, decaído, desanimado, desmoralizado.
Deprimir: abatir, desanimar, desalentar, hundir.
Deprisa: rápidamente, velozmente, apresuradamente, aprisa.

Independencia: emancipación, integridad, resolución, autonomía.
Rebelarse: alzarse, sublevarse, desobedecer, indisciplinarse.
Independiente: emancipación, integridad, resolución, autonomía.
Empeler: nacer, crecer, f- criar pelos.

Alegre: propicio, dichoso, adecuado, conveniente.
Congratular: celebrar, cumplimentar, halagar, ensalzar.
Reponer: recobrar, restablecer, incorporar, integrar.
Repatriación: regreso, vuelta, retorno, f- volver a la patria.
Repatriar: retornar, regresar, volver, llegar.

Resolución: decisión, abortamiento, determinación, solucionamiento.
Retener: conservar, reservar, deducir, recordar.
Dilapidario: derrochador, despilfarrador, dilapidador, malversador.
Derroche: despilfarro, dilapidación, gasto, consumo.
Integridad: honradez, equidad, rectitud, probidad.
Honrado: virtuoso, decente, recto, honesto
Regenerar: corregir, reformar, restituir, reconstruir.
Denegación: negativa, desestimación, inconsideración.
Denegar: desestimar, impedir, objetar, prohibir.
Apreciación: subida, alza, calificación, estimación.
Revalorar: recargar, encarecer, elevar, aumentar.
Cuidar: conservar, mantener, preservar, guardar.
Elevación: recuperación, restitución, enaltecimiento, encubrimiento.
Alegre: contento, optimista, positivo, animado.
Animar: alentar, exaltar, conformar, exhortar.
Despacio: lentamente, pausadamente, tranquilamente.

SINÓNIMOS	ANTÓNIMOS
Depurar: purificar, acrisolar, perfeccionar, acendrar.	**Corromper:** viciar, envilecer, ensuciar, empañar.
Derecho: erguido, recto, levantado, tieso.	**Torcido:** encorvado, agachado, inclinado, deformado.
Derivar: proceder, emanar, provenir, descender.	**Anular:** abolir, revocar, invalidar, suprimir.
Derogación: abolición, anulación, supresión, deterioro.	**Establecimiento:** instauración, creación, promulgación.
Derogar: abolir, suprimir, anular, revocar.	**Implantar:** instaurar, establecer, crear, constituir.
Derramar: verter, esparcir, desaguar, desembocar.	**Concentrar:** reunir, condensar, centralizar, espesar.
Derredor: contorno, rededor, circuito, perfil.	**Centro:** núcleo, foco, epicentro, ombligo.
Derrengado: agotado, exhausto, cansado, deslomado.	**Fresco:** lozano, vigoroso, vital, fuerte.
Derretir: fundir, liquidar, licuar, fluidificar.	**Solidificar:** endurecer, condensar, espesar, congelar.
Derribar: abatir, derrocar, destrozar, deponer.	**Levantar:** elevar, enarbolar, construir, edificar.
Derrocamiento: destitución, destronamiento, deposición, expulsión.	**Reposición:** readmisión, nombramiento, devolución.
Derrocar: derribar, despeñar, demoler, derruir.	**Elevar:** reconstruir, edificar, erigir, ennoblecer.
Derrochar: consumir, desperdiciar, disipar, malgastar.	**Ahorrar:** economizar, guardar, reservar, preservar.
Derroche: despilfarro, dilapidación, dispendio, gasto.	**Ahorro:** economía, reserva, caudal.
Derrota: fracaso, vencimiento, sometimiento, revés, descalabro.	**Victoria:** triunfo, éxito, gloria, conquista.
Derrotar: batir, rendir, destrozar, desbaratar.	**Resistir:** aguantar, soportar, contradecir, luchar.
Derrotero: rumbo, camino, senda, dirección.	**Descalabro:** infortunio, perjuicio, derrota, contratiempo.
Derruir: derribar, demoler, asolar, derrumbar.	**Edificar:** construir, levantar, alzar, elevar.
Derrumbar: derribar, despeñar, desplomar, demoler.	**Reconstruir:** levantar, edificar, erigir, montar.
Desabrido: soso, insípido, insulso, desagradable.	**Sabroso:** agradable, gustoso, delicioso, placentero.
Desabrigar: destapar, descubrir, desamparar, desguarnecer.	**Vestir:** arropar, cuidar, proteger, defender.
Desacatar: desobedecer, insubordinarse, incumplir, infringir.	**Acatar:** respetar, obedecer, cumplir, aceptar.
Desacato: irrespeto, desprecio, rebelión, indisciplina.	**Acatamiento:** respeto, sumisión, obediencia, reverencia.
Desacertar: errar, equivocar, desatinar, confundir.	**Acertar:** atinar, descifrar, hallar, encontrar.
Desacierto: desatino, disparate, equivocación, torpeza.	**Acierto:** dicreción, prudencia, tacto, tino.

SINÓNIMOS	ANTÓNIMOS
Desacorde: discordante, disonante, desafinado, discrepante.	**Acorde:** afinado, conforme, consonante, concorde.
Desacostumbrado: inusual, inhabitual, extraño, insólito.	**Acostumbrado:** usual, habituado, normal, cotidiano.
Desacreditar: desprestigiar, detractar, difamar, deshonrar.	**Acreditar:** afamar, confirmar, demostrar, evidenciar.
Desacuerdo: disconformidad, desavenencia, desunión, discordancia.	**Acuerdo:** armonía, convenio, unión, resolución.
Desafección: desafecto, antipatía, animosidad, aversión.	**Afecto:** simpatía, amistad, estima, aprecio.
Desafecto: desafección, malquerencia, animosidad, aversión.	**Afecto:** cariño, simpatía, inclinación, ternura.
Desafiar: guapear, competir, afrontar, resistir.	**Sosegar:** detener, frenar, suspender, estancar.
Desafío: reto, duelo, rivalidad, provocación.	**Transigencia:** pacto, trato, ajuste, contemporanización.
Desaforado: desenfrenado, frenético, desmedido, desmesurado.	**Razonable:** sensato, mesurado, pequeño, moderado.
Desaforar: atropellar, vulnerar, violar, excederse.	**Respetar:** atender, considerar, tributar, acatar.
Desafortunado: desventuado, desdichado, infeliz, aciago.	**Afortunado:** feliz, dichoso, alegre, jubiloso.
Desagradable: fastidioso, molesto, incómodo, repugnante.	**Agradable:** atractivo, atrayente, grato, deseable.
Desagravio: reparación, sastisfacción, explicación, expiación.	**Agravio:** ofensa, afrenta, insulto, injuria.
Desaguisado: desacierto, desatino, disparate, barbarie.	**Acierto:** cordura, mesura, tino, habilidad.
Desahogado: espacioso, amplio, descarado, próspero.	**Reducido:** incómodo, tímido, formal, pobre.
Desahogar: holgar, desembarazar, desencajar, desmontar.	**Atosigar:** acosar, apremiar, acuciar, insistir.
Desahuciar: despedir, condenar, expulsar, alejar.	**Esperanzar:** alentar, animar, confiar, confortar.
Desairar: desdeñar, despreciar, desatender, menospreciar.	**Respetar:** atender, considerar, tributar, acatar.
Desajustar: desacoplar, desligar, desmembrar, descomponer.	**Ajustar:** concertar, concordar, acopiar, adaptar.
Desalentar: abatir, acobardar, amilanar, desanimar.	**Alentar:** animar, infundir, exhortar, consolar.
Desaliento: desánimo, abatimiento, postración, decaimiento.	**Aliento:** ánimo, denuedo, esfuerzo, valor.
Desaliñado: desaseado, descuidado, astroso, adán.	**Aseado:** limpio, pulcro, acicalado, compuesto.
Desaliñar: desarreglar, desbaratar, desordenar, estropear.	**Arreglar:** embellecer, emperifollar, cuidar, acicalar.
Desalmado: cruel, inhumano, despiadado, salvaje.	**Compasivo:** piadoso, caritativo, misericordioso, generoso.
Desalojar: lanzar, echar, expulsar, desahuciar.	**Alojar:** albergar, hospedar, aposentar, residir.

Desamor: aversión, desafecto, odio, animadversión.
Desamparar: abandonar, dejar, desatender, desasistir.
Desamparo: desabrigo, desaliento, desarrimo, abandono.
Desangrar: vaciar, perder, sangrar, arruinar.
Desanimar: desalentar, descorazonar, abatir, atemorizar.
Desánimo: desaliento, abatimiento, depresión, desconsuelo.
Desapacible: ingrato, molesto, áspero, destemplado.
Desaparecer: huir, esconderse, ocultarse, esfumarse.
Desaparición: desaparecimiento, ocultamiento, disipación, desvanecimiento.
Desapasionado: imparcial, ecuánime, objetivo, indiferente.
Desapego: desentendimiento, desinterés, indiferencia, desafecto.
Desapercibido: desadvertido, descuidado, desprevenido, despreocupado.
Desaplicado: desatento, descuidado, negligente, perezoso.
Desaprensivo: irresponsable, inmoral, sinvergüenza, caradura.
Desaprobar: reprobar, censurar, condenar, amonestar.
Desarmar: desmontar, desarticular, descomponer, desunir.
Desarraigar: arrancar, desterrar, deportar, exiliar.
Desarrollado: crecido, maduro, próspero, evolucionado.
Desarrollar: desenvolver, desdoblar, desplegar, pormenorizar.
Desarrollo: crecimiento, incremento, progreso, mejora.
Desarticular: desconectar, separar, cortar, impedir.
Desasistir: abandonar, desamparar, olvidar, relegar.
Desasosiego: intranquilidad, inquietud, desazón, ansiedad.
Desastrado: desaliñado, andrajoso, harapiento, sucio.
Desastre: revés, derrota, fracaso, descalabro.

Cariño: amor, afecto.
Amparar: atender, cuidar, proteger, resguardar.
Cuidado: atención, esmero, pulcritud, cautela.
Enriquecer: progresar, adinerarse, f- tener sangre.
Animar: entusiasmar, reconfortar, exhortar, alegrar.
Ánimo: empeño, brío, ímpetu, energía.
Apacible: grato, cálido, templado, acogedor.
Aparecer: hallarse, encontrarse, salir, emerger.
Aparición: aparecimiento, visión, manifestación, surgimiento.
Parcial: injusto, subjetivo, ardiente, excitado.
Interés: cordialidad, afecto, apego, inclinación.
Preparado: prevenido, dispuesto, previsto, advertido.
Aplicado: esmerado, cuidadoso, estudioso, perseverante.
Responsable: honrado, cumplidor, sensato, juicioso.
Aprobar: asentir, consentir, aceptar, admitir.
Armar: montar, disponer, preparar, ajustar.
Enraizar: plantar, repatriar, devolver, retornar.
Raquítico: débil, enano, retrasado, decadente.
Reducir: condensar, limitar, compendiar, sintetizar.
Disminución: reducción, retroceso, empeoramiento, repliegue.
Enlazar: unir, ensamblar, articular, mancomunar.
Ayudar: asistir, auxiliar, amparar, favorecer.
Sosiego: quietud, serenidad, apacibilidad, reposo.
Atildado: aseado, limpio, acicalado, compuesto.
Beneficio: éxito, resultado, recuperación, predominio.

Desastroso: ruinoso, catastrófico, asolador, devastador. — **Beneficioso:** afortunado, provechoso, lucrativo, productivo.

Desatado: suelto, libre, desquiciado, desenfrenado. — **Comedido:** moderado, mesurado, prudente, sensato.

Desatención: descortesía, grosería, desaire, descuido. — **Cortesía:** miramiento, atención, educación, elegancia.

Desatender: descuidar, abandonar, olvidar, desestimar. — **Atender:** escuchar, oír, fijarse, cuidar.

Desatino: desacierto, despropósito, locura, absurdo. — **Acierto:** ocurrencia, tacto, tino, prudencia.

Desautorizar: desacreditar, desaprobar, desagradar, desprestigiar. — **Autorizar:** facultar, consentir, conceder, otorgar.

Desavenencia: desacuerdo, contrariedad, discordia, disentimiento. — **Avenencia:** pacto, transacción, acuerdo, convenio.

Desazón: desasosiego, malestar, prurito, pesadumbre. — **Sosiego:** calma, tranquilidad, placidez, moderación.

Desbarajuste: desorden, desconcierto, desarreglo, confusión. — **Orden:** concierto, disposición, armonía, proporción.

Desbaratar: trastornar, arruinar, estropear, desconcertar. — **Componer:** arreglar, ordenar, reparar, concordar.

Desbocado: deslenguado, lenguaraz, malhablado, descarado. — **Correcto:** justo, cabal, discreto, cortés.

Descabalar: desemparejar, desarmar, desarticular. — **Completa:** armar, componer, montar.

Descabellado: desatinado, disparatado, desacertado, absurdo. — **Juicioso:** acertado, lógico, prudente, reflexivo.

Descalabro: contratiempo, desgracia, infortunio, perjuicio. — **Acierto:** tino, tacto, oportunidad, prudencia.

Descalificar: incapacitar, privar, anular, desacreditar. — **Habilitar:** capacitar, autorizar, posibilitar, facilitar.

Descampado: despejado, descubierto, abierto, planicie. — **Nublado:** cerrado, cubierto, encapotado, cargado.

Descansar: reponer, dormir, reposar, yacer. — **Fatigar:** cansar, extenuar, agotar, fastidiar.

Descanso: reposo, respiro, sosiego, tranquilidad. — **Trabajo:** labor, estudio, faena, esfuerzo.

Descarado: desvergonzado, atrevido, insolente, incontrolado. — **Comedido:** respetuoso, vergonzoso, considerado, atento.

Descargar: desencajar, desembocar, aliviar, aligerar. — **Cargar:** estibar, embarcar, gravitar, acometer.

Descargo: excusa, disculpa, alegato, evasiva. — **Acusación:** cargo, imputación, inculpación, denuncia.

Descaro: osadía, atrevimiento, insolencia, audacia. — **Comedimiento:** discreción, cortesía, urbanidad.

Descarriar: desviar, equivocar, descaminar, perturbar. — **Encaminar:** convertir, encontrar, encauzar, enderezar.

Descartar: prescindir, suprimir, eliminar, quitar. — **Aceptar:** admitir, consentir, aprobar, reconocer.

Descender: bajar, desmontar, decrecer, proceder. — **Ascender:** subir, elevarse, adelantar, progresar.

SINÓNIMOS	ANTÓNIMOS
Descendiente: hijo, vástago, sucesor, retoño.	**Ascendiente:** progenitor, antepasado, antecesor, prestigio.
Descenso: caída, bajada, decadencia, declinación.	**Ascenso:** subida, adelante, promoción, elevación.
Descerrajar: violentar, forzar, romper, quebrantar.	**Respetar:** acatar, considerar, aceptar, reverenciar.
Descifrar: desentrañar, comprender, interpretar, transcribir.	**Fallar:** errar, desacertar, marrar, equivocarse.
Descoco: descaro, desvergüenza, osadía, libertinaje.	**Respeto:** acatamiento, consideración, deferencia, miramiento.
Descolocar: revolver, desordenar, embarullar, desorganizar.	**Colocar:** ordenar, organizar, arreglar, estructurar.
Descollante: sobresaliente, dominante, preponderante, destacado.	**Apagado:** corriente, común, exiguo, minúsculo.
Descollar: resaltar, sobresalir, emerger, surgir.	**Minimizar:** empequeñecer, reducir, disminuir, achicar.
Descomedido: exagerado, excesivo, descortés, inconsciente.	**Mesurado:** comedido, ocurrente, diligente, respetuoso.
Descomponer: desarreglar, desarticular, desvincular, deshacer.	**Componer:** arreglar, ordenar, reparar, remendar.
Descompuesto: putrefacto, podrido, infectado, maloliente.	**Sano:** incólume, inmune, entero, lozano.
Descomunal: enorme, inmenso, excesivo, gigantesco.	**Diminuto:** pequeño, menudo, exiguo, jibarizado.
Desconcertar: alterar, confundir, turbar, intranquilizar.	**Orientar:** concertar, encaminar, dirigir, tranquilizar.
Desconcierto: desarreglo, desorden, desorganización, inconformidad.	**Concierto:** orden, acuerdo, avenencia, armonía.
Desconectar: interrumpir, desenlazar, desunir, desligar.	**Conectar:** enlazar, unir, empalmar, unificar, ligar.
Desconfiado: suspicaz, receloso, precavido, cauteloso.	**Confiado:** crédulo, cándido, ingenuo, incauto.
Desconfianza: recelo, temor, prevención, suspicacia.	**Confianza:** seguridad, creencia, convicción, éxito.
Desconfiar: recelar, maliciar, sospechar, difidenciar.	**Confiar:** fiar, empeorar, entregar, delegar.
Descongestionar: desahogar, desconcentrar, aliviar, desatascar.	**Congestionar:** atascar, obstruir, atrancar, obstaculizar.
Desconocedor: ignorante, inculto, inexperto, neófito.	**Conocedor:** experto, consciente, enterado.
Desconocido: ignorado, anónimo, incógnito, inédito.	**Conocido:** nombrado, nominado, determinado, singularizado.
Desconocimiento: ignorancia, inconsciencia, nulidad, impericia.	**Saber:** conocimiento, dominio, entendimiento, comprensión.
Desconsideración: descortesía, desaire, desatención, desprecio.	**Respeto:** deferencia, cortesía, consideración, educación.
Desconsolado: atribulado, doliente, pesaroso, compungido.	**Contento:** alegre, resignado, feliz, radiante.
Desconsuelo: aflicción, pesar, angustia, abatimiento.	**Consuelo:** alivio, ánimo, alegría, entusiasmo.

SINÓNIMOS	ANTÓNIMOS
Descontar: reducir, aminorar, acortar, rebajar.	**Agregar:** añadir, sumar, adicionar, incorporar.
Descontento: disgustado, agraviado, insatisfecho, quejoso.	**Contento:** alborozado, jubiloso, regocijado, satisfecho.
Descontrolarse: desmandarse, desbocarse, desatarse, propasarse.	**Controlarse:** comedirse, dominarse.
Descorazonar: desalentar, decepcionar, amilanar, arredrar.	**Alentar:** avivar, animar, exhortar, impeler.
Descorrer: plegar, encoger, escurrir, manar.	**Correr:** pasar, huir, escapar, trotar.
Descortesía: desconsideración, grosería, ordinariez, vulgaridad.	**Cortesía:** urbanidad, educación, amabilidad.
Descrédito: desdoro, desprestigio, mancilla, mácula.	**Crédito:** confianza, solvencia, reputación, competencia.
Describir: reseñar, delinear, trazar, especificar.	**Silenciar:** callar, omitir, ocultar, sigilar.
Descripción: relación, explicación, definición, especificación.	**Temario:** asunto, objeto, síntesis, motivo, materia.
Descubierto: destapado, abierto, despejado, desenmascarado.	**Cubierto:** tapado, envuelto, oculto, cerrado.
Descubrimiento: hallazgo, exhumación, invención, innovación.	**Experimento:** ensayo, prueba, tentantiva, pretensión.
Descubrir: encontrar, descifrar, detectar, esclarecer.	**Revelar:** mostrar, manifestar, exponer, denunciar.
Descuento: rebaja, deducción, disminución, depreciación.	**Incremento:** desarrollo, aumento, crecimiento, ampliación.
Descuidado: negligente, dejado, desidioso, desprevenido.	**Cuidadoso:** concienzudo, precavido, cauteloso, ocurrente.
Descuidar: desatender, olvidar, abandonar, omitir.	**Cuidar:** velar, atender, asistir, guardar.
Descuido: omisión, olvido, desidia, abandono.	**Atención:** cuidado, esmero, aseo, limpieza.
Desdén: desprecio, indiferencia, menosprecio, invaloración.	**Estimación:** respeto, interés, consideración, deferencia.
Desdeñar: desechar, despreciar, menospreciar, desairar.	**Estimar:** apreciar, considerar, valorar, reputar.
Desdeñoso: altanero, arrogante, altivo, displicente.	**Cariñoso:** caluroso, afectuoso, cordial, amable.
Desdibujado: impreciso, difuminado, confuso, borroso.	**Nítido:** claro, limpio, puro, transparente.
Desdichado: desgraciado, fracasado, desafortunado, lamentable.	**Dichoso:** afortunado, encantado, satisfecho, contento.
Desdoblar: extender, desplegar, separar, fraccionar.	**Doblar:** arquear, torcer, encorvar, arrugar.
Desdorar: difamar, denigrar, calumniar, deshonrar.	**Alabar:** aplaudir, ensalzar, encomiar, enaltecer.
Desear: anhelar, apetecer, querer, pretender.	**Detestar:** odiar, aborrecer, repugnar, repeler.
Desecar: deshidratar, desencharcar, desaguar, agostar.	**Empapar:** embeber, impregnar, ensopar, humedecer.

SINÓNIMOS	ANTÓNIMOS
Desechar: rechazar, desdeñar, reprobar, expeler.	**Aprovechar:** utilizar, usufructuar, emplear, disfrutar.
Desembarazar: despejar, evacuar, limpiar, purificar.	**Obstruir:** impedir, estorbar, dificultar, atascar.
Desembarcar: dejar, descargar, desencajonar, descontener.	**Embarcar:** destinar, enviar, despachar, remesar.
Desembocar: afluir, desaguar, derramar, salir.	**Interrumpir:** suspender, detener, impedir, obstaculizar.
Desembolsar: gastar, costear, abonar, saldar.	**Embolsar:** guardar, custodiar, resguardar, recibir.
Desembrollar: desenredar, aclarar, esclarecer, desentrañar.	**Embrollar:** complicar, liar, enrevesar, enmarañar.
Desembuchar: confesar, declarar, desahogarse, vomitar.	**Callar:** silenciar, enmudecer, omitir, reservar.
Desempeñar: ejercer, ejecutar, cumplir, despignorar.	**Prescindir:** evitar, rehusar, denegar, refutar.
Desempeño: cometido, cumplimiento, actuación, trabajo.	**Inercia:** inacción, inactividad, dejadez, pereza.
Desempolvar: sacudir, limpiar, cepillar, recordar.	**Ensuciar:** empolvar, manchar, olvidar, arrinconar.
Desencantar: decepcionar, desilusionar, frustrar, desalentar.	**Embelesar:** fascinar, ilusionar, cautivar, encantar.
Desencanto: desengaño, desilusión, chasco, desesperanza.	**Encanto:** embeleso, seducción, hechizo, embrujo.
Desenfado: descaro, desenvoltura, desparpajo, osadía.	**Timidez:** recato, cautela, descreción, cortedad.
Desenfreno: libertinaje, desvergüenza, escándalo, deshonestidad.	**Templanza:** moderación, prudencia, temperancia, continencia.
Desengaño: desilusión, desencanto, decepción, pesadumbre.	**Ilusión:** sueño, quimera, engaño, confianza, esperanza.
Desenlace: resultado, final, solución, conclusión.	**Enredo:** embrollo, intriga, trastorno, complicación.
Desenmascarar: descubrir, detectar, destapar, intuir.	**Cubrir:** esconder, tapar, ocultar, disfrazar.
Desenredar: ordenar, arreglar, desembrollar, desenmascarar.	**Enredar:** confundir, enmarañar, mezclar, hacinar.
Desenrollar: desplegar, extender, desdoblar, expandir.	**Envolver:** enrollar, encoger, liar, recoger.
Desentenderse: abandonar, desinteresarse, despreocuparse, olvidar.	**Atender:** interesarse, preocuparse, ocuparse, encargarse.
Desentonar: contrastar, discordar, desafinar, insolentar.	**Entonar:** afinar, modular, fortalecer, tonificar.
Desentrañar: interpretar, descubrir, penetrar, acertar.	**Fallar:** errar, marrar, desacertar, malograr.
Desenvolver: desarrollar, descifrar, desentrañar, expandir.	**Envolver:** cubrir, empaquetar, empacar, involucrar.
Desenvolvimiento: desarrollo, ampliación, extensión, expansión.	**Recogimiento:** apartamiento, abstracción, reflexión, unción.
Desenvuelto: desenfadado, descarado, seguro, resuelto.	**Comedido:** recatado, discreto, tímido, torpe.

Deseo: anhelo, aspiración, ansia, antojo.

Aversión: oposición, antipatía, odio, encono.

Deseoso: afanoso, anhelante, ansioso, ávido.

Desinteresado: indiferente, desganado, despegado, apático.

Desequilibrio: inestabilidad, vicisitud, crisis, neurastenia.

Equilibrio: proporción, armonía, ecuanimidad, conformidad.

Deserción: fuga, defección, engaño, traición.

Fidelidad: lealtad, rectitud, solidaridad, devoción.

Desertar: abandonar, traicionar, fugarse, huir.

Afrontar: desafiar, arrostrar, f- hacer frente a los hechos.

Desértico: árido, estéril, yermo, despoblado.

Frondoso: populoso, habitado, exuberante, fértil.

Desesperación: desesperanza, abatimiento, desaliento, pesimismo.

Esperanza: confianza, creencia, ilusión, optimismo.

Desesperante: exasperante, insoportable, irritante, agobiante.

Admisible: soportable, tolerable, llevadero, aceptable.

Desesperar: desconfiar, impacientar, irritar, exasperar.

Sosegar: reposar, calmar, aquietar, tranquilizar.

Desestabilizar: desequilibrar, desmoronar, perturbar, desfinanciar.

Estabilizar: garantizar, afianzar, asegurar, permanecer.

Desestimar: despreciar, desdeñar, menospreciar, desechar.

Estimar: considerar, apreciar, valorar, juzgar.

Desfachatez: descaro, desvergüenza, descoco, frescura.

Prudencia: cordura, moderación, discernimiento, templanza.

Desfalcar: robar, hurtar, substraer, despojar, estafar.

Restituir: devolver, reponer, reintegrar, remitir.

Desfallecer: debilitar, flaquear, decaer, desalentar.

Vigorizar: reanimar, recobrar, alentar, restablecer.

Desfasar: diferenciar, producir, separar, divergir.

Igualar: compensar, emparejar, uniformar, tipificar.

Desfavorable: contrario, adverso, hostil, negativo.

Favorable: propicio, benigno, acogedor, benévolo.

Desfigurar: deformar, desemejar, falsear, disfrazar.

Detectar: revelar, descubrir, denunciar, patentizar.

Desfilar: marchar, maniobrar, evolucionar, suceder.

Suspender: detener, retardar, interrumpir, reprobar.

Desflorar: ajar, deslucir, arrugar, desvirgar.

Lozanear: rejuvenecer, reverdecer, mejorar, respetar.

Desfogar: desahogar, desbordar, solazarse, desbocarse.

Contener: reprimir, aguantar, comedirse, dominarse.

Desgajar: separar, dividir, fraccionar, arrancar.

Integrar: unir, amalgamar, enlazar, fusionar.

Desgana: inapetencia, anorexia, fastidio, antipatía.

Interés: atracción, afecto, curiosidad, apetito, ambición.

Desgañitarse: enronquecer, vocear, despepitar, gritar.

Callar: silenciar, observar, notar, mudizar.

Desgarbado: desaliñado, desmadejado, desgalichado, desarreglado.

Garboso: gallardo, airoso, gentil, arreglado.

Desgarrar: despedazar, romper, deteriorar, rasgar.

Zurcir: componer, arreglar, juntar, urdir.

Desgastado: gastado, raído, usado, consumido. — **Nuevo:** impecable, reciente, actual, original.

Desgastar: consumir, debilitar, dañar, adelgazar. — **Integrar:** completar, totalizar, reponer, adicionar.

Desglosamiento: separación, apartamiento, eliminación, exclusión. — **Inclusión:** agregado, adicionamiento, incorporación, inserción.

Desglosar: separar, quitar, excluir, eliminar. — **Incorporar:** agregar, intercalar, incluir, insertar.

Desgracia: adversidad, percance, desdicha, accidente. — **Dicha:** felicidad, ventura, fortuna, prosperidad.

Desgraciado: infeliz, desdichado, aciago, infausto. — **Venturoso:** afortunado, feliz, dichoso, satisfecho.

Desgravación: rabaja, reducción, deducción, descuento. — **Recargo:** gravamen, tasa, impuesto, tributo.

Desgreñar: enmarañar, despeinar, desmelenar, descabellar. — **Acicalar:** ataviar, aderezar, componer, abrillantar.

Desguarnecer: despojar, desposeer, desarmar, privar. — **Proteger:** amparar, resguardar, abrigar, preservar.

Desguazar: desbastar, deshacer, descontar, desarmar. — **Armar:** montar, construir, ensamblar, amartillar.

Deshabitado: solitario, despoblado, desierto, yermo. — **Habitado:** poblado, ocupado, fundado, incrementado.

Deshacer: desbaratar, destrozar, quebrantar, aniquilar. — **Hacer:** crear, formar, efectuar, plasmar.

Desharrapado: andrajoso, desastrado, harapiento, desaliñado. — **Atildado:** cuidadoso, aseado, compuesto, limpio.

Deshecho: despedazado, destrozado, roto, derretido. — **Unido:** rehecho, hecho, junto, pegado.

Deshilvanar: discontinuar, desenlazar, incohesionar, desarticular. — **Hilvanar:** cohesionar, coordinar, preparar, apuntar.

Deshojar: despojar, desguarecer, arrancar, exfoliar. — **Revestir:** recubrir, ornar, exornar, paramentar.

Deshonestidad: impudor, indecencia, liviandad, inmoralidad. — **Honestidad:** recato, castidad, pudicia, decencia.

Deshonesto: descarado, impúdico, liviano, licencioso. — **Honesto:** decoroso, pudoroso, decente, honrado.

Deshonor: oprobio, ultraje, violación, afrenta. — **Honor:** fama, reputación, consideración, honra.

Deshonra: deshonor, afrenta, ignominia, agravio. — **Honra:** honor, rectitud, reputación, crédito.

Deshonrar: difamar, ultrajar, violar, afrentar. — **Respetar:** considerar, apreciar, acatar, reverenciar.

Desiderátum: culminación, meta, finalidad, objetivo. — **Nadería:** insignificancia, puerilidad, nimiedad, inferioridad.

Desidia: dejadez, pereza, inercia, pigricia. — **Diligencia:** actividad, prontitud, celo, esmero.

Desidioso: negligente, descuidado, indolente, pigricioso. — **Diligente:** activo, dinámico, rápido, expedito.

Desierto: deshabitado, despoblado, solitario, estepa. — **Poblado:** numeroso, frecuentado, populoso, bullicioso.

SINÓNIMOS	ANTÓNIMOS
Designación: nombramiento, nominación, elección, destinación.	**Abrogación:** anulación, revocación, rectificación, derogación.
Designar: elegir, nombrar, señalar, denotar.	**Sustituir:** remplazar, relevar, suplantar, subrogar.
Designio: pensamiento, idea, propósito, intención.	**Circunstancia:** objeto, finalidad, génesis, motivo.
Desigual: diferente, distinto, disímil, heterogéneo.	**Igual:** semejante, idéntico, similar, homogéneo.
Desigualdad: diferencia, disparidad, discrepancia, desemejanza.	**Igualdad:** uniformidad, conformidad, exactitud, identidad.
Desilusión: decepción, desengaño, desencanto, fiasco.	**Ilusión:** confianza, esperanza, sueño, quimera.
Desintegración: disgregación, pulverización, disolución, nadización.	**Integración:** anexión, amalgama, mancomunación, adición.
Desintegrar: desmembrar, disgregar, disociar, dividir.	**Integrar:** fusionar, juntar, anexar, mezclar.
Desinterés: desprendimiento, abnegación, liberalidad, desafición.	**Interés:** apego, afición, entusiasmo, aliento, voluntad.
Desinteresarse: desentenderse, inhibirse, desvincularse, ignorar.	**Interesarse:** preocuparse, atender, inquietarse, desvelarse.
Desistimiento: renuncia, abandono, rescisión, dejación.	**Aceptación:** aprobación, acogida, asentimiento, conformidad.
Desistir: cesar, abandonar, dejar, prescindir.	**Perseverar:** continuar, proseguir, persistir, porfiar.
Desleal: infiel, pérfido, aleve, felón.	**Leal:** fiel, franco, sincero, noble.
Deslealtad: indignidad, infidelidad, traición, vileza.	**Lealtad:** fidelidad, franqueza, amistad, nobleza.
Desleír: disolver, diluir, deshacer, disgregar.	**Concentrar:** condensar, reunir, centralizar, aglutinar.
Deslenguado: insolente, lenguaraz, malhablado, insidioso.	**Circunspecto:** prudente, atinado, respetuoso, contenido.
Desligar: desatar, desasir, desenlazar, deshacer.	**Ligar:** amarrar, asir, juntar, unir.
Deslindar: demarcar, delimitar, aclarar, precisar.	**Verificar:** comprobar, evidenciar, demostrar, constatar.
Desliz: resbalón, error, caída, ligereza.	**Acierto:** tino, prudencia, tacto, cordura.
Deslizar: rodar, correr, escabullir, introducir.	**Estacionar:** detener, frenar, paralizar, estagnar.
Deslucido: deslustrado, ajado, raído, usado.	**Lucido:** nuevo, lustroso, hermoso, radiante.
Deslucir: descolorar, desteñir, desmejorar, deteriorar.	**Restaurar:** reconstruir, reparar, recobrar, recuperar.
Deslumbrador: brillante, radiante, refulgente, relumbrante.	**Apagado:** opaco, tenue, débil, sombrío.
Deslumbramiento: ceguera, ofuscación, embaimiento, estupefacción.	**Desencanto:** fracaso, frustración, desilusión, desengaño.
Deslumbrar: cegar, alucinar, ilusionar, engañar.	**Decepcionar:** desilusionar, desencantar, desengañar, fracasar.
Desmadejado: decaído, desanimado, apagado, alicaído.	**Reanimado:** fuerte, alegre, optimista, animado.

Desmán: exceso, demasía, desafuero, tropelía. — **Respeto:** consideración, miramiento, prudencia, circunspección.

Desmantelar: retirar, abandonar, desalojar, arruinar. — **Erigir:** levantar, construir, edificar, reconstruir.

Desmañado: torpe, inhábil, chapucero, inexperto. — **Ocurrente:** hábil, discurrente, capacitado, hacendoso.

Desmayado: desfallecido, desganado, desanimado, decaído. — **Entonado:** animado, reanimado, fortalecido, mejorado.

Desmayar: amilanar, acobardar, desalentar, descorazonar. — **Envalentonar:** animar, alentar, esforzar, entusiasmar.

Desmayo: mareo, desvanecimiento, vahído, soponcio. — **Ánimo:** tesón, firmeza, constancia, resolución.

Desmedido: desmesurado, excesivo, desproporcionado, incontrolado. — **Moderado:** mesurado, parco, prudente, sobrio.

Desmedro: deterioro, menoscabo, desmejoramiento, estropeo. — **Mejora:** adelanto, progreso, avance, melioración.

Desmentido: refutado, contradicho, impugnación, contradicción. — **Confirmado:** corroborado, afirmación, ratificación.

Desmentir: desvirtuar, contradecir, refutar, objetar. — **Confirmar:** aseverar, corroborar, afirmar, atestiguar.

Desmenuzar: triturar, moler, picar, despedazar. — **Aunar:** juntar, unir, unificar, entrelazar.

Desmerecer: rebajar, invaluar, desacreditar, desvalorar. — **Merecer:** lograr, alcanzar, meritar, obtener.

Desmesurado: desproporcionado, desmedido, exagerado, descarado. — **Mesurado:** comedido, moderado, sobrio, prudente.

Desmontar: apearse, bajarse, desarmar, desarticular. — **Montar:** armar, articular, unir, cohesionar.

Desmoralizar: desalentar, amilanar, acobardar, viciar, f- perder la moral. — **Animar:** alentar, reanimar, exhortar, estimular.

Desmoronar: destruir, deshacer, disminuir, arruinar. — **Levantar:** edificar, construir, enderezar, hermosear.

Desnaturalizar: alterar, deformar, falsear, desfigurar. — **Normalizar:** ordenar, regularizar, conformar, metodizar.

Desnudar: desvestir, despojarse, f- quitarse la vestimenta. — **Vestir:** emprendar, aropar, cubrirse, f- ponerse la ropa.

Desnudez: privación, indigencia, escasez, penuria. — **Abrigo:** amparo, auxilio, defensa, protección.

Desnudo: desvestido, desabrigado, privado, indigente. — **Vestido:** equipado, presentado, abundante, encubierto.

Desobedecer: rebelarse, indisciplinarse, levantarse, transgredir. — **Obedecer:** cumplir, acatar, someterse, entregarse.

Desocupar: evacuar, vaciar, derramar, rebosar. — **Ocupar:** llenar, repletar, atestar, abarrotar.

Desoír: desestimar, desatender, invaluar, nadizar. — **Atender:** escuchar, oír, acceder, considerar.

Desolación: desconsuelo, aflicción, devastación, martirio. — **Alegría:** júbilo, gozo, contento, regocijo.

Desolar: asolar, destruir, arruinar, entristecer. — **Animar:** alentar, concitar, inducir, estimular.

Desollar: despellejar, escorchar, perjudicar, martirizar. **Entusiasmar:** apasionar, arrobar, encantar, favorecer.
Desorden: alboroto, confusión, desconcierto, trastorno. **Orden:** júbilo, gozo, contento, regocijo
Desordenar: perturbar, intranquilizar, trastornar, inquietar. **Ordenar:** arreglar, disponer, compaginar, compilar.
Desorientar: turbar, confundir, extraviar, aturdir. **Orientar:** dirigir, guiar, enterar, enseñar.
Despabilado: espabilado, despierto, vivo, avispado. **Dormido:** adormilado, torpe, atontado, alelado.
Despabilar: avivar, despertar, incitar, apremiar. **Dormir:** aletargarse, adormecer, amodorrarse, cabecear.
Despachar: remitir, remesar, enviar, expender. **Requerir:** demandar, apercibir, emplazar, convocar.
Desparpajo: desenfreno, descoco, desembarazo, desfachatez. **Encogimiento:** apocamiento, timidez, pusilanimidad.
Desparramar: esparcir, extender, desperdigar, diseminar. **Recoger:** juntar, acumular, reunir, cosechar.
Despavorido: aterrado, horrorizado, espantado, aterrorizado. **Impávido:** sereno, tranquilizado, valeroso, imperturbable.
Despectivo: desdeñoso, despreciativo, minimizado, empequeñecido. **Afectuoso:** amable, atento, cordial, amistoso.
Despecho: desafecto, malevolencia, animosidad, ojeriza. **Simpatía:** amistad, tendencia, inclinación, atracción.
Despedazar: destrozar, descuartizar, deshacer, desgarrar. **Restituir:** restaurar, reconstruir, restablecer, reintegrar.
Despedir: echar, arrojar, despachar, licenciar. **Admitir:** aceptar, recibir, tolerar, consentir.
Despegado: desencolado, desprendido, arisco, huraño **Unido:** pegado, ligado, cariñoso, agradable.
Despegar: desunir, apartar, desprender, elevarse. **Aterrizar:** bajar, descender, decrecer, disminuir.
Despejado: claro, sereno, raso, limpio. **Encapotado:** nublado, cubierto, oscuro, cargado.
Despejar: apartar, desocupar, evacuar, aclarar. **Obstruir:** cerrar, estorbar, impedir, dificultar.
Despensa: repostería, alacena, provisión, víveres. **Penuria:** escasez, pobreza, carestía, falta.
Desperdiciar: despilfarrar, derrochar, malbaratar, malograr. **Aprovechar:** disfrutar, usufructuar, utilizar, beneficiar.
Desperdigar: diseminar, dispersar, esparcir, desparramar. **Reunir:** acumular, concentrar, aunar, mancomunar.
Despersonalizar: automatizar, descaracterizar, manejabilizar, maquinizar. **Personalizar:** adaptar, personificar, ajustar, simbolizar.
Despertar: desvelar, mover, incitar, excitar. **Adormecer:** arrullar, calmar, aplacar, acallar.
Despiadado: cruel, inhumano, bárbaro, sanguinario. **Compasivo:** bondadoso, humanitario, solidario, caritativo.
Despierto: despejado, despabilado, advertido, ocurrente. **Tardo:** torpe, desmañado, lerdo, zopenco.

Despilfarrar: dilapidar, derrochar, malgastar, prodigar.
Ahorrar: economizar, reservar, guardar, aprovechar.

Despistar: extraviar, desorientar, turbar, confundir.
Encaminar: dirigir, guiar, encauzar, conducir.

Desplante: arrogancia, gallardía, aplomo, entereza.
Vacilación: inhibición, complejidad, apocamiento, irresolución.

Desplazar: salir, abandonar, desalojar, moverse.
Llegar: arribar, abordar, venir, aterrizar.

Desplegar: desdoblar, extender, desenrollar, desenvolver.
Plegar: doblar, arrugar, ajar, plisar.

Desplomar: derrumbar, caer, desmoronar, arruinar.
Levantar: erigir, construir, sobresalir, demostrar.

Desplumar: arruinar, estafar, despojar, expoliar.
Restituir: devolver, reponer, restablecer, recuperar.

Despojar: quitar, desposeer, saquear, privar, retirar.
Apropiar: adueñar, apoderarse, posesionarse, conquistar.

Desposeer: quitar, usurpar, despojar, expoliar.
Restituir: devolver, reponer, retornar, reintegrar.

Déspota: opresor, dictador, tirano, autócrata.
Demócrata: respetuoso, tolerante, abierto, liberal.

Despotricar: desprestigiar, murmurar, denigrar, difamar.
Afamar: renombrar, señalar, distinguir, reputar.

Despreciable: vil, ruin, abyecto, infame.
Admirable: respetable, encomiable, considerable.

Despreciar: desestimar, desdeñar, menospreciar, desairar.
Apreciar: valorar, estimar, evaluar, justipreciar.

Desprecio: desconsideración, arrogancia, desaire, desdén.
Aprecio: estima, atención, respeto, afecto.

Desprender: desunir, desligar, separar, desglosar.
Adherir: pegar, ligar, juntar, afiliar.

Desprendido: generoso, desinteresado, dadivoso, magnánimo.
Tacaño: miserable, agarrado, cicatero, apretado.

Desprendimiento: generosidad, altruismo, desinterés, esplendidez.
Avaricia: avidez, tacañería, ruindad, codicia.

Despreocupado: tranquilo, flemático, calmoso, insensible.
Inquieto: impaciente, intranquilo, importuno, nervioso.

Desprestigiar: desacreditar, difamar, denigrar, vilipendiar.
Afamar: acreditar, ponderar, reputar, renombrar.

Desprevenido: descuidado, imprevisor, confiado, dejado.
Prevenido: avisado, ocurrente, providente, dispuesto.

Despropósito: desacierto, disparate, desatino, absurdo.
Acierto: tino, tacto, prudencia, cordura.

Desprovisto: carente, falto, despojado, necesitado.
Provisto: dotado, surtido, pertrechado, equipado.

Después: luego, enseguida, últimamente, seguidamente.
Antes: anterior, anteriormente, anticipación, antelación.

Despuntar: achatar, mellar, brotar, amanecer.
Afinar: aguzar, afilar, oscurecer, anochecer.

Desquiciar: descomponer, desarticular, corromper, viciar.
Ajustar: amoldar, concordar, acoplar, moralizar.

SINÓNIMOS	ANTÓNIMOS
Desquitar: recuperar, recobrar, restaurar, resarcir.	**Asolar:** arrasar, demoler, derribar, devastar.
Destacado: descollante, relevante, ilustre, notorio.	**Corriente:** vulgar, desconocido, insignificante, común.
Destacar: sobresalir, señalar, brillar, subrayar.	**Opacar:** deslucir, empañar, enturbiar, obscurecer.
Destapar: abrir, descorchar, descubrir, revelar.	**Tapar:** cubrir, arropar, cerrar, ocultar.
Destemplar: desentonar, desafinar, desconcertar, alterar.	**Templar:** afinar, atenuar, moderar, suavizar.
Desteñir: decolorar, aclarar, despintar.	**Teñir:** colorar, tintar, pintar.
Desterrar: confinar, deportar, relegar, proscribir.	**Repatriar:** retornar, regresar, volver, tornar.
Destierro: exilio, ostracismo, proscripción, deportación.	**Retorno:** repatriación, regreso, tornamiento, volvimiento.
Destinar: dedicar, emplear, aplicar, consagrar.	**Privar:** suspender, quitar, expoliar, proscribir.
Destino: puesto, ocupación, meta, trayectoria.	**Objetivo:** razón, motivo, finalidad, contingencia.
Destituir: deponer, exonerar, separar, degradar.	**Rehabilitar:** restituir, reivindicar, reponer, reincorporar.
Destrabar: desprender, soltar, liberar, desligar.	**Trabar:** juntar, unir, enlazar, prender.
Destreza: habilidad, maestría, primor, soltura.	**Torpeza:** lentitud, pesadez, inhabilidad, anquilosamiento.
Destronar: derrocar, deponer, reemplazar, derribar.	**Entronizar:** entronar, coronar, ungir, terminar.
Destrozar: destruir, romper, despedazar, triturar.	**Componer:** arreglar, acomodar, remediar, restaurar.
Destrucción: ruina, desolación, devastación, aniquilamiento.	**Construcción:** edificación, erección, estructuración, conformación.
Destruir: arruinar, demoler, asolar, derrocar.	**Construir:** edificar, erigir, levantar, reconstruir.
Desunión: separación, ruptura, disociación, desvinculación.	**Unión:** vinculación, enlace, avenencia, compañerismo.
Desunir: separar, dividir, enemistar, enfrentar.	**Unir:** reunir, ligar, avenir, amigar.
Desusado: raro, infrecuente, anticuado, viejo.	**Actual:** usual, vigente, nuevo, moderno.
Desuso: deshabituación, olvido, abandono, postergación.	**Uso:** utilización, empleo, costumbre, hábito.
Desvalijar: despojar, robar, desposeer, hurtar.	**Devolver:** restituir, entregar, recuperar, reintegrar.
Desvalimiento: desamparo, desabrigo, abandono, orfandad.	**Amparo:** ayuda, auxilio, protección, favor.
Desvanecer: esfumar, disipar, atenuar, frustrar.	**Revivir:** aparecer, surgir, salir, reformar.
Desvariar: delirar, disparatar, desatinar, enajenar.	**Razonar:** discurrir, reflexionar, raciocinar, dilucidar.

Desvarío: delirio, desatino, locura, disparate.	**Razonamiento:** raciocinio, reflexión, lógica, pensamiento.
Desvelar: descubrir, exponer, despertar, esforzarse.	**Ocultar:** tapar, dormirse, despreocuparse.
Desvelo: cuidado, interés, atención, inquietud.	**Serenidad:** tranquilidad, quietud, despreocupación, parsimonia.
Desvencijar: descomponer, destartalar, desencajar, desconcertar.	**Ajustar:** encajar, acoplar, embutir, incrustar.
Desventaja: obstáculo, inconveniente, perjuicio, impedimento.	**Ventaja:** beneficio, facilidad, capacidad, superioridad.
Desventura: desgracia, adversidad, desdicha, infortunio.	**Ventura:** fortuna, suerte, dicha, prosperidad.
Desvergüenza: descaro, insolencia, desfachatez, atrevimiento.	**Comedimiento:** mesura, moderación, prudencia, discreción.
Desviación: bifurcación, separación, extravío, distorsión.	**Enderezamiento:** rectificación, horizontalidad, favorecimiento, encauzamiento.
Desviar: extraviar, apartar, separar, dividir.	**Persuadir:** convencer, meditar, decidir, determinar.
Desvincular: desligar, separar, alejar, liberar.	**Vincular:** unir, someter, asociar, ligar.
Desvirtuar: falsear, mixtificar, adulterar, viciar.	**Reparar:** remediar, arreglar, restituir, acendrar.
Detallar: puntualizar, relatar, particularizar, pormenorizar.	**Concretar:** generalizar, resumir, actualizar, precisar.
Detalle: especificación, aclaración, fragmento, elemento.	**Conjunto:** generalidad, suma, total, cúmulo.
Detectar: revelar, descubrir, hallar, encontrar.	**Ocultar:** encubrir, esconder, disfrazar, disimular.
Detención: parada, frenamiento, estancamiento, detenimiento.	**Impulsión:** movimiento, aceleración, incentivo, estímulo
Detener: sujetar, atajar, interrumpir, estancar.	**Impulsar:** empujar, apresurar, estimular, fomentar.
Detentar: retener, conservar, reservar, arrogar.	**Restituir:** devolver, reponer, remitir, rendir.
Deterger: limpiar, purificar, asear, acendrar.	**Ensuciar:** manchar, macular, tiznar, emporcar.
Deteriorar: dañar, averiar, estropear, menospreciar.	**Reparar:** arreglar, remediar, componer, restaurar.
Determinación: resolución, decisión, disposición, audacia.	**Indecisión:** incertidumbre, vacilación, perplejidad, irresolución.
Determinar: disponer, decidir, precisar, solucionar.	**Vacilar:** titubear, trepidar, sospechar, tambalear.
Detestar: odiar, execrar, aborrecer, abominar.	**Admirar:** elogiar, ensalzar, querer, aplaudir.
Detonar: estallar, explotar, reventar, romper.	**Mezclar:** unir, juntar, agregar, añadir, incorporar.
Detracción: difamación, infamación, denigración, maledicencia.	**Elogio:** alabanza, aplauso, vítores, apología.
Detractar: denigrar, infamar, calumniar, murmurar.	**Encomiar:** elogiar, alabar, ensalzar, halagar.

Detraer: restar, apartar, substraer, difamar.

Detrimento: deterioro, avería, menoscabo, disminución.

Deuda: compromiso, obligación, apuro, conflicto.

Devastar: arruinar, arrasar, asolar, destruir.

Devengar: ganar, percibir, retribuir, remunerar.

Devenir: acontecer, suceder, acaecer, sobrevenir.

Devoción: fervor, unción, respeto, veneración.

Devolución: remisión, entrega, retorno, expedición.

Devolver: restituir, reintegrar, reponer, reembolsar.

Devorar: tragar, destruir, comer, engullir.

Devoto: piadoso, afecto, entusiasta, religioso.

Deyectar: defecar, evacuar, excrementar, boñigar.

Día: fecha, data, época, jornada.

Diablo: demonio, satanás, luzbel, enemigo.

Diabólico: infernal, satánico, demoníaco, perverso.

Diacronía: sucesión, desarrollo, continuación, decurso.

Diáfano: nítido, límpido, claro, prístino.

Diagnosis: conocimiento, penetración, descripción, característica.

Diagnosticar: analizar, determinar, precisar, cuantificar.

Diagnóstico: juicio, parecer, dictamen, análisis.

Diagrama: figura, dibujo, representación, perspectiva.

Dialéctica: razonamiento, reflexión, explicación, demostración.

Dialogar: hablar, conversar, coloquiar, plantear.

Diamante: ademante, carbonado, pulcro, atractivo.

Diario: cotidiano, periódico, jornalero, habitual.

Diáspora: éxodo, dispersión, marcha.

Adicionar: sumar, allegar, completar, integrar.

Provecho: beneficio, ventaja, lucro, usufructo.

Responsabilidad: cumplimiento, deber, realización, ejecución.

Rehacer: construir, reparar, levantar, plasmar.

Cumplir: acatar, obedecer, realizar, restablecer.

Interrumpir: cortar, impedir, romper, cercenar.

Hostilidad: desprecio, enemistad, beligerancia, ataque.

Retención: retenimiento, detención, custodia, conservación.

Retener: conservar, guardar, deducir, reservar.

Crear: hacer, formar, producir, fundar.

Hostil: opuesto, contrario, enemigo, contendor.

Extreñir: retener, restreñir, estipticar, f- no obrar.

Noche: obscuridad, sombra, vigilia, tiniebla.

Ángel: serafín, querubín, arcángel, simpatía.

Angelical: bondadoso, generoso, tierno, carismático.

Interrupción: suspensión, detención, intermisión, impedimento.

Turbio: obscuro, opaco, revuelto, confuso.

Nesciencia: desconocimiento, ignorancia, inadvertencia, insipiencia.

Remediar: curar, sanar, recuperar, mejorar.

Necedad: disparate, desatino, equivocación, bobería.

Motivo: razón, objetivo, finalidad, circunstancia.

Ocultación: encubrimiento, velación, furtividad, clandestinidad.

Silenciar: enmudecer, sigilar, callar, disimular.

Vulgaridad: necesidad, bagatela, nimiedad, friolera.

Semanal: septenario, hebdomediario, suplementario, accesorio.

Concentración: reunión, congregación.

Diatriba: ofensa, determinación, afrenta, escarnio. — **Ditirambo:** elogio, encomio, alabanza, panegírico.

Dibujar: diseñar, trazar, bosquejar, delinear. — **Entretener:** distraer, divertir, recrear, solazar.

Dicción: palabra, pronunciación, vocablo, expresión. — **Frase:** locución, oración, elocución, enunciación.

Diccionario: léxico, glosario, vocabulario, enciclopedia. — **Ideario:** pensamientos, invención, proceso, génesis.

Dicotomía: división, separación, bifurcación, derivación. — **Unión:** trabazón, conexión, vínculo, encadenamiento.

Dictamen: informe, juicio, opinión, parecer. — **Sinrazón:** error, equivocación, injusticia, iniquidad.

Dictaminar: informar, opinar, comunicar, diagnosticar. — **Callar:** omitir, silenciar, sigilar, observar.

Dictar: pronunciar, decretar, legislar, promulgar. — **Omitir:** prescindir, abstenerse, silenciar, callar.

Dictatorial: despótico, tiránico, absolutista. — **Democrático:** liberal, abierto, tolerante.

Dicterio: improperio, denuesto, insulto, humillación. — **Elogio:** lisonja, encomio, alabanza, loa.

Dicha: ventura, felicidad, fortuna, prosperidad. — **Desdicha:** infortunio, desgracia, desventura, enfermedad.

Dicharachero: chistoso, bromista, chancero, ocurrente. — **Grave:** serio, cirunspecto, formal, ponderado.

Dichoso: encantado, satisfecho, contento, feliz. — **Triste:** desgraciado, afligido, apenado, pesaroso.

Diestro: hábil, derecho, experto, perito. — **Torpe:** incapaz, inhábil, zafio, obtuso.

Dieta: régimen, privación, sistema, congreso. — **Abundancia:** exuberancia, fertilidad, prodigalidad, profusión.

Diezmar: imponer, tasar, dañar, castigar. — **Beneficiar:** favorecer, utilizar, mejorar, bonificar.

Difamación: calumnia, injuria, insulto, denigración. — **Apología:** elogio, alabanza, encomio, loa.

Difamar: calumniar, desacreditar, denostar, infamar. — **Elogiar:** aplaudir, alabar, adular, celebrar.

Diferencia: disparidad, diversidad, discrepancia, divergencia. — **Igualdad:** similitud, equivalencia, coincidencia, semejanza.

Diferenciar: distinguir, señalar, diferir, divergir. — **Igualar:** nivelar, emparejar, uniformar, tipificar.

Diferendo: diferencia, discrepancia, desacuerdo, divergencia. — **Coincidencia:** sincronía, convergencia, concomitancia, coetaneidad.

Diferir: aplazar, dilatar, postergar, posponer. — **Adelantar:** aventajar, alcanzar, acelerar, dinamizar.

Difícil: arduo, complicado, penoso, laborioso. — **Fácil:** simple, sencillo, hacedero, factible.

Dificultad: contrariedad, obstáculo, problema, impedimento. — **Facilidad:** expedición, disposición, destreza, aptitud.

Dificultar: obstaculizar, embarazar, entorpecer, estorbar. — **Facilitar:** simplificar, posibilitar, favorecer, procurar.

Difidencia: desconfianza, inseguridad, recelo, suspicacia.
Confianza: seguridad, esperanza, tranquilidad, llaneza.

Difidente: reservado, cauteloso, prudente, receloso.
Confiado: entregado, fiado, esperanzado, delegado.

Difuminar: diluir, desvanecer, desdibujar.
Precisar: perfilar, perfeccionar, concretar, detallar.

Difundir: extender, esparcir, propagar, generalizar.
Contener: sujetar, frenar, reprimir, encerrar.

Difunto: cadáver, muerto, occiso, extinto.
Vivo: viviente, vigente, presente, existente.

Difusión: propagación, expansión, extensión, divulgación.
Limitación: concreción, demarcación, restricción, prohibición.

Difuso: extenso, conocido, amplio, dilatado.
Limitado: restringido, concreto, demarcado, circunscrito.

Digerir: asimilar, absorber, soportar, sobrellevar.
Rechazar: rehusar, repeler, resistir, alejar.

Dignidad: decoro, decencia, gravedad, integridad.
Vileza: desmerecimiento, deshonor, humillación, abyección.

Dignificar: realzar, alabar, honrar, ennoblecer.
Denigrar: difamar, mancillar, detractar, desprestigiar.

Digno: acreedor, merecedor, honrado, decente.
Indigno: vil, indecente, desproporcionado, mezquino.

Digresión: interrupción, detención, intermisión, paréntesis.
Prosecución: continuación, seguimiento, prolongación, extensión.

Dilación: tardanza, demora, retraso, detención.
Prontitud: ligereza, actividad, rapidez, agilidad.

Dilapidar: derrochar, malgastar, despilfarrar, prodigar.
Ahorrar: economizar, guardar, reservar, racionar.

Dilatación: ampliación, aumento, extensión, amplificación.
Restricción: reducción, abreviación, acortamiento, impedimento.

Dilatar: extender, prolongar, ampliar, demorar.
Reducir: acortar, rebajar, disminuir, restringir.

Dilección: predilección, preferencia, cariño, amor.
Animadversión: inquina, aversión, tirria, manía.

Dilema: alternativa, disyuntiva, coyuntura, circunstancia.
Solución: resolución, decisión, término, explicación.

Diletante: aficionado, entusiasta, amante, melómano.
Apático: indiferente, dejado, negligente, abúlico.

Diligencia: actividad, rapidez, prontitud, esmero.
Negligencia: indolencia, apatía, dejadez, desidia.

Diligente: activo, rápido, dinámico, presto.
Indolente: negligente, perezoso, apático, poltrón.

Dilogía: anfibología, ambigüedad, imprecisión, confusión.
Claridad: diafanidad, limpidez, llaneza, transparencia.

Dilucidación: aclaración, explicación, explanación, comprensión.
Confusión: enredo, embrollo, turbación, enmarañamiento.

Dilucidar: esclarecer, aclarar, explicar, interpretar.
Enmarañar: enredar, confundir, embrollar, mezclar.

Diluir: disolver, derretir, licuar, fundir.
Concentrar: condensar, centralizar, reunir, solidificar.

SINÓNIMOS	ANTÓNIMOS
Dimanar: emanar, proceder, salir, nacer.	**Causar:** producir, ocasionar, originar, provocar.
Dimensión: tamaño, espacio, vastedad, contorno.	**Pequeñez:** poquedad, exigüidad, nadería, inanidad.
Diminuto: pequeño, minúsculo, microscópico, chiquitín.	**Grande:** crecido, considerable, vasto, voluminoso.
Dimisión: renuncia, cesación, abdicación, dejación.	**Aprobación:** sanción, anuencia, asentimiento, aquiescencia.
Dimisionario: renunciante, renunciado, declinado, intitulado.	**Titular:** nombrado, facultado, efectivo, real.
Dimitir: declinar, dejar, renunciar, abandonar.	**Aceptar:** admitir, recibir, tolerar, aprobar.
Dinamia: fuerza, potencia, empuje, energía.	**Impotencia:** incapacidad, debilidad, insuficiencia, agotamiento.
Dinámico: rápido, activo, diligente, expeditivo.	**Estático:** parado, indolente, lerdo, cansino.
Dinamismo: agilidad, laboriosidad, eficacia, movilidad.	**Abandono:** abulia, inactividad, lentitud, apatía.
Dinamizar: intensificar, activar, apurar, fortalecer.	**Debilitar:** atenuar, marchitar, extenuar, desvirtuar.
Dinastía: familia, raza, progenie, estirpe.	**Heterogeneidad:** diversidad, insolitez, rareza, mesticidad.
Dinero: plata, metálico, efectivo, moneda.	**Pobreza:** necesidad, escasez, carencia, inopia.
Diploma: título, credencial, privilegio, documento.	**Bagatela:** nonada, nadería, zarandajas, friolera.
Diplomacia: sagacidad, astucia, habilidad, tacto.	**Rudeza:** brusquedad, rusticidad, torpeza, hosquedad.
Diplomático: hábil, astuto, sutil, representante.	**Torpe:** zafio, patán, rudo, inepto.
Dirección: conducción, gobierno, administración, gerencia.	**Subordinación:** dependencia, supeditación, sumisión, sujeción.
Directo: recto, derecho, seguido, concreto.	**Torcido:** doblado, corvado, combado, arqueado.
Dirigir: conducir, guiar, orientar, administrar.	**Obedecer:** cumplir, acatar, depender, doblegar.
Dirimir: ajustar, componer, decidir, zanjar.	**Delimitar:** definir, precisar, dejar, demarcar.
Discernimiento: apreciación, perspicacia, razonamiento, penetración.	**Obtusidad:** torpeza, lerdidad, estupidez, tontería.
Discernir: distinguir, comprender, reflexionar, desfasar.	**Confundir:** trastocar, enredar, mezclar, embrollar.
Disciplina: método, doctrina, enseñanza, facultad.	**Desorden:** trastorno, alboroto, perturbación, indocilidad.
Discípulo: alumno, escolar, estudiante, colegial.	**Profesor:** educador, maestro, pedagogo, catedrático.
Díscolo: rebelde, avieso, indócil, indisciplinado.	**Dócil:** sumiso, obediente, suave, dúctil.
Disconforme: discorde, inconforme, discrepante, disidente.	**Acorde:** conforme, concorde, armónico, congruente.

Discordancia: desarmonía, contrariedad, contraste, disensión.
Discordar: disentir, divergir, discrepar, contrastar.
Discordia: desacuerdo, discrepancia, divergencia, desunión.
Discreción: moderación, prudencia, cordura, sensatez.
Discrepancia: divergencia, desacuerdo, discordancia, diferencia.
Discrepar: distar, disentir, divergir, discordar.
Discreto: prudente, sensato, juicioso, circunspecto.
Discriminación: diferenciamiento, parcialidad, injusticia, arbitrariedad.
Discriminar: diferenciar, distinguir, separar, segregar.
Discriminatorio: arbitrario, improcedente, antojadizo, injusto.
Disculpar: excusar, justificar, dispensar, absolver.
Discurrir: cavilar, reflexionar, meditar, excogitar.
Discurso: raciocinio, reflexión, peroración, arenga.
Discusión: examen, estudio, debate, controversia.
Discutible: controvertible, cuestionable, opinable, dudoso.
Discutir: altercar, contender, alegar, controvertir.
Diseminar: esparcir, dispersar, desparramar, desperdigar.
Disensión: disputa, riña, discordia, contrariedad.
Disentimiento: disconformidad, desacuerdo, divergencia, discrepancia.
Disentir: discrepar, discordar, divergir, contender.
Diseño: esbozo, boceto, croquis, esquema.
Disertar: perorar, razonar, argumentar, predicar.
Disfrazar: desfigurar, ocultar, simular, embozar.
Disfrutar: gozar, regocijar, divertirse, utilizar.
Disgregar: disociar, desunir, separar, desligar.

Concordancia: armonía, conformidad, unión, simetría.
Concordar: concertar, convenir, armonizar, uniformar.
Acuerdo: avenencia, unión, convergencia, armonía.
Indiscreción: intrusión, intromisión, imprudencia, desatino.
Coincidencia: sincronía, coetaneidad, concurrencia, correspondencia.
Coincidir: concordar, convenir, ajustar, sincronizar.
Indiscreto: imprudente, impertinente, importuno, entrometido.
Razonamiento: discernimiento, justicia, equidad, raciocinio.
Confundir: equivocar, trastornar, trabucar, perturbar.
Razonable: consecuente, justo, conveniente, adecuado.
Inculpar: acusar, delatar, atribuir, imputar.
Desatinar: disparatar, precipitar, atropellar, empujar.
Bravata: fanfarronada, brabuconada, amenaza, balandronada.
Acuerdo: convenio, unión, confraternidad, decisión.
Indiscutible: evidente, claro, innegable.
Conciliar: concordar, avenirse, congeniar, armonizar.
Agrupar: aglutinar, reunir, concentrar, unificar.
Concordia: concordar, avenirse, congeniar, unificar.
Asentimiento: aprobación, aquiescencia, anuencia, beneplácito.
Asentir: aprobar, convenir, concordar, consentir.
Imagen: ideal, representación, símbolo, efigie.
Desvariar: disociar, disolver, desintegrar, disparatar.
Sincerar: excusar, vindicar, justificar, disculpar.
Aburrir: hastiarse, fastidiarse, molestar, inquietar.
Congregar: asociar, unir, enlazar, coordinar.

SINÓNIMOS	ANTÓNIMOS
Disgustar: molestar, contrariar, enojar, repugnar.	**Complacer:** contender, agradar, gustar, satisfacer.
Disgusto: Desazón, enfado, pesadumbre, angustia.	**Gusto:** sabor, rapidez, satisfacción, delicia.
Disidencia: cisma, secesión, ruptura, escisión.	**Acuerdo:** unión, armonía, conformidad, dictamen.
Disidente: discrepante, opositor, detractor, disconforme.	**Adepto:** partidario, seguidor, simpatizante, incondicional.
Disímil: distinto, diferente, desigual, opuesto.	**Parecido:** semjante, afín, análogo, equivalente.
Disimular: fingir, aparentar, encubrir, disfrazar.	**Reprender:** censurar, amonestar, criticar, reprobar.
Disimulo: encubrimiento, fingimiento, ocultación, doblez.	**Sinceridad:** rigor, franqueza, honradez, naturalidad.
Disipación: liviandad, licencia, desenfreno, disolución.	**Morigeración:** prudencia, moderación, sobriedad, templanza.
Disipar: desperdiciar, malgastar, desestimar, olvidar.	**Economizar:** ahorrar, guardar, reservar, custodiar.
Dislate: disparate, desatino, despropósito, barbaridad.	**Acierto:** tino, habilidad, destreza, maña.
Dislocar: desarticular, descomponer, distorsionar, descoyuntar.	**Encajar:** articular, componer, acoplar, ensamblar.
Disminuido: mermado, reducido, inválido, incapacitado.	**Ampliado:** agrandado, aumentado, desarrollado, capaz.
Disminuir: decrecer, aminorar, rebajar, reducir.	**Aumentar:** acrecer, añadir, anexar, acrecentar.
Disociar: desunir, desagregar, separar, dividir.	**Asociar:** unir, aliar, juntar, afiliar.
Disoluto: libertino, licencioso, calavera, inmoderado.	**Virtuoso:** incorrupto, íntegro, morigerado, intachable.
Disolver: deshacer, licuar, derretir, liquidar.	**Concentrar:** cuajar, solidificar, endurecer, congelar.
Disonancia: discrepancia, desacuerdo, inarmonía, desavenencia.	**Armonía:** consonancia, conformidad, concordancia, sincronía.
Disonante: desacorde, inarmónico, desafinado, disconforme.	**Acorde:** armónico, armonioso, consonante, conforme.
Dispar: diferente, desigual, disímil, heterogéneo.	**Parejo:** similar, parecido, semejante, homogéneo.
Disparar: lanzar, tirar, despedir, descargar.	**Parar:** cesar, detener, frenar, impedir.
Disparatado: descabellado, absurdo, desatinado, extravagante.	**Razonable:** normal, sensato, prudente, natural, habitual.
Disparate: absurdo, desatino, despropósito, badomía.	**Acierto:** tino, tacto, oportunidad, congruencia.
Disparidad: antagonismo, diferencia, disimilitud, contraste.	**Igualdad:** semejanza, coincidencia, paridad, homogeneidad.
Dispendio: gasto, derroche, desembolso, dilapidación.	**Ahorro:** economía, reserva, guarda, previsión.
Dispensa: exención, exculpación, condonación, indulgencia.	**Obligación:** condena, sanción, deber, imposición.

Dispensar: conceder, otorgar, perdonar, eximir.
Dispersar: diseminar, esparcir, desperdigar, ahuyentar.
Dispersión: diseminación, separación, disgregación, desperdigamiento.
Displicencia: apatía, indolencia, indiferencia, abulia.
Displicente: indiferente, apático, flemático, indolente.
Disponer: colocar, ordenar, prevenir, aderezar.
Disposición: decisión, resolución, determinación, prevención.
Dispuesto: preparado, listo, prevenido, consultado.
Disputa: controversia, discordia, lucha, altercado.
Disputar: altercar, contender, discutir, cuestionar.
Disquisición: examen, racionamiento, investigación, raciocinio.
Distancia: espacio, diferencia, trayecto, recorrido.
Distanciar: alejar, apartar, separar, enemistar.
Distante: alejado, apartado, displicente, hostil.
Distar: diferir, discrepar, diferenciar, distanciar.
Distender: torcer, aflojar, relajar, ablandar.
Distensión: relajación, aflojamiento, luxación, esguince.
Distinción: honor, galardón, premio, recompensa.
Distinguido: ilustre, eminente, refinado, selecto.
Distinguir: diferenciar, discriminar, separar, divisar.
Distintivo: señal, emblema, divisa, insignia.
Distinto: diferente, diverso, desigual, preciso.
Distorsión: deformación, tergiversación, distensión, relajación.
Distorsionar: desvirtuar, trastocar, encubrir, deformar.
Distracción: esparcimiento, pasatiempo, entretenimiento, diversión.

Denegar: desestimar, negar, invalorar, obligar.
Agrupar: reunir, apiñar, juntar, unificar.
Agrupación: unión, asociación, aglomeración, mancomunación.
Complacencia: satisfacción, alegría, aspiración, regocijo.
Complaciente: condescendiente, servicial, deferente, cordial.
Trastornar: perturbar, altercar, desordenar, cambiar.
Indecisión: vacilación, hesitación, dubitación, irreflexión.
Descuidado: desprevenido, desapercibido, despreocupado.
Acuerdo: concordia, paz, consenso, avenencia.
Concordar: avenirse, congeniar, conciliar, concertar.
Divagación: digresión, distracción, delirio, extravío.
Proximidad: cercanía, vecindad, contigüidad, adyacencia.
Acercar: aproximar, juntar, congraciar, intimar.
Cercano: próximo, contiguo, cariñoso, cordial.
Asemejar: parecerse, asimilarse, igualarse, coincidir.
Endurecer: contraer, crispar, solidificar, agarrotar.
Tensión: rigidez, tirantez, espasmo, crispación.
Chabacanería: vulgaridad, ordinariez, ramplonería, trivialidad.
Vulgar: plebeyo, tosco, ordinario, grosero.
Confundir: enredar, complicar, embrollar, dificultar.
Colectivo: común, público, general, sabido.
Idéntico: igual, semejante, parecido, análogo.
Tensión: tirantez, agravación, hostilidad, enemistad.
Revelar: descubrir, detectar, aceptar, admitir.
Hastiamiento: fastidio, aburrimiento, cansancio, tedio.

Distraer: divertir, entretener, solazar, recrear.
Distraído: bobo, desatento, olvidadizo, despreocupado.
Distribución: reparto, partición, repartición, división.
Distribuir: compartir, dividir, fraccionar, prorratear.
Distrito: departamento, territorio, demarcación, jurisdicción.
Disturbio: tumulto, desorden, perturbación, asonada.
Disuadir: apartar, desalentar, desaconsejar, descorazonar.
Disuasión: desaliento, decepción, descorazonamiento, desengaño.
Disyunción: desunión, división, separación, distanciamiento.
Disyuntiva: dilema, alternativa, opción, situación.
Ditirámbico: ponderativo, exagerante, desmesurado, arrebatado.
Diurno: día, lucífero, f- durante el día.

Divagar: errar, vagar, equivocar, vagabundear.
Divergencia: separación, bifurcación, discrepancia, discordia.
Divergente: desviado, separado, discordante, discrepante.
Divergir: discrepar, disentir, bifurcar, diferir.
Diversidad: variedad, disparidad, pluralidad, complejidad.
Diversificación: variación, cambio, transformación, multiplicidad.
Diversificar: variar, mudar, cambiar, transformar.
Diversión: distracción, esparcimiento, recreación, expansión.
Diverso: diferente, distinto, desigual, disímil.
Divertido: alegre, festivo, entretenido, curioso.
Divertir: distraer, solazar, recrear, alegrar.

Dividendo: cuota, mensualidad, obligación, compromiso.
Dividir: fraccionar, seccionar, repartir, distribuir.

Hastiar: cansar, aburrir, empalagar, molestar.
Atento: solícito, cortés, aplicado, estudioso.
Acumulación: acopio, recolección, recogida, hacinamiento.
Recoger: reunir, juntar, cosechar, recolectar.
Ramificación: división, bifurcación, escisión, segregación.
Tranquilidad: serenidad, orden, bonanza, apacibilidad.
Persuadir: convencer, inducir, imbuir, encauzar.
Persuasión: convencimiento, inducción, imbuición, impulsión.
Coincidencia: enlace, concordia, avenencia, sincronía.
Oportunidad: ocasión, momento, coyuntura, circunstancia.
Diatribista: ofensivo, vituperista, baldonista, escarnitivo.
Nocturno: nocturino, nocturnal, f- durante la noche.
Laborar: funcionar, operar, trabajar, ejecutar.
Convergencia: unión, confluencia, coincidencia, enlace.
Coincidente: convergente, tolerante, confluyente.
Convergir: coincidir, concurrir, acudir, propender.
Homogeneidad: uniformidad, igualdad, semejanza.
Uniformidad: igualdad, semejanza, unificación, isocronismo.
Uniformar: igualar, nivelar, aparear, unificar.
Fastidio: disgusto, hastío, tedio, aburrimiento.
Igual: semejante, parecido, análogo, equivalente.
Abrumado: disgustado, fastidiado, aburrido.
Aburrir: disgustar, hastiar, molestar, hostilizar.
Razón: circunstancia, motivo, móvil, objeto.
Juntar: aunar, hacinar, anexar, fusionar.

Divinidad: deidad, Dios, beldad, sublimidad.
Divinizar: endiosar, mitificar, exaltar, glorificar.
Divino: celestial, glorioso, maravilloso, extraordinario.
Divisa: señal, insignia, marca, moneda.
Divisar: observar, avistar, alertar, vigilar.
División: segmentación, partición, desavenencia, discordia.
Divorciar: romper, desunir, separar, repulsar.
Divulgación: publicación, difusión, popularización, generalización.
Divulgar: difundir, esparcir, propalar, pregonar.
Doblar: arquear, encorvar, torcer, duplicar.
Doble: duplo, duplicado, disimulado, astuto.
Doblegar: abatir, doblar, curvar, plegar.
Doblez: simulación, hipocresía, engaño, fingimiento.
Docente: educativo, instructivo, didáctico, pedagógico.
Dócil: sumiso, manejable, obediente, dúctil.
Docilidad: sumisión, disciplina, obediencia, acatamiento.
Docilitar: amansar, domesticar, domar, desembravecer.
Docto: erudito, sabio, instruido, esciente.
Doctor: médico, facultativo, sapiente.
Doctoral: magistral, sobresaliente, vanidoso, pedantesco.
Doctrina: disciplina, sistema, enseñanza, ministerio.
Documentación: credencial, documentos, contratos, escrituras.
Documentar: probar, evidenciar, patentizar, justificar.
Documento: escritura, contrato, convenio, instrumento.
Dogma: verdad, fundamento, base, ortodoxia.
Dogmático: decisivo, tajante, determinante, ortodoxo.

Materialidad: tangibilidad, somaticidad, fealdad, asquerosidad.
Humillar: denigrar, deshonrar, despreciar, menospreciar.
Secular: horrible, horroroso, pavoroso, espantoso.
Muestra: prueba, modelo, ejemplar, rótulo.
Enervar: confundir, equivocar, enredar, complicar.
Unión: multiplicación, fusión, amistad, concordia.
Casar: unir, juntar, encajar, abolir.
Silencio: mudez, ocultación, encubrimiento, callamiento.
Silenciar: callar, ocultar, encubrir, pausar.
Enderezar: estirar, extender, alargar, dilatar.
Mitad: medio, fracción, sincero, franco.
Resistir: oponer, contrariar, aguantar, soportar.
Franqueza: llaneza, sinceridad, espontaneidad, exteriorización.
Nesciente: rebuznante, ignorante, aborricado, iletrado.
Díscolo: rebelde, renuente, huraño.
Indocilidad: indisciplina, desobediencia, insumisión, revoltosidad.
Embravecer: selvatizar, enfurecer, encrespar, irritar.
Indocto: inculto, iletrado, ignorante, nesciente.
Charlatán: parlanchín, locuaz, hablador.
Modesto: moderado, natural, sencillo, circunspecto.
Nadería: bagatela, friolera, bicoca, nimiedad.
Fruslería: nadización, vanización, recuerdo, sombra.
Falsificar: adulterar, falsear, corromper, mixtificar.
Rescisión: anulación, revocación, abolición, casación.
Falsedad: engaño, falacia, impostura, heterodoxia.
Disidente: discrepante, blasfemo, irreligioso, heterodoxo.

SINÓNIMOS	ANTÓNIMOS
Dogmatizar: aseverar, afirmar, asegurar, declarar.	**Denegar:** desestimar, depreciar, desdeñar, desechar.
Dolencia: afección, padecimiento, enfermedad, sufrimiento.	**Salud:** vitalidad, energía, vigor, potencia.
Doler: lastimar, sufrir, afligirse, condolerse.	**Calmar:** aplacar, aliviar, alegrarse, felicitarse.
Doliente: enfermo, achacoso, afligido, contristado.	**Contento:** alegre, jubiloso, alborozado, encantado.
Dolo: fraude, estafa, simulación, malversación.	**Obsequio:** regalo, dádiva, donativo, erogación.
Dolor: pesar, tormento, aflicción, sufrimiento.	**Gozo:** fruición, júbilo, alegría, contento.
Domar: domesticar, amansar, amaestrar, domeñar.	**Embravecer:** irritar, enfurecer, encrespar, sulfurar.
Domeñar: someter, dominar, sujetar, avasallar.	**Libertar:** liberar, emancipar, eximir, excarcelar.
Domesticar: amansar, amaestrar, domar, desembravecer.	**Selvatizar:** embravecer, encabritar, enfurecer, irritar.
Doméstico: manso, domado, amaestrado, sirviente.	**Montaraz:** salvaje, montés, indomado, arisco.
Domicilio: casa, morada, habitación, hábitat.	**Intemperie:** desabrigue, destecho, deshabitación, inmorada.
Dominante: avasallador, subyugante, domeñante, mancipante.	**Emancipante:** libertante, independizante, manumitiente, libertador.
Dominar: avasallar, refrenar, someter, subyugar.	**Obedecer:** acatar, respetar, cumplir, observar.
Dominio: autoridad, potestad, ascendencia, influencia.	**Obediencia:** sumisión, acatamiento, sujeción, obsecuencia.
Don: talento, cualidad, carisma, gracia.	**Nulidad:** incapacidad, ineptitud, ineficacia, inhabilidad.
Donaire: garbo, gracia, donosura, gracejo.	**Sosería:** torpeza, insulsez, insipidez, ineptitud.
Donar: dar, regalar, traspasar, transferir.	**Quitar:** robar, hurtar, usurpar, arrebatar.
Doncel: adolescente, muchacho, mancebo, paje.	**Anciano:** viejo, vetusto, matusalén, abuelo.
Doncella: joven, virgen, criada, camarera.	**Incasta:** libertina, desprejuiciada, inética, poluta.
Donosura: donosidad, lindura, gracia, donaire.	**Fealdad:** afeamiento, deformidad, indignidad, monstruosidad.
Dopar: drogar, narcotizar, embrutecer, imbecilitar.	**Normalizar:** recuperar, recobrar, desatontar, concienciar.
Doping: estimulante, incitante, excitante, aguijoneante.	**Moderante:** sujetante, frenante, reprimente, conteniente.
Dorar: tostar, disimular, encubrir, paliar.	**Acusar:** criticar, delatar, murmurar, reprochar.
Dormir: dormitar, descansar, reposar, pernoctar.	**Velar:** vigilar, cuidar, guardar, celar.
Dorso: envés, espalda, lomo, reverso.	**Anverso:** haz, cara, faz, frente.

SINÓNIMOS	ANTÓNIMOS
Dosificar: graduar, medir, equilibrar, prescribir.	**Flexibilizar:** liberalizar, ilimitar, indeterminar, posibilitar.
Dosis: cantidad, porción, parte, razón.	**Todo:** entero, completo, cabal, íntegro.
Dotación: asignación, tripulación, personal, salario.	**Privación:** suspensión, carencia, ausencia, despojo.
Dotar: asignar, donar, conceder, destinar.	**Despojar:** quitar, arrebatar, privar, saquear.
Dote: asignación, caudal, patrimonio, prebenda.	**Quita:** privación, veda, quitamiento, arrebatamiento.
Draconiano: inflexivo, severo, inexorable, impositivo.	**Indulgente:** benévolo, comprensivo, asequible, tolerante.
Dragar: ahondar, profundizar, limpiar, expeditar.	**Sedimentar:** depositar, residuar, aconchar, solidificar.
Dragomán: intérprete, drogmán, trujumán, traductor.	**Confusor:** mezclador, enredador, enmarañador, embrollador.
Drama: tragedia, catástrofe, miseria, melodrama.	**Dicha:** felicidad, fortuna, ventura, alegría.
Dramático: conmovedor, impresionante, trágico, catastrófico.	**Indiferente:** apático, frío, indolente, displicente.
Dramatizar: conmover, impresionar, patetizar, emocionar.	**Mofar:** burlar, reír, ironizar, befar.
Drástico: inflexible, enérgico, irreflexivo, tajante.	**Suave:** dócil, comprensivo, apacible, pacífico.
Drenar: desecar, desaguar, secar, avenar.	**Encharcar:** inundar.
Drogar: estimular, exhortar, narcotizar, enviciar.	**Disuadir:** apartar, alejar, distanciar, desviar.
Dualidad: doblecidad, bilateralidad, dilogía, ambigüedad.	**Unicidad:** singularidad, unilateralidad, peculiaridad, originalidad.
Dubitación: duda, incertidumbre, perplejidad, vacilación.	**Seguridad:** certeza, convicción, resolución, determinación.
Dubitativo: indeciso, confuso, titubeante, vacilante.	**Decidido:** seguro, resuelto, emprendedor, lanzado.
Dúctil: dócil, flexible, blando, acomodaticio.	**Rígido:** severo, endurecido, tenso, agarrotado.
Ducho: diestro, versado, experto, hábil.	**Inexperto:** inhábil, inepto, bisoño, novato.
Duda: incertidumbre, titubeo, vacilación, sospecha.	**Seguridad:** certeza, decisión, confianza, convicción.
Dudar: vacilar, titubear, fluctuar, cuestionar.	**Confiar:** fiar, esperar, depositar, delegar.
Duelo: aflicción, dolencia, dolor, compasión.	**Gozo:** contento, satisfacción, complacencia, deleite.
Dueño: propietario, patrón, amo, empresario.	**Proletario:** trabajador, jornalero, obrero, artesano.
Dulce: azucarado, acaramelado, agradable, pacífico.	**Amargo:** agrio, salado, desagradable, irascible.
Dulcificar: endulzar, mitigar, sosegar, suavizar.	**Amargar:** acibarar, agrazar, afligir, apesadumbrar.
Dulzura: dulzor, deleite, placer, afabilidad.	**Desabrimiento:** amargura, acibaración, insipidez, sosedez.

Dumping: f- venta a precios artificiales, campaña a precios de costo para conquistar un mercado extranjero.

Duna: arenal, montículo, prominencia, movedicidad.

Duplicado: facsímil, reproducción, copia, réplica.

Duplicidad: doblez, hipocresía, falsedad, fingimiento.

Duración: permanencia, persistencia, subsistencia, perennidad.

Duradero: estable, permanente, durable, constante.

Durante: mientras, momento, entretanto, f- en tanto.

Durar: persistir, continuar, permanecer, perdurar.

Dureza: aspereza, solidez, firmeza, rigor.

Duro: compacto, consistente, agotador, cruel.

Elitismo: f- venta de artículos a precios subidísimos, ponderación de calidad y precios.

Montaña: sierra, cordillera, colina, elevación.

Original: modelo, ejemplar, patrón, prototipo.

Sinceridad: llaneza, franqueza, veracidad, autenticidad.

Transitoriedad: efimeridad, pasajeridad, fugacidad, temporalidad.

Efímero: pasajero, fugaz, transitorio, perecedero.

Permanente: estable, fijo, inmóvil, quieto.

Pasar: cesar, llevar, conducir, transitar.

Blandura: fragilidad, ternura, suavidaz, delicadeza.

Blando: frágil, cómodo, tolerante, humano.

E

Ebrio: beodo, borracho, bebido, dipsómano.
Ebullición: hervor, agitación, efervescencia, movimiento.
Eccehomo: torturado, herido, magullado, atormentado.
Eclecticismo: selección, elección, escogimiento, apartamiento.
Ecléctico: escogido, selecto, elegido, acendrado.
Eclesiástico: cura, sacerdote, clérigo, presbítero.
Eclipsar: obscurecer, tapar, exceder, superar.
Eclosión: comienzo, principio, manifestación, emersión.
Ecoico: imitativo, onomatopéyico, f- efecto del eco.
Ecología: relación, conexión, f- enlace entre los seres vivos y la naturaleza.
Economía: ahorro, previsión, reserva, parsimonia.
Económico: módico, barato, popular, reducido.
Economizar: ahorrar, guardar, reservar, preservar.
Ecuánime: equitativo, ponderado, general, equilibrado.
Ecuménico: católico, universal, general, mundial.
Ecumenizar: convocar, congregar, generalizar, universalizar.
Echar: arrojar, despedir, expulsar, erradicar.
Edad: años, tiempo, época, período.

Edén: paraíso, gloria, cielo, alturas.

Edificar: construir, levantar, erigir, restablecer.
Editar: publicar, imprimir, pregonar, propalar.

Sobrio: parco, medido, moderado, temperante.
Congelación: enfriamiento, coagulación, refrigeración, frigorífico.
Cuidado: mimado, consentido, saludable, rozagante.
Mezcolanza: abigarramiento, confusión, enmarañamiento, jaspeamiento.
Abigarrado: mezclado, confuso, heterogéneo, embrollado.
Laico: lego, profano, seglar, secular.

Iluminar: alumbrar, irradiar, encender, destellar.
Cerramiento: cerradura, obstrucción, impedimento, cicatrización.
Sonoro: canoro, rumoroso, melodioso, altísono.
Destrucción: devastación, asolamiento, aniquilación, extinción.
Derroche: despilfarro, dispendio, dilapidación, gasto.
Despilfarrador: dilapidador, derrochador, malversador, malgastador.
Prodigar: gastar, dilapidar, disipar, derrochar.
Versátil: variable, vacilante, parcial, arbitrario.
Singular: particular, individual, esencial, exclusivo.
Dispersar: diseminar, desparramar, desperdigar, fraccionar.
Recibir: admirar, aceptar, acoger, albergar.

Interrupción: suspensión, detención, parada, impedimento.
Infierno: averno, abismo, tinieblas, castigo.
Derribar: destruir, demoler, arrasar, desplomar.
Ocultar: callar, silenciar, encubrir, disfrazar.

Editorializar: profundizar, penetrar, examinar, analizar.
Educación: enseñanza, instrucción, finura, cortesía.
Educado: correcto, cortés, atento, instruido.
Educando: alumno, discípulo, escolar, estudiante.
Educar: enseñar, instruir, ilustrar, orientar.

Edulcorar: endulzar, dulcificar, suavizar.
Efebo: adolescente, joven, mancebo, doncel, muchacho.
Efectismo: sensacionalismo, sofisticación, artificiosidad, espectacularidad.
Efectivo: auténtico, real, seguro, positivo.
Efecto: consecuencia, resultado, producto, secuela.
Efectuar: realizar, ejecutar, verificar, culminar.
Efeméride: memoria, aniversario, calendario, suceso.
Efervescencia: hervor, agitación, excitación, exaltación.
Efervescente: agitado, ardoroso, acalorado, burbujeante.
Eficacia: eficiencia, energía, actividad, capacidad.
Eficaz: activo, eficiente, capaz, enérgico.

Eficiencia: eficacia, validez, vigencia, poder.
Efigie: figura, imagen, retrato, representación.
Efímero: pasajero, fugaz, momentáneo, transitorio.
Efluvio: emanación, irradiación, esparcimiento, destello.
Efugio: evasiva, escapatoria, salida, subterfugio.
Efusión: expansión, derramamiento, cariño, ternura.
Efusivo: expansivo, afectuoso, afable, amable.
Égida: protección, amparo, patrocinio, defensa.
Ego: yo, ser, persona, consciente.

Egoísmo: egolatría, materialismo, narcisismo, personalismo.

Superficializar: aparentar, encimizar, externizar, futilizar.
Incultura: ignorancia, analfabetismo, descortesía, grosería.
Ignorante: inculto, analfabeto, descortés, maleducado.
Maestro: pedagogo, profesor, educador, instructor.
Embrutecer: animalizar, abandonar, entorpecer, atontar.
Amargar: endurecer, acibarar.
Anciano: abuelo, viejo, senil.

Realidad: sencillez, objetividad, existencia.
Imaginario: falso, supuesto, irreal, fantástico.
Causa: origen, principio, génesis, motivo.

Silenciar: omitir, olvidar, prescindir, desatender.
Amnesia: olvido, omisión, abandono, falta.

Frialdad: desapego, flojedad, indiferencia, frigidez.
Sosegado: tranquilo, reposado, apacible, plácido.
Ineficacia: ineptitud, inutilidad, incapacidad, esterilidad.
Inactivo: ineficaz, inepto, incapaz, indolente.
Ineficiencia: nulidad, infructuosidad, inactividad, improductividad.
Nadería: bagatela, nonada, zarandajas, insignificancia.
Perenne: perdurable, permanente, constante, incesante.
Concentración: centralización, condensación, espesamiento, comprimición.
Acceso: entrada, ingreso, filtración, puerta.

Indiferencia: frialdad, apatía, displicencia, escepticismo.
Adusto: frío, severo, hosco, huraño.

Desvalimiento: desamparo, desabrigo, intemperie.
Nosotros: nuestro, sociedad, colectivad, humanidad.
Altruismo: filantropía, generosidad, benevolencia, magnificencia.

Egregio: afamado, célebre, ínclito, conspicuo.
Ejecución: realización, cumplimiento, consumación, culminación.
Ejecutar: hacer, efectuar, realizar, consumar.
Ejecutividad: predisposición, voluntariedad, resolución, volición.
Ejecutivo: directivo, diligente, expeditivo, rápido.
Ejemplar: ejemplo, modélico, paradigma, modelo.
Ejemplificar: demostrar, ilustrar, probar, explicar.
Ejemplo: modelo, muestra, norma, pauta.

Ejercer: cultivar, practicar, profesar, actuar.
Ejercicio: movimiento, acción, práctica, adiestramiento.
Elaborar: producir, fabricar, confeccionar, preparar.
Elación: altivez, arrogancia, soberbia, orgullo.
Elasticidad: flexibilidad, adaptabilidad, maleabilidad, ductilidad.
Elástico: flexible, plástico, frágil, blando.
Electo: elegido, nombrado, seleccionado, preferido.
Electrizar: animar, avivar, entusiasmar, exaltar.
Elegancia: distinción, delicadeza, donaire, galanura.
Elegante: distinguido, fino, gentil, gracioso.
Elegiaco: triste, melancólico, lastimero, plañidero.
Elegir: escoger, seleccionar, preferir, designar.
Elemental: básico, principal, primordial, esencial.
Elemento: componente, parte, pieza, esencia.
Elenco: cuadro, equipo, lista, índice.

Elevación: encubrimiento, exaltación, prominencia, enaltecimiento.
Elevado: encumbrado, alto, eminente, prominente.
Elevar: realzar, enaltecer, aumentar, acrecentar.

Despreciable: desdeñado, despreciado, denigrado, despectivo.
Suspensión: cesación, detenimiento, interrupción, privación.
Paralizar: inmovilizar, detener, suspender, atajar.
Abulia: displicencia, involuntariedad, desinterés, desidia.
Subalterno: lento, dilatorio, tranquilo, calmoso.
Corruptor: pervertidor, depravado, deshonesto.
Ofuscar: confundir, enmarañar, enredar, enlobreguecer.
Adefesio: fealdad, extravagancia, horrorosidad, deformidad.
Impedir: obstaculizar, dificultar, imposibilitar, entorpecer.
Inacción: descanso, reposo, inercia, ociosidad.
Flojear: gandulear, holgazanear, haraganear, desanimar.
Humildad: modestia, sencillez, docilidad, sumisión.
Consistencia: dureza, firmeza, resistencia, solidez.
Rígido: firme, consistente, duro, sólido.
Destituido: separado, depuesto, relevado, degradado.
Paralizar: detener, inmovilizar, atajar, impedir.
Cursilería: ridiculez, afectación, pedantería, ramplonería.
Ordinario: vulgar, rudo, zafio, ordinario.

Festivo: divertido, regocijado, chistoso, saleroso.
Descartar: desechar, apartar, eliminar, extirpar.
Complicado: mezclado, dificultado, entorpecido, obstaculizado.
Nimiedad: poquedad, exigüidad, nonada, puerilidad.
Confuso: mezclado, surtido, variado, híbrido.
Rebajamiento: abatimiento, humillación, degradación, depresión.
Bajo: ruin, innoble, pequeño, diminuto.

Derribar: derrumbar, demoler, abatir, derruir.

Elidir: eliminar, suprimir, debilitar, fracasar.
Mantener: nutrir, sustentar, alimentar, proveer, conservar.

Eliminación: exclusión, supresión, separación, descartamiento.
Inclusión: implicación, incorporación, comprensión, contención.

Eliminar: excluir, quitar, suprimir, descartar.
Incluir: agregar, acompañar, adjuntar, insertar.

Elíptico: tácito, omitido, existido, subentendido.
Expreso: manifiesto, claro, evidente, específico.

Elisión: supresión, eliminación, omisión, exclusión.
Conservación: retención, mantención, reservación, expresión.

Elixir: licor, brebaje, medicamento, remedio.
Sólido: duro, fuerte, denso, consistente.

Elocuencia: oratoria, persuasión, convicción, conmoción.
Infecundia: aridez, infertilidad, esterilidad, improductividad.

Elocuente: convincente, expresivo, persuasivo, significativo.
Enigmático: incomprensible, enredado, confuso, arcano.

Elogiar: encomiar, alabar, enaltecer, ensalzar.
Vituperar: reprobar, censurar, condensar, reconvenir.

Elogio: apología, enaltecimiento, alabanza, ponderación.
Censura: crítica, vituperio, insulto, reproche.

Elucidar: explicar, aclarar, dilucidar, esclarecer.
Confundir: desconcertar, turbar, enervar, perturbar.

Eludir: evadir, rehusar, evitar, soslayar.
Afrontar: desafiar, provocar, amagar, encarar.

Emanar: proceder, nacer, originar, provenir.
Detener: frenar, atajar, parar, contener.

Emancipación: autonomía, independencia, libertad, albedrío.
Sujeción: opresión, sumisión, avasallamiento, subyugación, mancipación.

Emancipar: libartar, redimir, soltar, desligar.
Someter: sujetar, vincular, subyugar, dominar.

Embaír: engañar, embaucar, engatusar, embelesar.
Repulsar: rechazar, desdeñar, repeler, rehusar.

Embalar: enfardar, envasar, empaquetar, envolver.
Desembalar: desliar, desatar, desenfardar, desempacar.

Embalsar: estancar, encharcar, rebalsar, acumular.
Desembalsar: escurrir, vaciar, chorrear, destilar.

Embarazar: fecundar, preñar, entorpecer, dificultar.
Facilitar: proporcionar, procurar, suministrar, favorecer.

Embarazo: gestación, impedimento, obstáculo, turbación.
Aborto: ayuda, apoyo, atrevimiento, desparpajo.

Embarcar: navegar, transitar, singlar, aventurar.
Disuadir: apartar, mover, desaferrar, desaconsejar.

Embargar: retener, suspender, impedir, confiscar.
Devolver: restituir, reembolsar, recuperar, reintegrar.

Embarrar: enfangar, manchar, embadurnar, ensuciar.
Limpiar: lavar, asear, purificar, acicalar.

Embarullar: embrollar, enredar, confundir, enmarañar.
Desenredar: ordenar, organizar, metodizar, sistematizar.

Embate: ataque, acometida, arremetida, embestida.
Huida: fuga, evasión, deserción, éxodo.

Embaucador: embustero, farsante, impostor, charlatán.
Embaucar: engañar, engatusar, seducir, encandilar.
Embausar: abstraer, ensimismar, enajenar, absorber.
Embazar: asombrar, pasmar, suspender, detener.
Embeber: absorber, impregnar, empapar, encajar.
Embebido: absorto, enfrascado, ensimismado, abstraído.
Embelesar: embeleñar, cautivar, embriagar, extasiar.
Embeleso: admiración, arrebato, fascinación, éxtasis.
Embellecer: hermosear, adornar, acicalar, abrillantar.
Embestir: atacar, arremeter, acometer, abalanzarse.
Emblema: símbolo, representación, escudo, insignia.
Embobar: admirar, maravillar, aturdir, embabiecar.
Embocar: meter, entrar, comenzar, empezar.
Embolsar: meter, guardar, recibir, envalijar.
Emborrachar: embriagar, ebriar, achispar, marearse.
Emborronar: garabatear, garrapatear, embadurnar, ensuciar.
Emboscada: celada, asechanza, encerrona, trampa.
Embotar: debilitar, enervar, entorpecer, despuntar.
Embozar: disfrazar, encubrir, ocultar, enmascarar.
Embravecer: encolerizar, enfurecer, sulfurar, encrespar.
Embriagado: beodo, borracho, fascinado, encantado.
Embrionario: elemental, inicial, básico, rudimentario.
Embrollar: enredar, confundir, enmarañar, revolver.
Embrollo: maraña, enredo, embuste, embaimiento, confusión.
Embromar: enredar, engañar, perjudicar, dañar.

Veraz: sincero, auténtico, franco, honesto.
Repeler: repudiar, despreciar, desechar, rechazar.
Distraer: recrear, solazar, entretener, desviar.
Reprimir: contener, sujetar, moderar, dominar.
Exprimir: estrujar, prensar, extraer, sacar.
Despistado: distraído, desorientado, aturdido, descuidado.
Desdeñar: repudiar, repeler, repulsar, desechar.
Desencanto: decepción, desilusión, desengaño, chasco.
Afear: deslucir, desmejorar, deformar, opacar.
Esquivar: huir, escapar, evadirse, alejarse.
Bagatela: nadería, zarandajas, futesa, chabacanería.
Horrorizar: espantar, angustiar, espeluznar, aterrar.
Sacar: quitar, extraer, apartar, privar.
Extraer: sacar, separar, arrancar, segar.
Concientizar: personalizar, caracterizar, fortificar, vigorizar.
Caligrafiar: esmerar, cuidar, atender, escriturar.
Protección: amparo, refugio, resguardo, atrincheramiento.
Aguzar: avivar, aguijonear, incitar, estimular.
Descubrir: detectar, revelar, denunciar, delatar.
Aplacar: pacificar, aquietar, amansar, domesticar.
Sobrio: sereno, abstemio, desencantado, desinteresado.
Desarrollado: acabado, perfeccionado, adelantado, conformado.
Desembrollar: aclarar, dilucidar, explicar, ilustrar.
Orden: armonía, claridad, equilibrio, proporción.
Beneficiar: favorecer, mejorar, utilizar, aprovechar.

SINÓNIMOS	ANTÓNIMOS
Embrujo: hechizo, encanto, fascinación, seducción.	**Repulsión:** repudio, aversión, disgusto, antipatía.
Embrutecer: entontecer, atontar, entorpecer, atolondrar.	**Rescatar:** recuperar, normalizar, recobrar, salvar.
Embudo: tragavino, fonil, enredo, discriminación.	**Repudio:** repulsión, exclusión, expulsión, divorcio.
Embuste: engaño, embrollo, infundio, patraña.	**Verdad:** certeza, veracidad, exactitud, realidad.
Embustero: farsante, mentiroso, embaucador, fullero.	**Sincero:** franco, veraz, honesto, noble.
Embutido: embuchado, encajado, incrustado, metido.	**Sacado:** suelto, desparramado, esparcido, flojo.
Embutir: rellenar, atiborrar, apretar, encajar.	**Vaciar:** desocupar, verter, secar, afluir.
Emergencia: incidencia, contingencia, suceso, accidente.	**Obstáculo:** dificultad, inconveniencia, impedimento, oposición.
Emerger: brotar, surgir, aparecer, germinar.	**Fenecer:** expirar, morir, fallecer, sucumbir.
Emigración: migración, traslación, transmigración, éxodo.	**Repatriación:** regreso, vuelta, llegada, retorno.
Emigrar: migrar, expatriar, trasmigrar, abandonar.	**Repatriar:** regresar, vuelta, llegada, retorno.
Eminencia: grandeza, prominencia, excelencia, elevación.	**Insignificancia:** pequeñez, futilidad, inferioridad, mediocridad.
Eminente: ilustre, insigne, notable, elevado.	**Insignificante:** mediocre, mediano, bajo, hondo.
Emisión: lanzamiento, difusión, producción, manifestación.	**Limitación:** restricción, demarcación, concreción, especificación.
Emitir: difundir, imprimir, formular, declarar.	**Captar:** absorber, atraer, fascinar, cautivar.
Emoción: excitación, agitación, turbación, conmoción.	**Contraste:** ajuste, acorde, oposición, disparidad.
Emocionar: enternecer, conmover, alterar, impresionar.	**Atenuar:** tranquilizar, calmar, sosegar, paliar.
Emolumento: estipendio, beneficio, retribución, honorario.	**Desembolso:** gasto, consumo, egreso, dispendio.
Emotivo: patético, conmovedor, emocionante, inquietante.	**Aflictivo:** doloroso, deplorable, sensible, luctuoso.
Empacar: empaquetar, embalar, encajonar, enfardar.	**Desempacar:** desenvolver, desembalar, desempaquetar, destapar.
Empachar: hartar, estomagar, indigestar, ahitar.	**Enfadar:** molestar, fastidiar, disgustar, desconcertar.
Empadronar: inscribir, asentar, enrolar, registrar.	**Anular:** tachar, borrar, suprimir, abolir.
Empalagar: hastiar, fastidiar, aburrir, importunar.	**Complacer:** agradar, deleitar, contentar, condescender.
Empalagoso: dulzón, azucarado, acaramelado, zalamero.	**Amargo:** agrio, desagradable, despegado, esquivo.
Empalmar: unir, enlazar, contactar, entroncar.	**Separar:** aislar, apartar, desgajar, dividir.

SINÓNIMOS	ANTÓNIMOS
Empantanar: estancar, detener, atascar, paralizar.	**Desechar:** desencharcar, liberar, desasir, desprenderse.
Empañar: obscurecer, deslucir, enturbiar, ensuciar.	**Clarificar:** iluminar, aclarar, purificar, esclarecer.
Empapar: embeber, impregnar, ensopar, imbuirse.	**Exprimir:** estrujar, prensar, secar, apretar.
Empaquetar: embalar, enfardar, envolver, liar.	**Desatar:** desenvolver, desempaquetar, destapar, desembalar.
Emparejar: juntar, reunir, igualar, conformar.	**Bifurcar:** separar, desligar, desunir, descohesionar.
Empastar: rellenar, arreglar, embutir, reparar.	**Vaciar:** quitar, sacar, desocupar, extraer.
Empastelar: transigir, componer, arreglar, acomodar.	**Resistir:** rechazar, repeler, pugnar, soportar.
Empatar: igualar, nivelar, parear, unificar.	**Desempatar:** desigualar, desnivelar, diferenciar, diversificar.
Empate: igualdad, equilibrio, compensación, nivelación.	**Desempate:** desequilibrio, diferencia, desigualdad, disparidad.
Empecinar: obstinarse, obcecarse, aferrarse, exigirse.	**Reflexionar:** cavilar, meditar, considerar, pensar.
Empedernido: contumaz, recalcitrante, despiadado, endurecido.	**Arrepentido:** contrito, compungido, remordido, lamentado.
Empedernir: endurecer, fortalecer, petrificar, insensibilizar.	**Ablandar:** molificar, reblandecer, conmover, enternecer.
Empeñado: obcecado, obstinado, empecinado, entrampado.	**Moderado:** tranquilo, comprensivo, solvente, desahogado.
Empeñar: pignorar, emprender, obligar, comprometer.	**Resolver:** solucionar, solventar, acabar, enfrentar.
Empeño: constancia, tesón, ahínco, pignoración.	**Desidia:** indiferencia, negligencia, dejadez, incuria.
Empeorar: decaer, agravarse, desmejorar, declinar.	**Mejorar:** aliviar, avanzar, convalecer, restablecerse.
Empequeñecer: reducir, minorar, achicar, comprimir.	**Agrandar:** ampliar, acrecentar, aumentar, expandir.
Emperifollar: acicalar, ataviar, engalanar, aderezar.	**Desadornar:** afear, descuidar, desatender, ensuciar.
Empezar: iniciar, comenzar, principiar, inaugurar.	**Terminar:** concluir, finiquitar, ultimar, rematar.
Empinado: pendiente, ascendente, orgulloso, altivo.	**Bajo:** llano, sencillo, modesto, humilde.
Empinar: elevar, alzar, subir, enarbolar.	**Bajar:** descender, decrecer, menguar, disminuir.
Empingorotado: engreído, presuntuoso, soberbio, envanecido.	**Modesto:** sencillo, humilde, campechano, espontáneo.
Empírico: práctico, experimental, positivo, pragmático.	**Especulativo:** teórico, supuesto, hipotético, conjeturado.
Emplazar: situar, ubicar, demandar, concertar.	**Desplazar:** despedir, desalojar, alejar, distanciar.
Emplear: aplicar, utilizar, usar, consumar.	**Sustituir:** reemplazar, suplantar, suplir, subrogar.

SINÓNIMOS	ANTÓNIMOS
Empleo: cargo, puesto, ocupación, destino.	**Ociosidad:** pereza, desocupación, inactividad, holganza.
Empobrecer: cuitar, mendigar, escasear, faltar.	**Enriquecer:** progresar, prosperar, avalorar, adornar.
Empollar: incubar, encobar, estudiar, meditar.	**Abandonar:** dejar, desistir, desatender, desertar.
Emponzoñar: envenenar, inficionar, corromper, pervertir.	**Conservar:** mantener, preservar, guardar, vigilar.
Emporcar: manchar, ensuciar, mancillar, enmugrentar.	**Limpiar:** lavar, asear, purificar, acendrar.
Emporio: mercado, negocio, ciudadela, casona.	**Tienda:** mercería, bazar, comercio, pabellón.
Empotrar: encajar, embutir, incrustar, engarzar.	**Desconectar:** separar, desunir, desenchufar, desembragar.
Empozar: estancar, detener, embotellar, encharcar.	**Mover:** cambiar, desplazar, mudar, trasladar.
Emprendedor: activo, audaz, decidido, resuelto.	**Apocado:** pusilánime, inconstante, perezoso, vago.
Emprender: acometer, iniciar, comenzar, empezar.	**Finalizar:** concluir, culminar, terminar, extinguir.
Empresa: compañía, sociedad, firma, proyecto.	**Nadería:** zarandajas, bagatela, fruslería, chambonada.
Empresario: dueño, amo, patrón, jefe.	**Empleado:** subordinado, subalterno, asalariado, dependiente.
Empujar: estimular, impulsar, excitar, concitar.	**Contener:** refrenar, detener, reprimir, moderar.
Empuñar: asir, apretar, coger, conseguir.	**Soltar:** desasir, desligar, libertar, desprender.
Emular: competir, contender, luchar, superar.	**Contener:** refrenar, detener, reprimir, moderar.
Émulo: rival, competidor, contrincante, opositor.	**Adepto:** adicto, afecto, partidario, afiliado.
Enajenación: éxtasis, arrobamiento, suspensión, aberración.	**Discernimiento:** criterio, juicio, penetración, apreciación.
Enajenado: asombrado, vendido, transferido, demente.	**Comprado:** adquirido, cuerdo, sensato, juicioso.
Enajenar: traspasar, transferir, vender, endosar.	**Adquirir:** lograr, conseguir, comprar, conservar.
Enaltecer: encomiar, honrar, distinguir, encubrir.	**Rebajar:** deducir, descontar, achicar, degradar.
Enaltecimiento: elevación, exaltación, elogio, ensalzamiento.	**Vituperio:** rebajamiento, humillación, insulto, estigma.
Enamorado: seducido, prendado, pretendiente, amado.	**Indiferente:** desinteresado, insensible, impasible, frío.
Enamorar: galantear, cortejar, camelar, conquistar.	**Desairar:** despreciar, desdeñar, chasquear, decepcionar.
Enano: pequeño, canijo, bajo, diminuto.	**Gigante:** enorme, alto, coloso, inmenso.
Enarbolar: levantar, izar, subir, hinchar.	**Arriar:** bajar, soltar, aflorar, largar.
Enardecer: animar, entusiasmar, avivar, excitar.	**Calmar:** enfriar, apaciguar, mitigar, suavizar.

SINÓNIMOS	ANTÓNIMOS
Enardecimiento: entusiasmo, pasión, emoción, excitación.	**Calma:** tranquilidad, sosiego, serenidad, placidez.
Encabezar: acaudillar, dirigir, comenzar, principiar.	**Acabar:** finalizar, concluir, terminar, perfeccionar.
Encadenar: aprisionar, amarrar, sujetar, esclavizar.	**Liberar:** soltar, desatar, libertar, desceñir.
Encajar: empotrar, acoplar, ensamblar, ajustar.	**Desencajar:** desarmar, desajustar, dislocar, descolocar.
Encaje: ajuste, conciliación, enlace, acoplamiento.	**Desencaje:** desgaje, desunión, desenlace, disociación.
Encajonar: empacar, encerrar, comprimir, empaquetar.	**Desencajonar:** desempacar, descomprimir, desclavar.
Encallar: embarrancar, varar, atascar, atollar.	**Flotar:** emerger, sostenerse, ondular, flamear.
Encaminar: conducir, guiar, dirigir, orientar.	**Desviar:** separar, apartar, confundir, enervar.
Encamisar: enfundar, emparedar, disfrazar, encubrir.	**Desencamisar:** desenfundar, desemparedar, destapar, descubrir.
Encandilar: deslumbrar, ofuscar, alucinar, fascinar.	**Desencandilar:** desencantar, desilusionar, decepcionar, desembaucar.
Encantado: hechizado, embrujado, fascinado, satisfecho.	**Desencantado:** desinteresado, descontento, desilusionado, decepcionado.
Encantar: agradar, gustar, interesar, simpatizar.	**Repeler:** rechazar, repudiar, desdeñar, arrojar.
Encanto: embeleso, magia, sortilegio, éxtasis.	**Horror:** espanto, terror, miedo, temblor.
Encañonar: apuntar, apistolar, asestar, encarar.	**Embotar:** enervar, conturbar, confundir, entorpecer.
Encapotarse: nublarse, oscurecerse, cubrirse, cerrarse.	**Abrir:** despejar, aclarar, serenarse, desencapotarse.
Encaprichado: obstinado, obsesionado, empecinado, empeñado.	**Razonado:** consciente, reflexivo, pensado, explicado.
Encaprichar: empecinar, obcecar, empeñar, obsesionar.	**Razonar:** reflexionar, discurrir, inferir, aducir.
Encaramar: levantar, alzar, escalar, trepar.	**Descolgar:** bajar, descender, aballar, sorprender.
Encarar: enfrentar, oponer, arrostrar, apuntar.	**Rehuir:** rehusar, eludir, esquivar, evitar.
Encarcelar: encerrar, recluir, aprisionar, enjaular.	**Libertar:** excarcelar, liberar, eximir, licenciar.
Encarecer: enaltecer, ponderar, alabar, elogiar.	**Rebajar:** reducir, acortar, achicar, minimizar.
Encarecimiento: alza, carestía, subida, insistencia.	**Abaratamiento:** bajada, depreciación, rebaja, desvaloración.
Encargar: confiar, encomendar, prevenir, recomendar.	**Servir:** atender, dedicar, convidar, invitar.
Encariñarse: prendarse, encapricharse, enamorarse, apasionarse.	**Desentenderse:** desinteresarse, despreocuparse, desatender.
Encarnar: personificar, representar, simbolizar, interpretar.	**Imaginar:** idear, forjar, inventar, crear.

SINÓNIMOS	ANTÓNIMOS
Encarnizado: duro, cruel, implacable, sangriento.	**Incruento:** débil, suave, benigno, pacífico.
Encarnizar: embrutecer, enfurecer, sulfurar, irritar.	**Ennoblecer:** humanizar, concientizar, enaltecer, exaltar.
Encarrilar: guiar, dirigir, encaminar, encauzar.	**Descarriar:** extraviar, pervertir, inficionar, ponzoñar.
Encasillar: catalogar, clasificar, encuadrar, ordenar.	**Liberalizar:** desencasillar, deslistar, destrabar, desatollar.
Encauzar: guiar, dirigir, encaminar, infundir.	**Extraviar:** desviar, desorientar, perder, confundir.
Encender: incendiar, inflamar, avivar, enardecer.	**Apagar:** extinguir, sofocar, reprimir, amortiguar.
Encerrar: contener, incluir, comprender, enclaustrar.	**Soltar:** desasir, desligar, desprender, desunir.
Encíclica: carta, misiva, comisión, f- circular que dirige el Pontífice a las iglesias del orbe.	**Vademécum:** memorándum, agenda, prontuario, memorial.
Encimar: aupar, encaramar, levantar, elevar.	**Descender:** bajar, desmontar, descabalgar, decrecer.
Encizañar: enemistar, indisponer, disgustar, malquistar.	**Pacificar:** conciliar, apaciguar, aplacar, tranquilizar.
Enclaustrar: encerrar, enceldar, internar, recluir.	**Libertar:** licenciar, rescatar, desaprisionar, excarcelar.
Enclavar: clavar, traspasar, atravesar, perforar.	**Taponar:** tapar, cubrir, cerrar, obstruir.
Enclenque: enfermizo, achacoso, débil, raquítico.	**Robusto:** fuerte, vigoroso, resistente, fornido.
Encoger: contraer, achicar, arrugar, plegar.	**Extender:** estirar, expandir, dilatar, magnificar.
Encogido: disminuido, achicado, agachado, tímido.	**Estirado:** liso, acrecentado, atrevido, osado.
Encolerizar: enfurecer, sulfurar, enojar, exasperar.	**Aplacar:** pacificar, suavizar, calmar, moderar.
Encolar: pegar, adherir, engomar, fijar.	**Despegar:** separar, desunir.
Encomendar: confiar, encargar, recomendar, depositar.	**Recelar:** maliciar, sospechar, desconfiar, temer.
Encomiable: elogiable, loable, plausible, laudable.	**Censurable:** criticable, reprobable, reprochable, condenable.
Encomiar: loar, alabar, elogiar, ensalzar.	**Vituperar:** condenar, censurar, reprobar, insultar.
Encomiástico: halagador, lisonjero, laudatorio, ditirámbico.	**Denostado:** denigrado, injuriado, ofendido, motejado.
Enconar: envenenar, ensañar, exacerbar, exasperar.	**Simpatizar:** inclinar, congeniar, avenirse, estimar.
Encono: ensañamiento, furia, rencor, odio.	**Amor:** ternura, pasión, afición, cariño.
Encontrado: contrario, desigual, opuesto, hallado.	**Similar:** acorde, semejante, análogo, perdido.
Encontrar: hallar, descubrir, ubicar, localizar.	**Despistar:** perder, desorientar, confundir, enervar.

Encopetado: señorial, ilustre, engreído, presuntuoso.
Encorajinar: enrabietar, encolerizar, enfurecer, enfadar.
Encorsetar: ceñir, ajustar, comprimir, oprimir.
Encrespado: enfurecido, indignado, rizado, ensortijado.
Encrespar: rizar, ensortijar, erizar, engrifar.
Encrucijada: cruce, intersección, cruzamiento, dilema.
Encuadrar: insertar, incluir, encerrar, conformar.
Encubierto: tapado, oculto, clandestino, solapado.
Encubrir: ocultar, esconder, disimular, complicar.
Encuentro: descubrimiento, hallazgo, choque, competición.
Encuesta: pesquisa, indagación, averiguación, información.
Encumbrar: encaramar, levantar, subir, endiosar.
Enchironar: encerrar, arrestar, encarcelar.
Enchufar: conectar, conexionar, unir, recomendar.
Endeble: débil, enclenque, fofo, enteco.
Endemia: epidemia, enfermedad, pandemia, politiquería.
Endémico: epidémico, plagático, pandémico, enférmico.
Endemoniado: endiablado, poseído, poseso, diabólico.
Enderezar: encaminar, rectificar, encauzar, dirigir.
Endilgar: arrojar, encajar, lanzar, enflautar.
Endiosamiento: engreimiento, soberbia, envanecimiento, orgullo.
Endiosar: divinizar, engrandecer, magnificar, sublimar.
Endogamia: norma, hábito, tradición, f-costumbre de contraer matrimonio entre miembros de la misma tribu.
Endosar: transferir, traspasar, trasladar, transmitir.

Humilde: sencillo, afable, espontáneo, asequible.
Calmar: agradar, sosegar, tranquilizar, serenar.
Aflojar: soltar, desahogar, descontrolar, relajar.
Apacible: sereno, tranquilo, liso, lacio.
Alisar: lisar, pulir, planchar, estirar.
Solución: respuesta, raciocinio, explicación, decisión.
Descartar: descuadrar, desencajar, exceptuar, apartar.
Descubierto: evidente, legal, claro, obvio.
Revelar: mostrar, indicar, señalar, declarar.
Búsqueda: indagación, investigación, pesquisación, averiguación.
Ocultación: callamiento, silencio, escondite, disfraz.
Descender: bajar, caer, provenir, derivar.
Liberar: soltar, libertar.
Desacoplar: desenchufar, desunir, desligar, desamparar.
Resistente: firme, fuerte, robusto, vigoroso.
Salubridad: sanidad, salvación, refugio, bienestar.
Curativo: remedio, antídoto, sanífero, inmunitivo.
Angelical: bueno, candoroso, puro, cándido.
Desviar: alejar, despistar, torcer, disuadir.
Contener: reprimir, sujetar, moderar, dominar.
Modestia: sencillez, humildad, sobriedad, timidez.
Humillar: rebajar, doblegar, abatir, someter.
Exogamia: principio, sistema, norma, f-hábito de contraer matrimonio con personas ajenas al medio común.
Retener: guardar, conservar, detener, custodiar.

Endulzar: azucarar, dulcificar, mitigar, suavizar.
Endurecer: fortalecer, robustecer, potencializar, consolidar.
Endurecimiento: dureza, fortaleza, robustez, resistencia.
Enemigo: adversario, contrario, opuesto, refractario.
Enemistad: rivalidad, hostilidad, animadversión, odio.
Enemistar: malquistar, indisponer, desavenir, rivalizar.
Energético: nutritivo, vigorizante, vitamínico, tonificante.
Energía: vigor, fuerza, potencia, dinamismo.
Enérgico: vigoroso, poderoso, fuerte, activo.
Energúmeno: arrebatado, exaltado, furioso, frenético.
Enervación: debilitamiento, agotamiento, extenuación, enervamiento.
Enervar: enojar, irritar, incomodar, disgustar.
Enfadar: enojar, irritar, incomodar, disgustar.
Énfasis: afectación, pomposidad, ampulosidad, solemnidad.
Enfatizar: robustecer, ponderar, resaltar, exaltar.
Enfermar: entecar, achacar, padecer, afectar.
Enfermizo: achacoso, débil, enteco, morboso.
Enfermo: paciente, indispuesto, aquejado, afectado.
Enfervorizar: alentar, animar, confortar, impulsar.
Enflaquecer: adelgazar, enmagrecer, encanijarse, debilitarse.
Enfocar: encauzar, orientar, apuntar, conectar.
Enfrascarse: dedicarse, ocuparse, engolfarse, atarearse.
Enfrentar: arrostrar, contener, afrontar, encarar.
Enfriamiento: refrigeración, congelación, alejamiento, frialdad.
Enfriar: helar, desanimar, desalentar, refrescar.

Amargar: agriar, irritar, enfurecer, enojar.
Ablandar: molificar, emolir, emblandecer, conmover.
Blandura: flexibilidad, elasticidad, suavidad, maleabilidad.
Amigo: adicto, afecto, devoto, inclinado.
Amistad: afecto, camaradería, cariño, amor.
Amistar: reconciliar, reconsiderar, amigar, armonizar.
Debilitador: enervante, atenuador, agotador.
Debilidad: decaimiento, flaqueza, anemia, languidez.
Débil: endeble, enclenque, canijo, exangüe.
Controlado: aplacado, moderado, mesurado, morigerado.
Incitación: estímulo, incentivo, excitación, exaltación.
Contener: complacer, agradar, satisfacer, alborozar.
Contener: complacer, agradar, satisfacer, alborozar.
Morigeración: sobriedad, moderación, circunspección, análisis.
Superficializar: debilitar, insubstanciar, ablandar, atenuar.
Sanar: curar, convalecer, reponerse, mejorar.
Sano: inmune, incólume, lozano, robusto.
Sano: curado, recuperado, robusto, vigoroso.
Refrenar: contener, morigerar, templar, moderar.
Engordar: engrosar, abultar, acrecentar, incrementar.
Disentir: devergir, separar, discordar, discrepar.
Distraerse: entretenerse, divertirse, recrearse, solazarse.
Soslayar: sortear, rehusar, evitar, escabullir.
Calentamiento: caldeamiento, acaloramiento, cordialidad, amistad.
Calentar: entibiar, temperar, moderar, mitigar.

SINÓNIMOS

Enfurecer: enojar, sulfurar, irritar, encolerizar.
Enfurruñarse: enfadarse, disgustarse, incomodarse, molestarse.
Engalanar: hermosear, acicalar, adornar, ataviar.
Enganchar: enlazar, agarrar, asir, enrolar.
Engañar: mentir, embaucar, engatusar, tergiversar.
Engaño: mentira, ardid, artificio, celada.
Engañoso: falso, inventado, falaz, fraudulento.
Engarzar: engastar, enlazar, eslabonar, combinar.
Engatusar: embelecar, camelar, engañar, embaucar.
Engendrar: concebir, procrear, originar, generar.
Englobar: abarcar, comprender, contener, involucrar.
Engolado: ampuloso, pomposo, pedante, pretencioso.
Engolosinar: incitar, atraer, estimular, impulsar.
Engordar: cebar, robustecer, ensanchar, aumentar.
Engorro: inconveniente, incordio, fastidio, estorbo.
Engrandecer: acrecentar, incrementar, agrandar, desarrollar.
Engrandecimiento: acrecentamiento, ampliación, enaltecimiento, exaltación.
Engrasar: lubricar, untar, aceitar, ensebar.
Engreído: ensoberbecido, altanero, presumido, vanidoso.
Engreír: presumir, ufanarse, alardear, infatuarse.
Engrosar: aumentar, acrecentar, incrementar, extender.
Engrudar: engomar, encolar, pegar, enligar.
Engullir: ingerir, tragar, deglutir, zampar.
Enhebrar: enhilar, ensartar, enfilar, adiestrar.
Enhiesto: derecho, erguido, levantado, recto.

ANTÓNIMOS

Aplacar: tranquilizar, calmar, apaciguar, sosegar.
Alegrarse: calmarse, tranquilizarse, contentarse, regocijarse.
Afear: tachar, deformar, deslucir, desfigurar.
Desenganchar: desprender, desgarrar, descolgar, desasir.
Descubrir: destapar, esclarecer, descifrar, desenmascarar.
Certidumbre: verdad, autenticidad, convicción, evidencia.
Veraz: auténtico, sincero, franco, verdadero.
Desengarzar: desempalmar, desenlazar, desprender, desligar.
Repulsar: repudiar, disgustar, reprimir, repeler.
Abortar: perder, fallar, malograr, fracasar.
Excluir: exceptuar, eliminar, quitar, desglosar.
Humilde: sencillo, natural, afable, campechano.
Repeler: repulsar, arrojar, expeler, desechar.
Adelgazar: enflaquecer, afinar, disminuir, empobrecerse.
Facilidad: comodidad, simplicidad, sencillez, desenvoltura.
Empequeñecer: reducir, achicar, aminorar.
Decrecimiento: disminución, degradación, envilecimiento, destitución.
Limpiar: lavar, enjuagar, fregar, cepillar.
Humilde: modesto, recatado, pudibundo, vergonzoso.
Inhibir: humillarse, acomplejarse, aplastarse, apocarse.
Disminuir: reducir, decrecer, menguar, mermar.
Desencolar: despegar, separar, desaglutinar, desenligar.
Arrojar: vomitar, expeler, lanzar, proyectar.
Desenhebrar: deshilar, desensartar, desenfilar.
Encorvado: arqueado, doblado, torcido, inclinado.

Enhorabuena: felicitación, parabién, pláceme, complacencia.
Enhoramala: pésame, compasión, condolencia, incomplacencia.

Enigma: secreto, misterio, incógnita, acertijo.
Explícito: claro, expreso, formal, obvio.

Enigmático: abstruso, incomprensible, arcano, misterioso.
Comprensible: explicable, concebible, creíble, descifrable.

Enjambre: multitud, hormiguero, abejero, muchedumbre.
Poquedad: escasez, cortedad, miseria, apocamiento.

Enjoyar: adornar, engalanar, hermosear, embellecer.
Desaliñar: desaderezar, deteriorar, ajar, desordenar.

Enjuiciar: juzgar, sentenciar, procesar, encausar.
Absolver: perdonar, eximir, disculpar, indultar.

Enjundia: gordura, grasa, meollo, sustancia.
Debilidad: delgadez, enflaquecimiento, languidez.

Enjuto: seco, delgado, flaco, magro.
Rollizo: gordo, grueso, recio, robusto.

Enlace: boda, casamiento, vínculo, unión.
Divorcio: separación, desunión, ruptura, disolución.

Enlazar: ligar, trabajar, empalmar, cohesionar.
Bifurcar: separar, apartar, desertar, desasir.

Enlodar: embarrar, ensuciar, manchar, mancillar.
Limpiar: asear, lavar, desmanchar, enjabonar.

Enloquecedor: perturbador, espantoso, arrebatador, fascinante.
Relajante: confortador, tranquilizador, calmante.

Enloquecer: trastornar, perturbar, enajenar, chalar.
Normalizar: regularizar, ordenar, conseguir, reflexionar.

Enloquecimiento: locura, trastorno, exaltación, frenesí.
Cordura: juicio, sensatez, seso, moderación.

Enlosar: embaldosar, enladrillar, pavimentar, adoquinar.
Desenlosar: desempedrar, desasfaltar, despavimentar, pulimentar.

Enlucir: estucar, enyesar, bruñir, pulimentar.
Deslucir: deslustrar, desmejorar, deteriorar, opacar.

Enmarañar: confundir, revolver, embarullar, desgreñar.
Esclarecer: desenmarañar, desembrollar, clarificar, despejar.

Enmascarar: disfrazar, simular, encubrir, embozar.
Manifestar: descubrir, revelar, mostrar, exhibir.

Enmendar: remediar, corregir, reparar, rectificar.
Reincidir: incurrir, cometer, faltar, continuar.

Enmienda: rectificación, corrección, arreglo, ajuste.
Avería: daño, menoscabo, deterioro, lesión.

Enmudecer: callar, silenciar, atisbar, observar.
Hablar: platicar, conversar, expresar, exteriorizar.

Ennegrecer: renegrear, negrear, obscurecer, sombrear.
Blanquear: blanquecer, armiñar, ennevar, relucir.

Ennoblecer: enaltecer, exaltar, esclarecer, afamar.
Envilecer: humillar, mancillar, manchar, deshonrar.

Enojar: molestar, irritar, exasperar, enfurecer.
Contentar: agradar, alegrar, complacer, satisfacer.

Enojo: irritación, desagrado, disgusto, furor.
Júbilo: contento, alegría, algazara, fruición.

Enojoso: desagradable, fastidioso, molesto, engorroso.
Ameno: grato, entretenido, divertido, agradable.

SINÓNIMOS	ANTÓNIMOS
Enorgullecer: envanecer, ufanar, presumir, engreír.	**Avergonzar:** ruborizar, sonrojar, abandonar, confundir.
Enorme: grande, excesivo, garrafal, gigantesco.	**Minúsculo:** chico, pequeño, reducido, mínimo.
Enormidad: desatino, atrocidad, disparate, barbaridad.	**Pequeñez:** exigüidad, futileza, nadería, tontería.
Enquistar: embutir, encajar, envolver, llenar.	**Vaciar:** desocupar, operar, arrojar, botar.
Enredador: liante, embaucador, intrigante, revoltoso.	**Formal:** serio, responsable, tranquilo, pacífico.
Enredar: embrollar, confundir, enmarañar, intrincar.	**Desenredar:** ordenar, metodizar, regularizar, concertar.
Enriquecer: prosperar, mejorar, aumentar, adinerar.	**Empobrecer:** decaer, arruinar, empequeñecer, perder.
Enriquecimiento: riqueza, ganancia, lucro, prosperidad.	**Empobrecimiento:** pérdida, subdesarrollo, ruina.
Enrojecer: ruborizar, sonrojar, avergonzar, abochornar.	**Palidecer:** descolorar, deslucir, cadaverizar, lividecer.
Enrolar: alistar, afiliar, matricular, inscribir.	**Retirar:** alejar, separar, apartar.
Enrollar: arrollar, envolver, encartuchar, encoger.	**Desenrollar:** desplegar, desarrollar, extender, desencajar.
Enrostrar: reprobar, criticar, tachar, censurar.	**Aprobar:** asentir, consentir, admitir, aceptar.
Ensalzar: alabar, celebrar, encarecer, elogiar.	**Vituperar:** censurar, criticar, motejar, denigrar.
Ensamblar: acopiar, unir, juntar, ajustar.	**Bifurcar:** desviar, derivar, separar, divergir.
Ensanchar: dilatar, extender, ampliar, agrandar.	**Estrechar:** encoger, reducir, ceñir, compeler.
Ensañamiento: ferocidad, crueldad, brutalidad, salvajismo.	**Misericordia:** compasión, lástima, piedad, conmiseración.
Ensañar: encarnizar, enfurecer, dañar, maltratar.	**Subsanar:** resarcir, reparar, indemnizar, compensar.
Ensartar: enhebrar, enhilar, enfilar, equivocarse.	**Recobrar:** recuperar, reparar, rescatar, remediar.
Ensayar: experimentar, probar, examinar, entrenar.	**Prescindir:** olvidar, abandonar, desistir, renunciar.
Ensayo: prueba, experimento, examen, reconocimiento.	**Desistimiento:** retracción, rescisión, abandono, olvido.
Enseguida: ahora, pronto, inmediatamente, prontamente.	**Después:** luego, mañana, posteriormente, oportunamente.
Ensenada: rada, bahía, broa, fondeadero.	**Mar:** océano, inmensidad, piélago, abundancia.
Enseña: pendón, estandarte, bandera, emblema.	**Nadería:** bobería, nonada, bagatela, insignificancia.
Enseñanza: educación, instrucción, doctrina, exposición.	**Baquía:** práctica, maestría, empirismo, experiencia.
Enseñar: educar, instruir, indicar, exhibir.	**Ocultar:** esconder, cubrir, disfrazar, disimular.

Enseres: utensilios, útiles, instrumentos, efectos.
Ensimismado: absorto, abstraído, pensativo, cabizbajo.
Ensoberbecerse: engreírse, envanecerse, alborotarse, excitarse.
Ensoberbecido: engreído, presumido, vanidoso, fatuo.
Ensombrecer: obscurecer, opacar, agrisar, contristar.
Ensordecedor: atronador, estrepitoso, estruendoso, ruidoso.
Ensordecer: asordar, aturdir, confundir, entontecer.
Ensuciar: enlodar, manchar, emporcar, desasear.
Ensueño: alucinación, ficción, quimera, imaginación.
Entablar: comenzar, emprender, preparar, promover.
Enteco: enfermizo, débil, enclenque, canijo.
Entelequia: esencia, substancia, ideal, clímax.
Entender: comprender, concebir, penetrar, interpretar.
Entendido: comprendido, enterado, docto, hábil.
Entente: acuerdo, entendimiento, pacto, alianza.
Enterar: imponer, instruir, informar, orientar.
Entereza: integridad, perfección, rectitud, carácter.
Enternecer: ablandar, conmover, emocionar, suavizar.
Entero: completo, cabal, íntegro, exacto.
Enterrar: inhumar, sepultar, soterrar, introducir.
Entibiar: mitigar, moderar, templar, amortiguar.
Entidad: agrupación, colectividad, institución, empresa.
Entierro: enterramiento, sepelio, inhumación, sepultación.
Entonar: reparar, tonificar, fortalecer, vigorizar.
Entonces: f- en aquel tiempo, en tal caso, a la sazón.

Causas: motivos, orígenes, razones, circunstancias.
Indiferente: apático, abúlico, insensible, impertérrito.
Humillarse: rebajarse, denigrar, calmarse, aplacarse.
Humilde: modesto, sumiso, sencillo, sincero.
Iluminar: aclarar, encender, alumbrar, destellar.
Silencioso: apagado, callado, sigiloso, tranquilo.
Vivificar: alentar, animar, confortar, reanimar.
Limpiar: asear, lavar, desmanchar, depurar.
Realidad: evidencia, efectividad, certidumbre, convicción.
Concluir: acabar, terminar, finalizar, consumir.
Robusto: fuerte, fornido, forzudo, resistente.
Evidencia: realidad, certidumbre, efectividad, convicción.
Descartar: excluir, eliminar, exceptuar, separar.
Lego: iletrado, incompetente, incapaz, indocto.
Enfrentamiento: desacuerdo, discrepancia, litigio, disensión.
Ocultar: encubrir, esconder, tapar, disimular.
Debilidad: decaimiento, languidez, flojedad, deterioro.
Insensibilizar: adormecer, aletargar, anestesiar, narcotizar.
Parcial: truncado, fraccionado, fragmentado, dividido.
Exhumar: desenterrar, sacar, autopsiar, extraer.
Enardecer: animar, alentar, inflamar, entusiasmar.
Insignificancia: bagatela, bicoca, nadería, nimiedad.
Exhumación: desentierro, desurnación, descajonamiento, autopsia.
Desentonar: desafinar, desconcertar, desmejorar, conturbar.
Ahora: actualidad, hodierno, f- en este momento, hoy día.

Entornar: entrecerrar, entreabrir, inclinar, ladear.
Entorpecer: estorbar, obstruir, dificultar, impedir.
Entorpecimiento: torpeza, parálisis, aturdimiento, dificultad.
Entrabar: trabar, estorbar, impedir, dificultar.
Entrada: acceso, ingreso, puerta, boca.
Entraña: interior, centro, profundidad, órgano.
Entrañable: próximo, apreciado, querido, amado.
Entrañar: contener, implicar, incluir, introducir.
Entrar: ingresar, egresar, venir, pasar.
Entreacto: intermedio, intervalo, descanso, espera.
Entredicho: desavenencia, prohibición, censura, interdicto.
Entregar: facilitar, dar, confiar, depositar.

Entrelazar: entrecruzar, entretejer, entreponer, mancomunar.
Entremeterse: inmiscuirse, intervenir, mezclarse, interponerse.
Entrenar: adiestrar, amaestrar, ejercitar, practicar.
Entresacar: escoger, elegir, seleccionar, preferir.
Entretanto: durante, instante, momento, tiempo.
Entretelones: mediación, separación, intervalo, demarcación.
Entretener: recrear, divertir, distraer, solazar.
Entretenimiento: distracción, diversión, solaz, pasatiempo.
Entrever: vislumbrar, columbrar, divisar, sospechar.
Entreverar: introducir, mezclar, entretejer, entremediar.
Entrevero: desorden, confusión, batahola, trifulca.
Entrevistar: personificar, interrogar, consultar, averiguar.
Entristecer: apenar, acongojar, afligir, angustiar.
Entroncar: vincular, concatenar, enlazar, cohesionar.

Cerrar: clausurar, tapar, cubrir, obscurecer.
Facilitar: posibilitar, simplificar, favorecer, flexibilizar.
Agilidad: destreza, facilidad, pericia, maña.
Posibilitar: facilitar, favorecer, desentrabar, viabilizar.
Salida: puerta, apertura, marcha, efugio.
Superficie: extensión, espacio, plano, inmensidad.
Indiferente: frío, insensible, impasible, displicente.
Deducir: inferir, concluir, colegir, desprender.
Salir: retirar, partir, irse, marcharse.
Inicial: preliminar, primordial, inaugural, original.
Aprobación: sanción, conformidad, asentimiento, anuencia.
Arrebatar: quitar, arrancar, tomar, conquistar.
Desenlazar: desatar, soltar, deslazar, resolver.
Desentenderse: abstenerse, prescindir, apartarse, alejarse.
Reposar: descansar, detenerse, holgar, tenderse.
Descartar: desechar, quitar, suprimir, eliminar.
Entonces: ayer, antiguamente, antaño, anteriormente.
Confluencia: concurrencia, convergencia, coincidencia, concomitancia.
Aburrir: cansar, disgustar, fastidiar, abrumar.
Aburrimiento: hastío, cansancio, fastidio, molestia.
Confundir: mezclar, enredar, embrollar, perturbar.
Apartar: separar, desviar, alejar, escoger.

Comprensión: entendimiento, agudeza, apaciguamiento, perspicacia.
Silenciar: callar, enmudecer, omitir, olvidar.
Alegrar: alborozar, animar, regocijar, entusiasmar.
Bifurcar: separar, desligar, dispersar, deshacer.

Entronizar: coronar, urgir, levantar, exaltar.	**Destronar:** derrotar, deponer, derribar, despeñar.
Entuerto: daño, perjuicio, agravio, ofensa.	**Beneficio:** servicio, merced, gracia, favor.
Entumecer: engarrotar, envarar, empalar, entumirse.	**Desentumecer:** desentumirse, desentorpecerse, avivarse, agilizarse.
Entumecimiento: adormecimiento, parálisis, inmovilidad, embotamiento.	**Vigor:** agilidad, vitalidad, actividad, energía.
Enturbiamiento: oscurecimiento, opacidad, oscuridad, negrura.	**Claridad:** transparencia, diafanidad, nitidez.
Enturbiar: enmarañar, obscurecer, embarrar, ensuciar.	**Clarificar:** aclarar, depurar, filtrar, purificar.
Entusiasmar: apasionar, enardecer, exaltar, exultar.	**Desalentar:** desanimar, abrumar, abatir, postrar.
Entusiasmo: fervor, exaltación, frenesí, admiración.	**Indiferencia:** apatía, abulia, desidia, frialdad.
Enumeración: enunciación, inventario, recapitulación, catalogación.	**Alternación:** variedad, mutación, modificación, renovación.
Enumerar: contar, referir, relatar, considerar.	**Omitir:** callar, silenciar, prescindir, olvidar.
Enunciación: declaración, enunciado, explicación, exposición.	**Ocultación:** encubrimiento, sigilo, disimulación, callamiento.
Enunciar: exponer, manifestar, expresar, declarar.	**Revocar:** anular, abolir, desdecir, invalidar.
Envalentonar: animar, entusiasmar, esforzar, enfatizarse.	**Acobardar:** acoquinar, amedrentar, amilanar, arredar.
Envanecerse: engreírse, infatuarse, ufanarse, hincharse.	**Avergonzarse:** ruborizarse, sonrojarse, abochornarse, acholarse.
Envanecimiento: engreimiento, soberbia, fanfarronería, arrogancia.	**Sencillez:** humildad, naturalidad, franqueza, simplicidad.
Envarado: entumecido, rígido, seco, altivo.	**Campechano:** sencillo, jovial, asequible, afable.
Envasar: embotellar, enlatar, enfrascar, embarrilar.	**Desparramar:** esparcir, diseminar, derramar, desvasijar.
Envejecer: encanecer, ajarse, avejentarse, marchitarse.	**Rejuvenecer:** remozar, mejorar, renovarse, lozanear.
Envejecido: anticuado, avejentado, viejo, anciano.	**Nuevo:** joven, novato, actual, moderno.
Envenenar: intoxicar, emponzoñar, atosigar, infectar.	**Desemponzoñar:** desintoxicar, desmalignar, desenconar, inmunizar.
Envergadura: anchura, amplitud, extensión, dilación.	**Limitación:** restricción, contención, condición, cortapisa.
Enviar: remesar, remitir, despachar, facturar.	**Recibir:** aceptar, percibir, acoger, embolsar.
Enviciar: dañar, corromper, viciar, pervertir.	**Regenerar:** restablecer, restituir, renovar, reconstituir.
Envidia: celos, pelusa, rencor, codicia.	**Indiferencia:** conformidad, aceptación, desinterés, impasibilidad.
Envidiar: codiciar, ambicionar, anhelar, apetecer.	**Desdeñar:** desechar, menospreciar, desestimar, esquivar.

Envidioso: ávido, sediento, celoso, deseoso.
Envilecer: degradar, corromper, rebajar, mancillar.
Envilecimiento: degeneración, degradación, deshonra, vileza.
Envío: remesa, expedición, despacho, remisión.
Envoltura: cubierta, cobertura, casquete, corteza.
Envolver: cubrir, tapar, enrollar, involucrar.
Enyesar: blanquear, entablillar, entablar, jahorrar.
Enyugar: acoyuntar, uncir, acollarar, embastar.
Enzarzar: cizañar, azuzar, enardecer, enviscar.
Épico: heroico, epopéyico, homérico, géstico.
Epicúreo: sensual, voluptuoso, sibarita, placentero.
Epidemia: peste, plaga, endemia, politiquería.
Epidérmico: cutáneo, exterior, superficial, externo.
Epígrafe: título, rótulo, encabezamiento, principio.
Epigrama: epígrafe, agudeza, pensamiento, contenido.
Epílogo: conclusión, resumen, recapitulación, síntesis.
Episodio: suceso, incidente, hecho, circunstancia.
Epíteto: adjetivo, calificación, apelativo, nota.
Epítome: compendio, resumen, sinopsis, recopilación.
Epítrope: concesión, permiso, f- figura de dicción.
Epulón: glotón, comilón, voraz, tragón.

Equidad: igualdad, paridad, justicia, ecuanimidad.
Equidistante: paralelo, correspondiente, semejante, análogo.
Equilibrar: nivelar, igualar, compensar, contrarrestar.
Equilibrio: estabilización, igualdad, armonía, sensatez.

Hartado: lleno, repleto, saciado, ahíto.
Ennoblecer: esclarecer, exaltar, sobresalir.
Enaltecimiento: honra, engrandecimiento, exaltación, elogio.
Recibo: recepción, recibimiento, admisión, conformidad.
Desenvoltura: plegadura, arruga, fruncimiento, estrechamiento.
Desenvolver: desempacar, descubrir, extender, descifrar.
Desenyesar: desentablillar, ennegrecer, desjarrar, liberar.
Desuncir: desenyugar, desacollarar, separar, rescatar.
Desenzarzar: concertar, concordar, convenir, conformar.
Cobarde: miedoso, temeroso, medroso, tímido.
Asceta: sobrio, austero, selectivo, místico.
Sanidad: salubridad, higiene, inmunidad, salvación.
Profundo: hondo, interior, intrínseco.

Innominado: anónimo, desconocido, ignorado, ignoto.
Necedad: bobería, simpleza, vaciedad, mentecatez.
Prólogo: comienzo, principio, prefacio, prolegómeno.
Exégesis: comentario, glosa, acotación, interpretación.
Panegírico: lisonja, encomio, alabanza, apología.
Ampliación: incremento, extensión, profusión, vastedad.
Negación: denegación, impedimento, negativa, rehusamiento.
Parco: sobrio, medido, moderado, mesurado.
Parcialidad: injusticia, bandería, preferencia, inclinación.
Divergente: discrepante, diferente, desigual, discordante.
Desequilibrar: diferenciar, desnivelar, distinguir, discrepar.
Desequilibrio: inestabilidad, inseguridad, oscilación, locura.

Equipar: proveer, pertrechar, preparar, abastecer.
Equiparar: cotejar, comparar, confrontar, compulsar.
Equitativo: justo, imparcial, ecuánime, recto.
Equivalencia: paridad, igualdad, semejanza, analogía.
Equivalente: igual, semejante, similar, análogo.
Equivaler: igualar, emparejar, trocar, conformar.
Equivocación: error, yerro, desacierto, fallo.
Equivocar: confundir, errar, marrar, desvirtuar.
Equívoco: ambiguo, anfibológico, dubitativo, receloso.
Era: tiempo, época, período, temporada.

Erario: tesoro, fisco, arcas, fondos.

Erección: levantamiento, construcción, edificación, fundación.
Erecto: erguido, tieso, rígido, derecho.

Ergonomía: coordinación, armonía, concertación, f- hombre-maquina.
Ergotizar: discurrir, reflexionar, conjeturar, presumir.
Erguir: levantar, enderezar, alzar, desdoblar.
Erial: páramo, yermo, descampado.
Erigir: alzar, elevar, levantar, instituir.

Erizado: rígido, hirsuto, punzante, espinoso.
Erizar: erguir, atiesar, levantar, llenar.
Erogar: contribuir, distribuir, repartir, racionar.
Erosión: desgaste, corrosión, consumación, debilitamiento.
Erosionar: desgastar, deteriorar, estropear, gastar.
Erótico: lúbrico, carnal, sensual, apasionado.
Erotismo: amor, pasión, concupiscencia, voluptuosidad.
Erradicar: arrancar, extirpar, eliminar, suprimir.

Expoliar: desposeer, desplumar, suspender, prohibir.
Diferir: aplazar, retardar, demorar, dilatar.

Injusto: parcial, arbitrario, ilegal, abusivo.
Desigualdad: inconformidad, disparidad, discrepancia, altibajos.
Distinto: diferente, desigual, desemejante.
Desequivaler: desigualar, inconcordar, desarmonizar, diferenciar.
Acierto: exactitud, éxito, tino, fortuna.

Acertar: atinar, hallar, encontrar, visualizar.
Inequívoco: cierto, evidente, manifiesto, patente.
Eternidad: perpetuidad, perennidad, perdurabilidad, inmortalidad.
Carencia: privación, falta, pauperismo, miseria.
Destrucción: desolación, devastación, aniquilación, demolición.
Doblado: tumbado, ladeado, fingido, quebrado.
Discordancia: divergencia, disconformidad, incoherencia, desconexión.
Disparatar: desatinar, desacertar, desbarrar, descabellar.
Bajar: descender, declinar, desmontar, abaratar.
Vergel: sembrado, jardín, oasis.
Revocar: anular, abolir, desechar, derogar.
Agachado: lacio, liso, fácil, sencillo.

Inclinar: doblar, decaer, bajar, derribar.
Monopolizar: acaparar, acumular, almacenar, especular.
Aumento: agrandamiento, crecimiento, desarrollo, desenvolvimiento.
Reparar: cuidar, recomponer, restaurar, arreglar.
Púdico: recatado, pudoroso, casto, honesto.
Frialdad: castidad, continencia, desinterés, desamor.
Arraigar: permanecer, fijar, establecer, radicar.

SINÓNIMOS	ANTÓNIMOS
Errante: vagabundo, ambulante, nómada, errático.	**Sedentario:** estable, fijo, estacionado, inmóvil.
Errar: fallar, marrar, vagar, deambular.	**Acertar:** atinar, hallar, encontrar, resolver, adivinar.
Erróneo: falso, errado, equivocado, equívoco.	**Acertado:** atinado, oportuno, apropiado, convincente.
Error: falta, yerro, desatino, desacierto.	**Acierto:** tacto, tino, prudencia, cordura.
Eructar: regoldar, despedir, jactarse, pavonearse.	**Aceptar:** consentir, sufrir, tolerar, conceder.
Erudición: sabiduría, cultura, conocimiento, instrucción.	**Nesciencia:** ignorancia, necedad, incultura, insapiencia.
Erudito: docto, versado, capacitado, instruido.	**Ignaro:** ignorante, iletrado, inculto, nesciente.
Erupción: emisión, aparición, alhorre, fogaje.	**Absorbencia:** aspiración, chupamiento, embebamiento, impregnación.
Esbelto: espigado, gallardo, airoso, arrogante.	**Achaparrado:** aparragado, rechoncho, repolludo, pochocho.
Esbirro: alguacil, sayón, sicario, verdugo.	**Compasivo:** misericordioso, piadoso, bondadoso, indulgente.
Esbozar: bosquejar, proyectar, delinear, diseñar.	**Realizar:** hacer, efectuar, ejecutar, confeccionar.
Escabroso: dificultoso, arduo, peligroso, abrupto.	**Llano:** fácil, sencillo, natural, accesible.
Escabullirse: escurrirse, esfumarse, escaparse, desaparecer.	**Comparecer:** acudir, presentarse, personarse, asistir.
Escacharrar: romper, destrozar, deteriorar, quebrar.	**Arreglar:** reparar, recomponer, componer, unir.
Escala: graduación, sucesión, proporción, tamaño.	**Interrupción:** detención, impedimento, separación, suspensión.
Escalada: ascensión, ascenso, subida, avance.	**Descenso:** bajada, descendimiento, declive, decaimiento.
Escalar: subir, trepar, encaramar, encumbrarse.	**Bajar:** descender, apearse, descabalgar, decrecer.
Escalofriante: estremecedor, alarmante, espantoso, horrible.	**Tranquilizador:** relajante, calmante, agradable.
Escalofrío: calofrío, estremecimiento, espeluzno, sacudimiento.	**Sofocamiento:** asfixiamiento, torridez, calentamiento, enervación.
Escalonar: graduar, situar, colocar, emplazar.	**Desistir:** cejar, cesar, abandonar, renunciar.
Escamar: desconfiar, recelar, sospechar, maliciar.	**Confiar:** fiar, esperar, depositar, encomendar.
Escamotear: quitar, birlar, ocultar, privar.	**Recuperar:** recobrar, restituir, rescatar, salvar.
Escampado: claro, raso, despejado, abierto.	**Cubierto:** nublado, tapado, envuelto, oculto.
Escampar: despejar, aclarar, desbrumar, serenarse.	**Cubrirse:** nublarse, brumarse, obscurecerse, taparse.
Escandalizar: gritar, chillar, alborotar, encolerizarse.	**Apaciguar:** pacificar, calmar, aquietar, tranquilizar.

Escándalo: alboroto, tumulto, griterío, bullicio.
Escandaloso: ruidoso, alborotador, provocador, desvergonzado.
Escapar: huir, fugarse, evadirse, escabullirse.
Escapatoria: fuga, evasiva, huida, efugio.

Escaramuza: contienda, refriega, encuentro, enfrentamiento.
Escarmentar: corregir, remediar, enmendar, rectificar.
Escarmiento: correctivo, sanción, castigo, desengaño.
Escarnecer: burlarse, mofarse, zaherir, reírse.
Escarnio: burla, mofa, afrenta, ludibrio.

Escarpado: abrupto, montañoso, rocoso, escabroso.
Escarpelo: raspador, raedor, estirpador, limpiador.
Escasear: faltar, escatimar, mezquinar, mermar.
Escasez: insuficiencia, falta, necesidad, carestía.
Escaso: corto, limitado, poco, insuficiente.
Escatimar: escasear, faltar, racionar, dosificar.
Escena: tablas, teatro, escenario, acción.

Escepticismo: incredulidad, incertidumbre, desconfianza, indiferencia.
Escéptico: incrédulo, aprensivo, irresoluto, confuso.
Escindir: dividir, cercenar, partir, bifurcar.
Escisión: cisma, separación, ruptura, disensión.
Esclarecedor: aclaratorio, explicativo, definitorio, ilustrador.
Esclarecer: dilucidar, aclarar, explicar, iluminar.
Esclarecido: ilustre, insigne, preclaro, notable.
Esclavitud: subyugación, opresión, sujeción, servidumbre.
Esclavizar: subyugar, oprimir, dominar, aherrojar.

Silencio: mutismo, reticencia, callamiento, ocultación.
Silencioso: tranquilo, reservado, edificante, moralizador.
Acudir: llegar, asistir, presentarse, apelar.

Detención: retención, aprehensión, arresto, acusación.
Conciliación: arreglo, avenencia, armonía, concordia.
Corromper: alterar, viciar, pervertir, depravar.
Premio: recompensa, galardón, gratificación, retribución.
Halagar: adular, lisonjear, agradar, deleitar.
Adulación: lisonja, halago, carantoña, coba.
Llano: uniforme, liso, plano, raso.

Espátula: cuchara, paleta, alisadora, emparejadora.
Abundar: prodigar, pulular, exuberar, provenir.
Abundancia: exuberancia, riqueza, suficiencia, frondosidad.
Abundante: numeroso, copioso, profuso, exuberante.
Prodigar: entregar, esparcir, distribuir, disipar.
Fruslería: bagatela, insignificancia, vulgaridad, friolidad.
Creencia: convicción, convencimiento, crédito, confianza.
Crédulo: confiado, ilusionado, cierto, candoroso.
Unir: enlazar, aglutinar, armonizar, conciliar.
Unión: alianza, conexión, concordia, fusión.
Oscuro: confuso, dudoso, incierto, inseguro.
Confundir: embrollar, enredar, mezclar, perturbar.
Mediocre: miserable, mediano, vulgar, tosco.
Libertad: independencia, emancipación, liberación, rescate.
Liberar: libertar, emancipar, desencadenar, desenclaustrar.

SINÓNIMOS	ANTÓNIMOS
Esclerosar: endurecer, trastornar, perturbar, insensibilizar.	**Ablandar:** emolir, desclerosar, molificar, sensibilizar.
Escoger: elegir, preferir, optar, seleccionar.	**Reemplazar:** sustituir, relevar, suplantar, cambiar.
Escolar: estudiante, colegial, alumno, discípulo.	**Trabajador:** activo, dinámico, aplicado, estudioso.
Escolio: nota, comentario, acotación, anotación.	**Tilde:** tacha, borrón, enmienda, mancilla.
Escoltar: acompañar, cuidar, proteger, custodiar.	**Abandonar:** dejar, desasistir, desamparar, desatender.
Escollo: tropiezo, impedimento, dificultad, obstáculo.	**Facilidad:** expedición, diligencia, soltura, actividad.
Escombro: resto, ruina, desecho, despojo.	**Pulcro:** puro, intacto, depurado, acendrado.
Esconder: ocultar, encubrir, encerrar, contener.	**Mostrar:** indicar, señalar, designar, enseñar.
Escorar: inclinar, ladear, oblicuar, tumbar.	**Enderezar:** encauzar, rectificar, dirigir, erguir.
Escotar: cercenar, cortar, separar, desligar.	**Enlazar:** unir, ligar, conectar, cohesionar.
Escotilla: abertura, entrada, acceso, ventanilla.	**Oclusión:** cierre, obstrucción, impedimento, escollo.
Escribano: cartulario, escribiente, notario, pendolista.	**Ignorado:** oculto, desconocido, ignoto, anónimo.
Escribir: componer, redactar, apuntar, manuscribir.	**Borrar:** tachar, anular, suprimir, eliminar.
Escritor: literato, autor, creador, grafómano.	**Iletrado:** ignorante, inculto, insapiente, nesciente.
Escritura: escrito, documento, copia, instrumento.	**Nadería:** bagatela, friolera, minucia, vulgaridad.
Escrúpulo: esmero, precisión, exactitud, prejuicio.	**Incuria:** abandono, descuido, distracción, negligencia.
Escrupuloso: aprensivo, melindroso, minucioso, preciso.	**Desocupado:** abandonado, chapucero, desmañado, torpe.
Escrutar: indagar, examinar, inquirir, averiguar.	**Callar:** silenciar, enmudecer, omitir, encubrir.
Escrutinio: recuento, computación, averiguación, conclusión.	**Omisión:** olvido, descuido, imprevisión, laguna.
Escuálido: macilento, consumido, delgado, extenuado.	**Rollizo:** robusto, fornido, resistente, cilíndrico.
Escuchar: atender, oír, seguir, obedecer.	**Desatender:** abandonar, olvidar, desestimar, desamparar.
Escuchimizado: escuálido, esmirriado, raquítico, esquelético.	**Robusto:** fuerte, gordo, obeso, rollizo.
Escudar: resguardar, defender, cubrir, proteger.	**Exponer:** mostrar, exhibir, presentar, manifestar.
Escudriñar: escrutar, investigar, analizar.	**Descuidar:** abandonar, desestimar, olvidar, omitir.
Escuela: colegio, academia, parvulario, establecimiento.	**Corporación:** entidad, sociedad, agrupación, convento.

Escueto: conciso, lacónico, corto, resumido.
Pormenorizado: extenso, difuso, dilatado, detallado.

Esculpir: grabar, modelar, cincelar, tallar.
Deshacer: dividir, romper, separar, quebrantar.

Escultura: modelación, esculpimiento, figuración, tallamiento.
Espantajo: facha, adefesio, estafermo, mamarracho.

Escurrir: filtrar, gotear, destellar, exudar.
Cerrar: tapar, obturar, obstruir, detener.

Esencia: naturaleza, zumo, propiedad, substancia.
Baladí: nimio, simple, minucia, superficialidad.

Esencial: principal, fundamental, substancial, indispensable.
Insubstancial: fútil, nimio, baladí, intrascendente.

Esencializar: seleccionar, depurar, perfeccionar, sublimar.
Rustificar: bastizar, ordinariar, burdificar, zafiar.

Esfera: clase, condición, jerarquía, círculo.
Futileza: nadería, nimiedad, bagatela, vaciedad.

Esforzado: animoso, atrevido, valiente, decidido.
Cobarde: apocado, tímido, miedoso, encogido.

Esforzar: batallar, superar, pugnar, procurar.
Desistir: abandonar, cesar, cejar, renunciar.

Esfuerzo: empuje, ánimo, brío, denuedo.
Letargo: sopor, sueño, pereza, somnolencia.

Esfumación: desaparecimiento, evaporación, escabullimiento, desvanecimiento.
Aparición: surgimiento, emersión, hallazgo, encuentro.

Esfumar: desvanecer, escabullir, evaporar, desaparecer.
Aparecer: sugir, emerger, hallarse, encontrarse.

Esgrimir: recurrir, utilizar, manejar, empuñar.
Prescindir: desechar, descartar, separar, apartar.

Eslabonar: enlazar, relacionar, empalmar, encadenar.
Desunir: apartar, distanciar, cercenar, desconectar.

Esmaltar: vitrificar, adornar, ornar, hermosear.
Afear: deslucir, deformar, desfigurar, ajar.

Esmerar: cuidar, pulir, limpiar, asear.
Descuidar: abandonar, olvidar, omitir, desasear.

Esmero: celo, cuidado, diligencia, escrupulosidad.
Descuido: dejadez, pereza, omisión, negligencia.

Esmirriado: desmedrado, perjudicado, extenuado, canijo.
Robusto: fuerte, potente, vigorizado, vigoroso.

Esnobismo: modernismo, hodiernismo, f- admiración por todo lo que es moda.
Misoneísmo: aversión, antipatía, f- fobia a las novedades.

Esnobista: modernista, hodiernista, f- admiración exagerada por lo moderno.
Misoneísta: aversionista, opositor, f- animadverso a las cosas nuevas.

Esotérico: secreto, oculto, reservado, recóndito.
Claro: puro, diáfano, evidente, visible.

Espabilar: despertar, despabilar, avisparse, valerse.
Aletargarse: adormecerse, dormirse, amodorrarse, atontarse.

Espaciar: separar, distanciar, alejar, desunir.
Juntar: unir, enlazar, combinar, aunar.

Espacio: distancia, intervalo, separación, infinito.
Fracción: segmento, porción, trozo, fragmento.

Espacioso: ancho, dilatado, extenso, amplio.
Espalda: lomo, espaldar, posterior, trasera.
Espantadizo: asustadizo, cobarde, miedoso, apocado.
Espantar: acobardar, amedrentar, asustar, ahuyentar.
Espantoso: horrible, aterrador, terrorífico, espeluznante.
Esparcimiento: diversión, entretenimiento, distracción, recreo.
Esparcir: dispersar, diseminar, desperdigar, separar.
Espasmo: convulsión, contracción, contorsión, sacudida.
Espasmódico: convulso, contractivo, convulsivo, sacudido.
Especial: singular, particular, adecuado, peculiar.
Especialidad: peculiaridad, particularidad, singularidad, valoración.
Especialista: experto, versado, entendido, técnico.
Especializar: dominar, cultivar, f- avezarse en un conocimiento.
Especie: clase, tipo, grupo, asunto.

Especificar: detallar, definir, precisar, enumerar.
Específico: especial, típico, distinto, singular.
Especimen: modelo, muestra, seña, tipo.
Espectacular: aparatoso, dramático, fastuoso, sensacional.
Espectacularidad: realce, preponderancia, visión, panorama.
Espectáculo: función, representación, panorama, visión.
Espectral: fantasmal, misterioso, alucinante, oscuro.
Especular: teorizar, reflexionar, discurrir, traficar.
Especulativo: teórico, supuesto, discurrido, trascendido.
Espejismo: ilusión, delirio, desvarío, ficción.
Espelunca: cueva, antro, gruta, concavidad.
Espeluznar: estremecer, aterrar, horrorizar, espantar.

Reducido: estrecho, pequeño, escaso, exiguo.
Cara: delantera, frente, fachada, faz.
Valiente: atrevido, decidido, animoso, audaz.
Atraer: encantar, cautivar, fascinar, seducir.
Atractivo: encanto, gracia, seducción, carisma.
Fastidio: aburrimiento, hastío, tedio, desesperación.
Concentrar: reunir, condensar, mancomunar, aglutinar.
Tranquilidad: sosiego, quietud, serenidad, voluntad.
Quieto: sereno, tranquilo, sosegado, apacible.
General: común, usual, corriente, frecuente.
Motivo: circunstancia, objeto, móvil, razón.
Lego: profano, inexperto, novato, ignorante.
Generalizar: extender, ampliar, expandir, aumentar.
Vaguedad: confusión, indecisión, vaciedad, ligereza.
Generalizar: reflejar, implicar, repercutir, trascender.
Confuso: revuelto, mezclado, embrollado, desconcertado.
Copia: remedo, imitación,plagio, calco.
Sencillo: sobrio, natural, simple.

Oscuridad: deterioro, menoscabo, deslucimiento, opacidad.
Realidad: objetividad, materialidad, existencia, concreción.
Claro: palpable, patente, visible, manifiesto.
Practicar: ejercitarse, cultivar, desplegar, avezarse.
Empírico: práctico, experimental, rutinario, habitual.
Existencia: realidad, veracidad, materialidad, objetividad.
Túnel: galería, arteria subterránea, f- vía abierta por ambos extremos.
Fascinar: embelesar, encantar, hechizar, embrujar.

SINÓNIMOS	ANTÓNIMOS
Esperanza: ilusión, creencia, confianza, seguridad.	**Temor:** desesperación, congoja, recelo, vacilación.
Esperanzado: confiado, ilusionado, optimista, creído.	**Desesperanzado:** desmoralizado, desconfiado, inseguro.
Esperar: confiar, aguardar, creer, anhelar.	**Temer:** dudar, recelar, sospechar, vacilar.
Espesar: condensar, concentrar, solidificar, densificar.	**Diluir:** aclarar, disolver, desleír, licuar.
Espeso: denso, compacto, tupido, condensado.	**Fluido:** derramado, esparcido, escapado, disperso.
Espesura: espesor, bosque, fronda, selva.	**Raleza:** arralación, dispersidad, claridad, porosidad.
Espía: agente, confidente, soplón, delator.	**Circunspecto:** prudente, precavido, previsor, cauteloso.
Espiar: atisbar, observar, acechar, avizorar.	**Alertar:** prevenir, avisar, advertir, adelantar.
Espigado: alto, crecido, esbelto, medrado.	**Achaparrado:** bajo, repolludo, rechoncho, zamborotudo.
Espina: púa, aguijón, pena, pesar.	**Consuelo:** alivio, calmante, lenitivo, bálsamo.
Espinoso: punzante, puntiagudo, arduo, complicado.	**Liso:** romo, fácil, sencillo, simple.
Espirar: exhalar, lanzar, infundir, animar.	**Absorber:** aspirar, chupar, embeber, cautivar.
Espiritar: endemoniar, conmover, agitar, enflaquecer.	**Serenar:** despejar, sosegar, consolar, moderar.
Espíritu: alma, ánimo, esencia, brío.	**Materia:** cuerpo, soma, substancia, elemento.
Espiritual: anímico, inmaterial, mental, sensible.	**Físico:** material, corporal, tangible.
Espiritualidad: religiosidad, misticismo, idealismo, ascetismo.	**Materialismo:** pragmatismo, impiedad, agnosticismo.
Espiritualizar: sutilizar, atenuar, afinar, inmaterializar.	**Materializar:** concretar, especificar, tipificar, tangibilizar.
Espléndido: admirable, magnífico, suntuoso, liberal.	**Modesto:** honesto, moderado, circunspecto, morigerado.
Esplendor: brillo, resplandor, lustre, magnificencia.	**Obscuridad:** opacidad, nebulosidad, sombra, lobreguez.
Esplendoroso: brillante, fúlgido, luminoso, resplandeciente.	**Opacado:** obscuro, negro, nebuloso, sombrío.
Esplín: tedio, hastío, tristeza, hipocresía.	**Gozo:** alegría, alborozo, satisfacción, fruición.
Espolear: aguijonear, acuciar, incitar, animar.	**Frenar:** contener, sujetar, parar, reprimir.
Espontaneidad: naturalidad, autenticidad, llaneza, exterioridad.	**Deliberación:** premeditación, discurrimiento, intencionalidad, preparacionalidad.
Espontáneo: natural, instintivo, voluntario, automático.	**Deliberado:** discurrido, afectado, artificial, premeditado.
Esporádico: aislado, ocasional, suelto, excepcional.	**Frecuente:** usual, común, habitual, consuetudinario.

Esposar: sujetar, aprisionar, apresar, capturar. — **Desceñir:** soltar, libertar, desligar, desamarrar.

Esposo: marido, cónyuge, consorte, anillo. — **Esposa:** mujer, cónyuge, pareja, compañera.

Espuela: acicate, aguijón, estímulo, incentivo. — **Freno:** coto, sujeción, tope, bocado.

Espulgar: examinar, analizar, reconocer, despulgar. — **Descuidar:** abandonar, desalentar, inadvertir, incuriar.

Espuma: sudor, saliva, baba, efervescencia. — **Tranquilidad:** quietud, sosiego, serenidad, pasividad.

Espurio: falso, adulterado, bastardo, ilegítimo. — **Legítimo:** genuino, real, auténtico, fidedigno.

Esquelético: flaco, escuálido, enjuto, raquítico. — **Fuerte:** rollizo, gordo, robusto, fornido.

Esqueleto: osamenta, armazón, esquicio, proyecto. — **Estructura:** composición, distribución, orden, contextura.

Esquema: sinopsis, croquis, esbozo, bosquejo. — **Desarrollo:** aumento, crecimiento, expansión, explanación.

Esquemático: resumido, sinóptico, condensado, sintetizado. — **Detallado:** exhaustivo, completo, íntegro.

Esquematizar: sintetizar, resumir, concentrar, pormenorizar. — **Amplificar:** extender, expandir, desarrollar, prolongar.

Esquilmar: empobrecer, arruinar, despojar, estrujar. — **Enriquecer:** prosperar, acrecentar, aumentar, florecer.

Esquina: recodo, ángulo, cantón, arista. — **Horizonte:** confín, espacio, extensidad, inmensidad.

Esquirla: astilla, fragmento, partícula, trozo. — **Todo:** entero, unidad, total, conjunto.

Esquivar: soslayar, sortear, evitar, eludir. — **Afrontar:** enfrentar, desafiar, encarar, arrostrar.

Esquivez: rechazo, desdén, despego, desprecio. — **Aprecio:** estimación, simpatía, afecto, estima.

Esquivo: huraño, huidizo, hosco, arisco. — **Sociable:** afable, cordial, tratable, educado.

Estabilidad: equilibrio, permanencia, inamovilidad, duración. — **Inestabilidad:** mutabilidad, inseguridad, incertidumbre, inconsistencia.

Estabilizar: afianzar, equilibrar, nivelar, emparejar. — **Desnivelar:** desigualar, debilitar, aflojar, discriminar.

Establecer: fundar, instituir, implantar, determinar. — **Abolir:** derogar, anular, invalidar, suprimir.

Establecimiento: fundación, institución, plantel, colegio. — **Bobería:** nimiedad, nadería, vulgaridad, frivolidad.

Estación: temporada, época, tiempo, detención. — **Perennidad:** perpetuidad, eternidad, perdurabilidad, estabilidad.

Estacionamiento: parada, detención, colocación, ubicación. — **Movimiento:** circulación, traslado, agitación, alternativa.

Estacionario: detenido, parado, frenado, contenido. — **Continuo:** ininterrumpido, perenne, perpetuo, asiduo.

Estada: permanencia, detención, f- tiempo insumido en una parada por una persona. — **Circulación:** tránsito, tráfico, movilización, recorrido.

Estadía: detención, estancia, f- permanencia de un barco o modelo de un escultor.

Estadista: gobernante, político, mandatario, conductor.

Estado: situación, condición, etapa, disposición.

Estafar: timar, substraer, engañar, desfalcar.

Estallar: explotar, reventar, explosionar, detonar.

Estamento: cuerpo, clase, brazo, condición.

Estampar: marcar, imprimir, anotar, graficar.

Estancar: detener, parar, atascar, paralizar.

Estancia: morada, mansión, residencia, habitación.

Estanco: restricción, prohibición, impedimento, obstáculo.

Estandarizar: tipificar, ajustar, normalizar, generalizar.

Estar: existir, vivir, hallarse, encontrarse.

Estático: inmóvil, inmutable, quieto, atónito.

Estatismo: f- tendencia a exaltar la preeminencia del Estado.

Estatuir: fundar, crear, formar, constituir.

Estatuto: reglamento, normalogía, ordenanza, disposición.

Estela: aguaje, señal, rastro, vestigio.

Estenofonía: signifonía, sonemografía, fonografía, estenografía.

Estenotecnia: f- técnica de la reducción escritural de la Signofonía.

Estentóreo: fuerte, retumbante, atronador, resonante.

Estereotipar: calcar, reproducir, clisar, inmutabilizar.

Estéril: infértil, infecundo, infructuoso, árido.

Esterilidad: impotencia, infecundidad, aridez, improductividad.

Esterilizar: desinfectar, pasteurizar, neutralizar, desertizar.

Estertor: agonía, postrimería, opresión, convulsión.

Prosecución: continuación, seguimiento, prolongación, interrupción.

Títere: fantoche, muñeco, pelele, monigote.

Inanidad: futilidad, vacuidad, inutilidad, nimiedad.

Obsequiar: regalar, donar, ofrendar, brindar.

Desbaratar: trastornar, desordenar, derrochar, trastocar.

Chabacanería: vulgaridad, ordinariez, tosquedad, grosería.

Olvidar: desaprender, desatender, revocar, anular.

Mover: desplazar, cambiar, trasladar, agitar.

Fuga: evasión, escapatoria, salida, retirada.

Licencia: permiso, autorización, consentimiento, anuencia.

Diversificar: variar, cambiar, invertir, metamorfosear.

Faltar: fallar, restar, consumirse, acabarse.

Dinámico: diligente, expeditivo, discurrente, activo.

Movilismo: inestabilidad, variabilidad, movedismo, accionabilidad.

Abolir: derogar, revocar, rescindir, invalidar.

Anarquía: confusión, desorden, imprecisión, desbarajuste.

Turbulencia: marasmo, alteración, revolución, turbiedad.

Estenotipia: letrigrafía, maquinografía, dactiloscritura, electroscritura.

Integrotecnia: f- técnica de la escritura corriente y habitual.

Suave: silencioso, sigiloso, callado, tranquilo.

Variabilizar: diferenciar, desemejar, agilizar, desplazar.

Fecundo: fértil, prolífero, feraz, productivo.

Fecundidad: fertilidad, feracidad, productividad.

Fecundizar: fertilizar, asemillar, engendrar, preñar.

Alborozo: júbilo, alegría, gozo, fruición, felicidad.

Estética: belleza, hermosura, primorosidad, calología.
Estético: decorativo, hermoso, bello, bonito.
Estibar: colocar, ordenar, distribuir, situar.
Estiércol: excremento, deyección, heces, defecación.
Estigma: marca, afrenta, mancilla, infamia.
Estigmatizar: afrentar, infamar, tachar, mancillar.
Estilizar: caracterizar, particularizar, señalar, simplificar.
Estilo: forma, norma, modalidad, método.

Estimable: valorable, evaluable, apreciable, valioso.
Estimación: aprecio, respeto, afecto, consideración.
Estimar: apreciar, considerar, respetar, conceptuar.
Estimulante: alentador, sugerente, excitante, apasionante.
Estimular: impulsar, espolear, incitar, incentivar.
Estímulo: incentivo, acicate, aliciente, sueldo, retribución.
Estipendio: honorario, remuneración, sueldo, retribución.
Estipulación: convenio, pacto, tratado, negociación.
Estipular: convenir, pactar, acordar, determinar.
Estirado: alto, alargado, engreído, orgulloso.
Estirar: alargar, dilatar, prolongar, extender.
Estirpe: prosapia, linaje, origen, progenie.
Estocada: herida, vulneración, f- efecto profundo.
Estoicismo: serenidad, imperturbabilidad, indiferencia, entereza.
Estoico: insensible, inalterable, imperturbable, inmutable.
Estolidez: estupidez, insensatez, estulticia, idiotez.
Estólido: bobo, necio, bausán, tonto.
Estorbar: impedir, dificultar, entorpecer, molestar.

Fealdad: deformación, anormalidad, imperfección, antiestética.
Antiestético: feo, repulsivo, deforme, repugnante.
Desestibar: desordenar, descolocar, desequilibrar.
Fertilizante: fecundante, productivo, fructuoso, ubérrimo.
Honra: reputación, fama, honor, decencia.
Distinguir: honrar, descollar, destacar, resaltar.
Enmarañar: enredar, confundir, revolver, embarullar.
Barullo: confusión, desorden, desconcierto, desbarajuste.
Incalculable: despreciable, corriente, vulgar, barato.
Desprecio: desdén, menosprecio, desaire, vilipendio.
Despreciar: desestimar, menospreciar, invalorar, desdeñar.
Decepcionante: desalentador, apacible, relajante.
Contener: sujetar, refrenar, coartar, restringir.
Freno: sujeción, coto, moderación, retranca.
Dispendio: gasto, desembolso, egreso, expendio.
Polémica: controversia, discusión, disputa, litigio.
Cuestionar: discutir, deliberar, disputar, polemizar.
Encogido: bajo, sencillo, modesto, humilde.
Encoger: contraer, estrechar, plegar, fruncir.
Promiscuidad: mezcolanza, confusión, heterogeneidad, mixtura.
Integridad: inmunidad, intocabilidad, lozanía, saneamiento.
Inconformidad: desesperación, excitación, apasionamiento, agitación.
Impresionable: sensible, conmovible, afectivo, quisquilloso.
Sensatez: juicio, cordura, discreción, prudencia.
Juicioso: sensato, discreto, cuerdo, cauto.
Ayudar: asistir, amparar, auxiliar, aliviar.

SINÓNIMOS	ANTÓNIMOS
Estorbo: obstáculo, impedimento, dificultad, óbice.	**Ayuda:** apoyo, facilidad, amparo, asistencia.
Estrafalario: excéntrico, extravagante, chocante, estrambótico.	**Normal:** corriente, habitual, acostumbrado, prudente.
Estragar: arruinar, dañar, estropear, viciar.	**Beneficiar:** mejorar, meliorar, favorecer, utilizar.
Estrambótico: raro, irregular, excéntrico, extravagante.	**Común:** vulgar, frecuente, corriente, habitual, usual.
Estratagema: engaño, treta, astucia, artificio.	**Simpleza:** bobería, tontería, mentecatez, estupidez.
Estratega: militar, general, táctico, perito.	**Torpe:** inhábil, tardo, tolondro, mostrenco.
Estrategia: táctica, pericia, astucia, artificio.	**Torpeza:** impericia, ineptitud, rusticidad, desmaña.
Estratégico: importante, fundamental, valioso, primordial.	**Secundario:** accesorio, circunstancial, accidental, anecdótico.
Estrechar: cercar, ajustar, apretar, compeler.	**Aflojar:** soltar, distender, relajar, permitir.
Estrechez: indigencia, privación, escasez, estrechura.	**Holgura:** amplitud, comodidad, desahogo, holgorio.
Estrecho: ceñido, ajustado, reducido, severo.	**Holgado:** amplio, abierto, desahogado, acomodado.
Estregar: restregar, frotar, friccionar, rozar.	**Divertir:** recrear, entretener, distraer, solazar.
Estrellar: chocar, colisionar, romper, arrojar.	**Alejar:** apartar, retirar, separar, ahuyentar.
Estremecer: sacudir, agitar, conmover, trepidar.	**Tranquilizar:** sosegar, serenar, pacificar, dulcificar.
Estrenar: iniciar, comenzar, novizar, primerificar, debutar.	**Terminar:** concluir, finalizar, acabar, suspender.
Estreñir: restringir, astringir, retrasar, dificultar.	**Soltar:** liberar, desatar, desprender, evacuar.
Estrépito: estruendo, ruido, fragor, estridencia.	**Sigilo:** silencio, mutismo, callado, secreto.
Estrepitoso: estruendoso, ruidoso, fragoso, atronador.	**Silencioso:** sigiloso, oculto, encubierto, discreto.
Estribar: apoyarse, basarse, consistir, gravitar.	**Objetar:** redargüir, oponer, contradecir, disputar.
Estricto: ajustado, preciso, estrecho, matemático.	**Amplio:** vasto, extenso, espacioso, dilatado.
Estridencia: ruido, estrépito, disonancia, estruendo.	**Suavidad:** armonía, tranquilidad, calma, silencio.
Estridente: estrepitoso, bullicioso, estruendoso, ensordecedor.	**Armonioso:** suave, agradable, placentero, apacible.
Estropear: dañar, lastimar, maltratar, perjudicar.	**Reparar:** restaurar, reconstruir, arreglar, componer.
Estropicio: destrozo, deterioro, ruptura, descalabro.	**Compostura:** arreglo, acomodo, remiendo, restauración.
Estructura: composición, contextura, armazón, esqueleto.	**Inconsistencia:** endeble, enclenque, blando, frágil.

Estructurar: organizar, ordenar, constituir, disponer.
Desorganizar: desordenar, desestructurar, descomponer.

Estrujar: exprimir, prensar, comprimir, condensar.
Impregnar: henchir, mojar, bañar, humedecer.

Estuario: estero, restañadero, desembocadero, aguazal.
Laguna: alberca, balsa, aguaje, hueco.

Estucar: enyesar, blanquear, enlucir, marmorar.
Empapelar: envolver, cubrir, proceder, mezclar.

Estudiado: artificioso, afectado, simulado, fingido.
Natural: espontáneo, sencillo, llano, franco.

Estudiar: aprender, instruirse, cultivarse, adiestrarse.
Enseñar: guiar, orientar, educar, aleccionar.

Estudio: observación, examen, análisis, ensayo.
Desidia: negligencia, pereza, dejadez, inercia.

Estudioso: aplicado, aprovechado, analítico, investigador.
Haragán: gandul, holgazán, poltrón, desidioso.

Estulticia: estupidez, tontería, necedad, bobería.
Juicio: reflexión, prudencia, cordura, discernimiento.

Estupefacción: sorpresa, estupor, asombro, perplejidad.
Impasibilidad: serenidad, impavidez, aplomo, desplante.

Estupefaciente: aletargante, soporífero, anestésico, narcótico.
Despabilante: desvelante, despertante, apremiante, avispante.

Estupefacto: atónito, pasmado, suspenso, maravillado.
Impertérrito: impasible, inconmovible, imperturbable, tranquilo.

Estupendo: sorprendente, asombroso, admirable, maravilloso.
Espantoso: horrible, horrendo, pavoroso, espeluznante.

Estupidez: torpeza, desatino, necedad, estolidez.
Perspicacia: inteligencia, vivacidad, ingeniosidad, habilidad.

Estúpido: bobo, tonto, memo, simple.
Listo: espabilado, inteligente, agudo, perspicaz.

Estupor: asombro, admiración, suspensión, aturdimiento.
Impavidez: serenidad, inalterabilidad, calmosidad, imperturbabilidad.

Estuprar: violar, mancillar, deshonrar, forzar.
Respetar: venerar, acatar, considerar, obedecer.

Etéreo: vaporoso, sutil, elevado, incorpóreo.
Corpóreo: somático, carnal, físico, material.

Eternidad: inmortalidad, perpetuidad, perdurabilidad, celestialidad.
Precariedad: inestabilidad, fragilidad, inseguridad, efimeridad.

Eternizar: perpetuar, inmortalizar, permanecer, durabilizar.
Perecer: fallecer, morir, fenecer, extinguir.

Eterno: sempiterno, inmortal, imperecedero, eviterno.
Efímero: fugaz, pasajero, transitorio, perecedero.

Ética: moral, conciencia, conducta, integridad.
Prejuicio: escrúpulo, prevención, cuidado, obsesión.

Ético: justo, moral, honesto, honrado.
Deshonesto: inmoral, amoral, injusto, corrompido.

Etiqueta: ceremonia, protocolo, formalidad, rito.
Sencillez: simplicidad, naturalidad, amabilidad, llaneza.

Eubolia: tino, acierto, prudencia, tacto.
Imprudencia: desatino, precipitación, atolondramiento, impremeditación.

SINÓNIMOS	ANTÓNIMOS
Eufemismo: suavidad, circunloquio, paliación, sugestión.	**Severidad:** rigor, gravedad, seriedad, exactitud.
Euforia: excitación, lozanía, bienestar, tranquilidad.	**Abatimiento:** postración, decaimiento, extenuación, cansancio.
Eufórico: animoso, contento, exultante, vehemente.	**Alicaído:** triste, decaído, deprimido, desanimado.
Euritmia: armonía, equilibrio, proporción, combinación.	**Disonancia:** desacuerdo, inarmonía, destemplanza, divergencia.
Eutanasia: autoeliminación, inmolación, eliminación, suicidio.	**Resucitación:** reavivamiento, renacimiento, vivificación, resurgimiento.
Eutaxia: euforia, excitación, conmoción, incitación.	**Postración:** desaliento, desánimo, languidez, abatimiento.
Eutrapelia: moderación, mesura, donaire, discreción.	**Sosería:** pesadez, gravedad, insipidez, insulsez.
Evacuación: desocupación, abandono, salida, deyección.	**Ocupación:** apoderamiento, posesión, toma, función.
Evacuar: dejar, abandonar, desocupar, defecar.	**Ocupar:** tomar, posesionarse, asir, penetrar.
Evadir: esquivar, evitar, eludir, soslayar.	**Afrontar:** desafiar, enfrentar, contrarrestar, encarar.
Evaluación: valuación, valoración, tasación, estimación.	**Invaloración:** anulación, invalidación, desestimación, depreciación.
Evaluar: estimar, apreciar, valorar, tasar.	**Desechar:** desestimar, despreciar, invalorar, desdeñar.
Evangelizar: catequizar, cristianizar, convertir, predicar.	**Nihilizar:** ateizar, anarquizar, confundir, irreverenciar.
Evaporizar: evaporar, vaporar, gasificar, volatilizar.	**Solidificar:** endurecer, condensar, densificar, consolidar.
Evasión: incumplimiento, huida, efugio, salida.	**Cumplimiento:** acatamiento, respeto, obediencia, sumisión.
Evasiva: pretexto, excusa, rodeo, subterfugio.	**Certidumbre:** evidencia, certeza, convencimiento, convicción.
Evento: caso, suceso, acaecimiento, circunstancia.	**Certeza:** evidencia, manifestación, realidad, veracidad.
Eventual: casual, accidental, circunstancial, imprevisto.	**Seguro:** cierto, indudable, verdadero, infalible.
Evicción: privación, despojo, desposesión, usurpación.	**Restitución:** devolución, reposición, integración, reversión.
Evidencia: certeza, certidumbre, convencimiento, demostración.	**Hesitación:** vacilación, incertidumbre, inseguridad, irresolución.
Evidenciar: demostrar, manifestar, comprobar, exteriorizar.	**Vacilar:** dudar, titubear, fluctuar, inquietar.
Evidente: manifiesto, obvio, cierto, efectivo.	**Problemático:** obscuro, inseguro, vago, indefinido.
Evitar: impedir, provenir, precaver, sortear.	**Causar:** originar, producir, suscitar, ocasionar.
Evocación: memoria, reminiscencia, memoración, recuerdo.	**Olvido:** omisión, desmemoria, preterición, amnesia.
Evocar: recordar, rememorar, retener, añorar.	**Silenciar:** olvidar, preterir, omitir, posponer.

Evocativo: recordatorio, memorativo, reminiscente, rememorativo.
Evolución: cambio, desarrollo, avance, perfeccionamiento.
Evolucionar: progresar, desarrollar, adelantar, maniobrar.
Ex profeso: pensado, calculado, concebido, adrede.
Exabrupto: brusquedad, aspereza, pesadez, desatino.
Exacción: requerimiento, exigencia, presión, coerción.
Exacerbar: ensañar, enconar, agravar, encolerizar.
Exactitud: precisión, regularidad, fidelidad, veracidad.
Exacto: preciso, cabal, verdadero, puntual.
Exageración: ponderación, hipérbole, exceso, fantasía.
Exagerar: magnificar, hiperbolizar, amplificar, dramatizar.
Exaltación: fervor, pasión, entusiasmo, frenesí.
Exaltado: apasionado, entusiasta, fanático, vehemente.
Exaltar: realzar, elevar, enaltecer, ensalzar.
Examen: estudio, análisis, observación, prueba.
Examinar: analizar, inspeccionar, deliberar, investigar.
Exangüe: exánime, desangrado, aniquilado, exhausto.
Exánime: desmayado, inanimado, desfallecido, exangüe.
Exasperación: exacerbación, desesperación, irritación, excitación.
Exasperar: enfurecer, exacerbar, sulfurar, irritar.
Excarcelar: liberar, desencarcelar, soltar, desemplumar.
Excavar: cavar, hozar, socavar, dragar.
Excedente: sobrante, exceso, resto, residuo.
Exceder: aventajar, superar, rebasar, sobrepujar.
Excelencia: excelsitud, sublimidad, eminencia, superioridad.

Olvidadizo: inadvertido, amnésico, omitivo, ingratitudinario.
Regresión: estancamiento, retroceso, detención, retrogradación.
Retroceder: retrogradar, recular, devolver, retirarse.
Indeliberadamente: casualmente, espontáneo, ocasionalmente, fortuito.
Gracejo: donaire, chispa, agudeza, ingenio.
Retención: detención, custodia, resguardo, precaución.
Mitigar: calmar, apaciguar, aplacar, aquietar.
Inexactitud: error, equivocación, falta, infidelidad.
Inexacto: erróneo, equívoco, infiel, imperfecto.
Atenuación: paliación, amortiguación, disminución, aminoramiento.
Atenuar: disminuir, aminorar, cercenar, reducir.
Frialdad: indiferencia, descuido, impavidez, desidia.
Moderado: ecuánime, desapasionado, frío, sobrio.
Rebajar: reducir, disminuir, deducir, depreciar.
Evaluación: valoración, tasación, apreciación, cuantificación.
Responder: contestar, exponer, aducir, argüir.
Pletórico: rebosante, henchido, repleto, exuberante.
Vivaz: fuerte, revivido, vigoroso, perspicaz.
Calma: tranquilidad, moderación, sosiego, paz.
Aplacar: calmar, serenar, moderar, mitigar.
Encarcelar: aprisionar, encerrar, enjaular, recluir.
Vigorizar: robustecer, fortalecer, alentar, animar.
Déficit: falta, carencia, ausencia, deficiencia.
Contener: moderar, sujetar, reprimir, dominar.
Medianía: inferioridad, regularidad, mediocridad, trivialidad.

Excelente: notable, superior, óptimo, relevante.
Excelso: eximio, egregio, altísimo, sublimidad.
Excentricidad: rareza, extravagancia, manía, ridiculez.
Excéntrico: anormal, extraño, extravagante, maniático.
Excepción: exclusión, omisión, anomalía, extrañeza.
Excepcional: único, original, singular, insólito.
Exceptuar: excluir, salvar, quitar, prescindir.
Excesivo: enorme, demasiado, desmesurado, desmedido.
Exceso: sobrante, excedente, demasiado, abuso.
Excitación: incitación, exaltación, agitación, nerviosismo.
Excitante: apasionante, estimulante, sugerente, alentador.
Excitar: estimular, incitar, exhortar, instigar.
Exclamación: interjección, grito, imprecación, expresión.
Exclamar: preferir, pronunciar, prorrumpir, expresar.
Excluir: eliminar, exceptuar, suprimir, descartar.
Exclusión: supresión, eliminación, excepción, omisión.
Exclusivo: primitivo, individual, monopolio, privilegio.
Exculpación: defensa, disculpa, excusa, descargo.
Exculpar: excusar, perdonar, justificar, valorar.
Excursión: viaje, paseo, caminata, travesía.
Excusar: disculpar, perdonar, exculpar, absolver.
Execrable: abominable, aborrecible, detestable, condenable.
Execración: abominación, aborrecimiento, imprecación, maldición.
Execrar: aborrecer, abominar, detestar, maldecir.
Exégesis: interpretación, comprensión, explicación, manifestación.

Pésimo: deficiente, peor, defectuoso, malo.
Ínfimo: inferior, bajo, menguado, mínimo.
Normalidad: naturalidad, usualidad, regularidad, sistematicidad.
Normal: corriente, habitual, regular, natural.
Inclusión: normalidad, regularidad, contención, implicancia.
Corriente: común, normal, natural, llano.
Incluir: contener, implicar, comprender, mancomunar.
Insuficiente: escaso, falto, poco, apenas.
Falta: carencia, escasez, deficiencia, ausencia.
Impasibilidad: insensibilidad, indiferencia, impavidez, imperturbabilidad.
Apacible: relajante, tranquilizador, desalentador.
Aplacar: calmar, pacificar, apaciguar, mitigar.
Enmudecimiento: silencio, quietud, sigilo, inmovilidad.
Enmudecer: callar, silenciar, atisbar, observar.
Incluir: insertar, agregar, incorporar, introducir.
Inclusión: incorporación, afiliación, adjunción, acompañamiento.
Colectivo: general, común, público, sabido.
Acusación: cargo, imputación, denuncia, inculpación.
Inculpar: acusar, imputar, incrementar, culpar.
Descanso: reposo, tregua, alivio, tranquilidad.
Acusar: culpar, imputar, sindicar, achacar.
Admirable: asombroso, maravilloso, excelente, pasmoso.
Amor: afecto, cariño, admiración, bendición.
Admirar: elogiar, ensalzar, aprobar, premiar.
Entorpecimiento: oclusión, obstinación, impedimento, obliteración.

Exégeta: intérprete, traductor, glosador, comentador.	**Oclusor:** obturador, cerrador, obstructor, dificultante.
Exención: privilegio, franquicia, ventaja, dispensa.	**Obligación:** exigencia, imposición, deber, constreñimiento.
Exento: libre, dispensador, franco, impoluto.	**Obligado:** impuesto, exigido, constreñido, comprometido.
Exequias: funerales, funcrario, lugubricidad, luctuosidad.	**Cumpleaños:** aniversario, conmemoración, celebración, festejos.
Exhalar: lanzar, emitir, despedir, irradiar.	**Absorber:** captar, atraer, sorber, chupar.
Exhaustivo: completo, cabal, agotante, todo.	**Fragmentario:** parcial, segmentario, porcional, inacabado.
Exhausto: extenuado, consumido, agotado, debilitado.	**Plétora:** plenitud, abundancia, demasiado, henchido.
Exhibición: presentación, exposición, manifestación, ostentación.	**Ocultación:** disimulación, aparentación, callamiento, encubrimiento.
Exhibir: exponer, mostrar, presentar, lucir.	**Esconder:** ocultar, encubrir, contener, guardar.
Exhortación: incitación, impulsión, consejo.	**Amedrentación:** intimidación, acoquinamiento, amilanación, acobardamiento.
Exhortar: invitar, incitar, alentar, aconsejar.	**Desaconsejar:** disuadir, desalentar, desanimar, decepcionar.
Exhumar: desenterrar, superficializar, autopsiar.	**Inhumar:** enterrar, sepultar, soterrar, exequiar.
Exigencia: apremio, instación, conminación, requerimiento.	**Desistimiento:** abandono, cejación, cesación, renunciante.
Exigente: severo, rígido, recto, escrupuloso.	**Tolerante:** blando, apacible, paciente, benigno.
Exigir: apremiar, instar, conminar, requerir.	**Desistir:** cejar, renunciar, cesar, abandonar.
Exiguo: reducido, escaso, pequeño, corto.	**Abundante:** extenso, copioso, exuberante, ubérrimo.
Exiliado: desterrado, expatriado, refugiado, deportado.	**Repatriado:** acogido, albergado, retornado, reintegrado.
Exilio: confinamiento, destierro, extrañamiento, proscripción.	**Repatriación:** retorno, regreso, vuelta, entrada.
Eximente: atenuante, paliativo, favorable, lenitivo.	**Agravante:** perjuicio, inconveniente, desventaja.
Eximio: excelso, relevante, superior, eminente.	**Pésimo:** malo, imperfecto, inferior, deficiente.
Eximir: dispensar, liberar, perdonar, relevar.	**Imponer:** gravar, castigar, infligir, aplicar.
Existencia: ser, vida, nacimiento, mercadería.	**Inexistencia:** muerte, fallecimiento, defunción, expiración.
Existente: real, verdadero, auténtico, actual.	**Irreal:** inexistente, imaginario, ilusorio, ficticio.
Existir: vivir, nacer, brotar, venir.	**Perecer:** morir, fallecer, fenecer, expirar.
Éxito: logro, triunfo, resultado, término.	**Fracaso:** derrota, fiasco, frustración, desacierto.
Éxodo: emigración, migración, expatriación, peregrinación.	**Repatriación:** regreso, retorno, entrada, vuelta.

Exógeno: fuera, alrededor, f- formado en el exterior.	**Endógeno:** dentro, centro, epicentro, f- nacido en el interior.
Exoneración: separación, destitución, privación, relevación.	**Restitución:** reposición, reintegración, restablecimiento, reversión.
Exonerar: eximir, liberar, privar, despojar.	**Gravar:** imponer, obligar, esculpir, hipotecar.
Exorar: pedir, solicitar, recabar, impetrar.	**Conceder:** dar, entregar, ceder, reafirmar.
Exorbitante: enorme, excesivo, exagerado, tremendo.	**Limitado:** escaso, exiguo, reducido, restringido.
Exorbitar: extremar, exagerar, exceder, desorbitar.	**Moderar:** sosegar, morigerar, aquietar, contener.
Exorcizar: conjeturar, alejar, desdemoniar, desendiablar.	**Exigir:** instar, conminar, apremiar, urgir.
Exordio: introducción, prefacio, preámbulo, proemio.	**Epílogo:** conclusión, resumen, recapitulación, término.
Exornar: adornar, acicalar, orlar, engalanar.	**Afear:** deslucir, deformar, ajar, marchitar.
Exotérico: vulgar, corriente, común, público.	**Esotérico:** oculto, secreto, reservado, enigmático.
Exótico: extraño, ajeno, peregrino, extranjero.	**Indígena:** nativo, oriundo, vernáculo, aborigen.
Expandir: extender, difundir, propagar, divulgar.	**Comprimir:** apretar, restringir, prensar, estrujar.
Expansión: crecimiento, aumento, desarrollo, dilación.	**Reducción:** comprensión, restricción, contención, decrecimiento.
Expansionarse: desahogarse, explayarse, distraerse, divertirse.	**Contraerse:** retraerse, encogerse, aburrirse, hastiarse.
Expansivo: efusivo, expresivo, comunicativo, sociable.	**Callado:** huraño, arisco, esquivo, hosco.
Expectación: atención, curiosidad, preocupación, observación.	**Indiferencia:** insensibilidad, apatía, descuido, displicencia.
Expectativa: expectación, esperanza, perspectiva, posibilidad.	**Displicencia:** desidia, abulia, negligencia, frialdad.
Expedición: facilidad, despacho, diligencia, excursión.	**Complicación:** dificultad, tropiezo, embrollo, enredo.
Expediente: recurso, medio, título, documentación.	**Tentativa:** tropiezo, dificultad, disculpa, excusa.
Expedir: extender, despachar, enviar, cursar.	**Dificultar:** tropezar, complicar, enredar, estorbar.
Expeditivo: diligente, decidido, resuelto, enérgico.	**Lento:** torpe, calmoso, tardo, inepto.
Expedito: despejado, libre, desemboIso, despierto.	**Obstruido:** cerrado, taponado, atascado, obturado.
Expeler: lanzar, arrojar, despedir, expulsar.	**Atraer:** cautivar, seducir, encantar, absorber.
Expender: vender, ubicar, colocar, remitir.	**Comprar:** adquirir, obtener, alcanzar, lograr.
Experiencia: ensayo, prueba, tentativa, pericia.	**Inexperiencia:** impericia, ineptitud, inhabilidad.
Experimentado: experto, versado, avezado, entendido.	**Novato:** inexperto, principiante, primerizo, aprendiz.

Experimental: empírico, probacional, ensayatorio, tentativo.
Experimentar: probar, ensayar, intentar, examinar.
Experimento: prueba, ensayo, tentativa, posibilidad.
Experto: perito, experimentado, ducho, avezado.
Expiar: pagar, compensar, purgar, observar.
Expiración: muerte, fallecimiento, conclusión, fin.
Expirar: fallecer, perecer, morir, extinguir.
Explanar: allanar, aplanar, igualar, nivelar.
Explayarse: extenderse, prolongarse, esparcirse, solazarse.
Explicable: comprensible, razonable, lógico, accesible.
Explicación: exposición, aclaración, justificación, exégesis.
Explicar: aclarar, exponer, justificar, interpretar.
Explícito: evidente, manifiesto, claro, virtual.
Exploración: reconocimiento, investigación, sondeo, examen.
Explorar: reconocer, investigar, averiguar, examinar.
Explosionar: reventar, estallar, detonar, volar.
Explosivo: fulminante, sensacional, asombroso, insólito.
Explotación: aprovechamiento, utilización, fabricación, industria.
Explotar: aprovechar, utilizar, fabricar, industrializar.
Expoliar: quitar, despojar, desposeer, usurpar.
Exponer: presentar, mostrar, exhibir, explicar.
Exportar: sacar, enviar, remitir, despachar.
Exposición: presentación, exhibición, declaración, explicación.
Expósito: inclusero, huérfano, echadizo, guacho.
Expresar: declarar, manifestar, exponer, significar.

Teórico: hopotético, imaginado, supositivo, especulativo.
Ratificar: confirmar, reafirmar, aprobar, revalidar.
Especulación: reflexión, meditación, teoría, estudio.
Inexperto: inepto, inhábil, incapaz, neófito.
Dañar: lesionar, estropear, deteriorar, perjudicar.
Nacimiento: inicio, principio, origen, fuente.
Nacer: brotar, germinar, existir, crecer.

Levantar: elevar, subir, encimar, enarbolar.
Restringirse: reprimirse, limitarse, ceñirse, contraerse.
Ilógico: inexplicable, incomprensible, ininteligible, inaccesible.
Dificultad: complicación, estorbo, obstrucción, entorpecimiento.
Obstruir: complicar, embrollar, confundir, enmarañar.
Tácito: implícito, supuesto, callado, presunto.
Desconocimiento: ignorancia, incomprensión, inexploración, inconsciencia.
Desconocer: ignorar, inexplorar, incomprender, obscurecer.
Compilar: dificultar, embarazar, obstruir, obstaculizar.
Vulgar: convencional, usual, habitual, normal.
Impedimento: obstaculización, dificultad, prohibición, vedamiento.
Impedir: dificultar, imposibilitar, obstaculizar, coartar.
Devolver: integrar, restituir, reponer, regresar.
Callar: ocultar, omitir, silenciar, enmudecer.
Importar: internar, introducir, ingresar, atañer.
Ocultación: disfrazamiento, callamiento, cubrimiento, silencio.
Apadrado: socorrido, cuidado, asistido, amparado.
Silenciar: callar, omitir, enmudecer, reservar.

Expresión: palabra, dicción, vocablo, locución.
Expresividad: vehemencia, efusividad, pasión, elocuencia.
Expresivo: elocuente, significativo, explícito, plástico.
Expreso: manifiesto, claro, específico, preciso.
Exprimir: estrujar, prensar, apretar, comprimir.
Expropiación: embargo, confiscación, desposeimiento, incautación.
Expropiar: confiscar, incautarse, desposeer, decomisar.
Expuesto: aventurado, arriesgado, peligroso, riesgoso.
Expugnar: irrumpir, invadir, tomar, asaltar.
Expulsar: echar, despedir, arrojar, lanzar.
Expulsión: destitución, lanzamiento, exclusión, evacuación.
Expurgación: poda, limpieza, purificación, censura.
Expurgar: limpiar, purificar, acendrar, desechar.
Exquisitez: delicia, fruición, finura, delicadeza.
Exquisito: delicado, finísimo, delicioso, sabroso.
Extasiado: suspendido, extático, arrobado, embelesado.
Éxtasis: suspenso, arrobamiento, embelesamiento, elevación.
Extemporáneo: inoportuno, intempestivo, impropio, inadecuado.
Extender: desarrollar, desenvolver, desplegar, difundir.
Extendido: dilatado, desarrollado, amplio, frecuente.
Extensión: desarrollo, expansión, ampliación, ramificación.
Extenso: vasto, amplio, espacioso, prolongado.
Extenuación: debilitamiento, agotamiento, consunción, postración.
Extenuar: debilitar, agotar, fatigar, enflaquecer.
Exterior: externo, apariencia, periferia, superficie.

Silencio: mutismo, mudez, olvido, omisión.
Frialdad: moderación, indiferencia, inexpresividad.
Inexpresivo: seco, tácito, enigmático, expletivo.
Tácito: callado, implícito, silencioso, sigiloso.
Impregnar: empapar, embeber, mojar, humedecer.
Restitución: devolución, reintegro, reposición, retorno.
Restituir: devolver, reponer, restablecer, reintegrar.
Seguro: protegido, abrigado, garantido, inequívoco.
Retirarse: alejarse, separarse, apartarse, desaparecer.
Admitir: aceptar, acoger, consentir, permitir.
Atracción: causa, motivo, circunstancia, ocasión.
Polución: contaminación, suciedad, mácula, contagio.
Manchar: ensuciar, tiznar, enmugrar, evacuar.
Insipidez: desabrimiento, acidulación, sosería, bastedad.
Insípido: soso, desabrido, insulso, zonzo.
Horrorizado: espantado, aterrorizado, consternado, horripilante.
Horror: espanto, terror, consternación, espeluznamiento.
Oportuno: adecuado, acertado, conveniente, tempestivo.
Reducir: contraer, disminuir, acortar, rebajar.
Concentrado: reducido, condensado, restringido, insólito.
Limitación: restricción, prohibición, condición, demarcación.
Reducido: ceñido, determinado, estrecho, circunscrito.
Vigor: euforia, eutaxia, lozanía, gallardía.
Fortalecer: robustecer, vivificar, tonificar, estimular.
Interior: interno, adentro, central, secreto.

Exterioridad: exterior, apariencia, porte, fachada.	**Interioridad:** conciencia, intimidad, alma, interno.
Exteriorizar: manifestar, demostrar, evidenciar, exponer.	**Esconder:** ocultar, disimular, embozar, enmascarar.
Exterminar: eliminar, aniquilar, diezmar, extirpar.	**Crear:** fundar, instituir, forjar, inventar.
Exterminio: extinción, destrucción, aniquilamiento, mortandad.	**Creación:** nacimiento, florecimiento, fundación, instauración.
Externo: exterior, superficial, visible, apariencia.	**Interno:** interior, oculto, secreto, íntimo.
Extinción: desaparición, muerte, cese, aniquilación.	**Comienzo:** surgimiento, aparición, manifestación.
Extinguir: apagar, sofocar, fenecer, acabar.	**Encender:** iluminar, inflamar, enardecer, irritar.
Extinto: muerto, fallecido, difunto finado.	**Vivo:** existente, vigente, actual, presente.
Extintor: apagador, sofocador, acabante, fenecedor.	**Encendedor:** mechero, yesquero, quemador, inflamador.
Extirpar: acabar, concluir, suprimir, extraer.	**Iniciar:** empezar, comenzar, promover, principiar.
Extorsión: daño, perjuicio, menoscabo, chantaje.	**Beneficio:** provecho, reparación, rendimiento, concesión.
Extorsionar: chantajear, timar, engañar, mixtificar.	**Iniciar:** empezar, comenzar, promover, principiar.
Extra: óptimo, excelente, superior, relevante.	**Inferior:** malo, peor, bajo, menor.
Extracción: origen, nacimiento, derivación, ramificación.	**Extinción:** extinto, fenecido, caduco, extemporáneo.
Extractar: resumir, compendiar, abreviar, sintetizar.	**Ampliar:** dilatar, extender, expandir, desarrollar.
Extraditar: entregar, ceder, trasladar, encontrar.	**Considerar:** examinar, reflexionar, estimar, resolver.
Extraer: extractar, extirpar, sacar, compendiar.	**Introducir:** meter, embutir, encajar, ingerir.
Extralimitarse: excederse, sobrepasarse, propasarse, desmedirse.	**Limitarse:** reprimirse, restringirse, delimitarse, deslindarse.
Extranjero: foráneo, extraño, forastero, exótico.	**Indígena:** nativo, aborigen, oriundo, autóctono.
Extrañar: desterrar, confinar, sorprender, inquietar.	**Repatriar:** volver, regresar, llegar, admitir.
Extrañeza: sorpresa, admiración, novedad, estupefacción.	**Normalidad:** regularidad, costumbre, hábito, práctica.
Extraño: impropio, chocante, insólito, exótico.	**Normal:** propio, habitual, natural, sistemático.
Extraordinario: excepcional, asombroso, sorprendente, inusitado.	**Ordinario:** frecuente, corriente, llano, normal.
Extrarradio: alrededores, afueras, periferia, aledaño.	**Centro:** núcleo, meollo, corazón, medio.
Extraterrestre: cósmico, planetario, espacial, alienígena.	**Terrestre:** terrícola, terrenal, geológico, terráqueo.

Extravagancia: excentricidad, rareza, anormalidad, manía.
Extravagante: raro, excéntrico, ridículo, desatinado.
Extraviar: perder, desviar, desorientar, equivocar.
Extravío: descarriamiento, desviación, aberración, viramiento.
Extremar: exagerar, acentuar, extralimitarse, sobrepasarse.
Extremista: fanático, radical, agitador, revolucionario.
Extremo: límite, término, confín, distancia.
Extrínseco: externo, exterior, casual, contingente.
Extrovertido: franco, abierto, comunicativo, expansivo.
Exuberancia: abundancia, copiosidad, frondosidad, profusión.
Exuberante: abundante, pródigo, ubérrimo, pletórico.
Exultación: alegría, regocijo, contento, jovialidad.
Exultante: alborozado, eufórico, alegre, jubiloso.
Exultar: alegrar, entusiasmar, regocijar, alborozar.
Eyacular: expeler, lanzar, segregar, impulsar.

Normalidad: naturalidad, regularidad, lógica, racionalidad.
Común: normal, corriente, habitual, llano.
Encontrar: hallar, ubicar, descubrir, detectar.
Equidad: imparcialidad, rectitud, reflexión, integridad.
Moderar: morigerar, atenuar, mitigar, ajustar.
Centrista: tolerante, equilibrado, ponderado, respetuoso.
Comienzo: principio, apertura, origen, iniciación.
Intrínseco: interior, propio, íntimo, esencial.
Introvertido: arisco, reservado, cortante, misántropo.
Escasez: insuficiencia, poquedad, estrechez, carestía.
Escaso: limitado, corto, insuficiente, exiguo.
Abatimiento: tristeza, pesadumbre, tribulación, consternación.
Mohíno: triste, enojado, disgustado, contrariado.
Abatir: desalentar, desanimar, derribar, humillar.
Contener: sujetar, dominar, reprimir, frenar.

F

Fábrica: industria, elaboración, producción, construcción.

Fabricar: producir, elaborar, forjar, levantar.

Fábula: mito, invención, ficción, patraña.

Fabuloso: fantástico, increíble, quimérico, portentoso.

Facción: parcialidad, bandería, partido, bando.

Faccioso: insurrecto, revolucionario, sedicioso, subversivo.

Faceta: aspecto, cara, apariencia, fase.

Fácil: simple, sencillo, elemental, hacedero.

Facilidad: posibilidad, disposición, expedición, comodidad.

Facilitar: allanar, proporcionar, entregar, posibilitar.

Facineroso: bandido, criminal, malhechor, forajido.

Facsímil: reproducción, copia, imitación, remedo.

Factible: dable, ejecutable, realizable, probable.

Fáctico: real, cierto, verdadero, efectivo.

Factor: elemento, causa, agente, ejecutor.

Factura: cuenta, registro, cargo, documento.

Facturar: anotar, registrar, cargar, despachar.

Facultad: potestad, capacidad, aptitud, propiedad.

Facultar: autorizar, permitir, acceder, otorgar.

Facultativo: discrecional, potestativo, médico, cirujano.

Facundia: labia, palabrería, verbosidad, abundancia.

Ingenio: ideación, creación, proyecto, habilidad.

Imaginar: concebir, inventar, idear, crear.

Realidad: evidencia, existencia, verdad, veracidad.

Real: verdadero, verídico, positivo, tangible.

Integridad: rectitud, probidad, honradez, equidad.

Leal: fiel, adicto, franco, noble.

Trivialidad: vulgaridad, ordinariez, futileza, frivolidad.

Difícil: complicado, arduo, dificultoso, complejo.

Dificultad: contrariedad, traba, tropiezo, complicación.

Dificultar: complicar, entorpecer, contrariar, problematizar.

Bondadoso: benévolo, indulgente, apacible, generoso.

Original: singular, único, propio, peculiar.

Irrealizable: imposible, impracticable, improbable, lejano.

Imaginario: irreal, falso, ficticio, teórico.

Bagatela: nadería, nonada, fruslería, poquedad.

Nimiedad: tilde, bagatela, tacha, estigma.

Anular: abolir, revocar, cancelar, invalidar.

Nadería: nimiedad, fatuidad, necedad, vanidad.

Denegar: rehusar, rechazar, negar, prohibir.

Obligatorio: indefectible, ineludible, necesario, forzoso.

Mutismo: silencio, mudez, callado, silente.

Facundo: verboso, elocuente, diserto, expresivo. **Premioso:** ajustado, estricto, rígido, exigente.

Facha: figura, presencia, apariencia, catadura. **Chabacanería:** vulgaridad, ordinariez, tosquedad, ramplonería.

Faena: trabajo, quehacer, labor, tarea. **Vagancia:** inacción, ociosidad, gandulería, haraganería.

Faja: corsé, alezo, veta, franja. **Estría:** surco, canal, raya, pliegue.

Fajar: ceñir, rodear, envolver, comprimir. **Soltar:** desceñir, desatar, liberar, desunir.

Falacia: engaño, falsedad, fraude, infundio. **Verdad:** evidencia, certeza, veracidad, exactitud.

Falange: legión, multitud, tropa, batallón. **Poquedad:** cortedad, escasez, menudencia, insignificancia.

Falaz: engañoso, mentido, fingido, embustero. **Cierto:** evidente, indiscutible, infalible, positivo.

Falible: erróneo, engañoso, equívoco, incierto. **Infalible:** cierto, seguro, indudable, indefectible.

Falsario: calumniador, mentiroso, tramposo, falseador. **Sincero:** veraz, franco, honrado, noble.

Falseamiento: adulteración, falsificación, impostura, simulación. **Veracidad:** sinceridad, franqueza, fidelidad, autenticidad.

Falsear: adulterar, falsificar, corromper, flaquear. **Resistir:** soportar, aguantar, sostener, defender.

Falsedad: engaño, mentira, embuste, infundio. **Autenticidad:** veracidad, lealtad, sinceridad, franqueza.

Falsía: doblez, falsedad, hipocresía, falacia. **Lealtad:** nobleza, llaneza, rectitud, fidelidad.

Falsificación: adulteración, falseamiento, alteración, sofisticación. **Autentificación:** autorización, certificación, legalización, oficialización.

Falsificar: adulterar, corromper, alterar, mixtificar. **Autentificar:** certificar, autorizar, formalizar, legalizar.

Falso: adulterado, fingido, simulado, hipócrita. **Auténtico:** real, sincero, verdadero, legítimo.

Falta: carencia, privación, penuria, escasez. **Abundancia:** riqueza, profusión, opulencia, cantidad.

Faltar: restar, quedar, pecar, incumplir. **Proveer:** suministrar, aprovisionar, disponer, convenir.

Falto: escaso, necesitado, desprovisto, carente. **Provisto:** abastecido, avituallado, dotado, suministrado.

Faltón: informal, incumplidor, irrespetuoso, grosero. **Cumplidor:** formal, correcto, respetuoso, atento.

Falla: falta, error, deficiencia, defecto. **Eficiencia:** suficiencia, corrección, eficacia, capacidad.

Fallar: faltar, fracasar, flaquear, resolver. **Acertar:** atinar, adivinar, descifrar, desentrañar.

Fallecer: expirar, morir, fenecer, perecer. **Nacer:** emerger, brotar, despuntar, empezar.

Fallecimiento: defunción, muerte, expiración, óbito. **Nacimiento:** vida, surgimiento, afloración, origen.

Fallido: quebrado, frustrado, malogrado, fracasado. **Solvente:** responsable, garantido, habilitado, boyante.

SINÓNIMOS	ANTÓNIMOS
Fallo: error, equivocación, yerro, desacierto.	**Éxito:** acierto, triunfo, fortuna, coincidencia.
Fama: gloria, celebridad, reputación, notoriedad.	**Obscuridad:** opacidad, lobreguez, penumbra, ofuscamiento.
Famélico: desnutrido, hambriento, transido, malcomido.	**Hartado:** saciado, satisfecho, ahíto, henchido.
Familia: progenie, parentela, estirpe, descendencia.	**Extrañeza:** ajeno, raro, insólito, impropio.
Familiar: consanguíneo, habitual, acostumbrado, hogareño.	**Raro:** extraño, insólito, inusual, mundano.
Familiaridad: confianza, intimidad, llaneza, franqueza.	**Afectación:** doblez, amaneramiento, fingimiento, hipocrexía.
Familiarizar: adaptar, acostumbrar, avezar, habituar.	**Desajustar:** deshabituar, desadaptar, desmontar, desavezar.
Famoso: reputado, renombrado, afamado, preclaro.	**Obscuro:** ignorado, opacado, desconocido, sombrío.
Fanático: obcecado, sectario, empecinado, extremista.	**Equilibrado:** ponderado, razonado, conforme, tolerante.
Fanatismo: exaltación, intolerancia, obsesión, obcecación.	**Ponderación:** mesura, equilibrio, sensatez, prudencia.
Fanfarrón: farolero, valentón, baladrón, bravucón.	**Modesto:** sencillo, llano, simple, humilde.
Fanfarronería: fanfarria, jactancia, vanagloria, pedantería.	**Humildad:** modestia, llaneza, obediencia, sumisión.
Fango: lodo, légamo, pecina, vicio.	**Pureza:** limpieza, perfección, pulcritud, candor.
Fantasía: ficción, inventiva, imaginación, utopía.	**Realidad:** existencia, autenticidad, evidencia, veracidad.
Fantasioso: soñador, iluso, fatuo, presuntuoso.	**Realista:** sencillo, objetivo, sensato, cauto.
Fantasma: espectro, aparición, visión, espíritu.	**Verosimilitud:** credibilidad, probabilidad, admisión, creencia.
Fantasmagórico: alucinante, aterrador, espectral, sobrecogedor.	**Real:** material, claro, palpable, tangible.
Fantasmón: fantasma, fantoche, mamarracho, esperpento.	**Sencillo:** humilde, natural, franco, espontáneo.
Fantástico: quimérico, inverosímil, fabuloso, imaginario.	**Verídico:** real, cierto, existente, verdadero.
Fantoche: títere, marioneta, figurón, bufón.	**Conspicuo:** ilustre, famoso, notable, sobresaliente.
Faramallero: vanilocuo, palabrero, charlatán, embaucador.	**Taciturno:** triste, silente, callado, melancólico.
Farandulero: histrión, farsante, comediante, parolero.	**Adusto:** austero, serio, severo, ascético.
Farfullar: barbotar, mascullar, balbucir, tartajear.	**Gritar:** vociferar, vocear, chillar, protestar.
Fariseísmo: hipocresía, fingimiento, simulación, doblez.	**Franqueza:** sinceridad, naturalidad, sencillez, espontaneidad.

SINÓNIMOS	ANTÓNIMOS
Fariseo: falso, impostor, comediante, hipócrita.	**Sincero:** franco, llano, veraz, abierto.
Fármaco: medicamentos, drogas, específicos, remedios.	**Diferencia:** diversidad, disparidad, desemejanza.
Fárrago: confusión, hacinamiento, desorden, mezcolanza.	**Orden:** método, disposición, mandato, cofradía.
Farragoso: confuso, mezclado, enmarañado, desordenado.	**Ordenado:** arreglado, organizado, preparado, decretado.
Farsa: comedia, drama, engaño, mentira.	**Verdad:** sinceridad, veracidad, realidad, franqueza.
Farsante: impostor, embaucador, embustero, cínico.	**Íntegro:** cabal, veraz, justo, honrado.
Fascículo: cuaderno, librito, opúsculo, libreta.	**Libro:** obra, volumen, ejemplar, tomo.
Fascinación: embrujo, hechizo, embeleco, atracción.	**Desilusión:** desengaño, decepción, disgusto, fastidio.
Fascinante: alucinante, atrayente, encantador, seductor.	**Repelente:** desagradable, repugnante, asqueroso, repulsivo.
Fascinar: atraer, deslumbrar, encantar, hechizar.	**Repeler:** rechazar, rehusar, desdeñar, desechar.
Fase: aspecto, faceta, período, apariencia.	**Condición:** disposición, cláusula, trato, transacción.
Fastidiar: hastiar, molestar, enfadar, disgustar.	**Agradar:** gustar, contentar, deleitar, alegrar.
Fastidio: molestia, disgusto, enfado, latosidad.	**Amenidad:** gracia, deleite, fruición, diversión.
Fastidioso: molesto, desagradable, enfadoso, aburrido.	**Agradable:** ameno, deleitoso, atrayente, entretenido.
Fastigio: cumbre, cúspide, pináculo, pirámide.	**Fondo:** base, cimiento, profundo, hondura.
Fastuoso: suntuoso, grandioso, espléndido, magnífico.	**Sencillo:** simple, llano, cortés, franco.
Fatal: inevitable, ineludible, inexorable, fatídido.	**Eludible:** evitable, soslayable, sorteable, esquivable.
Fatalidad: adversidad, desdicha, infortunio, desgracia.	**Fortuna:** felicidad, riqueza, destino, estrella.
Fatalismo: pesimismo, derrotismo, desilusión, desánimo.	**Optimismo:** triunfalismo, vitalismo, entusiasmo, ánimo.
Fatídico: aciago, funesto, nefa3sto, siniestro.	**Venturoso:** propicio, favorable, promisorio, próspero.
Fatiga: cansancio, molestia, penalidad, sufrimiento.	**Reposo:** quietud, sosiego, descanso, recuperación.
Fatigar: cansar, agotar, rendir, extenuar.	**Reposar:** holgar, descansar, detenerse, respirar.
Fatigoso: agotador, agobiante, sofocante, difícil.	**Fácil:** cómodo, sencillo, asequible, manejable.
Fatuidad: necedad, vanidad, orgullo, jactancia.	**Sensatez:** cordura, conciencia, discreción, prudencia.
Fatuo: vano, presumido, engreído, petulante.	**Modesto:** humilde, llano, recatado, honesto.

Fausto: dichoso, afortunado, feliz, venturoso.	**Modestia:** decoro, pudor, humildad, sencillez.
Favor: servicio, atención, ayuda, merced.	**Obstáculo:** impedimento, escollo, tropiezo, dificultad.
Favorable: propicio, benévolo, acogedor, benigno.	**Desfavorable:** contrario, adverso, hostil, perjudicial.
Favorecer: amparar, ayudar, proteger, beneficiar.	**Perjudicar:** obstaculizar, deteriorar, maltratar, lesionar.
Favoritismo: preferencia, predilección, injusticia, parcialidad.	**Objetividad:** equidad, imparcialidad, neutralidad, ecuanimidad.
Favorito: preferido, privilegiado, predilecto, estimado.	**Apartado:** alejado, separado, retirado, rechazado.
Faz: cara, anverso, haz, derecho.	**Envés:** reverso, dorso, revés, detrás.
Fe: creencia, confianza, convicción, religión.	**Incredulidad:** recelo, desconfianza, suspicacia, ateísmo.
Fealdad: deformidad, afeamiento, desproporción, monstruosidad.	**Belleza:** hermosura, preciosidad, lindeza, espiritualidad.
Feble: débil, endeble, flaco, lánguido.	**Fuerte:** robusto, corpulento, fornido, imponente.
Febril: ardoroso, inquieto, turbado, agitado.	**Tranquilo:** calmado, amainado, apaciguado, dulcificado.
Fecundar: fertilizar, fecundizar, producir, engendrar.	**Esterilizar:** secar, arizar, infecundar, inutilizar.
Fecundidad: feracidad, riqueza, fertilidad, abundancia.	**Esterilidad:** aridez, sequedad, infertilidad, improductividad.
Fecundo: prolífero, fértil, feraz, fructuoso.	**Infecundo:** improductivo, estéril, infértil, infructuoso.
Fecha: data, día, tiempo, momento.	**Eternidad:** perdurabilidad, perpetuidad, inmortalidad, sempiternidad.
Fechoría: maldad, atentado, canallada, picardía.	**Benignidad:** bondad, dulzura, benevolencia, indulgencia.
Federación: confederación, unión, liga, coalición.	**Emancipación:** separación, autonomía, disgregación, independencia.
Federar: aliar, asociar, coligar, confederar.	**Separar:** desunir, desvincular, liberar, independizar.
Fehaciente: fidedigno, verdadero, auténtico, evidente.	**Incierto:** confuso, nebuloso, dudable, vacilante.
Felicidad: ventura, complacencia, satisfacción, delicia.	**Infelicidad:** tristeza, aflicción, tribulación, melancolía.
Felicitación: enhorabuena, parabién, cumplimiento, congratulación.	**Compasión:** lástima, conmiseración, piedad, misericordia.
Felicitar: congratular, cumplimentar, alegrar, regocijar.	**Compadecer:** dolerse, apiadarse, entristecer, palidecer.
Feliz: dichoso, afortunado, venturoso, encantador.	**Infeliz:** desventurado, aciago, importuno, desgraciado.
Felón: traidor, alevoso, infiel, pérfido.	**Leal:** fiel, sincero, franco, devoto.
Felonía: traición, deslealtad, perfidia, alevosía.	**Lealtad:** fidelidad, rectitud, adhesión, probidad.

Femenino: mujeril, femenil, afeminado, delicado.
Masculino: viril, varonil, enérgico, vigoroso.

Fenecer: fallecer, morir, expirar, sucumbir.
Nacer: germinar, emanar, brotar, emerger.

Fenomenal: magnífico, fantástico, admirable, maravilloso.
Corriente: normal, vulgar, mediocre, ordinario.

Fenómeno: manifestación, misterio, prodigio, portento.
Revelación: detectación, descubrimiento, revelamiento, declaración.

Feo: repulsivo, horrible, malcriado, deforme.
Bello: hermoso, lindo, precioso, delicado.

Feraz: fecundo, fértil, productivo, prolífico.
Estéril: yermo, improductivo, árido, infecundo.

Feria: mercado, comercio, provisión, certamen.
Usufructo: provecho, utilidad, disfrute, consumo.

Fermentar: agriarse, alterarse, corromper, avinagrarse.
Mantener: conservarse, preservarse, salvaguardarse, resistir.

Ferocidad: crueldad, fiereza, violencia, barbaridad.
Bondad: clemencia, piedad, indulgencia, sensibilidad.

Feroz: fiero, cruel, despiadado, salvaje.
Bondadoso: afable, apacible, generoso, indulgente.

Férreo: fuerte, duro, resistente, inflexible.
Blando: suave, muelle, tierno, leve.

Fértil: fecundo, feraz, productivo, generoso.
Árido: estéril, seco, infecundo, monótono.

Fertilidad: fecundidad, feracidad, abundancia, profusión.
Esterilidad: aridez, infecundidad, agotamiento, improductividad.

Férula: dominio, sujeción, subordinación, subyugación.
Liberación: emancipación, manumisión, redención, exención.

Ferviente: fervoroso, efusivo, ardiente, vehemente.
Frío: helado, congelado, aterido, gélido.

Fervor: ardor, pasión, entusiasmo, fogosidad.
Frialdad: indiferencia, desapego, insensibilidad, rigidez.

Festejar: cortejar, galantear, obsequiar, regalar.
Repudiar: desdeñar, repeler, dejar, apartar.

Festivo: agudo, alegre, jovial, divertido.
Abatido: afligido, triste, atribulado, aciago.

Fetén: bueno, estupendo, fabuloso, fantástico.
Malo: espantoso, horrible, feo, terrible.

Fetichismo: idolatría, adoración, superstición, patrioterismo.
Aversión: abominación, aborrecimiento, execración, odiosidad.

Fétido: hediondo, pestilente, viciado, inmundo.
Oloroso: perfumado, odorífero, aromático, fragante.

Feudatario: vasallo, sujeto, sumiso, mancipado.
Emancipado: libre, liberado, desvinculado, manumiso.

Fiable: fiel, honesto, honrado, leal.
Dudoso: desleal, infiel, traidor, ingrato.

Fiador: garante, avalista, garantizador, avalador.
Acreedor: confiable, creíble, depositable, entregable.

Fianza: garantía, prenda, obligación, depósito.
Deuda: compromiso, débito, promesa, préstamo.

Fiar: confiar, entregar, garantizar, responder.
Desconfiar: recelar, temer, sospechar, prevenir.

SINÓNIMOS	ANTÓNIMOS
Fiasco: chasco, fracaso, decepción, malogro.	**Éxito:** triunfo, victoria, gloria, reputación.
Fibra: vigor, resistencia, energía, fortaleza.	**Debilidad:** endeblez, lasitud, febledad, languidez.
Ficción: invención, cuento, apariencia, quimera.	**Realidad:** evidencia, existencia, propiedad, autenticidad.
Ficticio: falso, supuesto, fingido, convencional.	**Real:** auténtico, fidedigno, fehaciente, verdadero.
Fichar: personalizar, señalar, afiliar, anotar.	**Borrar:** tachar, anular, suprimir, invalidar.
Fidedigno: verdadero, auténtico, fehaciente, exacto.	**Artificial:** supuesto, imaginario, ficticio, postizo.
Fidelidad: lealtad, devoción, probidad, puntualidad.	**Infidelidad:** traición, alevosía, anormalidad, irresponsabilidad.
Fiel: leal, constante, invariable, creyente.	**Infiel:** desleal, traidor, felón, impío.
Fiereza: crueldad, ferocidad, dureza, bravura.	**Ternura:** cariño, afecto, piedad, comprensión.
Fiero: feroz, cruel, salvaje, inhumano.	**Humano:** amable, manso, sensible, benévolo.
Fiesta: festividad, conmemoración, solemnidad, diversión.	**Desdén:** desprecio, desaire, desdeño, menosprecio.
Figón: boliche, fonducho, f- fonda de mala clase.	**Restaurante:** comedor, fortificante, reconfortante, refectorio.
Figura: forma, aspecto, semblante, fisonomía.	**Bobada:** necedad, simpleza, zafiedad, vaguedad.
Figurar: delinear, imaginar, trazar, diseñar.	**Escoger:** elegir, optar, preferir, seleccionar.
Figurín: lechuguino, gomoso, dandi, petimetre.	**Adán:** desastroso, dejado, descuidado, desaliñado.
Figurón: fatuo, presumido, presuntuoso, fantoche.	**Sencillo:** campechano, afable, natural, espontáneo.
Fijar: determinar, precisar, establecer, señalar.	**Soltar:** desatar, desceñir, aflojar, relajar.
Fijo: seguro, estable, consolidado, firme.	**Eventual:** inestable, variable, ocasional, provisional.
Filantropía: generosidad, altruismo, largueza, magnanimidad.	**Egoísmo:** egolatría, materialismo, narcisismo, misantropía.
Filántropo: altruista, generoso, caritativo, desinteresado.	**Egoísta:** mezquino, cicatero, avaro, misántropo.
Filiación: dependencia, procedencia, identidad, descendencia.	**Liberación:** independencia, autodeterminación, autonomía, redención.
Filial: hijar, familiar, sucursal, dependencia.	**Libre:** independiente, autónomo, voluntario, manumiso.
Filigrana: primor, delicadeza, adorno, marca.	**Rusticidad:** tosquedad, rudeza, zafiedad, torpeza.
Filípica: reprimenda, censura, invectiva, amonestación.	**Alabanza:** elogio, loa, encomio, apología.
Filosofar: meditar, reflexionar, discurrir, especular.	**Examinar:** estudiar, observar, considerar, analizar.

Filosofía: sabiduría, erudición, discernimiento, reflexión.

Filtrar: destilar, colar, pasar, rezumar.

Fin: término, final, conclusión, consumación.

Final: fin, término, conclusión, colofón.

Finalidad: fin, intención, propósito, objetivo.

Finalizar: terminar, acabar, concluir, finiquitar.

Financiar: costear, aportar, proporcionar, entregar.

Fineza: atención, deferencia, delicadeza, cortesía.

Fingido: ficticio, simulado, artificial, aparente.

Fingir: aparentar, disfrazar, simular, encubrir.

Finiquitar: cancelar, liquidar, saldar, rematar.

Fino: delicado, puro, superior, acendrado.

Finura: delicadeza, primor, fineza, atención.

Firmamento: cielo, espacio, éter, atmósfera.

Firme: fijo, sólido, estable, constante.

Firmeza: estabilidad, solidez, resistencia, fortaleza.

Fiscalizar: controlar, supervisar, analizar, calificar.

Fisgar: atisbar, husmear, curiosear, indagar.

Fisiatra: naturista, vegetariano, frugívoro, verdulivoro.

Físico: corporal, material, natural, somático.

Fisiológico: orgánico, somático, funcional, vital.

Fisonomía: rostro, aspecto, semblante, expresión.

Fláccido: blando, fofo, lacio, laxo.

Flaco: magro, enteco, enjuto, macilento.

Flagelación: castigo, maltrato, azotamiento, fustigación.

Banalidad: nimiedad, nadería, bagatela, trivialidad.

Confundir: trastocar, enredar, mezclar, perturbar.

Principio: comienzo, entrada, apertura, iniciación.

Comienzo: inicio, principio, origen, iniciación.

Origen: causa, fuente, motivo, génesis.

Comenzar: principiar, iniciar, empezar, auspiciar.

Resolver: determinar, decidir, solucionar, disponer.

Rudeza: brusquedad, descortesía, aspereza, tosquedad.

Auténtico: verdadero, legítimo, real, cierto.

Desdeñar: rechazar, refutar, despreciar, desestimar.

Empezar: comenzar, iniciar, inaugurar, abrir.

Ordinario: común, usual, frecuente, cotidiano.

Ordinariez: rudeza, incultura, brusquedad, incivilidad.

Tierra: orbe, mundo, globo, superficie.

Móvil: mutable, débil, cambiante, flexible.

Volubilidad: inestabilidad, debilidad, transitoriedad, versatilidad.

Descuidar: abandonar, desprevenir, olvidar, desestimar.

Aceptar: admitir, tolerar, asentir, comprender.

Carniatra: carnívoro, piscívoro, omnívoro, marisquívoro.

Síquico: espiritual, anímico, esencial, intangible.

Psicológico: psíquico, anímico, mental, espiritual.

Variedad: diferencia, pluralidad, variación, diversidad.

Compacto: recio, denso, erecto, duro.

Obeso: gordo, grueso, voluminoso, pesado.

Resarcimiento: compensación, indemnización, satisfacción, reposición.

Flagelar: azotar, fustigar, maltratar, contundir.
Flagelo: plaga, peste, epidemia, politiquería.
Flagrante: descubierto, localizado, encontrado, evidente.
Flamante: nuevo, reciente, reluciente, rutilante.
Flamear: ondear, llamear, flotar, ondular.
Flanco: lado, costado, extremo, borde.
Flaquear: aflojar, decaer, ceder, debilitar.
Flaqueza: debilidad, consunción, extenuación, languidez.
Flechar: lanzar, arrojar, seducir, atraer.
Flema: lentitud, apatía, calma, desgarro.
Flemático: frío, impasible, tranquilo, pachorriento.
Fletar: cargar, embarcar, armar, arrendar.
Flexibilidad: ductilidad, elasticidad, maleabilidad, tolerancia.
Flexibilizar: ductilizar, adaptar, ajustar, compatibilizar.
Flexible: elástico, dúctil, manejable, plástico.
Flexión: alteración, accidente, inflexión, doblamiento.
Flirtear: coquetear, galantear, piropear, cortejar.
Flojear: aflojar, amainar, remitir, debilitar.
Flojedad: decaimiento, debilidad, pereza, indolencia.
Flojo: negligente, indolente, tardo, pigre.
Flor: donosura, adorno, filigrana, galantería.
Florecer: progresar, adelantar, prosperar, desarrollar.
Floreciente: brillante, próspero, boyante, sobresaliente.
Florecimiento: brote, floración, prosperidad, progreso.
Floresta: bosque, selva, arboleda, boscaje.
Florido: selecto, escogido, seleccionado, ameno.

Resarcir: reparar, compensar, reponer, indemnizar.
Afecto: cariño, apego, amor, simpatía.
Ficticio: supuesto, conjeturado, inventado, imaginado.
Viejo: gastado, usado, apagado, caduco.
Estagnar: estancar, detenerse, paralizarse, anquilosarse.
Frente: cara, semblante, faz, fachada.
Soportar: aguantar, resistir, tolerar, sufrir.
Vigor: energía, vitalidad, robustez, fortaleza.
Repeler: desdeñar, rehusar, desechar, denegar.
Inquietud: impaciencia, nerviosismo, ansiedad, zozobra.
Impetuoso: vehemente, impulsivo, apasionante, ferviente.
Privar: impedir, prohibir, vedar, carecer.
Dureza: consistencia, resistencia, solidez, intransigencia.
Densificar: compactar, apiñar, espesar, incompatibilizar.
Rígido: tieso, tenso, endurecido, agarrotado.
Rigidez: inflexibilidad, dureza, rigurosidad, austeridad.
Execrar: detestar, odiar, aborrecer, repulsar.
Fortalecer: endurecer, reforzar, reanimar, curar.
Fortaleza: energía, firmeza, empuje, ímpetu.
Activo: operante, eficiente, diligente, eficaz.
Insulsez: zoncería, simpleza, tontería, necedad.
Languidecer: debilitar, marchitar, abandonar, enflaquecer.
Lánguido: débil, endeble, abatido, decaído.
Decadencia: retroceso, deterioro, degeneración, ocaso.
Baldío: yermo, vano, estéril, páramo.
Vulgar: corriente, ordinario, prosaico, aburrido.

Florilegio: selección, antología, colección, crestomatía.
Flotante: insumergible, fluctuante, inestable, oscilable.
Flotar: nadar, sostenerse, emerger, sobrenadar.
Fluctuar: oscilar, variar, ondular, vacilar.
Fluido: líquido, claro, espontáneo, natural.
Fluir: manar, brotar, surgir, salir.
Flujo: oleada, creciente, efusión, marea.
Fobia: aversión, temor, horror, antipatía.
Fofo: esponjoso, blando, muelle, suelto.
Fogosidad: impetuosidad, vehemencia, ardor, brío.
Fogoso: ardiente, impetuoso, brioso, vehemente.
Fogueado: ducho, veterano, avezado, aguerrido.
Folio: página, hoja, carilla, plana.
Follaje: fronda, espesura, frondosidad, ramaje.
Follón: perezoso, poltrón, remolón, cobarde.
Fomentar: promover, impulsar, proteger, avivar.
Fondear: anclar, amarrar, atracar, registrar.
Fondo: base, asiento, esencia, profundidad.
Forajido: bandido, facineroso, criminal, asaltante.
Foráneo: extraño, extranjero, alienígena, exótico.
Foranizar: extranjerizar, barbarizar, f-sentir preferencia por lo extranjero.
Forastero: extraño, foráneo, ajeno, extranjero.
Forcejear: forzar, batallar, bregar, pugnar.
Forjar: concebir, urdir, inventar, crear.
Forma: diseño, estructura, aspecto, método.

Indistinción: confusión, esfumación, nubosidad, imprecisión.
Estable: fijo, firme, sujeto, seguro.
Hundirse: sumergirse, afondar, sumirse, deprimirse.
Afianzar: afirmar, consolidar, asir, confirmar.
Farragoso: entrecortado, confuso, ininteligible.
Ocluir: cerrar, impedir, obturar, obstruir.
Distancia: intervalo, trecho, espacio, diferencia.
Afición: atracción, encanto, seducción, simpatía.
Consistente: resistente, sólido, estable, firme.
Flema: calma, pasividad, serenidad, frialdad.
Frío: apático, flemático, displicente, indolente.
Inexperto: inhábil, incapaz, inepto, novato.
Suceso: incidente, episodio, hecho, evento.
Esterilidad: aridez, atocia, infecundidad, baldío.
Valiente: aguerrido, valeroso, bravo, decidido.
Anquilosar: estancar, estagnar, frenar, contener.
Zarpar: salir, navegar, desatracar, embarcarse.
Superficie: espacio, cara, exterior, extensión.
Bienhechor: protector, benefactor, amparador, filántropo.
Autóctono: nativo, indígena, oriundo, vernáculo.
Autoctonizar: nativizar, indigenizar, vernaculizar, oriundizar.
Oriundo: nativo, aborigen, indígena, vernáculo.
Convenir: entenderse, avenirse, conciliar, amoldarse.
Gandulear: holgazanear, haraganear, ociosear, apoltronarse.
Materia: contenido, elemento, sustancia, objeto.

Formación: creación, cultura, estudios, adiestramiento.	**Ignorancia:** incultura, analfabetismo, desconocimiento.
Formal: cumplidor, sensato, serio, responsable.	**Informal:** irresponsable, alocado, incumplidor, negligente.
Formalidad: fórmula, requisito, procedimiento, ceremonia.	**Ligereza:** superficialidad, liviandad, volubilidad, imprudencia.
Formalizar: determinar, precisar, concretar, legalizar.	**Vacilar:** dudar, titubear, trepidar, fluctuar.
Formar: plasmar, modelar, componer, constituir.	**Deformar:** alterar, variar, mudar, trastornar.
Fórmula: norma, modelo, canon, pauta.	**Anarquía:** desorden, confusión, anormalidad, anomalía.
Formular: recetar, prescribir, enunciar, expresar.	**Anular:** revocar, abolir, invalidar, inutilizar.
Fornicar: cohabitar, convivir, copular, unionizar.	**Abstenerse:** prescindir, privarse, inhibirse, reprimirse.
Fornido: robusto, recio, macizo, fuerte.	**Débil:** asténico, exangüe, endeble, enclenque.
Foro: abogacía, curia, planteamiento, disertación.	**Silencio:** mudez, mutismo, callamiento, reticencia.
Forrar: cubrir, revestir, tapizar, guarecer.	**Desforrar:** descubrir, desforrar, desfundar.
Fortalecer: fortificar, afianzar, consolidar, reforzar.	**Debilitar:** agotar, extenuar, flaquear, fatigar.
Fortalecimiento: refuerzo, tonificación, robustecimiento, consolidación.	**Debilitamiento:** desgaste, aflojamiento, desfallecimiento, debilidad.
Fortaleza: vigor, resistencia, firmeza, solidez.	**Debilidad:** flaqueza, lasitud, extenuación, escualidez.
Fortificar: fortalecer, consolidar, reforzar, atrincherar.	**Debilitar:** desfallecer, fatigar, languidecer, desalentar.
Fortuito: casual, accidental, repentino, imprevisto.	**Deliberado:** discurrido, resuelto, consultado, reflexionado.
Fortuna: azar, casualidad, eventualidad, suerte.	**Lógica:** razón, dialéctica, razonamiento, deducción.
Forzado: falso, fingido, obligado, impuesto.	**Auténtico:** verdadero, voluntario, opcional, facultativo.
Forzar: obligar, violentar, compeler, forcejear.	**Respetar:** acatar, obedecer, venerar, honrar.
Forzoso: obligado, preciso, ineludible, indefectible.	**Facultativo:** libre, discrecional, potestativo, voluntario.
Forzudo: fornido, robusto, vigoroso, imponente.	**Débil:** enclenque, desfallecido, decaído, debilitado.
Fosa: huesera, yacija, cárcava, enterramiento.	**Mausoleo:** panteón, tumba, sepultura, nicho.
Fosco: oscuro, tenebroso, lóbrego.	**Despejado:** claro, raso.
Fosilizarse: mineralizarse, petrificarse, anquilosarse, anticuarse.	**Desarrollarse:** progresar, crecer, avanzar, evolucionar.
Fracasado: frustrado, malogrado, fallido, marrado.	**Triunfador:** vencedor, exitoso, campeón, conquistador.

SINÓNIMOS	ANTÓNIMOS
Fracasar: frustrar, malograr, fallar, faltar.	**Triunfar:** vencer, ganar, superar, conquistar.
Fracaso: frustración, fiasco, descalabro, infortunio.	**Triunfo:** éxito, conquista, laurel, palma.
Fraccionado: partido, dividido, troceado, fragmentado.	**Íntegro:** cabal, entero, completo, intacto.
Fraccionamiento: división, partición, segmentación, fragmentación.	**Unión:** integración, fusión, cohesión, asociación.
Fraccionar: partir, dividir, romper, fragmentar.	**Completar:** integrar, añadir, agregar, totalizar.
Fracturar: quebrar, romper, partir, dividir.	**Ensamblar:** ligar, juntar, unir, trabar.
Fragancia: aroma, perfume, esencia, olor.	**Fetidez:** hedor, pestilencia, hediondez, tufo.
Fragante: aromático, perfumado, oloroso.	**Pestilente:** fétido, hediondo, maloliente, repugnante.
Frágil: débil, endeble, quebradizo, delicado.	**Fuerte:** resistente, sólido, vigoroso, férreo.
Fragilidad: debilidad, inconsistencia, lasitud, blandura.	**Resistencia:** vigor, fuerza, energía, potencia.
Fragmentar: dividir, trocear, partir, fraccionar.	**Unir:** fusionar, integrar, recomponer, asociar.
Fragmentario: incompleto, parcial, insuficiente, inacabado.	**Completo:** total, perfecto, entero, íntegro.
Fragmento: trozo, partícula, fracción, pedazo.	**Todo:** entero, completo, íntegro, conjunto.
Fragor: estruendo, estrépito, ruido, escándalo.	**Sigilo:** calma, pausa, silencio, tregua.
Fragoroso: estrepitoso, estruendoso, ruidoso, atronador.	**Silencioso:** callado, sigiloso, tranquilo, sosegado.
Fragoso: abrupto, escarpado, breñoso, fragoroso.	**Silencioso:** callado, silente, reservado, observador.
Fraguar: discurrir, idear, inventar, maquinar.	**Confiar:** fiarse, esperar, entregar, delegar.
Francachela: orgía, bacanal, jolgorio, desenfreno.	**Templanza:** moderación, prudencia, continencia, sobriedad.
Franco: llano, veraz, cierto, fidedigno.	**Falaz:** falso, simulado, embustero, hipócrita.
Franqueable: accesible, vadeable, alcanzable, asequible.	**Inaccesible:** infranqueable, inabordable, intransitable, inasequible.
Franquear: abrir, posibilitar, facilitar, liberar.	**Cerrar:** atajar, frenar, tapar, cubrir.
Franqueza: llaneza, naturalidad, sinceridad, liberalidad.	**Hipocresía:** falsedad, doblez, fingimiento, simulación.
Franquicia: dispensa, exención, privilegio, prerrogativa.	**Obligación:** exigencia, imposición, deber, dependencia.
Frase: locución, expresión, pensamiento, dicho.	**Palabra:** vocablo, dicción, voz, monosílabo.
Fraternidad: hermandad, unión, armonía, concordia.	**Enemistad:** rivalidad, aversión, odio, ojeriza.

SINÓNIMOS	ANTÓNIMOS
Fraternizar: armonizar, hermanar, conciliar, simpatizar.	**Enemistar:** desavenir, desunir, beligerar, intrigar.
Fraude: engaño, dolo, estafa, falsificación.	**Veracidad:** verdad, certeza, evidencia, realidad.
Fraudulento: doloso, engañoso, simulacro, capcioso.	**Verídico:** verdadero, real, cierto, veraz.
Frecuencia: sucesión, periodicidad, usualidad, asiduidad.	**Interrupción:** detención, oclusión, impedimento, suspensión.
Frecuentar: menudear, acostumbrar, visitar, concurrir.	**Normalizar:** ajustar, unificar, metodizar, tipificar.
Frecuente: usual, habitual, repetido, asiduo.	**Irregular:** extraño, anormal, discontinuo, intermitente.
Fregar: frotar, restregar, limpiar, molestar.	**Impedir:** entorpecer, obstaculizar, dificultar, imposibilitar.
Frenar: parar, refrenar, sujetar, detener.	**Acelerar:** activar, apresurar, aligerar, precipitar.
Frenesí: exaltación, arrebato, delirio, desvarío.	**Sosiego:** quietud, reposo, pasividad, serenidad.
Frenético: delirante, impulsivo, exaltado, arrebatado.	**Pacífico:** plácido, reposado, quieto, sosegado.
Freno: sujeción, moderación, bocado, religión.	**Acicate:** aliciente, incentivo, aguijón, estímulo.
Frente: faz, semblante, testuz, fachada.	**Reverso:** espalda, dorso, contrario, retaguardia.
Fresco: frío, helado, sano, insolente.	**Sensato:** turbado, tímido, prudente, inquieto.
Frescura: frescor, amenidad, indiferencia, flojedad.	**Afición:** apego, inclinación, gusto, ahínco.
Frígido: frío, indiferente, desapasionado, impasible.	**Apasionado:** ardiente, entusiasta, caluroso, vehemente.
Frío: helado, congelado, yerto, álgido.	**Calor:** ardor, energía, viveza, entusiasmo.
Friolera: fruslería, bagatela, nadería, nimiedad.	**Importancia:** significación, categoría, estimación, interés.
Frito: cocinado, dorado, desesperado, breado.	**Crudo:** sosegado, tranquilo, reposado, apacible.
Frivolidad: ligereza, trivialidad, volubilidad, vacuidad.	**Gravedad:** seriedad, importancia, solemnidad, formalidad.
Frívolo: ligero, superficial, voluble, baladí.	**Constante:** perseverante, asiduo, continuo, tenaz.
Frondosidad: espesura, ramaje, follaje, broza.	**Aridez:** sequedad, enjutez, esterilidad, infecundidad.
Frondoso: espeso, tupido, cerrado, exuberante.	**Ralo:** disperso, esparcido, claro, extendido.
Frontal: anterior, delantero, exterior, primero.	**Posterior:** trasero, consecutivo, ulterior, detrás.
Frontera: límite, linde, confín, raya.	**Principio:** comienzo, nacimiento, origen, advenimiento.
Fronterizo: colindante, confinante, limítrofe, contiguo.	**Opuesto:** lejano, distante, extremo, alejado.

Frontis: fachada, portada, delantera, frontispicio.
Trasera: postrera, espalda, revés.

Frotar: ludir, estregar, restregar, rozar.
Apartar: alejar, distanciar, retirar, desviar.

Fructífero: provechoso, beneficioso, productivo, ventajoso.
Improductivo: estéril, infecundo, infructuoso, perjudicial.

Fructificar: producir, granar, rendir, beneficiar.
Perjudicar: dañar, lesionar, menoscabar, deteriorar.

Frugal: morigerado, sobrio, moderado, mesurado.
Intemperante: inmoderado, incontrolado, libertino, glotón.

Frugalidad: moderación, mesura, parquedad, sobriedad.
Intemperancia: exceso, demasiado, libertinaje, exaltación.

Fruición: deleite, gusto, delicia, complacencia.
Angustia: aflicción, ansiedad, pesar, sufrimiento.

Fruir: gozar, disfrutar, aprovechar, deleitar.
Sufrir: padecer, afligirse, torturar, atormentar.

Fruncir: plegar, comprimir, encoger, estrechar.
Alisar: estirar, extender, dilatar, desarrollar.

Fruslería: bagatela, nadería, futilidad, trivialidad.
Excelencia: categoría, jerarquía, clase, condición.

Frustración: fracaso, malogro, obstáculo, impedimento.
Triunfo: éxito, logro, acierto, conquista.

Frustrar: malograr, fracasar, dificultar, estropear.
Triunfar: ganar, conquistar, vencer, dominar.

Fruto: producto, resultado, objeto, cosecha.
Desecho: resto, residuo, desperdicio, escoria.

Fucilar: destellar, fulgurar, centellear, relumbrar.
Obscurecer: ensombrecer, entenebrecer, opacar, enlobreguecer.

Fuego: llama, ignición, lumbre, pasión.
Frigidez: frialdad, indiferencia, desapego, desamor.

Fuelle: pliegue, plegadura, repliegue, plisado.
Expande: extiende, despliegue, desenvuelve, propague.

Fuente: origen, principio, causa, manantial.
Término: meta, confín, objeto, límite.

Fuero: poder, franquicia, privilegio, exención.
Menoscabo: desventaja, perjuicio, inconveniente.

Fuerte: firme, sólido, fornido, corpulento.
Débil: endeble, fofo, decaído, lánguido.

Fuerza: potencia, pujanza, eficacia, poder.
Impotencia: inanición, debilidad, endeblez, languidez.

Fuga: huida, evasión, escapada, filtración.
Detención: retención, parada, detenimiento, estancamiento.

Fugacidad: brevedad, caducidad, transitoriedad, precariedad.
Perdurabilidad: eternidad, permanencia, constancia, perpetuidad.

Fugaz: breve, momentáneo, efímero, pasajero.
Duradero: estable, durable, persistente, constante.

Fulano: mengano, zutano, perengano, robiñano.
Nombre: Pedro, José, Manuel, Alicia.

Fulero: frangollón, chapucero, chafallón, remendón.
Esmerado: cuidadoso, pulcro, escrupuloso, afanoso.

Fulgor: claridad, brillo, resplandor, destello. **Obscuridad:** sombra, opacidad, lobreguez, tinieblas.
Fulgurante: brillante, fúlgido, luminoso, reluciente. **Opaco:** sombrío, apagado, mate, oscuro.
Fulgurar: resplandecer, centellear, brillar, relumbrar. **Obscurecer:** apagar, ensombrecer, opacar, enlobreguecer.
Fulminante: exterminante, destructor, aniquilante, explosivo. **Creador:** restaurador, constructor, reparador, restablecedor.
Fulminar: aniquilar, exterminar, destruir, arruinar. **Crear:** concebir, inventar, instaurar, establecer.
Fullería: dolo, engaño, trampa, maulería. **Certidumbre:** certeza, evidencia, manifestación, seguridad.
Fullero: pícaro, estafador, tramposo, ladrón, delincuente. **Honrado:** íntegro, recto, honesto, veraz.
Fumigar: desinfectar, purificar, sahumar, exorcizar. **Apestar:** infectar, inficionar, contagiar, corromper.
Función: ministerio, ejercicio, puesto, fiesta. **Inacción:** inercia, inmovilidad, inactividad, ociosidad.
Funcionar: mover, marchar, operar, actuar. **Detener:** frenar, parar, estancar, cesar.
Fundación: creación, instauración, constitución, institución. **Clausura:** cierre, cancelación, derogación, anulación.
Fundamental: esencial, cardinal, primordial, principal. **Accidental:** fortuito, eventual, casual, imprevisto.
Fundamentar: cimentar, basar, documentar, establecer. **Discutir:** controvertir, examinar, estudiar, argumentar.
Fundamento: principio, origen, base, razonamiento. **Menoscabo:** deterioro, merma, debilitamiento, disminución.
Fundar: construir, edificar, establecer, instituir. **Entorpecer:** impedir, obstruir, estorbar, obstaculizar.
Fundición: fusión, licuación, licuefacción, disolución. **Condensación:** solidificación, cristalización, consolidación.
Fundir: licuar, derretir, liquidar, moldear. **Solidificar:** endurecer, condensar, comprimir, espesar.
Fúnebre: funerario, funeral, luctuoso, tétrico. **Fausto:** feliz, venturoso, dichoso, afortunado.
Funesto: aciago, infausto, nefasto, luctuoso. **Alegre:** fausto, dichoso, jubiloso, achispado.
Furia: cólera, arrebato, furor, frenesí. **Placidez:** quietud, tranquilidad, sosiego, parsimonia.
Furibundo: rabioso, furioso, energúmeno, frenético. **Tranquilo:** sereno, quieto, sosegado, afable.
Furioso: furibundo, irritado, sulfuroso, impetuoso. **Afable:** sereno, sosegado, tranquilo, plácido.
Furor: delirio, exaltación, arrebato, excitación. **Parsimonia:** parquedad, prudencia, discreción, moderación.
Furtivo: oculto, escondido, secreto, clandestino. **Manifiesto:** abierto, notorio, evidente, palmatorio.
Fusible: fundible, fundente, licuante, f- fácil de fundirse. **Resistente:** firme, duro, fuerte, sólido.

Fusilar: ejecutar, ajusticiar, f- copiar textos.

Fusión: mezcla, unión, conciliación, simbiosis.

Fusionar: juntar, unir, aunar, unificar.

Fuste: palo, vara, asta, importancia.

Fustigar: azotar, flagelar, vapulear, zaherir.

Fútil: baladí, insustancial, nimio, insignificante.

Futilidad: fruslería, futileza, friolera, nadería.

Futurición: intención, proyección, preparación, concepción.

Futurizar: proyectar, imaginar, ficcionar, planificar.

Futuro: venidero, próximo, porvenir, perspectiva.

Futurología: estudio, reflexión, lucubración, posibilidades.

Vitalizar: vivificar, confortar, animar, alentar.

Separación: cercenamiento, fragmentación, aislamiento, segregación.

Separar: dividir, fraccionar, detraer, divorciar.

Soga: cuerda, estrenque, cabuya, crizteja.

Acariciar: mimar, halagar, regalar, consentir.

Sustancial: esencial, importante, principal, trascendente.

Clase: condición, jerarquía, categoría, excelencia.

Ejecución: realización, culminación, consumación, operación.

Realizar: culminar, coronar, ejecutar, efectivizar.

Presente: actual, vigente, hodierno, contemporáneo.

Utopía: quimera, fantasía, sueño, ficción.

G

Gabela: impuesto, gravamen, contribución, tributo.

Exención: franquicia, privilegio, liberación, eximición.

Gabinete: dependencia, cartera, ministerio, gobierno.

Habitación: morada, vivienda, alcoba, hábitat.

Gaceta: periódico, diario, boletín, informativo.

Revista: semanario, septenario, control, inspección.

Gacho: agachado, inclinado, doblado, encogido.

Levantado: erecto, erguido, estirado, enderezado.

Gaje: estipendio, retribución, emolumento, molestia.

Pérdida: menoscabo, merma, perjuicio, carencia.

Gala: alarde, ostentación, gallardía, gracia.

Vergüenza: rubor, sonrojo, turbación, bochorno.

Galán: galano, adonis, pretendiente, actor.

Desagradable: desatento, desconsiderado, descomedido, desabrido.

Galano: acicalado, pulcro, elegante, compuesto.

Sencillo: llano, natural, franco, sincero.

Galante: atento, cortés, solícito, admirador.

Descortés: desatento, descomedido, desconsiderado, grosero.

Galantería: atención, cortesía, gentileza, galanura.

Desaire: desatención, descortesía, desdén, chasco.

Galanura: gallardía, galantería, donosura, gentileza.

Poquedad: apocamiento, timidez, encogimiento, pusilanimidad.

Galardón: premio, recompensa, distinción, laurel.

Sanción: pena, castigo, corrección, escarmiento.

Galaxia: conjunto, agrupación, fusión, vía láctea.

Disyunción: separación, división, fraccionamiento, alejamiento.

Galbana: pereza, desidia, holgazanería, apatía.

Laboriosidad: diligencia, dedicación, trabajo, afán.

Galería: mirador, solana, corredor, túnel.

Espectro: fantasía, visión, aparición, tacha.

Gálibo: elegancia, primorosidad, dimensión, plantilla.

Disyunción: separación, división, fraccionamiento, alejamiento.

Galimatías: desorden, confusión, germanía, jerigonza.

Orden: armonía, disposición, organización, yunción.

Galopante: fulminante, brusco, drástico, repentino.

Lento: pausado, calmoso, sosegado, tranquilo.

Gallardete: insignia, flámula, distintivo, banderola.

Confuso: revuelto, mezclado, embrollado, confundido.

Gallardía: bizarría, brío, osadía, intrepidez.

Pusilanimidad: temor, cobardía, vacilación, gallinería.

Gallardo: airoso, desembarazado, apuesto, guapo.

Farfallón: desgarbado, medroso, pusilánime, atropellado.

SINÓNIMOS	ANTÓNIMOS
Gama: escala, serie, graduación, matiz.	**Monotonía:** igualdad, uniformidad, regularidad, pesadez.
Gamberro: disoluto, licencioso, galocho, vicioso.	**Virtuoso:** probo, íntegro, honesto, honrado.
Ganador: triunfador, vencedor, campeón, as.	**Fracasado:** perdedor, vencido, derrotado, acabado.
Ganancia: negocio, utilidad, provecho, rendimiento.	**Pérdida:** mermación, menguación, menoscabo, disminución.
Ganapán: recadero, mandadero, portador, mediocre.	**Secretario:** amanuense, actuario, escribano, memorialista.
Ganar: adquirir, obtener, lograr, percibir.	**Perder:** deteriorar, disipar, derrochar, fracasar.
Ganchudo: arqueado, curvado, curvo, combo.	**Lineal:** recto, derecho, tieso, plano.
Gandul: haragán, holgazán, indolente, remolón.	**Trabajador:** activo, laborioso, diligente, dinámico.
Gandulear: haraganear, holgazanear, vaguear, holgar.	**Trabajar:** bregar, trajinar, laborar, esforzarse.
Ganga: ventaja, prebenda, sinecura, oportunidad.	**Inconveniente:** dificultad, impedimento, estorbo, tropiezo.
Ganso: gandul, holgazán, chistoso, bromista.	**Diligente:** hábil, trabajador, serio, soso.
Garante: fiador, avalista, afianzador, caucionante.	**Deudor:** adeudador, comprometido, debedor, ditador.
Garantía: protección, seguridad, afianzamiento, caución.	**Desvalimiento:** desprotección, inseguridad, descubierto, intranquilidad.
Garantizar: garantir, asegurar, avalar, responder.	**Peligrar:** arriesgar, aventurar, exponer, comprometer.
Garbo: salero, donaire, gracia, gallardía.	**Desgarbo:** desaliño, sosería, torpeza, insulsez.
Garboso: gallardo, gentil, airoso, apuesto.	**Cursi:** afectado, ridículo, amanerado, siútico.
Garganta: gaznate, tragadero, cuello, desfiladero.	**Espaciosidad:** capacidad, anchura, extensión, distancia.
Garrafal: colosal, excesivo, exorbitante, morrocotudo.	**Ínfimo:** minúsculo, pequeño, mínimo, grupúsculo.
Garrote: tranca, bastón, cayado, vara.	**Cuerda:** soga, cordel, guasca, maroma.
Gárrulo: hablador, charlatán, parlanchín, locuaz.	**Callado:** reservado, discreto, comedido, tímido.
Gasificar: volatilizar, vaporizar, evaporar, destilar.	**Licuar:** solidificar, condensar, coagular.
Gastado: usado, deteriorado, acabado, envejecido.	**Nuevo:** flamante, actual, fresco, reciente.
Gastar: consumir, agotar, derrochar, estropear.	**Conservar:** guardar, ahorrar, economizar, depositar.
Gasto: desembolso, compra, consumición, derroche.	**Ingreso:** cobro, ahorro, cobranza, percepción.
Gastronomía: cocina, culinaria, guiso, condimento.	**Malogración:** desaliño, salamiento, desabrimiento, desazonado.

Gastronómico: comilón, tragón, epulón, zampón.
Gatuperio: intriga, embrollo, enjuague, chanchullo.
Gaucho: vaquero, pampero, hábil, astuto.
Gavilla: haz, fajo, brazada, manojo.
Gazapo: error, equivocación, traspiés, lapsus.
Gazmoño: hipócrita, fariseo, mojigato, santurrón.
Gaznápiro: bobo, tonto, torpe, palurdo.
Gelatinoso: viscoso, pegajoso, adherente, pastoso.
Gélido: frío, helado, álgido, glacial.
Gema: brote, renuevo, yema, botón.
Gemebundo: quejoso, quejumbroso, jeremías, plañidero.
Gemelo: mielgo, hermanado, mellizo, lentes.
Gemir: lamentarse, quejarse, plañir, clamar.
Genealogía: f- serie de progenitores, documentación que los contiene.
Generación: creación, concepción, descendencia, sucesión.
Generacional: diferencial, distincional, discrecional, divergencional.
General: corriente, frecuente, común, oficial.
Generalización: divulgación, propagación, vulgarización, difusión.
Generalizar: extender, difundir, publicar, trascender.
Generar: originar, producir, crear, germinar.
Genérico: común, general, colectivo, universal.
Género: clase, especie, manera, mercadería.
Generosidad: nobleza, grandeza, bondad, benevolencia.
Generoso: dadivoso, pródigo, desprendido, magnánimo.
Genésico: carnal, erótico, sensual, libidinoso.
Génesis: principio, origen, fuente, embrión.

Frugalista: parco, mesurado, moderado, parsimonioso.
Veracidad: verdad, certidumbre, claridad, evidencia.
Urbano: cívico, ciudadano, comedido, atento.
Paquete: envoltorio, fardo, bulto, atado.
Verdad: veracidad, evidencia, certeza, ortodoxia.
Franco: sincero, abierto, veraz, sencillo.
Ladino: sagaz, astuto, hábil, sátrapa.
Duro: trabado, fluido, ligero, claro.
Ardiente: apasionado, fogoso, vehemente, fervoroso.
Exterminio: aniquilamiento, extinción, agotamiento, conclusión.
Sufrido: paciente, tolerante, resistente, resignado.
Singular: único, solitario, unigénito, aislado.
Regocijar: alegrarse, animarse, alborozarse, complacerse.
Especie: clase, grupo, asunto, género.
Consunción: agotamiento, extenuación, extinción, aniquilamiento.
Concordancial: coincidencial, concurrencial, sincrónico, armónico.
Particular: singular, individual, esencial, exclusivo.
Concreción: delimitación, precisión, puntualización.
Particularizar: singularizar, individualizar, personificar.
Terminar: concluir, culminar, finalizar, finiquitar.
Específico: particular, singular, determinado, especial.
Dilema: alternativa, disyuntiva, problema, conflicto.
Avaricia: mezquindad, cicatería, ruindad, codicia.
Mezquino: avaro, tacaño, cicatero, egoísta.
Espiritual: inmaterial, anímico, incorpóreo, mental.
Efecto: consecuencia, secuela, relación, corolario.

Genial: sobresaliente, descollante, excelente, relevante.	**Común:** corriente, frecuente, vulgar, trivial.
Genialidad: ocurrencia, originalidad, agudeza, ingeniosidad.	**Mediocridad:** vulgaridad, mezquindad, medianía, ordinariez.
Genio: carácter, temperamento, condición, índole.	**Diversidad:** diferencia, disparidad, variedad, heterogeneidad.
Genotipo: prototipo, arquetipo, modelo, espécimen.	**Vulgotipo:** plebeyo, ramplón, ordinario, ganso.
Gentil: galán, apuesto, atento, pagano.	**Adusto:** severo, rígido, huraño, esquivo.
Gentileza: cortesía, urbanidad, finura, cordialidad.	**Rudeza:** brusquedad, aspereza, torpeza, acritud.
Gentilhombre: hidalgo, noble, caballero, justo.	**Malhombre:** mezquino, maleducado, desatento, deshonesto.
Genuflexión: reclinación, reverencia, postración, sumisión.	**Elevación:** incorporación, señalación, enaltecimiento, alentamiento.
Genuino: auténtico, legítimo, propio, original.	**Adulterado:** falsificado, plagiado, ilegítimo, impuro.
Gerencia: administración, dirección, manejo, autoridad.	**Propietario:** empresario, dueño, patrón, amo.
Gerente: director, consejero, apoderado, comisionado.	**Dependiente:** subalterno, subordinado, oficial, satélite.
Germanía: jerga, jerigonza, caló, galimatías.	**Concierto:** ordenación, disposición, pureza, euritmia.
Germen: embrión, origen, principio, elemento.	**Fruto:** producto, resultado, objeto, consecuencia.
Germinar: nacer, crecer, brotar, fecundar.	**Fenecer:** perecer, sucumbir, morir, expirar.
Gesta: hazaña, heroicidad, valentía, realce.	**Cobardía:** timidez, pusilanimidad, apocamiento, vergüenza.
Gestación: germinación, formación, preñez, maduración.	**Fenecimiento:** muerte, occisión, óbito, defunción.
Gesticular: gestear, mimicar, muecar, bracear.	**Observar:** examinar, atisbar, atender, advertir.
Gestión: encargo, misión, diligencia, actividad.	**Inanidad:** vacuidad, vaciedad, inutilidad, futilidad.
Gestionar: intentar, diligenciar, tramitar, resolver.	**Impedir:** detener, abstener, dificultar, complicar.
Gesto: actividad, ademán, mueca, visaje.	**Inmovilidad:** pasividad, tranquilidad, inercia, inacción.
Gibar: jorobar, corcovar, incomodar, vejar.	**Distraer:** divertir, entretener, solazar, recrear.
Giboso: jorobado, chepudo, corcovado, contrahecho.	**Erguido:** derecho, vertical, tieso, recto.
Gigante: titán, coloso, grande, descomunal.	**Enano:** pigmeo, liliputiense, gorgojo, diminuto.
Gigantesco: enorme, colosal, ciclópeo, extraordinario.	**Pigmeo:** enano, pequeño, diminuto, insignificante.
Gimotear: lloriquear, sollozar, gemir, suspirar.	**Reír:** carcajear, desternillarse, sonreír, gozar.

SINÓNIMOS	ANTÓNIMOS
Girar: rotar, rodar, circular, expedir.	**Impedir:** estorbar, dificultar, entorpecer, obstaculizar.
Gitano: cíngaro, flamenco, marrullero, bohemio.	**Estacionario:** aposentado, parado, detenido, sedentario.
Glacial: frío, helado, gélido, desafecto.	**Caliente:** candente, ardiente, cálido, quemante.
Global: completo, total, general, universal.	**Parcial:** partido, fragmentario, incompleto, particular.
Globo: esfera, bola, mundo, tierra.	**Cuadro:** marco, lienzo, pintura, escena.
Gloria: paraíso, fama, cielo, honor.	**Obscuridad:** averno, infierno, sombra, lobreguez.
Glorificación: alabanza, aclamación, enaltecimiento, loa.	**Humillación:** ofensa, degradación, desprecio, vejación.
Glorificar: alabar, ensalzar, enaltecer, exaltar.	**Abominar:** aborrecer, repudiar, despreciar, profazar.
Glorioso: memorable, ilustre, divino, bienaventurado.	**Mediocre:** vulgar, corriente, infernal, condenado.
Glosa: observación, comentario, nota, paráfrasis.	**Noticia:** crónica, artículo, reportaje, exposición.
Glotón: comilón, tragón, epulón, voraz.	**Sobrio:** controlado, moderado, medido, morigerado.
Glotonería: gula, voracidad, ansia, hambronería.	**Desgana:** inapetencia, templaza, sobriedad, moderación.
Gnomo (nomo): duende, elfo, genio, espectro.	**Figura:** forma, aspecto, imagen, efigie.
Gnosis: f- conocimiento cabal, ciencia de los magos.	**Obscurantismo:** insapiencia, nesciencia, tinieblas, desinstrucción.
Gobernable: obediente, dócil, manejable, disciplinado.	**Indócil:** indisciplinado, rebelde, díscolo, desobediente.
Gobernar: dirigir, conducir, administrar, regir.	**Anarquizar:** confundir, desordenar, desorganizar, descontrolar.
Goce: disfrute, posesión, usufructo, placer.	**Dolor:** sufrimiento, pesar, tribulación, angustia.
Golfa: pilluela, granuja, buscona, gamberra.	**Íntegra:** proba, recta, honrada, virtuosa.
Golfo: bahía, rada, ensenada, vagabundo.	**Mar:** océano, piélago, plétora, cantidad.
Golondro: deseo, apetito, antojo, ambición.	**Repugnancia:** repulsión, repelación, rechazo, desprecio.
Golosina: delicadeza, exquisitez, finura, delicia.	**Insipidez:** insulsez, insabor, sosería, insubstancialidad.
Golpe: choque, impacto, desgracia, revés.	**Caricia:** cariño, mimo, fortuna, suerte.
Golpear: herir, maltratar, pegar, zaherir.	**Cuidar:** velar, atender, conservar, vigilar.
Gordo: abultado, adiposo, atocinado, mofletudo.	**Flaco:** delgado, enjuto, magro, enteco.
Gorjear: entonar, trinar, canturrear, modular.	**Callar:** silenciar, enmudecer, sigilar, resevar.
Gotear: destilar, escurrir, chispear, lloviznar.	**Estancar:** parar, detener, retener, frenar.

Gozar: disfrutar, aprovechar, deleitarse, usufructuar.
Gozo: deleite, placer, gusto, satisfacción.
Gozoso: contento, satisfecho, complacido, radiante.
Grabar: esculpir, tallar, cincelar, burilar.
Gracejo: agudeza, ingeniosidad, donaire, chispa.
Gracia: merced, favor, beneficio, encanto.
Gracioso: saleroso, donoso, festivo, ocurrente.
Grado: cargo, jerarquía, valor, calidad.
Graduación: escala, progresión, sucesión, secuela.
Gradual: escalonado, sucesivo, graduado, progresivo.
Graduar: dosificar, medir, escalonar, regular.
Gráfico: esquema, esbozo, diseño, bosquejo.
Granado: maduro, espigado, selecto, escogido.
Grande: crecido, enorme, considerable, magnate.
Grandeza: magnitud, superioridad, esplendor, relevancia.
Granítico: duro, compacto, fuerte, consistente.
Granja: cortijo, estancia, rancho, alquería.
Granjear: captar, ganar, conquistar, conseguir.
Grano: semilla, gránulo, porción, pizca.
Granuja: pícaro, bribón, pillo, badulaque.

Gratificar: recompensar, retribuir, premiar, satisfacer.
Gratis: invaluado, incompensado, gratuitamente, graciosamente.
Gratitud: apradecimiento, reconocimiento, recuerdo, correspondencia.
Grato: agradable, placentero, gustoso, sabroso.
Gratuito: gratis, merecido, gracioso, sabroso.
Gratular: felicitar, aplaudir, cumplimentar, congratular.

Sufrir. padecer, afligirse, atormentarse, entristecerse.
Dolor: pena, pesar, sufrimiento, congoja.
Pesaroso: triste, apesadumbrado, dolido, atribulado.
Borrar: anular, suprimir, tachar, rayar.
Bobada: necedad, sandez, simpleza, vaciedad.
Insulsez: sosería, tontería, zoncería, pesadez.
Aburrido: hastiado, disgustado, molestado, abrumado.
Origen: principio, motivo, causa, razón.
Interrupción: detención, impedimento, oclusión, suspensión.
Discontinuo: interrumpido, intermitente, irregular, esporádico.
Interrumpir: impedir, cortar, obstaculizar, separar.
Vago: vacío, confuso, indefinido, impreciso.
Vano: vacuo, vacío, hueco, ineficaz.

Pequeño: chico, menudo, diminuto, limitado.
Pequeñez: menudencia, nimiedad, superfluidad, bagatela.
Blando: flojo, fofo, débil, suave.

Minucia: menudencia, insignificancia, nimiedad, mediocridad.
Desagradar: disgustar, molestar, enfadar, contrariar.
Germen: origen, embrión, elemento, fuente.
Noble: hidalgo, caballeroso, atento, cordial.
Mezquinar: cicatear, tacañear, escasear, miserablear.
Pagado: costeado, sufragado, compensado, saldado.
Ingratitud: olvido, desagradecimiento, descuido, inadvertencia.
Ingrato: desatento, desagradecido, frío, desleal.
Justificado: fundado, evidenciado, corregido, oneroso.
Compadecer: condoler, conmiserar, doler, afligir.

SINÓNIMOS	ANTÓNIMOS
Gravamen: arbitrio, tasa, impuesto, tributo.	**Franquicia:** exención, dispensa, privilegio, prerrogativa.
Gravar: cargar, pesar, imponer, hipotecar.	**Liberalizar:** eximir, dispensar, perdonar, exonerar.
Grave: pesado, oneroso, peligroso, circunspecto.	**Baladí:** insignificante, insubstancial, fútil, nimio.
Gravedad: circunspección, decoro, compostura, formalidad.	**Liviandad:** ligereza, irresponsabilidad, impudicia, lascivia.
Gravidez: preñez, embarazo, gestación, dificultad.	**Vaciedad:** vacuidad, oquedad, cavidad, hendidura.
Grávido: repleto, cargado, lleno, copioso.	**Vacío:** vacuo, hueco, vano, inactivo.
Gravitar: pesar, descansar, sustentar, estribar.	**Liberar:** eximir, condonar, emancipar, notificar.
Gravoso: caro, costoso, oneroso, molesto.	**Barato:** económico, asequible, soportable, llevadero.
Greguería: confusión, turbación, mezcolanza, alborozo.	**Claridad:** exactitud, precisión, distinción, diafanidad.
Gremio: agrupación, sindicato, asociación, corporación.	**Aislamiento:** división, separación, ramificación, secesión.
Greña: maraña, enredo, confusión, cizaña.	**Armonía:** comprensión, distinción, claridad, melodía.
Gresca: riña, pendencia, altercado, discusión.	**Concordia:** entendimiento, comprensión, armonía, unión.
Gris: apagado, triste, lánguido, tétrico.	**Vivo:** alegre, achispado, ardiente, impetuoso.
Gritar: vociferar, protestar, desgañitarse, clamar.	**Callar:** silenciar, enmudecer, omitir, observar.
Griterío: bulla, ruido, jaleo, escándalo.	**Silencio:** tranquilidad, paz, calma, quietud.
Grito: aullido, bramido, alarido, chillido.	**Silencio:** susurro, murmullo, rumor, runrún.
Grosería: bastedad, zafiedad, descortesía, desatención.	**Elegancia:** educación, gentileza, cortesía, finura.
Grosero: tosco, ordinario, patán, zafio.	**Cortés:** educado, ilustrado, atento, urbano.
Grotesco: chocante, rudo, tosco, extravagante.	**Delicado:** atento, cortés, culto, exquisito.
Grueso: gordo, voluminoso, rollizo, obeso.	**Flaco:** delgado, escuálido, enjuto, famélico.
Gruñir: bufar, roncar, gañir, refunfuñar.	**Observar:** atisbar, mirar, silenciar, examinar.
Grupo: conjunto, reunión, masa, montón.	**Separación:** bifurcación, división, disgregación, sucesión.
Gruta: cueva, cavidad, vacío, espelunca.	**Peñasco:** risco, roca, escarpado, acantilado.
Guantazo: manotazo, bofetada, tortazo, manotada.	**Caricia:** mimo, carantoña.
Guapeza: belleza, hermosura, arrogancia, gallardía.	**Fealdad:** deformidad, desaliño, timidez, indecisión.

Guapo: agraciado, elegante, galano, soberbio.

Guardar: almacenar, conservar, custodiar, preservar.

Guardia: defensa, custodia, protección, centinela.

Guarecer: cobijar, proteger, conservar, socorrer.

Guarida: madriguera, cubil, manida, cueva.

Guarnecer: revestir, adornar, equipar, reforzar.

Guerra: conflicto, combate, contienda, enfrentamiento.

Guerrero: belicoso, marcial, militar, belicista.

Guarro: sucio, desaseado, mugriento, puerco.

Guiar: dirigir, gobernar, indicar, orientar.

Guijarro: pedrusco, morrillo, chinarro, callao.

Guión: argumento, sinopsis, materia, cuestión.

Guisa: modo, manera, forma, contenido.

Guita: cordel, bramante, dinero, plata.

Gula: glotonería, voracidad, tragonería, avidez.

Gustar: paladear, agradar, encantar, satisfacer.

Gusto: sabor, paladar, elegancia, estilo.

Gustoso: sabroso, apetecible, deleitoso, ameno.

Feo: repulsivo, asqueroso, avocastro, repugnante.

Dejar: abandonar, desamparar, soltar, desatender.

Descuido: inadvertencia, olvido, negligencia, desidia.

Exponer: arriesgar, aventurar, atreverse, declarar.

Refugio: amparo, protección, cobijo, albergue.

Afear: desposeer, expoliar, despojar, debilitar.

Paz: concordia, avenencia, conciliación, consenso.

Pacífico: tranquilo, sereno, reposado, antibelicoso.

Limpio: aseado, higiénico, pulcro.

Desorientar: despistar, extraviar, confundir, entorpecer.

Llano: liso, plano, raso, parejo.

Suceso: hecho, resultado, contingencia, transcurso.

Esencia: principio, naturaleza, substancia, meollo.

Avidez: codicia, ansia, ambición, apetencia.

Temperancia: templanza, continencia, abstinencia, sobriedad.

Disgustar: desagradar, contrariar, molestar.

Insulsez: insipidez, chabacanería, ordinariez.

Repugnante: repulsivo, sucio, repelente, rechazado.

H

Haber: tener, poseer, alcanzar, crédito.

Hábil: diestro, ducho, idóneo, ladino.

Habilidad: ingenio, sagacidad, pericia, destreza.

Habilitado: pagador, encargado, sustituto, experto.

Habilitar: capacitar, preparar, facultar, investigar.

Habitable: apto, cómodo, acogedor, acondicionado.

Habitante: morador, residente, ciudadano, inquilino.

Habitar: morar, ocupar, residir, albergar.

Hábitat: contorno, derredor, ambiente, circunstancia.

Hábito: costumbre, tradición, práctica, rutina.

Habitual: usual, tradicional, familiar, ordinario.

Habladuría: cotilleo, murmuración, chisme, calumnia.

Hablar: expresar, exteriorizar, conversar, departir.

Hacedero: realizable, posible, factible, probable.

Hacendoso: diligente, laborioso, cuidadoso, ocurrente.

Hacer: crear, efectuar, realizar, materializar.

Hacinar: acumular, acopiar, apilar, aglomerar.

Halagar: lisonjear, adular, complacer, agasajar.

Halago: obsequio, lisonja, agasajo, adulación.

Halagüeño: lisonjero, halagador, complaciente, encomiástico.

Hálito: vapor, vaho, soplo, aliento.

Excluir: exceptuar, descartar, apartar, eliminar.

Inexperto: inhábil, aprendiz, novato, bisoño.

Impericia: incompetencia, inhabilidad, ineptitud, incapacidad.

Inepto: inhábil, incapaz, inexperto, aficionado, novicio.

Inhabilitar: incapacitar, imposibilitar, nulificar, terminar.

Inhóspito: desapacible, frío, duro, áspero.

Vagabundo: errante, nómada, trotamundo, orbitante.

Deshabitar: mudarse, cambiarse, trasladarse, irse.

Distancia: lejanía, espacio, alejamiento, ulterioridad.

Anomalía: rareza, anormalidad, excentricidad, extravagancia.

Inusitado: infrecuente, insólito, extraño, impropio.

Discreción: prudencia, reserva, tacto, mesura.

Callar: silenciar, enmudecer, omitir, olvidar.

Imposible: improbable, irrealizable, impracticable, inalcanzable.

Indolente: dejado, apático, negligente, haragán.

Consumir: aniquilar, arrasar, destruir, devastar.

Esparcir: diseminar, dispersar, derramar, extender.

Ofender: insultar, injuriar, ultrajar, vapulear.

Desprecio: insulto, indiferencia, desdén, menosprecio.

Desfavorable: adverso, hostil, perjudicial, lesivo.

Desaliento: desánimo, abatimiento, postración, amilanamiento.

SINÓNIMOS	ANTÓNIMOS
Hallar: encontrar, descubrir, ubicar, inventar.	**Perder:** extraviar, desviar, confundir, disipar.
Hallazgo: encuentro, detección, invención, descubrimiento.	**Pérdida:** merma, disminución, quebranto, menoscabo.
Hambre: apetito, apetencia, deseo, necesidad.	**Inapetencia:** saciedad, hartazgo, satisfacción, anorexia.
Hambriento: insaciable, deseoso, ávido, necesitado.	**Harto:** satisfecho, saciado, hastiado, repleto.
Hampa: golfería, ladronería, pillería, escoria.	**Selección:** preferencia, escogimiento, elección, pléyade.
Haragán: gandul, harón, perezoso, poltrón.	**Trabajador:** laborioso, activo, diligente, acucioso.
Harapiento: andrajoso, desharrapado, guiñaposo, roto.	**Elegante:** distinguido, gallardo, galano, presumido.
Harapo: andrajo, guiñapo, pingajo, colgajo.	**Elegancia:** distinción, delicadeza, donaire, gusto.
Harén: gineceo, serrallo, f- conjunto de mujeres de los musulmanes.	**Continencia:** templanza, castidad, abstinencia, moderación.
Hartar: llenar, saciar, satisfacer, atiborrar.	**Vaciar:** verter, arrojar, sacar, moderar.
Harto: saciado, ahíto, saturado, hastiado.	**Hambriento:** necesitado, ansioso, insaciable, interesado.
Hartura: abundancia, exceso, saciedad..	**Carencia:** necesidad, falta, menester.
Hastiar: aburrir, cansar, molestar, disgustar.	**Agradar:** gustar, halagar, complacer, contentar.
Hastío: aburrimiento, cansancio, tedio, desgana.	**Agrado:** interés, afecto, inclinación, apego.
Haz: cara, faz, anverso, fachada.	**Envés:** dorso, reverso, detrás, trasera.
Hazaña: proeza, valentía, gesta, denuedo.	**Cobardía:** temor, miedo, cortedad, pusilanimidad.
Hazmerreír: mamarracho, esperpento, adefesio, estrambótico.	**Garboso:** airoso, gallardo, compuesto, esbelto.
Hecatombe: matanza, mortandad, calamidad, catástrofe.	**Restauración:** reconstrucción, reedificación, restitución.
Hechicería: brujería, magia, maleficio, bebedizo.	**Repulsión:** repudio, aversión, repugnancia, antipatía.
Hechizar: seducir, cautivar, fascinar, embrujar.	**Repeler:** desdeñar, despreciar, desechar, objetar.
Hecho: suceso, asunto, acción, caso.	**Dilema:** alternativa, disyuntiva, contracción, problema.
Heder: maloler, apestar, enfadar, molestar.	**Agradar:** gustar, complacer, contentar, divertir.
Hediondez: hedor, fetidez, pestilencia, repugnancia.	**Fragancia:** aroma, perfume, esencia, olor.
Hediondo: fétido, maloliente, repugnante, molesto.	**Aromático:** perfumado, fragante, agradable, grato.
Hedónico: deleitable, placentero, gustoso, deleitoso.	**Desagradable:** enfadoso, fastidioso, molesto, enojoso.
Hedonismo: sibaritismo, sensualidad, voluptuosidad, materialismo.	**Espiritualidad:** mortificación, sacrificio, austeridad, misticismo.

SINÓNIMOS	ANTÓNIMOS
Hedonista: gozador, disfrutante, sensualista, concupiscente.	**Triste:** apesadumbrado, pesaroso, aciago, infeliz.
Hedonizar: gustar, disfrutar, fruicionar, sensualizar.	**Desagradar:** disgustar, rechazar, enfadar, rehusar.
Hegemonía: predominio, supremacía, poder, influencia.	**Inferioridad:** dependencia, subordinación, imperfección, insignificancia.
Helar: enfriar, congelar, paralizar, desalentar.	**Calentar:** entibiar, atemperar, deshelar, descongelar.
Hembra: mujer, dama, encaje, molde.	**Macho:** hombre, varón, semental, fuerte.
Henchir: colmar, llenar, repletar, atestar.	**Vaciar:** arrojar, verter, desaguar, evacuar.
Hender: abrir, agrietar, dividir, separar.	**Cerrar:** tapar, cubrir, curar, cicatrizar.
Hercúleo: fuerte, robusto, vigoroso, corpulento.	**Enclenque:** débil, enfermizo, flojo, raquítico.
Heredad: predio, propiedad, posesión, bienes.	**Indigencia:** necesidad, pobreza, miseria, inopia.
Heredar: suceder, recibir, adquirir, beneficiar.	**Privar:** desposeer, desheredar, postergar, abandonar.
Hereditario: congénito, transmisible, connatural, atávico.	**Adquirido:** contraído, obtenido, ganado, alcanzado.
Hereje: apóstata, irreligioso, heresiarca, impío.	**Fiel:** adicto, leal, asiduo, creyente.
Herejía: error, heterodoxia, impiedad, sacrilegio.	**Ortodoxia:** fidelidad, conformidad, creencia, adicción.
Herencia: patrimonio, bienes, beneficio, sucesión.	**Inopia:** carencia, privación, estrechez, indigencia.
Herido: lesionado, lastimado, accidentado, magullado.	**Ileso:** indemne, incólume, intacto, íntegro.
Herir: lacerar, lesionar, lastimar, pungir.	**Resarcir:** compensar, indemnizar, favorecer, asistir.
Hermafrodita: andrógino, bisexual, bisexuado, bigénere.	**Unisexual:** singular, normal, natural, sistemático.
Hermanar: armonizar, unir, juntar, uniformar.	**Deshermanar:** separar, dividir, desligar, fraccionar.
Hermandad: cofradía, congregación, unión, hermanazgo.	**Discordia:** desacuerdo, desarmonía, pendencia, disensión.
Hermético: cerrado, impenetrable, misterioso, inescrutable.	**Abierto:** henchido, agrietado, franco, despejado.
Hermetizar: impenetrar, indescifrar, arcanizar, ignotizar.	**Penetrar:** introducir, traspasar, comprender, entender.
Hermoso: bonito, bello, pulcro, perfecto.	**Feo:** horrible, despreciable, desgraciado, asqueroso.
Hermosura: belleza, beldad, preciosidad, primor.	**Fealdad:** deformidad, afeamiento, monstruosidad.
Héroe: valiente, sobresaliente, titán, cid.	**Cobarde:** medroso, tímido, temeroso, irresoluto.
Heroicidad: hazaña, gesta, proeza, heroísmo.	**Cobardía:** pusilanimidad, timidez, vacilación, miedo.
Heroico: intrépido, valiente, decidido, perínclito.	**Tímido:** cobarde, vacilante, indeciso, pusilánime.

SINÓNIMOS	ANTÓNIMOS
Herramienta: instrumento, utensilio, aparato, implemento.	**Nadería:** fruslería, bicoca, nonada, friolera.
Herrumbre: moho, orín, óxido, sarro.	**Pulimento:** acabado, terminado, íntegro, abrillantado.
Hervir: burbujear, borbollar, bullir, pulular.	**Enfriar:** entibiar, amortiguar, mitigar, refrescar.
Hesitar: dudar, vacilar, titubear, trepidar.	**Creer:** confiar, entender, considerar, opinar, juzgar.
Heteróclito: extraño, raro, impropio, insólito.	**Regular:** normal, medido, ajustado, acompasado.
Heterodoxo: disconforme, disidente, cismático.	**Ortodoxo:** fiel, adicto, conforme, dogmático.
Heterogeneidad: multiplicidad, diversidad, variedad, pluralidad.	**Homogeneidad:** uniformidad, igualdad, semejanza.
Heterogéneo: mezclado, abigarrado, surtido, híbrido.	**Homogéneo:** similar, parecido, semejante, equivalente.
Hez: sedimento, desecho, residuo, hampa.	**Flor:** selección, donosura, progreso, astucia.
Híbrido: cruzado, mixto, mestizo, mulato.	**Puro:** depurado, castizo, purificado, legítimo.
Hidalgo: ilustre, distinguido, noble, magnánimo.	**Anónimo:** ignorado, desconocido, anodino, insignificante.
Hidalguía: caballerosidad, generosidad, altruismo, magnanimidad.	**Ruindad:** egoísmo, vileza, infamia, bajeza.
Hierático: religioso, sacerdote, solemne, protocolar.	**Sencillo:** simple, franco, llano, natural.
Higiene: profilaxis, aseo, limpieza, esmero.	**Suciedad:** desaseo, impureza, basura, asquerosidad.
Higiénico: profiláctico, desinfectado, limpio, pulcro.	**Infeccioso:** sucio, contagioso, infectado, infecto.
Hilarante: alegre, jocoso, gracioso, divertido.	**Triste:** melancólico, abatido, lagrimoso, aciago.
Hilaridad: risa, risibilidad, alborozo, algazara, alegría.	**Tristeza:** pena, melancolía, aflicción, pesadumbre.
Hilo: filamento, hebra, fibra, continuación.	**Interrupción:** detención, impedimento, obstáculo, oclusión.
Hilvanar: urdir, tramar, forjar, proyectar.	**Detener:** frenar, parar, retener, suspender.
Himeneo: boda, casamiento, nupcias, enlace.	**Divorcio:** separación, disolución, ruptura, nulidad.
Hincapié: empeño, insistencia, empuje, ahínco.	**Indiferencia:** apatía, desidia, displicencia, insensibilidad.
Hincar: arrodillar, introducir, clavar, plantar.	**Pararse:** levantarse, erguirse, enderezarse, incorporarse.
Hincha: partidario, adicto, exaltado, fanático.	**Controlado:** mesurado, consciente, reflexivo, circunspecto.
Hipérbole: ponderación, exageración, abultamiento, andaluzada.	**Moderación:** templanza, morigeración, sobriedad, sensatez.
Hiperbólico: exagerado, aumentado, ponderado, desmesurado.	**Atenuado:** suavizado, aminorado, disminuido, afinado.
Hipertrofia: exceso, desarrollo, incremento, crecimiento.	**Hipotrofia:** reducción, disminución, mengua, merma.

Hipnosis: sueño, dormición, inercia, adormecimiento.	**Animación:** viveza, actividad, movimiento, sensibilidad.
Hipnótico: sedante, somnífero, soporífero, letárgico.	**Excitante:** incitativo, estimulante, provocativo, aguijoneante.
Hipnotizar: adormeder, magnetizar, atraer, anestesiar.	**Despertar:** avivar, animar, enardecer, entusiasmar.
Hipocondría: melancolía, depresión, manía, pesimismo.	**Alegría:** optimismo, ánimo, entusiasmo, euforia.
Hipocondríaco: melancólico, afligido, triste, neurasténico.	**Alegre:** contento, sonriente, dichoso, risueño.
Hipocresía: doblez, fingimiento, apariencia, fariseísmo.	**Franqueza:** llaneza, naturalidad, sinceridad, liberalidad.
Hipócrita: fariseo, gazmoño, fingido, comediante.	**Franco:** sincero, llano, veraz, campechano.
Hipotecar: empeñar, gravar, cargar, pesar.	**Deshipotecar:** descargar, desgravar, desempeñar, acreditar.
Hipótesis: suposición, conjetura, posibilidad.	**Afirmación:** verificación, demostración, comprobación, testimonio.
Hipotético: incierto, dudoso, infundado, teórico.	**Claro:** comprobado, efectivo, evidente, demostrado.
Hiriente: doloroso, despectivo, vejatorio, lacerante.	**Lisonjero:** agradable, alegre, gozoso, grato.
Hirsuto: enmarañado, enredado, erizado, despeinado.	**Dócil:** fácil, obediente, apacible, disciplinado.
Histeria: histerismo, neurastenia, nerviosismo, hipocondría.	**Aplacamiento:** sosiego, quietud, tranquilidad, apaciguamiento.
Histérico: neurótico, convulso, nervioso, incontrolado.	**Aplacado:** sereno, dominado, aquietado, aplomado.
Historia: anales, gesta, crónica, epopeya.	**Ficción:** invención, quimera, fábula, apariencia.
Historiado: complicado, abigarrado, recargado, barroco.	**Sencillo:** simple, sobrio, moderado, austero.
Histórico: averiguado, verificado, comprobado, auténtico.	**Fabuloso:** mitológico, ficticio, inventado, apológico.
Hito: señal, marca, límite, contiguo.	**Inestable:** cambiante, variable, precario, frágil.
Hodierno: actual, presente, moderno, contemporáneo.	**Pretérito:** pasado, sucedido, acontecido, anterior.
Hogaño: hoy, actualmente, presente, recientemente.	**Antaño:** ayer, antes, otrora, entonces.
Hogar: domicilio, familia, casa, vivienda.	**Desarraigo:** tranquilidad, comodidad, confianza, llaneza.
Holgado: cómodo, tranquilo, desahogado, desocupado.	**Atareado:** ocupado, engolfado, preocupado, abrumado.
Holganza: descanso, ociosidad, ocio, pereza.	**Dinamismo:** trabajo, ocupación, esfuerzo, eficacia.
Holgazán: vagabundo, haragán, atorrante, gandul.	**Diligente:** activo, expedito, presto, prolijo.
Holgorio: bullicio, fiesta, diversión, jolgorio.	**Tristeza:** pesadumbre, desconsuelo, tribulación, melancolía.

Holgura: amplitud, anchura, desahogo, comodidad.	**Estrechez:** escasez, pobreza, privación, indigencia.
Holocausto: sacrificio, ofrenda, abnegación, renunciamiento.	**Beneficio:** gracia, merced, favor, ganancia.
Hollar: pisar, trillar, abatir, atropellar.	**Levantar:** subir, alzar, encumbrar, enaltecer.
Homenaje: distinción, galardón, respeto, exaltación.	**Vituperio:** baldón, oprobio, censura, vilipendio.
Homérico: heroico, épico, valiente, ínclito.	**Irresoluto:** indeciso, vacilante, incierto, perplejo.
Homogeneidad: uniformidad, igualdad, semejanza, paridad.	**Heterogeneidad:** multiplicidad, variedad, diversidad, pluralidad.
Homogéneo: semejante, parecido, homólogo, análogo.	**Heterogéneo:** diverso, desigual, diferente, distinto.
Homologar: aprobar, validar, igualar, uniformar.	**Reprobar:** desaprobar, condenar, censurar.
Homólogo: equivalente, análogo, concordante, similario.	**Diferente:** distinto, diverso, divergente, discrepante.
Hondo: profundo, oculto, íntimo, recóndito.	**Superficial:** ligero, encimado, exterior, insubstancial.
Hondonada: hondón, depresión, valle, cuenca.	**Eminencia:** altura, colina, saliente, resalte.
Hondura: profundidad, esmero, intensidad, precaución.	**Frivolidad:** ligereza, insustancialidad, superficialidad.
Honestidad: decoro, moralidad, decencia, pudor.	**Impudicia:** descaro, desvergüenza, indecencia, corrupción.
Honesto: decente, honrado, decoroso, púdico.	**Libertino:** liviano, licencioso, disipado, inescrupuloso.
Honor: fama, reputación, renombre, distinción.	**Afrenta:** ignominia, vileza, infamia, abyección.
Honorabilidad: honradez, probidad, honestidad, moralidad.	**Despreciabilidad:** venalidad, deshonestidad, prevaricación, concusión.
Honorario: estipendio, retribución, remuneración, devengamiento.	**Sueldo:** mensualidad, periodicidad, jornalidad, quincenalidad.
Honorífico: honroso, honorable, preeminente, honorario.	**Ignominioso:** infamante, innoble, abyecto, afrentoso.
Honradez: probidad, honorabilidad, moralidad, rectitud.	**Indignidad:** desmerecimiento, descrédito, deshonor, humillación.
Honrado: honesto, íntegro, decente, distinguido.	**Corrompido:** despreciado, desdeñado, deshonesto, depravado.
Honrar: respetar, venerar, enaltecer, distinguir.	**Despreciar:** humillar, abatir, denigrar, mancillar.
Honroso: honorífico, respetable, honorable, decoroso.	**Miserable:** despreciable, vergonzoso, innoble, indigno.
Hontanar: manantial, fontana, fuente, venero.	**Sequedad:** aridez, marchitez, esterilidad, sequía.
Horadar: abrir, taladrar, perforar, agujerear.	**Cerrar:** tapar, obstruir, impedir, encubrir.
Horda: clan, tribu, chusma, ralea.	**Privilegio:** selección, preferencia, elección, opción.

Horizonte: confín, extensión, espacio, perspectiva. **Restricción:** limitación, cortapisa, prohibición, demarcación.

Horma: forma, molde, matriz, modelo. **Copia:** reproducción, calco, duplicado, facsímil.

Hornada: producción, cosecha, promoción, pléyade. **Improductividad:** infructuosidad, inutilidad, infecundidad, plebeyez.

Horóscopo: predicción, augurio, vaticinio, pronóstico. **Evidencia:** verificación, prueba, testamento, confirmación.

Horrendo: espantoso, espeluznante, horripilante, siniestro. **Admirable:** espléndido, imponente, magnífico, soberbio.

Horrible: hórrido, horrorífico, horrendo, pavoroso. **Magnífico:** esplendoroso, suntuoso, pomposo, magistral.

Horripilar: aterrar, horrorizar, espantar, espeluznar. **Tranquilizar:** animar, envalentonar, alentar, confortar.

Horror: espanto, consternación, terror, atrocidad. **Atracción:** encanto, seducción, cautivación, provocación.

Hosco: adusto, ceñudo, arisco, huraño. **Gentil:** ameno, amable, atento, complaciente.

Hospedar: albergar, acoger, alojar, aposentar. **Echar:** expulsar, arrojar, despedir, desalojar, expeler.

Hospitalario: amable, acogedor, protector, refugiario. **Inhospitalario:** desatento, grosero, constristor, acongojante.

Hostigar: fustigar, acosar, molestar, irritar. **Agradar:** atraer, satisfacer, conquistar, encantar.

Hostil: enemigo, contrario, adverso, opuesto. **Amigo:** adicto, afecto, seguidor, devoto.

Hostilidad: enemistad, rivalidad, animosidad, simpatía. **Paz:** acuerdo, tregua, conformidad, simpatía.

Hostilizar: molestar, fastidiar, acometer, perseguir. **Atraer:** gustar, agradar, satisfacer, deleitar.

Hoy: actualmente, ahora, hogaño. **Ayer:** mañana, antaño.

Hoyo: pozo, hoya, bache, agujero. **Lleno:** ocupado, relleno, completo, pletórico.

Hueco: vacío, vacuo, cóncavo, orondo. **Macizo:** lleno, sólido, compacto, denso.

Huelga: inactividad, holganza, interrupción, paro. **Actividad:** trabajo, ocupación, empleo, profesión.

Huella: pisada, rastro, vestigio, marca. **Olvido:** abandono, descuido, omisión, amnesia.

Huérfano: abandonado, desamparado, guacho, expósito. **Asistido:** socorrido, ayudado, apadrado, auxiliado.

Huero: vano, hueco, afectado, superficial. **Sustancial:** profundo.

Huésped: invitado, convidado, alojado, comensal. **Anfitrión:** invitador, convidante, albergador, cobijador.

Hueste: tropa, batallón, legión, facción. **Militar:** soldado, guerrero, beligerante, recluta.

Huesudo: esquelético, escuálido, flaco, enjuto. **Robusto:** rollizo, gordo, grueso, fuerte.

Huida: fuga, evasión, abandono, deserción. **Entrada:** ingreso, puerta, acceso, billete.

SINÓNIMOS	ANTÓNIMOS
Huir: escapar, fugarse, evadirse, alejarse.	**Afrontar:** desafiar, oponerse, arrostrar, enfrentar.
Humanidad: carnalidad, mundo, gente, sensibilidad.	**Animalidad:** bestialidad, brutalidad, animalada, caballada.
Humanitario: benévolo, caritativo, piadoso, comprensivo.	**Inhumano:** cruel, malvado, innoble, envilecido.
Humanizar: humanar, concientizar, dulcificar, cristianizar.	**Deshumanizar:** brutalizar, animalizar, cruelizar, salvajizar.
Humareda: humo, fumarada, vapor, vaho.	**Claridad:** limpieza.
Humedecer: humectar, bañar, mojar, empapar.	**Secar:** desecar, enjugar, agostar, enjugar.
Humildad: docilidad, sumisión, modestia, sencillez.	**Orgullo:** arrogancia, altivez, soberbia, vanidad.
Humilde: modesto, sencillo, sumiso, obediente.	**Engreído:** vanidoso, fatuo, altanero, fanfarrón.
Humillante: denigrante, bochornoso, degradante, vergonzoso.	**Digno:** noble, merecedor, meritorio, honorable.
Humillar: rebajar, apocar, postrar, deprimir.	**Enaltecer:** levantar, alabar, ponderar, exaltar.
Humor: secreción, linfa, jovialidad, gracia.	**Gravedad:** decoro, seriedad, circunspección, compostura.
Humorada: fantasía, capricho, arranque, jocosidad.	**Circunspección:** seriedad, gravedad, formalidad, severidad.
Humorista: ironista, burlón, jocoso, divertidor.	**Gravista:** serio, grave, importante, difícil.
Hundimiento: inmersión, naufragio, declinación, postración.	**Emersión:** germinación, yemación, brotación, aparecimiento.
Hundir: sumir, sumergir, hincar, abrumar.	**Subir:** levantar, elevar, enarbolar, animar.
Huracanado: fuerte, violento, tormentoso, borrascoso.	**Suave:** calmo.
Huraño: arisco, esquivo, hosco, misántropo.	**Sociable:** tratable, afable, educado, comunicativo.
Hurgar: mover, remover, revolver, manosear.	**Dejar:** ceder, cejar, desechar, desistir.
Hurón: huraño, hosco, seco, antipático.	**Comunicativo:** abierto, sociable.
Hurtar: robar, quitar, usurpar, substraer.	**Regalar:** obsequiar, donar, ofrendar, premiar.
Husmear: oler, olfatear, rastrear, barruntar.	**Distraer:** apartar, entretener, divertir, desviar.

I

Icástico: natural, propio, auténtico, regular.
Iconoclasta: vándalo, destructor, desolador, desvastador.
Ida: alejamiento, distanciamiento, impulso, acometimiento.
Idea: visión, concepción, pensamiento, creencia.
Ideal: modelo, prototipo, arquetipo, elevación.
Idealismo: utopía, quimera, sueño, fantasía.
Idealista: soñador, utópico, altruista, iluso.
Idealizar: sublimar, elevar, enaltecer, ennoblecer.
Idear: discurrir, concebir, imaginar, proyectar.
Ideático: raro, extraño, impulsivo, extravagante.
Idéntico: igual, semejante, similar, equivalente.
Identificar: reconocer, asemejar, igualar, examinar.
Ideología: tendencia, pensamiento, conjunto, f- acervo dc principios.
Idílico: paradisíaco, sublime, celestial, delicioso.
Idilio: amorío, enamoramiento, pasión, frenesí.
Idioma: lenguaje, habla, lengua, expresión.
Idiosincrasia: carácter, índole, naturalidad, personalidad.
Idiotez: imbecilidad, tontería, bobería, necedad.
Idiotizar: bobizar, entontecer, imbecilitar, estupidizar.
Idolatrar: adorar, amar, venerar, reverenciar.
Idolatría: adoración, pasión, fetichismo, simpatía.

Aparente: artificial, ficticio, supuesto, fingido.
Constructor: reparador, levantador, hacedor, arquitecto.
Regreso: llegada, arribo, retorno, vuelta.

Realización: materialización, cristalización, objetividad, evidencia.
Vulgaridad: trivialidad, nimiedad, indiferencia, poquedad.
Realismo: materialismo, objetivismo, autenticidad.
Realista: materialista, objetivo, práctico, positivo.
Materializar: rebajar, menospreciar, corporizar, objetivar.
Nadizar: minimizar, vagar, paralizar, interrumpir.
Mesurado: moderado, controlado, circunspecto, ponderado.
Diferente: distinto, desigual, opuesto, contrario.
Discriminar: diferenciar, distinguir, especificar, separar.
Aversión: repulsión, oposición, antipatía, renuencia.
Infernal: demoníaco, diabólico, satánico, dañino.
Odio: rencor, encono, abominación, antipatía.
Incomunicación: enredo, confusión, enigma.
Impersonalidad: imprecisión, indeterminación, vaguedad, abstracción.
Agudeza: sutileza, ingenio, gracia, perspicacia.
Educar: afinar, instruir, formar, perfeccionar.
Abominar: execrar, detestar, aborrecer, maldecir.
Aversión: odio, encono, rencor, antipatía.

SINÓNIMOS	ANTÓNIMOS
Idoneidad: aptitud, capacidad, competencia, habilidad.	**Ineptitud:** torpeza, rudeza, nulidad, impericia.
Idóneo: apto, adecuado, ideal, apropiado.	**Inepto:** inapropiado, inadecuado, impropio, incapaz.
Iglesia: templo, comunidad, basílica, devoción.	**Ludibrio:** escarnio, afrenta, mofa, oprobio.
Ignaro: ignorante, inculto, indocto, analfabeto.	**Letrado:** docto, culto, educado, erudito.
Ignavia: desidia, indolencia, flojedad, incuria.	**Actividad:** acción, diligencia, movimiento, presteza.
Ignavo: flojo, desidioso, abúlico, cobarde.	**Alentado:** activo, ocurrente, acucioso, discurrente.
Ignominia: afrenta, baldón, humillación, vergüenza.	**Honorabilidad:** honradez, probidad, moralidad, integridad.
Ignominioso: abyecto, infamante, innoble, oprobioso.	**Honrado:** preciado, decente, preeminente, honorífico.
Ignorado: desconocido, oculto, anónimo, ignoto.	**Famoso:** conocido, renombrado, célebre, afamado.
Ignorancia: desconocimiento, incultura, nesciencia, ineptitud.	**Conocimiento:** cultura, ilustración, sapiencia, cognición.
Ignorante: iletrado, ignaro, profano, insipiente.	**Ilustrado:** docto, sabio, entendido, versado.
Ignoto: desconocido, ignorado, incierto, desacierto.	**Conocido:** nombrado, determinado, acreditado.
Igual: exacto, idéntico, similar, gemelo.	**Distinto:** desigual, diferente, diverso, impreciso.
Igualar: emparejar, nivelar, equiparar, uniformar.	**Variar:** desigualar, diferenciar, discrepar, disentir.
Igualdad: conformidad, identidad, exactitud, paralelismo.	**Desigualdad:** diferencia, disparidad, diversidad, discrepancia.
Igualitario: idéntico, uniforme, equivalente, conformatorio.	**Diferente:** distinto, desemejante, disímil, desigual.
Ilación: conexión, relación, enlace, mancomunación.	**Inconexión:** desunión, inconcordancia, desacuerdo, desavenencia.
Ilapso: éxtasis, contemplación, arrobamiento, embelesamiento.	**Espanto:** susto, sobresalto, pánico, temor.
Ilegal: ilícito, prohibido, ilegítimo, subrepticio.	**Legal:** lícito, justo, reglamentario, estatutario.
Ilegible: ininteligible, indescifrable, inconcebible, inabordable.	**Legible:** leíble, descifrable, comprensible, abordable.
Ilegítimo: falsificado, espurio, fraudulento, fomentido.	**Legítimo:** lícito, legal, fidedigno, auténtico.
Ileso: incólume, indemne, intacto, salvado.	**Lesionado:** lastimado, dañado, damnificado, perjudicado.
Ilícito: ilegal, indebido, injusto, malhabido.	**Lícito:** legal, legítimo, permitido, reglamentado.
Ilimitado: incalculable, infinito, inmenso, indeterminado.	**Limitado:** finito, calculable, determinado.
Iluminar: encender, alumbrar, irradiar, destellar.	**Apagar:** extinguir, sofocar, reprimir, aplacar.

Ilusión: sueño, imagen, delirio, espejismo.
Decepción: desencanto, despacho, desengaño, frustración.

Ilusionar: esperanzar, animar, alentar, alegrar.
Decepcionar: defraudar, desilusionar, descorazonar, entristecer.

Iluso: engañado, embaucado, cándido, quimérico.
Realista: objetivo, preciso, verdadero, positivo.

Ilusorio: engañoso, embaucado, cándido, quimérico.
Veraz: cierto, verídico, fidedigno, sincero.

Ilustración: instrucción, educación, explanación, esclarecimiento.
Ignorancia: nesciencia, nulidad, analfabetismo, incultura.

Ilustrar: educar, enseñar, formar, instruir.
Abstenerse: privarse, inhibirse, omitir, silenciar.

Ilustre: insigne, egregio, eminente, célebre.
Desconocido: vulgar, anónimo, ignorado, corriente.

Imagen: idea, representación, figuración, concepción.
Realidad: objetividad, materialidad, existencia, certidumbre.

Imaginación: inventiva, entelequia, quimera, fantasía.
Efectividad: realidad, tangibilidad, verdad, materialidad.

Imaginar: idear, crear, forjar, proyectar.
Realizar: ejecutar, hacer, efectuar, culminar.

Imaginario: irreal, ficticio, falso, fantástico.
Real: concreto, material, verdadero, indiscutible.

Imaginativo: creativo, ingenioso, soñador, idealista.
Prosaico: realista, material, positivo, práctico.

Imantar: imanar, atraer, captar, magnetizar.
Repeler: desdeñar, desechar, repulsar, objetar.

Imbécil: alelado, bobo, estúpido, necio.
Listo: astuto, sagaz, despierto, diligente.

Imberbe: barbilampiño, bisoño, inexperto, novato.
Velludo: barbudo, experto, avezado, veterano.

Imborrable: indeleble, inalterable, durable, permanente.
Efímero: fugaz, pasajero, corto, transitorio.

Imbuir: persuadir, convencer, inculcar, sugestionar.
Disuadir: desencantar, decepcionar, desalentar, descorazonar.

Imitar: copiar, calcar, remedar, reproducir.
Crear: inventar, concebir, producir, engendrar.

Impaciencia: ansiedad, inquietud, nerviosidad, alteración.
Tranquilidad: serenidad, calma, impasibilidad, impavidez.

Impacientar: inquietar, intranquilizar, alarmar, angustiar.
Sosegar: apaciguar, tranquilizar, serenar, calmar.

Impaciente: inquieto, agitado, alterado, excitado.
Tranquilo: impasible, sosegado, aquietado, plácido.

Impacto: impacción, balazo, conmoción, estremecimiento.
Impasibilidad: serenidad, impavidez, inalterabilidad, imperturbabilidad.

Impalpable: incorpóreo, intangible, imperceptible, invisible.
Palpable: material, tangible, visible, evidente.

Impar: non, único, excepcional, singular.
Par: igual, semejante, similar.

Imparcial: ecuánime, justiciero, razonable, correcto.
Parcial: arbitrario, injusto, apasionado, antirreglamentario.

Imparcialidad: ecuanimidad, objetividad, justicia, equidad.
Parcialidad: partidismo, arbitrariedad, desigualdad, favoritismo.

Impartir: comunicar, repartir, transmitir, distribuir.
Impasibilidad: tranquilidad, serenidad, indiferencia, inalterabilidad.
Impasible: impávido, inalterable, impertérrito, sereno.
Impávido: impasible, sereno, imperturbable, valeroso.
Impecable: correcto, intachable, limpio, irreprochable.
Impedido: baldado, tullido, reumático, paralítico.
Impedimento: dificultad, obstáculo, estorbo, inconveniencia.
Impedir: obstruir, imposibilitar, estorbar, entorpecer.
Impeler: empujar, impulsar, propulsar, estimular.
Impender: gastar, expender, disipar, derrochar.
Impenetrable: hermético, cerrado, clausurado, inaccesible.
Impenitente: contumaz, obstinado, reincidente, empedernido.
Impensable: inconcebible, inimaginable, inviable, absurdo.
Imperante: dominante, sujetante, avasallador, reinante.
Imperar: dominar, avasallar, prevalecer, predominar.
Imperativo: dominante, autoritario, imperioso, categórico.
Imperceptible: insensible, inapreciable, invalorable, incomprensible.
Imperdible: inadmisible, inaceptable, impropio, insostenible.
Imperdonable: intolerable, inexcusable, inaceptable, injustificable.
Imperecedero: perpetuo, perenne, eterno, infinito.
Imperfección: tacha, mancha, laguna, defecto.
Imperfecto: incompleto, inadecuado, defectuoso, inconcluso.
Imperialismo: dependencia, hegemonía, subordinación, aherrojamiento.
Impericia: inhabilidad, ineptitud, insuficiencia, desmaña.
Imperio: autoridad, dominio, mando, poder.

Omitir: olvidar, silenciar, prescindir, suprimir.
Impaciencia: ansiedad, nerviosidad, excitación, conturbación.
Diferente: considerado, respetuoso, atento, condescendiente.
Aturdido: atolondrado, precipitado, irreflexivo, imprudente.
Defectuoso: incompleto, insuficiente, defectivo, incorrecto.
Apto: sano, capacitado, inmune, incólume.
Facilidad: posibilidad, expedición, disposición, complacencia.
Facilitar: simplificar, obviar, allanar, aclarar.
Frenar: reprimir, sujetar, coercer, restringir.
Conservar: preservar, cuidar, retener, mantener.
Accesible: asequible, alcanzable, comprensible, inteligente.
Contrito: arrepentido, pesaroso, compungido, inteligente.
Factible: viable, posible, realizable, admisible.
Carente: faltante, inexistente, ausente, desprovisto.
Libertar: liberar, redimir, emancipar, recuperar.
Discrecional: optativo, prudencial, potestativo, facultativo.
Tangible: visible, palpable, real, manifiesto.
Olvidadizo: distraído, despreocupado, desmemoriado, amnésico.
Disculpable: perdonable, comprensible, justificable, tolerable.
Perecedero: finito, terminable, pasajero, efímero.
Perfección: mejoramiento, progreso, completación, hermosura.
Perfecto: cabal, insuperable, absoluto, magistral.
Autonomía: independencia, autogobierno, liberalidad, autodeterminación.
Pericia: habilidad, práctica, destreza, maña.
Humildad: modestia, timidez, docilidad, sumisión.

Imperioso: imperativo, altanero, soberbio, arrogante.
Impermeabilizar: embrear, calafatear, hidrofugar, alquitranar.
Impertérrito: impávido, impasible, imperturbable, displicente.
Impertinencia: indiscreción, despropósito, intrusión, injerencia.
Impertinente: inoportuno, descortés, indiscreto, fastidioso.
Imperturbabilidad: serenidad, equilibrio, impasibilidad, estoicismo.
Impetrar: solicitar, rogar, recurrir, invocar.
Ímpetu: vehemencia, impulso, arrebato, fogosidad.
Impetuoso: impulsivo, vehemente, violento, frenético.
Impiedad: incredulidad, indevoción, laicismo, irreverencia.
Impío: ateo, incrédulo, laico, heterodoxo.
Implacable: inexorable, inclemente, inflexible, intolerante.
Implantación: constitución, fundación, creación, organización.
Implantar: establecer, estatuir, crear, instaurar.
Implementación: realización, ejecución, consumación, culminación.
Implementar: realizar, ejecutar, efectuar, hacer.
Implemento: utensilio, herramienta, instrumento, trebejo.
Implicancia: contradicción, implicación, incompatibilidad, involucración.
Implicar: envolver, involucrar, comprender, entrañar.
Implícito: incluido, expreso, manifiesto, virtual.
Implorar: pedir, rogar, calmar, suplicar.

Impoluto: limpio, acendrado, purificado, inmaculado.
Imponderable: inestimable, relevante, sobresaliente, soberbio.
Imponente: grandioso, soberbio, formidable, arrogante.
Imponer: afectar, cargar, asignar, dominar.

Sumiso: obediente, manejable, dócil, obsecuente.
Permeabilizar: filtrar, traspasar, penetrar, destilar.
Turbado: atónito, estupefacto, sorprendido, perplejo.
Cortesía: tacto, prudencia, delicadeza, afabilidad.
Respetuoso: caballeroso, considerado, reverente, acatante.
Impaciencia: conturbación, excitación, ansiedad, nerviosidad.
Prescindir: rehusar, rehuir, excluir, abstenerse.
Flema: calma, serenidad, impavidez, placidez.
Plácido: tranquilo, controlado, impávido, pacífico.
Piedad: compasión, lástima, conmiseración, misericordia.
Devoto: pío, religioso, creyente, beato.
Clemente: compasivo, piadoso, indulgente, benigno.
Abolición: anulación, abrogación, revocación, rescisión.
Abrogar: abolir, anular, revocar, rescindir.

Flaqueamiento: aflojamiento, debilitación, cejamiento, decaimiento.
Flaquear: decaer, desalentar, desanimar, debilitar.
Nadería: fruslería, friolera, bagatela, bicoca.
Concordancia: conformidad, concierto, armonía, acuerdo.
Excluir: separar, apartar, descartar, eliminar.
Explícito: excluso, patente, notorio, formal.
Denegar: rechazar, rehusar, refutar, contradecir.
Manchado: ensuciado, poluto, enlodado, emporcado.
Incalificable: censurable, vergonzoso, vituperable, reprochable.
Empequeñecido: reducido, disminuido, acortado, diminuto.
Eximir: liberar, dispensar, perdonar, emancipar.

Impopular: malmirado, malquisto, inapreciado, desacreditado.
Importancia: significación, categoría, magnitud, trascendencia.
Importante: significativo, valioso, trascendente, esencial.
Importar: internar, introducir, convenir, interesar.
Importe: costo, valor, valía, monto.
Importunar: fastidiar, asediar, atosigar, hostigar.
Importuno: inoportuno, inconveniente, molesto, fastidioso.
Imposibilidad: impedimento, dificultad, oposición, incompatibilidad.
Imposibilitar: impedir, estorbar, obstruir, dificultar.
Imposible: absurdo, quimérico, utópico, improbable.
Imposición: obligación, exigencia, gravamen, coacción.
Impostar: reforzar, fortalecer, robustecer, graduar.
Impostor: difamador, calumniador, murmurador, comediante.
Impostura: falacia, artificio, fingimiento, simulación.
Impotencia: incapacidad, insuficiencia, debilidad, senilidad.
Imprecación: detestación, execración, anatema, maldición.
Imprecar: maldecir, renegar, condenar, detestar.
Impreciso: vago, ambiguo, confuso, incierto.
Impregnar: absorber, embeber, empapar, humedecer.
Imprescindible: indispensable, necesario, forzoso, ineludible.
Impresión: emoción, sensación, afectación, imprenta.
Impresionante: impactante, emocionante, conmovedor, exaltante.
Impresionar: emocionar, conmover, sobresalir, afectar.
Imprevisible: imprevisto, inesperado, fortuito, repentino.
Imprevisión: descuido, negligencia, ligereza, desprevención.

Popular: estimado, apreciado, considerado, público.
Insignificancia: nimiedad, futilidad, nulidad, menudencia.
Insignificante: pequeño, exiguo, baladí, bizantino.
Exportar: sacar, llevar, expedir, despachar.
Inanidad: vacuidad, vaciedad, futilidad, nimiedad.
Agradar: gustar, deleitar, complacer, satisfacer.
Oportuno: conveniente, adecuado, agradable, apropiado.
Posibilidad: probabilidad, viabilidad, potencialidad, caudalidad.
Facilitar: posibilitar, simplificar, favorecer, suministrar.
Posible: hacedero, realizable, concebible, plástico.
Exención: franquicia, liberación, liberalidad, facultad.
Debilitar: disminuir, atenuar, extenuar, enervar.
Auténtico: natural, real, espontáneo, honesto.
Verdad: certeza, evidencia, realidad, ortodoxia.
Capacidad: competencia, aptitud, talento, idoneidad.
Alabanza: elogio, encomio, apología, adulación.
Elogiar: alabar, encomiar, celebrar, aplaudir.
Preciso: exacto, necesario, puntual, concluyente.
Exprimir: secar, enjugar, estrujar, vaciar.
Prescindible: evitable, eludible, superfluo, inoperante.
Insensibilidad: impasibilidad, indiferencia, inercia, ignavia.
Aquietante: serenante, ataráxico, sosegante, imperturbante.
Insensibilizar: adormecer, anestesiar, magnetizar, obstaculizar.
Previsible: esperado, pronosticable, imaginable, presumible.
Previsión: precaución, suposición, conjetura, sugerencia.

Imprevisto: accidental, casual, súbito, repentino.
Imprimir: grabar, estampar, editar, tirar.
Improbable: imposible, inadmisible, ilógico, inaudito.
Improbidad: infamia, iniquidad, perversidad, perfidia.
Ímprobo: penoso, excesivo, fatigoso, exhaustivo.
Improcedente: inadecuado, impropio, inconveniente, extemporáneo.
Improductivo: infecundo, estéril, infructífero, baldío.
Improperio: denuesto, dicterio, insulto, diatriba.
Impropiedad: incongruencia, disonancia, inoportunidad, impureza.
Impropio: inadecuado, inoportuno, incongruente, improcedente.
Improrrogable: definitivo, consumado, estable, indiscutible.
Impróvido: imprevisor, descuidado, desprevenido, desadvertido.
Improvisación: repentización, instantanización, inmaduración, irresponsabilidad.
Improvisado: espontáneo, natural, sencillo, intuitivo.
Improvisar: repentizar, instantanizar, divagar, versificar.
Imprudencia: precipitación, irreflexión, atolondramiento, imprevisión.
Imprudente: irreflexivo, desatinado, atrevido, osado.
Impudicia: liviandad, obscenidad, procacidad, sicalipsis.
Impúdico: inmundo, licencioso, desvergonzado, procaz.
Impudor: impudicia, deshonestidad, libertinaje, cinismo.
Impuesto: tributo, gravamen, derecho, contribución.
Impugnación: rebatimiento, refutación, rechazo, negación.
Impugnar: combatir, contradecir, replicar, discutir.
Impulsar: empujar, impeler, inducir, arrojar.
Impulsivo: vehemente, ardoroso, impelente, impetuoso.

Previsto: conocido, sabido, resuelto, presentido.
Olvidar: abandonar, dejar, omitir, preterir.
Probable: cierto, contingente, posible, factible.
Rectitud: probidad, bondad, integridad, imparcialidad.
Fácil: sencillo, hacedero, expedito, cómodo.
Procedente: pertinente, oportuno, dimanente, consecuente.
Fértil: feraz, fecundo, copioso, prolífero.

Lisonja: halago, agasajo, cumplimiento, complacencia.
Propiedad: peculiaridad, singularidad, posesión, pureza.
Propio: peculiar, característico, patrimonial, exclusivo.
Prorrogable: diferible, aplazable, demorable, compartible.
Previsor: precavido, ocurrente, advertido, discurrente.
Planificación: preconcepción, lucubración, planteamiento, proyección.
Pensado: estudiado, forzado, razonado.

Planificar: planear, preconcebir, lucubrar, presuponer.
Prudencia: cautela, mesura, sensatez, madurez.
Sensato: prudente, juicioso, cuerdo, ponderado.
Pudicia: honestidad, recato, pudor, incorrupción.
Púdico: honesto, recatado, decoroso, honrado.
Pudor: delicadeza, honestidad, decencia, castidad.
Exoneración: alivio, eximición, liberación, destitución.
Confirmación: refrendo, ratificación, certificación, corroboración.
Aprobar: consentir, asentir, admitir, sancionar.
Contener: frenar, detener, sujetar, reprimir.
Flemático: reposado, calmoso, lento, sereno.

Impulso: envión, empujón, ímpetu, incentivo.

Impune: perdonado, liberado, incastigado, libertado.

Impunidad: impunición, insanción, incondenación, condonación.

Impureza: turbiedad, suciedad, mancha, corrupción.

Impuro: sucio, adulterado, corrompido, mezclado.

Imputación: acusación, reconvención, reproche, amonestación.

Imputar: achacar, atribuir, inculpar, acusar.

Inacabable: interminable, inagotable, infinito, eterno.

Inaccesible: imposible, inabordable, difícil, abrupto.

Inacción: inercia, inactividad, quietud, gandulería.

Inactividad: inacción, pasividad, inmovilidad, paro.

Inactivo: parado, estático, inmóvil, inerte.

Inadaptación: inadecuación, inconformismo, marginación, contraindicación.

Inadaptado: desambientado, descentrado, marginado, inadecuado.

Inadecuado: impropio, inapropiado, improcedente, extraño.

Inadmisible: inaceptable, impropio, improbable, injusto.

Inadvertencia: irreflexión, oscilación, distracción, descuido.

Inadvertido: desadvertido, irreparado, distraído, descuidado.

Inagotable: infinito, imperecedero, fecundo, indefinido.

Inalcanzable: inasequible, inasible, difícil, inabordable.

Inalienable: inenarrable, ineludible, intraspasable, irrenunciable.

Inalterable: permanente, estable, fijo, invariable.

Inalterado: fijo, estable, invariable, intacto.

Inamovible: fijo, estable, sujeto, inmutable.

Inane: baladí, fútil, vano, inútil.

Desaliento: desánimo, decaimiento, abatimiento, postración.

Penado: castigado, condenado, sancionado, encarcelado.

Sanción: castigo, punición, condena, cárcel.

Pureza: limpidez, perfección, nitidez, candor.

Puro: depurado, purificado, limpio, inmaculado, honrado.

Exoneración: liberación, descargo, eximición, separación.

Excusar: disculpar, perdonar, eximir, justificar.

Breve: efímero, pasajero, fugaz, finito.

Fácil: hacedero, probable, cómodo, asequible.

Actividad: movimiento, acción, diligencia, prontitud.

Actividad: movimiento, trabajo, ocupación, acción.

Activo: diligente, operante, eficaz, funcional.

Adaptación: integración, acomodación, conformación, adecuación.

Centrado: adaptado, aclimatado, acomodado, adecuado.

Adecuado: propio, oportuno, conveniente, admisible.

Admisible: conveniente, beneficioso, provechoso, ventajoso.

Advertencia: atención, cuidado, esmero, cortesía.

Advertido: reparado, notado, percatado, observado.

Finito: agotable, terminable, gastable, extinguible.

Fácil: cómodo, hacedero, sencillo, tratable.

Adquirible: alcanzable, traspasable, cedible, factible.

Tornadizo: alterable, movible, inestable, versátil.

Alterado: cambiado, variado, modificado, transformado.

Dinámico: activo, diligente, móvil, evolutivo.

Útil: ventajoso, provechoso, beneficioso, preeminente.

SINÓNIMOS	ANTÓNIMOS
Inanición: debilidad, agotamiento, extenuación, caquexia.	**Fortaleza:** vigor, fuerza, potencia, firmeza.
Inanidad: vacuidad, inutilidad, futilidad, puerilidad.	**Utilidad:** beneficio, ventaja, provecho, conveniencia.
Inanizar: baladizar, nulizar, futilizar, nadizar.	**Utilizar:** usar, emplear, beneficiar, aplicar.
Inapetencia: desgana, anorexia, apatía, desinterés.	**Apetencia:** apetito, hambre, ansia, deseo.
Inapetente: anémico, alicaído, desganado, anoréxico.	**Apetente:** voraz, hambriento, ávido, glotón.
Inapreciable: inestimable, valioso, precioso, excelente.	**Baladí:** trivial, fútil, nimio, superficial.
Inasequible: inasible, inabordable, inalcanzable, imposible.	**Asequible:** fácil, sencillo, accesible, alcanzable, complaciente.
Inaudito: extraño, increíble, sorprendente, insólito.	**Corriente:** usual, habitual, ordinario, conocido.
Inauguración: apertura, inicio, estreno, comienzo.	**Clausura:** terminación, conclusión, cierre, fin.
Inaugurar: abrir, comenzar, estrenar, principiar.	**Clausurar:** cerrar, cesar, finalizar, concluir.
Incalculable: infinito, inmenso, enorme, ilimitado.	**Calculable:** mensurable, apreciable, limitado, restricto.
Incalificable: inconcebible, censurable, vituperable, reprochable.	**Encomiable:** loable, elogiable, ensalzable, restricto.
Incansable: infatigable, invencible, incesante, persistente.	**Cansado:** fatigado, cansino, extenuado, exánime.
Incapacidad: ineptitud, nulidad, inhabilidad, torpeza.	**Aptitud:** capacidad, suficiencia, disposición, idoneidad.
Incapacitar: inhabilitar, nulificar, invalidar, eliminar.	**Capacitar:** habilitar, facilitar, facultar, comisionar.
Incapaz: inhábil, inepto, necio, torpe.	**Hábil:** idóneo, ocurrente, competente, habilidoso.
Incautación: confiscación, embargo, requisición, expoliación.	**Devolución:** restitución, reintegro, reposición, recuperación.
Incauto: crédulo, ingenuo, cándido, infantil.	**Despierto:** listo, advertido, despabilado, suspicaz.
Incendiar: inflamar, encender, quemar, conflagrar.	**Apagar:** extinguir, sofocar, debilitar, contener.
Incentivar: estimular, acicatear, incitar, impulsar.	**Sujetar:** refrenar, reprimir, detener, contener.
Incentivo: estímulo, aliciente, acicate, aguijón.	**Paliativo:** atenuante, calmante, sedante, analgésico.
Incertidumbre: duda, vacilación, perplejidad, irresolución.	**Certidumbre:** certeza, convicción, convencimiento, demostración.
Incesante: perpetuo, eterno, perenne, infinito.	**Efímero:** pasajero, temporario, transitorio, fugaz.
Incesto: prohibición, impedimento, f- proscripción cohabitativa, entre familiares del primer grado.	**Admisión:** aceptación, permisión, f- normalidad carnal entre extraños.

Incestuoso: manchado, estigmatizado, f-persona que comete incesto.
Incidencia: circunstancia, ocasión, emergencia, episodio.
Incidente: suceso, acontecimiento, cuestión, entrevero.
Incidir: caer, incurrir, faltar, contravenir.
Incierto: indeciso, inseguro, vacilante, indeterminado.
Incinerar: calcinar, quemar, incendiar, abrasar.
Incipiente: novicio, naciente, novel, novizado.
Incisión: corte, hendidura, cortadura, punción.
Incisivo: cortante, tajante, punzante, cáustico.
Inciso: separado, dividido, cortado, coma.
Incitación: incentivo, incitamiento, acicate, aliciente.
Incitar: acuciar, animar, alentar, influir.

Incivil: malcriado, inurbano, incorrecto, impertinente.
Inclemencia: severidad, crueldad, aspereza, dureza.
Inclemente: severo, riguroso, duro, despiadado.
Inclinación: propensión, preferencia, tendencia, predisposición.
Inclinar: bajar, ladear, impulsar, persuadir.
Ínclito: célebre, esclarecido, afamado, renombrado.
Incluir: contener, comprender, implicar, englobar.
Inclusive: comprendido, contenido, conllevado, implícito.
Incoar: empezar, principiar, iniciar, comenzar.
Incoercible: irreductible, irrefrenable, incontable, indomable.
Incógnita: enigma, misterio, secreto, arcano.
Incognoscible: abstruso, inescrutable, recóndito, inconexo.
Incoherente: confuso, indescifrable, discordante, inconexo.
Íncola: morador, poblador, habitante, residente.

Permitido: normalizado, aceptado, casado, desposado.
Perspectiva: condición, aspecto, transición, cambio.
Armonía: concordia, acuerdo, conformidad, arreglo.
Eludir: esquivar, evitar, huir, rechazar.
Cierto: demostrado, verdadero, evidente, auténtico.
Respetar: estimar, considerar, apreciar, venerar.
Avezado: adiestrado, consumado, ducho, experto.
Juntura: empalme, unión, ensambladura, sutura.
Impreciso: indefinido, incierto, ambiguo, confuso.
Unido: juntado, enlazado, fundido, ligado.
Desaliento: desánimo, abatimiento, postración, anonadación.
Disuadir: apartar, desengañar, alejar, desviar.
Educado: cortés, urbano, formado, deferente.
Bondad: benignidad, benevolencia, piedad, suavidad.
Benigno: suave, compasivo, bondadoso, apacible.
Desapego: frialdad, alejamiento, distancia, desinterés.
Disuadir: convencer, desaconsejar, mover, enderezar.
Vulgar: corriente, trivial, común, populachero.
Separar: alejar, apartar, dividir, incomunicar.
Excluido: descartado, separado, eliminado, suprimido.
Terminar: acabar, finalizar, concluir, clausurar.
Apacible: manso, benigno, dócil, manejable.
Revelación: manifestación, declaración, descubrimiento, evidencia.
Asequible: comprensible, entendible, conocible, exotérico.
Conexo: trabado, ligado, equivalente, continuado.
Dueño: propietario, poseedor, señor, hacendado.

Incólume: intacto, indemne, ileso, íntegro.
Incombustible: ininflamable, inquemable, refractario, desapasionado.
Incomodar: disgustar, desagradar, molestar, fastidiar.
Incomodidad: molestia, enfado, fatidio, mortificación.
Incómodo: fastidioso, molesto, embarazoso, irritante.
Incomparable: inconmensurable, inmensurable, extraordinario, imparangonable.
Incompatibilidad: desarmonía, discordancia, disconformidad, impedimento.
Incompatible: desacorde, opuesto, disconforme, discordante.
Incompetencia: incapacidad, ineptitud, inhabilidad, deficiencia.
Incompetente: incapaz, inepto, torpe, inútil.
Incompleto: deficiente, defectuoso, imperfecto, truncado.
Incomprensible: inescrutable, enigmático, abstruso.
Incomprensión: desunión, discrepancia, desavenencia, descontrol.
Incomunicación: soledad, aislamiento, clausura, retiro.
Incomunicar: apartar, retraer, aislar, separar.
Inconcebible: inexplicable, increíble, ilógico, sorprendente.
Inconciencia: abstracción, ensimismamiento, irreflexión, volubilidad.
Inconciliable: disconforme, desacorde, incompatible, contrario.
Inconcuso: cierto, seguro, evidente, incuestionable.
Incondicional: absoluto, ilimitado, prosélito, adicto.
Inconexo: incoherente, inadecuado, discordante, inarticulado.
Inconfundible: distinto, claro, preciso, característico.
Incongruencia: incoherencia, inadecuación, extravagancia, ridiculez.
Incongruente: incoherente, improcedente, impropio, discontinuo.
Inconmensurable: infinito, extenso, incontable, ilimitado.

Contusionado: dañado, averiado, lesionado, accidentado.
Ustión: quemable, combustible, incendiable, conmovible.
Agradar: contentar, satisfacer, complacer, deleitar.
Agrado: comodidad, holgura, bienestar, ventaja.
Cómodo: agradable, confortable, manejable, placentero.
Mensurable: medible, comparable, parangonable, confrontable.
Avenencia: congruencia, conveniencia, concordia, conexión.
Acorde: compatible, armónico, concordante, congruente.
Competencia: incumbencia, idoneidad, capacidad, suficiencia.
Competente: eficaz, capacitado, cualificado, diestro.
Cabal: acabado, absoluto, perfecto, completo.
Manifiesto: evidente, claro, comprensible, despejado.
Acuerdo: armonía, convergencia, conformidad, congruencia.
Comunicación: relación, trato, intercambio, correspondencia.
Relacionar: conectar, enlazar, unir, conexionar.
Normal: corriente, común, concebible, explicable.
Conciencia: meditación, reflexión, responsabilidad, discernimiento.
Armónico: conforme, concorde, concertante, aveniente.
Dubitativo: vacilante, incierto, ambiguo, irresoluto.
Disidente: discorde, cismático, separado, divergido.
Coherente: unido, enlazado, adherido, ilativo.
Indistinguible: imprecisado, confundible, indeterminado, impersonal.
Lógica: coherencia, congruencia, pertinencia, ilación.
Oportuno: coincidente, adecuado, conveniente, pertinente.
Finito: medible, extinguible, efímero, perecedero.

Inconmovible: firme, permanente, estable, inalterable.
Inconquistable: inexpugnable, inalcanzable, invencible, firme.
Inconsciencia: desconocimiento, ignorancia, imprudencia, insensatez.
Inconsciente: ilógico, irreflexivo, ligero, incierto.
Inconsecuente: impensado, fortuito, casual, informal.
Inconsistente: frágil, deleznable, endeble, maleable.
Inconsolable: triste, afligido, desconsolado, angustiado.
Inconstancia: volubilidad, ligereza, liviandad, mudanza.
Inconstante: versátil, voluble, inseguro, caprichoso.
Incontable: innumerable, incalculable, infinito, inconmensurable.
Incontenible: irresistible, fuerte, infrenado, pujante.
Incontestable: irrefutable, irrebatible, axiomático, incontrovertible.
Incontinencia: exceso, inmoderación, desenfreno, intemperancia.
Incontrovertible: seguro, indiscutible, demostrado, palmario.
Inconveniencia: incomodidad, contrariedad, impedimento, contrariedad, disconformidad.
Inconveniente: complicación, dificultad, impedimento, obstáculo.
Incordiar: molestar, fastidiar, importunar, hostigar.
Incordio: postema, absceso, tumor, contrariedad.
Incorporación: anexión, aditamento, añadidura, mancomunión.
Incorporar: integrar, asociar, mezclar, mancomunar.
Incorpóreo: inmaterial, intangible, impalpable, imperceptible.
Incorrección: defecto, anormalidad, irregularidad, imprudencia.
Incorrecto: anormal, irregular, deficiente, erróneo.
Incorregible: rebelde, pertinaz, contumaz, recalcitrante.

Conmovible: tornadizo, cambiable, transformable, incierto.
Vulnerable: flexible, frágil, inerme, indefenso.
Consciencia: conocimiento, discernimiento, entendimiento, inteligencia.
Responsable: meditado, discurrido, resuelto, proyectado.
Ilativo: consecuente, inferente, deductivo, lógico.
Consistente: compacto, espeso, tramado, tupido.
Calmado: sosegado, tranquilo, calmo, aplacado.
Firmeza: constancia, resolución, entereza, seguridad.
Constante: inmutable, consecuente, leal, firme.
Determinable: precisado, determinado, controlado, posible.
Contable: medible, mensurable, resistible, dominable.
Discutible: incierto, inseguro, contestable, problemático.
Sobriedad: mesura, moderación, parquedad, circunspección.
Cuestionable: discutible, debatible, dudoso, controvertible.
Conveniencia: provecho, beneficio, comodidad, respeto.
Facilidad: posibilidad, factibilidad, expedición, disposición.
Agradar: amenizar, entretener, atraer, encantar.
Alivio: descanso, consuelo, mejoría, melioración.
Separación: desgaje, disolución, apartamiento, análisis.
Separar: apartar, desglosar, desgajar, dividir.
Material: carnal, tangible, visible, somático.
Perfección: conformidad, cortesía, atención, progreso.
Perfecto: acabado, completo, íntegro, absoluto.
Enmendable: corregible, manejable, disciplinable, obediente.

SINÓNIMOS	ANTÓNIMOS
Incorruptible: incorrupto, virtuoso, intachable, íntegro.	**Corrompido:** vicioso, disoluto, libertino, crápula.
Incrédulo: ateo, impío, suspicaz, desconfiado.	**Creyente:** confiado, convencido, crédulo, piadoso.
Increíble: inaudito, inverosímil, insólito, extraño.	**Cierto:** verosímil, creíble, aceptable, probable.
Incrementar: agregar, aumentar, acrecentar, prosperar.	**Disminuir:** decrecer, mermar, rebajar, reducir.
Incremento: aumento, desarrollo, crecimiento, incrementación.	**Disminución:** decrecimiento, descenso, menoscabo, reducción.
Increpar: amonestar, reprender, regañar, reñir.	**Alabar:** elogiar, encomiar, exaltar, loar, ponderar.
Incriminar: acusar, inculpar, imputar, atribuir.	**Liberar:** excusar, disculpar, perdonar, dispensar.
Incruento: benigno, suave, pacífico, agradable.	**Sangriento:** cruel, cruento, brutal, atroz.
Incrustar: encajar, embutir, empotrar, engastar.	**Desprender:** sacar, separar, soltar, desligar.
Incubar: empollar, encobar, crear, fomentar.	**Infecundar:** enhuerar, infructificar, inutilizar, aridecer.
Incuestionable: indiscutible, incontrovertible, irrefutable, irredargüible.	**Problemático:** dudoso, incierto, cuestionable, difícil.
Inculcar: inducir, infundir, introducir, imbuir.	**Disuadir:** desalentar, desanimar, decepcionar, descorazonar.
Inculpar: incriminar, acusar, culpar, atribuir.	**Disculpar:** excusar, absolver, perdonar, exculpar.
Inculto: iletrado, indocto, ignorante, bruto.	**Culto:** atildado, educado, instruido, erudito.
Incultura: ignorancia, desconocimiento, analfabetismo, sabiduría.	**Cultura:** erudición, instrucción, ilustración, educación.
Incumbencia: obligación, atingencia, competencia, atribución.	**Desentendimiento:** incompetencia, desligamiento, desprendimiento, inconsistencia.
Incumbir: concernir, corresponder, competer, pertenecer.	**Eludir:** esquivar, rehusar, soslayar, evadir.
Incumplidor: informal, infractor, despreocupado, desleal.	**Honrado:** serio, cumplidor, diligente, responsable.
Incumplimiento: infracción, desobediencia, falta, olvido.	**Obediencia:** respeto, acatamiento, sumisión, sometimiento.
Incumplir: vulnerar, infligir, quebrantar, contravenir.	**Cumplir:** satisfacer, complacer, efectuar, realizar.
Incuria: apatía, dejadez, desidia, ignavia.	**Diligencia:** prisa, actividad, prontitud, gestión.
Incurrir: caer, incidir, cometer, causar.	**Eludir:** evitar, esquivar, rehusar, sortear.
Incursión: irrupción, correría, invasión, exploración.	**Retirada:** retroceso, repliegue, regreso, alejamiento.
Indagar: inquirir, averiguar, pesquisar, investigar.	**Permitir:** consentir, facultar, tolerar, autorizar.
Indebido: ilícito, vedado, ilegítimo, prohibido.	**Permitido:** consentido, autorizado, tolerado, facultado.

Indecencia: liviandad, deshonestidad, obscenidad, grosería.
Indecente: deshonesto, obsceno, cochino, grosero.
Indecisión: irresolución, incertidumbre, perplejidad, dubitación.
Indeciso: vacilante, perplejo, confuso, incierto.
Indecoroso: indecente, impúdico, obsceno, grosero.
Indefectible: seguro, cierto, infalible, indudable.
Indefensión: desamparo, desprotección, desvalimiento, debilidad.
Indefenso: abandonado, solo, inerme, desamparado.
Indefinido: impreciso, vago, confuso, indeterminado.
Indeleble: imborrable, durable, inalterable, permanente.
Indeliberado: fortuito, espontáneo, irreflexivo, involuntario.
Indemne: exento, libre, ileso, incólume.
Indemnizar: compensar, resarcir, reparar, remediar.
Independencia: autonomía, libertad, emancipación, resolución.
Independiente: libre, exento, emancipado, manumiso.
Independizar: emancipar, liberar, separar, desligar.
Indescifrable: enredado, embrollado, misterioso, impenetrable.
Indescriptible: inexplicable, impenetrable, misterioso.
Indeterminado: indefinido, impreciso, irresoluto, vacilante.
Indeterminar: sugerir, vacilar, bosquejar, esbozar.
Indicación: señalación, anunciación, significación, sugerencia.
Indicado: adecuado, oportuno, aconsejado, conveniente.
Indicar: señalar, mostrar, apuntar, exteriorizar.
Índice: catálogo, tabla, repertorio, lista.
Indicio: señal, muestra, asomo, vestigio.

Decencia: honestidad, recato, compostura, decoro.
Honesto: decente, recatado, decoroso, púdico.
Determinación: certeza, seguridad, resolución, audacia.
Resoluto: resuelto, decidido, determinado, denotado.
Decoroso: pudoroso, decente, honesto, recatado.
Precario: efímero, perecedero, frágil, inestable.
Defensa: protección, amparo, ayuda, resguardo.
Amparado: protegido, defendido, apoyado, escudado.
Concreto: preciso, determinado, fijado, clarificado.
Fugaz: efímero, pasajero, incidental, circunstancial.
Consciente: reflexivo, concebido, pensado, propuesto.
Dañado: perjudicado, lesionado, deteriorado, estropeado.
Perjudicar: dañar, menoscabar, deteriorar, maltratar.
Sujeción: obediencia, sumisión, ligadura, esclavitud.
Dependiente: sujeto, subalterno, subordinado, oficinista.
Someter: dominar, reprimir, conquistar, vencer.
Diáfano: claro, inteligible, comprensible, penetrable.
Explicable: palmario, manifiesto, evidente, comprensible.
Seguro: resoluto, cierto, positivo, confiado.
Definir: precisar, aclarar, concretar, determinar.
Omisión: supresión, silenciamiento, olvido, inadvertencia.
Inadecuado: impropio, improcedente, inapropiado, contraproducente.
Esconder: encubrir, ocultar, contener, encerrar.
Ignoto: marginación, desconocimiento, ignorancia, obscuridad.
Realidad: evidencia, certeza, convicción, testimonio.

SINÓNIMOS	ANTÓNIMOS
Indiferencia: displicencia, apatía, frialdad, desinterés.	**Aprecio:** estimación, distinción, afecto, consideración.
Indiferente: displicente, desafectado, apático, indolente.	**Apasionado:** vehemente, férvido, ardoroso, fanático.
Indígena: nativo, originario, oriundo, autóctono.	**Forastero:** foráneo, extraño, ajeno, extranjero.
Indigencia: necesidad, estrechez, miseria, pobreza.	**Opulencia:** abundancia, copiosidad, esplendidez, riqueza.
Indigente: menesteroso, pobre, desvalido, necesitado.	**Pudiente:** acaudalado, potentado, opulento, acomodado.
Indigesto: nocivo, dañino, indigerible, insoportable.	**Saludable:** benévolo, provechoso, benéfico, sano.
Indignación: ira, enojo, rabia, molestia.	**Complacencia:** agrado, placer, contento, satisfacción.
Indignar: enfadar, encolerizar, irritar, exasperar.	**Complacer:** agradar, contentar, gustar, alegrar.
Indignidad: ignominia, vileza, bajeza, infamia.	**Dignidad:** honor, honorabilidad, honra, decencia.
Indigno: inmerecido, injusto, abyecto, infame.	**Justo:** noble, leal, ecuánime, equitativo.
Indirecto: desviado, equivocado, separado, erróneo.	**Recto:** derecho, justo, íntegro, severo.
Indiscernible: oscuro, confuso, esparcido, imperceptible.	**Claro:** diáfano, puro, cristalino, manifiesto.
Indisciplina: indocilidad, desobediencia, insumisión, rebeldía.	**Docilidad:** sumisión, obediencia, flexibilidad, disciplina.
Indisciplinado: desobediente, insumiso, insurrecto, insubordinado.	**Disciplinado:** sumiso, ordenado, organizado, dócil.
Indiscreción: imprudencia, indelicadeza, intromisión, curiosidad.	**Delicadeza:** discreción, tacto, finura, primor.
Indiscreto: importuno, imprudente, entrometido, impertinente.	**Juicioso:** cuerdo, sensato, discreto, delicado.
Indiscriminado: indistinto, confuso, oscuro, borroso.	**Claro:** selectivo, distinto, discriminado, separado.
Indiscutible: incontrovertible, irrefutable, palmario, evidente.	**Incierto:** dudoso, vacilante, variable, aleatorio.
Indisoluble: insoluble, perdurable, estable, firme.	**Soluble:** fugaz, débil, disoluble, licuable.
Indispensable: insustituible, indefectible, preciso, fundamental.	**Accidental:** prescindible, contingente, incidental, provisional.
Indisponer: enemistar, desavenir, malquistar, intrigar.	**Amigar:** conciliar, amistar, armonizar, congeniar.
Indisposición: afección, trastorno, enemistad, hostilidad.	**Salud:** lozanía, robustez, reconciliación, amistad.
Indispuesto: achacoso, enfermo, molesto, contrariado.	**Sano:** robusto, fuerte, agradable, ameno.
Indistinto: indiscernible, imperceptible, confuso, nebuloso.	**Claro:** agudo, perspicaz, despierto, abierto.
Individual: particular, propio, privativo, personal.	**Colectivo:** común, general, social, compartido, masivo.

SINÓNIMOS	ANTÓNIMOS
Individualidad: personalidad, particularidad, idiosincrasia, carácter.	**Despersonificación:** indistinción, heterogeneidad, indefinición, hibridez.
Individualista: egoísta, independiente, autónomo, libre.	**Solidario:** sometido, fraternal, participante, amistoso.
Individualizar: personificar, determinar, especificar, particularizar.	**Generalizar:** extender, ampliar, divulgar, sintetizar.
Individuo: persona, sujeto, ser, prójimo.	**Comunidad:** colectivo, grupo, masa.
Indivisible: inseparable, indiviso, único, unitario.	**Fraccionado:** partido, dividido, fragmentario, troceado.
Indiviso: unitario, indivisible, uno, indesligable.	**Fraccionado:** separado, dividido, partido, fragmento.
Indócil: indisciplinado, díscolo, rebelde, insumiso.	**Dócil:** obediente, apacible, fácil, suave.
Indocto: inculto, iletrado, ignorante, rústico.	**Docto:** instruido, entendido, sabio, erudito.
Indocumentado: desconocido, anónimo, ignorante, inculto.	**Documentado:** conocedor, experimentado, leído, versado.
Índole: condición, carácter, idiosincrasia, naturaleza.	**Defecto:** carencia, falla, imperfección, deficiencia.
Indolencia: negligencia, apatía, flojera, desidia.	**Diligencia:** actividad, atención, prontitud, celo.
Indolente: apático, frío, dejado, poltrón.	**Diligente:** dinámico, rápido, activo, diestro.
Indoloro: imperceptible, leve, suave, inapreciable.	**Doloroso:** agudo, lacerante, penoso, desolador.
Indómito: arisco, cerril, desobediente, salvaje, impetuoso.	**Dócil:** sumiso, apacible, obediente, manejable.
Inducción: incitación, instigación, impulsión, ilación.	**Disuasión:** desaferramiento, decepción, convencimiento, desaliento.
Inducir: exhortar, empujar, incitar, instigar.	**Disuadir:** apartar, convencer, mover, desanimar.
Indudable: indubitable, indiscutible, manifiesto, incuestionable.	**Incierto:** dudoso, vacilante, confuso, impreciso,
Indulgencia: tolerancia, benignidad, perdón, transigencia.	**Inflexibilidad:** empecinamiento, terquedad, obsesión, porfía.
Indulgente: benévolo, tolerante, compasivo, condescendiente.	**Empecinado:** obstinado, tozudo, terco, encaprichado.
Indultar: dispensar, absolver, condonar, excarcelar.	**Condenar:** sancionar, castigar, reprobar, encerrar.
Indulto: perdón, absolución, condonación, amnistía.	**Castigo:** condena, sanción, expiación, penitencia.
Indumentaria: vestimenta, ropaje, indumento, prenda.	**Descuido:** desliz, falta, omisión, incuria.
Industria: actividad, destreza, pericia, manufactura.	**Impericia:** torpeza, ineptitud, desmaña, insuficiencia.
Industriar: instruir, amaestrar, adiestrar, aleccionar.	**Lerdizar:** tardar, lentificar, cansar, entorpecer.
Industrioso: diestro, práctico, ingenioso, hábil.	**Torpe:** inhábil, lerdo, pesado, cansino.
Inédito: nuevo, impublicado, reciente, fresco.	**Publicado:** divulgado, difundido, esparcido, televisado.

Inefable: indecible, inenarrable, inexplicable, extraordinario.
Ineficacia: inoperancia, incapacidad, ineptitud, inutilidad.
Ineficaz: inerte, inactivo, incapaz, inepto.
Ineludible: forzoso, obligatorio, necesario, imprescindible.
Inepcia: necedad, tontería, estupidez, majadería.
Ineptitud: incapacidad, torpeza, nulidad, impericia.
Inepto: inhábil, incapaz, inexperto, ineficaz.
Inequívoco: cierto, manifiesto, palpable, comprobado.
Inercia: desidia, flojedad, apatía, indiferencia.
Inerme: indefenso, vulnerable, desarmado, expugnable.
Inerte: inmóvil, exánime, pasivo, ignavo.
Inescrutable: impenetrable, misterioso, insondable, inescudriñable.
Inesperado: imprevisto, insospechado, repentino, casual.
Inestabilidad: inseguridad, inconsistencia, oscilación, desequilibrio.
Inestable: variable, transitorio, cambiante, precario.
Inestimable: incalculable, precioso, valioso, inapreciable.
Inevitable: ineludible, necesario, irrevocable, determinante.
Inexacto: erróneo, equívoco, falso, imperfecto.
Inexcusable: imperdonable, inadmisible, urgente, apremiante.
Inexistente: irreal, imaginario, ficticio, ilusorio.
Inexorable: inflexible, implacable, despiadado, severo.
Inexperto: inepto, inhábil, torpe, neófito.
Inexplicable: inaudito, increíble, misterioso, incomprensible.
Inexplorado: desconocido, ignoto, solitario, inhabitado.
Inexpresivo: enigmático, adusto, seco, reservado.

Obvio: evidente, objetivo, patente, manifiesto.
Eficacia: utilidad, capacidad, energía, eficiencia.
Eficiente: provechoso, beneficioso, activo, ágil.
Eludible: evitable, innecesario, prescindible, superfluo.
Diligencia: expedición, viveza, presteza, sagacidad.
Aptitud: capacidad, suficiencia, idoneidad, maestría.
Apto: capaz, hábil, ocurrente, diligente.
Incierto: dudoso, vacilante, ambiguo, discutible.
Actividad: movilidad, dinamismo, prontitud, voluntad.
Protegido: defendido, armado, amparado, sostenido.
Activo: diligente, ocurrente, ágil, efectivo.
Cognoscible: concebible, comprensible, penetrable, inteligible.
Previsto: sabido, conocido, supuesto, considerado.
Estabilidad: consistencia, equilibrio, firmeza, permanencia.
Seguro: cierto, fijo, determinado, aseverado.
Imperfecto: desdeñable, insignificante, despreciable, defectuoso.
Evitable: solucionable, prevenible, eludible. soslayable.
Estricto: fiel, ceñido, preciso, exacto.
Disculpable: justificable, exculpable, eximible, eludible.
Real: efectivo, auténtico, verdadero, verídico.
Evitable: flexible, tolerante, indulgente, compasivo.
Ducho: hábil, entendido, versado, capaz, experto.
Racional: lógico, justo, razonable, auténtico.
Habitado: concurrido, frecuentado, lleno, abarrotado.
Elocuente: expresivo, significativo, gráfico, convincente.

Inexpugnable: invencible, insuperable, invulnerable, infranqueable.
Inextenso: corto, finito, limitado, reducido.
Inextinguible: inagotable, interminable, eterno, infinito.
Inextricable: complejo, confuso, enredado, embrollado.
Infalibilidad: certeza, seguridad, certidumbre, evidencia.
Infalible: seguro, cierto, positivo, verdadero.
Infamar: denigrar, difamar, afrentar, ultrajar.
Infame: indigno, inicuo, abyecto, corrompido.
Infamia: vileza, afrenta, ignominia, ruindad.
Infando: torpe, necio, indigno, repugnante.
Infante: pequeño, crío, niño, párvulo.
Infantil: pueril, candoroso, aniñado, inocente.
Infatigable: incansable, inagotable, activo, diligente.
Infausto: aciago, azaroso, funesto, nefasto.
Infección: contagio, contaminación, epidemia, corrupción.
Infectar: contagiar, envenenar, contaminar, inficionar.
Infecto: contagiado, fétido, pestilente, putrefacto.
Infecundo: estéril, infructuoso, infértil, improductivo.
Infelicidad: infortunio, desdicha, adversidad, malventura.
Infeliz: desventurado, desgraciado, ingenuo, apocado.
Inferencia: ilación, consecuencia, deducción, corolario.
Inferior: subalterno, secundario, doméstico, accesorio.
Inferioridad: subordinación, desmedro, dependencia, desventaja.
Inferiorizar: depreciar, invalorar, desestimar, subestimar.
Inferir: colegir, deducir, vislumbrar, ocasionar, causar.

Expugnable: franqueable, vencible, vulnerable, feble.
Vasto: grande, extendido, dilatado, inmenso.
Extinguible: finito, perecedero, corto, efímero.
Claro: diáfano, cristalino, manifiesto, evidente.
Inseguridad: falibilidad, incertidumbre, vacilación, indecisión.
Incierto: errado, inseguro, dudoso, vacilante.
Honrar: enaltecer, ennoblecer, realzar, alabar.
Honorable: bueno, noble, honrado, respetable.
Bondad: abnegación, mansedumbre, generosidad, magnanimidad.
Digno: delicado, íntegro, decoroso, escrupuloso.
Anciano: viejo, abuelo, caduco, decrépito.
Senil: maduro, adulto, sensato, juicioso.
Cansino: cansado, agotado, exhausto, debilitado.
Feliz: alegre, risueño, contento, sonriente.
Inmunización: protección, vacunación, preservación, salubridad.
Desinfectar: purificar, limpiar, sanear, higienizar.
Limpio: higiénico, desinfectado, pulcro, profiláctico.
Fecundo: fértil, feraz, productivo, abundante.
Dicha: ventura, felicidad, prosperidad, bienestar.
Afortunado: venturoso, dichoso, avispado, sagaz.
Causa: principio, origen, motivo, fuente.
Mejor: deseable, preferible, anhelable, perfeccionable.
Superioridad: supremacía, preeminencia, categoría, ventaja.
Valorizar: evaluar, valorar, ponderar, enfatizar.
Determinar: precisar, señalar, delimitar, resolver.

Infernal: satánico, diabólico, maléfico, perjudicial.

Inficionar: infectar, apestar, contagiar, viciar.

Infidelidad: deslealtad, felonía, perfidia, traición.

Infidencia: deslealtad, perfidia, infidelidad, felonía.

Infiel: traidor, aleve, pérfido, incrédulo.

Infierno: averno, orco, abismo, érebo.

Infiltración: filtración, impregnación, permeabilidad, introducción.

Infiltrar: penetrar, introducir, infundir, inspirar.

Ínfimo: reducido, menguado, inferior, pequeño.

Infinidad: sinfín, infinito, inmensidad, multitud.

Infinito: ilimitado, interminable, incalculable.

Inflación: alza, recargo, aumento, devaluación.

Inflamable: combustible, incendiable, irritable, excitable.

Inflamar: abrasar, encender, avivar, enardecer.

Inflar: soplar, abultar, exagerar, levantar.

Inflexibilidad: carácter, firmeza, inclemencia, inexorabilidad.

Inflexible: rígido, duro, firme, inabordable, tenaz.

Inflexión: desviación, torcimiento, desinencia, inclinación.

Infligir: aplicar, imponer, condenar, sancionar.

Influencia: poder, atribución, efecto, predominio.

Influir: ejercer, actuar, pesar, intervenir.

Influyente: importante, poderoso, acreditado, vigoroso.

Información: averiguación, pesquisa, encuesta, requerimiento.

Informal: irregular, inconvencional, inconsecuente, voluble.

Informar: anunciar, comunicar, avisar, participar.

Angelical: seráfico, angélico, elevado, sublimado.

Purificar: depurar, acendrar, acrisolar, refinar.

Lealtad: fidelidad, rectitud, nobleza, franqueza.

Fidelidad: lealtad, sinceridad, rectitud, amistad.

Fiel: leal, firme, asiduo, creyente.

Cielo: gloria, paraíso, empíreo, firmamento.

Estancamiento: expulsión, salida, eliminación, despido.

Disuadir: convencer, impeler, desanimar, desalentar.

Notable: grande, importante, vasto, extraordinario.

Escasez: poquedad, necesidad, insuficiencia, exigüidad.

Limitado: pequeño, diminuto, finito, escaso.

Deflación: baja, descenso, reducción, depreciación.

Incombustible: ignífugo, refractario, flemático, tranquilo.

Apagar: aplacar, extinguir, sofocar, apaciguar.

Reducir: disminuir, acortar, rebajar, limitar.

Compasión: humanidad, misericordia, piedad, tolerancia.

Benévolo: indulgente, complaciente, clemente, razonable.

Rectitud: equidad, justicia, integridad, honestidad.

Aliviar: atenuar, mitigar, moderar, paliar.

Inacción: inactividad, inercia, quietud, inutilidad.

Inhibirse: abstenerse, prescindir, vedarse, limitarse.

Insignificante: exiguo, baladí, nimio, inoperante.

Omisión: silencio, sigilo, olvido, inadvertencia.

Expreso: manifiesto, evidente, explícito, terminante.

Callar: silenciar, enmudecer, omitir, silenciar, olvidar.

Informe: referencia, testimonio, noticia, exposición.	**Conforme:** aprobación, asentimiento, ordenación, precisión.
Infortunio: fatalidad, adversidad, desventura, desgracia.	**Suerte:** azar, casualidad, eventualidad, estrella.
Infracción: contravención, violación, transgresión, vulneración.	**Acatamiento:** obediencia, sumisión, respeto, sometimiento.
Infractor: delincuente, transgresor, culpable, malhechor.	**Leal:** cumplidor, responsable, serio, honrado.
Infraestructura: construcción, instalación, f- organización interna, armazón básico.	**Revestimiento:** recubrimiento, adornamiento, encosturación, conformación.
Infranqueable: difícil, abrupto, intrincado, imposible.	**Fácil:** manejable, dócil, sencillo, acomodaticio.
Infrascrito: suscrito, firmante, él, ella.	**Nosotros:** nos, nuestro, yo, mí.
Infravalorar: subestimar, minusvalorar, minimizar, menospreciar.	**Sobrestimar:** sobrevalorar, estimar, elogiar, adular.
Infrecuente: raro, insólito, extraño, excepcional.	**Normal:** corriente, habitual, frecuente, ordinario.
Infringir: quebrantar, vulnerar, violar, contravenir.	**Cumplir:** acatar, respetar, ejecutar, obedecer.
Infructuoso: infructífero, inútil, ineficaz, improductivo.	**Fecundo:** fértil, prolífero, fructuoso, ubérrimo.
Ínfulas: vanidad, fatuidad, presunción, engreimiento.	**Modestia:** humildad, sencillez, moderación, mesura.
Infundado: pueril, falso, ficticio, indocumentado, aparente.	**Justificado:** evidenciado, demostrado, probado, documentado.
Infundio: calumnia, mentira, embuste, infamia.	**Verdad:** certeza, franqueza, sinceridad, veracidad.
Infundir: inspirar, inducir, infiltrar, comunicar.	**Disuadir:** apartar, alejar, desaconsejar, desorientar.
Ingenio: talento, habilidad, perspectiva, iniciativa.	**Necedad:** torpeza, inercia, bobada, estolidez.
Ingenioso: gracioso, ocurrente, agudo, listo.	**Torpe:** tardo, inepto, inútil, negado.
Ingénito: innato, natural, nonato, congénito.	**Adquirido:** logrado, obtenido, contraído, conseguido.
Ingente: enorme, infinito, grandioso, exorbitante.	**Minúsculo:** diminuto, pequeño, infante, grupúsculo.
Ingenuidad: candidez, inocencia, naturalidad, simplicidad.	**Astucia:** sagacidad, sutileza, perspicacia, picardía.
Ingenuo: inocente, cándido, candoroso, llano.	**Retorcido:** malicioso, astuto, ladino, taimado.
Ingerir: comer, tragar, chupar, introducir.	**Arrojar:** echar, despedir, lanzar, vomitar.
Ingratitud: olvido, desprecio, desdén, desagradecimiento.	**Reconocimiento:** gratitud, agradecimiento, bondad, obligación.
Ingrato: desleal, egoísta, infiel, desagradecido.	**Leal:** fiel, noble, honrado, legal.
Ingrávido: ligero, liviano, vaporoso, tenue.	**Pesado:** macizo, grave, intenso, profundo.

Ingrediente: componente, aditivo, condimento, salsa.
Ingresar: entrar, inscribirse, afiliarse, matricularse.
Ingreso: entrada, afiliación, alta, admisión.
Inhábil: novato, torpe, imperito, novicio.
Inhabilitar: incapacitar, imposibilitar, eliminar, invalidar.
Inhabitable: ruinoso, destartalado, desacogedor, inhóspito.
Inhalar: aspirar, absorber, respirar, inspirar.
Inherente: relativo, relacionado, tocante, concomitante.
Inhibición: retraimiento, abstención, alejamiento, separación.
Inhibir: prohibir, vedar, impedir, privar.
Inhóspito: desierto, inhospitalario, salvaje, agreste.
Inhumano: despiadado, cruel, brutal, inclemente.
Inhumar: sepultar, enterrar, soterrar, ocultar.
Iniciación: comienzo, principio, preparación, aprendizaje, debut.
Iniciado: afiliado, adepto, partidario, adherido.
Iniciador: promotor, introductor, creador, fundador.
Iniciar: comenzar, empezar, principiar, emprender.
Iniciativa: delantera, anticipación, adelanto, decisión.
Inicio: comienzo, origen, principio, arranque.
Inicuo: injusto, arbitrario, inmerecido, improcedente.
Ininteligible: ambiguo, incomprensible, abstruso, difícil.
Ininterrumpido: constante, incesante, inacabable, inagotable.
Iniquidad: impiedad, inclemencia, corrupción, perversidad.
Injerencia: intromisión, indiscreción, intrusión, impertinencia.
Injerir: insertar, incluir, agregar, introducir.

Exclusión: supresión, elisión, cesación, excepción.
Egresar: salir, abandonar, echarse, gastar.
Baja: salida, partida, separación, expulsión.
Experto: perito, práctico, experimentado, entendido.
Capacitar: habilitar, facultar, autorizar, comisionar.
Habitable: agradable, acogedor, acondicionado, cómodo.
Exhalar: arrojar, lanzar, despedir, irradiar.
Separado: apartado, aislado, alejado, distanciado.
Intromisión: injerencia, indiscreción, entrometido, intrusión.
Permitir: consentir, tolerar, facultar, aceptar.
Acogedor: protector, cobijador, aceptante, admitente.
Humanitario: benévolo, benigno, compasivo, sensible.
Exhumar: desenterrar, sacar, evocar, autopsiar.
Terminación: consumación, conclusión, culminación, finalización.
Profano: extraño, indocto, licencioso, mundano.
Seguidor: epígono, continuador, discípulo, adepto.
Acabar: terminar, finiquitar, finalizar, determinar.
Resultado: consecuencia, secuela, efecto, deducción.
Final: decadencia, conclusión, colofón, término.
Justo: bueno, recto, ecuánime, imparcial.
Comprensible: claro, inteligible, concebible, explicable.
Interrumpido: detenido, impedido, truncado, estorbado.
Justicia: rectitud, equidad, probidad, ecuanimidad.
Discreción: moderación, reserva, sensatez, prudencia.
Alejar: apartar, separar, distanciar, ahuyentar.

Injuriar: agraviar, ultrajar, afrentar, vulnerar.
Injusticia: iniquidad, arbitrariedad, abuso, atropello.
Injusto: indebido, ilegal, arbitrario, inmerecido.
Inmaculado: puro, limpio, casto, impoluto.
Inmaduro: precoz, prematuro, adelantado, verde.
Inmanente: unido, inseparable, inherente, constante.
Inmarcesible: eterno, imperecedero, inmortal, inmarchitable.
Inmaterial: intangible, incorporal, invisible, etéreo.
Inmediación: contigüidad, vecindad, proximidad, adyacencia.
Inmediato: contiguo, colindante, seguido, próximo.
Inmejorable: perfecto, óptimo, insuperable, imponderable.
Inmemorial: remoto, arcaico, histórico, vetusto.
Inmensidad: vastedad, magnitud, enormidad, infinidad.
Inmenso: incontable, indefinido, innumerable, desmedido.
Inmerecido: injusto, arbitrario, indebido, inadecuado.
Inmersión: zambullida, sumersión, calada, hundido.
Inmigración: migración, éxodo, desplazamiento, llegada.
Inminencia: proximidad, cercanía, apremio, perentoriedad.
Inminente: cercano, próximo, perentorio, imperioso.
Inmiscuir: mezclarse, participar, entrometerse, interferir.
Inmobiliario: hacendario, fincario, f- pertenencias de orden material.
Inmoderado: exagerado, desenfrenado, desmedido, desmesurado.
Inmodestia: altanería, engreimiento, presunción, fatuidad.
Inmodesto: altanero, arrogante, engreído, pedante.
Inmolar: sacrificar, ofrendar, ofrecer, consagrar.

Honrar: enaltecer, ensalzar, respetar, realzar.
Justicia: equidad, rectitud, conciencia, moralidad.
Equitativo: justo, razonable, recto, imparcial.
Poluto: sensual, lujurioso, erótico, pornográfico.
Maduro: sensato, juicioso, prudente, sesudo.
Separado: fraccionado, apartado, segregado, disociado.
Marcesible: mustiable, secable, agotable, debilitable.
Material: corporal, tangible, visible, corpóreo.
Lejanía: distancia, alejamiento, distanciamiento, apartamiento.
Lejano: apartado, retirado, remoto, distanciado, otrora.
Pésimo: defectuoso, deficiente, imperfecto, malísimo.
Reciente: actual, nuevo, flamante, novísimo.
Limitación: restricción, cortapisa, condición, circunspección.
Exiguo: mínimo, limitado, reducido, escaso.
Merecido: justo, apropiado, adecuado, premiado.
Emersión: aparición, surgimiento, flotamiento, sostenimiento.
Emigración: salida, tránsito, destierro.
Tardanza: lejanía, dilación, demora, lentitud.
Remoto: pasado, antiguo, arcaico, primitivo, vetusto.
Abstenerse: privarse, apartarse, inhibirse, liberarse.
Mobiliario: moblaje, menaje, f- conjunto de muebles y objetos.
Moderado: comedido, mesurado, templado, prudente.
Timidez: decoro, modestia, cortedad, turbación.
Modesto: humilde, sencillo, moderado, sobrio.
Aceptar: admitir, recibir, reconocer, tolerar.

Inmoral: disoluto, impúdico, indecoroso, indigno.
Inmoralidad: impudicia, indignidad, deshonestidad, liviandad.
Inmortal: eterno, imperecedero, perpetuo, duradero.
Inmóvil: inactivo, quieto, estable, estacionario.
Inmovilidad: pasividad, estabilidad, paralización, parálisis.
Inmovilizar: detener, paralizar, suspender, sujetar.
Inmuebles: casas, fincas, hacienda, bienes.

Inmundicia: basura, suciedad, mugre, asquerosidad.
Inmundo: impuro, nauseabundo, asqueroso, repugnante.
Inmune: exento, libre, protegido, preservado.
Inmunidad: prerrogativa, protección, privilegio, invulnerabilidad.
Inmunizar: proteger, preservar, pasteurizar, purificar.
Inmutable: invariable, inalterable, impasible, estoico.
Inmutarse: alterarse, conturbarse, agitarse, emocionarse.
Innato: peculiar, congénito, connatural, propio.
Innecesario: inútil, sobrado, superfluo, sobrante.
Innegable: indispensable, incontrovertible, evidente, apodístico.
Innoble: infame, indigno, vil, abyecto.

Innovación: novedad, invención, creación, revolución.
Innovar: cambiar, alterar, mudar, modificar.
Innumerable: incontable, incalculable, múltiple, indeterminable.
Inobservancia: incumplimiento, desobediencia, contravención, vulneración.
Inocencia: sencillez, pureza, simpleza, ingenuidad.
Inocente: cándido, ingenuo, sencillo, absuelto.
Inocular: inyectar, contagiar, dañar, infectar.

Decoroso: honesto, casto, digno, pudoroso.
Honestidad: decoro, pudor, pudicia, recato.
Mortal: perecedero, efímero, pasajero, transitorio.
Movible: móvil, variable, movedizo, voluble.
Movimiento: acción, actividad, agitación, circulación.
Movilizar: agitar, armar, reclutar, llamar.

Bagatelas: frioleras, nimiedades, fruslerías, minucias.
Limpieza: aseo, higiene, pulcritud, pureza.
Limpio: puro, pulcro, higiénico, lavado.

Vulnerable: débil, atacable, dañable, censurable.
Afección: enfermedad, dolencia, nocividad, epidemia.
Contaminar: contagiar, infectar, intoxicar, emponzoñar.
Impaciente: agitado, alarmado, intranquilo, soliviantado.
Sosegarse: tranquilizarse, apaciguarse, serenarse, pacientarse.
Adquirido: logrado, obtenido, alcanzado, conseguido.
Imprescindible: forzoso, necesario, esencial, primordial.
Discutible: dudoso, vacilante, incierto, impugnable.
Caballeroso: noble, leal, digno, merecedor.
Reacción: resistencia, oposición, tradición, conservadurismo.
Conservar: mantener, persistir, sustentar, retener.
Concreto: finito, preciso, determinado, cabal.
Cumplimiento: obediencia, realización, ejecución, acatamiento.
Malicia: astucia, picardía, maldad, sagacidad.
Astuto: malicioso, impuro, culpable, reo.

Depurar: purificar, pasteurizar, desinfectar, higienizar.

Inocuo: inofensivo, anodino, inocente, insubstancial.
Dañino: nocivo, perjudicial, pernicioso, lesivo.

Inofensivo: pacífico, tranquilo, sereno, inocuo.
Dañino: perjudicial, pernicioso, nocivo, menoscabante.

Inoficioso: innecesario, inútil, ineficaz, improcedente.
Beneficioso: favorable, benéfico, provechoso, productivo.

Inolvidable: imperecedero, inmemorial, histórico, perenne.
Negligente: olvidable, abúlico, omitible, inadvertido.

Inoperante: ineficaz, inútil, inactivo, inepto.
Activo: ágil, enérgico, diligente, movido, dinámico.

Inopia: miseria, pobreza, escasez, privación.
Riqueza: abundancia, opulencia, exuberancia, magnificencia.

Inoportuno: inadecuado, importuno, intempestivo, extemporáneo.
Oportuno: tempestivo, puntual, pertinente, adecuado.

Inquebrantable: firme, consistente, inalterable, inexorable.
Quebrantable: rompible, hendible, divisible, asequible.

Inquietar: alarmar, conmover, excitar, fastidiar.
Calmar: sosegar, apaciguar, aplacar, pacificar.

Inquieto: impaciente, nervioso, excitado, dinámico.
Quieto: sosegado, pacífico, controlado, silente.

Inquietud: ansiedad, agitación, nerviosidad, alteración.
Tranquilidad: serenidad, quietud, reposo, silencio.

Inquina: aversión, odio, ojeriza, acritud, antipatía.
Simpatía: inclinación, amistad, predilección, afición.

Inquirir: averiguar, indagar, pesquisar, escarbar.
Prescindir: desechar, alejar, olvidar, abstenerse.

Inquisición: averiguación, indagación, f-tribunal eclesiástico.
Abstracción: callamiento, silenciamiento, omisión, prescindencia.

Insaciable: insatisfecho, ansioso, ambicioso, ávido.
Ahíto: satisfecho, harto, colmado, repleto.

Insalubre: malsano, contagiado, perjudicial, nocivo.
Saludable: sano, higiénico, inmune, conveniente.

Insania: demencia, alienación, locura, vesania.
Cordura: juicio, sensatez, mesura, prudencia.

Insapiencia: incultura, nesciencia, ineptitud, torpeza.
Conocimiento: entendimiento, ilustración, instrucción, erudición.

Insapiente: nesciente, ignorante, ignaro, inepto.
Sensato: discreto, prudente, razonable, discurrente.

Insatisfecho: descontento, agraviado, disconforme, discorde.
Contento: alegre, jubiloso, satisfecho, complacido.

Inscribir: alistar, registrar, anotar, grabar, apuntar.
Borrar: tachar, rayar, anular, esfumar.

Inscripción: epígrafe, epigrama, cartel, leyenda.
Anulación: revocación, abolición, invalidación.

Inseguridad: indecisión, indeterminación, vacilación, perplejidad.
Certidumbre: resolución, determinación, seguridad, garantía.

Inseguro: indeciso, dudoso, vacilante, inestable.
Firme: decidido, resuelto, lanzado, emprendedor.

Insensatez: necedad, simpleza, tontería, nesciencia.
Sesudez: sensatez, cordura, juicio, discreción.

Insensato: necio, imprudente, alocado, irreflexivo.
Sensato: juicioso, prudente, cauteloso, cuerdo, cauto.

Insensibilidad: dureza, frialdad, indiferencia, inercia.
Ternura: afecto, dulzura, sensibilidad, comprensión.

Insensibilizar: adormecer, endurecer, entorpecer, anestesiar.
Despertar: avivar, sensibilizar, ablandar, suavizar.

Insensible: indiferente, impasible, endurecido, apático.
Deferente: atento, sensible, cordial, afable, afecto.

Inseparable: adherido, ligado, amalgamado, adicto.
Extraño: alejado, distanciado, enemigo, adversario.

Insertar: incluir, agregar, acompañar, incorporar.
Excluir: eliminar, apartar, descartar, exceptuar.

Inservible: deteriorado, destrozado, destruido, inútil.
Útil: servible, aprovechable, beneficioso, necesario.

Insidia: perfidia, celada, intriga, traición.
Franqueza: rectitud, dignidad, naturalidad, llaneza.

Insidioso: pérfido, traidor, malvado, capcioso.
Leal: franco, sincero, noble, honrado.

Insigne: notable, egregio, eximio, relevante.
Vulgar: común, obscuro, ignorado, mediocre.

Insignia: emblema, distintivo, divisa, estandarte.
Nimiedad: nonada, nadería, futileza, poquedad.

Insignificante: baladí, trivial, ordinario, bizantino.
Importante: valioso, substancial, trascendente, preponderante.

Insinuación: sugerencia, indicación, consejo, sugestión.
Imposición: orden, mandato, exigencia, conminación.

Insinuante: sugeridor, indicador, impulsante, manifestante.
Rehusante: rechazante, objetante, desestimante, inaceptante.

Insinuar: sugerir, indicar, aludir, proponer.
Disuadir: apartar, alejar, distraer, desviar.

Insípido: desabrido, insulso, anodino, zonzo.
Sabroso: gustoso, apetecible, delicioso, agradable.

Insistente: porfiado, pertinaz, obstinado, testarudo.
Condescendiente: complaciente, accesible, indulgente, tolerante.

Insistir: persistir, preservar, iterar, machacar.
Desistir: abandonar, prescindir, dimitir, renunciar.

Insobornable: probo, correcto, honrado, íntegro.
Cohechable: sobornable, corrompible, deshonesto, comprable.

Insociable: huraño, intratable, arisco, introvertido.
Tratable: amable, sociable, comunicativo, abierto.

Insolencia: atrevimiento, procacidad, desfachatez, temeridad.
Respeto: miramiento, consideración, fidelidad, deferencia.

Insolente: descarado, desvergonzado, irreverente, irrespetuoso.
Respetuoso: cortés, deferente, considerado, venerante.

Insólito: raro, extraño, nuevo, inaudito.
Tradicional: acostumbrado, corriente, rutinario, consuetudinario.

Insoluble: difícil, intrincado, abstruso, espinoso.
Explicable: comprensible, concebible, creíble, clarificado.

Insolvente: arruinado, endeudado, escaso, atrasado.
Solvente: acreditado, boyante, próspero, floreciente.

Insomnio: desvelo, vigilia, vela, preocupación.
Insondable: inescrutable, indescifrable, recóndito, inescudriñable.
Insoportable: intolerable, insufrible, enojoso, irritante.
Insospechado: inesperado, sorprendente, increíble, raro.
Insostenible: indefectible, infundado, contestable, rebatible.
Inspeccionar: examinar, controlar, investigar, fiscalizar.
Inspector: vigilante, interventor, verificador, intendente.
Inspiración: iluminación, vocación, sugestión, numen.
Inspirado: acertado, clarividente, iluminado, infuso.
Instalación: emplazamiento, colocación, disposición, acomodamiento.
Instalar: emplazar, colocar, establecer, apostar.
Instancia: petición, solicitud, petitorio, súplica.
Instantáneo: fugaz, breve, rápido, repentino.
Instante: momento, punto, lugar, tiempo.

Instar: apremiar, apurar, insistir, pretender.
Instaurar: restaurar, reponer, renovar, restablecer.
Instigación: incitación, apremio, inducción, insinuación.
Instigar: inducir, impulsar, incitar, impeler.
Instintivo: inconsciente, involuntario, impulsivo, automático.
Instinto: inclinación, tendencia, impulsión, propensión.
Institución: fundación, creación, establecimiento, centro.
Instituir: establecer, crear, fundar, estatuir.
Instituto: academia, colegio, plantel, corporación.
Instrucción: educación, enseñanza, ilustración, conocimiento.
Instructivo: educativo, ilustrativo, informativo, correctivo.

Sueño: fabulación, descanso, pesadilla, ilusión.
Comprensible: entendible, penetrable, concebible, asequible.
Ameno: agradable, tolerable, entretenido, placentero.
Esperado: previsto, sospechado, presentido, barruntado.
Irrefutable: irrechazable, incontradecible, incuestionable, irrehusable.
Tolerar: admitir, permitir, aguantar, conllevar.
Facultante: autorizante, permitente, anuente, habilitante.
Perdimiento: perdición, carencia, falta, quebranto.
Torpe: negado, incapaz, inútil, inepto.

Desmontaje: desacomodo, desajuste, desguace, deshacimiento.
Desarmar: descomponer, desarticular, desmontar, alejar.
Negación: rechazo, negativa, denegación, objeción.
Largo: perpetuo, duradero, imperecedero, perenne.
Destiempo: inadecuado, indebido, vedado, inoportuno.
Desistir: renunciar, cesar, desestimar, abandonar.
Deponer: desistir, apartar, abandonar, deshacer, abolir.
Disuasión: desaliento, desánimo, desmoralización.
Disuadir: desanimar, desalentar, decepcionar, descorazonar.
Deliberado: resuelto, discurrido, consultado, acordado.
Reflexión: meditación, cavilación, discurrimiento, juicio.
Anarquía: desorden, confusión, embrollo, desorganización.
Abolir: derogar, anular, abrogar, quitar, rescindir.
Desorden: anarquía, confusión, indisciplina, desobedecimiento.
Obscurantismo: ignorancia, nesciencia, analfabetismo, insapiencia.
Destructivo: aniquilante, arruinante, descalabroso, demoliente.

Instruido: culto, erudito, docto, sabio.

Instruir: aleccionar, enseñar, educar, adoctrinar.

Instrumento: utensilio, herramienta, artefacto, complemento.

Insubordinación: levantamiento, rebeldía, insumisión, escalada.

Insubordinado: indisciplinado, desobediente, rebelde, insumiso.

Insubstancial: vano, anodino, vacuo, insulso.

Insuficiencia: incapacidad, ineptitud, ignorancia, incompetencia.

Insuficiente: escaso, exiguo, defectuoso, deficiente.

Insuflar: soplar, henchir, inflar, ponderar.

Insufrible: insoportable, inaguantable, intolerable, irritante.

Insulso: zonzo, sandio, estúpido, necio.

Insultante: ofensivo, injurioso, vejatorio, insolente.

Insultar: ofender, injuriar, vilipendiar, denostar.

Insulto: ofensa, agravio, oprobio, afrenta.

Insumir: gastar, consumir, emplear, invertir.

Insumo: gasto, materia, costo, elaboración.

Insuperable: insalvable, invencible, excelente, óptimo.

Insurgente: amotinado, sublevado, rebelde, insurrecto.

Insurrección: asonada, alzamiento, sedición, sublevacion.

Insurrecto: insurgente, rebelde, amotinado, sedicioso.

Insustituible: irreemplazable, indispensable, imprescindible, esencial.

Intacto: completo, íntegro, intocado, indemne.

Intachable: probo, honrado, íntegro, irreprochable.

Intangible: impalpable, intocable, invisible, inmaterial.

Integración: completación, unión, mancomunación, totalización.

Inculto: ignorante, inexperto, analfabeto, desconocedor.

Nesciencíar: desinstruir, iletrar, ignorar, analfabetizar.

Incongruencia: inconveniencia, desproporción, incoherencia, inconexión.

Docilidad: sumisión, acatamiento, obediencia, disciplina.

Dócil: obediente, sumiso, disciplinado, subyugado.

Trascendente: importante, vital, culminante, eminente.

Competencia: capacidad, eficiencia, disposición, idoneidad.

Suficiente: extenso, abundante, pródigo, pingüe.

Variar: sacar, verter, arrojar, desocupar.

Ligero: agradable, tolerable, soportable, grato.

Sabroso: gustoso, agradable, expresivo, deleitoso.

Encomiástico: laudatorio, elogioso, halagador, lisonjero.

Loar: ensalzar, elogiar, homenajear, engrandecer.

Alabanza: elogio, loa, ponderación, apología.

Economizar: guardar, reservar, preservar, ahorrar.

Economía: reserva, ahorro, parquedad, prudencia.

Mejorable: fácil, ínfimo, pésimo, deplorable.

Sumiso: obediene, manejable, dócil, obsecuente.

Sumisión: obediencia, disciplina, acatamiento, rendición.

Sumiso: obediente, disciplinado, dócil, servicial.

Superfluo: innecesario, sobrante, inútil, excesivo.

Deteriorado: menoscabado, dañado, quebrantado, mermado.

Censurable: incalificable, vituperable, reprochable, detractivo.

Vulnerable: tangible, perceptible, sensible, evidente.

Sustracción: disminución, deducción, quitamiento, disgregación.

Integral: entero, completo, cabal, total.

Integrante: componente, elemento, parcial, complementario.
Integrar: completar, totalizar, reponer, restituir.
Integridad: honradez, probidad, rectitud, equidad.
Íntegro: entero, completo, intachable, incorrupto.
Intelecto: mente, entendimiento, cacumen, capacidad.
Intelectual: docto, erudito, sabio, estudioso.
Inteligencia: intelecto, entendimiento, conocimiento, capacidad.
Inteligente: listo, espabilado, astuto, ingenioso.
Inteligible: claro, comprensible, legible, transparente.
Intemperancia: exceso, inmoderación, abuso, incontinencia.
Intemperante: inmoderado, descomedido, destemplado, incontrolado.
Intemperie: desprotegido, desguarnecido, destechado, desacertado.
Intempestivo: inoportuno, extemporáneo, inadecuado, desacertado.
Intención: propósito, intento, anhelo, proyecto.
Intencionado: premeditado, deliberado, voluntario, adrede.
Intencional: meditado, pensado, resuelto, deliberado.
Intendencia: dirección, ayuntamiento, administración, gobierno.
Intendente: director, administrador, superior, mandante.
Intensidad: fuerza, energía, vehemencia, ímpetu.
Intensificar: acrecentar, fortificar, vigorizar, reforzar.
Intenso: fuerte, vehemente, penetrante, profundo.
Intentar: tantear, pretender, probar, procurar.
Intercalar: entremeter, introducir, interpolar, insertar.
Intercambio: canje, permuta, cambio, trueque.

Falto: incompleto, carente, escaso, necesitado.
Total: principal, completo, suma, íntegro.

Deshacer: disolver, dispersar, desintegrar, despedazar.
Corrupción: vicio, perversión, putrefacción, depravación.
Deshonesto: impúdico, indecente, licencioso, obsceno.
Necedad: vaciedad, bobería, torpeza, inepcia.
Material: corpóreo, tangible, sensible, manifiesto.
Torpeza: inhabilidad, incapacidad, insuficiencia, zafiedad.
Tonto: ignorante, estúpido, torpe, necio.

Difícil: arduo, ímprobo, impedido, embarazoso.
Templanza: moderación, sobriedad, prudencia, temperancia.
Morigerado: moderado, controlado, discreto, prudente.
Guarnecido: defendido, equipado, revestido, provisto.
Oportuno: adecuado, tempestivo, atinado, pertinente.
Dejación: renuncia, abandono, renunciamiento, cesación.
Impremeditado: improvisado, espontáneo, desintencionado, intuitivo.
Inconsciente: instintivo, involuntario, maquinal, automático.
Desconsideración: irresponsabilidad, desacato, desprecio.
Pelele: monigote, muñeco, espantajo, simplón.
Debilidad: lasitud, extenuación, decaimiento, languidez.
Debilitar: agotar, extenuar, consumir, marchitar.
Apagado: débil, tenue, extinto, sutil.

Desistir: cesar, dejar, abandonar, renunciar, acobardar.
Entresacar: escoger, elegir, optar, seleccionar, preferir.
Unilateridad: permanencia, inmutabilidad, persistencia, durabilidad.

SINÓNIMOS	ANTÓNIMOS
Interceder: mediar, intervenir, rogar, abogar.	**Desentenderse:** prescindir, abstenerse, inhibirse, privarse.
Interceptar: entorpecer, obstruir, estorbar, detener.	**Permitir:** consentir, tolerar, facultar, autorizar.
Interdicción: restricción, limitación, coerción, constreñimiento.	**Libertad:** independencia, albedrío, autonomía, liberalización.
Interdicto: prohibición, privación, vedamiento, denegación.	**Permiso:** anuencia, asentimiento, consentimiento, autorización.
Interés: provecho, utilidad, beneficio, rendimiento.	**Desinterés:** desapego, desatención, desafecto, frialdad.
Interesado: codicioso, ambicioso, avaro, atraído.	**Altruista:** desprendido, dadivoso, desinteresado, generoso.
Interesante: atrayente, cautivante, importante, relevante.	**Indiferente:** displicente, desafecto, apático, insensible.
Interesar: atraer, cautivar, concernir, impresionar.	**Aburrir:** enfadar, fastidiar, contrariar, disgustar.
Interfecto: muerto, cadáver, difunto, finado.	**Vivo:** viviente, existente, vigente.
Interino: transitorio, pasajero, provisional, suplente.	**Permanente:** estable, firme, duradero, continuado.
Interior: interno, profundo, secreto, íntimo.	**Exterior:** externo, superficie, extrínseco, esotérico.
Interlinear: entreverar, escoliar, intercambiar, interpolar.	**Marginar:** apostillar, acotar, anotar, ubicar.
Interlocución: diálogo, plática, charla, coloquio.	**Soliloquio:** monólogo, uniloquio, aislado, ermitaño.
Intermediar: mediar, intervenir, interceder, promediar.	**Desentenderse:** abstenerse, prescindir, inhibirse, despreocuparse.
Intermedio: intervalo, entreacto, interludio, pausa.	**Continuación:** prolongación, prosecución, seguimiento, persistencia.
Intermitencia: interrupción, discontinuidad, periodicidad, irregularidad.	**Continuidad:** persistencia, insistencia, consecuencia, conexión.
Intermitente: esporádico, discontinuo, entrecortado, interrumpido.	**Continuo:** regular, proseguido, encadenado, prolongado.
Internacional: mundial, orbital, universal, cosmopolita.	**Local:** sectorial, comarcal, municipal, provincial.
Internar: introducir, penetrar, adentrar, encerrar.	**Sacar:** extraer, extirpar, arrancar, obtener.
Interno: intrínseco, interior, íntimo, profundo.	**Externo:** exterior, superficial, visible.
Interpelar: interrogar, preguntar, requerir, averiguar.	**Responder:** contestar, replicar, explicar, manifestar.
Interpolación: escolio, intercalación, requerimiento, encuesta.	**Respuesta:** contestación, réplica, objeción, refutación.
Interpolar: intercalar, interlinear, interponer, injertar.	**Marginar:** escoliar, apostillar, acotar, parafrasear.
Interponer: entremeter, intercalar, introducir, intervenir.	**Sacar:** extraer, vaciar, quitar, excluir.
Interpretación: exégesis, comentario, explicación, razonamiento.	**Confusión:** embrollo, desorden, equivocación, perturbación.

Interpretar: comprender, deducir, entender, descifrar.	**Confundir:** errar, equivocar, fallar, perturbar.
Intérprete: traductor, comentador, exégeta, dragamán.	**Embaucador:** engañador, engatusador, alucinante, encandilador.
Interrogar: preguntar, examinar, consultar, escudriñar.	**Responder:** contestar, corresponder, replicar, objetar.
Interrogatorio: cuestionario, sondeo, examen, pesquisa.	**Contestación:** respuesta, réplica, satisfacción, objeción.
Interrumpir: detener, suspender, discontinuar, impedir.	**Proseguir:** continuar, seguir, durar, permanecer.
Interrupción: intermisión, detención, suspensión, obstáculo.	**Continuación:** prosecución, seguimiento, prolongación.
Intersección: cruce, encuentro, empalme, cruzamiento.	**Desviación:** bifurcación, separación, apartamiento, distorsión.
Intersticio: abertura, hendidura, ranura, resquicio.	**Juntura:** unión, empalme, coyuntura, articulación.
Intervalo: pausa, tregua, descanso, espacio.	**Continuidad:** prolongación, prosecución, prorrogación, permanencia.
Intervención: intromisión, meditación, injerencia, participación.	**Abstención:** privación, abstinencia, prescindencia, inhibición.
Intervenir: entrometerse, participar, mediar, injerirse.	**Inhibirse:** desentenderse, refrenarse, despreocuparse, desatender, olvidar.
Interventor: fiscalizador, inspector, verificador, mediador.	**Perdulario:** descuidado, negligente, desidioso, pigre.
Intestino: interno, interior, intrínseco, íntimo.	**Externo:** exterior, superficial, vital.
Intimar: advertir, avisar, amigar, profundizar, fraternizar.	**Aceptar:** admitir, asentir, reconocer, aprobar.
Intimidación: desafío, amenaza, reto, bravata.	**Coraje:** ánimo, decisión, arrojo, valentía.
Intimidad: familiaridad, confianza, amistad, relación.	**Enemistad:** distanciamiento, alejamiento, malquerencia, ojeriza.
Intimidar: apremiar, compeler, asustar, amedrentar.	**Animar:** incitar, alentar, exhortar, impulsar, confortar.
Íntimo: privado, interno, adicto, dilecto.	**Extraño:** ajeno, foráneo, externo, exótico.
Intitular: nombrar, llamar, designar, denominar.	**Ignorar:** callar, omitir, silenciar, desconocer.
Intolerable: fastidioso, molestoso, sobrepasado.	**Llevadero:** soportable, aguantable, tolerable, reflexivo.
Intolerancia: intransigencia, fanatismo, desarmonía, contradicción.	**Indulgencia:** benevolencia, condescendencia, benignidad, tolerancia.
Intoxicar: envenenar, emponzoñar, inficionar, enconar.	**Desintoxicar:** purificar, acendrar, depurar, desinfectar.
Intranquilizar: inquietar, desasosegar, obcecar, perturbar.	**Calmar:** aquietar, serenar, sosegar, relajar, suavizar.
Intranquilo: angustiado, azorado, inquieto, nervioso.	**Tranquilo:** sereno, sosegado, reposado, apacible.
Intransigencia: empecinamiento, obcecación, tozudez, obsesión.	**Tolerancia:** transigencia, complacencia, conciliación, comprensión.

Intransigente: intolerante, testarudo, obcecado, pertinaz.
Intrascendente: trivial, nimio, insignificante, baladí.
Intratable: insociable, huraño, descortés, esquivo.
Intrépido: valiente, osado, atrevido, valeroso.
Intrigante: urdidor, tramante, conspirador, complotador.
Intrigar: urdir, maquinar, tramar, enredar.
Intrincado: complicado, enmarañado, confuso, embrollado.
Intrincar: enredar, enmarañar, embrollar, confundir.
Intríngulis: busilis, quid, incógnita, intención.
Intrínseco: esencial, propio, primordial, íntimo.
Introducción: prólogo, preámbulo, exordio, propedéutica.
Introducir: entrar, meter, insertar, intercalar.
Intromisión: injerencia, penetración, indiscreción, intrusión.
Introspección: meditación, reflexión, cavilación, abstracción.
Introversión: abstracción, ensimismamiento, reflexión, cavilación.
Introvertido: retraído, tímido, adusto, insociable.
Intruso: entrometido, fisgón, indiscreto, extraño.
Intuición: percepción, concepción, aprehensión, presentimiento.
Intuir: percibir, vislumbrar, entrever, columbrar.
Inundación: aluvión, desbordamiento, riada, crecida.
Inundar: anegar, desbordar, empantanar, esparcir.
Inusitado: desusado, insólito, extraño, anticuado.
Inútil: innecesario, ineficaz, inservible, improductivo.
Inutilizar: anular, abolir, incapacitar, inhabilitar.
Invadir: penetrar, asaltar, violentar, irrumpir.

Comprensivo: complaciente, tolerante, reflexivo, consciente.
Trascendental: sustancial, importante, relevante, capital.
Agradable: abierto, extravertido, comunicativo, tratable.
Prudente: cobarde, sensato, comedido, juicioso.
Indiferente: displicente, apático, indolente, escéptico.
Hermanar: amistar, fraternizar, avenir, conciliar.
Despejado: franco, expedito, transitable, viable.
Aclarar: iluminar, explicar, dilucidar, despejar.
Claridad: precisión, exactitud, transparencia, llaneza.
Extrínseco: accidental, ocasional, eventual, contingente.
Epílogo: conclusión, desenlace, recapitulación, finalización.
Extraer: sacar, alejar, arrancar, quitar.

Desentendimiento: desestimación, abstención, despreocupación, olvido.
Divagación: ligereza, inconsecuencia, contemplación, enervamiento.
Extroversión: comunicación, llaneza, expansión, franqueza.
Extravertido: sociable, tratable, comunicativo, abierto.
Discreto: prudente, reservado, sensato.

Meditación: relexión, pensamiento, consideración, discurrimiento.
Reflexionar: meditar, cavilar, hesitar, filosofar.
Sequía: escasez, falta, sequedad, agostamiento.
Decrecer: bajar, descender, declinar, menguar.
Corriente: habitual, cotidiano, usual, acostumbrado.
Capaz: útil, apto, hábil, fértil.

Confirmar: corroborar, ratificar, revalidar, aseverar.
Retirarse: retroceder, alejarse, abandonar, desocupar.

Invalidar: abolir, anular, negar, abrogar, revocar. — **Validar:** aprobar, admitir, aceptar, homologar.

Inválido: lisiado, disminuido, mutilado, impedido. — **Sano:** intacto, ileso, indemne, sobreviviente.

Invariable: inmutable, inalterable, inconmovible, constante. — **Mudable:** móvil, mutable, cambiable, movedizo.

Invasión: irrupción, entrada, incursión, ocupación. — **Retirada:** retorno, regreso, repliegue, retroceso.

Invectiva: diatriba, sátira, insulto, mordacidad. — **Elogio:** alabanza, encomio, halago, homenaje.

Invencible: invicto, invulnerable, indomable, insuperable. — **Vencido:** derrotado, doblegado, dominado, conquistado.

Invención: hallazgo, creación, innovación, descubrimiento. — **Imitación:** hecho, falsificado, copiado, hurtado.

Inventar: crear, fantasear, descubrir, concebir, forjar. — **Imitar:** copiar, falsificar, remedar, fotocopiar.

Inventario: relación, contenido, registro, catálogo. — **Objetivo:** fin, propósito, finalidad, intención.

Inventiva: cabeza, imaginación, genio, perspectiva. — **Vaciedad:** vacuidad, necedad, sandez, insulsez.

Invernal: hibernal, aquilonal, hibernizo, hiemal. — **Veraniego:** estival, calorífico, veránico, vacacional.

Inverosímil: improbable, increíble, imposible, inadmisible. — **Verosímil:** posible, real, dable, factible.

Inversión: alteración, trastocación, colocación, transposición. — **Ordenación:** normalización, disposición, organización, mandato.

Invertir: trocar, cambiar, alterar, trastornar, trabucar. — **Colocar:** ocupar, emplear, destinar, ordenar.

Investidura: dignidad, título, cargo, honorabilidad. — **Indignidad:** bajeza, vileza, alevosía, infamia.

Investigar: averiguar, pesquisar, inquirir, examinar. — **Descubrir:** hallar, encontrar, exhumar, detectar.

Investir: conferir, ungir, conceder, otorgar. — **Desposeer:** privar, suspender, despojar, prohibir.

Inveterado: arraigado, enviciado, habituado, enraizado. — **Renovado:** remozado, restaurado, cambiado, reciente.

Inviable: imposible, irrealizable, impracticable, inasequible. — **Viable:** posible, factible, realizable.

Invicto: invencible, invulnerable, indestructible, vencedor. — **Vencido:** derrotado, batido, dominado, sometido.

Inviolable: venerable, respetable, intangible, intocable. — **Abominable:** odiable, censurable, nefando, execrable.

Invisible: incorpóreo, oculto, impalpable, intangible. — **Visible:** material, tocable, tangible, somático.

Invitación: convite, llamada, incitación, inducción. — **Repulsión:** disgusto, antipatía, aversión, distanciamiento.

Invitar: convidar, ofrecer, servir, brindar. — **Disuadir:** convencer, persuadir, apartar, catequizar.

Invocación: imploración, súplica, plegaria, ruego. — **Repulsión:** disgusto, antipatía, aversión, distanciamiento.

Invocar: llamar, implorar, suplicar, impetrar.

Involución: regresión, retrocesión, retrogradación, retroceso.

Involucrar: implicar, mezclar, envolver, comprender.

Involuntario: indeliberado, instintivo, impensado, irreflexivo.

Invulnerable: intocable, inviolable, inexpugnable, invicto.

Inyectar: inocular, introducir, irrigar, infundar.

Ir: acudir, asistir, concurrir, comparecer.

Ira: furia, saña, furor, rabia.

Iracundo: belicoso, irascible, furioso, bilioso.

Irascible: excitable, irritable, arrebatado, incontrolado.

Irisar: reflejar, colorear, f- tener los colores del arco iris.

Ironía: mofa, sarcasmo, burla, escarnio.

Irónico: burlesco, cáustico, mordaz, sarcástico.

Irracional: bruto, bestia, animal, insensato.

Irradiación: difusión, emisión, emanación, radiación.

Irradiar: esparcir, difundir, destellar, perifonear.

Irreal: ficticio, inexistente, imaginario, ilusorio.

Irrealidad: apariencia, ficción, fantasía, alucinación.

Irrealizable: imposible, utópico, quimérico, inaplicable.

Irrebatible: irrefutable, impugnable, indiscutible, categórico.

Irrecuperable: inservible, incurable, abandonado, arruinado.

Irreductible: irreducible, incoercible, intransigente, obstinado.

Irreemplazable: insustituible, necesario, ineludible, indispensable.

Irreflexión: precipitación, atolondramiento, confusión, inconsecuencia.

Irreflexivo: instintivo, maquinal, impulsivo, precipitado.

Rechazar: repeler, repudiar, rehusar, expulsar.

Progresión: avance, adelantamiento, evolución, proyección.

Excluir: eliminar, descartar, exceptuar, desconectar.

Consciente: reflexivo, pensado, considerado, responsable.

Dañable: vulnerable, débil, vencible, expugnable.

Extraer: sacar, quitar, separar, arrancar.

Venir: volver, retornar, llegar, regresar.

Placidez: calma, sosiego, serenidad, tranquilidad.

Pacífico: tranquilo, reposado, sereno, comprensivo.

Tranquilo: calmado, controlado, aquietado, sereno.

Descolorar: desirisar, palidecer, desteñir, despintar.

Alabanza: halago, adulación, cumplido, obsequio.

Halagüeño: lisonjero, adulador, apologista, panegirista.

Lógico: racional, razonable, justo, llano.

Concentración: absorción, condensación, aglomeración.

Concentrar: condensar, reunir, amalgamar, centralizar.

Real: auténtico, verdadero, cierto, existente.

Realidad: existencia, materialidad, objetividad.

Hacedero: factible, posible, realizable, concretable.

Hipotético: dudable, inseguro, probable, supuesto.

Servible: útil, práctico, funcional, apropiado.

Comprensivo: tolerante, penetrante, conciliador, ocurrente.

Sustituible: reemplazable, secundario, suplible.

Meditación: reflexión, cavilación, ponderación, equilibrio.

Deliberado: pensado, premeditado, considerado, reflexionado.

Irrefutable: irrebatible, incontrovertible, incuestionable, categórico.
Irregular: anómalo, anormal, cambiante, variable.
Irregularidad: desigualdad, anomalía, anormalidad, desproporción.
Irreligioso: agnóstico, ateo, impío, pagano.
Irremisible: culpable, delincuente, imputable, imperdonable.
Irreprochable: irreprendible, intachable, virtuoso, pefecto.
Irresistible: pujante, avasallador, indomable, fuerte.
Irresolución: indecisión, duda, titubeo, vacilación.
Irresoluto: vacilante, titubeante, indeciso, incierto.
Irrespetuoso: desatento, descortés, irreverente, descomedido.
Irresponsable: insensato, necio, bobo, inconsciente.
Irreverencia: blasfemia, desdén, grosería, monosprecio.
Irreverente: atrevido, insolente, procaz, irrespetuoso.
Irreversible: inalterable, incambiable, invariable, inquebrantable.
Irrevocable: invariable, inmutable, decidido, determinado.
Irrigar: rociar, bañar, regar, mojar.
Irrisión: burla, risa, mofa, desprecio.
Irrisorio: grotesco, cómico, ínfimo, minúsculo.
Irritable: iracundo, enojadizo, irascible, colérico.
Irritación: ira, rabia, agitación, inflamación.
Irritante: inflamatorio, enojoso, exasperante, insoportable.
Irritar: enojar, enfadar, sulfurar, encolerizar.
Irrogación: causa, motivo, ocasionamiento, provocación.
Irrogar: causar, provocar, ocasionar, motivar.
Irrompible: indestructible, inquebrantable, inalterable, fuerte.
Irrumpir: entrar, invadir, asaltar, incursionar.

Refutable: objetable, rebatible, replicable, redargüible.
Normal: natural, regular, sistemático, matemático.
Regularidad: normalidad, uniformidad, proporcionalidad, naturalidad.
Devoto: creyente, fiel, religioso, piadoso.
Inocente: inculpado, absuelto, inocuo, inofensivo.
Reprochable: reprobable, reconvenible, amonestable, vituperable.
Domeñable: dominable, vencible, sometible, sujetable.
Resolución: decisión, audacia, determinación, firmeza.
Decidido: resuelto, dispuesto, seguro, estable.
Deferente: atento, cortés, respetuoso, considerado.
Juicioso: recto, consecuente, consciente, derecho.
Cortesía: religiosidad, consideración, deferencia, educación.
Considerado: deferente, atento, comedido, respetuoso.
Reversible: alterable, cambiable, mutable, trocable.
Anulable: abrogable, suprimible, abolible, omitible.
Secar: desecar, enjugar, agostar, marchitar.
Respeto: miramiento, consideración, deferencia, admiración.
Serio: reservado, seco, importante, valioso.
Paciente: pacífico, tranquilo, sosegado, sereno.
Apacibilidad: suavidad, agradabilidad, tranquilidad, placenteridad.
Calmante: tranquilizante, sedante, relajante, lenitivo.
Suavizar: calmar, sosegar, pacificar, pulimentar.
Impedimento: sorteamiento, soslayamiento, rehusamiento, esquivación.
Evitar: impedir, esquivar, soslayar, prevenir.
Rompible: alterable, fracturable, despedazable, quebradizo.
Alejarse: irse, partir, marcharse, distanciarse.

Irrupción: entrada, intrusión, incursión, invasión.
Isla: ínsula, cayo, islote, cuadra.
Ítem: agregado, aditamento, anexión, añadidura.
Iterar: repetir, reiterar, insistir, renovar.
Iterativo: repetitivo, insistido, reiterado, renovado.
Itinerario: recorrido, camino, senda, dirección.
Izar: subir, levantar, alzar, ascender.
Izquierda: siniestra, zurda.

Alejamiento: salida, partida, marcha, escapatoria.
Continente: Europa, Asia, América, África.
Substracción: merma, disminución, deducción, descuento.
Desistir: cejar, cesar, abandonar, acabar.
Único: singular, extraño, solitario, aislado.

Parada: detención, detenimiento, descanso, suspensión.
Arriar: bajar, descender, soltar, deliberar.
Derecha: diestra.

J

Jacarandoso: alegre, gracioso, chistoso, garboso.
Jacobino: demagogo, revolucionario, agitador, verbogogo.
Jactancia: vanagloria, vanidad, fatuidad, petulancia.
Jactancioso: vanidoso, presumido, fatuo, petulante.
Jactarse: alardear, vanagloriarse, presumir, fanfarronear.
Jadear: acezar, bufar, fatigarse, sofocarse.
Jaez: guarnición, aderezo, calidad, carácter.
Jalar: tirar, atraer, correr, comer.
Jalear: alentar, animar, aplaudir, exhortar.
Jaleo: bulla, bullicio, jarana, alboroto.
Jalonar: señalar, destacar, alinear, amojonar.
Jamás: nunca, tampoco, f- de ningún modo.
Jamurar: apocar, amilanar, f- achicar el agua.
Jaque: peligro, amenaza, valentón, guapo.
Jaqueca: encefalgia, cerebralgia, neuralgia, fastidio.
Jarana: bullicio, holgorio, trampa, tumulto.
Jaranero: follonero, juerguista, parrandero, marchoso.
Jardín: vergel, parque, pensil, floresta.
Jaspeado: listado, salpicado, irisado, marmolado.
Jauja: abundancia, riqueza, edén, paraíso.
Jauría: perrería, traílla, f- conjunto de perros.
Jefatura: autoridad, poder, mando, dirección.

Aburrido: pasado, soso, pesado, tedioso.
Conservador: conciliador, mediador, tradicionalista, reaccionario.
Humildad: sencillez, modestia, recato, espontaneidad.
Humilde: discreto, llano, juicioso, mesurado.
Avergonzarse: humillarse, ruborizarse, sonrojarse, abochornarse.
Reposar: descansar, holgar, detenerse, aquietarse.
Nadería: bagatela, vulgaridad, futileza, insignificancia.
Recoger: juntar, reunir, acumular, apilar.
Abuchear: abroncar, pitar, vociferar, silbar.
Quietud: silencio, tranquilidad, serenidad, inalterabilidad.
Invalidar: anular, revocar, derogar, abolir, suprimir.
Siempre: continuamente, constantemente, eternamente, invariablemente.
Animar: alentar, entusiasmar, exhortar, incitar.
Halago: lisonja, agrado, agasajo, loa, apariencia.
Salud: gracia, bienestar, refugio, felicidad.
Silencio: quietud, calma, pausa, tregua.
Silencioso: tranquilo, reposado, sosegado, apacible, sereno.
Ansiedad: congoja, aflicción, angustia, tribulación.
Clarificado: unicolor, ponderado, limpiado, purificado.
Escasez: estrechez, penuria, pobreza, carencia.
Gatería: gatunada, gatada, f- conjunto de gatos.
Subordinación: acato, sumisión, oficialidad, dependencia.

Jefe: principal, gerente, superior, adalid.
Jehová: Dios, Hacedor, Creador, Señor.
Jerarca: director, principal, autócrata, superior.
Jerarquía: grado, escala, categoría, posición.
Jerarquizar: elevar, ponderar, enaltecer, relievar.
Jeremías: llorón, plañidero, quejoso, melindroso.
Jerga: jerigonza, galimatías, monserga, germanía.
Jeroglífico: enigma, secreto, problema, dificultad.
Jesús: Jesucristo, Cristo, Mesías, unigénito.
Jeta: hocico, morro, boca, gripo.
Jingoísmo: patriotería, chauvinismo, exaltación, ponderación.
Jirón: parte, trozo, pedazo, harapo.
Jocosidad: donaire, alegría, diversión, festividad.
Jocoso: gracioso, festivo, chistoso, saleroso.
Jocundo: alegre, jovial, jocoso, divertido.
Jolgorio: bulla, algazara, fiesta, bullicio.
Jornada: camino, trecho, trayecto, faena.
Jornal: estipendio, salario, diario, retribución.
Jorobar: molestar, fastidiar, incomodar, mortificar.
Joven: adolescente, muchacho, mancebo, doncel.
Jovial: alegre, festivo, alborozado, comunicativo.
Jovialidad: vivacidad, animación, entusiasmo, optimismo.
Joya: alhaja, collar, gargantilla, anillo.
Jubilar: eximir, licenciar, retirar, apartar.
Júbilo: contento, entusiasmo, exultación, alegría.
Jubiloso: alegre, alborozado, gozoso, radiante, festivo.
Judas: desleal, infiel, traidor, falso.

Dependiente: auxiliar, subalterno, subordinado, oficial.
Destructor: exterminador, aniquilador, extirpador, genocida.
Subalterno: subordinado, dependiente, inferior, súbdito.
Futilidad: inanidad, nimiedad, nadería, futileza.
Rebajar: humillar, minimizar, despreciar, menospreciar.
Jocosidad: gracejo, festividad, comicidad, humorismo.
Concierto: orden, ajuste, armonía, precepto.
Facilidad: simplicidad, posibilidad, comprensión, expedición.
Lucifer: diablo, Satanás, belcebú, demonio, perverso.
Liso: llano, plano, pulido, parejo.
Atenuación: moderación, mitigación, morigeración, amortiguación.
Todo: entero, unidad, conjunto, totalidad.
Sandez: necedad, simpleza, tontería, majadería.
Mustio: melancólico, lánguido, triste, mohíno.
Triste: afligido, tribulado, abatido, sombrío.
Abatimiento: desaliento, desánimo, debilidad, postración.
Inactividad: cesantía, vagancia, reposo, huelga.
Sueldo: mensualidad, emolumento, remuneración, honorarios.
Agradar: gustar, deleitar, alegrar, complacer.
Anciano: viejo, senecto, senil, vetusto, provecto.
Abatido: triste, sombrío, deprimido, desconsolado.
Amargura: tristeza, pena, desconsuelo, pesar.
Bisuta: baratija, chuchería, friolera, bicoca.
Trabajar: continuar, producir, laborar, ocuparse.
Tristeza: pena, aflicción, melancolía, pesadumbre.
Triste: aburrido, apenado, pesaroso, taciturno.
Leal: sincero, fiel, noble, honrado.

Judicatura: dignidad, jerarquía, f- conjunto de jueces.
Judío: israelita, hebreo, cicatero, usurero.

Juego: diversión, entretenimiento, recreo, distracción.
Juez: árbitro, magistrado, togado, mediador.
Jugar: recrearse, divertirse, travesear, actuar.
Juglar: coplero, trovador, bardo, picaresco.
Jugo: zumo, substancia, néctar, esencia.

Jugoso: sabroso, suculento, provechoso, beneficioso.
Juicio: criterio, mesura, cordura, comprensión.
Juicioso: maduro, sesudo, sensato, meolludo.
Julepe: miedo, susto, espanto, admonición.
Juntar: reunir, acopiar, agrupar, mancomunar.
Juntura: articulación, acoplamiento, empalme, ensambladura.
Juramento: afirmación, voto, asertorio, testimonio.
Jurar: prometer, afirmar, asegurar, atestiguar.
Jurisdicción: competencia, facultad, autoridad, potestad.
Jurisprudencia: jurisdicción, derecho, interpretación, dictamen.
Justa: torneo, competencia, certamen, lucha.
Justicia: rectitud, ecuanimidad, probidad, imparcialidad.
Justificación: excusa, defensa, exculpación, coartada.
Justificar: demostrar, acreditar, evidenciar, ajustar.
Justipreciar: valorar, apreciar, evaluar, estimar.
Justo: ecuánime, equitativo, imparcial, íntegro.
Juventud: mocedad, pubertad, nubilidad, adolescencia.
Juvenil: joven, lozano, tierno, vivaz.
Juzgar: sentenciar, dictaminar, deliberar, analizar.

Procuraduría: procuración, mandato, diligencia, cumplimiento.
Pródigo: desprendido, dadivoso, generoso, magnánimo.
Aburrimiento: tedio, hastío, apatía, desgana.
Acusado: reo, inculpado, procesado, convicto.
Aburrirse: cansar, hastiar, fastidiar, abrumar.
Zonzo: soso, bobo, simple, desabrido.

Beneficio: provecho, utilidad, rendimiento, servicio.
Insípido: desabrido, insulso, improductivo, perjudicial.
Necedad: sandez, desatino, sinrazón, bobada.
Atolondrado: precipitado, imprudente, irreflexivo, distraído.
Elogio: encomio, halago, alabanza, homenaje.
Separar: apartar, alejar, aislar, dividir.

Separación: desconexión, desunión.

Blasfemia: maldición, imprecación, renegación, execración.
Rehusar: rechazar, negarse, desechar, declinar.
Incompetencia: inhabilidad, incapacidad, ineptitud, ineficacia.
Reversibilidad: contrariedad, oposición, inhabilidad, impracticidad.
Armonía: arreglo, avenencia, confraternidad, conciliación.
Parcialidad: bandería, arbitrariedad, inclinación, sinrazón.
Acusación: cargo, imputación, inculpación, denuncia.
Atribuir: imputar, inculpar, sospechar, acusar.
Menospreciar: despreciar, rebajar, desdeñar, desestimar.
Parcial: injusto, arbitrario, partidario, sectario.
Ancianidad: vejez, senectud, senilidad, vetustez.
Viejo: senil, anciano.
Titubear: vacilar, dudar, recelar, sospechar.

K

Karma: llevado, encadenado, f- carga espiritual de un hecho penoso.

Kermés: fiesta, diversión, caridad, tómbola.

Kirie: invocar, llorar, amargar, vomitar.

Anulación: defensión, superación, detención, contrarresto.

Menosprecio: desprecio, desdén, desaire, vilipendio.

Risa: alegría, gozo, alborozo, sonrisa.

L

Laberíntico: intrincado, enredado, complicado, difícil.
Laberinto: confusión, caos, embrollo, complicación.
Labia: verbosidad, verborrea, palabrería, facundia.
Lábil: frágil, débil, endeble, delicado.
Labor: trabajo, quehacer, faena, tarea.

Laborar: trabajar, cultivar, remover, producir.
Laboratorio: investigatorio, experimentativo, f- recinto de trabajo jerarquizado.
Laboriosidad: trabajo, actividad, dinamismo, dedicación.
Laborioso: trabajador, hacendoso, difícil, arduo.
Labrado: adornado, bordado, cultivado, sembrado.
Labrar: trabajar, laborear, cultivar, formar.

Labriego: campesino, labrador, agricultor, lugareño.
Lacayo: criado, mozo, sirviente, doméstico.
Lacerante: hiriente, punzante, doloroso, mordaz.
Lacerar: lastimar, vulnerar, mancillar, perjudicar.
Lacio: mustio, marchito, ajado, blando.

Lacónico: breve, conciso, corto, sucinto.

Laconismo: concisión, brevedad, parquedad, compendio.
Lacra: defecto, vicio, estigma, marca.

Lactar: criar, amamantar, alimentar, fortalecer.
Ladear: inclinar, soslayar, sesgar, torcer.

Ladera: declive, pendiente, talud, falda.

Fácil: claro, sencillo, simple, comprensible.
Claridad: precisión, exactitud, orden, luminosidad.
Mutismo: silencio, mudez, callamiento, reticencia.
Firme: fuerte, consistente, sólido, estable.
Ocio: inacción, ociosidad, holgazanería, poltronería.
Descansar: reposar, detenerse, pararse, inmovilizarse.
Ocultatorio: encubritorio, simulación, disfrazamiento, ficcionario.
Holgazanería: pasividad, indolencia, vagancia, ociosidad.
Vago: holgazán, perezoso, fácil, sencillo.

Inculto: yermo, descuidado, baldío, tosco.

Deshacer: destruir, desarreglar, desmejorar, discordar.
Urbano: ciudadano, cívico, sociable, afable, educado.
Amo: patrón, señor, dueño, principal.
Superficial: lisonjero, agradable, ameno, dulce.
Velar: cuidar, socorrer, vigilar, auxiliar.

Lozano: gallardo, airoso, fresco, frondoso.
Florido: elegante, ameno, galano, retórico.
Ampulosidad: pomposidad, exuberancia, abundancia, redundancia.
Virtud: dignidad, honestidad, integridad, potestad.
Debilitar: extenuar, marchitar, enflaquecer, raquitizar.
Enderezar: rectificar, encarrilar, encauzar, encaminar.
Llanura: planicie, explanada, meseta, cumbre.

SINÓNIMOS	ANTÓNIMOS
Ladino: sagaz, astuto, hábil, perspicaz.	**Necio:** tonto, torpe, pánfilo, incauto.
Lado: costado, flanco, ala, valimiento.	**Espalda:** dorso, costilla, revés, reverso.
Ladrar: bulliciar, aullar, gruñir, gritar.	**Callar:** silenciar, enmudecer, sigilar, reservar.
Ladrón: hurtador, ratero, caco, estafador.	**Honrado:** probo, recto, íntegro, incorrupto.
Lagotear: halagar, adular, lisonjear, embelecar.	**Criticar:** censurar, reprobar, murmurar, impugnar.
Lagrimear: llorar, lloriquear, gimotear, sollozar.	**Reír:** alegrarse, sonreír, disfrutar, animar.
Lagrimoso: lloroso, doliente, molestado, compungido.	**Contento:** alegre, jubiloso, gozoso, festivo.
Laguna: alberca, cocha, espacio, olvido.	**Relleno:** repleto, colmado, atiborrado, saciado.
Laico: seglar, lego, profano, neutro.	**Clérigo:** religioso, sacerdote, prelado, párroco.
Lama: lodo, cieno, fango, monje.	**Masa:** pasta, argamasa, masilla, materia.
Lamentable: deplorable, lastimoso, penoso, triste.	**Alegre:** contento, complacido, encantado, gozoso.
Lamentación: llanto, lamento, clamor, plañidez.	**Alabanza:** loa, elogio, encomio, vanagloria, apología.
Lamentar: sentir, deplorar, llorar, quejarse.	**Lagotear:** adular, loar, elogiar, agasajar.
Lámina: chapa, plancha, hoja, figura.	**Nadería:** friolera, bicoca, fruslería, chabacanería.
Lampiño: imberbe, barbilampiño, impúber, carilampiño.	**Barbado:** barbudo, peludo, velludo.
Lance: suceso, incidente, percance, contienda.	**Elusión:** elusivo, huidizo, rehusamiento, esquivación.
Lancha: bote, barca, falucho, chalupa.	**Muelle:** dique, malecón, dársena, puerto.
Languidecer: debilitar, enflaquecer, extenuar, anonadar.	**Robustecer:** vigorizar, fortalecer, reforzar, remozar.
Languidez: desánimo, desaliento, debilidad, abatimiento.	**Vigor:** energía, vitalidad, ánimo, viveza.
Lánguido: débil, fatigado, flaco, macilento.	**Fuerte:** robusto, firme, resistente, enérgico.
Lanzado: atrevido, audaz, decidido, osado.	**Cortado:** parado, tímido, vergonzoso, cohibido.
Lanzar: arrojar, despedir, echar, botar.	**Sujetar:** retener, tomar, coger, atrapar.
Lapidar: apedrear, maltratar, hundir, dañar, lesionar.	**Mimar:** acariciar, regalar, halagar, beneficiar.
Lapidario: terminante, categórico, cortante, tajante.	**Redundante:** ampuloso, sobrante, innecesario, repetido.
Lapsus: error, falta, desliz, chambonada.	**Acierto:** tino, tacto, destreza, habilidad.
Largar: soltar, aflojar, desplegar, tirar.	**Amarrar:** atar, ligar, encadenar, liar.
Largo: luengo, extenso, amplio, continuado.	**Corto:** breve, chico, conciso, limitado.
Largueza: generosidad, desprendimiento, espledidez, prodigalidad.	**Estrechez:** penuria, escasez, indigencia, miseria.
Lascivia: lujuria, concupiscencia, voluptuosidad, sensualidad.	**Templanza:** moderación, sobriedad, prudencia, continencia.

SINÓNIMOS	ANTÓNIMOS
Lascivo: lujurioso, lúbrico, sensual, libidinoso.	**Púdico:** casto, puro, honesto, mesurado.
Lasitud: cansancio, fatiga, desgana, postración.	**Energía:** fuerza, vigor, potencia, actividad, dinamismo.
Lástima: piedad, compasión, clemencia, conmiseración.	**Inexorabilidad:** inflexibilidad, dureza, rigidez, firmeza.
Lastimar: dañar, herir, lesionar, vulnerar.	**Beneficiar:** mejorar, utilizar, aprovechar, favorecer.
Lastimoso: triste, dolorido, lastimero, penoso.	**Placentero:** consolador, agradable, confortable, ameno.
Lastrar: aplomar, cargar, afianzar, contrapesar.	**Aligerar:** aliviar, descargar, reducir, acelerar.
Lastre: estorbo, rémora, peso, carga.	**Ventaja:** preeminencia, capacidad, alivio, ingravidez.
Lata: hoja, tabla, rollo, fastidio.	**División:** reparto, distribución, repartición, participación.
Latente: escondido, encubierto, recóndito, indefinible.	**Manifiesto:** evidente, ostensible, perceptible, expreso.
Lateral: contiguo, adyacente, pegado, tangente.	**Frontal:** frental, testuz, semblante, rostro.
Latifundio: extensión, inmensidad, hacienda, territorio.	**Minifundio:** predio, sitio, finca, terreno, propiedad.
Latir: palpitar, pulsar, tocar, tañer.	**Paralizar:** detener, inmovilizar, sujetar, estancar.
Latitud: amplitud, vastedad, anchura, extensión.	**Estrechez:** angostura, estrechura, pequeñez, exigüidad.
Lato: extenso, amplio, ilimitado, vasto, desarrollado.	**Estrecho:** ceñido, ajustado, apretado, angosto.
Latoso: pesado, molesto, aburrido, fastidioso.	**Divertido:** ameno, entretenido, jovial, chistoso.
Latrocinio: robo, hurto, rapiña, estafa.	**Devolución:** retorno, regreso, expedición, remisión.
Laudatorio: encomiástico, laudativo, lisonjero, ditirámbico.	**Censurable:** incalificable, vituperable, tachable, tildable.
Laudo: fallo, sentencia, decisión, confirmación, dictamen.	**Absolución:** exculpación, perdón, escusa, justificación.
Laureado: condecorado, premiado, galardonado, distinguido.	**Denigrado:** despreciado, desacreditado, difamado, calumniado.
Laurear: honrar, premiar, enaltecer, engrandecer.	**Reprobar:** vituperar, censurar, condenar, vilipendiar.
Lavar: limpiar asear, purificar, bañar.	**Ensuciar:** manchar, embadurnar, mancillar, defecar.
Laxante: laxativo, solutivo, purgante, catárquico.	**Constipante:** cerrante, apretante, constriñente, resfriante.
Laxar: relajar, aflojar, abandar, suavizar.	**Mantener:** defender, sustentar, proveer, estreñir.
Laxitud: atonía, flojedad, debilidad, distensión.	**Tensión:** rigidez, tirantez, espasmo, convulsión.
Laxo: distendido, flojo, inmoral, relajado.	**Rígido:** tenso, estirado, moral, riguroso.

SINÓNIMOS	ANTÓNIMOS
Laya: calidad, clase, distinción, condición, pundonor.	**Banalidad:** trivialidad, vulgaridad, friolera, bagatela.
Lazo: unión, vínculo, atadura, lazada.	**Independencia:** integridad, entereza, firmeza, autodeterminación.
Leal: fiel, franco, sincero, verídico.	**Traidor:** desleal, infiel, pérfido, innoble.
Lealtad: fidelidad, rectitud, nobleza, acatamiento.	**Felonía:** traición, pefidia, alevosía, deslealtad.
Lección: enseñanza, adiestramiento, instrucción, capítulo.	**Equivocación:** error, falta, aberración, desatino.
Lectivo: escolar, educacional, f- período normal de clases.	**Vacacional:** tregual, inactivo, ocioso, respiracional.
Lector: leedor, profesor, maestro, conferenciante, disertador.	**Analfabeto:** discípulo, alumno, educando, oyente.
Lecho: cama, alveo, fondo, capa.	**Futileza:** frivolidad, trivialidad, bagatela, nadería.
Ledo: alegre, jubiloso, contento, fruitivo.	**Triste:** abatido, afligido, lloroso, pesaroso, abrumado.
Leer: deletrear, descifrar, penetrar, profundizar.	**Iletrar:** ignorar, nesciencia, insignificar, nadizar.
Legación: legacía, misión, comisión, representación.	**Función:** oficio, empleo, cargo, puesto.
Legado: donación, dejación, herencia, enviado.	**Propiedad:** posesión, matrimonio, pertenencia, dominio.
Legajo: atado, expediente, documento, pliego, manojo.	**Embrollo:** lío, enredo, maraña, embeleco.
Legal: justo, verídico, lícito, oficial.	**Ilegal:** injusto, vedado, ilícito, prohibido, clandestino.
Legalidad: legitimidad, justicia, licitud, derecho.	**Ilegalidad:** injusticia, inmoralidad, atropello, abuso.
Legalización: aprobación, confirmación, refrendo, consentimiento.	**Desautorización:** prohibición, desaprobación, disconformidad, negativa.
Legalizar: validar, oficializar, formalizar, legitimar.	**Invalidar:** anular, abrogar, abolir, denegar.
Legar: dejar, transferir, donar, testar.	**Adquirir:** obtener, lograr, conseguir, alcanzar.
Legatario: heredero, fiduciario, recibiente, beneficiado.	**Legante:** dejante, donante, testador, disponente.
Legendario: antiguo, tradicional, vetusto, épico.	**Reciente:** actual, nuevo, flamante, moderno.
Legible: leíble, claro, comprensible, inteligible.	**Abstruso:** difícil, recóndito, impenetrable, esotérico.
Legión: hueste, cuerpo, multitud, caterva.	**Insignificancia:** nulidad, pequeñez, futilidad, fruslería.
Legislar: codificar, estatuir, autentificar, certificar, normalizar.	**Anarquizar:** desordenar, desorganizar, confundir, enmarañar.
Legitimar: legalizar, autentificar, certificar, normalizar.	**Desmentir:** contradecir, objetar, rebatir, impugnar.
Legítimo: probado, genuino, fidedigno, auténtico.	**Ilícito:** ilegal, indebido, supuesto, hipotético.

Lego: indocto, profano, iletrado, incompetente. **Conocedor:** leído, letrado, instruido, culto.

Leído: erudito, instruido, culto, docto. **Ignorante:** inculto, desconocedor, desinformado, profano.

Lejanía: distancia, horizonte, antigüedad, pasado. **Cercanía:** proximidad, vecindad, contornos, presente.

Lejano: distante, apartado, alejado, extremo. **Próximo:** cercano, vecino, inmediato, aledaño.

Lelo: simple, bobo, tonto, zafio. **Listo:** activo, diligente, astuto, despierto.

Lema: divisa, contraseña, distintivo, seña. **Confusión:** trastorno, imprecisión, complejidad, desconcierto.

Lene: suave, blando, agradable, leve. **Ingrato:** olvidadizo, desagradecido, indiferente, pesado.

Lenguaje: lengua, dialecto, expresión, estilo, idioma. **Dilema:** problema, dificultad, contrariedad, disyuntiva.

Lenguaraz: atrevido, insolente, deslenguado, malhablado. **Tímido:** apocado, corto, miedoso, receloso.

Lenidad: suavidad, blandura, apacibilidad, benevolencia. **Severidad:** dureza, rigidez, gravedad, rigor.

Lenificar: calmar, tranquilizar, dulcificar, suavizar. **Exasperar:** irritar, enojar, encolerizar, sulfurar.

Lenitivo: calmante, sedativo, emoliente, paliativo. **Excitante:** estimulante, incitante, incentivo, acicate.

Lentitud: tardanza, pachorra, pesadez, flema. **Rapidez:** prontitud, celeridad, ligereza, premura.

Lento: pausado, sosegado, tranquilo, calmoso. **Repentino:** rápido, veloz, raudo, ágil.

León: bizarro, valiente, audaz, bravo. **Pusilánime:** pacato, cobarde, achantado, timorato.

Lerdo: lento, tardo, cansado, torpe. **Presto:** listo, ligero, hábil, astuto.

Lesbiana: ginesexual, homosexual, f- mujer afecta al sexo de su especie. **Heterosexual:** normal, real, auténtica, icástica, femenina.

Lesionar: herir, magullar, lastimar, deteriorar. **Restablecerse:** beneficiar, favorecer, restituir, reponer.

Lesivo: dañino, ofensivo, perjudicial, nocivo. **Favorable:** positivo, conveniente, propicio, benigno.

Letal: mortal, mortífero, venenoso, deletéreo. **Vivificante:** alentador, animoso, confortante, exhortativo.

Letargo: modorra, sopor, somnolencia, aturdimiento. **Viveza:** agudeza, ingenio, sensibilidad, perspicacia.

Letra: signo, rasgo, trazo, fonema. **Fórmula:** pauta, norma, canon, modelo.

Letrado: erudito, leído, culto, instruido. **Analfabeto:** ignorante, inculto, profano, inexperto.

Letrina: excusado, deyectivo, urinario, water. **Rastrillo:** rastra, recogedero, sartero, estelero.

Leva: reclutamiento, enganche, alistamiento. **Licencia:** licenciamiento, permiso.

Levantamiento: alzamiento, sublevación, rebelión, insurrección. **Pacificación:** apaciguamiento, calma, paz, concordia.

SINÓNIMOS	ANTÓNIMOS
Levantar: subir, alzar, elevar, erizar.	**Derribar:** abatir, arruinar, demoler, derrumbar.
Levante: oriente, saliente, este, naciente.	**Poniente:** occidente, oeste, ocaso, declinación.
Levantisco: revoltoso, rebelde, sedicioso, indómito.	**Sumiso:** obediente, dócil, manejable, consciente.
Leve: ligero, liviano, tenue, suave.	**Grave:** pesado, macizo, intenso, compacto.
Levedad: ligereza, liviandad, intrascendencia, insignificancia.	**Pesadez:** gravedad, importancia, trascendencia, peso.
Léxico: glosario, vocabulario, diccionario, enciclopedia.	**Ideario:** pensamiento, poemario, ideograma, pictograma.
Lexicogenesia: composición, parasíntesis, derivación, analogía.	**Dogmaticidad:** tajancia, academicismo, inaceptación, invaloración.
Ley: norma, regla, precepto, ordenanza.	**Anarquía:** confusión, desorden, libertinaje, nihilismo.
Leyenda: tradición, historia, cuento, fábula.	**Realidad:** existencia, evidencia, propiedad, atributo.
Liar: ligar, trabar, atar, enredar.	**Desliar:** desligar, desunir, separar, fraccionar.
Libar: beber, chupar, sorber, catar.	**Vomitar:** arrojar, devolver, desembuchar, regurgitar.
Liberación: rescate, quitanza, restitución, emancipación.	**Subyugación:** opresión, dominación, avasallamiento, esclavitud.
Liberal: desprendido, generoso, dadivoso, expedito.	**Mezquino:** tacaño, sórdido, miserable.
Liberalidad: generosidad, desprendimiento, dadivosidad, esplendidez.	**Tacañería:** avaricia, cicatería, mezquindad, roñosería.
Libertad: independencia, liberación, autonomía, autodeterminación.	**Esclavitud:** opresión, cautiverio, prisión, cadena.
Libertar: liberar, emancipar, eximir, licenciar.	**Oprimir:** sujetar, comprimir, dominar, subyugar.
Libertino: disoluto, licencioso, disipado, depravado.	**Virtuoso:** probo, digno, honesto, ético.
Liberto: libre, emancipado, autónomo, manumiso.	**Esclavo:** siervo, paria, rendido, sujeto.
Libidinoso: lujurioso, voluptuoso, sicalíptico.	**Ético:** moralista, probo, virtuoso, candoroso.
Libranza: libramiento, pagaré, cheque.	**Abono:** cobro.
Librar: expedir, libertar, entregar, girar.	**Aceptar:** recibir, admitir, asentir, tolerar.
Libre: independiente, emancipado, redimido, desocupado.	**Sujeto:** sumiso, preso, cautivo, ocupado.
Licencia: permiso, autorización, consentimiento, anuencia.	**Prohibición:** negación, impedimento, vedamiento, interdicción.
Licenciar: consentir, autorizar, facultar, otorgar.	**Denegar:** desestimar, rechazar, rehusar, objetar.
Licencioso: libertino, lujurioso, sensual, lascivo.	**Púdico:** honesto, casto, recatado, pudoroso.
Licitar: subastar, rematar, ofertar, amonedar.	**Consignar:** enviar, depositar, entregar, expedir.

SINÓNIMOS	ANTÓNIMOS
Lícito: justo, legal, permitido, legítimo.	**Ilícito:** ilegal, indebido, encubierto, clandestino.
Licuar: diluir, disolver, liquidar, fundir.	**Solidificar:** endurecer, condensar, comprimir, coagular.
Lid: lucha, contienda, pelea, batalla.	**Paz:** armonía, concordia, acuerdo, unión.
Lidiar: luchar, pelear, contender, combatir.	**Fraternizar:** convivir, simpatizar, avenirse, alternar.
Liga: unión, aleación, mezcla, alianza.	**Separación:** aislamiento, apartamiento, alejamiento, incomunicación.
Ligereza: celeridad, presteza, velocidad, premura.	**Lentitud:** demora, dilación, tardanza, aplazamiento.
Ligero: veloz, ágil, leve, liviano.	**Tardo:** lento, pausado, calmado, perezoso.
Liliputiense: enano, pigmeo, diminuto, pequeño.	**Gigante:** coloso, ciclópeo, colosal, gigantesco.
Limar: pulir, raer, retocar, enmendar.	**Fortalecer:** tonificar, vigorizar, robustecer, vivificar.
Limbo: redentorio, esperanzorio, alelación, nonadamiento.	**Hastiamiento:** aburrimiento, cansancio, fastidio, tedio.
Limitación: restricción, condición, cortapisa, prohibición.	**Indeterminación:** imprecisión, indecisión, irresolución, versatilidad.
Limitante: restrictivo, coartante, limitativo, taxativo.	**Amplificante:** ampliativo, extensivo, expansivo, aumentante.
Limitar: coartar, cercenar, reducir, determinar.	**Ampliar:** extender, aumentar, ensanchar, desarrollar.
Límite: confín, borde, término, frontera.	**Principio:** apertura, iniciación, comienzo, fundamento.
Limítrofe: contiguo, colindante, adyacente, aledaño.	**Lejano:** distante, alejado, separado, apartado.
Limosna: caridad, óbolo, dádiva, ayuda.	**Mezquindad:** avaricia, cicatería, ambición, ruindad.
Limpiar: asear, depurar, lavar, bañar.	**Ensuciar:** manchar, enmugrar, tiznar, ennegrecer.
Límpido: inmaculado, impoluto, nítido, diáfano.	**Maculado:** poluto, mancillado, ensuciado, embarrado.
Limpieza: pulcritud, limpiamiento, nitidez, higiene.	**Suciedad:** impureza, desaseo, bazofia, inmundicia.
Linaje: estirpe, alcurnia, progenie, prosapia.	**Sucesión:** prole, hijos, herederos, dinastía.
Lince: rápido, veloz, agudo, genio.	**Torpe:** lerdo, rudo, tardo, incapaz.
Lindar: limitar, confinar, colindar, demarcar.	**Distanciar:** preceder, sobrepasar, prevenir, alejar.
Lindo: bonito, hermoso, gracioso, bello.	**Feo:** deforme, anómalo, contrahecho, anormal.
Línea: raya, ruta, rasgo, clase.	**Sofisma:** argucia, ambigüedad, tergiversación, sofisticación.
Lío: barullo, confusión, desorden, caos.	**Orden:** armonía, disciplina, normalidad, ordenación.
Lipotimia: desmayo, desfallecimiento, síncope, desvanecimiento.	**Recuperación:** recobramiento, restablecimiento, convalecimiento, fortalecimiento.

Liquidar: derretir, disolver, licuar, ajustar. **Cuajar:** solidificar, endurecer, congelar, condensar.

Lirón: perezoso, dormilón, gandul, haragán. **Diligente:** activo, discurrente, dinámico, ocurrente.

Lisiar: mutilar, baldar, lesionar, lastimar. **Sanar:** curar, mejorar, restablecer, convalecer.

Liso: llano, parejo, plano, raso. **Áspero:** disparejo, rugoso, escabroso, brusco.

Lisonja: adulación, alabanza, loa, halago, elogio. **Desaire:** crítica, desdén, desprecio, menosprecio.

Lisonjear: adular, alabar, complacer, homenajear. **Desairar:** despreciar, desdeñar, apocar, desagradar.

Lista: franja, veta, catálogo, enumeración. **Nada:** hueco, vacío, vacuo, vano.

Listado: rayado, veteado, entreverado, jaspeado. **Liso:** natural, plano, raso, llano.

Listo: apercibido, inteligente, perspicaz, agudo. **Tonto:** torpe, zopenco, tardo, negado.

Lisura: ternura, pulimiento, finura, llaneza. **Arruga:** ajamiento, rugosidad, marchitez, estría.

Literal: fiel, propio, recto, textual. **Inexacto:** erróneo, equívoco, anacrónico, informal.

Literato: escritor, autor, novelista, intelectual. **Lego:** indocto, iletrado, ignaro, nesciente.

Literatura: filosofía, novelística, bibliografía, publicaciones. **Nesciencia:** necedad, ignorancia, vaciedad, vacuidad.

Litigar: demandar, querellarse, altercar, polemizar. **Convenir:** acordar, pactar, aceptar, admitir.

Litigio: querella, pleito, contienda, controversia. **Avenencia:** convenio, pacto, acuerdo, arreglo.

Litoral: ribera, costa, orilla, playa. **Interior:** profundidad, interioridad, centralidad, internidad.

Liviandad: impudicia, desenfreno, lascivia, concupiscencia. **Virtuosidad:** dignidad, integridad, honestidad, templanza.

Liviano: ligero, leve, voluble, anodino. **Pesado:** macizo, grave, intenso, profundo.

Lívido: amoratado, azulado, demacrado, pálido. **Sano:** robusto, fuerte, recio, pujante.

Llaga: úlcera, herida, fístula, plaga. **Curación:** sanamiento, recobramiento, remedio, atención.

Llama: flama, pasión, fogonazo, ardor. **Extinción:** apagamiento, sofocación, cesación, expiración.

Llamamiento: llamada, advertencia, señalación, citación. **Callamiento:** enmudecimiento, silencio, mudez, olvido.

Llamar: citar, vocear, gritar, emplazar. **Callar:** silenciar, omitir, olvidar, desatender.

Llamativo: provocador, ocasionador, excitante, atrayente. **Inadvertido:** descuidado, omitido, olvidado, distraído.

Llamear: arder, flamear, rutilar, centellear. **Apagar:** extinguir, sofocar, reprimir, amortiguar.

Llaneza: naturalidad, sencillez, confianza, familiaridad. **Engreimiento:** vanidad, envanecimiento, fanfarronería, petulancia.

SINÓNIMOS	ANTÓNIMOS
Llano: sencillo, afable, natural, franco.	**Difícil:** arduo, dificultoso, complicado, complejo.
Llanto: sollozo, lloramiento, lamento, gemido.	**Risa:** carcajada, hilaridad, risotada, irrisión.
Llanura: planicie, explanada, llanada, desierto.	**Montaña:** sierra, monte, montículo, cordillera, colina.
Llave: corchete, grifo, apretador, picaporte.	**Cierre:** cerrojo, cerradura, candado, oclusión.
Llegada: arribada, venida, aparición, arribo.	**Partida:** marcha, salida, retirada.
Llegar: venir, arribar, penetrar, irrumpir.	**Salir:** partir, irse, retirarse, marcharse.
Llenar: colmar, henchir, ocupar, atestar.	**Vaciar:** desalojar, desocupar, arrojar, evacuar.
Lleno: completo, repleto, colmado, satisfecho.	**Vacío:** hueco, vacuo, vano, laguna.
Llevar: conducir, transportar, trasladar, manejar.	**Enviar:** expedir, remitir, remesar, cursar.
Llorar: lagrimear, sollozar, sentir, deplorar.	**Reír:** carcajear, alegrar, chacotear, bromear.
Llover: gotear, lloviznar, rociar, chispear.	**Solear:** brillar, alumbrar, serenar, despejar.
Lluvia: aguacero, chaparrón, llovizna, pluviosidad.	**Sequedad:** sequía, erial, aspereza, dureza.
Lluvioso: pluvioso, nublado, encapotado, cubierto.	**Despejado:** claro, sereno, raso, limpio.
Loa: alabanza, elogio, halago, adulación.	**Diatriba:** menosprecio, desaire, crítica, desdén.
Loable: encomiable, laudable, plausible, meritorio.	**Censurable:** criticable, reprobable, rechazable.
Loar: elogiar, alabar, enaltecer, ensalzar.	**Reprobar:** criticar, censurar, condenar, vituperar.
Lóbrego: obscuro, sombrío, tenebroso, mustio.	**Claro:** límpido, diáfano, cristalino, manifiesto.
Local: lugareño, comarcal, municipal, provincial.	**Nacional:** patrio, contornal, estatal, paisal.
Localizar: situar, precisar, fijar, encontrar.	**Generalizar:** difundir, popularizar, extender, divulgar.
Locatario: arrendatario, inquilino, ocupante, alquilador.	**Propietario:** dueño, arrendador, rentero, poseedor.
Loco: alienado, demente, perturbado, vesánico.	**Cuerdo:** sano, sensato, juicioso, prudente.
Locuacidad: palabrería, charlatanería, verborrea, labia.	**Discreción:** gravedad, mutismo, laconismo, prudencia.
Locuaz: hablador, verboso, parlanchín, charlador.	**Silente:** callado, mudo, parco, taciturno.
Locución: expresión, frase, oración, giro.	**Figura:** imagen, retrato, persona, fisonomía.
Locura: demencia, insania, enajenación, vesania.	**Sensatez:** prudencia, tino, acierto, madurez.
Lodazal: cenegal, barrizal, ciénaga, pantano.	**Yermo:** erial, alijar, páramo, baldío.

SINÓNIMOS	ANTÓNIMOS
Lógica: razonamiento, método, raciocinio, dialéctica.	**Confusión:** mezcolanza, enredo, embrollo, vacilación.
Lógico: racional, dialéctico, deductivo, razonable.	**Ilógico:** absurdo, irracional, disparatado, descabellado.
Logogrifo: embrollo, enredo, enigma, acertijo.	**Precepto:** canon, orden, instrucción, estructura.
Lograr: obtener, alcanzar, conseguir, disfrutar.	**Perder:** extraviar, malograr, desperdiciar, frustrar.
Longanimidad: grandeza, magnanimidad, constancia, resignación.	**Pusilanimidad:** apocamiento, cortedad, temeridad.
Longevidad: supervivencia, persistencia, vitalidad, perduración.	**Juventud:** mocedad, adolescencia, pubertad.
Longevo: anciano, viejo, veterano, vetusto.	**Joven:** adolescente, mancebo, mozalbete, muchacho.
Longitud: distancia, largura, largor, eslora.	**Cortedad:** interrupción, detenimiento, suspensión, paralización.
Lontananza: lejanía, distancia, pasado, extramuros.	**Proximidad:** cercanía, inmediación, vecindad, contigüidad.
Lote: parte, fracción, porción, fragmento.	**Todo:** entero, conjunto, cada, completo.
Lozanía: frondosidad, frescura, tersura, gallardía.	**Agostamiento:** marchitez, sequedad, ajamiento, surcamiento.
Lozano: gallardo, robusto, frondoso, reverdecido.	**Púdico:** recatado, pudoroso, honesto, modesto.
Lubricidad: lujuria, lascivia, obscenidad, impudicia.	**Castidad:** templanza, continencia, pudor, decoro.
Lúbrico: obscuro, lujurioso, sátiro, resbaladizo.	**Púdico:** recatado, pudoroso, honesto, modesto.
Lucero: brillo, lustre, esplendor, vistosidad.	**Opacidad:** oscuridad, turbiedad, lobreguez, nebulosidad.
Lucidez: claridad, penetración, perspicacia, garbosidad.	**Ofuscación:** turbación, trastorno, ofuscamiento, alucinación.
Lúcido: brillante, luminoso, sagaz, perspicaz.	**Torpe:** obtuso, lerdo, rudo, tardo.
Lucido: lustroso, robusto, hermoso, recio.	**Flaco:** enjuto, deslucido, demacrado.
Lucir: brillar, descollar, alumbrar, sobresalir.	**Disminuir:** opacar, enturbiar, decrecer, esconder.
Lucrar: lograr, ganar, alcanzar, conseguir.	**Perder:** malograr, disipar, despreciar, derrochar.
Lucrativo: beneficioso, fructífero, productivo, provechoso.	**Perjudicial:** dañino, ruinoso, nocivo, inconveniente.
Lucro: beneficio, provecho, ganancia, rendimiento.	**Pérdida:** déficit, perjuicio, daño, menoscabo.
Luctuoso: lloroso, lastimero, lamentable, funesto.	**Alegre:** jubiloso, gozoso, contento, regocijado.
Lucubración: estudio, examen, meditación, trabajo.	**Divagación:** sinrazón, error, aberración, extravío.
Lucubrar: reflexionar, cavilar, estudiar, considerar.	**Divagar:** improvisar, descuidar, desatender, errar.
Lucha: pelea, combate, contienda, batalla.	**Paz:** concordia, avenencia, armonía, consenso.

Luchador: guerrero, combatiente, batallador, tenaz. — **Pacifista:** conciliador, neutral, pusilánime, apocado.

Luchar: lidiar, combatir, altercar, bregar. — **Coincidir:** concordar, convenir, ajustar, concertar.

Ludibrio: mofa, escarnio, oprobio, desprecio. — **Loa:** elogio, loor, alabanza, encomio.

Luego: pronto, enseguida, después, mañana. — **Nunca:** jamás, tampoco, f- en ningún momento.

Lugar: ciudad, pueblo, aldea, espacio. — **Espacio:** distancia, separación, tiempo, momento.

Lúgubre: sombrío, lóbrego, tétrico, funesto. — **Alegre:** contento, regocijado, alborozado, entusiasmado.

Lujo: exceso, opulencia, ostentación, riqueza. — **Limitación:** restricción, condición, cortapisa, sobriedad.

Lujoso: suntuoso, fastuoso, opulento, pomposo. — **Pobre:** sencillo, humilde, modesto, austero.

Lujuria: sensualidad, liviandad, concupiscencia. — **Templanza:** moderación, temperancia, atenuación, suavidad.

Lujurioso: lascivo, voluptuoso, impúdico, obsceno. — **Casto:** recatado, púdico, puro, honesto.

Lumbre: llama, fuego, lumbrera, esplendor. — **Oscuridad:** sombra, noche, tiniebla, deslucimieno.

Luminoso: brillante, radiante, refulgente, reluciente. — **Oscuro:** apagado, opaco, mate, tenue.

Lunático: maniático, anormal, insano, caprichoso. — **Sensato:** cuerdo, discreto, juicioso, atinado.

Lupanar: prostíbulo, burdel, mancebía, lumiada. — **Cenobio:** convento, monasterio, abadía, claustro.

Lustrar: abrillantar, bruñir, pulir, esmerilar. — **Empañar:** deslucir, deslustrar, ensuciar, manchar.

Lustroso: brillante, refulgente, resplandeciente, lozano. — **Mate:** apagado, demacrado, enclenque, enjuto.

Luto: duelo, aflicción, pesadumbre, pena. — **Gozo:** júbilo, contento, alegría, alborozo.

Luxación: dislocación, torcedura, esguince, descoyuntamiento. — **Articulación:** juntura, coyuntura, unión, enlazamiento.

Luz: claridad, luminosidad, fulgor, iluminación. — **Oscuridad:** tinieblas, sombras, negrura, opacidad.

M

Macabro: horroroso, espeluznante, desconcertante, tenebroso.	**Vital:** estimulante, alentador, reconfortante, nutritivo.
Macaco: simio, feo, deforme, grotesco.	**Bello:** hermoso, precioso, bonito, guapo.
Macana: maza, bola, garrote, palo.	**Portento:** maravilla, prodigio, asombro, milagro.
Macanudo: estupendo, magnífico, excelente, espléndido.	**Común:** general, universal, frecuente, habitual.
Macerar: ablandar, exprimir, estrujar, diluir.	**Confortar:** reanimar, entusiasmar, consolar, fortalecer.
Macilento: descolorido, alicaído, mustio, escuálido.	**Robusto:** fuerte, vigoroso, resistente, hercúleo.
Macizo: sólido, compacto, firme, fuerte.	**Hueco:** blando, inconsistente, fofo, esponjoso.
Macrobiótica: macrobia, longevidad, f-sistema de vivir muchos años.	**Microbiótica:** microbia, minibiótica, f-procedimiento de vivir pocos años.
Macuco: cuco, taimado, astuto, sagaz.	**Tardo:** lento, pausado, pesado, ganso.
Mácula: mancha, deshonra, desprestigio, estigma, baldón.	**Reputación:** fama, honor, prestigio, renombre.
Macular: mancillar, ensombrecer, enlodar, emporcar, embarrar.	**Limpiar:** asear, purificar, lavar, cepillar.
Machacar: majar, moler, triturar, quebrantar.	**Comedirse:** contenerse, moderarse, arreglarse, ocurrirse.
Macho: semental, mulo, firme, fuerte, varón.	**Hembra:** mujer, rosca, molde, encaje.
Machucho: sosegado, juicioso, sensato, maduro.	**Joven:** irreflexivo, imprudente.
Madre: origen, raíz, causa, principio.	**Exterminio:** desolación, asolamiento, destrucción, devastación.
Madriguera: guarida, refugio, cueva, cubil.	**Intemperie:** desamparo, aislamiento, desvalimiento, orfandad.
Madrugador: tempranero, previsor, trabajador, activo.	**Noctámbulo:** trasnochador, nocherniego, noctívago, crápula.
Madrugar: alborear, mañanear, alborecer, crepuscular.	**Tardecer:** anochecer, obscurecer, palidecer, eclipsar.
Madurez: cordura, prudencia, sensatez, juicio.	**Irreflexión:** precipitación, desconcierto, atolondramiento, insensatez.
Maduro: madurado, sazonado, juicioso, prudente.	**Reflexivo:** pensativo, caviloso, deliberativo, precoz.
Maestría: destreza, habilidad, pericia, ingenio.	**Impericia:** torpeza, ineptitud, desmaña, insuficiencia.
Maestro: avezado, adiestrado, experto, músico.	**Inhábil:** torpe, nulo, inepto, incapaz.

Mafia: pandilla, caterva, clan, coluvie, colusión.	**Benignidad:** bondad, dulzura, piedad, benevolencia.
Mafioso: pandillero, colusioso, tramposo, corruptoso.	**Bondadoso:** benévolo, generoso, correcto, leal.
Magaña: trampa, ardid, engaño, artificio.	**Torpeza:** impericia, inhabilidad, incapacidad, zafiedad.
Magia: ocultismo, hechicería, encantamiento, sortilegio.	**Antipatía:** aversión, ojeriza, animadversión, inquina.
Mágico: asombroso, prodigioso, maravilloso, portentoso.	**Natural:** normal, corriente, habitual, existente.
Magín: entendimiento, mente, cabeza, imaginación.	**Torpeza:** ineptitud, incapacidad, zafiedad, sandez.
Magistral: admirable, magnífico, perfecto, superior.	**Defectuoso:** imperfecto, incompleto, insuficiente, deficiente.
Magnanimidad: generosidad, altruismo, magnificencia, liberalidad.	**Ruindad:** tacañería, infamia, bajeza, cicatería.
Magnánimo: generoso, noble, longánimo, altruista.	**Mezquino:** avaro, cicatero, miserable, innoble.
Magnate: grande, poderoso, importante, ilustre.	**Pequeño:** diminuto, chico, minúsculo, corto.
Magnetizar: imantar, fascinar, hipnotizar, subyugar.	**Repeler:** desechar, desdeñar, rehusar, repudiar.
Magnificar: engrandecer, ensalzar, enaltecer, exaltar.	**Empequeñecer:** reducir, aminorar, achicar, disminuir.
Magnificencia: esplendidez, grandeza, ostentación, maravillosidad.	**Penuria:** pobreza, escasez, falta, carestía.
Magnífico: espléndido, soberbio, grandioso, suntuoso.	**Baladí:** pobre, exiguo, basto, ordinario.
Magnitud: dimensión, extensión, volumen, excelencia.	**Nadería:** bagatela, bicoca, friolera, vulgaridad.
Magno: grande, superior, ínclito, extraordinario.	**Parvo:** pequeño, chico, diminuto, menor.
Mago: brujo, hechicero, encantante, prestidigitador.	**Desdeño:** rehuso, desecho, repelo, repulsa.
Magro: seco, flaco, enjuto, chupado.	**Obeso:** gordo, adiposo, grueso, rollizo.
Magullar: lastimar, herir, golpear, contundir.	**Cuidar:** velar, asistir, atender, vigilar.
Maja: vistosa, ataviada, curra, chula.	**Fea:** deforme, avocastra, repulsiva, asquerosa.
Majadería: sandez, estupidez, idiotez, fastidio.	**Sensatez:** juicio, cordura, gravedad, mesura.
Majadero: molesto, fastidioso, porfiado, incordio.	**Prudente:** sensato, cuerdo, juicioso, reservado.
Majar: machacar, quebrantar, aplastar, importunar.	**Moderar:** controlar, aplacar, templar, refrenar.
Majestad: soberanía, dignidad, grandeza, magnificencia.	**Modestia:** humildad, honestidad, acatamiento, pudor.
Majestuoso: eminente, espléndido, grandioso, mayestático.	**Modesto:** moderado, decente, honesto, pudoroso.

Majeza: guapeza, chulería, fanfarronería, jactancia.
Discreción: sencillez, modestia, naturalidad, sobriedad.

Mal: dolencia, enfermedad, daño, desgracia.
Bien: favor, beneficio, provecho, utilidad.

Malabarista: equilibrista, trapecista, acróbata, funámbulo.
Mixtificador: embaucador, burlesco, engatusador, enlabiador.

Malagana: desilusión, apatía, desinterés, desfallecimiento.
Ilusión: ganas, entusiasmo, deseo, ánimo.

Malandanza: infortunio, desgracia, desdicha, desventura.
Ventura: fortuna, dicha.

Malandrín: bellaco, pillo, ruin, maleante.
Bueno: benévolo, bondadoso, virtuoso, indulgente.

Malaventurado: desafortunado, desgraciado, infausto, funesto.
Venturoso: afortunado, aventurado, dichoso, feliz.

Malbaratar: dilapidar, derrochar, malgastar, despilfarrar.
Ahorrar: guardar, juntar, acumular, economizar.

Malcomer: ayunar, abstenerse, mortificarse, privarse.
Saciarse: hartarse, atiborrarse, saturarse, llenarse.

Malcriado: consentido, mimado, caprichoso, grosero.
Educado: cortés, atento, correcto, fino.

Malcriar: mimar, consentir, viciar, invalorar.
Educar: formar, dirigir, enseñar, instruir.

Maldad: ruindad, infamia, iniquidad, perversidad.
Bondad: generosidad, benevolencia, piedad, caridad.

Maldecir: detractar, reprobar, imprecar, murmurar, execrar.
Adular: loar, ensalzar, exaltar, lagotear.

Maldición: reprobación, condenación, imprecación, execración.
Alabanza: aplauso, elogio, ditirambo, lagoteo.

Maldito: aborrecido, execrado, miserable, malévolo.
Benévolo: estimado, apreciado, benigno, indulgente.

Maleabilidad: elasticidad, ductilidad, flexibilidad, docilidad.
Dureza: consistencia, resistencia, solidez, rebeldía.

Maleable: manejable, flexible, obediente, plástico.
Resistente: firme, fuerte, sólido, vigoroso.

Maleante: maligno, perverso, dañino, salteador.
Correcto: justo, honrado, puro, cabal.

Malear: pervertir, enviciar, corromper, depravar.
Beneficiar: favorecer, aprovechar, mejorar, pulimentar.

Maledicencia: denigración, detracción, murmuración, chismografía.
Lagotería: adulación, elogio, lisonja, homenaje.

Maleducado: grosero, descortés, malcriado, incorrecto.
Cortés: gentil, educado, correcto, atento.

Maleficio: hechizo, encanto, magia, sortilegio.
Beneficio: gracia, merced, favor, fruto.

Maléfico: nocivo, perjudicial, dañino, pernicioso.
Benéfico: beneficioso, saludable, meritorio, provechoso.

Malestar: angustia, fastidio, disgusto, ansiedad.
Bienestar: tranquilidad, quietud, holgura, comodidad.

Malévolo: malintencionado, malicioso, rencoroso, sañudo.
Bondadoso: caritativo, indulgente, benévolo, generoso.

SINÓNIMOS	ANTÓNIMOS
Malgastar: dilapidar, despilfarrar, derrochar, malbaratar.	**Ahorrar:** economizar, preservar, guardar, custodiar.
Malhechor: criminal, delincuente, salteador, asaltante.	**Bienhechor:** protector, favorecedor, defensor, amparador.
Malherido: grave, moribundo, enfermo, agonizante.	**Ileso:** indemne, incólume, intacto, sano, íntegro.
Malhumor: enfado, enojo, ira, disgusto.	**Afabilidad:** cordialidad, amabilidad, sencillez, dulzura.
Malhumorado: arisco, iracundo, disgustado, adusto.	**Contento:** encantado, gozoso, dichoso, alegre, satisfecho.
Malicia: maldad, picardía, estratagema, malignidad.	**Bobería:** aturdimiento, idiotez, insustancialidad, tontería, insulsez.
Maliciar: sospechar, recelar, desconfiar, malear.	**Confiar:** fiarse, creer, esperar, entregarse.
Malicioso: astuto, ladino, taimado, desconfiado.	**Ingenuo:** cándido, bondadoso, inocente, franco.
Malignidad: maldad, malicia, perversidad, perfidia.	**Benignidad:** bondad, afabilidad, benevolencia, amabilidad.
Maligno: malo, malandrín, dañino, ponzoñoso.	**Beneficioso:** benéfico, fructuoso, provechoso, productivo.
Malmirado: desacreditado, desprestigiado, descortés, grosero.	**Considerado:** respetado, estimado, educado, cortés.
Malo: malvado, ruin, extremista, violentista.	**Bueno:** benévolo, clemente, bondadoso, espiritual.
Malograr: estropear, dañar, desaprovechar, abortar.	**Aprovechar:** servir, utilizar, valer, evaluar.
Malogro: fracaso, fallo, aborto, frustración.	**Logro:** éxito, consecución, resultado, ganancia.
Maloliente: fétido, hediondo, pestilente, apestoso.	**Aromático:** fragante, perfumado, oloroso, aromatizado.
Malparado: maltrecho, malogrado, estropeado, dañado.	**Indemne:** logrado, ileso, incólume, intacto.
Malparar: frustrar, deteriorar, dañar, estropear, abortar.	**Cuidar:** agasajar, defender, asistir, proteger.
Malquerencia: enemistad, ojeriza, aversión, malevolencia.	**Bienquerencia:** afecto, amistad, cariño, ternura.
Malquistar: desavenir, indisponer, disgustar, enemistar.	**Bienquistar:** considerar, estimar, apreciar, distinguir.
Malsano: insano, enfermo, dañado, enclenque.	**Sano:** lozano, robusto, fuerte, saludable.
Maltratar: maltraer, lastimar, dañar, injuriar.	**Atender:** cuidar, velar, vigilar, oír.
Maltrato: daño, golpe, castigo, ofensa.	**Mimo:** caricia, cuidado, alabanza, elogio.
Maltrecho: estropeado, malparado, maltratado, dañado.	**Ileso:** cuidado, perfecto, indemne, incólume.
Malvado: malo, maligno, perverso, malandrín.	**Bueno:** noble, sano, agradable, atento.
Malversar: defraudar, estafar, usurpar, escamotear.	**Restituir:** devolver, reponer, reintegrar, reembolsar.

Mamarracho: espantajo, adefesio, esperpento, moharracho.
Atractivo: aliciente, encanto, incentivo, donaire.

Manada: rebaño, grey, piara, bandada.
Desperdigamiento: separación, dispersión, disgregamiento, esparcimiento.

Manantial: fuente, fontana, hontanar, venero.
Sequedad: sequía, aridez, marchitez, descortesía.

Manar: brotar, aflorar, fluir, salir.
Detener: parar, estancar, frenar, paralizar, atajar.

Mancebo: joven, muchacho, adolescente, mozo.
Bebé: crío, nene, f- niño pequeño.

Mancillar: manchar, empañar, deslucir, desdorar.
Acendrar: limpiar, purificar, depurar, abrillantar.

Manco: defectuoso, incompleto, mutilado, lisiado.
Completo: indemne, entero, acabado, intacto.

Mancomunar: aunar, enlazar, unir, asociar.
Desunir: dividir, separar, bifurcar, desligar.

Manchado: sucio, pringado, mugriento, contaminado.
Limpio: lavado, pulcro, atildado, aseado.

Manchar: emporcar, ensuciar, enlodar, entiznar.
Limpiar: asear, lavar, blanquear, depurar.

Mandar: ordenar, dirigir, decretar, disponer, dictaminar.
Obedecer: acatar, cumplir, respetar, observar.

Mandatario: gobernante, presidente, jerarca, poderhabiente.
Cumplimiento: dependiente, subordinado, subalterno, auxiliar.

Mandato: orden, disposición, precepto, mandamiento.
Acatamiento: obediencia, sumisión, cumplimiento.

Manejable: manipulable, cómodo, dócil, sumiso.
Pesado: incomodo, fatigoso, rebelde, insumiso.

Manejar: dirigir, conducir, usar, manipular.
Confundir: equivocar, perturbar, desconcertar, desordenar.

Manera: método, procedimiento, forma, sistema.
Desconcierto: confusión, trastorno, complejidad, alteración.

Manga: red, colador, tromba, unidad.
Bonanza: calma, serenidad, sosiego, tranquilidad, prosperidad.

Mangonear: injerirse, entremeterse, gobernar, muñequear.
Desentenderse: apartarse, distanciarse, prescindir, inhibirse.

Manía: rareza, extravagancia, capricho, antojo.
Sensatez: mesura, juicio, cordura, cortesía, compostura.

Maníaco: caprichoso, antojadizo, extravagante, lunático.
Cuerdo: juicioso, sensato, prudente, sesudo.

Maniatar: atar, sujetar, ligar, inmovilizar.
Desatar: liberar, soltar, desanudar, desamarrar.

Manido: usado, ajado, sobrado, vulgar.
Original: singular, nuevo, personal, ejemplar.

Manifestación: declaración, exhibición, muestra, exposición.
Ocultación: encubrimiento, silenciamiento, enmascaramiento.

Manifestar: expresar, exponer, evidenciar, declarar.
Callar: ocultar, esconder, contener, enmudecer, encerrar.

Manifiesto: claro, evidente, ostensible, notorio.
Oculto: callado, silente, encubierto, escondido.

Manilargo: despilfarrador, derrochador, manirroto, dilapidador.
Maniobra: operación, movimiento, manejo, estratagema.
Maniobrar: ejecutar, manipular, operar, maquinar.
Manipular: operar, manejar, usar, hacer.
Manirroto: despilfarrador, derrochador, dilapidador, manilargo.
Manjar: deleite, exquisitez, delicia, alimento.
Manojo: hato, mazo, ramillete, puñado.
Mansedumbre: placidez, apacibilidad, sumisión, tranquilidad.
Mansión: morada, residencia, casa, vivienda.
Manso: dócil, sosegado, sumiso, domado.
Mantener: conservar, salvaguardar, sostener, sustentar.
Mantenimiento: sostenimiento, conservación, sustento, protección.
Manual: compendio, vademécum, manejable, manuable.
Manubrio: manivela, manija, cigüeñal, volante.
Manumitir: liberar, emancipar, soltar, desligar.
Manutención: alimentación, sustento, mantenimiento, conservación.
Maña: arte, habilidad, maestría, destreza.
Mañoso: diestro, habilidoso, capaz, industrioso.
Mapa: atlas, plano, carta, planisferio.
Maqueta: modelo, diseño, bosquejo, figura.
Maquiavélico: astuto, sagaz, falaz, pérfido.
Máquina: aparato, artilugio, motor, locomotora.
Maquinación: intriga, complot, ardid, confabulación.
Maquinal: instintivo, automático, involuntario, irreflexivo.
Maquinizar: mecanizar, motorizar, automatizar, maquinarizar.

Avaro: tacaño, agarrado, mezquino, cicatero.
Realidad: evidencia, existencia, verdad, veracidad.
Paralizar: detener, inmovilizar, suspender, estancar.
Perturbar: alterar, desconcertar, desordenar, equivocar.
Tacaño: mezquino, roñoso, agarrado, avaro.
Bazofia: desperdicio, porquería, suciedad, bodrio.
Fardo: bulto, lío, atadijo, fardel.
Arrebato: rabia, indignación, irritación, exasperación.
Pocilga: chiquero, establo, corral, antro, tugurio.
Inquieto: airado, bullicioso, nervioso, salvaje.
Descuidar: abandonar, desamparar, desatender, desistir.
Abandono: desinterés, dejadez, renuncia, desamparo.
Completo: complicado, intrincado, abstruso, difícil.
Permanente: fijo, inamovible, invariable, inalterable.
Esclavizar: subyugar, dominar, oprimir, tiranizar.
Abandono: desamparo, descuido, incumplimiento, irresponsabilidad.
Torpeza: inhabilidad, lentitud, impericia, rudeza.
Inhábil: torpe, lerdo, incapaz, negado, desmañado.
Crucigrama: enigma, misterio, acertijo, adivinanza.
Copia: calco, facsímil, trasunto, reproducción.
Noble: hidalgo, distinguido, elevado, aristocrático.
Bártulos: trastos, utensilios, aperos, enseres.
Corrección: castigo, censura, represión, rectificación.
Deliberado: reflexivo, premeditado, resuelto, consciente.
Manualizar: realizar, ejecutar, trabajar, manuabilizar.

SINÓNIMOS	ANTÓNIMOS
Maraña: espesura, maleza, matorral, confusión.	**Claridad:** orden, método, sistema, clasificación.
Marasmo: enflaquecimiento, debilitamiento, apatía, suspensión.	**Obesidad:** corpulencia, gordura, adiposidad, rollicidad.
Maravilla: admiración, asombro, prodigio, portento.	**Espanto:** pavor, horror, pánico, espeluznamiento.
Maravillado: estupefacto, extasiado, encandilado, impresionado.	**Decepcionado:** desilusionado, desencantado, defraudado, descorazonado.
Maravillar: admirar, sorprender, asombrar, fascinar.	**Horrorizar:** espantar, horripilar, palidecer, consternar.
Maravilloso: excelente, portentoso, prodigioso, fantástico.	**Natural:** ordinario, normal, común, corriente.
Marbete: etiqueta, marca, cédula, rótulo.	**Indistinción:** confusión, nebulosidad, esfumación, carátula.
Marca: señal, distintivo, medida, escala.	**Consigna:** orden, mandato, secreto, enigma.
Marcial: militar, guerrero, bizarro, intrépido.	**Civil:** ciudadano, cívico, cortés, afable.
Marcha: partida, movimiento, encaminamiento, salida.	**Regreso:** retorno, vuelta, retroceso, regresión.
Marchar: caminar, andar, salir, partir.	**Detenerse:** pararse, estacionarse, volver, regresar.
Marchitar: ajar, secar, agostar, enmustiar.	**Lozanear:** remozar, rejuvenecer, renovar, fortalecer.
Marchitez: deslucidez, agostez, enmustiez, ajadez.	**Lozaneamiento:** remozamiento, rejuvenecimiento, fortalecimiento, renovación.
Marchito: ajado, mustio, lacio, muerto.	**Lozano:** remozado, verde, florido, renovado.
Marchoso: animado, gracioso, divertido, ameno.	**Serio:** aburrido, soso, pesado, tedioso.
Marear: enfadar, molestar, fastidiar, agobiar.	**Distraer:** recrear, divertir, entretener, solazar.
Maremágnum: tumulto, confusión, alboroto, bullicio.	**Tranquilidad:** sosiego, serenidad, pasividad, quietud.
Marfuz: desechado, rechazado, desdeñado, despreciado.	**Admitido:** aceptado, recibido, acogido, permitido.
Margen: borde, ribera, límite, motivo.	**Centro:** foco, núcleo, eje, medio.
Marginación: separación, apartamiento, alejamiento, escoliario.	**Fusión:** anexión, unión, mancomunación, amalgamiento.
Marginal: secundario, accesorio, accidental, circunstancial.	**Trascendente:** importante, valioso, decisivo, concluyente.
Marginar: apostillar, escoliar, separar, alejar.	**Agregar:** añadir, adicionar, anexar, juntar.
Mariconada: malintencionada, jugada, mala pasada.	**Ayuda:** benevolente, cooperante, auxiliar.
Maridaje: unión, conformidad, concordancia, acuerdo.	**Desunión:** discrepancia, desavenencia, disconformidad, desacuerdo.
Marina: costa, litoral, náutico, navegación.	**Terrestre:** terrenal, terráqueo, terrícola, material.
Marinería: dotación, tripulación, marinaje, nauticidad.	**Ejército:** tropa, hueste, milicia, soldada.

Marioneta: títere, fantoche, muñeco, juguete. — **Personaje:** insigne, eximio, sobresaliente, ilustre.

Mariposear: revolotear, volar, variar, cambiar. — **Permanecer:** persistir, fijar, estabilizar, inmovilizar.

Marital: matrimonial, conyugal, nupcial, connubial. — **Solteril:** mozal, celibal, liberal, independiente.

Marranada: guarrería, suciedad, porquería, desaire. — **Limpieza:** pulcritud, pureza, atención, delicadeza.

Marrano: cerdo, puerco, chancho, cochino, sucio. — **Limpio:** aseado, pulcro, puro, intacto.

Marrar: fallar, errar, faltar, equivocar. — **Atinar:** aceptar, encontrar, hallar, topar.

Marrullería: zalamería, artimaña, maulería, martingala. — **Lealtad:** nobleza, sinceridad, franqueza, rectitud.

Martirio: tortura, sufrimiento, suplicio, sacrificio. — **Diversión:** distracción, pasatiempo, entretenimiento, esparcimiento.

Martirizar: torturar, sacrificar, atormentar, angustiar. — **Agradar:** contentar, satisfacer, gustar, deleitar.

Marxocracia: comunismo, leninismo, dictadura, aherrojamiento. — **Democracia:** soberanía, libertad, f- gobierno ejercido por el pueblo.

Masa: cuerpo, suma, todo, materia. — **Porción:** parte, fracción, ración, fragmento.

Mascar: masticar, machacar, triturar, mascullar. — **Razonar:** reflexionar, pensar, meditar, resolver.

Máscara: antifaz, careta, excusa, pretexto. — **Verdad:** evidencia, certeza, veracidad, ortodoxia.

Mascullar: musitar, murmurar, susurrar, barbotar. — **Exclamar:** emitir, proferir, pronunciar, vociferar.

Masificar: generalizar, socializar, proletarizar, vulgarizar. — **Particularizar:** singularizar, individualizar, determinar, precisar.

Masivo: generalizado, corporizado, sumado, masificado. — **Solitario:** aislado, único, fraccionado, incomunicado.

Masoquismo: perversión, depravación, degradación, corrupción. — **Virtuosidad:** honestidad, integridad, morigeración, normalidad.

Masoquista: maltratante, pervertido, vicioso, depravado. — **Virtuoso:** íntegro, probo, justo, normal.

Masticar: marcar, triturar, molificar, meditar. — **Tragar:** ingerir, deglutir, manducar, soportar.

Mástil: palo, árbol, tallo, tronco. — **Vástago:** retoño, brote, hijo, descendiente.

Mastodonte: voluminoso, gigantesco, colosal, corpulento. — **Diminuto:** pequeño, enano, insignificante, mínimo.

Matanza: carnicería, exterminio, hecatombe, genocidio. — **Resucitación:** vivificación, renacimiento, resurgimiento, palingenesia.

Matar: asesinar, ejecutar, sacrificar, ultimar. — **Salvar:** liberar, librar, excluir, proteger.

Matasanos: medicastro, curandero, mediquillo, doctorzuelo. — **Doctor:** médico, facultativo, catedrático, sabio.

Mate: opaco, apagado, deslucido, pálido. — **Brillante:** resplandeciente, reluciente, lustroso, fulgurante.

Matemático: preciso, exacto, justo, riguroso.
Materia: elemento, razón, cuerpo, objeto.
Material: corpóreo, tangible, perceptible, tocable.
Materialismo: pragmatismo, empirismo, realismo, codicia.
Materialización: plasmación, ejecución, realización, culminación.
Materializar: plasmar, conformar, corporizar, realizar.
Matiz: aspecto, gama, viso, rasgo.

Matizar: combinar, mezclar, variar, diversificar.
Matón: guapetón, valentón, bravucón, pendenciero.
Matorral: maleza, barzal, breñal, soto.
Matraca: burla, molestia, mofa, porfía.

Matrícula: inscripción, registro, rol, alistamiento.
Matrimonio: boda, casamiento, enlace, desposorio.
Matriz: molde, generadora, reproducción, tuerca.
Matute: contrabando, clandestino, garito, fraude, alijo.
Matutino: mañadero, madrugador, matinal, albal.
Maula: treta, engaño, fraude, dolo.

Mausoleo: tumba, sepulcro, panteón, sepultura.
Máxime: principalmente, esencialmente, básicamente, fundamentalmente.
Maximizar: expandir, esparcir, extender, propagar.
Máximo: extremo, término, confín, frontera.
Mayestático: imponente, majestuoso, augusto, sobresaliente.
Mayéutica: razonamiento, inducción, conclusión, deducción.
Mayor: superior, jefe, principal, gerente.

Mayoral: caporal, rabadán, tronquista, conductor.
Mayorazgo: primogenitura, mayoritura, f- predomino del hijo mayor.

Erróneo: falso, errado, inexacto, equivocado.
Esencia: alma, espíritu, mente, aliento.
Metafísico: abstracto, indefinido, impreciso, abstruso.
Idealismo: espiritualismo, utopía, altruismo, filantropía.
Motivo: circunstancia, móvil, objetivo, razón.
Prescindir: privar, desechar, rehusar, abstenerse.
Necedad: tontería, estolidez, vulgaridad, trivialidad.
Unificar: uniformar, centralizar, armonizar, emparejar.
Tranquilo: sereno, mesurado, sobrio, controlado.
Erial: yermo, baldío, páramo, eriazo.
Discreción: prudencia, sencillez, circunspección, moderación.
Pérdida: baja, disminución, perdimiento, privación.
Divorcio: separación, desunión, ruptura, rompimiento.
Razón: motivo, circunstancia, móvil, sistema.
Punición: sanción, castigo, pena, reprobación.
Vespertino: anochecido, atardecido, ensombrado, obscurecido.
Rectitud: integridad, corrección, honradez, honestidad.
Casa: habitación, vivienda, morada, chalé.

Entonces: antaño, otrora, antiguamente, remotamente.
Minorar: disminuir, reducir, rebajar, minimizar.
Mínimo: diminuto, ínfimo, exiguo, menudo.
Modesto: humilde, moderado, pudibundo, decente.
Disparate: desatino, despropósito, equivocación, desviación.
Menor: inferior, pequeño, diminuto, insignificante.
Mozo: mandado, servidor, gañán, ganapán.
Menorazgo: minoritura, benjaminitura, f- influencia del hijo menor.

Mayoría: ventaja, delantera, superioridad, excelencia.

Mecanismo: ingenio, dispositivo, estructura, habilidad.

Mecenas: protector, bienhechor, patrocinante, favorecedor.

Mecer: balancear, columpiar, acunar, menear.

Medalla: distinción, premio, galardón, honor.

Mediación: acuerdo, arbitraje, intervención, participación.

Mediado: incompleto, inconcluso, parcial, inacabado.

Medianía: mediocridad, vulgaridad, trivialidad, adocenamiento.

Mediano: regular, moderado, módico, razonable.

Mediar: intervenir, interceder, terciar, participar.

Mediatizar: privar, dosificar, influir, ejercer.

Medida: medición, mensuración, dimensión, evaluación.

Medio: mitad, mediano, interior, corazón.

Mediocre: común, vulgar, deficiente, imperfecto.

Mediocridad: medianía, pequeñez, insuficiencia, deficiencia.

Mediocrizar: medianizar, inferiorizar, superficializar, poquizar.

Medios: fortuna, bienes, caudal, posibilidades.

Medir: estimar, evaluar, mensurar, calcular.

Meditabundo: pensativo, reflexivo, caviloso, excogitante.

Meditación: reflexión, cavilación, cogitamiento, concentración.

Meditar: reflexionar, cavilar, discurrir, proyectar.

Medrar: lucrar, adelantar, mejorar, aprovechar.

Medroso: temeroso, apocado, miedoso, cobarde.

Médula: meollo, centro, substancia, base, esencia.

Medular: substancial, esencial, fundamental, principal.

Minoría: minoridad, disminución, acortamiento, atenuación.

Torpeza: yerro, descuido, equivocación, error.

Perjudicante: desairante, desdeñante, despreciativo, empequeñeciente.

Parar: detener, paralizar, suspender, concluir.

Chabacanería: vulgaridad, trivialidad, ramplonería, ordinariez.

Desentendimiento: abstención, apartamiento, alejamiento, indiferencia.

Completo: total, perfecto, entero, íntegro.

Eminencia: importancia, grandeza, superioridad, prominencia.

Óptimo: excelente, superior, notable, soberbio.

Desentenderse: abstenerse, apartarse, alejarse, distanciarse.

Amplificar: extender, aumentar, incrementar, desarrollar.

Consecuencia: conclusión, resultado, deducción, inferencia.

Extremo: exterior, corteza, límite, barrera, término.

Excelente: superior, eminente, culminante, rectorial.

Excelencia: superioridad, celsitud, alteza, notabilidad.

Superiorizar: elevar, enaltecer, sobresalir, preponderar.

Escasez: pauperismo, pobreza, penuria, necesidad.

Inferir: colegir, deducir, suponer, entresacar, motivar.

Distraído: desatento, olvidadizo, desmemoriado, descuidado.

Observación: atisbo, examen, atención, estudio, evaluación.

Observar: examinar, atender, evaluar, estudiar.

Perder: decaer, declinar, descender, perjudicar.

Decidido: resuelto, desenvuelto, emprendedor, iniciante.

Necesidad: inepcia, vaciedad, bobería, alelamiento.

Accidental: incidental, contingente, provisional, eventual.

Mefítico: ponzoñoso, infecto, fétido, malsano.
Megalomanía: perturbación, vanagloria, f- delirio de grandeza.
Megalómano: alucinado, perturbado, enajenado, quimerizado.
Mejor: superior, preferible, perfeccionado, mejorado.
Mejorar: avanzar, adelantar, aumentar, aventajar.
Mejoría: alivio, restablecimiento, curación, sanamiento.
Melancolía: tristeza, pesadumbre, abatimiento, languidez.
Melancólico: triste, mustio, mohíno, hipocondríaco.
Melancolizar: entristecer, desanimar, contristar, apesadumbrar.
Melifluo: dulce, meloso, melificado, melífero.
Melindre: dengue, dulcificado, afectado, nimiado.
Melindroso: delicado, afectado, remilgoso, debilitado.
Meliorar: mejorar, aliviar, ganar, conseguir, prosperar.
Melodía: armonía, sinfonía, cadencia, consonancia.
Melódico: melodioso, armonioso, acorde, musical.
Melodrama: drama, tragedia, f- obra teatral sentimentalizada.
Meloso: dulce, almibarado, melifluo, afectado.
Mella: deterioro, merma, menoscabo, falla.

Mellado: dentado, desgastado, romo, achatado.
Membrudo: robusto, fornido, musculoso, recio.
Memez: tontería, bobada, sandez, simpleza.
Memorándum: memorando, agenda, recordatorio, comunicación.
Memorar: recordar, rememorar, evocar, mencionar.
Memorativo: recordativo, rememorante, reminiscente, remembrante.
Memoria: retentiva, recuerdo, reminiscencia, estudio.

Saludable: higiénico, salubre, sanífero, incontaminado.
Razonamiento: raciocinio, reflexión, discernimiento, deducción.
Morigerado: mesurado, moderado, razonado, equilibrado.
Inferior: peor, malo, bajo, secundario.

Desmerecer: desmejorar, empeorar, desmeritar, desvalorar.
Empeoramiento: agravamiento, declinación, desmejoramiento, periclitación.
Alegría: gozo, júbilo, fruición, alborozo.

Alegre: achispado, jubiloso, jovial, satisfecho.
Alborozar: alegrar, entusiasmar, avivar, regocijar.
Amargo: acibarado, acerbo, agrio, acidificado.
Fuerte: potente, resistente, sólido, acentuado.
Robusto: fuerte, vigoroso, fornido, resistente.
Peyorar: perder, deteriorar, infravalorar, despreciar, invalorar.
Cacofonía: inarmonía, discordancia, disonancia, destemplanza.
Inarmónico: desacorde, discordante, disonante, desafinado.
Extravagancia: ridiculez, burla, mofa, sátira.
Hosco: adusto, ceñudo, intratable, fosco.

Aumento: incremento, crecimiento, auge, progreso.
Entero: completo, afilado, puntiagudo, punzante.
Débil: escuchimizado, enclenque, flojo, frágil.
Agudeza: agilidad, sensatez, sutileza, perspicacia.
Galimatías: embrollo, confusión, desorden, jerigonza.
Olvidar: omitir, dejar, preterir, descuidar.

Olvidante: omitivo, amnésico, abandonante, despreocupante.
Olvido: desmemoria, amnesia, aturdimiento, inadvertencia.

SINÓNIMOS	ANTÓNIMOS
Mención: cita, referencia, evocación, alusión.	**Omisión:** olvido, falta, descuido, negligencia.
Mencionado: citado, aludido, indicado, referido.	**Omitido:** olvidado, relegado, postergado, ignorado.
Mencionar: nombrar, recordar, aludir, referir.	**Omitir:** callar, ocultar, silenciar, prescindir.
Mendigo: indigente, limosnero, mendigante, pordiosero.	**Rico:** adinerado, opulento, fecundo, próspero.
Mendrugo: migaja, pellizco, pizca, pedazo.	**Completo:** entero, todo, íntegro, justo.
Menear: mover, agitar, sacudir, revolver.	**Aquietar:** sosegar, apaciguar, calmar, tranquilizar.
Menester: necesidad, carencia, falta, apuro, apremio.	**Abundancia:** riqueza, profusión, exceso, fortuna.
Menesteroso: necesitado, carente, pobre, falto, indigente.	**Opulento:** rico, abundante, pudiente, copioso.
Mengua: disminución, rebaja, escasez, falta.	**Aumento:** ampliación, incremento, abundancia, profusión.
Menguante: decreciente, decadente, declinante, disminución.	**Ascendente:** creciente, progresivo, gradual, incremento.
Menguar: atenuar, mermar, amainar, reducir.	**Aumentar:** crecer, incrementar, acrecentar, añadir.
Menor: pequeño, chico, mínimo, niño.	**Mayor:** superior, grande, anciano, viejo.
Menoscabar: deteriorar, reducir, acortar, perjudicar.	**Incrementar:** aumentar, crecer, adicionar, extender.
Menoscabo: disminución, merma, mengua, descrédito.	**Aumento:** mejora, progreso, mejoría, mejoramiento.
Menospreciar: despreciar, desdeñar, rebajar, minimizar.	**Justipreciar:** valorar, apreciar, evaluar, considerar.
Menosprecio: desprecio, desdén, desestima, desconsideración.	**Aprecio:** justiprecio, afecto, estima, consideración.
Mensaje: recado, encargo, noticia, información.	**Idea:** plan, proyecto, juicio, imagen.
Mental: cerebral, espiritual, intelectual, racional.	**Material:** corporal, tangible, palpable, físico.
Mentalidad: razón, conocimiento, pensamiento, concepción.	**Incapacidad:** insuficiencia, ineficiencia, torpeza, ignorancia.
Mentar: citar, mencionar, enumerar, nombrar, aludir.	**Omitir:** olvidar, suprimir, ignorar, silenciar.
Mentecato: necio, tonto, simple, idiota.	**Sensato:** cuerdo, hábil, prudente, discreto.
Mentir: fingir, engañar, falsificar, embustir.	**Autentificar:** evidenciar, demostrar, probar, aseverar.
Mentira: embuste, engaño, falsedad, infundio.	**Verdad:** veracidad, sinceridad, franqueza, certeza.
Mentiroso: embustero, engañoso, falaz, farsante.	**Veraz:** sincero, franco, leal, claro.
Mentís: desmentido, desdicho, denegación, contradicción.	**Confirmación:** ratificación, corroboración, afirmación, sancionamiento.
Mentor: guía, consejero, maestro, instructor.	**Anarquista:** desorientador, desordenador, disociador, mixtificador.

Menudear: frecuentar, asistir, detallar, pormenorizar.
Menudencia: nadería, minucia, bagatela, nimiedad.
Menudo: chico, pequeño, corriente, habitual.
Meollo: juicio, sensatez, fondo, esencia.
Mequetrefe: pelele, monigote, pelagato, muñeco.
Mercadear: negociar, comerciar, traficar, mercantilizar.
Mercadería: mercancía, artículos, géneros, existencia.
Mercancía: objeto, cosa, bien, estupefaciente.
Merced: don, gracia, dádiva, servicio.

Mercenario: soldado, combatiente, interesado, dinerista.
Mercería: menudencia, bujería, baratija, chuchería.
Merecedor: acreedor, digno, meritorio, ganador.
Merecer: alcanzar, lograr, meritar, vencer.
Merecimiento: valía, mérito, virtud, derecho.
Meretriz: ramera, golfa, bagasa, buscona.

Meridiano: claro, evidente, obvio, diáfano.
Meridional: austral, antártica, hielífero, surífero.
Mérito: reconocimiento, merecimiento, virtud, estimación, valía.
Meritorio: digno, alabable, loable, sobresaliente.
Mermar: reducir, disminuir, menguar, perder.
Mero: simple, puro, exacto, pez.

Merodear: circundar, rodear, reconocer, examinar.
Mestizo: calpamulo, cholo, mulato, ñapango.
Mesura: prudencia, cordura, compostura, gravedad.
Mesurar: moderar, calmar, aplacar, apaciguar, sosegar.

Generalizar: ampliar, extender, publicar, divulgar.
Categoría: clase, condición, esfera, jerarquía.
Importante: significativo, esencial, notable, valioso.
Necedad: sandez, estupidez, inepcia, bobada.
Insigne: célebre, famoso, preclaro, ilustre.
Asolar: destruir, arruinar, devastar, pillajear.
Nadería: futilidad, fruslería, vacuidad, vaguedad.
Medio: razón, motivo, circunstancia, causa.
Impiedad: irreverencia, indevoción, irrespeto, laicismo.
Idealista: desinteresado, desprendido, liberal, quimerista.
Ferretería: ferrería, forja, herramentería, argamasa.
Indigno: deudor, deficitario, entrampado, ruin.
Frustrar: perder, fracasar, fallar, igualar.

Demérito: bajeza, ruindad, vileza, abyección.
Rehabilitada: reformada, dignificada, restituida, ennoblecida.
Confuso: impreciso, oscuro, borroso, enredado.
Septentrional: boreal, ártico, nórdico, norteñal.
Desmerecimiento: demérito, desaprobación, minimización, nadización.
Reprochable: censurable, reprendible, repudiable, vituperable.
Aumentar: acrecentar, agregar, agrandar, extender.
Complejo: complicado, difícil, enredado, abstruso.
Desconocer: ignorar, insaber, iletrar, inexplorar, nesciar.
Blanco: níveo, albo, claro, llamativo.

Irreverencia: desacato, irresponsabilidad, desobedecimiento, profanación.
Extralimitarse: abusar, excederse, propasarse, explotar.

Meta: fin, término, objetivo, finalidad.

Metafísico: obscuro, difícil, abstruso, complicado.
Metáfora: figura, tropo, alegoría, traslación.
Metaforizar: figurar, alegorizar, simbolizar, espiritualizar.
Metagogizar: animar, vivificar, humanizar, prosopopeyizar.
Metalizar: dineralizar, materializar, f- cultivar el afán del dinero.
Metamorfosis: transformación, transmutación, mudanza, mutación.
Metasíquica: ocultismo, transmigración, telepatía, ultratumba.
Meteco: advenedizo, forastero, extraño, intruso.
Meter: incluir, encajar, introducir, ocasionar.
Meticuloso: escrupuloso, concienzudo, minucioso, exacto.
Metido: refutado, insertado, impugnado, resistido, colocado.
Metódico: sistemático, cuidadoso, ordenado, dispuesto.
Metodizar: normalizar, sistematizar, regularizar, reglamentar.
Método: norma, regla, orden, precepto.

Mezclado: compuesto, combinado, revuelto, asociado.
Mezclar: juntar, homogeneizar, agregar, amalgamar, incorporar.
Mezcolanza: mezcla, revoltijo, lío, promiscuidad.
Mezquindad: avaricia, cicatería, ruindad, sordidez.
Mezquino: tacaño, avaro, infeliz, menguado.
Microbio: bacilo, bacteria, virus, microfito.

Miedo: temor, recelo, ansiedad, espanto.
Miedoso: medroso, asustadizo, pusilánime, timorato.
Mientras: durante, entretanto, momentáneo, circunstancial.
Migaja: partícula, fragmento, pedazo, resto.
Milagro: prodigio, portento, maravilla, fenómeno.

Origen: principio, comienzo, génesis, pedigrí.
Fácil: sencillo, elemental, hacedero, manejable.
Substancia: esencia, principio, valor, importancia.
Objetivar: materializar, substantivar, substancializar, puntualizar.
Deshumanizar: deshumanar, materializar, desvitalizar, desanimar.
Desinteresar: liberalizar, abnegar, desentenderse, desmentalizarse.
Inalterabilidad: invariabilidad, permanencia, estabilidad, inmutabilidad.
Realismo: objetivismo, materialismo, somatismo, existencialismo.
Oriundo: indígena, aborigen, nativo, autóctono.
Sacar: extraer, quitar, apartar, trasladar.
Irreflexivo: atropellado, atolondrado, inconsecuente, maquinal.
Consenso: conformidad, asentimiento, consentimiento, aprobación.
Desordenado: descuidado, desorganizado, desbarajustado, despreocupado.
Desordenar: descuidar, desorgarnizar, confundir, enredar.
Desorden: desconcierto, trastorno, entrevero, desbarajuste.
Separado: aislado, desperdigado, disuelto, desunido.
Desembrollar: separar, desunir, apartar, incomunicar.
Separación: ruptura, disolución, discordia, divorcio.
Generosidad: desprendimiento, nobleza, caridad, idealismo.
Generoso: feliz, dichoso, piadoso, noble.

Macroorganismo: macrobacteria, macroinfusorio, macrocéfalo, macrocosmo.
Valentía: valor, virtud, aliento, osadía.
Valeroso: valiente, osado, audaz, atrevido.

Cese: cesamiento, cesación, interrupción, detención, paralización.
Completo: entero, íntegro, cabal, total.

Artificio: engaño, artimaña, apariencia, ilusión.

Milagroso: prodigioso, sobrenatural, portentoso, asombroso.
Milenario: aniversario, antiguo, vetusto, arcaico.
Militar: servir, actuar, figurar, estratega.

Militárico: guerrero, combatiente, beligerante, militarense.
Millonario: rico, acaudalado, potentado, capitalista.
Mimado: consentido, malcriado, caprichoso, antojadizo.
Mimar: halagar, acariciar, regalar, obsequiar.
Mímica: pantomima, mueca, visaje, gesticulación.
Mimoso: mimado, melindroso, cariñoso, zalamero.
Minar: socavar, debilitar, consumir, extinguir.
Minimizar: empequeñecer, disminuir, minusvalorar, mermar.
Mínimo: minúsculo, diminuto, exiguo, menudo.
Ministerio: gabinete, función, ejercicio, empleo.
Ministro: secretario, representante, comisionado, enviado.
Minorar: acortar, atenuar, disminuir, reducir.
Minucia: bagatela, nimiedad, menudencia, nadería.
Minucioso: meticuloso, escrupuloso, puntilloso, quisquilloso.
Minúsculo: mínimo, ínfimo, enano, microscópico.
Minuta: apunte, esbozo, esquema, agenda.

Miramiento: cautela, circunspección, atención, consideración.
Mirar: observar, examinar, atender, considerar.
Mirífico: asombroso, maravilloso, admirable, portentoso.
Mirón: curioso, cotilla, fisgón, voyeur.

Misantropía: retraimiento, hosquedad, insociabilidad, introversión.
Misántropo: huraño, esquivo, insociable, introvertido.

Natural: real, propio, verdadero, lógico.
Nuevo: moderno, actual, reciente, renovado.
Reposado: pacifista, aquietado, sosegado, conciliador.
Pacífico: tranquilo, pausado, quieto, benigno.
Pobre: indigente, misérrimo, paupérrimo, menesteroso.
Educado: obediente, dócil, disciplinado, cumplidor.
Despreciar: desdeñar, desairar, desestimar, denigrar.
Naturalidad: originalidad, propiedad, realidad, inmutabilidad.
Arisco: antipático, hosco, esquivo, hostil, adusto.
Vigorizar: fortalecer, robustecer, tonificar, reforzar.
Agigantar: agrandar, aumentar, engrandecer, magnificar.
Máximo: grande, enorme, colosal, supremo.
Vaciedad: necedad, vacuidad, oquedad, vulgaridad.
Torpe: inútil, nulo, vago, ocioso.

Acrecer: aumentar, incrementar, añadir, ponderar.
Importancia: cuantía, trascendencia, magnitud, consideración.
Negligente: descuidado, dejado, indolente, apático.
Mayúsculo: inmenso, máximo, magno, coloso.
Desarrollo: aumento, ampliación, crecimiento, incremento.
Desaire: desdén, indiferencia, desprecio, desafecto.
Inhibir: abstenerse, eximirse, apartarse, alejarse.
Desdeñable: despreciable, repelente, repulsivo, vilipendiable.
Discreto: recatado, reservado, prudente, sensato.
Cordialidad: filantropía, sociabilidad, extraversión, generosidad.
Sociable: afable, comunicativo, efusivo, extrovertido.

Misceláneo: diverso, mezclado, mixto, revuelto.
Natural: puro, propio, común, corriente,

Miserable: desdichado, infeliz, desgraciado, infortunado.
Dichoso: feliz, afortunado, venturoso, fausto.

Miseria: desdicha, desgracia, infortunio, indigencia.
Riqueza: abundancia, holgura, opulencia, fortuna.

Misericordia: lástima, piedad, compasión, conmiseración.
Impiedad: irreverencia, indevoción, irreligiosidad, irrespetuosidad.

Misericordioso: clemente, compasivo, bondadoso, caritativo.
Inhumano: despiadado, tirano, desalmado, cruel, brutal.

Mísero: desgraciado, desdichado, pobre, avaro.
Afortunado: rico, acaudalado, desprendido, espléndido.

Misérrimo: indigente, mendicante, pordiosero, desventurado.
Riquísimo: millonario, acaudalado, capitalista, esplendoroso.

Misión: cometido, delegación, encargo, representación.
Cumplimiento: realización, ejecución, finalización, urbanidad.

Mismo: exacto, propio, igual, idéntico.
Diferente: distinto, diverso, desigual, divergente.

Misógeno: anormal, anómalo, extraño, raro.
Normal: natural, sistemático, metódico, morigerado.

Misoneísmo: tradicionalismo, rutinarismo, antigüismo, involucionismo.
Modernismo: novedismo, evolucionismo, novismo, innovacionismo.

Misoneísta: tradicionalista, conservadurista, antigüista, neófobo.
Modernista: evolucionista, innovista, progresista, neófilo.

Misterio: enigma, secreto, sigilo, arcano.
Revelación: manifestación, descubrimiento, detección, confesión.

Misterioso: enigmático, secreto, oculto, encubierto.
Claro: manifiesto, evidente, notorio, diáfano.

Místico: religioso, espiritual, asceta, misterioso.
Hereje: incrédulo, antirreligioso, disidente, discordante.

Mitad: centro, medio, fracción, parte.
Entero: doble, completo, pleno, íntegro.

Mitigar: moderar, aminorar, atenuar, aliviar.
Exasperar: exacerbar, agravar, irritar, enfurecer.

Mito: leyenda, fábula, ficción, tradición.
Realidad: efectividad, concreción, existencia, objetividad.

Mixtificar: adulterar, embair, sofisticar, tergiversar.
Esclarecer: dilucidar, aclarar, iluminar, ilustrar.

Mixto: mezclado, compuesto, combinado, alternado.
Simple: sencillo, elemental, uniforme, incauto.

Mocedad: adolescencia, muchachez, juventud, pubertad.
Vejez: ancianidad, senilidad, vetustez, madurez.

Moción: indicación, proposición, inclinación, concreción.
Realización: ejecución, materialización, terminación, complementación.

Moda: usanza, actualidad, novedad, boga.
Desuso: olvido, cesación, pasado, relegación, antigüedad.

Modalidad: manera, peculiaridad, singularidad, propiedad.
Extemporaneidad: inoportunidad, inconveniencia, intempestividad, inadecuación.

Modelar: formar, crear, esculpir, maquetar, pautar.
Calcar: copiar, reproducir, xerografiar, remedar.

SINÓNIMOS	ANTÓNIMOS
Modelo: muestra, pauta, molde, medida.	**Copia:** remedo, calco, reproducción, xerografía.
Moderación: mesura, sobriedad, templanza, sencillez.	**Ostentación:** vanidad, vanagloria, inmoderación, fastuosidad.
Moderado: mesurado, comedido, prudente, sobrio.	**Abusivo:** extremado, desmesurado, exagerado, inmoderado.
Moderador: frenador, atenuador, ordenador, contenedor.	**Mixtificador:** tergiversador, engañador, sofisticador, enmarañador.
Moderar: templar, ajustar, atenuar, aplacar.	**Exagerar:** ponderar, magnificar, abultar, exacerbar.
Modernidad: actualidad, contemporaneidad, hodiernidad, novedad.	**Antigüedad:** vetustez, proclividad, prehistoria, inmemorialidad.
Modernizar: renovar, actualizar, rejuvenecer, metamorfosear.	**Envejecer:** avejentar, aviejar, encanecer, caducar.
Moderno: actual, hoy, nuevo, reciente.	**Antiguo:** viejo, ayer, vetusto, remoto.
Modestia: humildad, recato, decencia, pudor.	**Vanidad:** fatuidad, altanería, orgullo, presunción.
Modesto: humilde, reservado, honesto, moderado.	**Orgulloso:** altivo, soberbio, presumido, jactancioso.
Módico: reducido, limitado, barato, económico.	**Caro:** subido, exagerado, elevado, querido.
Modificable: alterable, cambiable, variable, transformable.	**Invariable:** inalterable, inmutable, estable, fijo.
Modificación: reforma, corrección, enmendatura, rectificación.	**Conservación:** mantención, preservación, inalterabilidad, inflexibilidad.
Modificar: cambiar, alterar, mudar, variar.	**Conservar:** mantener, guardar, cuidar, preservar.
Modismo: forma, giro, manera, copia.	**Antigüedad:** vetustez, vejez, proclividad, remoticidad.
Modo: forma, manera, medio, aspecto, gusto.	**Cambio:** variación, mutación, alteración, modificación.
Modorra: letargo, sopor, soñolencia, adormecimiento.	**Vigilia:** desvelo, insomnio, despierto, abstinencia.
Modoso: discreto, recatado, discreto, circunspecto.	**Descarado:** insolente, atrevido, deslenguado, sinvergüenza.
Modulación: entonación, inflexión, regulación, peculiaridad.	**Farfullación:** barbotamiento, tartamudez, balbucimiento, inseguridad.
Modular: articular, variar, afinar, modificar.	**Tartamudear:** tartajear, farfullar, tartalear, balbucir.
Módulo: tipo, canon, regla, forma.	**Generalización:** divulgación, publicación, difusión, estandarización.
Mofa: burla, broma, escarnio, ludibrio.	**Respeto:** consideración, estimación, acatamiento, sumisión.
Mofarse: burlarse, escarnecer, guasearse, agraviar.	**Respetar:** admirar, ponderar, reverenciar, obedecer.
Mohatra: fraude, engaño, f- venta fraudulenta.	**Autenticidad:** verdad, corrección, fidedignidad, legitimidad.
Mohíno: apesarado, mustio, triste, melancólico.	**Achispado:** alegre, jubiloso, contento, feliz.

Mohoso: herrumbroso, ruginoso, enmohecido, oxidado. **Inoxidable:** inmohecido, inherrumbroso, inruginoso, inmohoso.

Mojar: remojar, bañar, calar, empapar. **Secar:** enjugar, agostar, desecar, marchitar.

Mojicón: cachete, torta, sopapo, soplamocos. **Mimo:** caricia, carantoña, lisonja, cariño.

Mojigato: simulador, hipócrita, gazmoño, fariseo. **Sincero:** llano, abierto, franco, natural.

Mojón: señal, hito, poste, muga. **Escondite:** escondrijo, ocultamiento, encubrimiento, encierro.

Moldeable: maleable, dúctil, adaptable, flexible. **Rígido:** duro, inflexible, compacto, pétreo.

Moldear: formar, ajustar, moldurar, fundir. **Deformar:** desfigurar, desproporcionar, alterar, cambiar.

Mole: corpulencia, macicez, volumen, magnitud. **Pequeñez:** chiquitez, cortedad, parvedad, pigmedad.

Moler: pulverizar, partir, triturar, desmenuzar, machacar. **Unir:** juntar, reunir, trabar, fundir.

Molestar: fastidiar, enfadar, enojar, estorbar. **Deleitar:** agradar, complacer, encantar, amenizar.

Molestia: estorbo, fastidio, asedio, contrariedad. **Delicia:** agrado, gozo, complacencia, fruición.

Molesto: fastidioso, inoportuno, incómodo, dolorido. **Agradable:** ameno, entretenido, simpático, grato.

Molicie: blandura, comodidad, deleite, voluptuosidad. **Sacrificio:** abnegación, privación, renunciamiento, inmolación.

Molido: triturado, pulverizado, partido, cansado, dolorido. **Reposado:** íntegro, sereno, tranquilo, acostado.

Molificar: ablandar, suavizar, emolir, reblandecer. **Endurecer:** endurar, robustecer, fortalecer, insensibilizar.

Molondro: poltrón, perezoso, torpe, pigro. **Hábil:** ocurrente, diligente, activo, listo.

Mollera: seso, cacumen, cabeza, caletre. **Cuerpo:** tronco, espesor, contorno, consistencia.

Momentáneo: transitorio, fugaz, pasajero, instantáneo. **Duradero:** perdurable, imperecedero, permanente, ininterrumpido.

Momento: instante, actualidad, circunstancia, coyuntura. **Eternidad:** perpetuidad, perdurabilidad, inmortalidad, permanencia.

Momificar: desecar, embalsamar, aromatizar, perpetuar. **Descuidar:** olvidar, dejar, abandonar, omitir.

Momio: magro, blanco, f- cosa de poco valor. **Obeso:** gordo, adiposo, grueso, cuadrado.

Monarca: soberano, rey, alteza, emperador. **Plebeyo:** ciudadano, artesano, burgués.

Monasterio: convento, claustro, abadía, cenobio. **Guarida:** cubil, madriguera, antro, cueva.

Mondar: limpiar, purificar, pelar, poder. **Ensuciar:** manchar, embadurnar, empañar, tiznar.

Moneda: dinero, pecunio, fondos, plata. **Inopia:** indigencia, pobreza, miseria, estrechez.

Monería: monada, gracia, zalamería, arrumaco. **Desprecio:** menosprecio, desestimación, desaire, desdén.

Monina: graciosa, divertida, donosa, agraciada. — **Desgarbada:** desmejorada, desaliñada, desgalichada, desagradable.

Monitor: ayudante, auxiliar, instructor, dependiente. — **Superior:** rector, director, gerente, jefe.

Monje: religioso, fraile, acólito, ermitaño. — **Seglar:** civil, laico.

Monogamia: unimarido, unimujer, monomarido, monomujer. — **Bigamia:** bimarido, bimujer, multimarido, multimujer.

Monolítico: compacto, macizo, consistente, íntregro. — **Fragmentario:** troceado, fraccionado, despedazado, desintegrado.

Monólogo: soliloquio, recitación, ensimismamiento, aislamiento. — **Coloquio:** plática, conversación, diálogo, comunicación.

Monomanía: manía, capricho, obsesión, paranoia. — **Consecuencia:** resultado, conclusión, secuela, inferencia.

Monopolio: concesión, exclusividad, privilegio, estanco. — **Competencia:** emulación, disputa, competición, convergencia.

Monopolizar: acaparar, centralizar, almacenar, especular. — **Distribuir:** repartir, racionar, compartir, prorratear.

Monotonía: igualdad, uniformidad, regularidad, paralelo. — **Variedad:** desigualdad, diversidad, mutabilidad, diferencia.

Monótono: regular, aburrido, rutinario, pesado. — **Diferente:** entretenido, divertido, ameno, agradable.

Monstruoso: informe, fenomenal, antinatural, teratológico. — **Natural:** corriente, común, normal, habitual, espontáneo.

Monta: valor, valía, calidad, categoría. — **Insignificancia:** nulidad, inutilidad, menudencia, nadería.

Montaña: sierra, cordillera, colina, montículo. — **Llanura:** meseta, planicie, valle, cuenca.

Montañoso: escarpado, abrupto, montuoso, alpinero. — **Llano:** liso, plano, parejo, palmario.

Montar: cabalgar, jinetear, ajustar, preparar. — **Bajar:** apearse, descabalgar, desmontar, desmoronar.

Montaraz: montés, arisco, agreste, rebelde. — **Domado:** domesticado, amaestrado, amansado, domeñado.

Monte: montaña, cerro, sierra, cordillera. — **Llanura:** planicie, llano, explanada, valle.

Montepío: socorro, ayuda, auxilio, protección, beneficio. — **Sueldo:** emolumento, mensualidad, compensación, remuneración.

Montón: cúmulo, pila, porrada, infinidad. — **Poquedad:** bagatela, minucia, insignificancia, nimiedad.

Monumental: grandioso, inmenso, colosal, fenomenal. — **Minúsculo:** pequeño, ínfimo, exiguo, mínimo.

Monumento: estatua, obra, arte, sepultura, mausoleo. — **Busto:** cabeza, recuerdo, efigie, imagen.

Moño: copete, penacho, rodete, orgullo. — **Nada:** cericio, sombricio, fluidicia, inmateria.

Mora: tardanza, demora, retraso, dilación. — **Puntualidad:** exactitud, cumplimiento, precisión, regularidad.

Morada: habitación, vivienda, domicilio, hogar. — **Carpa:** gajo, lona, llano, campo.

Moral: decoro, ética, pundonor, corrección. — **Corrupción:** indecencia, deshonestidad, obscenidad, voluptuosidad.

SINÓNIMOS	ANTÓNIMOS
Moraleja: enseñanza, máxima, lección, consejo.	**Resultado:** consecuencia, circunstancia, motivo, razón.
Moralidad: ética, honradez, justicia, justicia, decencia, integridad.	**Amoralidad:** deslealtad, corrupción, inmoralidad, iniquidad.
Moralista: moralizador, educado, ético, aleccionador.	**Corruptor:** pecaminoso, depravado, pervertido, seductor.
Moralizar: ejemplarizar, aleccionar, sanear, catequizar.	**Corromper:** envilecer, pervertir, viciar, pudrir.
Moratoria: demora, espera, plazo, prórroga.	**Taxatividad:** exactitud, puntualidad, precisión, conclusión.
Mórbido: delicado, blando, suave, enfermizo.	**Duro:** áspero, fuerte, sano, saludable.
Morbo: afección, epidemia, enfermedad, politiquería.	**Inmune:** protegido, invulnerable, incólume, exento.
Morbosidad: enfermedad, epidemia, anormalidad, politiquería.	**Inmunidad:** exención, protección, preservación, incontaminación.
Morboso: enfermizo, endeble, achacoso, anormal.	**Sano:** entero, robusto, fuerte, potente.
Mordacidad: ironía, burla, sarcasmo, virulencia, acritud.	**Delicadeza:** franqueza, cortesía, naturalidad, sencillez.
Mordaz: cáustico, sarcástico, insidioso, satírico.	**Benigno:** apacible, tranquilo, respetuoso, piadoso.
Morder: mordiscar, mordisquear, masticar, murmurar.	**Acariciar:** mimar, halagar, alabar, bientratar.
Mordido: roído, carcomido, incompleto, gastado.	**Nuevo:** impecable, íntegro, entero, completo.
Moreno: tostado, pardo, bronceado, atezado.	**Rubio:** pálido, blanco, descolorido, amarillento.
Moribundo: agonizante, expirante, mortecino, caquéxico.	**Naciente:** comenzante, germinante, existente, brotante.
Morigeración: templanza, moderación, mesura, sobriedad.	**Corrupción:** descomposición, putrefacción, perversión, enviciamiento.
Morigerado: mesurado, comedido, prudente, sobrio.	**Extremado:** abusivo, atrevido, osado, imprudente.
Morigerar: moderar, templar, mesurar, contemporizar.	**Viciar:** dañar, lesionar, corromper, adulterar.
Morir: fallecer, fenecer, perecer, sucumbir.	**Nacer:** empezar, germinar, existir, brotar.
Morosidad: dilación, demora, retraso, tardanza.	**Puntualidad:** formalidad, regularidad, precisión, exactitud.
Moroso: deudor, informal, lento, tranquilo.	**Rápido:** activo, diligente, raudo, cumplidor.
Morriña: nostalgia, tristeza, melancolía, añoranza.	**Alegría:** gozo, entusiasmo, contento, júbilo.
Morrocotudo: fenomenal, colosal, monumental, titánico.	**Insignificante:** nimio, poco, vacío, pueril.
Mortal: letal, fatal, mortífero, deletéreo.	**Vital:** activo, eficaz, vivificante, nutritivo.
Mortandad: matanza, mortalidad, hecatombe, desolación.	**Salvación:** conservación, preservación, creación, nacimiento.
Mortecino: tenue, apagado, bajo, débil.	**Fuerte:** vivo, sano, robusto, rozagante.

SINÓNIMOS	ANTÓNIMOS
Mortífero: mortal, letal, nefasto, venenoso.	**Saludable:** beneficioso, positivo, sano, inocuo, salubre.
Mortificar: atormentar, apesadumbrar, torturar, martirizar.	**Agradar:** contentar, complacer, animar, vivificar.
Mortuorio: fúnebre, luctuoso, lúgubre, funerario.	**Alegre:** gozoso, vital, vivaz, optimista.
Mosaico: compuesto, mezclado, f- propio de Moisés.	**Simple:** sencillo, elemental, único, circunspecto.
Mosqueo: suspicacia, desconfianza, sospecha, enfado.	**Confianza:** tranquilidad, seguridad, naturalidad, franqueza.
Mostrar: indicar, señalar, presentar, exhibir.	**Esconder:** ocultar, encerrar, encubrir, contener.
Mostrenco: torpe, bruto, mesteño, rudo.	**Culto:** letrado, instruido, ocurrente, despierto.
Motejar: criticar, calificar, censurar, zaherir.	**Aplaudir:** alabar, elogiar, encomiar, felicitar.
Motivación: estimulación, incitación, exaltación, incentivación.	**Desaliento:** desánimo, amilanación, esquivamiento, rehusamiento.
Motivar: originar, causar, ocasionar, suscitar.	**Eludir:** rehusar, obviar, soslayar, esquivar.
Motivo: razón, causa, asunto, fundamento.	**Consecuencia:** deducción, inferencia, resultado.
Movedizo: movible, inestable, inseguro, oscilante.	**Inmóvil:** estable, fijo, permanente, constante.
Mover: desplazar, trasladar, cambiar, inducir.	**Fijar:** colocar, consolidar, sujetar, estabilizar.
Movido: activo, dinámico, borroso, confuso.	**Tranquilo:** sosegado, pacífico, nítido, claro.
Movilizar: llamar, levantar, armar, militarizar.	**Licenciar:** despedir, despachar, autorizar, consentir.
Movimiento: actividad, animación, circulación, movilidad.	**Interrupción:** detención, impedimento, entorpecimiento, frenada.
Mozalbete: muchachuelo, mozuelo, chicuelo, lolillo.	**Príncipe:** infante, alteza, soberano, señorito.
Mozo: muchacho, adolescente, joven, zagal.	**Anciano:** mayor, viejo, abuelo, caduco.
Muchedumbre: gentío, multitud, infinidad, abundancia.	**Escasez:** insuficiencia, falta, exigüidad, inopia.
Mucho: bastante, suficiente, numeroso, abundante.	**Poco:** escaso, limitado, corto, falto.
Mudable: alterable, voluble, variable, inconstante, tornadizo.	**Inalterable:** invariable, constante, firme.
Mudanza: cambio, traslado, mutación, variación.	**Inalterabilidad:** estabilidad, fijeza, permanencia, imperturbabilidad.
Mudar: alterar, cambiar, variar, transformar.	**Fijar:** sujetar, clavar, consolidar, determinar.
Mudo: callado, silencioso, taciturno, reservado.	**Hablador:** charlatán, locuaz, parlanchín.
Mueca: gesto, mohín, visaje, contorsión.	**Naturalidad:** sencillez, llaneza, simplicidad, expresión.

SINÓNIMOS	ANTÓNIMOS
Muelle: suave, blando, delicado, flexible.	**Tosco:** áspero, vulgar, brusco, inculto.
Muérgano: mamarracho, inútil, f- persona de mal aspecto.	**Galano:** gallardo, distinguido, airoso, esbelto.
Muerte: fallecimiento, defunción, ruina, destrucción.	**Nacimiento:** vida, origen, surgimiento, afloración.
Muerto: difunto, finado, desolado, desértico.	**Vivo:** viviente, bullicioso, animado, vital.
Muestra: prueba, señal, indicio, modelo.	**Copia:** remedo, imitación, plagio, facsímil.
Muestrario: selección, colocación, catálogo, repertorio.	**Envoltorio:** paquete, fardo, baúl, maleta.
Mugir: rugir, tronar, bramar, resonar.	**Callar:** silenciar, sigilar, enmudecer, reservar.
Mugriento: sucio, pringoso, cochambroso, gracioso.	**Limpio:** pulcro, aseado, atildado, lavado.
Mujeriego: enamorado, mocero, faldero, damero.	**Sobrio:** moderado, ponderado, mesurado, cauteloso.
Multa: pena, castigo, sanción, deterioro.	**Premio:** galardón, medalla, distinción, estímulo.
Multar: sancionar, castigar, penar, inhabilitar.	**Perdonar:** condonar, premiar, recompensar, absolver.
Multimillonario: acaudalado, rico, capitalista, adinerado.	**Pobre:** necesitado, mísero, indigente, menesteroso.
Multiplicar: reproducir, acrecentar, procrear, amplificar.	**Dividir:** separar, fraccionar, repartir, distribuir, compartir.
Multitud: infinidad, muchedumbre, gentío, afluencia.	**Escasez:** estrechez, inopia, carencia, indigencia.
Mullido: blando, acolchado, esponjoso, fofo.	**Duro:** compacto, denso, consistente, pétreo.
Mullir: ahuecar, esponjar, ablandar, acoginar.	**Endurecer:** fortalecer, robustecer, insensibilizar, empedernir.
Mundano: terrenal, profano, frívolo, mundanal.	**Espiritual:** anímico, síquico, intangible, imperceptible.
Mundial: universal, global, internacional, orbal.	**Nacional:** particular, patrio, territorial, estatal.
Mundología: tacto, tino, cortesía, vivencia.	**Rusticidad:** tosquedad, rudez, torpeza, vacuidad, incultura.
Munición: armamento, pertrechos, bastimento, provisión.	**Efecto:** resultado, consecuencia, secuela, derivación.
Municipio: comuna, ayuntamiento, cabildo, consistorio.	**Aldea:** villorrio, caserío, poblado, villa.
Munificencia: generosidad, liberalidad, esplendidez, excelsitud.	**Avaricia:** codicia, mezquindad, tacañería, cicatería.
Murga: lata, incordio, pesadez.	**Amenidad:** tranquilidad, diversión.
Murmullo: rumor, susurro, bisbiseo, murmurio.	**Encomio:** alabanza, loa, aplauso, palmoteo.
Murmuración: censura, crítica, mascullamiento, desacreditamiento.	**Ensalzamiento:** realce, ponderación, celebración, exaltación.
Murmurar: susurrar, musitar, mascullar, criticar, refunfuñar.	**Aplaudir:** palmotear, enaltecer, alabar, ensalzar.

Murria: tristeza, melancolía, abatimiento.
Musculoso: fornido, vigoroso, fuerte, atlético.
Museo: exposición, exhibición, presentación, galería.
Música: armonía, melodía, concierto, concordancia.
Musicólogo: musicómano, melómano, armoniómano, melodiómano.
Mustio: lacio, marchito, mohíno, triste.
Mutación: cambio, variación, alteración, modificación.
Mutar: cambiar, mudar, variar, transformar.
Mutilar: cercenar, cortar, truncar, amputar.

Mutis: desaparición, retirada, salida.
Mutismo: silencio, mudez, sigilo, mudización.
Mutualidad: corporación, unión, solidaridad, previsionalidad.

Alegría: ilusión, gozo.
Débil: enclenque, endeble, delicado, blandengue.
Teatro: coliseo, escenario, pantalla, telón.

Cacofonía: discordancia, desarmonía, incoherencia, desafinamiento.
Melófobo: armoniófobo, melodiófobo, conciertófobo, concordiáfobo.
Lozano: airoso, gallardo, jovial, galano.
Permanencia: estabilidad, firmeza, duración, persistencia.
Permanecer: continuar, seguir, mantener, preservar, salvaguardar.
Conservar: cuidar, mantener, preservar, salvaguardar.
Entrada: aparición.
Conservación: charla, parlación, diálogo, plática.
Bifurcación: separación, disociación, desmembramiento, disgregación.

N

Nacer: germinar, brotar, surgir, provenir, emerger.	**Perecer:** fenecer, extinguirse, terminar, concluir.
Naciente: nuevo, inicial, levante, oriente.	**Poniente:** occidente, oeste, ocaso, decadencia.
Nacimiento: origen, principio, fuente, natividad.	**Consecuencia:** deducción, corolario, resultado, inferencia.
Nación: país, estado, pueblo, potencia.	**Región:** provincia, distrito, zona, departamento.
Nacionalismo: preferencia, inclinación, nativismo, autoctonismo.	**Extranjerismo:** foranismo, forasterismo, exoterismo, chauvinismo.
Nada: sombricio, inmateria, inexistencia.	**Todo:** entero, completo, cabal, conjunto.
Nadar: bañarse, flotar, zambullirse, bucear.	**Sumergirse:** hundirse, zozobrar, sumirse, naufragar.
Nadería: cericia, nimiedad, fluidicia, esfumicio, extinguicio.	**Categoría:** rango, graduación, jerarquía, posición.
Nadizar: nadificar, vanificar, vacuizar, nulizar.	**Abundar:** existir, pulular, aumentar, acrecentar, acrecer.
Narcisismo: egolatría, presunción, egocentrismo, jactancia.	**Sencillez:** humildad, naturalidad, modestia, docilidad.
Narcótico: estupefaciente, dormitivo, alcaloide, soporífero.	**Excitante:** estimulante, incitante, exhortante, irritante.
Narcotizar: adormecer, anestesiar, aletargar, insensibilizar.	**Espabilar:** excitar, estimular, animar, despabilar.
Narración: relato, relación, exposición, narrativa.	**Callamiento:** silencio, encubrimiento, mudez, mudización.
Narrar: relatar, referir, contar, describir.	**Callar:** enmudecer, silenciar, omitir, esconder.
Natalicio: aniversario, cumpleaños, nacimiento, conmemoración.	**Óbito:** muerte, defunción, fallecimiento, sucumbimiento.
Nativo: autóctono, oriundo, nato, originario.	**Foráneo:** extranjero, forastero, extraño, inmigrante.
Nato: nacido, puro, original, intacto.	**Muerto:** difunto, inerte, inmóvil, occiso.
Natural: nativo, original, legítimo, oriundo.	**Artificial:** falso, ficticio, aparente, ilusorio.
Naturaleza: esencia, substancia, especie, natura.	**Razón:** causa, motivo, móvil, lógica.
Naturalidad: sencillez, franqueza, espontaneidad, llaneza.	**Afectación:** doblez, amaneramiento, disimulo, hipocresía.
Naturalizar: nacionalizar, habituar, aclimatar, introducir.	**Extranjerizar:** foranizar, desnaturalizar, desalentar.
Naufragar: zozobrar, hundirse, sumergirse, fracasar.	**Flotar:** nadar, emerger, ondular, llamear.

SINÓNIMOS	ANTÓNIMOS
Náusea: arcada, vómito, asco, disgusto.	**Apetito:** hambre, apetencia, deseo, bulimia.
Nauseabundo: inmundo, asqueroso, repugnante, repulsivo.	**Atractivo:** captante, granjeante, aliciente, cautivante.
Navegación: náutica, singlación, bogación, fluvialización.	**Fondeo:** recalación, anclaje, atraque, detención.
Navegar: singlar, bojear, timonear, gobernar.	**Recalar:** atracar, fondear, anclar, encorar.
Nebuloso: nublado, brumoso, sombrío, encapotado, confuso.	**Despejado:** claro, abierto, avisado, expedito.
Necedad: estupidez, sandez, bobada, desatino.	**Sensatez:** acierto, discreción, cordura, razonabilidad.
Necesario: forzoso, indispensable, ineludible, imprescindible.	**Superfluo:** innecesario, inútil, sobrado, sobrante.
Necesidad: penuria, azar, indigencia, miseria.	**Holgura:** desahogo, alivio, acomodo, esparcimiento.
Necesitado: pobre, menesteroso, indigente, mísero.	**Rico:** acaudalado, pudiente, adinerado, millonario.
Necesitar: requerir, precisar, demandar, apremiar.	**Sobrar:** exceder, rebosar, quedar, holgar.
Necio: inepto, torpe, incapaz, zafio.	**Listo:** despierto, prudente, presto, veloz.
Necrópolis: cementerio, camposanto, mausoleo, panteón.	**Floresta:** arboleda, bosque, selva, follaje.
Néctar: jugo, elixir, licor, refresco.	**Sed:** necesidad, anhelo, deseo, dipsomanía.
Nefando: infame, abominable, ignominioso, deleznable.	**Elogiable:** honorable, apreciable, estimable, amable.
Nefario: malvado, impío, inhumano, salvaje.	**Benigno:** humano, clemente, benévolo, piadoso.
Nefasto: aciago, funesto, adverso, siniestro.	**Dichoso:** alegre, regocijado, feliz, risueño.
Negación: negativa, desmentido, refutación, ausencia.	**Confirmación:** afirmación, aseveración, abundancia, exceso.
Negado: torpe, inepto, incapaz, inútil.	**Apto:** hábil, capaz, competente, eficaz.
Negar: denegar, rehusar, objetar, rechazar.	**Afirmar:** aseverar, asegurar, confirmar, ratificar.
Negativa: negación, denegación, impedimento, vedamiento.	**Afirmación:** aserción, aseveración, certificación, atestiguamiento.
Negativo: dañino, perjudicial, adverso, nefasto.	**Positivo:** favorable, beneficioso, conveniente, propicio.
Negligencia: dejadez, abandono, pereza, ingavia.	**Diligencia:** actividad, atención, rapidez, prisa.
Negligente: dejado, desidioso, omiso, descuidado.	**Atento:** diligente, activo, cuidadoso, solícito.
Negociación: tratativa, convenio, acuerdo, equiparidad.	**Desacuerdo:** desavenencia, disconformidad, disentimiento, discrepancia.
Negociar: tratar, manejar, ventilar, comerciar.	**Acertar:** atinar, encontrar, resolver, solucionar.
Negocio: comercio, negociación, tráfico.	**Estudio:** examen, observación, análisis, lucubración.
Negro: oscuro, moreno, adverso, sombrío.	**Blanco:** claro, albo, níveo, prometedor.

Negrura: oscuridad, tinieblas, opacidad, noche.	**Blancura:** claridad, albor, diafanidad, día.
Neófito: bisoño, novato, novicio, novel.	**Avezado:** diestro, experto, ducho, baqueano.
Nepotismo: favoritismo, predilección, amiguismo, preferencia.	**Equidad:** ecuanimidad, objetividad, imparcialidad, neutralidad.
Nequicia: maldad, perversidad, corrupción, depravación.	**Virtud:** probidad, bondad, integridad, verecundia.
Nervio: tendón, aponeurosis, energía, vigor.	**Apatía:** displicencia, negligencia, flema, desidia.
Nerviosismo: desasosiego, inquietud, ansiedad, excitación.	**Tranquilidad:** sosiego, relajación, serenidad, calma, placidez.
Nervioso: sensible, excitable, perturbado, neurasténico.	**Tranquilo:** apacible, reposado, calmado, reflexivo.
Nesciencia: ignorancia, necedad, bobería, aberración.	**Sapiencia:** saber, sabiduría, conocimiento, ilustración.
Neto: claro, limpio, inmaculado, diáfano.	**Sucio:** empañado, obscurecido, tiznado, maculado.
Neurálgico: preocupante, inquietante, impactante, neurodoliente.	**Tranquilizante:** sedante, calmante, aquietante, paliativo.
Neurasténico: neurótico, neurópata, maniático, maníaco.	**Tranquilo:** sereno, sosegado, calmoso, cuerdo.
Neurótico: neurasténico, neurópata, histérico, hipocondríaco.	**Fortalecido:** reconfortado, animado, controlado, vivificado.
Neutralizar: contrarrestar, oponer, anular, detener.	**Eludir:** rehusar, esquivar, soslayar, sortear.
Neutro: neutral, imparcial, justo, equitativo.	**Parcial:** arbitrario, injusto, secuaz, fraccionario.
Nexo: vínculo, enlace, nudo, lazo.	**Separación:** aislamiento, alejamiento, reclusión, apartamiento.
Nicho: fosa, supultura, tumba, cripta.	**Fondo:** base, asiento, cimiento, radiel.
Niebla: bruma, calima, neblina.	**Claridad:** luz, luminosidad.
Nielar: componer, engalanar, aderezar, adornar.	**Deslucir:** descomponer, deteriorar, desaliñar, estropear.
Nihilismo: negación, incredulidad, ateísmo, irreverencia.	**Creencia:** convicción, confianza, piedad, religiosidad.
Nihilista: incrédulo, impío, ateo, desconfiado.	**Creyente:** crédulo, pío, devoto, confiante.
Nimiedad: poquedad, cortedad, pequeñez, banalidad.	**Importante:** valioso, esencial, conveniente, cardenal.
Nimio: banal, ocioso, mezquino, significante.	**Importante:** valioso, esencial, conveniente, cardenal.
Ninfa: sílfide, sirena, ondina, duende.	**Bailarina:** danzarina, bayadera, danzante, artista.
Ninfómana: lúbrica, lasciva, lujuriosa, sensualista.	**Casta:** correcta, púdica, pudorosa, continente.
Ninfomanía: exacerbación, sensualidad, f- sexualidad femenina.	**Ponderación:** normalidad, parsimonia, parquedad, frugalidad.
Niño: crío, bebé, nene, pibe.	**Viejo:** veterano, anciano, antiguo, derruido.

Nitidez: pureza, limpidez, claridad, transparencia.
Nítido: claro, limpio, brillante, impoluto.

Nivelar: emparejar, allanar, aplanar, equiparar.
Níveo: blanco, albo.
Noble: ilustre, preclaro, hidalgo, distinguido.
Nobleza: hidalguía, distinción, elevación, aristocracia.
Noción: idea, comienzo, rudimento, sentido.
Nocivo: dañino, pernicioso, perjudicial, tóxico.
Noctámbulo: trasnochador, noctívago, sonámbulo, pernoctívago.
Noche: sombra, tinieblas, obscuridad, vigilia.
Nómada: errante, ambulante, gitano, vagabundo.
Nombradía: fama, popularidad, prestigio, renombre.
Nombrar: designar, elegir, escoger, seleccionar.
Nombre: distintivo, apelativo, título, reputación.
Nómina: lista, registro, control, asiento.

Nominar: nombrar, designar, numerar, llamar, titular.
Nonada: nadería, bagatela, frivolidad, exigüidad.
Norma: pauta, guía, regla, principio.

Normal: común, habitual, corriente, cotidiano.
Normalidad: tranquilidad, serenidad, naturalidad, llaneza.
Normalizar: regularizar, sistematizar, metodizar, pautar.
Normativa: regla, método, sistema, procedimiento.
Norte: septentrión, dirección, orientación, finalidad.
Nosocomio: hospital, clínica, consultorio, policlínica.
Nostalgia: añoranza, evocación, recordación, reminiscencia.

Nebulosidad: brumosidad, opacidad, obscuridad, tristeza.
Nebuloso: brumoso, opaco, turbio, abstruso.
Desnivelar: desplomar, desigualar, diferenciar, rebajar.
Negro: oscuro, tostado, moreno.
Plebeyo: vulgar, ordinario, rústico, innoble.
Plebeyez: inferioridad, vulgaridad, bajeza, villanía.
Nesciencia: ignorancia, desconocimiento, incultura, aberración.
Beneficioso: provechoso, benéfico, saludable, conveniente.
Diámbulo: albívago, madrugador, luzámbulo, nómada.
Día: claridad, diafanidad, alba aurora.

Sedentario: estable, estacionario, aposentado, permanente.
Desprestigio: impopularidad, deshonra, descrédito, difamación.
Deponer: destituir, exonerar, privar, separar.
Anónimo: desconocido, ignorado, innominado, anodino.
Circunstancia: razón, motivo, móvil, causa.
Desestimar: ignorar, desconocer, rechazar, desechar.
Trascendencia: importancia, efecto, consecuencia, vastedad.
Anarquía: confusión, embrollo, barullo, desorden.
Insólito: anómalo, anormal, irregular, inaudito.
Irregularidad: anormalidad, artificiosidad, rareza, desviación.
Desordenar: trastornar, desconcertar, desbaratar, desorientar.
Desconcierto: trastorno, desbarajuste, confusión, contradicción.
Sur: antártico, austro, horizonte, desorientación.
Campiña: campo, arboleda, parque, recreación.
Alegría: contento, satisfacción, júbilo, alborozo.

Nota: apunte, dato, informe, cuestión. **Tacha:** censura, tilde, crítica, baldón.

Notable: valioso, importante, insigne, prestigioso. **Insignificante:** íntimo, nimio, fútil, exiguo.

Notar: señalar, observar, reparar, advertir. **Inadvertir:** olvidar, descuidar, omitir, distraer.

Noticia: conocimiento, suceso, novedad, anuncio. **Ignorancia:** desconocimiento, nesciencia, incultura, ignariedad.

Notificación: comunicación, participación, anunciamiento, información. **Ocultamiento:** encubrimiento, velamiento, encerramiento, escondite.

Notificar: informar, anunciar, comunicar, participar. **Esconder:** ocultar, encubrir, contener, encerrar.

Notoriedad: fama, nombradía, celebridad, reputación. **Anonimato:** desconocimiento, incógnita, anodinario, poquedad.

Notorio: palmario, manifiesto, palpable, patente. **Desconocido:** ignorado, inadvertido, opacado, invalorado.

Novar: renovar, cambiar, reemplazar, trocar. **Resolver:** solucionar, enfrentar, afrontar, determinar.

Novato: novel, novicio, neófito, aprendiz. **Veterano:** anciano, viejo, antiguo, añejo.

Novedad: noticia, actualidad, creación, innovación. **Tradición:** costumbres, hábito, familiaridad, leyenda.

Novela: ficción, narración, fábula, entretención. **Realidad:** materialidad, objetividad, concreción, existencia.

Novicio: principiante, aprendiz, bisoño, aficionado. **Experto:** perito, fogueado, ducho, decano.

Novísimo: reciente, modernísimo, flamante, singular. **Caduco:** antiguo, añejo, marchito, vetusto.

Novizar: estrenar, primerizar, recientizar, debutar. **Contener:** refrenar, reprimir, dominar, moderar.

Nube: barda, nubarrón, velo, cortina. **Claridad:** despejez, luminosidad, limpidez, llaneza.

Núbil: desposable, matrimoniable, f- mujer apta para casarse. **Inúbil:** inmatrimoniable, inconyugable, f- mujer no apta para desposarse.

Nublado: cubierto, encapotado, oscuro, cargado. **Despejado:** claro, abierto, sereno, raso.

Nublarse: encapotarse, cubrirse, oscurecerse, cerrarse. **Aclararse:** despejarse, desencapotarse, serenarse.

Núcleo: centro, meollo, médula, corazón. **Necedad:** nimiedad, vaciedad, sandez, bobería.

Nudo: medida, unión, lazo, dificultad. **Motivo:** razón, fin, objetivo, circunstancia.

Nuevo: fresco, flamante, actual, reciente. **Viejo:** usado, ajado, deteriorado, caduco.

Nulidad: caducidad, invalidez, inutilidad, incapacidad. **Validez:** vigencia, valía, duración, irrevocabilidad.

Nulo: abolido, derogado, inepto, incapaz. **Legal:** vigente, apto, útil, legítimo.

Numen: inspiración, ingenio, inventiva, intuición. **Impavidez:** impasibilidad, insensibilidad, indiferencia, displicencia.

Numerar: foliar, cifrar, marcar, señalar. **Anular:** revocar, abolir, invalidar, tachar.

Numerario: numeral, efectivo, activo, pecuniario. **Honorario:** honorífico, meritorio, plausible, benemérito.

Número: cifra, cantidad, guarismo, categoría.

Numeroso: abundante, copioso, cuantioso, considerable.

Nuncio: enviado, emisario, ministro, representante.

Nupcias: casamiento, boda, matrimonio, desposamiento.

Nutrición: alimentación, manutención, nutrimiento, sustentación.

Nutrir: alimentar, sustentar, engrosar, mantener, aumentar.

Nutritivo: alimenticio, sustancioso, nutricio, suculento.

Sonsería: tontería, necedad, bobería, majadería.

Escaso: exiguo, reducido, insuficiente, corto.

Conserje: mayordomo, ordenanza, portero, vigilante.

Solterío: celibato, libertad, solitariedad, misoginismo.

Desnutrición: debilitamiento, extenuación, escualidez, pauperismo.

Ayunar: abstenerse, privarse, desnutrirse, desalimentarse.

Insubstancial: debilitante, enflaqueciente, desnutricional, atrofiante.

Ñ

Ñagaza: señuelo, cebo, engaño, emboscada.

Ñangar: desfigurar, deformar, falsear, camuflar.

Ñato: chato, romo, mocho, despuntado.

Ñeque: fuerte, vigoroso, hábil, ocurrente.

Ñoñería: ñoñez, necedad, sandez, simpleza.

Ñoñicio: consentido, mimado, indesarrollado, tonticio.

Ñoño: corto, apocado, remilgado, quejoso.

Verdad: realidad, evidencia, autenticidad, certidumbre.

Conformar: figurar, delinear, asumir, adaptar, concordar.

Aguzado: afilado, puntiagudo, avivado, estimulado.

Débil: enteco, decaído, achacoso, famélico.

Decisión: firmeza, determinación, ánimo, resolución.

Despierto: avivado, ocurrente, discurrente, iniciático.

Decidido: valiente, resuelto, impulsivo, impávido.

O

Oasis: vegetación, manantial, alivio, consuelo.
Obcecación: ofuscamiento, ceguera, obstinación, porfía.
Obcecado: obstinado, empecinado, terco, testarudo.
Obcecarse: obstinarse, enceguecerse, emperrarsse, ofuscarse.
Obedecer: acatar, cumplir, respetar, someterse.
Obediencia: sumisión, disciplina, docilidad, acatamiento.
Obediente: disciplinado, dócil, cumplidor, servicial.
Obertura: preludio, introducción, sinfonía, armonía.
Obesidad: adiposidad, gordura, corpulencia, abultamiento.
Obeso: gordo, voluminoso, grueso, corpulento.
Óbice: impedimento, embarazo, estorbo, inconveniente.
Óbito: fallecimiento, defunción, fenecimiento, deceso.
Objeción: observación, impugnación, réplica, oposición.
Objetar: oponer, refutar, replicar, cuestionar.
Objetividad: imparcialidad, equidad, ecuanimidad, neutralidad.
Objetivo: meta, fondo, motivo, propósito.

Objeto: materia, cosa, asunto, finalidad.
Oblación: ofrenda, dádiva, obsequio, sacrificio.
Oblicuo: inclinado, sesgado, soslayado, diagonal.
Obligación: imposición, exigencia, deber, necesidad.
Obligar: exigir, compeler, imponer, impulsar.
Obligatorio: necesario, indispensable, forzoso, ineludible.

Desierto: yermo, despoblado, estepa, abandono.
Claridad: diafanidad, luminosidad, transparencia, limpidez.
Condescendiente: transigente, complaciente, permisivo, tolerante.
Liberarse: vedar, entregar, abandonar, olvidar.
Contravenir: desobedecer, desacatar, rebelarse, vulnerar.
Rebeldía: alzamiento, sublevación, sedición, levantamiento.
Negligente: informal, indolente, frívolo, rebelde, díscolo.
Conclusión: final, término, epílogo, resultado.
Delgadez: flaqueza, escualidez, demacración, enflaquecimiento.
Flaco: escuálido, famélico, delgado, enjuto.

Facilidad: expedición, desenvoltura, presteza, diligencia.
Nacimiento: principio, comienzo, origen, fuente.
Aprobación: consentimiento, afirmación, evidencia, confirmación.
Confirmar: afirmar, aprobar, aseverar, acreditar.
Subjetividad: parcialidad, favoritismo, predilección, nepotismo.
Imaginario: supuesto, irreal, falso, fantástico.
Idea: imagen, concepto, noción, diseño.
Rechazo: repudio, impugnación, desestimación, repulsión.
Derecho: directo, recto, paralelo, erguido.

Facultad: derecho, atribución, potestad, poder.
Permitir: consentir, autorizar, facultar, acceder.
Voluntario: libre, emancipado, independiente, autónomo.

SINÓNIMOS	ANTÓNIMOS
Obliterar: obturar, obstruir, cerrar, clausurar.	**Abrir:** hendir, destapar, separar, desligar.
Obra: faena, labor, producto, composición.	**Forma:** diseño, estructura, conformación, tamaño.
Obrar: hacer, plasmar, operar, realizar, funcionar.	**Paralizar:** detener, inmovilizar, suspender, impedir.
Obrero: trabajador, jornalero, asalariado, operario.	**Empresario:** patrón, dueño, señor, principal.
Obsceno: licencioso, lúbrico, lascivo, lujurioso.	**Púdico:** pudoroso, decente, honesto, correcto.
Obscurecer: encapotarse, ensombrecerse, deslucir, deslustrar.	**Abrillantar:** resplandecer, pulimentar, aclarar, amanecer.
Obsecuente: sumiso, dúctil, obediente, manejable.	**Renuente:** rebelde, reacio, desobediente, insumiso.
Obsequiar: regalar, ofrecer, gratificar, agasajar.	**Desdeñar:** despreciar, rechazar, desestimar, rehusar.
Obsequio: regalo, agasajo, presente, deferencia.	**Descortesía:** desconsideración, desatención, desabrimiento, desprecio.
Observación: atención, advertencia, examen, reflexión.	**Desatención:** descortesía, desaire, despreocupación, negligencia.
Observador: espectador, curioso, atento, mirón.	**Distraído:** abstraído, despistado, descuidado, discreto.
Observancia: cumplimiento, observación, acatamiento, respeto.	**Desacato:** desprecio, invaloración, desobediencia, irrespeto.
Observar: escudriñar, vigilar, respetar, advertir.	**Distraerse:** desatender, desadvertir, desoír, abandonar.
Obsesión: manía, sicosis, prejuicio, preocupación.	**Ecuanimidad:** mesura, equidad, juicio, razón.
Obseso: maniaco, neurótico, obcecado, poseso.	**Indiferente:** despreocupado, apático, desinteresado, frío.
Obsolescente: caducante, envejeciente, desusante, inhabituante.	**Hodierniente:** actualizante, novizante, modernizante, flamantizante.
Obsoleto: anticuado, caduco, antiguo, f- caído en desuso.	**Moderno:** actual, nuevo, flamante, reciente.
Obstaculizar: estorbar, dificultar, obstruir, impedir.	**Facilitar:** favorecer, posibilitar, simplificar, permitir.
Obstáculo: dificultad, impedimento, óbice, tropiezo.	**Facilidad:** posibilidad, expedición, disposición, complacencia.
Obstar: obviar, impedir, estorbar, contrariar.	**Facilitar:** posibilitar, simplificar, allanar, proveer.
Obstinación: porfía, testarudez, pertinacia, intransigencia.	**Docilidad:** disciplina, subordinación, sumisión, obediencia.
Obstinarse: obcecarse, empecinarse, empeñarse, obsesionarse.	**Transigir:** condescender, ceder, tolerar, permitir.
Obstrucción: oclusión, cierre, impedimento, dificultad.	**Abrimiento:** perforación, destapamiento, taladramiento, horadación.
Obstruir: cerrar, tapar, obturar, atascar.	**Abrir:** destapar, perforar, horadar, trepanar.
Obtención: logro, beneficio, alcance, adquisición.	**Pérdida:** daño, perjuicio, merma, menoscabo.
Obtener: conseguir, alcanzar, lograr, adquirir.	**Perder:** malograr, destruir, deteriorar, desorientarse.

Obturar: obstruir, cerrar, tapar, ocluir.
Obtuso: lerdo, tardo, torpe, necio.
Obvención: emolumento, remuneración, gratificación, estipendio.
Obviar: evitar, prevenir, eludir, precaver.
Obvio: manifiesto, claro, notorio, evidente.
Ocasión: oportunidad, circunspección, motivo, contingencia.
Ocasional: fortuito, accidental, eventual, imprevisto.
Ocasionar: causar, originar, producir, promover.
Ocaso: oeste, poniente, decadencia, crepúsculo.
Occidental: ponéntico, poentisco, poniental, decadencial.
Ocio: vago, haragán, vano, inútil.
Ociosidad: holganza, pereza, holgazanería, poltronería.
Ocioso: inactivo, parado, desocupado, inoperante.
Ocluir: cerrar, obturar, tapar, clausurar.
Ocular: presenciar, observar, mirar, inspeccionar.
Oculto: encubierto, invisible, escondido, disfrazado.
Ocupación: trabajo, empleo, posesión, faena.
Ocupar: morar, asaltar, habitar, invadir.
Ocurrencia: suceso, ocasión, circunstancia, ingenio.
Ocurrente: gracioso, agudo, ingenioso, salado.
Ocurrir: suceder, acontecer, acaecer, sobrevenir.
Odalisca: concubina, turca, f- mujer del harén.
Odiar: abominar, aborrecer, detestar, despreciar.
Odioso: detestable, execrable, repelente, antipático.
Odisea: aventura, riesgo, contingencia, incidencia.
Odorífico: odorante, aromático, perfumado, balsámico.

Hendir: abrir, franquear, separar, destapar.
Astuto: listo, sagaz, despierto, diestro.
Regalo: obsequio, presente, dádiva, donativo.
Entorpecer: estorbar, dificultar, impedir, suscitar.
Obscuro: opaco, sombrío, lóbrego, complicado.
Dilema: alternativa, disyuntiva, opción, conflicto.
Determinado: resuelto, decidido, dispuesto, establecido.
Suceder: ocurrir, acaecer, acontecer, concurrir.
Esplendor: brillo, magnificencia, auge, incremento.
Oriental: naciente, levante, amanecer, aparición.
Trabajo: labor, función, actividad, lucubración.
Diligencia: actividad, operatividad, presteza, esmero.
Activo: operante, eficaz, eficiente, enérgico.
Abrir: destapar, descubrir, taladrar, horadar.
Ausentar: alejar, ahuyentar, anular, invidentar.
Visible: manifiesto, evidente, notorio, perceptible.
Renuncia: dejación, abandono, dimisión, contradicción.
Evacuar: dejar, abandonar, desocupar, retroceder.
Simpleza: necedad, sandez, bobada, desatino.
Soso: patoso, torpe, insulso, desaborido.
Originar: ocasionar, causar, provocar, motivar.
Esposa: cónyuge, consorte, pareja, compañera.
Amar: querer, estimar, apasionar, adorar.
Simpático: amable, agradable, atractivo, gentil.
Normalidad: regularidad, habitualidad, seguridad, tranquilidad.
Pestilente: maloliente, hediondo, pestífero, nauseabundo.

Ofender: insultar, ultrajar, herir, dañar. — **Alabar:** elogiar, encomiar, adular, exaltar.
Ofensa: insulto, agravio, ultraje, injuria. — **Alabanza:** elogio, aplauso, loor, enaltecimiento.
Ofensiva: ataque, invasión. — **Retirada:** huida, abandono, desalojo.
Ofensivo: injurioso, afrentoso, insultante, atacante. — **Lisonjero:** adulador, halagador, zalamero, laudatorio.
Oferente: proponente, brindante, f- persona que ofrece. — **Resolvente:** solucionante, decididor, f- persona que resuelve.
Oferta: promesa, ofrecimiento, propuesta, proposición. — **Resolución:** dilema, problema, disyuntiva, providencia.
Oficial: legal, pú36blico, solemne, secretario. — **Servicial:** oficioso, extraoficial, solícito, conciliador, mediador.
Oficializar: validar, aprobar, sancionar, autorizar. — **Invalidar:** anular, desautorizar, incapacitar, inhabilitar.
Oficiar: celebrar, solemnizar, comunicar, participar. — **Denigrar:** infamar, murmurar, calumniar, desacreditar.
Oficina: escritorio, despacho, agencia, bufete. — **Trabajo:** labor, faena, función, actividad.
Oficio: ocupación, trabajo, labor, empleo. — **Júbilo:** animación, entusiasmo, contento, alborozo.
Oficioso: solícito, servicial, diligente, laborioso. — **Indiferente:** apático, displicente, discreto, flemático.
Ofrecer: brindar, ofrendar, prometer, proponer. — **Resolver:** determinar, decidir, solucionar, enfrentar.
Ofuscación: obcecación, obsesión, deslumbramiento, alucinación. — **Lucidez:** razonamiento, clarividencia, sensatez, discernimiento.
Ofuscar: perturbar, confundir, alucinar, trastornar. — **Esclarecer:** iluminar, dilucidar, aclarar, explicar.
Oír: escuchar, atender, sentir, percibir. — **Desatender:** desoír, denegar, omitir, incomunicar.
Ojear: mirar, examinar, trasojar, revisar. — **Inhibirse:** retraerse, abstenerse, apartarse, prohibirse.
Ojeriza: inquina, antipatía, aversión, malquerencia. — **Simpatía:** afinidad, inclinación, propensión, atracción.
Ojeroso: pálido, agotado, macilento, cansado. — **Animado:** fresco, descansado, reposado, sosegado.
Oleaginoso: oleoso, aceitoso, grasiento, untoso. — **Seco:** exprimido, marchito, enjuto, chupado.
Oler: olfatear, husmear, sospechar, inquirir. — **Distraer:** desviar, separar, apartar, retirar.
Oligarquía: supremacía, familiarismo, f- gobierno de pocos. — **Oclocracia:** plebemanía, muchedumbre, f- gobierno ejercido por la multitud.
Oligofrenia: incapacidad, mediocridad, deficiencia mental, insuficiencia síquica. — **Inteligencia:** habilidad, capacidad, intelección, razonamiento.
Olímpico: engreído, orgulloso, f- relativo a la olimpíada. — **Humilde:** modesto, sumiso, dócil, sencillo.
Ológrafo: autógrafo, autoescritural, manuscritural, autoquirográfico. — **Dactilógrafo:** mecanógrafo, obségrafo, electrógrafo, mimeógrafo.
Oloroso: aromático, fragante, perfumado, odorífero. — **Inodoro:** maloliente, pestilente, hediondo, fétido.
Olvidadizo: despistado, desanimado, desmemoriado, desagradecido. — **Atento:** agradecido, cuidadoso, meticuloso, diligente.

Olvidar: abandonar, desatender, descubrir, preterir.
Recordar: evocar, rememorar, acordarse, retener.

Olvido: amnesia, negligencia, desmemoria, omisión.
Memoria: retentiva, recuerdo, reminiscencia, evocación.

Ominoso: aciago, execrable, odioso, siniestro.
Fausto: alegre, feliz, afortunado, dichoso.

Omisión: dejadez, descuido, supresión, laguna.
Atención: cuidado, preocupación, vigilancia, urbanidad.

Omiso: remiso, flojo, dejado, descuidado.
Atento: aplicado, cuidadoso, esmerado, cortés.

Omitir: callar, prescindir, suprimir, descuidar.
Atender: escuchar, oír, considerar, advertir.

Omnímodo: autoritario, absoluto, omnipotente, tiránico.
Libertario: rebelde, inconformista, revolucionario, subversivo.

Omnipotente: todopoderoso, absoluto, supremo, soberano.
Inferior: impotente, incapacitado, subalterno, subordinado.

Omnisciencia: sabiduría, sapiencia, f- conocimiento de todas las cosas.
Nesciencia: ignorancia, desconocimiento, insapiencia, analfabetismo.

Omnisciente: omniscio, sabio, erudito, Dios.
Ignorante: ignaro, inculto, indocto, nesciente.

Onda: oscilación, ondulación, sinuosidad, curvatura.
Inmovilidad: inactividad, pasividad, invariabilidad, tranquilidad.

Ondear: flamear, ondular, fluctuar, serpentear.
Inmovilizar: detener, parar, atajar, estancar.

Ondulado: irregular, tortuoso, sinuoso, rizado.
Recto: regular, tieso, derecho, liso.

Oneroso: gravoso, pesado, molesto, dispendioso.
Barato: módico, económico, rebajado, conveniente.

Opaco: sombrío, obscuro, turbio, velado.
Transparente: claro, limpio, cristalino, diáfano.

Opción: elección, selección, posibilidad, alternativa.
Coacción: imposición, exigencia, violencia, apremio.

Opcional: voluntario, facultativo, libre, optativo.
Forzoso: obligatorio, ineludible, exigido, preceptivo.

Operación: maniobra, movimiento, evolución, ejecución.
Inactividad: inacción, sosiego, tregua, descanso.

Operar: realizar, ejecutar, maniobrar, negociar.
Escoliar: comentar, explicar, acotar, anotar.

Operativo: obrante, ejecutante, activo, actuante.
Inoperante: sosegado, inactivo, abstenido, cómodo.

Opimo: rico, fértil, abundante, copioso.
Escaso: estéril, desdeñable.

Opinar: juzgar, calificar, discurrir, apreciar.
Concordar: convenir, converger, concertar, permitir.

Opinión: juicio, concepto, parecer, criterio.
Necedad: bobería, estolidez, desatino, inepcia.

Opíparo: abundante, copioso, espléndido, suculento.
Escaso: poco, exiguo, limitado, insuficiente.

Oponente: competidor, contrincante, adversario, rival.
Aliado: amigo, partidario, socio, coligado.

Oponer: enfrentar, impugnar, contradecir, objetar.
Aceptar: consentir, reconocer, facilitar, admitir.

Oportunidad: ocasión, coyuntura, conveniencia, casualidad.
Inoportunidad: inconveniencia, contrariedad, disconformidad, despropósito.

Oportunista: aprovechado, ventajista, interesado, codicioso.
Altruista: generoso, desprendido, desinteresado, dadivoso.

Oportuno: adecuado, conveniente, pertinente, favorable.
Inadecuado: impropio, extemporáneo, incongruente, inoportuno.

Oposición: contraste, desacuerdo, antítesis, impugnación.
Conformidad: acuerdo, consentimiento, resignación, anuencia

Opositor: oponente, antagonista, rival, enemigo.
Partidario: aliado, seguidor, simpatizante, adepto.

Opresión: dominación, avasallamiento, subyugación, aherrojamiento.
Libertad: emancipación, independencia, autonomía, liberación.

Opresivo: tiránico, intolerante, sofocante, agobiante.
Liberador: tolerante, comprensivo, relajante, tranquilizante.

Oprimir: apretar, tiranizar, comprimir, agobiar, esclavizar.
Libertar: soltar, liberar, redimir, emancipar.

Oprobio: afrenta, vergüenza, agravio, ignominia.
Honor: honra, fama, virtud, honestidad.

Optar: escoger, elegir, preferir, adoptar.
Desechar: rechazar, excluir, apartar, renunciar.

Optativo: electivo, opcional, selectivo, admitivo.
Renunciativo: desistente, abandonante, dimitivo, dejante.

Optimar: optimizar, refinar, meliorar, perfeccionar.
Empeorar: agravar, malignar, periclinar, estropear.

Optimismo: confianza, tranquilidad, seguridad, esperanza.
Pesimismo: derrotismo, frustración, desfallecimiento, fiasco.

Optimista: ilusionado, alegre, feliz, animado.
Pesimista: desilusionado, agorero, desmoralizado, triste.

Óptimo: abundante, cuantioso, copioso, rico.
Indigente: pobre, desvalido, necesitado, cuitado.

Opuesto: contrario, adverso, antagónico, divergente.
Favorable: propicio, oportuno, auspicioso, promisorio.

Opugnar: rebatir, contradecir, dificultar, oponer.
Conformar: ajustar, adaptar, complacer, concordar.

Opulencia: abundancia, exuberancia, copiosidad, fortuna.
Indigencia: pobreza, miseria, inopia, estrechez.

Opulento: pudiente, adinerado, abundante, ubérrimo.
Indigente: pobre, desvalido, escaso, exiguo.

Opúsculo: ensayo, intento, prueba, experiencia.
Libelo: panfleto, pasquín, burla, epigrama.

Oquedad: vacío, cavidad, hueco, ventana.
Prominencia: saliente, relieve, elevación, protuberancia.

Oración: rezo, plegaria, jaculatoria, invocación.
Disquisición: examen, discusión, investigación, análisis.

Oráculo: vaticinio, augurio, profecía, predicción.
Evidencia: certeza, certidumbre, convicción, demostración.

Oral: verbal, bucal, diccional, expresional.
Escrito: manuscrito, textual, redactado, concebido.

Orar: rezar, rogar, pedir, implorar.
Blasfemar: maldecir, renegar, jurar, imprecar.

Orate: loco, demente, trastornado, ido.
Cuerdo: juicioso, sensato, reflexivo, prudente.

Oratoria: retórica, elocuencia, dialéctica, facundia.
Orbe: mundo, universo, esfera, globo.

Órbita: curva, trayectoria, espacio, ámbito.
Orden: disposición, colocación, método, comunidad.
Ordenanza: régimen, reglamento, estatuto, disposición.
Ordenar: disponer, establecer, preceptuar, organizar.
Ordinariez: grosería, zafiedad, descortesía, bastedad.
Ordinario: común, corriente, frecuente, chabacano.
Orfandad: abandono, desamparo, descuido, desvalidez.
Organismo: cuerpo, integridad, corporación, entidad.
Organizar: establecer, constituir, coordinar, instituir, fundar.
Órgano: medio, instrumento, conducto, relación.
Orgía: banquete, festín, bacanal, desenfreno.
Orgullo: altanería, engreimiento, jactancia, arrogancia.
Orgulloso: soberbio, vanidoso, engreído, ufano.
Orientar: guiar, dirigir, encaminar, asesorar.
Oriente: este, levante, naciente.
Orificio: abertura, agujero, hendidura, rendija.
Origen: comienzo, principio, nacimiento, estirpe.
Original: singular, único, peculiar, modelo.
Originalidad: novedad, propiedad, singularidad, esnobismo.
Originar: ocasionar, causar, motivar, plasmar.
Originario: natural, oriundo, nativo, aborigen.
Orillar: concluir, terminar, solventar, resolver.
Orlar: adornar, ornar, ataviar, ornamentar.
Ornamento: adorno, atavío, ornato, aderezo.
Orografía: explicación, especificación, f-descripción de las montañas.

Premiosidad: dificultad, encogimiento, mudicia, analocución.
Partícula: corpúsculo, pedazo, trozo, fracción.
Nadería: friolera, bagatela, ápice, pizca.
Confusión: caos, desconcierto, trastorno, desorden.
Cumplimiento: ejecución, realización, acatamiento, obsecuencia.
Revocar: anular, abrogar, abolir, extinguir.

Elegancia: delicadeza, fineza, cortesía, educación.
Selecto: fino, delicado, primoroso, puro.

Amparo: asistencia, auxilio, favor, protección.
Singularidad: rareza, propiedad, extrañeza.
Disolver: deshacer, anular, abolir, desordenar.
Ajuste: acomodo, composición, arreglo, concierto.
Continencia: moderación, templanza, abstinencia.
Humildad: modestia, docilidad, sumisión, timidez.
Modesto: sencillo, natural, insatisfecho, descontento.
Desviar: desorientar, alejar, apartar, desencaminar.
Poniente: occidente, ocaso.
Cerramiento: taponadura, cierre, valla, hermetismo.
Término: fin, final, objetivo, meta.

Copia: calco, reproducción, trasunto, imitación.
Falsedad: engaño, falacia, doblez, mixtificación.
Terminar: finalizar, expirar, ultimar, concluir.
Advenedizo: extranjero, forastero, foráneo, exótico.
Enredar: embrollar, confundir, enmarañar, intrigar.
Afear: deformar, deslucir, ajar, marchitar.
Sencillez: simplicidad, llaneza, franqueza, afabilidad.
Ocultación: encubrimiento, silenciamiento, desconocimiento, subrepticiamiento.

Orondo: esponjado, hinchado, ufano, presumido.
Oropel: baratija, quincalla, ficción, apariencia.
Ortodoxo: dogmático, imperativo, tajante, creyente.
Ortogenia: ordenamiento, metodización, f- regularidad, de los nacimientos.
Ortografía: corrección, adecuación, precepto, hermosura.
Ortología: fonética, fonología, prosodia, fonometría.
Osadía: arrojo, intrepidez, audacia, resolución.
Osado: atrevido, audaz, intrépido, descarado.
Osar: atreverse, arriesgarse, emprender, iniciar.
Oscilación: balanceo, vibración, fluctuación, temblor.
Oscurecer: anochecer, ensombrecer, cubrirse, confundir.
Oscuridad: tinieblas, noche, negrura, ignorancia.
Oscuro: apagado, sombrío, difícil, misterioso.
Ostensible: visible, notable, viable, patente.
Ostentación: jactancia, afectación, vanidad, alarde.
Ostentar: lucir, exhibir, alardear, expresar.
Ostentoso: espectacular, factuoso, jactancioso, presumido.
Ostracismo: destierro, exilio, relegación, proscripción.
Otear: espiar, avizorar, escudriñar, vigilar.
Otorgar: conceder, disponer, autorizar, permitir.
Otro: diferente, distinto.
Otrosí: además, también, asimismo, igualmente.
Ovación: aplauso, aclamación, alabanza, homenaje.
Oxidar: enroñar, enmohecer, corroer, carcomer.

Modesto: humilde, decoroso, templado, pudibundo.
Alhaja: joya, presa, joyel, hermosura.
Heterodoxo: hereje, irreligioso, disidente, apóstata.
Anarcogenia: desorden, desorganización, f- procreación incontrolada.
Cacografía: desacierto, confusión, imperfección, incorrección.
Cacología: cacosonía, cacofonía, malofonía, cacodicción.
Cobardía: miedo, timidez, temor, julepe.
Tímido: cobarde, apocado, cohibido, retraído.
Titubear: vacilar, dudar, hesitar, desconfiar.
Estabilidad: equilibrio, firmeza, permanencia, consistencia.
Alborear: clarear, clarificar, serenar, desenredar.
Luminosidad: claridad, diafanidad, sabiduría, certeza.
Luminoso: radiante, fácil, sencillo, evidente.
Intangible: invisible, incorpóreo, inmaterial, impalpable.
Modestia: humildad, sencillez, decencia, honestidad.
Ocultar: esconder, encubrir, encerrar, enfrascar.
Sobrio: discreto, sencillo, humilde, austero, moderado.
Acogimiento: admisión, recibimiento, aceptación, protección.
Descubrir: encontrar, hallar, inventar, destapar.
Negar: denegar, rehusar, refutar, objetar.
Semejante: igual, parecido, tal.
Superfluo: innecesario, sobrante, inútil, redundancia.
Reprobación: abucheo, silbatina, pifia, rechifla.
Permeabilizar: impregnar, revestir, guarecer, defender.

P

Pabellón: bandera, enseña, estandarte, edificio.

Pábulo: alimento, comida, sustento, tema.

Pacato: tímido, apocado, manso, tranquilo.

Paciencia: aguante, cresignación, conformidad, tolerancia.

Paciente: enfermo, doliente, resignado, conformado.

Pacificación: apaciguamiento, paz, calma, sosiego.

Pacificar: apaciguar, aquietar, tranquilizar, mitigar.

Pacífico: tranquilo, quieto, reposado, pasivo.

Pactar: convenir, estipular, concordar, concertar, tratar.

Pacto: trato, acuerdo, contrato, convenio.

Pachorra: calma, tranquilidad, tardanza, demora.

Pachucho: alicaído, desmejorado, enfermizo, decaído.

Padecer: soportar, tolerar, sufrir, recibir, aguantar.

Padecimiento: sufrimiento, dolencia, mal, angustia.

Padre: progenitor, ascendiente, principal, capital.

Padrino: protector, valedor, bienhechor, mecenas.

Padrón: modelo, registro, índice, matrícula.

Paganismo: gentilidad, idolatría, herejía, irreligiosidad.

Pagano: idólatra, gentil, infiel, incrédulo.

Pagar: cancelar, remunerar, recompensar, finiquitar.

Página: hoja, carilla, plana, folio.

Campo: naturaleza, prado, erial, terreno.

Necesidad: indigencia, miseria, penuria, escasez.

Audaz: decidido, temerario, intrépido, atrevido.

Impaciencia: inquietud, intranquilidad, enfado, intemperancia.

Impaciente: agitado, inquieto, excitado, nervioso.

Motín: sublevación, beligerancia, levantamiento, insumisión.

Intranquilizar: conmover, alarmar, soliviantar, perturbar.

Inquieto: intranquilo, impaciente, agitado, nervioso.

Disentir: divergir, discordar, discrepar, desarmonizar.

Ruptura: desacuerdo, desavenencia, discrepancia, disconformidad.

Actividad: presteza, movimiento, prontitud, diligencia.

Sano: animado, fuerte, robusto, vigoroso.

Gozar: disfrutar, regocijar, complacer, aprovechar.

Alegría: dicha, felicidad, placer, ventura.

Destructor: demoledor, aniquilante, devastador, derrochante.

Ahijado: protegido, apadrinado, acogido, adoptado.

Remedo: copia, imitación, parodia, caricatura.

Creencia: fe, religiosidad, doctrina, dogma.

Creyente: religioso, devoto, piadoso, místico.

Cobrar: percibir, recaudar, recuperar, embolsar.

Consecuencia: razón, motivo, causa, fundamento.

País: estado, territorio, región, patria.
Paisaje: panorama, vista, campiña, perspectiva.
Paja: fácil, nimio, breve.
Pala: zapa, badilla, astil, raqueta.
Palabra: dicción, término, voz, vocablo.
Palabrería: verborrea, cháchara, labia, locuacidad.
Palaciego: palaciario, cortesano, urbano, educado.
Paladear: gustar, saborear, degustar, catar.

Paladín: defensor, sostenedor, sustentador, campeón.
Paladino: caballero, señor, público, manifiesto.
Paleto: cateto, palurdo, inculto, ignorante.

Paliar: atenuar, aminorar, mitigar, atemperar.
Paliativo: atenuante, sedativo, calmante, suavizante.
Palidez: lividez, amarillez, blancura, demacración.
Pálido: macilento, paliducho, cadavérico, empañado.
Palingenesia: regeneración, renacimiento, reconstitución, restauración.
Palinodia: retractación, recantación, rectificación, modificación.
Palique: verbosidad, charla, comadreo, charlatanería.
Paliza: zurra, tunda, azotaina, vapuleo.
Palma: mano, gloria, triunfo, laurel.

Palmario: notorio, evidente, manifiesto, patente.
Palmotear: aplaudir, vitorear, alabar, halagar.
Palpable: claro, patente, manifiesto, tangible.
Palpar: tocar, tentar, probar, examinar.

Palpitante: emocionante, interesante, penetrante, anhelante.
Palpitar: latir, pulsar, vivir, durar.

Pálpito: presentimiento, corazonada, conjetura, premonición.

Ciudad: urbe, población, pueblo, vecindad.
Boscaje: espesura, selva, arboleda, montaña.
Laborioso: importante, difícil, ingente.
Clase: calidad, especie, condición, género.
Contexto: contenido, fondo, párrafo, trozo.
Discreción: laconismo, concisión, sequedad, brevedad.
Grosero: rústico, rudo, patán, palurdo.

Repugnar: repeler, rehusar, rechazar, despreciar.
Malandrín: ruin, bellaco, despiadado, perverso, agresor.
Escogido: selecto, excelente, óptimo, superior.
Culto: elegante, refinado, instruido, ilustrado.
Exacerbar: agravar, agrandar, exasperar, magnificar.
Excitante: estimulante, incentivo, provocativo, exaltante.
Lozanía: morenez, bronceado, juventud, sonrojamiento.
Lozano: gallardo, garboso, arrogante, jovial.
Degeneración: declinación, decadencia, decaimiento, bastarización.
Ratificación: confirmación, corroboración, aprobación, revalidación.
Formalidad: seriedad, compostura, veracidad, exactitud.
Caricia: mimo, halago, arrumaco, agasajo.
Fiasco: fracaso, frustración, chasco, decepción.
Secreto: callado, escondido, reservado, oculto.
Censurar: criticar, juzgar, reprobar, condenar.
Dudoso: oscuro, incierto, confuso, inseguro.
Detectar: revelar, descubrir, manifestar, declarar.
Indiferente: indolente, displicente, apático, escéptico.
Aquietar: sosegar, tranquilizar, apaciguar, aplacar.
Imprevisión: irreflexión, inadvertencia, descuido, negligencia.

Palurdo: rústico, tosco, inculto, rudo.
Pampa: llanura, pradera, sabana, explanada.
Pamplina: nadería, bagatela, tontería, payasada.
Panacea: remedio, medicina, droga, sanalotodo.
Panal: casilla, orificio, agujero, resquicio.

Pandectas: recopilatorio, compilación, colección, recordatorio.
Pandemia: epidemia, enfermedad, endemia, tiranía.
Pandemónium: confusión, desorden, bullicio, griterío.
Pandilla: caterva, cuadrilla, mafia, camarilla.
Panegírico: encomio, alabanza, palmoteo, lisonja.
Panel: compartimiento, división, fajas, conjunto.
Pánfilo: tardo, lento, necio, bobo.
Paniaguado: allegado, servidor, favorecido, protegido.
Pánico: terror, espanto, pavor, horror.
Panoli: lelo, memo, tonto, pánfilo.

Panorama: paisaje, vista, horizonte, perspectiva.
Panorámico: perspectivo, general, contensivo, matizado.
Panoramizar: generalizar, sintetizar, abreviar, extractar.
Pantagruélico: descomunal, monumental, desmesurado, glotón.
Pantalla: reflector, visera, sombra, cinematógrafo.
Pantano: aguazal, barrial, laguna, dificultad.
Pantomima: mímica, remedo, imitación, parodia.
Panzudo: barrigudo, gordo, obeso, grueso.
Paño: género, tela, materia, asunto.
Papa: Pontífice, Magnosanto, Vicario de Cristo.
Papanatas: bobo, tontaina, pardillo, memo.

Paparrucha: mentira, falsedad, f- noticia falsa o desatinada.

Urbano: atento, cortés, amable, educado.
Selva: espesura, monte, montaña, bosque.

Rango: clase, condición, categoría, jerarquía.
Toxina: veneno, ponzoña, virus, infección.

Taponadura: corcho, burlete, obturador, cerradura.
Separación: apartamiento, desgaje, desprendimiento, disyunción.
Inmunidad: salubridad, sanidad, protección, invulnerabilidad.
Tranquilidad: apacibilidad, sosiego, serenidad, bonanza.
Pléyade: falange, legión, séquito, selección.
Reprobación: condena, represión, censura, dicterio.
Ornamento: atavío, adorno, aderezo, decoración.
Ágil: ligero, veloz, rápido, listo.
Apartado: distante, separado, alejado, ausente.
Valor: aliento, hálito, ánimo, fuerza.
Diligente: listo, agudo, perspicaz, inteligente.
Distracción: esparcimiento, entretenimiento, diversión, solazamiento.
Fraccional: fragmento, segmentario, particional, trozal.
Amplificar: aumentar, extender, desarrollar, complementar.
Pequeño: diminuto, escaso, corto, minúsculo.
Ocultación: simulación, velamiento, disfrazamiento, encubrimiento.
Auxilio: amparo, apoyo, asistencia, cooperación.
Inventiva: ingenio, creación, talento, perspicacia.
Delgado: esbelto, estilizado, fino, flaco.
Apariencia: aspecto, forma, figura, trazado.
Impío: irreligioso, incrédulo, infiel, sacrílego.
Avispado: listo, inteligente, despierto, perspicaz.
Veracidad: verdad, autenticidad, certeza, fidedignidad.

SINÓNIMOS	ANTÓNIMOS
Papel: hoja, pliego, encargo, documento.	**Muestra:** señal, indicio, modelo, espécimen.
Papeleo: burocracia, trámite, complicación, gestión.	**Facilidad:** sencillez, simplicidad, síntesis, reducción.
Papelón: papelero, farolero, apariencia, bochorno.	**Inverecundia:** insolencia, impudicia, desvergüenza, descocamiento.
Paquete: envoltorio, atadijo, f- conjunto de cosas o de acciones.	**Requisito:** formalidad, condición, precisión, circunstancia.
Par: igual, semejante, parejo, elemento.	**Impar:** desigual, diferente, imparejo, distinto.
Para: hacia, término, ayuda, complemento.	**Objetivo:** razón, circunstancia, motivo, deducción.
Parabién: felicitación, pláceme, enhorabuena, congratulación.	**Pésame:** condolencia, contristación, compasión, conmiseración.
Parábola: alegoría, narración, fábula, moraleja.	**Realidad:** evidencia, veracidad, certidumbre, efectividad.
Parabolizar: representar, ejemplificar, simbolizar, figurar.	**Imitar:** copiar, reproducir, plagiar, remedar.
Parada: pausa, término, estación, detenimiento.	**Caminata:** andada, excursión, viaje, jornada.
Paradero: detención, interrupción, estación, detenimiento.	**Continuación:** prosecución, prolongación, prorrogación, alargamiento.
Paradigma: modelo, muestra, ejemplo, norma.	**Xerografía:** copia, reproducción, imitación, trasunto.
Paradisíaco: dichoso, feliz, jubiloso, celestial.	**Infernal:** abismoso, avernal, horripilante, espeluznante.
Parado: desocupado, ocioso, estático, indeciso.	**Ocupado:** activo, diligente, móvil, osado.
Paradoja: contradicción, réplica, refutación, impugnación.	**Racionalidad:** naturalidad, equilibrio, ecuanimidad, exactitud.
Paradójico: contradictorio, absurdo, exagerado, extraño.	**Racional:** lógico, natural, razonable, justo.
Paráfrasis: comentario, glosa, explicación, interpretación.	**Silencio:** sigilo, reserva, entendimiento, comprensión.
Paragoge: adición, agregado, f- añadidura de una letra o sílaba final.	**Substracción:** resta, disminución, quitación, merma.
Paragogizar: adicionar, agregar, añadir, anexar.	**Restar:** disminuir, mermar, quitar, substraer.
Paraíso: edén, cielo, elíseo, olimpo.	**Suplicio:** tormento, tortura, martirio, sacrificio.
Paraje: lugar, sitio, posición, situación.	**Visión:** imagen, percepción, quimera, fantasía.
Paralelo: análogo, semejante, directo, derecho.	**Divergente:** contrario, opuesto, discrepante, diferente.
Paralizar: detener, inmovilizar, impedir, obstaculizar.	**Impulsar:** impeler, empujar, incitar, levantar, inducir.
Paralogismo: autoengaño, autoembaucamiento, f- razonamiento falso.	**Esclarecimiento:** aclaración, dilucidación, iluminación, autoexplicación.
Paralogizar: engatusar, embaucar, engañar, aparentar.	**Esclarecer:** explicar, aclarar, dilucidar, iluminar.

SINÓNIMOS	ANTÓNIMOS
Paramento: ornato, adorno, atavío, vestidura.	**Afeamiento:** deslucimiento, deformación, ajamiento, censura.
Parámetro: medida, cuantificación, valuativo, valorativo.	**Finalidad:** objetivo, motivo, móvil, fin, circunstancia.
Páramo: yermo, desierto, erial, baldío.	**Fecundo:** fértil, feraz, productivo, poblado.
Parangón: comparación, cotejo, confrontación, equivalencia.	**Diferencia:** disparidad, desigualdad, discrepancia, desavenencia.
Parangonar: comparar, confrontar, cotejar, compulsar.	**Diferenciar:** desigualar, distinguir, discrepar, divergir.
Paraninfo: anunciante, discursante, padrino, f- salón de actos.	**Visitador:** inspector, examinador, registrante, recibiente.
Paranoia: locura, manía, monomanía, alienación.	**Cordura:** mesura, juicio, prudencia, sensatez.
Paranoico: alienado, maniático, descentrado, precipitado.	**Cuerdo:** mesurado, circunspecto, atinado, aplomado.
Parapetarse: protegerse, resguardarse, atrincherarse, esconderse.	**Exponerse:** arriesgarse, aventurarse, atreverse, comprometerse.
Parar: detener, atajar, paralizar, suspender.	**Continuar:** proseguir, reanudar, avanzar, proceder.
Parasíntesis: formación, constitución, f- formación de palabras por composición o derivación.	**Circunstancialidad:** objetividad, necesidad, motividad, finalidad.
Parásito: insecto, gorrión, ratero, oportunista.	**Trabajador:** emprendedor, activo, laborioso, acucioso.
Parcelar: dividir, señalar, fincar, hijuelar.	**Integrar:** completar, totalizar, reponer, agrupar.
Parcial: injusto, arbitrario, partidario, adicto.	**Completo:** exacto, entero, justo, cabal.
Parcialidad: bando, bandería, preferencia, injusticia.	**Ecuanimidad:** imparcialidad, equilibrio, ponderación, justicia.
Parco: sobrio, mesurado, templado, frugal.	**Copioso:** abundante, extenso, fecundo, pingüe.
Pardillo: confiado, ingenuo, bobo, inocente.	**Desconfiado:** suspicaz, receloso, escéptico, avispado.
Parecer: crear, opinar, juzgar, estimar.	**Discrepar:** disentir, discordar, diferir, diferenciar.
Pareja: par, dúo, matrimonio, novios.	**Dispareja:** desigual, distinto, anulación, divorcio.
Parejo: similar, parecido, semejante, idéntico.	**Disímil:** dispar, diferente, distinto, heterogéneo.
Paremia: sentencia, refrán, proverbio, aforismo.	**Axioma:** verdad, evidencia, principio, demostración.
Parénesis: exhortación, incitación, animación, amonestación.	**Disuasión:** desaconsejamiento, convicción, alejamiento, distanciamiento.
Parentesco: lazo, vínculo, unión, entronque.	**Descendencia:** vástago, hijo, sucesor, retoño.
Paréntesis: digresión, inciso, interrupción, suspensión.	**Continuación:** prosecución, prolongación, continuidad, encadenamiento.
Paria: separado, excluido, rechazado, aciago.	**Admitido:** recibido, aceptado, acogido, consentido.

Paridad: igualdad, similitud, conformidad, simetría. — **Disparidad:** diferencia, diversidad, variedad, controversia.
Parir: alumbrar, crear, producir, germinar. — **Infecundar:** inconcebir, extinguir, vanizar.
Paritario: igualado, equivalente, paralelo, proporcional. — **Distinto:** desigual, diferente, disímil, dispar.
Parlamentar: conversar, consensuar, hablar, dialogar, platicar. — **Enmudecer:** callar, silenciar, omitir, esconder.
Parlanchín: charlatán, hablador, verboso, fanfarrón. — **Silente:** callado, enmudecido, observador, parco.
Paro: desempleo, desocupación, detención, pausa. — **Empleo:** ocupación, colocación, actividad, continuidad.
Parodia: remedo, imitación, reproducción, disfraz. — **Originalidad:** novedad, autenticidad, innovación, esnobismo.
Paronomasia: aliteración, repetición, iteración, semejanza. — **Variación:** cambio, mutación, alteración, variabilidad.
Paroxismo: exaltación, vehemencia, impetuosidad, fogosidad. — **Parsimonia:** parquedad, prudencia, moderación, morigeración.
Parquedad: templanza, moderación, sobriedad, parsimonia. — **Hipérbole:** exceso, demasía, abundancia, exageración.
Párrafo: aparte, parágrafo, división, capítulo. — **Contexto:** argumento, trabazón, texto, trama.
Parranda: fiesta, jarana, holgorio, jaleo. — **Tristeza:** aflicción, pesadumbre, abatimiento, consternación.
Parroquiano: feligrés, habitual, pensionista, consumidor. — **Proveedor:** abastecedor, vendedor, aprovisionador, suministrador.
Parsimonia: parquedad, prudencia, discreción, moderación. — **Exageración:** ponderación, exceso, hipérbole, encarecimiento.
Parte: porción, pedazo, fracción, partícula. — **Todo:** entero, completo, unidad, conjunto.
Participación: intervención, colaboración, notificación, comunicación. — **Prescindencia:** silencio, callamiento, privación, exclusión.
Participar: notificar, avisar, comunicar, anunciar. — **Prescindir:** callar, silenciar, abstraer, abstenerse.
Partícipe: coactuante, cointeresado, porcionero, particionero. — **Extraño:** ajeno, impropio, forastero, singular.
Particular: personal, individual, peculiar, especial. — **General:** común, público, colectivo, divulgado.
Particularidad: singularidad, peculiaridad, característica, propiedad. — **Generalidad:** vulgaridad, colectividad, universalidad, mayoría.
Particularizar: singularizar, determinar, individualizar, personalizar. — **Generalizar:** publicar, difundir, divulgar, televisar.
Partida: ida, salida, registro, remesa. — **Llegada:** venida, aparición, arribo, entrada.
Partidario: simpatizante, prosélito, secuaz, banderizo. — **Enemigo:** contrario, adversario, opuesto, contrincante.
Partido: encuentro, contienda, entidad, fuerza. — **Finalidad:** intención, objetividad, motivo, propósito.
Partir: trocear, romper, distribuir, dividir. — **Unir:** atar, fusionar, cohesionar, enlazar.
Partitivo: mitad, medio, tercio, cuarto. — **Entero:** todo, completo, cabal, íntegro.
Parvedad: pequeñez, levedad, tenuidad, cortedad. — **Grandeza:** magnitud, amplitud, enormidad, esplendidez.

SINÓNIMOS	ANTÓNIMOS
Parvificar: empequeñecer, achicar, amenguar, atenuar.	**Engrandecer:** aumentar, acrecentar, agrandar, desarrollar.
Párvulo: chico, pequeño, nene, niño.	**Maduro:** formado, madurado, sazonado, juicioso.
Pasadero: tolerable, aceptable, llevadero, pasable.	**Insufrible:** insoportable, intolerable, inaguantable.
Pasado: ayer, anteayer, anterior, prehistoria.	**Presente:** hoy, hodierno, vigente, actual.
Pasaje: valor, travesía, estrecho, trozo.	**Razón:** motivo, causa, sistema, pauta.
Pasajero: breve, transitorio, fugaz, efímero.	**Permanente:** duradero, constante, perenne, estable.
Pasar: cruzar, caminar, llevar, conducir.	**Permanecer:** quedarse, detenerse, esperar, aguardar.
Pase: permiso, autorización, licencia, permisión.	**Prohibición:** impedimento, vedación, interdicción, negativa.
Pasear: andar, vagar, solazarse, descansar.	**Laborar:** trabajar, faenar, cultivar, costurear.
Pasión: ardor, vehemencia, entusiasmo, fogosidad.	**Indiferencia:** apatía, frialdad, desinterés, desafecto.
Pasional: ardiente, vehemente, impulsivo, encendido.	**Frío:** indiferente, apagado, impasible, imperturbable.
Pasividad: indolencia, apatía, desinterés, pereza.	**Actividad:** dinamismo, diligencia, acción, presteza.
Pasivo: paciente, víctima, inmóvil, estático.	**Activo:** ágil, diligente, inquieto, eficaz.
Pasmar: helarse, aterirse, aturdir, maravillar.	**Serenar:** despejar, escampar, aclarar, sosegar.
Pasmo: extrañeza, aturdimiento, enfriamiento, aterimiento.	**Recuperación:** impasibilidad, mejoramiento, calentamiento, restablecimiento.
Pasquín: cartel, publicación, sátira, burla.	**Reconocimiento:** examen, inspección, admisión, agradecimiento.
Pastiche: imitación, copia, apropiación, plagio.	**Original:** propio, singular, peculiar, auténtico.
Pastor: zagal, mayoral, vaquero, sacerdote.	**Depredador:** rapiñador, pillajista, despojador, devastador.
Pastoso: viscoso, espeso, grumoso, denso.	**Fluido:** líquido, diluido, claro.
Patache: comida, condumio, merienda, embarcación.	**Cóctel:** bebida, licores, picado, ingredientes.
Pataleta: rabieta, inconformidad, desmayo, convulsión.	**Entereza:** voluntad, integridad, serenidad, fortaleza.
Patán: palurdo, gañán, rústico, campesino.	**Educado:** pulido, afinado, formado, instruido.
Patatús: desmayo, síncope, desvanecimiento, lipotimia.	**Recuperación:** recobramiento, fortalecimiento, reavivamiento, vivificación.
Patear: patalear, protestar, abuchear, abroncar.	**Alabar:** aplaudir, ovacionar, elogiar, encomiar.
Patente: manifiesto, palmario, evidente, exclusivo.	**Incierto:** equívoco, ambiguo, problemático, vacilante.
Patentizar: revelar, evidenciar, demostrar, exteriorizar.	**Esconder:** ocultar, encubrir, reservar, encerrar.

Patético: conmovedor, emocionante, enternecedor, sentimental. **Alegre:** alborozado, jubiloso, contento, achispado.

Patibulario: siniestro, horrendo, terrible, repugnante. **Atrayente:** atractivo, interesante, captante, seductor.

Patíbulo: tormento, suplicio, cadalso, horca. **Complacencia:** gozo, júbilo, alegría, fruición.

Patógeno: causativo, mórbido, orgánico, originativo. **Salutífero:** saludable, higiénico, beneficioso, salubre.

Patología: estudio, investigación, f- estudio de las enfermedades. **Motivo:** causa, fundamento, finalidad, objetivo.

Patoso: desmañado, torpe, molesto, fastidioso. **Cuidadoso:** solícito, diligente, meticuloso, pulcro.

Patraña: falacia, embuste, infundio, mentira. **Verdad:** verosímil, franqueza, autenticidad, exactitud.

Patricio: noble, señor, aristócrata, prócer. **Plebeyo:** vulgar, ordinario, chabacano, grosero.

Patrimonio: bienes, haberes, pertenencia, dominio. **Indigencia:** pobreza, miseria, inopia, carencia.

Patrocinar: proteger, favorecer, amparar, resguardar. **Rechazar:** repeler, repudiar, refutar, resistir.

Patrocinio: favor, protección, amparo, refugio. **Imputación:** culpación, incriminación, acusación, denuncia.

Patrón: dueño, señor, jefe, empleador. **Dependiente:** subalterno, subordinado, oficinista, trabajador.

Patrono: defensor, amparador, velador, vigilante. **Seguidor:** adepto, adicto, adherente, escolta.

Patrulla: ronda, partida, resguardo, piquete. **Soldado:** militar, recluta, aislador, militárico.

Patudo: descarado, fresco, f- pies grandes. **Equilibrado:** sereno, justo, ecuánime, ponderado.

Paulatino: lento, pausado, sistemático, controlado. **Rápido:** ágil, apresurado, veloz, raudo.

Pauperismo: miseria, pobreza, escasez, carencia, penuria. **Riqueza:** abundancia, fertilidad, opulencia, esplendor.

Paupérrimo: pobrísimo, misérrimo, escaso, empobrecido. **Rico:** acaudalado, opulento, adinerado, latifundista.

Pausa: flema, lentitud, calma, sosiego. **Rapidez:** prontitud, velocidad, celeridad, agilidad.

Pausado: lento, tranquilo, sosegado, calmoso. **Nervioso:** vivaz, impetuoso, ligero, veloz.

Pauta: muestra, guía, sistema, padrón. **Circunstancia:** caso, evento, pormenor, coyuntura.

Pavada: bobería, necedad, mentecatería, sandez. **Acierto:** tino, tacto, prudencia, sensatez.

Pávido: temeroso, cobarde, medroso, amilanado. **Valiente:** resuelto, resoluto, aguerrido, gallardo.

Pavimentar: losar, asfaltar, cementar, entramar. **Ripiar:** residuar, enterrar, cascajear, escombrar.

Pavonear: presumir, ostentar, fachentar, blasonar. **Moderar:** templar, decentar, reservar, recatar.

Pavor: temor, pánico, espanto, terror.
Pavoroso: terrorífico, espantoso, espeluznante, horripilante.
Payasada: bufonada, ridiculez, extravagancia, mamarrachada.
Paz: sosiego, quietud, tregua, neutralidad.

Peatón: caminante, viandante, transeúnte, estafeta.
Pecado: falta, culpa, desliz, mancha.

Pecador: infractor, transgresor, penitente, culpable.
Pecaminoso: errado, faltado, maliciado, sospechado.
Pecar: errar, equivocar, faltar, fallar.

Peculiar: singular, particular, especial, propio.
Peculiaridad: singularidad, particularidad, especialidad, idiosincrasia.
Peculio: caudal, dinero, fondo, haberes.

Pechar: cargar, insistir, persistir, asumir.

Pedagogía: educación, instrucción, enseñanza, didáctica.
Pedante: vanidoso, afectado, presumido, sabihondo.
Pedantería: afectación, presunción, jactancia, fanfarronería.
Pedazo: trozo, parte, fragmento, astilla.
Pedestre: vulgar, corriente, ordinario, chabacano.
Pedigüeño: pedidor, pedibundo, mendicante, pordiosero.
Pedir: requerir, desear, solicitar, demandar.
Pegar: adherir, aglutinar, juntar, zurrar.

Pegote: parche, emplasto, impertinente, inconvidado.
Pelado: calvo, pelón, árido, desértico.

Pelafustán: perdido, extraviado, holgazán, calavera.
Pelagatos: pobretón, despreciable, miserable, infeliz.
Pelar: rapar, trasquilar, criticar, despellejar.

Valentía: audacia, osadía, aliento, arrojo.
Atractivo: encanto, incentivo, aliciente, donaire.
Circunspección: discreción, prudencia, cautela, formalidad.
Discordia: división, desavenencia, disensión, divergencia.
Caballero: hidalgo, noble, pudiente, turista.
Virtud: perfección, moralidad, bondad, ética.
Santo: puro, inocente, leal, cumplidor.

Atinado: acertado, oportuno, adecuado, conveniente.
Corregir: enmendar, rectificar, modificar, subsanar.
Corriente: común, vulgar, afectado, chabacano.
Generalidad: mayoría, totalidad, pluralidad, imprecisión.
Inopia: miseria, pobreza, estrechez, escasez.
Retroceder: cejar, recular, desistir, regresar.
Obscurantismo: ignorancia, nesciencia, retroceso, retrogradación.
Modesto: humilde, realista, moderado, controlado.
Sencillez: modestia, humildad, timidez, moderación.
Entero: completo, íntegro, cabal, exacto.
Fino: elevado, selecto, especial, refinado.

Donante: dador, regalador, obsequiante, dadivoso.
Dar: ceder, donar, ofrecer, obsequiar.
Separar: despegar, desasir, apartar, desprender.
Anfitrión: invitante, convidante, f- persona que invita a su casa.
Peludo: velludo, fértil, frondoso, exuberante.
Virtuoso: probo, honesto, honrado, correcto.
Importante: rico, poderoso, pudiente, dichoso.
Cabellar: encabellar, pilar, envellar, crecer.

SINÓNIMOS	ANTÓNIMOS
Peldaño: descanso, escalera, escalón, grada.	**Vestíbulo:** portal, pórtico, atrio, porche.
Pelear: reñir, luchar, compartir, contender.	**Amigar:** amistar, armonizar, convivir, reconciliar.
Pelele: monigote, muñeco, espantajo, simple.	**Insigne:** célebre, ilustre, preclaro, eximio.
Peliagudo: complicado, escabroso, intrincado, enredado.	**Fácil:** sencillo, elemental, simple, factible.
Película: cinta, film, cutícula, visión.	**Espesura:** densidad, condensación, frondosidad, corpulencia.
Peligrar: zozobrar, exponer, fluctuar, arriesgar.	**Asegurar:** afirmar, ratificar, garantizar, afianzar.
Peligro: riesgo, amenaza, inseguridad, contingencia.	**Seguridad:** garantía, caución, certeza, cautela, tranquilidad.
Pelma: pesado, latoso, lento, calmoso.	**Rápido:** diligente, veloz, presuroso, raudo.
Pelotear: adular, halagar, lisonjear, piropear.	**Criticar:** reprochar, vituperar, difamar, recriminar.
Peludo: lanudo, velloso, tupido, hirsuto.	**Pelón:** lampiño, pelado, calvo, rasurado.
Pena: castigo, penitencia, penalidad, aflicción.	**Alegría:** gozo, alborozo, júbilo, contento.
Penado: condenado, preso, culpado, procesado.	**Absuelto:** inocente, perdonado, redimido, exculpado.
Penalidad: molestia, contrariedad, mortificación, incomodidad.	**Delicia:** encanto, complacencia, deleite, amenidad.
Penar: sufrir, padecer, sancionar, penalizar.	**Aliviarse:** aplacar, mitigar, amnistiar, perdonar.
Pendencia: disputa, altercado, querella, incidente.	**Concordia:** armonía, concierto, conformidad, comprensión.
Pendenciero: provocador, incitador, alborotador, camorrista.	**Pacífico:** tranquilo, manso, sosegado, sereno.
Pendiente: ladera, cuesta, inclinación, esperado.	**Enhiesto:** derecho, erguido, acabado, concluso.
Pendolista: escribano, amanuense, calígrafo, escribiente.	**Estenofonista:** sonemógrafo, demoscritor, breviscritor, quirógrafo.
Pendón: estandarte, divisa, insignia, emblema.	**Inanidad:** vacuidad, fatuidad, futilidad, insubstancialidad.
Penetración: comprensión, intuición, talento, agudeza.	**Recapitulación:** meditación, examen, sopesamiento, consideración.
Penetrante: profundo, agudo, sutil, perspicacia.	**Obtuso:** rudo, lerdo, cerrado, torpe.
Penetrar: entrar, introducir, atravesar, comprender.	**Quedarse:** retrasarse, sucumbir, detenerse, subsistir.
Penitencia: castigo, expiación, atricción, presidio.	**Absolución:** perdón, indulgencia, amnistía, reconciliación.
Penoso: arduo, dificultoso, enojoso, apesadumbrado.	**Fácil:** sencillo, simple, posible, natural.
Pensamiento: raciocinio, reflexión, opinión, proyección.	**Entorpecimiento:** dificultad, obstáculo, impedimento, obstrucción.
Pensar: idear, imaginar, concebir, discurrir.	**Distraerse:** descuidarse, olvidarse, entretenerse, divertirse.

SINÓNIMOS	ANTÓNIMOS
Pensativo: caviloso, reflexivo, absorto, preocupado.	**Distraído:** olvidado, entretenido, abobado, conturbado.
Pensión: canon, renta, pena, pesar.	**Inopia:** pobreza, miseria, indigencia, estrechez.
Pensionista: jubilado, retirado, pasivo, interno.	**Trabajador:** activo, empleado, externo, laborioso.
Penumbra: sombra, oscuridad, crepúsculo, umbría.	**Claridad:** diafanidad, luz, día, sol.
Penuria: carestía, falta, escasez, privación.	**Abundancia:** opulencia, riqueza, fortuna, frondosidad.
Peña: roca, risco, círculo, tertulia.	**Nadería:** bagatela, friolera, nimiedad, inanidad.
Pequeñez: futileza, nadería, cortedad, parvedad.	**Grandeza:** importancia, magnitud, corpulencia, superioridad.
Pequeño: chico, diminuto, enano, pigmeo.	**Grande:** crecido, considerable, vasto, magno.
Percance: contratiempo, infortunio, accidente, desgracia.	**Causa:** motivo, origen, razón, móvil.
Percatarse: advertir, reparar, notar, considerar.	**Ignorar:** desconocer, negar, extrañar, confundir.
Percepción: sensación, impresión, imagen, clarividencia.	**Indiferencia:** frialdad, displicencia, indolencia, apatía.
Perceptible: apreciable, sensible, ostensible, notorio.	**Imperceptible:** invisible, encubierto, oculto, escondido.
Percibir: recibir, divisar, notar, descubrir, avistar.	**Fallar:** equivocar, frustrar, fracasar, resolver.
Percutir: golpear, repiquetear, maltratar, batir, romper.	**Beneficiar:** favorecer, utilizar, mejorar, progresar.
Perder: disipar, derrochar, destruir, deteriorar.	**Recuperar:** recobrar, rescatar, salvar, restablecer.
Perdición: daño, ruina, destrucción, devastación.	**Salvación:** liberación, protección, defensión, salvaguarda.
Pérdida: merma, carencia, privación, destrucción.	**Análisis:** examen, determinación, reconocimiento, corolario.
Perdón: absolución, clemencia, gracia, indulto.	**Condena:** castigo, pena, sanción, multa.
Perdonar: absolver, indultar, dispensar, condonar.	**Sancionar:** castigar, condenar, corregir, ajusticiar.
Perdurable: perpetuo, eterno, inmortal, imperecedero.	**Perecedero:** efímero, corto, breve, fugaz.
Perdurar: permanecer, mantener, continuar, subsistir.	**Perecer:** fenecer, extinguirse, acabar, exterminar.
Perecedero: caduco, fugaz, transitorio, efímero.	**Imperecedero:** eterno, perenne, duradero, permanente.
Perecer: sucumbir, fallecer, acabar, finalizar.	**Nacer:** surgir, brotar, germinar, provenir.
Peregrino: romero, viajero, caminante, penitenciante.	**Normal:** natural, habitual, acostumbrado, sistemático.
Perenne: eterno, perpetuo, constante, interminable.	**Dilatorio:** retardo, detención, demora, retraso.

Perentorio: determinante, urgente, decisivo.

Pereza: indolencia, gandulería, poltronería, pigricia.

Perezoso: holgazán, vago, indolente, gandul.

Perfección: progreso, adelanto, mejora, refinamiento.

Perfeccionar: mejorar, completar, progresar, ultimar.

Perfectible: deficiente, carente, imperfecto, defectuoso.

Perfecto: cabal, acabado, absoluto, excelente.

Perfidia: traición, alevosía, falsedad, insidia.

Pérfido: desleal, alevoso, felón, traidor.

Perfil: contorno, periferia, entorno, alrededor.

Perfilado: detallado, perfecto, claro, estrecho.

Perfilar: afinar, perfeccionar, mejorar, pulimentar.

Perforar: horadar, taladrar, agujerear, penetrar.

Perfumar: sahumar, fumigar, aromatizar, coloniar.

Pergeñar: ejecutar, realizar, preparar, bosquejar.

Pericia: habilidad, práctica, destreza, técnica.

Peniclitar: peligrar, decaer, declinar.

Periferia: contorno, perímetro, ámbito, suburbio.

Periférico: contornal, circunferencial, suburbial, perimetral.

Perífrasis: circunloquio, rodeo, ambages, evasiva.

Perímetro: periferia, contorno, exterior, cerco.

Perínclito: insigne, preclaro, heroico, ínclito.

Periódico: regular, temporal, habitual, rotativo.

Período: etapa, fase, ciclo, párrafo.

Peripatético: ridículo, chocante, extravagante, estrafalario.

Dilatorio: retardo, detención, demora, retraso.

Actividad: prontitud, prisa, rapidez, diligencia.

Diligente: solícito, activo, presto, eficaz.

Estancamiento: detención, parada, suspensión, estagnación.

Estancarse: detenerse, estagnarse, paralizarse, atascarse.

Perfecto: suficiente, correcto, impecable.

Defectuoso: incompleto, imperfecto, tosco, inacabado.

Lealtad: nobleza, rectitud, fidelidad, honradez.

Fiel: leal, sincero, perseverante, cristiano.

Núcleo: centro, médula, corazón, meollo.

Impreciso: vago, borroso, achatado, ancho.

Desentonar: destemplar, disonar, deteriorar, malear.

Cerrar: tapar, taponar, ocluir, obturar.

Heder: apestar, fetidizar, oler, pestilenciar, viciar.

Impedir: estorbar, imposibilitar, dificultar, entorpecer.

Impericia: inhabilidad, ineptitud, incompetencia, torpeza.

Proteger: resguardar, prevenir, amparar, auxiliar, defender.

Centro: núcleo, eje, meta, entidad.

Central: céntrico, focal, nucleico, corazonal.

Precisión: exactitud, claridad, determinación, requisito.

Interior: centro, núcleo, meollo, corazón.

Anónimo: sombrío, confuso, obscuro, turbio.

Irregular: desigual, discontinuo, variable, anómalo.

Complejo: compuesto, mezcla, múltiple, complicado.

Normal: natural, sistemático, común, ritual.

SINÓNIMOS	ANTÓNIMOS
Peripecia: suceso, incidente, lance, hecho.	**Contingencia:** circunstancia, riesgo, coyuntura.
Peripuesto: arreglado, compuesto, atildado, acicalado.	**Desaseado:** desharrapado, desastrado, harapiento, andrajoso.
Perisología: superfluo, innecesario, inadecuado, indebido.	**Necesario:** útil, provechoso, ineludible, imprescindible.
Perito: capaz, experto, hábil, entendido.	**Torpe:** incompetente, inexperto, inhábil, obtuso.
Perjudicar: dañar, lesionar, deteriorar, estropear.	**Favorecer:** beneficiar, amparar, proteger, auxiliar.
Perjudicial: dañino, nocivo, pernicioso, destructor.	**Benigno:** benévolo, protector, beneficioso, defensor, amparador.
Perjuicio: daño, quebranto, detrimento, menoscabo.	**Protección:** favor, ayuda, asistencia, servicio.
Perjurar: prevaricar, anatemizar, profanar, mentir.	**Confesar:** reconocer, declarar, admitir, confidenciar.
Perjurio: perfidia, mentira, falsedad, patraña.	**Consecuencia:** corrección, sanción, penitencia, correctivo.
Permanecer: continuar, seguir, residir, persistir.	**Alejarse:** retirarse, marcharse, irse, apartarse.
Permanencia: duración, persistencia, invariabilidad, perdurabilidad.	**Inconstancia:** inestabilidad, volubilidad, versatilidad, inconsistencia.
Permanente: estable, continuo, firme, invariable.	**Transitorio:** pasajero, fugaz, momentáneo, provisional.
Permeable: impregnable, penetrable, filtrable, absorbente.	**Impermeable:** impenetrable, infiltrable, alquitranable, embreable.
Permiso: consentimiento, autorización, beneplácito, aquiescencia.	**Negativa:** negación, denegación, prohibición, impedimento.
Permitir: facultar, autorizar, acceder, consentir.	**Prohibir:** negar, impedir, vedar, estorbar.
Permutar: trocar, cambiar, canjear, invertir.	**Permanecer:** persistir, continuar, residir, mantenerse.
Pernicioso: dañino, perjudicial, peligroso, nefasto.	**Beneficioso:** benéfico, útil, provechoso, positivo, productivo.
Pernoctar: dormir, descansar, reposar, detenerse.	**Continuar:** seguir, proseguir, persistir, perdurar.
Pero: aunque, empero, sino, dificultad.	**Pues:** puesto, causa, efecto, facilidad.
Perogrullada: ficción, apariencia, principio, evidencia.	**Hipérbole:** ponderación, abultamiento, ampliación, quimerización.
Perorar: hablar, charlar, declamar, conferenciar.	**Callar:** silenciar, observar, enmudecer, contemplar.
Perpetrar: cometer, consumar, ejecutar, delinquir.	**Respetar:** acatar, honrar, venerar, considerar.
Perpetuar: eternizar, inmortalizar, glorificar, perdurar.	**Perecer:** fenecer, sucumbir, fallecer, eclipsar.
Perpetuidad: eternidad, inmortalidad, perdurabilidad, perpetuación.	**Mortalidad:** provisionalidad, fugacidad, temporalidad, interinidad.
Perpetuo: perdurable, eterno, imperecedero, perenne.	**Perecedero:** efímero, momentáneo, incierto, frágil.

SINÓNIMOS

Perplejidad: indecisión, vacilación, titubeo, confusión.
Perplejo: irresoluto, vacilante, confuso, indeciso.
Perquirir: averiguar, indagar, investigar, pesquisar.
Persecución: seguimiento, caza, alcance, carrera, acecho.
Persecutorio: acosante, atormentador, perseguidor, acorralante.
Perseguir: acosar, hostigar, estorbar, atosigar.
Perseverancia: constancia, tenacidad, insistencia, persistencia.
Perseverante: tenaz, constante, firme, obstinado.
Perseverar: persistir, continuar, insistir, porfiar.
Persistencia: permanencia, insistencia, constancia, firmeza.
Persistente: duradero, permanente, tenaz, obstinado.
Persistir: perdurar, permanecer, continuar, durar.
Personación: comparecencia, presentación, acudición, demostración.
Personaje: figura, actor, persona, personalidad.
Personal: particular, privativo, peculiar, singular.
Personalidad: particularidad, singularidad, carácter, distintivo.
Personalizar: personificar, individualizar, nominar, tipificar.
Personificar: encarnar, representar, simbolizar, interpretar.
Perspectiva: contingencia, posibilidad, apariencia, factibilidad.
Perspicacia: agudeza, penetración, sagacidad, inteligencia.
Perspicaz: sagaz, agudo, penetrante, zahorí.
Perspicuo: claro, manifiesto, terso, notable.
Persuadir: convencer, decidir, incitar, inducir, demostrar.
Persuasión: sugestión, convencimiento, certeza, convicción.
Persuasivo: convincente, decisivo, concluyente, categórico.

ANTÓNIMOS

Seguridad: tranquilidad, certeza, confianza, garantía.
Cierto: seguro, fijo, resoluto, estable.
Hallar: encontrar, descubrir, inventar, tropezar.
Interrupción: suspensión, detención, obstáculo, impedimento.
Protestatorio: cuestionante, oposicionante, refutante, injustificante.
Huir: escapar, escurrirse, evadirse, esquivar.
Inconstancia: inestabilidad, volubilidad, versatilidad, mudanza.
Inconstante: inseguro, variable, inestable, voluble.
Abandonar: dejar, desistir, renunciar, marcharse.
Inestabilidad: inconstancia, mudanza, volubilidad, ligereza.
Inestable: inconstante, voluble, débil, dócil.
Renunciar: dejar, dimitir, abdicar, ceder.
Ausencia: falta, omisión, carencia, impersonación.
Pelele: muñeco, monigote, espantajo, inútil, necio.
Colectivo: común, social, general, heterogéneo.
Impersonalidad: despersonificación, indistinción, imprecisión, indeterminación.
Impersonalizar: despersonificar, innominar, generalizar, ecuanimizar.
Definir: distinguir, identificar, calificar, caracterizar.
Complejidad: obstáculo, complicación, dificultad, impedimento.
Torpeza: inhabilidad, ineptitud, rusticidad, zafiedad.
Torpe: rudo, tardo, desmañado, lerdo.
Oculto: callado, encubierto, disfrazado, furtivo.
Disuadir: alejar, apartar, desaferrar, desaconsejar.
Vacilación: duda, perplejidad, incertidumbre, enervación.
Titubeante: vacilante, dubitativo, incierto, trepidante.

Pertenecer: atañer, incumbir, concernir, convenir.

Perteneciente: relativo, referente, tocante, concerniente.

Pertenencia: propiedad, dominio, dependencia, inmueble.

Pertinacia: tenacidad, testarudez, obstinación, contumacia.

Pertinencia: obstinación, persistencia, testarudez, tenacidad.

Pertinente: referente, relativo, concerniente, oportuno.

Pertrechar: abastecer, aprovisionar, preparar, suministrar.

Perturbación: turbación, alteración, desconcierto, anarquía.

Perturbado: loco, demente, desequilibrado, chalado.

Perturbador: agitador, alborotador, inquietante, enloquecedor.

Perturbar: alterar, trastornar, inmutar, desorganizar.

Perversidad: maldad, crueldad, perfidia, vileza.

Perversión: corrupción, depravación, desenfreno, inmoralidad.

Perverso: infame, pérfido, malvado, depravado.

Pervertido: depravado, corrompido, degenerado, vicioso.

Pervertir: depravar, corromper, viciar, perturbar.

Pervivir: subsistir, perdurar, permanecer, perpetuarse.

Pesadez: aburrimiento, fastidio, molestia, tostón.

Pesado: macizo, grave, obeso, deprimente.

Pesadumbre: pesadez, pesantez, gravedad, aflicción.

Pesar: disgusto, aflicción, pena, consternación.

Pesaroso: afligido, sentido, dolido, consternado.

Pesetero: interesado, roñoso, tacaño, agarrado.

Pesimismo: desconfianza, desaliento, desánimo, hipocondría.

Pesimista: desalentado, desanimado, decepcionado, triste.

Desvincular: desligar, alejar, aislar, dispersar.

Ajeno: extraño, impropio, inadecuado, extemporáneo.

Sujeción: subordinación, dependencia, atadura, ligamiento.

Volubilidad: inconstancia, variabilidad, cambiabilidad, inestabilidad.

Docilidad: flexibilidad, obediencia, sumisión, disciplina.

Extraño: ajeno, inoportuno, insólito, extravagante.

Consumir: concluir, realizar, acabar, ejecutar.

Tranquilidad: sosiego, serenidad, apacibilidad, orden.

Cuerdo: equilibrado, sensato, prudente, juicioso.

Tranquilo: pacífico, apacible, sereno, sosegado.

Ordenar: concertar, disponer, arreglar, organizar.

Bondad: amabilidad, benignidad, cordialidad, generosidad.

Probidad: integridad, rectitud, honradez, ecuanimidad.

Virtuoso: íntegro, noble, honesto, probo.

Virtuoso: honesto, íntegro, honrado, incorruptible.

Regenerar: corregir, restablecer, renovar, restaurar.

Morir: perecer, desaparecer, extinguirse, fenecer.

Diversión: entretenimiento, esparcimiento, distracción, recreo.

Leve: liviano, ligero, rápido, flaco.

Satisfacción: agrado, contento, gusto, placer.

Gozo: contento, felicidad, alegría, dicha.

Alegre: gozoso, satisfecho, alborozado, radiante.

Generoso: desprendido, desinteresado, altruista, caritativo.

Optimismo: aliento, esperanza, confianza, certidumbre.

Optimista: confiado, seguro, cierto, jubiloso.

Pésimo: deplorable, detestable, lamentable, nefasto.
Peso: carga, lastre, agobio, inquietud.
Pesquisa: perquisición, averiguación, información, búsqueda.
Pesquisar: inquirir, investigar, averiguar, escudriñar.
Pestilente: apestoso, fétido, hediondo, maloliente.
Petardo: cohete, explosivo, fraude, timo.
Petición: ruego, pedido, solicitud, súplica.
Petimetre: presumido, vanidoso, jactancioso, fatuo.
Petrificar: endurecer, solidificar, fosilizar, compactar.
Petulancia: vanidad, presunción, fatuidad, insolencia.
Petulante: vano, presumido, vanidoso, vanaglorioso.
Peyorar: empeorar, periclitar, malignar, despreciar.
Peyorativo: despectivo, despreciativo, ofensivo, desdeñoso.
Piadoso: compasivo, humano, religioso, devoto.
Picante: excitante, condimentado, cáustico, mordaz.
Picar: clavar, punzar, triturar, provocar.
Picardía: astucia, travesura, maldad, bellaquería.
Picaresca: engaño, rufianería, estafa, truhanería.
Pícaro: villano, granuja, bellaco, canalla.
Pico: boca, lengua, hocico, punta.
Pie: pata, base, origen, cuota.
Piedad: devoción, veneración, caridad, lástima.
Piel: dermis, epidermis, pellejo, sensibilidad.
Pieza: trozo, parte, fragmento, moneda.
Pifiar: fallar, marrar, patear, reprobar.

Óptimo: magnífico, espléndido, estupendo, perfecto.
Alivio: tranquilidad, sosiego, calma, desahogo.
Ocultación: escondite, furtividad, encubrimiento, simulación.
Esconder: ocultar, encubrir, disfrazar, contener.
Aromático: fragante, perfumado, odorífero, oloroso.
Realidad: evidencia, verdad, veracidad, existencia.
Resolución: decisión, determinación, conclusión, sentencia.
Humilde: modesto, sencillo, sumiso, apocado.
Ablandar: molificar, suavizar, enternecer, conmover.
Humildad: modestia, llaneza, docilidad, encogimiento.
Modesto: humilde, reservado, observador, cauto.
Meliorar: mejorar, enmendar, perfeccionar, valorar.
Elogioso: laudatorio, apologético, encomiástico, halagador.
Inmisericorde: impío, desalmado, incompasible, despiadado.
Suave: moderado, sazonado, quieto, blando.
Conservar: preservar, cuidar, custodiar, conformar.
Sensatez: discreción, mesura, prudencia, decoro.
Honradez: moralidad, verdad, sinceridad, ética.
Bueno: abnegado, generoso, compasivo, virtuoso.
Silente: tranquilo, sosegado, controlado, relajado, reposado.
Cuerpo: tronco, grosor, densidad, tamaño.
Crueldad: atrocidad, ferocidad, impiedad, salvajismo.
Hueso: cuesco, grano, dureza, osamenta.
Unidad: singularidad, conformidad, concordancia, totalidad.
Palmotear: encomiar, ponderar, alabar, loar.

Pignorar: empeñar, hipotecar, prendar, gravar.
Despignorar: retirar, llevar, deshipotecar, desgravar.

Pigricia: flojera, dejadez, incuria, haraganería.
Diligencia: actividad, ocurrencia, laboriosidad, esmero.

Píldora: gragea, comprimido, oblea, patraña.
Venia: inclinación, indulgencia, permisión, beneplácito.

Piloto: conductor, guía, timonel, mentor.
Desconcierto: confusión, desorden, embrollo, incoherencia.

Pillar: atrapar, aprehender, coger, capturar.
Liberar: soltar, libertar, emancipar, arrancar.

Pimpante: flamante, arrogante, airoso, garboso.
Viejo: penoso, decrépito, gastado, ajado.

Pinacoteca: exposición, galería, sala, colección.
Promiscuidad: mezcolanza, confusión, hacinamiento, acumulación.

Pináculo: cumbre, altura, cúspide, apogeo.
Fondo: hondura, entraña, asiento, hondonada.

Pinchar: picar, punzar, herir, flirtear.
Reparar: remediar, componer, restaurar, subsanar.

Pingajo: andrajo, colgajo, harapo, guiñapo, trapo.
Finura: primor, fineza, delicadeza, sutilidad.

Pingüe: copioso, apreciable, considerable, abundante.
Magro: flaco, exiguo, nimio, carente.

Pino: empinado, inclinado, pendiente, ascendente.
Bajo: llano, plano, recto, descendente.

Pintar: teñir, colocar, describir, exagerar.
Despintar: desteñir, descolorar, silenciar, opacar.

Pintiparado: apropiado, adecuado, conveniente, oportuno.
Inoportuno: inadecuado, impropio, improcedente, inapropiado.

Pintoresco: ameno, agradable, curioso, hermoso.
Aburrido: hastiado, molesto, cansado, pesado.

Pío: beato, devoto, fervoroso, piadoso.
Impío: irreligioso, agnóstico, ateo, pagano.

Piojoso: sucio, desastrado, andrajoso, miserable.
Pulcro: limpio, aseado, atildado, lavado.

Pipiolo: inexperto, novicio, novato, principiante.
Ducho: diestro, experto, entendido, perito.

Pirado: loco, demente, chalado, perturbado.
Cuerdo: sensato, juicioso, prudente, equilibrado.

Pirata: corsario, filibustero, bucanero, malvado.
Marino: navegante, marinero, tripulante, nauta.

Pisar: hollar, pisotear, apretar, humillar.
Encubrir: tapar, ocultar, subir, elevar.

Pisotear: aplastar, endurecer, hollar, atropellar.
Emparejar: cuidar, ablandar, patear, encubrir.

Pista: indicio, huella, rastro, vestigio.
Olvido: omisión, descuido, dejadez, inadvertencia, desidia.

Pita: abucheo, silba, pitada, chifla.
Aplauso: ovación, aclamación, palma, felicitación.

Pitonisa: adivina, sibila, hechicera, sacerdotisa.
Intuición: percepción, visión, concepción, presentimiento.

SINÓNIMOS	ANTÓNIMOS
Placentero: agradable, gozoso, deleitoso, ameno, regocijo.	**Majadero:** enojoso, fastidioso, molesto, chocante.
Placer: agrado, gozo, deleite, delicia.	**Disgusto:** molestia, contrariedad, sinsabor, pesadumbre.
Placidez: tranquilidad, calma, serenidad, sosiego.	**Agitación:** inquietud, congoja, intranquilidad, desasosiego.
Plácido: apacible, sosegado, sereno, tranquilo.	**Desapacible:** intranquilo, incómodo, inquieto, molesto.
Plaga: epidemia, flagelo, llaga, infortunio.	**Salubre:** higiene, sano, saludable, remedio.
Plagar: llenar, cubrir, pulular, abundar.	**Faltar:** quedar, testar, fallar, pecar.
Plagiar: calcar, copiar, imitar, reproducir.	**Crear:** idear, producir, inventar, concebir, forjar.
Plan: proyecto, intento, esbozo, argumento.	**Realidad:** objetividad, materialización, culminación, conclusión.
Planear: planificar, concebir, trazar, fraguar.	**Realizar:** ejecutar, efectuar, hacer, plasmar.
Planicie: llanura, estepa, meseta, sabana.	**Montaña:** sierra, monte, colina, cordillera.
Planificación: organización, proyección, programación, sistematización.	**Enmarañamiento:** confusión, embrollo, tergiversación, mixtificación.
Planificar: planear, proyectar, concebir, sugerir.	**Improvisar:** repentizar, imprevisionar, acometer.
Plantear: establecer, ejecutar, planificar, proponer.	**Anular:** abolir, derogar, invalidar, revocar.
Plantilla: modelo, padrón, norma, modalidad.	**Imitación:** improvisación, copia, remedo, tincada.
Plañidero: lloroso, triste, lúgubre, deplorable.	**Alegre:** contento, alborozado, satisfecho, risueño.
Plañir: gemir, gimotear, clamar, llorar.	**Reír:** alegrarse, contentarse, bromear, chanzar.
Plasmación: realización, formación, creación, concreción.	**Irrealización:** anulación, tachamiento, rayamiento, borramiento.
Plasmar: formar, moldear, crear, materializar.	**Borrar:** tachar, anular, nadizar, esfumar.
Plástico: flexible, maleable, dúctil, formativo.	**Consistente:** recio, sólido, firme, incierto.
Plataforma: tribuna, tablado, tema, motivo.	**Apariencia:** figura, forma, aspecto, ficción.
Platicar: charlar, conversar, departir, parlamentar.	**Callar:** silenciar, enmudecer, observar, inmovilizar.
Platónico: ideal, romántico, sentimental, elevado.	**Interesado:** codicioso, prepotente, material, ambicioso.
Plausible: digno, laudable, meritorio, admirable.	**Inadmisible:** inaceptable, absurdo, inadoptable, injustificable.
Play-boy: buscón, oportunista, f- conquistador de mujeres famosas o de fortuna.	**Correcto:** honesto, púdico, moralista, ético.
Plaza: ciudadela, villa, mercado, puesto.	**Planicie:** llanura, meseta, abrigo, descanso.

Plebeyo: vulgar, ordinario, tosco, ramplón. **Noble:** digno, ilustre, esclarecido, egregio.

Plebiscito: referéndum, votación, determinación, sufragio. **Controversia:** discusión, polémica, debate, impugnación.

Plegable: desarmable, desmontable, enrollable, flexible. **Rígido:** fijo, duro, tenso, endurecido.

Plegar: doblar, arquear, encorvar, arrugar. **Estirar:** alargar, prolongar, dilatar, ensanchar.

Plegaria: oración, rezo, ruego, rogativa. **Blasfemia:** reniego, maldición, juramento, detracción.

Pleitesía: reverencia, inclinación, veneración, avenencia. **Irreverencia:** desacato, desatención, desprecio, profanación.

Plenitud: integridad, totalidad, conjunto, consagración, esplendor. **Defecto:** falta, deficiencia, falla, tacha.

Pleno: lleno, completo, atestado, abarrotado. **Vacío:** desocupado, libre, vacante, despejado.

Pleonasmo: redundancia, repetición, batología, perisología. **Precisión:** claridad, utilidad, variedad, exactitud.

Plétora: plenitud, abundancia, exceso, copia. **Escasez:** falta, carencia, insuficiencia, privación, exigüidad.

Pletórico: henchido, pleno, rebosante, atestado. **Vacío:** hueco, vacuo, inactivo, desocupado.

Pléyade: falange, legión, séquito, cortejo. **Poquedad:** insuficiencia, pequeñez, ordinariez, vulgaridad.

Pliego: cuadernillo, hoja, cartapacio, documento. **Libro:** obra, texto, volumen, ejemplar.

Plomazo: plasta, pelma, tostón, pesado. **Entretenido:** ameno, divertido, agradable, gracioso.

Plomizo: grisáceo, oscuro, nublado, cargado. **Despejado:** abierto, claro, sereno, raso.

Plúmbeo: cargante, pesado, pelma, aburrido. **Divertido:** ameno, gracioso, jovial, ocurrente.

Pluralidad: variedad, diversidad, disparidad, multiplicidad. **Singularidad:** particularidad, distinción, extrañeza, sobresaliente.

Plus: viático, propina, regalía, adehala. **Mezquindad:** cicatería, tacañería, avaricia, sordidez.

Plusvalía: utilidad, excedente, sobreprecio, aumento. **Equilibrio:** mesura, ecuanimidad, nivelación, ponderación.

Población: ciudad, pueblo, urbe, cantidad. **Desierto:** páramo, yermo, estepa, erial.

Poblado: habitado, concurrido, populoso, bullicioso. **Desértico:** despoblado, deshabitado, solitario, árido.

Poblar: colonizar, asentarse, establecerse, llenar. **Despoblar:** emigrar, ausentarse, despejarse, vaciarse.

Pobre: necesitado, menesteroso, mendigo, mísero. **Rico:** acaudalado, opulento, pudiente, adinerado.

Pobreza: necesidad, inopia, penuria, indigencia. **Riqueza:** abundancia, exuberancia, fertilidad, opulencia.

Pocilga: corral, establo, barraca, porqueriza. **Mansión:** residencia, morada, vivienda, estancia.

Poco: escaso, insuficiente, limitado, estrecho. **Mucho:** suficiente, demasiado, excesivo, numeroso.

Podar: cortar, purgar, recortar, desmochar.

Poder: dominio, potestad, hegemonía, jurisdicción.

Poderhabiente: representante, facultado, apoderado, ejecutor.

Poderío: poder, mando, fuerza, imperio.

Poderoso: pudiente, acaudalado, adinerado, rico.

Podredumbre: pudrición, podredura, infección, putrefacción.

Podrido: corrompido, putrefacto, descompuesto, infecto.

Poema: poesía, elegía, trova, inspiración.

Poetizar: embellecer, idealizar, fantasear, hermosear, adornar.

Polarizar: concentrar, reunir, unificar, condensar, centralizar.

Polémica: discusión, disputa, controversia, altercado.

Polémico: controvertible, discutible, controvertido, cuestionable.

Polemizar: discutir, controvertir, disputar, debatir.

Policía: vigilancia, cuidado, seguridad, salvaguarda.

Polícromo: multicolor, irisado, pintado, coloreado.

Polifacético: multifacético, polilateral, diversivo, variabilizado.

Polígrafo: escritor, tratadista, novelista, intérprete.

Polinomio: polidicción, variedad, bilateralidad, pluralidad.

Polisemia: variedad, multiplicidad, f- pluralidad de significados.

Polisémico: variado, pluralizado, diverso, distinto.

Política: manejo, doctrina, habilidad, cortesía.

Politizar: abanderizar, partidarizar, sectorizar, f- inculcar ideas políticas.

Polivalente: adecuado, apropiado, f- congruente con diversos fines.

Polizón: ocioso, f- sin destino, embarcante clandestino.

Poltrón: gandul, holgazán, perezoso, indolente.

Continuar: intocar, mantener, perdurar, alargar, prolongar.

Debilidad: ineptitud, incapacidad, impotencia, flaqueza.

Poderdante: comisionante, delegante, misionante, mandante.

Freno: sujeción, sometimiento, coyunda, dependencia.

Débil: endeble, enclenque, escuálido, canijo.

Depuración: purificación, acendramiento, incorrección, acrisolamiento.

Sano: fresco, reciente, vivo, rozagante.

Fealdad: deformación, inconexión, afeamiento, monstruosidad.

Afear: deslucir, deformar, desfigurar, censurar.

Depolarizar: desconectar, desligar, desunir, destrabar.

Acuerdo: armonía, avenencia, convenio, parecer, resolución.

Indiscutible: definitivo, evidente, irrefutable, incuestionable.

Concordar: armonizar, convergir, concertar, operar.

Delincuencia: infracción, criminalidad, complicidad, maldad.

Monocromo: monótono, apagado, igual, uniforme.

Unifacético: unilateral, singular, particular, monofacético.

Lector: veedor, leyente, monitor, profesor.

Monoacepción: unicidad, singularidad, monosentido, taxatividad.

Unilateralidad: singularidad, unicidad, monodicción, f- voces con un solo significado.

Unisémico: singular, único, monodicto, sólico.

Desconcierto: desgobierno, desorden, confusión, discordia.

Despolitizar: pluralizar, unificar, mancomunar, f- quitar el carácter político.

Monovalente: determinado, señalado, f- útil para un solo fin.

Navegante: nauta, marino, naval, marítimo.

Diligente: activo, discurrente, útil, ingenioso.

Poltronería: haraganería, gandulería, holgazanería, negliglencia.
Polución: efusión, contaminación, corrupción, profanación.
Poluto: contaminado, manchado, infectado, contagiado.
Polvo: ceniza, pavesa, tierra, molinada.

Polvoriento: ceniciento, polvoroso, obscurecido, opacado.
Polla: moza, muchacha, fúlica, f- gallina joven.
Pompa: ostentación, grandeza, esplendor, suntuosidad.
Pomposo: suntuoso, ostentoso, aparatoso, magnificante.
Ponderación: encarecimiento, exageración, abultamiento, hipérbole.
Ponderar: considerar, examinar, enaltecer, equilibrar.
Ponencia: proposición, sugerencia, informe, determinación.
Poner: situar, colocar, determinar, concurrir.
Pontificar: aseverar, asegurar, hiperbolizar, magnificar.
Ponzoña: veneno, tósigo, toxina, virus.

Popular: común, habitual, público, renombrado.
Popularidad: fama, crédito, notoriedad, gloria.
Poquedad: escasez, cortedad, apocamiento, timidez.
Porcentaje: proporción, relación, f- tanto por ciento.
Porción: parte, fracción, trozo, ración.
Porche: atrio, cobertizo, soportal, pórtico.
Porfiar: disputar, contender, discutir, insistir.
Pormenor: detalle, antecedente, menudencia, circunstancia.
Pormenorizar: detallar, enumerar, especificar, catalogar.
Pornografía: obscenidad, inmoralidad, indecencia, sicalipsis.
Pornográfico: licencioso, inmoral, obsceno, impúdico.
Poroso: esponjoso, permeable, perforado, agujereado.

Actividad: acción, movimiento, diligencia, presteza.
Preservación: conservación, defensión, protección, salvamiento.
Limpio: sano, fuerte, indemne, inmunizado, inmaculado.
Elemento: cuerpo, materia, substancia, asunto.
Límpido: impoluto, nítido, terso, diáfano.

Madura: sazonada, madurada, experimentada, provecta, juiciosa.
Sencillez: llaneza, cordialidad, benevolencia, franqueza.
Sencillo: llano, natural, espontáneo, simple.

Atenuación: aminoramiento, disminución, aplacamiento, amortiguación.
Moderar: morigerar, desmesurar, justipreciar, valorar.
Consideración: estudio, revisión, análisis, discusión.
Sacar: extraer, extirpar, conseguir, obtener.
Minimizar: reducir, empequeñecer, minorar, jibarizar.
Antídoto: contraveneno, antitóxico, atósigo, inmunización.
Detestado: odiado, aborrecido, abominado, execrado.
Impopularidad: opacidad, desconocimiento, innotoriedad, obscurecimiento.
Abundancia: cantidad, cuantía, profusión, copiosidad.
Desproporción: desarmonía, inconveniencia, inconformidad, incongruencia.
Entero: completo, cabal, íntegro, todo.
Barraca: galpón, almacén, tinglado, choza.
Ceder: concordar, armonizar, desistir, renunciar.
Conjunto: completo, entero, íntegro, compuesto.
Embrollar: confundir, enredar, mezclar, enmarañar.
Decencia: decoro, recato, honestidad, pulcritud.
Honesto: decente, pudoroso, decoroso, moralista.
Compacto: denso, tupido, apretado, macizo.

SINÓNIMOS	ANTÓNIMOS
Porqué: motivo, causa, razón, móvil.	**Consecuencia:** deducción, conclusión, inferencia, corolario.
Porquería: basura, inmundicia, suciedad, indecencia.	**Limpieza:** aseo, pulcritud, higiene, integridad.
Portada: ornato, adorno, frontispicio, presencia.	**Reverso:** dorso, revés, contrahaz, vuelta.
Portador: portante, conductor, cargador, contagiador.	**Descargador:** desembarcador, descargante, disculpante.
Portar: llevar, transportar, trasladar, conducir.	**Dejar:** olvidar, abandonar, desamparar, faltar.
Portátil: manual, movible, conducible, cómodo.	**Fijo:** firme, seguro, permanente, asentado.
Portavoz: caudillo, cabecilla, adalid, heraldo.	**Subordinado:** dependiente, inferior, sumiso, vendedor.
Porte: traslado, transporte, aspecto, prestancia.	**Circunstancia:** motivo, objeto, causa, efecto.
Portento: asombro, milagro, sorpresa, maravilla.	**Insignificancia:** nimiedad, pequeñez, nulidad, menudencia.
Portentoso: asombroso, maravilloso, prodigioso, pasmoso.	**Fútil:** vano, nimio, insignificante, baladí.
Portero: guardián, bedel, vigilante, cancerbero.	**Policía:** guardia, carabinero, agente, detective.
Porvenir: futuro, venidero, mañana, posterior.	**Incertidumbre:** inestabilidad, vacilación, indecisión, inseguridad.
Posada: casa, domicilio, descanso, hostería.	**Parada:** fin, término, estación, pausa.
Posar: descansar, ubicarse, colocarse, sedimentarse.	**Caminar:** andar, transitar, circular, cruzar.
Pose: actitud, postura, apariencia, afectación.	**Naturalidad:** sencillez, llaneza, simplicidad.
Poseer: tener, gozar, saber, conocer.	**Carecer:** faltar, privar, restar, fallar.
Posesión: heredad, propiedad, pertenencia, disfrute.	**Indigencia:** necesidad, miseria, inopia, pobreza.
Posibilidad: factibilidad, probabilidad, eventualidad, perspectiva.	**Impedimento:** imposibilidad, infructuosidad, improbabilidad, oposición.
Posibilitar: facilitar, adecuar, viabilizar, probabilizar.	**Dificultar:** entorpecer, complicar, estorbar, impedir.
Posible: probable, viable, hacedero, concebible.	**Imposible:** improbable, irrealizable, absurdo, quimérico.
Posición: situación, condición, categoría, estado.	**Vaguedad:** imprecisión, incertidumbre, hesitación, confusión.
Positivista: materialista, realista, empírico, pragmático.	**Idealista:** soñador, utópico, iluso, desinteresado.
Positivizar: probabilizar, viabilizar, porvenizar, hacederizar.	**Negativizar:** improbabilizar, dificultar, estorbar, impedimentar.
Positivo: real, auténtico, seguro, efectivo.	**Negativo:** negación, evasión, excusa, tampoco.
Poso: sedimento, zupia, heces, acopio.	**Superficie:** espacio, plano, extensión, terreno.

Posponer: postergar, preterir, aplazar, demorar. — **Adelantar:** anticipar, acelerar, avanzar, apresurar.

Postergación: posposición, preterición, relegación, menosprecio. — **Adelantamiento:** anticipación, antelación, avance madrugación.

Postergar: demorar, retrasar, posponer, relegar. — **Apresurar:** apurar, correr, precipitar, aligerar.

Posterior: ulterior, subsiguiente, siguiente, continuante. — **Anterior:** previo, procedente, antecedente, preliminar.

Posteriorizar: ulteriorizar, postergar, retrasar, aplazar. — **Anteriorizar:** anticipar, adelantar, acelerar, avanzar.

Postinero: presumido, vanidoso, farolero, ostentoso. — **Sencillo:** humilde, natural, espontáneo, campechano.

Postizo: añadido, agregado, artificial, engañoso. — **Verdadero:** legítimo, auténtico, verídico, veraz.

Postración: desaliento, languidez, abatimiento, extenuación. — **Ánimo:** aliento, valor, esfuerzo, denuedo.

Postrar: abatir, aniquilar, anonadar, desalentar. — **Alentar:** animar, entusiasmar, avivar, excitar.

Postrer: posterior, postrero, último, final. — **Primero:** inicial, primitivo, primario, principal.

Postrimería: final, ocaso, decadencia, declinación. — **Comienzo:** principio, iniciación, origen, nacimiento.

Postulante: aspirante, solicitante, demandante, candidato. — **Rehusante:** rechazante, excusante, denegante, desdeñante.

Postular: aspirar, anhelar, conseguir, recabar. — **Ofrecer:** prometer, mostrar, brindar, ofrendar.

Postura: actitud, posición, estado, alternativa. — **Situación:** aspecto, disposición, variación, modalidad.

Potable: bebible, tomable, usable, saludable. — **Viciado:** contagiado, impuro, sucio, impotable.

Potencia: poder, capacidad, posibilidad, aptitud. — **Deficiencia:** insuficiencia, falta, defección, ineficacia.

Potentado: monarca, soberano, príncipe, jerarca. — **Necesitado:** indigente, menesteroso, pordiosero, mendigo.

Potente: vigoroso, pujante, poderoso, enérgico. — **Débil:** decaído, endeble, lánguido, enflaquecido.

Potestad: poder, dominio, autoridad, fuerza. — **Impotencia:** ineptitud, incapacidad, insuficiencia, imposibilidad.

Potestativo: facultativo, optativo, voluntario, opcional. — **Obligatorio:** forzoso, exigido, preceptivo, obligado.

Práctica: destreza, expedición, experiencia, rutina. — **Torpeza:** yerro, descuido, desatención, incapacidad.

Practicar: ejercitarse, ejercer, usar, emplear. — **Teorizar:** observar, examinar, suponer, quimerizar.

Práctico: diestro, avezado, experto, positivo. — **Inhábil:** teórico, inexperto, desavezado, lerdo.

Pragmático: diestro, experto, hábil, versado. — **Inhábil:** inexperto, torpe, principiante, novato.

Pragmatismo: baqueanismo, avezamiento, positivismo, expertismo. — **Inhabilidad:** inepcia, torpeza, impracticidad, inexperiencia.

Preámbulo: introducción, prólogo, proemio, prefacio.
Prebenda: beneficio, ventaja, oportunidad, sinecura.
Precario: transitorio, temporal, efímero, perecedero, inestable.
Precaución: cautela, prudencia, prevención, moderación.
Precaver: prevenir, prever, cautelar, impedir.
Precavido: cauto, astuto, sagaz, circunspecto.
Precedencia: prioridad, prelación, antelación, anterioridad.
Precedente: antecedente, motivo, noticia, referencia.
Preceder: adelantar, aventajar, presidir, superar.
Precepto: orden, regla, disposición, mandamiento.
Preceptuar: disponer, ordenar, pautar, codificar.
Preces: ruego, súplica, demanda, instancia.
Preciar: apreciar, estimar, tasar, valuar, considerar.
Precio: valor, importe, costo, monto.
Preciosidad: belleza, encanto, hermosura, lindeza.
Precioso: valioso, primoroso, excelente, magnífico.
Precipicio: acantilado, barranco, abismo, depresión.
Precipitación: atolondramiento, imprudencia, aturdimiento, irreflexión.
Precipitado: alocado, impulsivo, irreflexivo, atolondrado.
Precipitar: arrojar, empujar, lanzar, derrumbar.
Precisar: fijar, determinar, concretar, puntualizar.
Precisión: exactitud, puntualidad, estrictez, delimitación.
Preciso: exacto, justo, cabal, correcto, concluyente.
Preclaro: célebre, afamado, insigne, ilustre.

Precognición: preconocimiento, preconcepción, percepción, clarividencia.

Epílogo: término, final, conclusión, culminación.
Gravamen: obligación, gabela, impuesto, canon.
Estable: constante, duradero, perenne, permanente, durable.
Imprevisión: descuido, desprevención, negligencia, imprudencia.
Objetar: rechazar, contradecir, cuestionar, rebatir.
Precipitado: imprudente, alocado, atarantado, irreflexivo.
Posterioridad: ulterioridad, consecutividad, preteridad, posteridad.
Consecuente: siguiente, consiguiente, razonable, ecuánime.
Suceder: acontecer, ocurrir, pasar, acaecer.
Abrogación: abolición, anulamiento, revocación, abolimiento.
Revocar: anular, abrogar, denegar, retrotraer.
Resolución: abordamiento, examen, decisión, providencia.
Invalorar: depreciar, rebajar, disminuir, desestimar.
Cómputo: cálculo, tasa, avalúo, estimación.
Fealdad: deformidad, monstruosidad, desaliño, desproporción.
Desestimado: invalorado, desdeñado, despreciado, intrascendente.
Cúspide: cumbre, cresta, pináculo, culminación.
Serenidad: entereza, valor, dominio, placidez.
Sosegado: reposado, plácido, apacible, pacífico.
Sujetar: detener, interrumpir, atajar, sostener.
Confundir: embrollar, enredar, mezclar, perturbar.
Imprecisión: indefinición, equívoco, indistinción, indeterminación.
Errado: impreciso, inexacto, equivocado, supuesto.
Anónimo: desconocido, ignorado, insignificante, empequeñecido.
Ignaria: nesciencia, insipiencia, desconocimiento, ignorancia.

SINÓNIMOS	ANTÓNIMOS
Preconcebir: preconocer, imaginar, proyectar, crear, forjar.	**Realizar:** ejecutar, coronar, plasmar, culminar.
Preconizar: auspiciar, patrocinar, proponer, ponderar.	**Reprobar:** invalorar, reprochar, censurar, infravalorar, increpar.
Precoz: anticipado, adelantado, prematuro, aprovechado.	**Tardío:** retrasado, retardado, torpe, lento.
Precursor: predecesor, iniciador, pionero, ascendiente.	**Posterior:** siguiente, subsiguiente, sucesor, ocaso.
Predecir: adivinar, anunciar, adelantarse, profetizar, presagiar.	**Silenciar:** ocultar, encubrir, callar, reservar.
Predestinar: anunciar, profetizar, presagiar.	**Disuadir:** desaconsejar, desengañar, decepcionar, despertar.
Predicamento: opinión, juicio, conferencia, concepto, principio.	**Desacierto:** absurdo, desatino, disparate, inexacto, exabrupto.
Predicar: exhortar, estimular, evangelizar, persuadir.	**Interrumpir:** intermitir, repulsar, frenar, parar, rechazar, acallar.
Predicción: augurio, anuncio, presagio, pronóstico, profecía, vaticinio.	**Realidad:** concreción, existencia, objetividad, efectividad.
Predilección: preferencia, inclinación, propensión, primacía.	**Aversión:** aborrecimiento, renuencia, oposición, animosidad.
Predilecto: elegido, primado, preferido, favorito, privilegiado.	**Execrado:** detestado, aborrecido, maldecido, condenado.
Predio: dominio, posesión, feudo, hacienda.	**Proletariedad:** indigencia, inopia, pobreza, necesidad.
Predisponer: inclinar, preparar, disponer, propender.	**Entorpecer:** estorbar, dificultar, oponer, molestar.
Predisposición: propensión, tendencia, inclinación, disposición.	**Entorpecimiento:** dificultad, indisposición, fastidio, oposición.
Predominar: prevalecer, preponderar, dominar, resaltar.	**Anonadar:** confundir, abatir, frustrar, deteriorar.
Predominio: imperio, hegemonía, supeditación, potestad.	**Dependencia:** inferioridad, subordinación, desventaja, menoscabo.
Preeminencia: superioridad, ventaja, supremacía, elevación.	**Inferioridad:** desventaja, dependencia, bajeza, insignificancia.
Preeminente: relevante, culminante, superior, descollante.	**Inferior:** peor, bajo, malo, mejor.
Preexistencia: antelación, anticipación, f-existencia previa.	**Inexistencia:** suposición, hipótesis, presunción, sospecha.
Prefacio: preámbulo, prólogo, proemio, introducción.	**Epílogo:** desenlace, remate, término, consumación, final.
Preferencia: primacía, superioridad, precedencia, privilegio.	**Menosprecio:** desprecio, bajeza, desestimación, desdeñamiento.
Preferente: preferencial, preeminente, predilecto, superior.	**Inferior:** menospreciado, desdeñoso, despreciado.
Preferir: elegir, optar, distinguir, designar.	**Desechar:** desestimar, excluir, apartar, rechazar.
Prefijar: determinar, precisar, predeterminar, anteponer.	**Vacilar:** titubear, hesitar, dudar, fluctuar.
Pregonar: divulgar, vociferar, publicar, proclamar, anunciar.	**Callar:** omitir, silenciar, enmudecer, olvidar.

Preguntar: interrogar, interpelar, requerir, examinar.
Prehistórico: antiguo, vetusto, arcaico, antiquísimo.
Prejuicio: escrúpulo, tradición, prevención, aprensión.
Prelación: antelación, anticipación, preferencia, predilección.
Prelado: clérigo, sacerdote, primado, obispo.
Preliminar: anterior, precedente, antecesor, comienzo.
Preludio: obertura, preámbulo, introducción, principio.
Prematuro: adelantado, anticipado, precoz, adelanto.
Premeditación: discernimiento, reflexión, preconcepción, recapacitación.
Premeditar: reflexionar, deliberar, discernir, recapacitar.
Premiar: laurear, recompensar, reconocer, distinguir, retribuir.
Premio: galardón, homenaje, medalla, gratificación.
Premioso: apretado, estrecho, ajustado, estricto.
Premisa: antecedente, indicio, proposición, sugestión.
Premonitorio: anticipatorio, presentivo, presagiante, barruntativo.
Premura: prisa, apuro, urgencia, prontitud.
Prenda: fianza, garantía, caución, protección.
Prendar: agradar, encantar, seducir, deleitar.
Prender: apresar, detener, asir, aprisionar.
Prensa: diario, periódico, revista, rotativo.
Preñado: lleno, colmado, fecundo, henchido.
Preocupación: impaciencia, conturbación, enervamiento, ansiedad.
Preocupar: inquietar, turbar, enervar, ofuscar.
Preparación: disposición, preparamiento, previsión, organización.
Preparar: alistar, aprestar, organizar, proyectar.
Preponderancia: preeminencia, predominio, relevancia, supremacía.

Contestar: reponder, replicar, aducir, argüir.
Moderno: actual, nuevo, reciente, fresco.
Justiprecio: apreciamiento, evaluación, valoración, ecuanimidad.
Demora: espera, retraso, retardo, tardanza.
Acólito: sacristán, monaguillo, monje, cristiano.
Final: término, culminación, epílogo, límite.
Conclusión: final, deducción, efecto, consecuencia.
Retrasado: demorado, tardío, atrasado, retardado.
Actuación: ejecución, realización, elaboración, plasmación.
Actuar: proceder, hacer, ejecutar, conducir.
Castigar: sancionar, condenar, reprender, escarmentar.
Castigo: corrección, pena, sanción, represalia.
Holgado: desahogado, aliviado, acomodado, descansado.
Resultado: efecto, consecuencia, secuela, acuerdo.
Cogitatorio: reflexivo, recapacitatorio, cavilatorio, lucrativo.
Calma: sosiego, reposo, flema, bonanza.
Riesgo: contingencia, peligro, aventura, amenaza.
Desagradar: disgustar, fastidiar, ofender, molestar.
Soltar: liberar, excarcelar, desligar, desatar.
Transmisión: radiodifusión, televisión, telescritura, telefonía.
Vacuo: vacío, carente, hueco, ausente.
Serenidad: predominio, tranquilidad, sosiego, pasividad.
Tranquilizar: aquietar, pacificar, calmar, dominarse.
Improvisación: irreflexión, imprecisión, inhumación, tincamiento.
Realizar: ejecutar, plasmar, efectuar, hacer, obrar, confeccionar.
Dependencia: supeditación, subordinación, sujeción, limitación.

SINÓNIMOS	ANTÓNIMOS
Preponderante: predominante, preeminente, elevado, superior.	**Dependiente:** subordinado, supeditado, accesorio, inferior.
Preponderar: predominar, decidir, influir, determinar.	**Acatar:** ceder, cumplir, respetar, honrar.
Prepotencia: abuso, despotismo, superioridad, dominación.	**Inferioridad:** subordinación, dependencia, desventaja, acatamiento.
Prerrogativa: ventaja, privilegio, proyección, dispensa.	**Desventaja:** inconveniente, perjuicio, menoscabo, quebranto.
Presagiar: anunciar, aventurar, augurar, predecir, profetizar.	**Silenciar:** callar, enmudecer, sigilar, preservar.
Prescindencia: abstracción, exclusión, abstención, omisión.	**Análisis:** examen, estudio, observación, separación.
Prescindir: desechar, omitir, dejar, silenciar.	**Analizar:** considerar, examinar, juzgar, estimar.
Prescribir: señalar, ordenar, caducar, expirar.	**Obedecer:** acatar, respetar, validar, actualizar.
Prescripción: expiración, término, plazo, taxatividad.	**Causalidad:** circunstancia, motivo, razón, incidencia.
Prescrito: vencido, anulado, caducado, cancelado.	**Vigente:** actual, válido, existente, presente.
Presencia: aspecto, figura, traza, apariencia.	**Ausencia:** alejamiento, abandono, partida, separación.
Presenciar: contemplar, observar, mirar, ver, concurrir.	**Ignorar:** desconocer, ocultar, esconder, callar.
Presentación: demostración, exhibición, exposición, manifestación.	**Disimulación:** ocultación, encubrimiento, furtividad, disfraz.
Presentar: mostrar, exhibir, exponer, explanar.	**Ocultar:** callar, omitir, silenciar, guardar.
Presente: asistente, concurrente, espectador, veedor.	**Ausente:** alejado, distante, separado, inhibido.
Presentimiento: sospecha, conjetura, intuición, clarividencia.	**Evidencia:** revelación, descubrimiento, hallazgo, encuentro.
Presentir: antever, intuir, tener un presagio, vislumbrar, columbrar.	**Verificar:** cerciorarse, cuidarse, asegurar, corroborar.
Preservación: conservación, protección, defensión, salvamento.	**Peligro:** riesgo, aventura, contingencia, amenaza.
Preservar: conservar, guardar, resguardar, defender, proteger.	**Arriesgar:** aventurar, exponer, osar, atreverse.
Presidencia: jefatura, superioridad, directiva, privilegio.	**Inferioridad:** dependencia, subordinación, medianía, desventaja.
Presidio: cárcel, prisión, penitenciaría, alcázar.	**Excarcelación:** libertad, emancipación, soltamiento, redención.
Presidir: dirigir, conducir, regir, administrar.	**Obedecer:** cumplir, acatar, someterse, entregarse.
Presión: opresión, compresión, apremio, insistencia.	**Relajación:** depresión, liberalidad, ablandamiento, suavización.
Prestación: beneficio, canon, tributo, préstamo.	**Motivo:** razón, causa, objetivo, finalidad.
Prestamista: usurero, prestador, especulador, avaro.	**Deudor:** prestatario, desinteresado, desprendido, generoso.

Prestancia: galardón, dignidad, distinción, arresto.
Prestar: facilitar, favorecer, suministrar, beneficiar.
Presteza: prontitud, agilidad, diligencia, ligereza.
Prestidigitador: ilusionista, ficcionario, imaginista, quimerista.
Prestigio: ascendencia, reputación, influencia, autoridad.
Prestigioso: acreditado, influyente, reputado, renombrado.
Presumido: vanidoso, jactancioso, presuntuoso, pretencioso.
Presumir: suponer, maliciar, conjeturar, barruntar.
Presunción: suposición, sospecha, conjetura, engreimiento.
Presunto: supuesto, probable, achacable, imputable.
Presuntuoso: presumido, pretencioso, ostentoso, engreído.
Presuponer: admitir, aceptar, suponer, conjeturar, tolerar.
Presupuesto: cálculo, cómputo, importe, valor.
Presuroso: veloz, rápido, raudo, apresurado.
Pretencioso: presumido, presuntuoso, vanidoso, fatuo.
Pretender: intentar, ambicionar, procurar, aspirar.
Pretensión: aspiración, ambición, intención, ansia.
Preterición: omisión, olvido, dejación, descuido.
Preterir: descuidar, postergar, posponer, diferir.
Pretérito: pasado, caducado, remoto, acaecido.
Pretexto: motivo, resquicio, disculpa, evasiva.
Prevalecer: predominar, reinar, sobresalir, descollar.
Prevaricar: delinquir, infringir, quebrantar, transgredir.
Prevención: medida, disposición, preparación, previsión.
Prevenir: prever, evitar, advertir, avisar.

Vulgaridad: chabacanería, tosquedad, trivialidad, ramplonería
Devolver: restituir, reintegrar, corresponder, reponer, compensar.
Lentitud: demora, dilación, retraso, lenidad.
Entretenimiento: pasatiempo, recreación, distracción, esparcimiento.
Vilipendio: escarnio, desprecio, calumnia, diatriba.
Desprestigiado: desacreditado, difamado, denigrado, empequeñecido.
Humilde: sencillo, moderado, modesto, reservado.
Afirmar: aseverar, asegurar, atestiguar, sostener.
Modestia: recato, moderación, sencillez, honestidad.
Flagrante: evidente, indudable, cierto, descubierto.
Modesto: sencillo, llano, natural, espontáneo.
Rehusar: excusar, disculpar, denegar, apartar.
Certeza: certidumbre, convicción, evidencia, veracidad.
Lento: calmoso, tranquilo, sosegado, pausado.
Sencillo: modesto, natural, campechano, espontáneo.
Renunciar: dimitir, desistir, ceder, abdicar.
Resolución: ánimo, valor, decisión, conclusión.
Futuridad: posteridad, perspectiva, mañana, porvenir.
Preceder: aventajar, anticipar, adelantar, superar.
Futuro: venidero, pasado, porvenir, perspectiva.
Certidumbre: seguridad, convicción, realidad, evidencia.
Perder: derrochar, desperdiciar, disipar, extraviar.
Obedecer: cumplir, acatar, observar, respetar.
Improvisación: precipitación, impetuosidad, atolondramiento, imprudencia.
Facilitar: simplificar, posibilitar, favorecer, proporcionar.

Prever: precaver, prevenir, presentir, oliscar.

Descuidar: desatender, omitir, abandonar, olvidar.

Previo: anticipado, adelantado, anterior, prematuro.

Posterior: siguiente, consecuente, ulterior, subsiguiente.

Previsible: pronosticable, imaginable, presumible, probable.

Imprevisible: inimaginable, inesperado, imprevisto, repentino.

Previsión: cautela, ocurrencia, prudencia, preocupación.

Imprevisión: inadvertencia, impremeditación, imprudencia, osadía.

Previsor: cauto, precavido, prevenido, prudente.

Incauto: confiado, imprudente, ingenuo, insensato.

Previsto: presentido, concebido, conocido, deliberado.

Imprevisto: casual, fortuito, eventual, súbito.

Prez: honor, gloria, estimación, consideración.

Afrenta: ofensa, agravio, deshonra, vilipendio.

Prieto: ajustado, apretado, comprimido, ceñido.

Flojo: suelto, blando, holgado, libre.

Prima: cuota, comisión, porción, premio.

Sanción: castigo, represión, punción, escarmiento.

Primacía: ventaja, preponderancia, superioridad, predominio.

Inferioridad: menoscabo, desventaja, minoría, insignificancia.

Primado: primero, principal, preeminente, preponderante.

Auxiliar: dependiente, subordinado, inferior, accesorio.

Primario: principal, esencial, primitivo, primero.

Secundario: inferior, accesorio, dependiente, auxiliar.

Primavera: renovación, palingenesia, florecimiento, restitución.

Invierno: caducidad, anestesia, dormimiento, tristeza.

Primaveral: nuevo, alegre, juvenil, fresco.

Otoñal: autumnal, soporal, letárgico, grisáceo, somnolencia.

Primerizo: principiante, novato, aprendiz, inexperto.

Veterano: experto, avezado, experimentado, curtido.

Primero: inicial, principal, superior, aventajado.

Último: postrero, final, posterior, retrasado.

Primicia: principio, privilegio, comienzo, exclusivo.

Perjuicio: deterioro, menoscabo, nimiedad, incongruencia.

Primificar: primerizar, novizar, comenzar, debutar.

Abordar: considerar, determinar, interdependenciar, ulteriorizar.

Primigenio: primero, primitivo, inicial, prístino.

Postrero: posterior, último, final, resultado.

Primitivo: antiguo, remoto, arcaico, prehistórico.

Actual: moderno, presente, vigente, hodierno.

Primo: bobo, simple, memo, incauto.

Astuto: listo, ladino, sagaz, avispado.

Primor: cuidado, esmero, habilidad, destreza.

Descuido: dejadez, negligencia, torpeza, lasitud, incuria.

Primordial: principal, fundamental, esencial, cardinal.

Secundario: accidental, eventual, accesorio, suplementario.

Primoroso: delicado, perfecto, diestro, habilidoso.

Imperfecto: tosco, rústico, vulgar, deficiente.

Principal: primero, preferente, primordial, básico.

Accesorio: secundario, inferior, complementario, incidental.

Principiar: comenzar, iniciar, empezar, encabezar.
Principio: comienzo, empiece, iniciación, origen.
Pringado: infectado, enfermado, manchado, ensuciado.
Pringar: manchar, infectar, untar, engrasar.
Prioridad: anterioridad, antelación, precedencia, prelación.
Priorizar: prevalecer, primerizar, anticipar, adelantar.
Prisa: prontitud, presteza, premura, urgencia.
Prisión: captura, detención, presidio, aprehensión.
Prístino: original, singular, primigenio, originario.
Privación: carencia, falta, ausencia, escasez.
Privar: impedir, prohibir, despojar, destituir.
Privativo: propio, personal, particular, peculiar.
Privatizar: particularizar, personalizar, posesionar, f- pasar al sector privado.
Privilegio: ventaja, prerrogativa, franquicia, protección.
Probabilidad: posibilidad, contingencia, eventualidad, apariencia.
Probable: posible, contingente, verosímil, plausible.
Probar: tantear, degustar, examinar, experimentar.
Probidad: rectitud, delicadeza, integridad, moralidad.
Problema: cuestión, asunto, dificultad, complicación.
Problemático: incierto, inseguro, cuestionable, discutible.
Probo: íntegro, honrado, virtuoso, correcto.
Procacidad: descaro, desfachatez, desvergüenza, insolencia.
Procaz: desvergonzado, descarado, cínico, licencioso.
Procedencia: origen, naturaleza, causa, advenimiento.
Procedente: originario, proveniente, derivado, dimanante.

Acabar: fenecer, finalizar, concluir, ultimar.
Término: conclusión, culminación, objetivo, propósito.
Sanado: mejorado, restablecido, recuperado, repuesto.
Reponer: reparar, restituir, restaurar, mejorar, restablecer.
Posterioridad: después, posteriormente, postergación, aplazamiento.
Posteriorizar: retrasar, postergar, aplazar, retardar.
Calma: sosiego, quietud, reposo, apacibilidad.
Liberación: exoneración, eximición, excarcelación, soltamiento.
Vigente: actual, ahora, hogaño, reciente.
Abundancia: exuberancia, frondosidad, opulencia, profusión.
Permitir: acceder, consentir, autorizar, posibilitar.
General: común, colectivo, sabido, público.
Estatificar: estadizar, nacionalizar, comunizar, sociabilizar.
Perjuicio: daño, desventaja, inconveniente, atropello.
Improbabilidad: imposibilidad, infactibilidad, inverosimilitud, rareza.
Improbable: imposible, ilógico, inaudito, extraño.
Resolver: solucionar, determinar, decidir, solventar, afrontar.
Deshonestidad: impudor, impudicia, liviandad, inmoralidad.
Solución: explicación, resultado, conclusión, aclaración.
Seguro: cierto, certero, garantido, protegido.
Venal: indigno, corruptible, sobornable, chantajista.
Pudor: recato, decencia, honradez, rubor.
Pudibundo: honesto, correcto, púdico, consciente, decoroso.
Destino: meta, término, situación, efecto.
Improcedente: inadecuado, incongruente, impropio, extemporáneo.

SINÓNIMOS	ANTÓNIMOS
Proceder: obrar, actuar, operar, realizar.	**Abstenerse:** privarse, inhibirse, abstraerse, prescindir.
Procedimiento: curso, forma, marcha, método.	**Suspensión:** cesación, interrupción, tregua, pausa.
Prócer: prohombre, eminente, sobresaliente, insigne.	**Mediocre:** común, vulgar, ordinario, anodino.
Procesado: encausado, reo, acusado, inculpado.	**Absuelto:** redimido, perdonado, exculpado, indultado.
Procesar: encausar, enjuiciar, sentenciar, plantear, resolver.	**Absolver:** indultar, perdonar, sobreseer, conmutar.
Procesión: desfile, fila, comitiva, acompañamiento.	**Dispersión:** separación, diseminación, disgregación, desperdigamiento.
Proceso: transcurso, desarrollo, causa, asunto.	**Análisis:** estudio, examen, revisión, resolución.
Proclamar: aclamar, publicar, elegir, celebrar.	**Deponer:** destituir, destronar, someter, conquistar.
Proclive: adepto, partidario, prosélito, secuaz.	**Ajeno:** apartado, alejado, distante, extraño.
Procrear: engendrar, producir, ampliar, aumentar.	**Limitar:** restringir, ceñir, estrechar, demarcar.
Procurar: intentar, pretender, tratar, probar.	**Desistir:** abandonar, renunciar, cesar, amilanar.
Prodigalidad: generosidad, largueza, derroche, despilfarro.	**Tacañería:** avaricia, mezquindad, ruindad, miseria.
Prodigar: gastar, dilapidar, esparcir, diseminar.	**Economizar:** ahorrar, guardar, reservar, depositar.
Prodigio: maravilla, portento, asombro, fenómeno.	**Banalidad:** vulgaridad, ordinariez, trivialidad, insubstancialidad.
Prodigioso: portentoso, milagroso, maravilloso, mirífico.	**Ordinario:** común, habitual, corriente, frecuente.
Pródigo: liberal, munificiente, generoso, desprendido.	**Avaro:** cicatero, mezquino, tacaño, codicioso.
Pródromo: síntoma, presagio, síndrome, principio.	**Término:** final, conclusión, efecto, parte, consecuencia.
Producción: creación, elaboración, fabricación, rendimiento.	**Consumo:** improductividad, consumición, gasto, compra.
Producir: originar, crear, causar, irrogar.	**Consumir:** agotar, gastar, acabar, extinguir.
Productividad: producción, fertilidad, rendimiento, fabricación.	**Infecundidad:** esterilidad, improductividad, infertilidad, aridez.
Productivo: fecundo, feraz, fructífero, fértil.	**Improductivo:** estéril, infecundo, vano, innecesario.
Producto: resultado, fruto, trabajo, cosecha.	**Desecho:** residuo, sobras, desperdicio, escoria.
Proeza: hazaña, valía, osadía, audacia.	**Cobardía:** temor, pavor, pánico, espanto.
Profanación: sacrilegio, violación, blasfemia, herejía.	**Reverencia:** veneración, respeto, consideración, devoción.
Profanar: quebrantar, mancillar, faltar, envilecer, violar.	**Respetar:** considerar, honrar, venerar, exaltar.
Profano: laico, secular, seglar, lego.	**Sacro:** espiritual, religioso, piadoso, devoto.

Profecía: predicción, presagio, vaticinio, premonición.
Proferir: pronunciar, exclamar, manifestar, aducir.
Profesar: ejercer, practicar, crear, desempeñar.
Profesión: carrera, especialidad, función, ocupación.
Profesor: educador, maestro, catedrático, pedagogo.
Profeta: vidente, clarividente, vaticinador, visionario.
Profetizar: predecir, augurar, adelantar, vaticinar, pronosticar.
Prófugo: fugitivo, desertor, evadido, escapado.
Profundizar: ahondar, penetrar, sondear, escudriñar.
Profundo: hondo, abismal, insondable, recóndito.
Profusión: abundancia, plétora, exuberancia, raudal.
Profuso: abundante, exuberante, excesivo, cuantioso.
Progenitor: antepasado, padre, ascendiente.
Programa: plan, proyecto, sistema, método.
Progresar: adelantar, desarrollar, avanzar, acrecentar.
Progresivo: creciente, gradual, promisorio, sistemático.
Progreso: evolución, prosperidad, desarrollo, adelanto.
Prohibición: obstáculo, impedimento, privación, proscripción.
Prohibido: vetado, vedado, desautorizado, contraindicado, ilegal.
Prohibir: impedir, estorbar, privar, vedar.
Prohibitivo: inasequible, caro, oneroso, costoso.
Prójimo: semejante, análogo, similar, individuo.
Proletario: obrero, trabajador, operario, jornalero.
Proliferar: aumentar, crecer, producir, propagar.
Prolífero: fértil, prolífico, feraz, fecundo.

Realidad: evidencia, objetividad, verosimilitud, clarividencia.
Callar: silenciar, omitir, enmudecer, observar.
Escuchar: oír, atender, cuidar, vigilar.
Vocación: tendencia, inclinación, propensión, predisposición.
Discípulo: estudiante, alumno, escolar, colegial.
Sofisticador: falseante, embaucador, engatusador, adulterador.
Sofisticar: engañar, embaucar, falsear, mentir.
Aprisionado: cautivado, arrestado, recluido, encarcelado.
Superficializar: observar, acechar, atestar, novediar.
Superficial: aparente, frívolo, ficticio, ilusorio.
Escasez: poquedad, exigüidad, penuria, carestía.
Exiguo: escaso, insuficiente, reducido, limitado.
Descendiente: hijo, procedente.
Realización: ejecución, materialización, consumación, culminación.
Retroceder: cejar, refluir, recular, retrogradar.
Retrotraído: retrocedido, desandado, opuesto, contraproducente.
Retroceso: regresión, empeoramiento, retirada, desactivación.
Permisión: habilitación, toleramiento, admisión, autorización.
Permitido: reglamentario, legal, autorizado.
Autorizar: permitir, aprobar, asentir, conceder.
Asequible: barato, económico, módico.
Diferente: distinto, desigual, lejano, divergente.
Autócrata: burgués, burócrata, rico, capitalista.
Reducir: disminuir, mermar, acortar, escasear.
Estéril: seco, desértico, infecundo, improductivo.

SINÓNIMOS	ANTÓNIMOS
Prolijidad: atención, minuciosidad, contracción, primorosidad.	**Indiferencia:** apatía, ignavia, negligencia, displicencia.
Prolijo: esmerado, cuidadoso, meticuloso, diligente.	**Descuidado:** indolente, negligente, desidioso, incurioso.
Prólogo: preámbulo, prefacio, prolegómeno, introito.	**Epílogo:** conclusión, finalización, término, recapitulación.
Prolongación: alargamiento, desarrollo, ampliación, prórroga.	**Reducción:** mengua, merma, disminución, anticipación.
Prolongado: alargado, extenso, largo, desarrollado.	**Acortado:** fugaz, momentáneo, corto, pequeño.
Prolongar: aumentar, alargar, extender, dilatar.	**Acortar:** reducir, abreviar, compendiar, extractar.
Promediar: terciar, intermediar, interceder, mediar.	**Desentenderse:** apartarse, alejarse, retirarse, desestimar.
Promesa: ofrecimiento, ofrenda, promisión, oferta.	**Cumplimiento:** realización, ejecución, coronación, observación.
Prometer: asegurar, afirmar, proponer, ofrecer.	**Negar:** contradecir, denegar, desmentir, refutar.
Prominencia: saliente, relieve, protuberancia, turgencia.	**Profundidad:** hondura, cavidad, depresión, inmensidad.
Prominente: elevado, descollante, sobresaliente, abultado.	**Profundo:** penetrante, intenso, hondo, complejo, abismal, recóndito.
Promiscuidad: mezcolanza, entremezcladura, confusión, miscibilidad.	**Selección:** preferencia, distinción, opción, antología.
Promiscuo: mixto, revuelto, listado, variado, heterogéneo.	**Separado:** aislado, apartado, segregado, divorciado.
Promisorio: prominente, augurante, esperanzante, prometedor.	**Malignante:** dañino, perjudicial, maleativo, pernicioso.
Promoción: impulso, desarrollo, adelanto, avance.	**Interrupción:** detención, oclusión, suspensión, estancamiento.
Promocionar: promover, ascender, medrar, subir.	**Degradar:** destituir, postergar, relegar, rebajar, deshonrar.
Promotor: iniciador, organizador, impulsor, inspirador.	**Silenciador:** detenedor, paralizante, atajador, desvirtuador.
Promover: suscitar, iniciar, impulsar, levantar.	**Detener:** parar, atajar, abolir, paralizar.
Promulgar: anunciar, decretar, divulgar, difundir.	**Contener:** sujetar, atajar, refrenar, dificultar.
Pronosticar: vaticinar, conjeturizar, anunciar, augurar, predecir.	**Alarmar:** inquietar, intranquilizar, atemorizar, confundir.
Prontitud: presteza, celeridad, premura, agilidad.	**Lentitud:** demora, retraso, dilación, pachorra.
Pronto: rápido, presuroso, veloz, raudo.	**Lento:** tardo, calmoso, pausado, lerdo.
Prontuario: esquema, avance, esbozo, compendio, resumen.	**Instructivo:** guiador, adoctrinador, educante, monitor.
Pronunciamiento: exclamación, juzgamiento, decisión, alzamiento.	**Resolución:** decisión, determinación, providencia, osadía.
Pronunciar: proferir, articular, revelar, manifestar.	**Silenciar:** callar, omitir, enmudecer, reservar.

Propaganda: difusión, divulgación, moda, promoción.
Propagandista: divulgador, activista, prosélito, pregonero.
Propagar: difundir, irradiar, divulgar, esparcir.
Propasar: avanzar, adelantar, rebasar, extralimitarse.
Propedéutica: iniciación, comienzo, f-enseñanza introductoria.
Propender: tender, inclinarse, preferir, orientarse.
Propensión: inclinación, preferencia, tendencia, disposición.
Propenso: afecto, devoto, adicto, proclive.

Propiciar: ablandar, atenuar, inclinar, facilitar.
Propiciatorio: favorable, confluyente, propiciativo, adecuatorio.
Propicio: oportuno, adecuado, dispuesto, favorable.
Propiedad: pertenencia, posesión, tenencia, patrimonio.
Propietario: dueño, amo, patrono, titular.

Propinar: aplicar, administrar, atizar, asestar.
Propio: peculiar, natural, legítimo, conveniente.
Proponente: insinuante, manifestante, sugestivo, indicante.
Proponer: plantear, insinuar, avanzar, indicar, determinar.
Proporcionado: armonioso, equilibrado, compensado, adecuado.
Proporcionar: facilitar, proveer, suministrar, abastecer.
Proposición: ofrecimiento, propuesta, oferta, oración.
Propósito: intención, ánimo, idea, plataforma.
Propuesta: proposición, ofrecimiento, promesa, licitación.
Propugnar: proteger, defender, auxiliar, amparar, ayudar.
Propulsar: impeler, empujar, mover, provocar.
Prorratear: cuotar, repartir, proporcionar, distribuir.

Sujeción: dependencia, subordinación, constreñimiento, sometimiento.
Censor: contrario, crítico, opuesto, antagónico.
Restringir: limitar, circunscribir, coartar, contener.
Quedarse: detenerse, permanecer, subsistir, terminar.
Conclusión: terminación, coronación, finalización, resultado.
Contrariar: entorpecer, dificultar, oponer, detestar.
Aversión: repulsión, renuencia, antipatía, fobia.
Contrario: adverso, opuesto, enemigo, contrincante.
Dificultar: entorpecer, complicar, estorbar, molestar.
Lesivo: dañino, nocivo, perjudicial, pernicioso.
Adverso: contrario, opuesto, émulo, perjudicial.
Indigencia: penuria, privación, pobreza, inopia.
Inquilino: trabajador, arrendatario, subalterno, interino.
Recibir: percibir, tomar, admitir, acoger.

Impropio: inoportuno, improcedente, inadecuado, extraño.
Disuasivo: apartante, desengañante, induciente, alejante.
Disuadir: apartar, desaconsejar, desalentar, desengañar.
Inadecuado: desproporcionado, impropio, desigual, deforme.
Denegar: rechazar, rehusar, esquivar, impedir.
Respuesta: contestación, réplica, objeción, opugnación.
Realización: ejecución, culminación, finalización, consumación.
Contestación: respuesta, satisfacción, refutación, contradicción.
Atacar: embestir, acometer, arremeter, asaltar.
Reprimir: refrenar, coartar, restringir, coercer.
Totalizar: completar, integrar, juntar, enterar.

Prórroga: aplazamiento, demora, dilación, postergación.
Prorrogar: aplazar, demorar, diferir, retrasar.
Prorrumpir: proferir, emitir, exponer, exclamar, articular.
Prosaico: vulgar, trivial, común, chabacano.
Prosapia: ascendencia, linaje, progenie, abolengo.
Proscribir: desterrar, confinar, expatriar, deportar.
Prosecución: seguimiento, persecución, prolongación, continuación.
Proseguir: continuar, seguir, reanudar, persistir.
Prosélito: partidario, adepto, secuaz, afiliado.
Prosopopeya: personificación, afectación, presunción, encarnación.
Prospección: exploración, sondeamiento, investigación, reconocimiento.
Prospectar: examinar, cuantificar, explorar, reconocer.
Prosperar: progresar, adelantar, surgir, acrecentar.
Prosperidad: progreso, adelanto, ventura, bienestar.
Próspero: venturoso, propicio, feliz, favorable.
Prosternarse: arrodillarse, hincarse, humillarse, postrarse.
Prostíbulo: lenocinio, burdel, lupanar, fornicio.
Prostitución: corrupción, degradación, deshonra, meretricio.
Prostituir: degradar, corromper, envilecer, pervertir.
Protagonizar: actuar, participar, realizar, efectuar.
Protección: amparo, apoyo, auxilio, defensa, patrocinio.
Proteger: amparar, socorrer, auxiliar, resguardar, prevenir.
Protegido: recomendado, consentido, favorito, predilecto.
Proteico: versátil, cambiante, evolutivo, variable.
Protervia: maldad, corrupción, depravación, perfidia.

Expiración: término, conclusión, cumplimiento, anulación.
Anticipar: adelantar, abreviar, anteponer, acortar, madrugar.
Impedir: estorbar, dificultar, cercenar, obstruir.
Elevado: excelso, sublime, eminente, poético.
Sucesión: generación, descendencia, saga, dinastía, clan.
Acoger: admitir, recibir, amparar, favorecer.
Interrupción: suspensión, detención, impedimento, cercenamiento.
Interrumpir: detener, refrenar, atajar, rechazar.
Enemigo: adversario, contrincante, beligerante, hostil.
Naturalidad: sencillez, originalidad, llaneza, espontaneidad.
Desconocimiento: nesciencia, inexploración, invaloración, desestimación.
Ignorar: desconocer, invalorar, desestimar, superficializar.
Atrasar: retardar, demorar, detenerse, rezagar.
Penuria: escasez, falta, carestía, miseria.

Infausto: desdichado, infeliz, desafortunado, aciago.
Erguirse: levantarse, alzarse, enderezarse, enhiestarse.
Impolutez: madurez, reflexión, limpidez, incorrupción.
Pudicia: castidad, honestidad, reserva, virtuosidad.
Corregir: regenerar, reformar, enmendar, rehabilitar.
Abstenerse: inhibirse, privarse, enmudecer, silenciar, mudizar.
Persecución: seguimiento, acosamiento, acorralamiento, atosigamiento.
Perseguir: acosar, comprimir, hostigar, asediar.
Inerme: desvalido, desamparado, indefenso, abandonado.
Constante: perseverante, persistente, tenaz, duradero.
Bondad: caridad, piedad, sensibilidad, honestidad, tolerancia.

Protesta: queja, reproche, acusación, abucheo.
Protestar: reclamar, alegar, discutir, rezongar.
Protocolario: ceremonioso, formal, solemne, grave.
Protocolizar: formalizar, ritualizar, etiquetar, ceremoniar.
Protocolo: ceremonia, solemnidad, formulismo, ceremonial.
Prototipo: modelo, ejemplar, original, molde.
Protuberancia: saliente, turgencia, abolladura, relieve.
Provecto: antiguo, vetusto, caduco, decrépito.
Provecho: beneficio, ventaja, rendimiento, ganancia.
Provechoso: beneficioso, conveniente, útil, ventajoso.
Proveer: abastecer, proporcionar, suministrar, aprovisionar.
Proveniente: procedente, originante, naciente, derivante.
Provenir: proceder, descender, emanar, derivar.
Proverbial: tradicional, habitual, sentencioso, axiomático.
Providencia: Dios, Creador, medida, disposición.
Providencial: predestinado, elegido, asignable, adecuado.
Próvido: benévolo, diligente, propicio, providente.
Provisión: abastecimiento, depósito, almacenamiento, suficiencia.
Provisional: accidental, temporal, pasajero, transitorio.
Provocación: desafío, reto, incitación, impulsión.
Provocador: fanfarrón, pendenciero, alborotador, incitador.
Provocar: incitar, excitar, exacerbar, suscitar.
Proxeneta: alcahuete, celestina, encubridor, rufián.
Proximidad: vecindad, cercanía, confinidad, contigüidad.
Próximo: continuo, inmediato, adyacente, rayano.

Aplauso: aprobación, aquiescencia, beneplácito, conformidad.
Aceptar: admitir, aprobar, confesar, reconocer.
Informal: sencillo, sobrio, discreto, campechano.
Futilizar: empequeñecer, frivolizar, insubstanciar, vanificar.
Informalidad: sencillez, naturalidad, franqueza, campechanía.
Copia: imitación, remedo, falsificación, plagio.
Depresión: hondonada, concavidad, bajada, desaliento.
Reciente: nuevo, actual, flamante, adolescente.
Pérdida: perjuicio, daño, quebranto, bancarrota.
Improductivo: ineficaz, infructuoso, inútil, estéril.
Privar: despojar, desposeer, quitar, carecer.
Determinante: concluyente, resolvente, decidor, causante.
Causar: determinar, disponer, decidir, resolver.
Inusitado: desconocido, ignorado, extraño, inaudito.
Cumplimiento: ejecución, realización, culminación, cortesía.
Inoportuno: inadecuado, extemporáneo, impropio, inconveniente.
Imprevisor: descuidado, desprevenido, negligente, confiado.
Escasez: carencia, insuficiencia, desabastecimiento, cortedad.
Perpetuo: definitivo, eterno, concluyente, imperecedero.
Disuasión: desviación, apartamiento, engañamiento, desaliento.
Manso: sosegado, tranquilo, pacífico, apacible.
Tranquilizar: aquietar, sosegar, mitigar, paliar.
Reformador: corrector, disciplinado, restaurante, meliorativo.
Lejanía: distancia, alejamiento, espacio, discrepancia.
Lejano: distante, apartado, alejado, retirado.

Proyección: concepción, planeamiento, preparación, trazamiento.
Proyectar: planificar, preparar, bosquejar, programar.
Proyectil: obús, granada, bala, bomba.
Proyecto: esbozo, esquema, avance, bosquejo, concepción.
Prudencia: moderación, cordura, sensatez, parsimonia.
Prudente: sensato, juicioso, comedido, discreto.
Prueba: ensayo, tentativa, experimento, demostración.
Prurito: manía, hábito, deseo, picazón.
Psicópata: demente, perturbado, loco, neurótico.
Psíquico: anímico, espiritual, psicológico, cerebral, mental.
Pubertad: adolescencia, juventud, mocedad, nubilidad.
Publicar: divulgar, editar, propagar, imprimir.
Publicidad: anuncio, difusión, propaganda, folleto.
Público: gentío, auditorio, difundido, manifiesto.
Pudicia: castidad, reserva, honestidad, llaneza.
Púdico: recatado, honesto, pudoroso, decoroso.
Pudiente: poderoso, rico, adinerado, opulento.
Pudor: recato, decoro, castidad, pudicia.
Pudrición: descomposición, putrefacción, podredumbre, pudrimiento.
Pueblerino: lugareño, aldeano, rústico, rural.
Pueblo: población, vecindario, país, nación.
Puente: viaducto, acueducto, pasarela, cordel.
Pueril: infantil, cándido, ingenuo, inocente.
Puerilidad: simpleza, candidez, futilidad, nimiedad.
Puerta: pórtico, acceso, entrada, abertura.

Realización: ejecución, culminación, concreción, materialización.
Realizar: ejecutar, efectuar, hacer, plasmar.
Arma: artefacto, instrumento, aviación, ametralladora.
Respuesta: contestación, satisfacción, fruto, producto.
Necedad: desatino, disparate, desenfreno, tontería, sandez.
Imprudente: insensato, temerario, irresponsable, precipitado.
Temario: materia, asunto, proposición, tesis.
Cordura: seso, juicio, prudencia, sensatez.
Cuerdo: equilibrado, sensato, razonable, juicioso.
Somático: exterior, físico, corporal, orgánico.
Vejez: madurez, ancianidad, senectud, senilidad.
Ocultar: encubrir, disfrazar, guardar, esconder.
Silencio: mudez, sigilo, mutismo, reticencia.
Secreto: callado, omitido, reservado, misterio.
Indecencia: obscenidad, impudicia, vergüenza, procacidad.
Impúdico: procaz, inmundo, libertino, licencioso.
Paupérrimo: pobre, desvalido, misérrimo, escuálido.
Impudor: liviandad, indecencia, indecoro, lascivia, perfidia.
Asepsia: limpieza, desinfección, purificación, saneamiento.
Ciudadano: urbano, civil, metropolitano, cívico.
Minucia: futilidad, bagatela, insignificancia, nadería.
Senda: camino, sendero, atajo, ruta.
Maduro: juicioso, sensato, reflexivo, sazonado.
Malicia: sospecha, sutilidad, cautela, astucia.
Custodia: defensa, cuidado, guardia, protección.

Puesta: crepúsculo, ocaso, anochecer.

Puesto: cargo, empleo, lugar, sitio.

Pugna: enfrentamiento, hostilidad, rivalidad, combate.

Pugnacidad: hostilidad, enemistad, porfía, tozudez.

Pugnar: luchar, pelear, reñir, lidiar.

Pujanza: poder, fuerza, vigor, potencia.

Pujar: aumentar, mejorar, propulsar, empujar.

Pulcritud: cuidado, esmero, aseo, limpieza.

Pulcro: limpio, aseado, esmerado, correcto.

Pulir: alisar, pulimentar, refinar, educar.

Pulsación: latido, pulsada, palpitación, estremecimiento.

Pulsar: tocar, tañer, digitar, sondear.

Pulular: abundar, bullir, brotar, dimanar.

Pulverizar: polvificar, triturar, desmenuzar, moler, polverizar.

Pulla: mofa, broma, chacota, befa.

Pundonor: honor, delicadeza, decencia, decoro, reputación.

Pungir: punzar, pinchar, picar, clavar.

Punición: castigo, sanción, pena, condena.

Puntero: destacado, primero, sobresaliente, aventajado.

Puntiagudo: aguzado, afilado, agudo, picudo.

Puntilloso: minucioso, esperado, meticuloso, delicado.

Punto: lugar, sitio, momento, pasaje.

Puntual: exacto, preciso, normal, diligente.

Puntualidad: exactitud, precisión, rigurosidad, diligencia.

Puntualizar: detallar, particularizar, recalcar, señalar.

Puntuar: trazar, diseñar, señalar, determinar.

Alba: amanecer.

Vagancia: cesantía, huelga, desempleo, inactividad.

Concordia: acuerdo, paz, avenencia, consenso.

Docilidad: sumisión, obediencia, disciplina, subordinación.

Desistir: renunciar, cejar, cesar, abandonar.

Debilidad: sumisión, obediencia, disciplina, subordinación.

Cejar: ceder, aflojar, flaquear, recular.

Suciedad: mugre, inmundicia, desaseo, asquerosidad.

Sucio: desaseado, descuidado, manchado, inmundo.

Empañar: enturbiar, obscurecer, deslucir, ensuciar, manchar.

Tranquilidad: serenidad, sosiego, placidez, reposo.

Marrar: errar, fallar, equivocar, desacertar.

Escasear: faltar, carecer, necesitar, escatimar.

Comprimir: prensar, compactar, condensar, concentrar.

Respeto: seriedad, consideración, deferencia, formalidad.

Degradación: abyección, bajeza, ruindad, servilismo.

Cuidar: velar, atender, conservar, proteger, defender, vigilar.

Caricia: mimo, cariño, simpatía, ternura.

Atrasado: último, retrasado, postrero, posterior.

Romo: chato, mellado, obtuso, despuntado.

Indiferente: apático, impasible, inmutable, insensible.

Circunstancia: accidente, acontecimiento, particularidad, pormenor.

Impreciso: incierto, inadecuado, vago, equívoco.

Inexactitud: informalidad, tardanza, retraso, imprecisión.

Generalizar: extender, vulgarizar, popularizar, esbozar.

Emborronar: garrapatear, rayar, rasgar, enmarañar.

Punzante: afilado, agudo, lacerante, mordaz.
Punzar: picar, pungir, pinchar, aguijonear.
Puñete: puñetazo, puñada, combo, moquete.
Pureza: perfección, puridad, incorrupción, candor.
Purgar: limpiar, purificar, acrisolar, expiar.
Purificación: depuración, saneamiento, limpieza, desinfección.
Purificar: acendrar, acrisolar, higienizar, inmunizar.
Puritano: grave, estricto, rígido, severo.

Puro: limpio, natural, virtuoso, inmaculado.
Purulento: ponzoñoso, maligno, virulento, dañino.
Pusilánime: miedoso, temeroso, tímido, aprensivo.
Pusilanimidad: cobardía, timidez, cortedad, apocamiento.
Putativo: supuesto, hipotético, f- tenido por padre no siéndolo.
Putrefacción: pudrición, corrupción, polución, podredumbre.
Putrefacto: corrompido, podrido, desintegrado, descompuesto.

Chato: romo, mocho, despuntado, elogioso.
Adormecer: calmar, aplacar, disminuir, anestesiar.
Mimo: cariño, halago, regalo, caricia.

Corrupción: depravación, perversión, vicio, cohecho.
Mancillar: manchar, enmugrecer, tildar, ennegrecer.
Infección: suciedad, contaminación, contagio, inmundicia.
Contaminar: infectar, contagiar, intoxicar, emponzoñar.
Tolerante: indulgente, abierto, aguantador, paciente.
Impuro: sucio, contaminado, adulterado, deshonesto.
Beneficioso: provechoso, útil, benéfico, positivo, servicial.
Osado: audaz, valeroso, resuelto, arrojado.
Valentía: entereza, arrojo, coraje, osadía.

Auténtico: verdadero, legítimo, fidedigno, real.
Preservación: conservación, mantención, defensión, profilaxis.
Preservado: defendido, protegido, conservado, incontaminado.

Q

Quebradizo: delicado, quebrajoso, frágil, vidrioso.

Quebrado: fraccionado, dividido, debilitado, fallido.

Quebrantar: dividir, romper, hendir, vulnerar.

Quebranto: desaliento, desánimo, debilidad, deterioro.

Quebrar: romper, separar, fracturar, doblar.

Quedar: estar, permanecer, detenerse, subsistir.

Quehacer: ocupación, trabajo, tarea, faena.

Queja: clamor, descontento, lamento, declamación.

Quejarse: lamentarse, gemir, suspirar, protestar.

Quejoso: disgustado, resentido, gemebundo, melindroso.

Quemar: incinerar, incendiar, arder, destruir.

Querella: pendencia, disputa, discordia, pleito.

Querencia: afecto, tendencia, inclinación, propensión.

Querer: amar, apreciar, desear, anhelar.

Querido: estimado, apreciado, amado, respetado.

Quid: razón, causa, motivo, busilis.

Quídam: ente, sujeto, alguien, cualquiera.

Quiebra: abertura, hendidura, grieta, perjuicio.

Quietismo: inacción, inercia, quietud, pasividad, inactividad.

Quieto: inmóvil, calmado, reposado, tranquilo.

Quietud: sosiego, tranquilidad, reposo, silencio.

Resistente: firme, fuerte, duro, robusto.

Entero: completo, íntegro, todo, total.

Fortalecer: conformar, reforzar, robustecer, alentar.

Beneficio: favor, servicio, provecho, fruto.

Unir: enlazar, juntar, ligar, fusionar.

Irse: marcharse, partir, largarse, trasladarse.

Cesantía: pasividad, desocupación.

Conformidad: anuencia, aprobación, acuerdo, aquiescencia.

Reírse: contentarse, alegrarse, congratularse, complacer.

Sufrido: paciente, tolerante, resistente, soportante.

Apagar: extinguir, sofocar, disipar, aplacar.

Avenencia: arreglo, acuerdo, convenio, anuencia.

Frialdad: apatía, indiferencia, desapego, frigidez.

Odiar: detestar, abominar, despreciar, aborrecer.

Odiado: despreciado, detestado, aborrecido, desdeñado.

Consecuencia: efecto, corolario, conclusión, deducción.

Persona: individuo, prójimo, mortal, criatura.

Provecho: beneficio, ganancia, usufructo, conveniencia.

Activación: aceleración, apresuramiento, avivación, apuramiento.

Activo: inquieto, agitado, convulso, excitado.

Inquietud: impaciencia, intranquilidad, nerviosidad, dinamismo.

Quijote: soñador, iluso, idealista, escritor. **Realista:** materialista, objetivista, evidente, existencial.

Quimera: ilusión, utopía, ensueño, ficción. **Realidad:** verdad, autenticidad, existencia, propiedad.

Quimérico: fantástico, fabuloso, ilusorio, imaginario. **Verdadero:** cierto, auténtico, efectivo, fidedigno.

Quincalla: mercería, bujería, baratija, chuchería. **Tienda:** bazar, abacería, depósito, comercio.

Quinta: villa, torre, chalé, casaquinta. **Hacienda:** predio, heredad, propiedad, fortuna.

Quintaesencia: extracto, refinamiento, pureza, acendramiento. **Vulgaridad:** trivialidad, banalidad, fruslería, rusticidad.

Quirógrafo: manuscritor, breviscritor, estenofonista, signofonista. **Dactilógrafo:** mecanógrafo, estenotipista, telescritor, linógrafo.

Quisicosa: problema, dificultad, tropiezo, sutileza. **Solución:** enfrentamiento, terminación, resolución, explicación.

Quisquilloso: susceptible, delicado, puntilloso, meticuloso. **Indiferente:** apático, insensible, frío, impertérrito.

Quitar: separar, apartar, librar, robar. **Devolver:** entregar, regresar, restituir, reivindicar.

Quizás: acaso, dable, creíble, posiblemente. **Cierto:** evidente, seguro, indudable, infalible.

Quórum: mayoría, ventaja, superioridad, pluralidad. **Minoría:** nimiedad, poquedad, inferioridad, disminución.

R

Rabia: enojo, ira, enfado, furia.

Rabiar: encolerizarse, enfurecerse, enojarse, irritarse.

Rabioso: iracundo, colérico, furioso, sulfuroso.

Rábula: charlatán, abogadillo, leguleyo, picapleitos.

Rácano: tacaño, avaro, sórdido.

Racial: étnico, racista, etnográfico, etnológico.

Raciocinio: razonamiento, deducción, reflexión, discernimiento.

Ración: porción, medida, parte, pedazo.

Racional: justo, lógico, normal, legítimo.

Racionalidad: lógica, coherencia, cordura, sensatez.

Racionalizar: organizar, normalizar, coordinar, sistematizar.

Racionamiento: reparto, asignación, distribución, adjudicación.

Racionar: distribuir, repartir, proveer, dotar.

Racha: ráfaga, viento, clima, atmósfera.

Rada: bahía, fondeadero, ensenada, golfo.

Radiante: feliz, alegre, animado, jubiloso.

Radiar: brillar, centellear, irradiar, resplandecer.

Radical: esencial, principal, fundamental, primordial.

Radicar: arraigar, residir, vivir, morar.

Radio: perímetro, círculo, metal, radiodifusión.

Raer: raspar, rasar, quitar, limar.

Ráfaga: racha, tromba, fulgor, destello.

Serenidad: quietud, tranquilidad, sosiego, apacibilidad.

Serenarse: dominarse, posesionarse, aquietarse, reflexionar.

Pacífico: tranquilo, aquietado, calmado, relajado, reposado.

Abogado: jurista, defensor, legislador, letrado.

Espléndido: desprendido, generoso.

Arracial: igual, homogéneo, similar, plural.

Dubitación: perplejidad, vacilación, incertidumbre, indecisión.

Integridad: cabalidad, unidad, cantidad, rectitud.

Irracional: absurdo, insensato, ilógico, animal.

Irracionalidad: insensatez, imprudencia, disparate, locura.

Desordenar: desarreglar, desbarajustar, trastornar, enmarañar.

Derroche: desmedida, despilfarro, dispendio, dilapidación.

Regalar: donar, obsequiar, festejar, agasajar.

Calma: sosiego, quietud, silencio, serenidad.

Mar: océano, piélago, plétora, olas.

Opaco: apagado, sombrío, obscuro, ininteligible, compungido.

Apagar: obscurecer, atenuar, disminuir, extinguir.

Accesorio: accidental, secundario, superficial, casual.

Erradicar: desarraigar, desacostumbrar, deshabitar, desterrar.

Centro: núcleo, foco, club, asiento.

Fortalecer: reforzar, reparar, reanimar, remozar.

Penumbra: sombra, nebulosidad, opacidad, lobreguez.

SINÓNIMOS	ANTÓNIMOS
Rahez: vil, bajo, villano, soez.	**Noble:** hidalgo, señorial, ilustre, augusto.
Rahezar: envilecer, rebajar, humillar, mancillar.	**Ennoblecer:** agrandar, enaltecer, exaltar, elevar.
Raído: usado, gastado, deteriorado, estropeado.	**Intacto:** entero, completo, incólume, nuevo.
Raigambre: comienzo, principio, firmeza, estabilidad.	**Inestabilidad:** cambiabilidad, precariedad, debilidad, fragilidad.
Raíz: origen, principio, causa, comienzo.	**Efecto:** resultado, consecuencia, impresión, sensación.
Rajar: abrir, hendir, separar, agrietar.	**Juntar:** adherir, cohesionar, mancomunar, enlazar.
Ralea: tribu, clan, familia, horda.	**Alcurnia:** prosapia, linaje, estirpe, casta.
Ralo: disperso, heterogéneo, separado, esparcido, diseminado.	**Tupido:** espeso, denso, compacto, cerrado.
Rallar: triturar, desmenuzar, moler, machacar.	**Cernir:** tamizar, separar, afinar, depurar.
Rama: gajo, vástago, brote, derivación.	**Clase:** orden, género, tipo, categoría.
Ramificar: dividir, esparcir, extender, bifurcar.	**Cohesionar:** ligar, unir, juntar, enlazar.
Ramillete: ramo, conjunto, grupo, manojo.	**Separata:** aparte, desglose, desgajo, disyunción.
Rampa: declive, cuesta, talud, gradiente.	**Ascensión:** subida, elevación, altura, prominencia.
Ramplón: vulgar, inculto, ordinario, tosco.	**Selecto:** escogido, preferido, elegido.
Ramplonería: tosquedad, ordinariez, chabacanería, zafiedad.	**Selección:** elección, preferencia, escogimiento, primorosidad.
Rancio: descompuesto, picado, avinagrado, podrido.	**Fresco:** nuevo, reciente, flamante, saludable.
Rancho: granja, cortijo, estancia, choza.	**Pocilga:** corral, establo, porqueriza, chiquero.
Rango: clase, categoría, condición, jerarquía.	**Bobada:** necedad, tontería, simpleza, bobería.
Ranura: hendidura, raja, estría, surco.	**Relleno:** colmado, abarrotado, repleto, llenado.
Rapacidad: rapiña, rapacería, latrocinio, hurto, ladronicio.	**Honradez:** rectitud, moralidad, integridad, honestidad, probidad.
Rapaz: muchacho, chaval, mozalbete, ladronzuelo.	**Adulto:** maduro, hecho, perfecto, honrado.
Rapidez: ligereza, prontitud, presteza, premura.	**Lentitud:** calma, tardanza, flema, pereza.
Rápido: raudo, veloz, acelerado, activo.	**Lento:** pausado, demoroso, calmado, paulativo.
Rapiñar: saquear, robar, pillar, desfalcar.	**Regalar:** obsequiar, donar, ofrendar, aportar.
Raposo: zorro, astuto, taimado, tramposo.	**Noble:** honesto, veraz, sincero, íntegro.
Raptar: secuestrar, arrancar, arrebatar, rapiñar.	**Liberar:** libertar, rescatar, soltar, eximir.
Raquítico: débil, endeble, enjuto, desnutrido, anémico, desmedrado.	**Fuerte:** vigoroso, robusto, fornido, acentuado.

Raquitismo: debilidad, anemia, depauperación, desnutrición.
Fortaleza: salud, vigor, robustez, lozanía.

Rareza: anomalía, raridad, tenuidad, extravagancia.
Normalidad: naturalidad, usanza, frecuencia, regularidad.

Rarificar: enrarecer, rarefacer, maniatizar, inusitar.
Normalizar: regularizar, pautar, metodizar, preceptuar.

Raro: tenue, escaso, ralo, estrambótico.
Normal: corriente, habitual, natural, sistemático.

Ras: igualdad, nivel, rasante, línea.
Desigualdad.

Rasgar: romper, desgarrar, deshilar, rasguñar.
Arreglar: componer, reparar, remendar, ajustar.

Rasgo: carácter, cualidad, atributo, expresión.
Miedo: temor, timidez, cobardía, medrosidad.

Rasguñar: arañar, gatuñar, arpar, lacerar.
Acariciar: mimar, abrazar, halagar, besar.

Raso: llano, plano, liso, común.
Desigual: diferente, distinto, disímil, caprichoso.

Rastrear: buscar, averiguar, indagar, inquirir.
Descubrir: hallar, encontrar, detectar, revelar.

Rastrero: indigno, abyecto, miserable, vil.
Noble: digno, sincero, franco, honrado.

Rastro: huella, vestigio, indicio, estela.
Detección: revelación, descubrimiento, encuentro, exhumación.

Rasurar: rapar, pelar, afeitar, descalvar.
Barbar: barbear, barbillar, barbizar, barbadar.

Ratear: robar, hurtar, rapiñar, despojar.
Devolver: restituir, reponer, reintegrar, corregir, enmendar.

Ratificación: convalidación, revalidación, corroboración, confirmación.
Contraorden: anulación, revocación, retractación, contraaviso.

Ratificar: confirmar, sellar, corroborar, aprobar, reafirmar.
Rectificar: modificar, reformar, corregir, enmendar.

Raudal: torrente, cascada, cauce, abundancia.
Escasez: falta, insuficiencia penuria, necesidad.

Raya: línea, límite, confín, término.
Principio: origen, base, fundamento, causa.

Rayano: colindante, contiguo, cercano, limítrofe.
Lejano: distante, apartado, retirado, remoto.

Rayar: marcar, alinear, subrayar, lindar.
Borrar: anular, tachar, suprimir, raspar.

Raza: casta, estirpe, linaje, familia.
Clase: tipo, orden, calidad, género.

Razia: redada, incursión, bandaba, irrupción, correría.
Permanencia: estancia, estacionamiento, parada, cesación.

Razón: raciocinio, discernimiento, argumento, demostración.
Consecuencia: resultado, inferencia, producto, conclusión.

Razonable: sensato, lógico, prudente, racional.
Injusto: imprudente, ilógico, insensato, irracional.

Razonar: aducir, discurrir, argüir, argumentar.
Desatinar: disparatar, delirar, perturbar, equivocar.

Reacción: resistencia, oposición, rebeldía, renuencia.
Conformidad: paciencia, resignación, aprobación, anuencia.

Reaccionar: activar, oponerse, resistir, protestar.
Soportar: sostener, llevar, tolerar, sobrellevar.

Reaccionario: opositor, contrario, opugnante, aboliente.
Innovador: reformador, cambiador, iniciador, revolucionario.

Reacio: rebelde, indócil, difícil, terco.
Disciplinado: dócil, obediente, sumiso, apacible.

Reactivar: reavivar, reacelerar, reapurar, reexcitar.
Anquilosar: estancar, detener, paralizar, inmovilizar.

Reafirmar: ratificar, corroborar, asegurar, confirmar, aseverar.
Invalidar: abandonar, inutilizar, renunciar, desatender.

Real: verdadero, auténtico, verídico, soberano.
Falso: ficticio, irreal, falaz, impostor.

Realce: brillo, lustre, esplendor, grandeza.
Obscuridad: sombra, tiniebla, tenebrosidad, ofuscación.

Realeza: majestad, soberanía, linaje, poder, grandiosidad.
Humildad: modestia, reserva, timidez, encogimiento.

Realidad: existencia, materialidad, evidencia, efectividad.
Quimera: fantasía, alucinación, ficción, ensueño.

Realista: sensato, práctico, positivo, objetivo.
Teórico: idealista, soñador, utópico, iluso.

Realizable: posible, factible, viable, probable.
Imposible: irrealizable, inviable, impracticable, utópico.

Realizar: ejecutar, efectuar, obrar, cristalizar, materializar.
Inmovilizar: detener, parar, atajar, paralizar.

Realzar: elevar, enaltecer, exaltar, resaltar.
Bajar: descender, rebajar, depreciar, menguar.

Reanimar: revivir, reconfortar, alentar, vitalizar.
Amilanar: aterrar, asustar, atemorizar, atormentar.

Reanudar: continuar, reactivar, proseguir, renovar, reiterar.
Interrumpir: detener, impedir, interceptar, suspender.

Reaparecer: volver, regresar, resurgir, presentarse.
Desaparecer: ausentarse, irse, marcharse, ocultarse.

Reavivar: reanimar, vivificar, reactivar, revitalizar, reforzar.
Debilitar: atenuar, agotar, cansar, aflojar.

Rebaja: reducción, deducción, disminución, descuento.
Aumento: encarecimiento, subida, carestía, especulación.

Rebajar: reducir, disminuir, empequeñecer, descontar, humillar.
Aumentar: añadir, agregar, sumar, agrandar.

Rebalsar: recoger, detener, exceder, sobresalir.
Escurrir: filtrar, escapar, chorrear, esfumar.

Rebanar: cortar, fraccionar, dividir, partir, seccionar.
Unir: enlazar, ligar, juntar, articular.

Rebasar: exceder, sobrepasar, traspasar, derramarse.
Limitar: medir, moderar, controlar, refrenar.

Rebatir: rechazar, refutar, repeler, impugnar.
Confirmar: afirmar, asegurar, acreditar, justificar.

Rebelarse: alzarse, levantarse, sublevarse, indignarse.
Obedecer: cumplir, acatar, respetar, proceder.

Rebelde: sedicioso, insurgente, insurrecto, insumiso.
Obediente: sumiso, dócil, dúctil, manejable.

Rebelión: rebeldía, insurrección, sedición, insubordinación.
Fidelidad: sumisión, lealtad, probidad, puntualidad.

SINÓNIMOS	ANTÓNIMOS
Reblandecer: molificar, licuar, fundir, derretir.	**Endurecer:** fortalecer, robustecer, contraer, apretar.
Rebosante: derrochante, exultante, derramante, rebalsante.	**Compungido:** contrito, afligido, atribulado, remordido.
Rebosar: desbordar, derramar, vaciar, botar.	**Destapar:** abrir, descubrir, revelar, manifestar.
Rebotar: devolver, remachar, rechazar, resistir.	**Admitir:** aceptar, recibir, acoger, permitir.
Rebozar: tapar, cubrir, embozar, enfundar.	**Destapar:** abrir, descubrir, revelar, manifestar.
Rebrotar: retoñar, renovar, pimpollar, retoñecer.	**Agostar:** secar, marchitar, fenecer, abrasar.
Rebuscado: estudiado, atildado, complicado, amanerado.	**Sencillo:** natural, campechano, espontáneo, afable.
Rebuscar: buscar, recoger, inquirir, escrutar.	**Abandonar:** olvidar, ceder, desistir, flaquear.
Recabar: alcanzar, obtener, conseguir, lograr.	**Ofrecer:** prometer, mostrar, brindar, ofrendar.
Recado: mensaje, encargo, misión, cometido.	**Problema:** compromiso, dificultad, cuestión, asunto.
Recaer: reincidir, repetir, volver, reiterar.	**Recuperar:** restablecer, recobrar, reponer, rehacer.
Recaída: agravamiento, empeoramiento, desmejoramiento, reiteración.	**Restablecimiento:** mejoría, progreso, avance, mejoramiento.
Recalar: fondear, ancorar, entrar, penetrar.	**Salir:** partir, irse, marcharse, alejarse.
Recalcar: repetir, insistir, acentuar, subrayar.	**Soslayar:** esquivar, rehuir, sortear, evitar.
Recalcitrante: obstinado, pertinaz, porfiado, testarudo.	**Arrepentido:** apesadumbrado, afligido, compungido, contrito.
Recalcitrar: volver, retroceder, pugnar, oponer.	**Obedecer:** cumplir, acatar, ceder, respetar.
Recámara: hornillo, depósito, reserva, alcoba.	**Improvisación:** inadvertencia, descuido, irreflexión, impremeditación.
Recapacitar: reflexionar, meditar, considerar, excogitar.	**Divagar:** desatinar, descuidar, despreocuparse, distraerse.
Recapitular: resumir, revisar, repetir, extractar.	**Olvidar:** omitir, silenciar, enmudecer, descuidar, desaprender.
Recargado: barroco, abigarrado, profuso, pomposo.	**Elegante:** sobrio, sencillo, moderado, mesurado.
Recargar: aumentar, agravar, doblar, triplicar.	**Aliviar:** moderar, aligerar, mejorar, descargar.
Recatado: honesto, reservado, cauteloso, prudente.	**Indiscreto:** liviano, desatinado, deshonesto, descriteriado.
Recato: pudor, decoro, honestidad, discreción.	**Indiscreción:** imprudencia, indelicadeza, impertinencia, fisgonería.
Recaudar: cobrar, percibir, recibir, recolectar.	**Pagar:** cancelar, cumplir, abonar, acreditar.
Recaudo: seguridad, cuidado, cautela, caución, precaución.	**Descuidado:** dejado, negligente, desidioso.
Recelar: sospechar, maliciar, temer, vacilar.	**Confiar:** creer, esperar, fiarse, entregar.

Receloso: desconfiado, suspicaz, prevenido, apercibido.	**Confiado:** tranquilo, ingenuo, cándido, incauto.
Recepción: recibimiento, admisión, ingreso, llegada.	**Visita:** presencia, estada, audiencia, entrevista.
Receptáculo: cavidad, recipiente, vasija, tálamo.	**Aceptación:** asentimiento, acogida, admisión, aprobación.
Receso: descanso, recreo, cesación, detenimiento.	**Actividad:** movimiento, acción, reanudación, prontitud.
Recetar: prescribir, ordenar, preceptuar, señalar.	**Tomar:** beber, tragar, comer, aceptar.
Recibir: percibir, tomar, admitir, albergar.	**Dar:** entregar, otorgar, obsequiar, facilitar.
Reciclar: reconvertir, metamorfosear, reconsiderar, modernizar.	**Anquilosar:** atrofiar, agarrar, tullir, paralizar.
Reciedumbre: vitalidad, fortaleza, fuerza, potencia.	**Debilidad:** abatimiento, desnutrición, decaimiento, extenuación.
Reciente: actual, nuevo, flamante, moderno.	**Antiguo:** viejo, pasado, remoto, vetusto.
Recinto: espacio, lugar, circuito, perímetro.	**Explanada:** llano, campo.
Recio: fuerte, firme, robusto, corpulento.	**Débil:** decaído, endeble, debilitado, blando.
Recipiente: receptáculo, valija, balón, acogedor.	**Dador:** portador, llevador, recadero, trasladante.
Reciprocidad: correlatividad, correspondencia, reciprocación, intercambio.	**Mezquindad:** personalismo, egoísmo, roñosidad, unilateralismo.
Recíproco: mutuo, solidario, viceversa, bilateral.	**Unilateral:** único, impar, solamente, singular.
Recitar: declamar, pronunciar, contar, referir.	**Silenciar:** enmudecer, callar, omitir, anular.
Reclamación: revisión, exigencia, apelación, solicitud.	**Estudio:** examen, sopesamiento, determinación, conclusión.
Reclamar: clamar, protestar, demandar, requerir.	**Resolver:** solucionar, decidir, determinar, examinar.
Reclinar: recostarse, tenderse, parar, descansar, detenerse.	**Levantar:** alzarse, erguirse, pararse, estirarse.
Recluir: encerrar, encarcelar, internar, secuestrar.	**Libertar:** liberar, emancipar, redimir, eximir.
Reclusión: prisión, cautiverio, encierro, claustro.	**Liberación:** redención, rescate, salvación, evasión.
Recluso: presidiario, preso, reo, confinado.	**Libre:** libertado, redimido, librado, absuelto.
Reclutar: alistar, enganchar, enrolar, prender.	**Licenciar:** despedir, despachar, permitir, consentir.
Recobrar: recuperar, reconquistar, rescatar, restaurar.	**Perder:** dañar, zozobrar, arrinar, menoscabar.
Recoger: reunir, acumular, acopiar, cosechar.	**Desechar:** excluir, rechazar, desestimar, tirar, desdeñar.
Recogimiento: abstracción, reconcentración, reflexión, unción.	**Divagación:** extravío, equivocación, confusión, inconsciencia.
Recolectar: recoger, cosechar, hacinar, recaudar.	**Abandonar:** desatender, arrancar, quitar, arrebatar.

Recomendable: aconsejable, elogiable, meritorio, digno.	**Indigno:** despreciable, detestable, infame, vil.
Recomendar: confiar, encargar, encomendar, ponderar.	**Censurar:** reprobar, criticar, juzgar, tildar.
Recompensa: remuneración, compensación, gratificación, premio.	**Castigo:** pena, multa, sanción, penitencia.
Recompensar: premiar, galardonar, retribuir, remunerar.	**Castigar:** sancionar, corregir, punir, enmendar, sentenciar.
Recomponer: arreglar, componer, reparar, restaurar.	**Descomponer:** desarreglar, desbaratar, desordenar, romper.
Reconcentrar: concentrarse, ensimismarse, discurrir, especular.	**Evidenciar:** demostrar, manifestar, patentizar, justificar.
Reconciliación: acuerdo, arreglo, entendimiento, pacificación.	**Hostilidad:** separación, enemistad, rivalidad, enfrentamiento.
Reconciliar: restablecer, armonizar, congeniar, concordar.	**Enemistar:** distanciar, desunir, desavenir, dividir.
Reconcomerse: angustiarse, consumirse, impacientarse, acongojarse.	**Sosegarse:** tranquilizarse, calmarse, aplacarse, apaciguarse.
Reconcomio: impaciencia, angustia, nerviosismo, ansia.	**Tranquilidad:** confianza, sosiego, calma, indiferencia.
Recóndito: oculto, escondido, secreto, encubierto.	**Evidencia:** conocido, manifiesto, notorio, indudable.
Reconfortar: confortar, reanimar, revivir, consolar.	**Desalentar:** desanimar, descorazonar, amedrentar, amilanar.
Reconocer: examinar, inspeccionar, registrar, convenir.	**Negar:** desconocer, ignorar, rehusar, denegar.
Reconocimiento: examen, registro, inspección, exploración.	**Negación:** negativa, denegación, contradicción, repulsa.
Reconquistar: recuperar, recobrar, reocupar, doblegar.	**Perder:** fallar, malograr, fracasar, frustrar.
Reconstituir: rehacer, reparar, reformar, restablecer.	**Debilitar:** ablandar, flaquear, extenuar, marchitar.
Reconstrucción: reedificación, restauración, reparación, restablecimiento.	**Demolición:** destrucción, derribo, aniquilación, ruina.
Reconstruir: restablecer, rehacer, reedificar, construir.	**Demoler:** derrumbar, destruir, desplomar, arrasar.
Reconvención: amonestación, represión, recriminación, regañina.	**Felicitación:** alabanza, cumplido, elogio, loa, parabién, encomio.
Reconvenir: censurar, regañar, reprobar, recriminar.	**Aprobar:** consentir, admitir, aplaudir, felicitar.
Recopilación: resumen, compendio, compilación, colección.	**Desperdigamiento:** disgregación, separación, apartamiento, divorcio.
Recopilar: coleccionar, juntar, seleccionar, reunir, extractar.	**Separar:** apartar, aislar, bifurcar, desgajar, distanciar, clasificar.
Recordar: evocar, memorar, rememorar, memorizar, acordarse, despertar.	**Olvidar:** desatender, preterir, dejar, omitir.
Recorrer: andar, transitar, correr, caminar.	**Pararse:** detenerse, frenar, inactivar, paralizar, estacionarse.
Recortar: cortar, cercenar, truncar, desligar.	**Mantener:** insistir, reiterar, porfiar, obstinar.

Recoveco: recodo, revuelta, rodeo, artificio.
Simplicidad: sencillez, naturalidad, ingenuidad, franqueza.

Recrear: deleitar, distraer, alegrar, entretener.
Aburrir: cansar, abrumar, incomodar, molestar.

Recreo: distracción, descanso, esparcimiento, entretenimiento.
Trabajo: aburrimiento, concentración, atención, ocupación.

Recriminación: represión, reproche, censura, amonestación.
Alabanza: aprobación, felicitación, elogio, enaltecimiento.

Recriminar: reconvenir, censurar, reprochar, amonestar.
Alabar: encomiar, elogiar, enaltecer, adular.

Recrudecer: incrementar, aumentar, intensificar, avivar.
Debilitar: disminuir, atenuar, reducir, aminorar.

Rectificación: corrección, enmienda, cambio, modificación.
Ratificación: corroboración, confirmación, convalidación, revalidación.

Rectificar: alinear, enderezar, cambiar, modificar, corregir.
Ratificar: corroborar, aseverar, sostener, certificar.

Rectitud: integridad, equidad, justicia, imparcialidad.
Parcialidad: preferencia, inclinación, prejuicio, desigualdad.

Recto: derecho, justo, sincero, imparcial.
Injusto: parcial, arbitrario, indebido, irregular.

Recubierto: envuelto, revestido, forrado, cubierto.
Descubierto: destapado, abierto, despejado, desnudo.

Recuento: repaso, inventario, arqueo, revaluamiento.
Invaluación: invaloración, menosprecio, anulación, invalidación.

Recuerdo: recordación, memoria, evocación, remembranza.
Olvido: silencio, omisión, descuido, distracción.

Recular: retroceder, ceder, cejar, volver.
Avanzar: adelantar, progresar, anticipar, mejorar, mejorar, prosperar.

Recuperación: reparación, restauración, restablecimiento, mejoría.
Pérdida: agravamiento, empeoramiento, agravación, recaída.

Recuperar: apelar, acudir, acogerse, refugiarse.
Perder: extraviar, dejar, confundir, derrochar.

Recurso: medio, manera, escrito, procedimiento, arbitrio.
Resolución: examen, conclusión, decisión, determinación.

Recusable: impugnable, rechazable, repudiable, refutable.
Aceptable: admisible, confirmable, refrendable, ratificable.

Rechazar: denegar, negar, contradecir, expulsar, rehusar.
Aceptar: admitir, reconocer, obligarse, comprometerse.

Rechazo: choque, negación, devolución, retroceso, repudio.
Acogimiento: atracción, seducción, obligación, compromiso.

Rechinar: crujir, chirriar, gruñir, chillar.
Callar: enmudecer, silenciar, sigilar, anular.

Rechistar: chistar, contestar, oponerse, enfrentarse.
Asentir: obedecer, admitir, aceptar, acceder.

Rechoncho: barrigudo, regordete, achaparrado, rollizo.
Espigado: esbelto, delgado, estilizado, fino.

Red: malla, enlace, conexión, vínculo.
Desunión: desconexión, interrupción, separación, división.

Redacción: composición, escritura, armonía, coordinación.
Enmarañamiento: confusión, complicación, entorpecimiento, discordancia.

Redactar: escribir, componer, anotar, concordar.
Redargüir: refutar, opugnar, rechazar, discutir.
Redención: libertad, liberación, rescate, desligamiento.
Redentor: Jesucristo, Señor, libertador, emancipador.
Redil: establo, majada, cortel, ovil.
Redimir: eximir, emancipar, rescatar, recobrar.
Rédito: rendimiento, renta, ganancia, beneficio.
Redituar: rendir, producir, rentar, originar.
Redoblar: duplicar, agravar, reiterar, repetir.
Redondo: circular, anular, cilíndrico, esférico.
Reducción: rebaja, disminución, restricción.
Reducido: pequeño, estrecho, restringido, escaso.
Reducir: disminuir, condensar, resumir, restringir, abreviar.
Reducto: defensa, resguardo, protección, fortificación.
Redundancia: abundancia, reiteración, repetición, pleonasmo.
Redundante: repetido, reiterado, dicho, expuesto.
Redundar: rebosar, sobrar, salirse, derramar.
Reedificar: reconstruir, rehacer, restablecer, reconstruir.
Reelegir: ratificar, confirmar, renovar, reafirmar.
Reembolsar: devolver, indemnizar, resarcir, restituir.
Reemplazar: sustituir, suplir, cambiar, subrogar.
Reencarnación: rehumanización, reincorporación, f- tomar cuerpo humano de nuevo.
Reencarnar: rehumanizar, renacer, revivir, reincorporizar.
Reencuentro: encuentro, amistamiento, descubrimiento, encontronazo.
Refacción: remozamiento, reparación, colación, refrigerio.

Enmarañar: enredar, confundir, complicar, embrollar.
Admitir: aceptar, acoger, exponer, consentir.
Servilidad: esclavitud, humillación, villanía, sumisión.
Subyugante: esclavizante, domeñante, dominador, avasallador.
Dehesa: potrero, campo, manzana, cancha.
Oprimir: agobiar, vejar, dominar, esclavizar.
Capital: fortuna, caudal, bienes, dinero.

Improducir: perder, frustrar, desperdiciar, baldizar.
Disminuir: rebajar, atenuar, abreviar, reducir.
Lineal: recto, plano, liso, horizontal.

Aumento: incremento, auge, elevación, subida, extensión.
Amplio: ancho, grande, espacioso, extenso, dilatado.
Aumentar: ampliar, ensanchar, acrecentar, agrandar.
Ataque: acometida, embestida, arremetida, asalto.
Parquedad: parsimonia, mesura, moderación, sobriedad.
Parco: medido, sencillo, necesario, imprescindible.
Escasear: faltar, fallar, escatimar, mezquinar.
Derribar: destruir, devastar, demoler, tirar, derrumbar.
Denegar: rechazar.

Apropiarse: quedarse, adueñarse, tomar, usurpar.
Mantener: conservar, defender, sostener, patrocinar.
Fenecimiento: extinción, fallecimiento, óbito, occisión.

Fenecer: morir, extinguir, morir, acabar, fallecer, expirar.
Distanciamiento: enemistamiento, separación, división, lejanía.
Ayuda: abstinencia, parquedad, moderación, continencia.

SINÓNIMOS	ANTÓNIMOS
Refectorio: comedor, cantina, merendero, fonda.	**Campamento:** acantonamiento, vivaque, campo, toldería.
Referencia: informe, noticia, escrito, semejanza, relación.	**Omisión:** olvido, supresión, desidia, indolencia.
Referir: contar, relatar, narrar, describir.	**Callar:** ocultar, silenciar, esconder, guardar.
Refinado: culto, pulido, educado, sobresaliente.	**Vulgar:** trivial, chabacano, rústico, inculto.
Refinamiento: distinción, elegancia, cortesía, sibaritismo.	**Vulgaridad:** ordinariez, naturalidad, trivialidad, zafiedad.
Refinar: depurar, acendrar, purificar, acrisolar.	**Empeorar:** agravarse, malignarse, enfermar, peyorar.
Reflectar: reflejar, realumbrar, proyectar, telescopiar.	**Obscurecer:** ensombrecer, enlobreguecer, entenebrecer, apagar.
Reflejar: reflectar, repercutir, reverberar, meditar.	**Absorber:** atraer, captar, sorber, secar.
Reflejo: destello, vislumbre, reverberación, consecuencia.	**Absorción:** aspiración, chupamiento, sorbimiento, impregnación.
Reflexionar: meditar, cavilar, discurrir, pensar.	**Actuar:** proceder, obrar, operar, trabajar.
Reflexivo: caviloso, pensativo, cogitabundo, pronominal.	**Atolondrado:** precipidato, irreflexivo, alocado.
Reflujo: bajamar, descenso, bajada.	**Flujo:** pleamar.
Refocilar: alegrar, entretener, solazar, recrear.	**Entristecer:** amargar, acongojar, afligir, apenar, angustiar.
Reformar: modificar, rectificar, corregir, enmendar.	**Conservar:** sustentar, retener, mantener, preservar.
Reforzar: acrecentar, engrosar, aumentar, vigorizar.	**Debilitar:** aflojar, agotar, consumir, extenuar.
Refractario: contrario, renuente, rebelde, reacio.	**Disciplinado:** dócil, obediente, sumiso, manejable.
Refrán: aforismo, proverbio, sentencia, apotegma.	**Episodio:** narración, oración, historieta, cuento.
Refrenar: reprimir, detener, moderar, contener.	**Acuciar:** animar, apresurar, acelerar, estimular.
Refrendar: avisar, revalidar, revisar, legalizar.	**Rehusar:** negar, denegar, excusar, prohibir.
Refrescar: enfriar, refrigerar, helar, moderar.	**Calentar:** entibiar, templar, atemperar, descongelar.
Refriega: pelea, encuentro, contienda, combate.	**Paz:** sosiego, calma, tranquilidad, serenidad.
Refrigeración: refrescadura, refrigerio, solidificación, congelación.	**Calefacción:** calentamiento, caldeamiento, temperación, activación.
Refrigerar: refrescar, enfriar, helar, congelar.	**Entibiar:** calentar, templar, descongelar, refrescar.
Refrigerio: refresco, piscolabis, bocadillo, tentempié.	**Almuerzo:** comida, cena, merienda, desayuno.
Refuerzo: ayuda, socorro, auxilio, concurso.	**Debilitamiento:** decaimiento, desfallecimiento, agotamiento, aplanamiento.
Refugiarse: defenderse, guarecerse, arrimarse, cubrirse.	**Exponerse:** exhibirse, mostrarse, presentarse, arriesgarse.

SINÓNIMOS	ANTÓNIMOS
Refugio: amparo, albergue, asilo, madriguera.	**Desamparo:** abandono, desatendido, deshabitado, desierto.
Refulgente: brillante, luminoso, radiante, resplandeciente.	**Opaco:** sombrío, turbio, velado, oscuro.
Refulgir: brillar, fulgurar, rutilar, resplandecer, irradiar.	**Obscurecer:** apegar, opacar, atenuar, ensombrecer, disminuir.
Refundir: rehacer, compilar, rcformar, contener.	**Excluir:** climinar, exceptuar, borrar, descartar, suprimir.
Refunfuñar: rezongar, murmurar, mascullar, protestar.	**Gritar:** vociferar, desgañitarse, vocear, abuchear.
Refutable: rebatible, contestable, impugnable, rechazable.	**Irrefutable:** indiscutible, incuestionable, innegable, evidente.
Refutar: contradecir, rebatir, impugnar, rechazar.	**Aprobar:** consentir, admitir, confirmar, asentir.
Regalar: obsequiar, donar, dar, agasajar.	**Vender:** expender, entregar, traspasar, enajenar.
Regalía: privilegio, prebenda, prerrogativa, excepción.	**Restricción:** limitación, cortapisa, impedimento, obstáculo.
Regañar: contender, reñir, disputar, reconvenir.	**Alabar:** elogiar, celebrar, aplaudir, felicitar.
Regañina: reprimenda, reprensión, bronca, increpación.	**Elogio:** alabanza, aplauso, felicitación, cumplido.
Regar: rociar, mojar, humedecer, humectar.	**Secar:** enjugar, desecar, marchitar, agostar.
Regatear: discutir, debatir, insistir, argumentar.	**Resolver:** determinar, decidir, considerar, solucionar, evaluar.
Regazo: amparo, refugio, cobijo, arrullo.	**Abandono:** desamparo, desatención, dejación, negligencia.
Regeneración: renovación, rehabilitación, recuperación, reforma.	**Corrupción:** vicio, depravación, degeneración, anquilosamiento.
Regenerar: corregir, reformar, reconstituir, restablecer.	**Denegar:** declinar, empeorar, decaer, perder.
Regentar: gobernar, administrar, reconstituir, restablecer.	**Sancionar:** legalizar, decretar, promulgar, refrendar.
Régimen: gobierno, estado, convenio, administración, trato.	**Subordinación:** dependencia, sumisión, sujeción, sometimiento.
Regio: magnífico, soberbio, llamativo, majestuoso.	**Burdo:** tosco, ordinario, rústico, basto.
Región: localidad, poblado, comarca, aldea.	**País:** patria, nación, territorio, provincia.
Regir: mandar, disponer, conducir, guiar.	**Impedir:** obstruir, obstaculizar, estorbar, dificultar.
Registrar: examinar, inspeccionar, observar, controlar.	**Obstaculizar:** impedir, interferir, desaprobar, estorbar.
Regla: norma, medida, pauta, forma.	**Desorden:** trastorno, confusión, enredo, embrollo.
Reglaje: ajuste, regulación, reajuste, corrección.	**Desajuste:** desacoplamiento, desarticulación, discordancia, incohcrencia.
Reglamentario: reglamentado, establecido, sistemático, formalizado.	**Antirreglamentario:** revuelto, trastornado, desordenado, enredado.
Reglamento: ordenanza, estatuto, código, disposición.	**Trastorno:** desorden, embrollo, mezcolanza, perturbación.

SINÓNIMOS	ANTÓNIMOS
Regocijar: alborozar, contentar, satisfacer, complacer.	**Apesadumbrar:** apenar, entristecer, atribular, contristar.
Regocijo: alborozo, júbilo, alegría, contento, satisfacción.	**Tristeza:** pena, melancolía, aflicción, abatimiento.
Regodearse: regocijarse, deleitarse, complacerse, refocilarse.	**Apenarse:** compadecerse, entristecerse, afligirse, apesadumbrarse.
Regresar: volver, retornar, llegar, repatriar.	**Confinar:** deportar, exiliar, desterrar, extrañar.
Regresión: retroceso, retrocesión, retorno, retrogradación.	**Progresión:** avance, desarrollo, incremento, perfeccionamiento.
Regular: ajustar, medir, acompasar, disponer.	**Irregular:** quebrantar, destrozar, deteriorar, interrumpir.
Regularidad: uniformidad, periodicidad, orden, exactitud.	**Irregularidad:** anomalía, anormalidad, variabilidad, desorden.
Regularizar: normalizar, metodizar, sistematizar, reglamentar.	**Desordenar:** desorganizar, descomponer, desarreglar, desvencijar.
Regurgitar: vomitar, arrojar, devolver, trasbocar.	**Comer:** engullir, manducar, devorar, tragar.
Rehabilitación: restauración, reparación, reposición, restablecimiento.	**Inhabilitación:** destitución, invalidación, incapacitación, inutilización.
Rehabilitar: reivindicar, reponer, restituir, restablecer.	**Prostituir:** degradar, mancillar, rebajar, deshonrar, corromper.
Rehacer: restituir, reconstruir, reparar, subsanar.	**Destruir:** aniquilar, arruinar, asolar, abatir.
Rehén: prenda, garantía, fianza, seguro.	**Indefensión:** inermidad, desamparo, abandono, desvalimiento.
Rehuir: eludir, evitar, esquivar, soslayar.	**Afrontar:** resistir, oponer, enfrentar, apechugar.
Rehusar: rehuir, eludir, declinar, rechazar.	**Aceptar:** admitir, acoger, permitir, conceder.
Reinante: imperante, dominante, existente, actuante.	**Desplazado:** pospuesto, inexistente, superado, expulsado.
Reinar: dirigir, gobernar, guiar, regir.	**Anarquizar:** desgobernar, desorganizar, desorientar, enmarañar.
Reincidencia: repetición, reiteración, iteración, inconsciencia.	**Corrección:** enmienda, modificación, rectificación, mejoramiento.
Reincidente: reiterante, repitiente, contumaz, inconsciente.	**Escarmentado:** corregido, concientizado, sancionado, penado.
Reincidir: recaer, incurrir, repetir, reiterar.	**Escarmentar:** corregir, disciplinar, aprender, advertir.
Reincorporación: retomamiento, recontratación, reintegración, reaceptación.	**Despido:** echamiento, alejamiento, lanzamiento, desprendimiento.
Reincorporar: retomar, recontratar, reagregar, reintegrar.	**Despedir:** echar, alejar, expulsar, desprender.
Reintegrar: reponer, devolver, reembolsar, restituir.	**Apropiarse:** adueñarse, posesionarse, quedarse, usurpar.
Reír: carcajear, desternillarse, bromear.	**Llorar:** sollozar, gimotear, plañir, lagrimear.
Reiterar: repetir, insistir, reafirmar, reproducir.	**Interrrumpir:** atascar, truncar, impedir, discontinuar.
Reivindicación: reclamación, queja, demanda, insistencia.	**Renuncia:** abandono, dimisión, dejación, cese.

Reivindicar: defender, amparar, proteger, apoyar.
Reivindicatorio: reclamativo, demandatorio, recuperativo, protestatorio.
Rejuvenecer: remozar, mejorar, lozanear, fortalecer.
Rejuvenecimiento: remozamiento, modernización, renovación, recuperación.
Relación: conexión, vínculo, índice, informe.
Relacionar: enlazar, cohesionar, conectar, armonizar.
Relajar: debilitar, aflojar, suavizar, aliviar.
Relapso: reincidente, terco, contumaz, inconsciente.
Relatar: contar, narrar, referir, televisar.
Relatividad: proporcionalidad, contingencia, variabilidad, probabilidad.
Relativo: referente, tocante, concerniente, inherente.
Relax: relajación, distensión, descanso, calma.
Relegar: extrañar, desterrar, despreciar, posponer.
Relevancia: notabilidad, excelencia, descollamiento, preeminencia.
Relevante: notable, superior, sobresaliente, descollante.
Relevar: resaltar, acentuar, reemplazar, sustituir.
Relieve: realce, saliente, protuberancia, orografía.
Religión: creencia, devoción, piedad, convicción.
Religiosidad: devoción, piedad, fervor, misticismo.
Religioso: devoto, piadoso, místico, fiel.
Reliquia: ídolo, recuerdo, huella, antigüedad.
Reluciente: brillante, resplandeciente, fulgurante, esplendente.
Relucir: brillar, fulgurar, destacar, sobresalir.
Relumbrar: brillar, relucir, resplandecer, irradiar.
Rellenar: llenar, colmar, abarrotar, repletar, cumplimentar.
Relleno: repleto, abarrotado, compacto, henchido, atiborrado.

Atacar: agredir, asaltar, arremeter, embestir.
Desistente: renunciante, cejante, cesatorio, abandonatorio.
Envejecer: encanecer, avejentarse, ajarse, mustiarse.
Debilitación: envejecimiento, desgaste, cansancio, agotamiento.
Desconexión: desunión, inconexión, discordancia, disconformidad.
Independizar: separar, apartar, desconectar, desligar.
Apretar: comprimir, sujetar, aplastar, constreñir.
Escarmentado: corregido, penado, censurado, experimentado.
Callar: silenciar, ocultar, enmudecer.
Seguridad: certidumbre, firmeza, confianza, garantía.
Ajeno: extraño, impropio, exótico, indiferente, distinto.
Tensión: estrés, nerviosismo, tirantez, rigidez.
Protestar: oponerse, reclamar, condenar, reprobar.
Vulgaridad: ordinariez, mediocridad, insignificancia, insubstancialidad.
Insignificante: baladí, fútil, ordinario, despreciable.
Desvirtuar: falsear, viciar, adulterar, mixtificar.
Hondura: hondonada, depresión, abismo, profundidad.
Laicismo: impiedad, incredulidad, secularidad, irreligiosidad.
Impiedad: agnosticismo, irreligiosidad, ateísmo, incredulidad.
Irreligioso: impío, ateo, infiel, seglar.
Fetichismo: idolatría, adoración, amuleto, superstición.
Apocado: tímido, corto, encogido, medroso.
Apagar: extinguir, sofocar, aplacar, amortiguar.
Opacar: obscurecer, sombrar, ensombrecer, enturbiar, nubilizar.
Vaciar: desocupar, sacar, descargar, derramar.
Vacío: hueco, desocupado, despejado, libre.

SINÓNIMOS	ANTÓNIMOS
Remachar: enclavar, machacar, aplastar, martillar.	**Debilitar:** extenuar, ablandar, marchitar, enervar.
Remanente: sobrante, restante, sobrado, sedimento.	**Necesario:** imprescindible, ineludible, indispensable, inevitable.
Remanso: balsa, charca, vado.	**Corriente:** arroyo.
Remarcar: recalcar, remachar, subrayar.	**Olvidar:** omitir, descuidar.
Rematar: terminar, acabar, finalizar, adjudicar.	**Comenzar:** empezar, iniciar, principiar, abrir.
Remate: término, conclusión, adjudicación, penacho.	**Principio:** iniciación, comienzo, apertura, inauguración.
Remedar: imitar, parodiar, copiar, fotocopiar.	**Crear:** inventar, imaginar, producir, instituir.
Remediar: reparar, corregir, subsanar, auxiliar.	**Dejar:** abandonar, ceder, cejar, dimitir.
Remedo: copia, imitación, parodia, burla.	**Original:** propio, nuevo, auténtico, singular.
Remembrar: recordar, rememorar, evocar, retener.	**Olvidar:** posponer, relegar, omitir, descuidar.
Remendar: zurcir, reparar, hilvanar, urdir.	**Romper:** cortar, astillar, quebrar, fracturar.
Remesar: enviar, despachar, expedir, remitir.	**Recibir:** aceptar, admitir, percibir, embolsar.
Remilgo: alfeñique, melindre, merengue, enclenque.	**Desenvuelto:** presto, listo, ocurrente, desembarazado.
Reminiscencia: evocación, recuerdo, añoranza, nostalgia.	**Olvido:** inadvertencia, descuido, omisión, amnesia.
Remirado: escrupuloso, minucioso, reflexivo, melindroso.	**Descuidado:** negligente, abandonado, chapucero, indolente.
Remisión: envío, remesa, expedición, facturación.	**Recepción:** recibimiento, admisión, ingreso, acogida.
Remiso: reacio, renuente, dejado, flojo.	**Sumiso:** obediente, dócil, obsecuente, sometido.
Remitir: enviar, expedir, remesar, facturar.	**Recibir:** aceptar, acoger, percibir, internar.
Remojar: humedecer, humectar, empapar, embeber.	**Secar:** enjugar, tender, asolear, ventilar.
Remolcar: arrastrar, conducir, llevar, acarrear.	**Empujar:** mover, avanzar, impulsar, impeler.
Remolino: vorágine, vórtice, torbellino, tempestad.	**Pasividad:** serenidad, calmosidad, tranquilidad, quietud.
Remolón: gandul, indolente, zángano, pelafustán.	**Diligente:** activo, trabajador, aplicado, estudioso.
Remolonear: zanganear, holgazanear, gandulear, rezagarse.	**Bregar:** trabajar, afanarse, laborar, batallar.
Remontar: encumbrar, elevar, levantar, escalar.	**Descender:** bajar, descolgar, arriar, inclinar.
Rémora: atraso, atranco, atasco, entorpecimiento.	**Facilidad:** posibilidad, factibilidad, comodidad, desenvoltura.
Remorder: inquietar, atormentar, atribular, entristecer.	**Tranquilizar:** serenar, aquietar, apaciguar, imperturbar.
Remordimiento: contrición, inquietud, pesar, arrepentimiento.	**Contumacia:** pertinencia, porfía, tozudez, rebeldía.

Remoto: lejano, distante, retirado, antiguo. **Inmediato:** junto, próximo, cercano, adyacente.

Remover: mover, agitar, hurgar, deponer. **Mantener:** insistir, porfiar, reiterar, machacar.

Remozar: rejuvenecer, renovar, robustecer, novizar. **Envejecer:** ajarse, arrugarse, achicarse, encanecer.

Remuneración: beneficio, recompensa, retribución, premiación. **Detrimento:** menoscabo, deterioro, perjuicio, sanción.

Remunerar: recompensar, retribuir, premiar, gratificar. **Devengar:** ganar, percibir, cobrar, adquirir.

Remunerativo: productivo, retributivo, provechoso, compensativo. **Improductivo:** infructuoso, infértil, infecundo, baldío.

Renacentista: retornante, resurrecto, retoñante, reviviente. **Decadente:** declinante, desfalleciente, ocasorio, disminuyente.

Renacer: revivir, resucitar, retoñar, aparecer. **Morir:** perecer, fenecer, sucumbir, extinguirse.

Renacimiento: revivamiento, resucitación, resurrección, palingenesia. **Decadencia:** ocaso, decrecimiento, declinación, postración.

Rencilla: disputa, incidente, trifulca, tumulto. **Concordia:** acuerdo, conciliación, entendimiento, avenencia.

Rencor: encono, odio, aversión, antipatía. **Afecto:** amor, cariño, apego, simpatía.

Rencoroso: rencilloso, vengativo, cojijoso, quisquilloso. **Indulgente:** benévolo, inmisericordioso, benigno, tolerante.

Rendición: capitulación, entrega, acatamiento, cesión. **Rebeldía:** resistencia, oposición, repulsa, negativa.

Rendimiento: rendición, entrega, sumisión, beneficio. **Resistencia:** oposición, defensión, afrontamiento, enfrentamiento.

Rendir: someter, vencer, producir, redituar. **Resistir:** sufrir, soportar, repeler, rechazar.

Renegado: maldiciente, adjurante, desalmado, apóstata. **Converso:** convertido, creyente, corregido, transmutado.

Renegar: detestar, refunfuñar, maldecir, protestar, abominar. **Celebrar:** aprobar, encomiar, aplaudir, vitorear.

Renombrado: acreditado, reputado, famoso, connotado. **Mediocre:** vulgar, ignorado, desconocido, anodino.

Renombre: fama, crédito, gloria, honra. **Descrédito:** desdoro, deshonor, deslumbre, desmerecimiento.

Renovable: cambiable, permutable, sustituible, variable. **Fijo:** estable, irreformable, permanente, perenne, invariable.

Renovador: reformador, innovador, progresista, regenerador. **Conservador:** inmovilista, tradicionalista, continuador.

Renovar: remozar, restaurar, modernizar, restablecer. **Mantener:** sostener, defender, preservar, sustentar.

Renta: emolumento, provecho, remuneración, fruto. **Merma:** menoscabo, pérdida, perjuicio, daño.

Rentabilizar: beneficiar, producir, rentar, fructificar. **Perjudicar:** dañar, deteriorar, quebrantar, menoscabar.

Rentable: productivo, provechoso, beneficioso, útil. **Improductivo:** inútil, infecundo, infructuoso, estéril.

Rentista: accionista, propietario, casero, arrendador. **Arrendatario:** rentero, inquilino, aparcero, alquilado.

SINÓNIMOS	ANTÓNIMOS
Renuencia: repugnancia, oposición, insumisión, aversión.	**Avenencia:** anuencia, conformidad, convenio, coalición.
Renuente: reacio, remiso, refractario, díscolo.	**Dócil:** dúctil, obediente, disciplinado, sumiso, gobernable.
Renuevo: retoño, vástago, brote, capullo.	**Envejecido:** caduco, acabado, añoso, decadente.
Renuncia: abandono, dimisión, dejación, retirada.	**Aceptación:** permanencia, admisión, aprobación, aquiescencia.
Renunciar: desistir, someterse, entregarse, flaquear.	**Mantener:** quedarse, insistir, porfiar, reiterar.
Reñir: luchar, pelear, altercar, querellar.	**Conciliar:** amistar, congeniar, fraternizar, armonizar.
Reo: convicto, culpable, confeso, autor.	**Inocente:** suelto, absuelto, sobreseído, excarcelado.
Reorganizar: mejorar, reparar, replantear, reordenar, modificar, innovar.	**Anquilosar:** estancar, inmovilizar, detener, entumecer, atrofiar.
Reparación: remiendo, arreglo, reposición, resarcimiento.	**Agravio:** ofensa, insulto, injuria, afrenta.
Reparar: componer, corregir, enderezar, enmendar.	**Estropear:** dañar, maltratar, lesionar, lastimar.
Reparo: objeción, observación, censura, reparación.	**Conformidad:** anuencia, aprobación, aquiescencia, consentimiento.
Repartir: distribuir, dividir, promediar, prorratear.	**Unificar:** aunar, juntar, agrupar, mancomunar.
Reparto: repartición, repartimiento, distribución, adjudicación.	**Concentración:** acumulación, acopio, amontonamiento, depósito.
Repasar: retocar, perfeccionar, corregir, reconsiderar.	**Olvidar:** omitir, desechar, abandonar, archivar.
Repelente: inadmisible, inaceptable, repugnante, repulsivo.	**Atrayente:** atractivo, cautivante, seductor, hechizante.
Repeler: ahuyentar, alejar, repudiar, desdeñar.	**Atraer:** conquistar, cautivar, embrujar, embelesar.
Repentino: súbito, inesperado, imprevisto, fortuito.	**Liberado:** meditado, reflexionado, premeditado, previsto.
Repentizar: improvisar, prontizar, primerizar, presentizar.	**Demorar:** dilatar, retrasar, aplazar, diferir.
Repercutir: reflejar, implicar, resultar, trascender.	**Absorber:** aspirar, embeber, impregnar, captar.
Repertorio: colección, compilación, catálogo, inventario.	**Diseminatorio:** desperdigamiento, desparramamiento, dispersión, repartición.
Repetición: iteración, reiteración, reproducción, reincidencia.	**Variación:** mutación, variedad, cambio, alteración.
Repetido: reiterado, frecuente, periódico, duplicado.	**Único:** solo, singular, exclusivo, inimitable.
Repetir: iterar, reiterar, insistir, proseguir.	**Lamentar:** sentir, deplorar, arrepentirse, justificar.
Repipi: pedante, engreído, cursi, petulante.	**Humilde:** sencillo, llano, natural, campechano.
Repitiente: iterante, duplicante, f- el que repite los estudios.	**Pasante:** trasladante, atravesante, ayudante, auxiliar.

SINÓNIMOS	ANTÓNIMOS
Replegarse: retirarse, retroceder, recogerse, recular.	**Avanzar:** penetrar, invadir, ocupar, acometer.
Repletar: llenar, colmar, atochar, abarrotar.	**Vaciar:** desocupar, descargar, sacar, verter.
Repleto: lleno, colmado, saturado, completo.	**Vacío:** libre, desocupado, despejado, disponible.
Réplica: repetición, objeción, respuesta, contestación.	**Proposición:** ofrecimiento, propuesta, enunciación, expresión.
Replicar: responder, argumentar, aducir, argüir.	**Inquirir:** interrogar, consultar, averiguar, examinar.
Reponer: restituir, restablecer, devolver, reembolsar, integrar.	**Arrebatar:** despojar, usurpar, apañar, expoliar.
Reportaje: información, reseña, breve, noticia, documental, artículo, reporte.	**Silencio:** omisión, olvido, callamiento, silenciamiento.
Reportar: obtener, conseguir, lograr, significar.	**Perder:** derrochar, desperdiciar, malgastar, deteriorar.
Reposado: tranquilo, sereno, relajado, sosegado.	**Inquieto:** intranquilo, nervioso, angustiado, desazonado.
Reposar: descansar, detenerse, holgar, acostarse.	**Despertar:** despabilarse, desvelarse, incitarse, inquietarse.
Reposición: restitución, reversión, renovación, recuperación.	**Requisición:** incautación, confirmación, apropiamiento, expropiación.
Reposo: descanso, sosiego, placidez, quietud.	**Actividad:** inquietud, dinamismo, acción, trabajo.
Reprender: censurar, amonestar, corregir, advertir.	**Ensalzar:** encomiar, celebrar, palmotear, vitorear.
Reprensible: censurable, criticable, reprochable, vituperable.	**Elogiable:** loable, encomiable, laudable, indiscutible, plausible.
Reprensión: admonición, filípica, regaño, reprimenda.	**Elogio:** alabanza, aplauso, halago, satisfacción.
Represa: detención, estancamiento, contención, embalse.	**Lago:** laguna, albufera, alberca, pantano.
Represalia: desquite, venganza, castigo, revancha.	**Indulgencia:** perdón, clemencia, absolución, piedad.
Representación: sustitución, subrogación, nombramiento, drama.	**Oposición:** reprobación, desautorización, prohibición, vedamiento.
Representar: subrogar, reemplazar, encarnar, simbolizar.	**Disentir:** discrepar, discordar, divergir, contrariar, incoincidir.
Representativo: característico, típico, específico, propio.	**Atípico:** general, irregular, extraño, desusado.
Represión: freno, restricción, detención, contención.	**Autorización:** permiso, consentimiento, venia, anuencia.
Represivo: dominante, opresivo, autoritario, coercitivo.	**Liberal:** tolerante, condescendiente, comprensivo, respetuoso.
Reprimenda: represión, regaño, bronca, rapapolvo.	**Alabanza:** elogio, aplauso, felicitación, encomio.
Reprimir: sujetar, contener, refrenar, detener, coercer.	**Soltar:** desatar, aflorar, desasir, desceñir.
Reprobable: censurable, criticable, vituperable, condenable.	**Loable:** plausible, elogiable, encomiable, meritoria, laudable.

Reprobación: crítica, reprensión, censura, desaprobación.
Reprobar: censurar, reprochar, condenar, vituperar.
Reprochar: reprobar, regañar, increpar, amonestar.
Reproche: crítica, censura, amonestación, reprensión.
Reproducir: calcar, multiplicar, propagar, remedar.
Reptar: arrastrarse, desafiar, andar, arrastrarse.
Repudiar: desdeñar, desestimar, repugnar, repeler.
Repudio: repulsión, rechazo, desdeñamiento, dejación.
Repuesto: recambio, provisión, restitución, renovación.
Repugnancia: asco, repulsión, animosidad, aversión.
Repugnante: desagradable, asqueroso, repulsivo, odioso.
Repugnar: repeler, rechazar, excluir, opugnar.
Repulsar: rechazar, reprimir, repudiar, negar, aborrecer.
Repulsión: repudio, repulsa, aversión, repugnancia.
Repulsivo: asqueroso, repugnante, repelente, inaceptable.
Repuntar: empezar, comenzar, rebrotar, reverdecer.
Reputación: prestigio, crédito, renombre, celeridad.
Reputar: estimar, considerar, conceptuar, calificar.
Requebrar: piropear, cortejar, galantear, rondar.
Requerimiento: aviso, amonestación, intimación, exigencia.
Requerir: precisar, demandar, necesitar, solicitar, pedir.
Requiebro: piropo, galantería, lisonja, cortejo.
Requilorio: nimiedad, f- requisito innecesario.
Requisa: confiscación, incautación, embargo, expropiación.
Requisar: confiscar, decomisar, embargar, incautarse.

Aprobación: asentimiento, asenso, conformidad, beneplácito.
Admitir: aceptar, acoger, tomar, permitir.
Aprobar: celebrar, elogiar, loar, aplaudir.
Felicitación: alabanza, cumplido, parabién, apología, elogio.
Destruir: exterminar, consumir, asolar, aniquilar.
Correr: apresurarse, precipitarse, f- andar con rapidez.
Acoger: admitir, aceptar, aprobar, consentir.
Aceptación: admisión, aprobación, beneplácito, conformidad.
Depuesto: destituido, exonerado, separado, retirado, alejado.
Agrado: interés, afecto, atracción, simpatía.
Agradable: atractivo, grato, simpático, atrayente.
Aceptar: admitir, recibir, acoger, acomodar.
Atraer: captar, cautivar, encantar, seducir.
Atracción: seducción, fascinación, encanto, tentación.
Agradable: deleitoso, delicioso, placentero, simpático.
Decaer: declinar, desmejorar, decrecer, debilitarse.
Estigma: mácula, baldón, ignominia, denigración, deshonra.
Difamar: denigrar, detractar, calumniar, murmurar.
Insultar: injuriar, ultrajar, difamar, ofender.
Renunciamiento: dejación, desistimiento, dimisión, resignación.
Disuadir: apartar, alejar, situar, orientar.
Ofensa: insulto, injuria, dicterio, improperio.
Normalidad: regularidad, usanza, generalidad, método, sistema.
Devolución: reintegro, reembolso, reposición, reincorporación.
Entregar: devolver, restituir, reponer, remitir.

Requisición: embargo, decomiso, confiscación, expoliación.
Requisito: condición, antecedente, exigencia, formalidad.
Requisitoria: interpelación, pregunta, requerimiento, mandato.
Resabiarse: malearse, viciarse, malograrse, corromperse.
Resabio: vicio, achaque, disgusto, disconformidad.
Resaltar: sobresalir, descollar, prevalecer, preponderar.
Resarcimiento: compensación, reparación, restitución.
Resarcir: compensar, indemnizar, reparar, reponer.
Resbaladizo: escurridizo, deslizante, jabonoso, gredoso.
Rescatar: redimir, recobrar, liberar, recuperar.
Rescindir: abolir, invalidar, anular, revocar.
Rescisión: anulación, cancelación, invalidación, derogación.
Resentido: molesto, dolido, enfadado, enojado.
Resentimiento: resquemor, ojeriza, tirria, animosidad.
Resentirse: lastimarse, agravarse, debilitarse, ofenderse.
Reseñar: detallar, especificar, enterar, informar.
Reserva: previsión, depósito, economía, prudencia.
Reservado: discreto, comedido, confidencial, secreto.
Reservar: ahorrar, economizar, guardar, almacenar.
Resguardar: proteger, defender, preservar, amparar, escudar.
Resguardo: protección, amparo, refugio, cobijo.
Residencia: morada, vivienda, domicilio, mansión.
Residir: habilitar, morar, radicarse, establecerse.
Residuo: remanente, sobrante, sobra, despojo.
Resignación: conformidad, mansedumbre, paciencia, sumisión.

Devolución: reembolso, reintegro, restitución, reposición.
Circunstancia: particularidad, motivo, deficiencia, acontecimiento.
Contestación: réplica, respuesta, alegación, protesta.
Enmendarse: corregirse, reformarse, regenerarse, rehabilitarse.
Cualidad: atributo, condición, peculiaridad, propiedad.
Empequeñecer: reducir, minorar, menguar, minimizar.
Perjuicio: quebranto, menosprecio, detrimento, daño.
Perjudicar: deteriorar, estropear, damnificar, lesionar.
Pegadizo: adherente, encolante, aglutinante, unitivo.
Perder: extraviar, confundir, desperdiciar, derrochar.
Validar: aprobar, admitir, aceptar, legitimar.
Confirmación: ratificación, prórroga, corroboración, verificación.
Agradecido: contento, conforme, complacido, satisfecho.
Perdón: remisión, absolución, indulto, clemencia.
Resarcirse: repararse, recobrarse, compensarse, alegrarse.
Comprender: entender, penetrar, evaluar, justipreciar.
Imprevisión: descuido, negligencia, desidia, ligereza.
Indiscreto: imprudente, impertinente, público, conocido.
Dispendiar: malgastar, derrochar, despilfarrar, desembolsar.
Exponer: razonar, argumentar, expresar, aducir.
Desamparo: desprotección, abandono, soledad, orfandad.
Vagabundez: errabundez, atorrancia, trotamundez, erraticidad.
Trasladarse: irse, mudarse, cambiarse, trasuntar.
Faltante: carente, deficiente, restante, adicional.
Sufrimiento: padecimiento, tormento, aflicción, martirio.

Resignarse: conformarse, allanarse, entregarse, renunciar.
Considerar: pensar, meditar, resolver, decidir.

Resistencia: vigor, energía, potencia, vitalidad.
Debilidad: decaimiento, desfallecimiento, endeblez, marchitez.

Resistente: firme, fuerte, duro, incansable.
Vulnerable: vacilante, inconstante, variable, tornadizo.

Resistir: soportar, sufrir, tolerar, enfrentar.
Ceder: flaquear, resignarse, desistir, renunciar.

Resolución: decisión, determinación, providencia, presteza.
Indecisión: incertidumbre, perplejidad, irresolución, vacilación.

Resoluto: resuelto, decidido, experto, diestro.
Irresoluto: perplejo, indeciso, vacilante, confuso.

Resolver: decidir, determinar, solucionar, acordar.
Cuestionar: discutir, polemizar, altercar, debatir.

Resollar: respirar, jadear, bufar, acezar.
Asfixiar: ahogar, agobiar, sofocar, estrangular.

Resonancia: repercusión, impacto, influencia, significación.
Silencio: mutismo, sigilo, reserva, secreto.

Resonar: repercutir, retumbar, atronar, bocinar.
Silenciar: acallar, enmudecer, callar, encubrir.

Resorte: balleta, muelle, espiral, influencia.
Cuerda: cordel, soga, estrenque, cabuya.

Respaldar: apoyar, auxiliar, favorecer, proteger.
Atacar: arremeter, embestir, agredir, asaltar.

Respectivo: análogo, recíproco, atinente, concerniente.
Diferencia: distinto, desigual, divergente, discrepante.

Respecto: proporción, razón, relación, conexión.
Inconexión: desunión, desarmonía, discordancia, incoherencia.

Respetable: digno, decente, íntegro, importante.
Indecente: impresentable, indigno, insignificante, pequeño.

Respetar: acatar, honrar, venerar, reverenciar.
Desacatar: desobedecer, irreverenciar, rebelarse, levantarse.

Respetuoso: cortés, atento, educado, amable.
Descortés: grosero, incorrecto, ordinario, maleducado.

Respingar: protestar, resistir, replicar, rezongar.
Acatar: obedecer, aceptar, respetar, cumplir.

Respingo: enfado, despego, rezongo, refunfuño.
Contento: alegría, satisfacción, alborozo, júbilo.

Respiración: inspiración, inhalación, aliento, resuello.
Asfixia: ahogamiento, opresión, sofocación, agobio.

Respirar: inhalar, inspirar, aspirar, animarse.
Asfixiarse: ahogarse, sofocarse, oprimirse, estrangularse.

Respiro: calma, reposo, sosiego, descanso, aliento.
Ajetreo: trajín, movimiento, actividad, quehacer.

Resplandecer: relucir, brillar, refulgir, resaltar.
Opacar: obscurecer, extinguir, velar, ennubecer.

Resplandeciente: brillante, fulgurante, reluciente, centelleante.
Tenebroso: sombrío, oscuro, tétrico, lúgubre.

Resplandor: lucimiento, fulgor, luminosidad, diafanidad.
Opacidad: obscurecimiento, sombreamiento, eclipse, nebulosidad.

Responder: contestar, replicar, objetar, garantir.
Responsabilidad: cumplimiento, obligación, incumbencia, exigencia.
Responsabilizar: responder, garantizar, avalar, asegurar.
Responsable: solidario, comprometido, garante, subsidiario.
Respuesta: contestación, réplica, satisfacción, conformidad.
Resquemor: recelo, desconfianza, escrúpulo, sospecha, escozor.
Resquicio: intersticio, grieta, hendidura, pretexto.
Restablecer: reponer, restaurar, restituir, recuperar.
Restablecimiento: recuperación, convalecencia, curación, mejoramiento.
Restar: deducir, quitar, substraer, sacar.
Restauración: reparación, reposición, reconstrucción, erección.
Restaurador: reconfortante, reparador, restorán, comedor.
Restaurar: recobrar, recuperar, reponer, fortalecer.
Restitución: reposición, reintegración, devolución, restablecimiento.
Restituir: reponer, reintegrar, devolver, restablecer.
Resto: sobrante, despojo, residuo, sedimento.
Restregar: refregar, frotar, rascar, ludir.
Restricción: limitación, impedimento, obstáculo, cortapisa.
Restrictivo: limitativo, represivo, taxativo, determinado.
Restricto: limitado, preciso, cabal, definido.
Restringir: limitar, circunscribir, coartar, condicionar.
Resucitar: revivir, renacer, reavivar, vivificar.
Resuelto: decidido, determinado, expedito, diligente.
Resultado: secuela, consecuencia, solución, prueba.
Resultar: producir, redundar, deducir, trascender.
Resumen: síntesis, sinopsis, recopilación, epítome.

Preguntar: indagar, interrogar, examinar, demandar.
Informalidad: irresponsabilidad, incumplimiento, descuido, dejación.
Fallar: fracasar, malograr, faltar, flaquear.
Irresponsable: incumplidor, negligente, insensato, desequilibrado.
Proposición: anunciación, propuesta, interrogación, cuestionario.
Desidia: indiferencia, negligencia, descuido, incuria.
Consecuencia: resultado, conclusión, inferencia, corolario.
Destruir: aniquilar, devastar, empeorar, exterminar.
Empeoramiento: agravación, recrudecimiento, recaída, declinación.
Añadir: sumar, agregar, adicionar, incrementar.
Revocación: anulación, casación, abrogación, estropicio.
Destructor: aniquilador, derribador, desquiciante, devastador.
Destrozar: destruir, rasgar, desgarrar, despedazar.
Apropiación: incautación, confiscación, retención, apoderamiento.
Apropiarse: adueñarse, arrogarse, apoderarse, usurpar.
Total: unidad, totalidad, entero, intacto.
Deterger: limpiar, asear, lavar, alcorzar.
Licencia: permiso, cosentimiento, autorización, anuencia.
Ilimitado: indefinido, indeterminado, inconmensurable, inagotable.
Indefinido: ilimitado, confuso, impreciso.
Ilimitar: indeterminar, indefinir, imprecisar, inalterar.
Sepultar: enterrar, inhumar, soterrar, encubrir.
Irresoluto: indeciso, indeterminado, irresuelto, vacilante.
Causa: origen, fuente, raíz, génesis,
Promover: originar, ocasionar, motivar, impulsar.
Ampliación: extensión, desarrollo, dilatación, ensanche.

Resumir: abreviar, compendiar, concretar, extractar.
Resurgir: renacer, revivir, recobrar, resucitar.
Resurrección: renacimiento, reaparición, resurgimiento, renovación.
Retablo: conjunto, figuras, obras, decoración.
Retaco: canijo, enano, bajito, rechoncho.
Retador: desafiante, provocador, pendenciero, combativo.
Retaguardia: zaga, trasero, después, detrás.
Retahíla: serie, conjunto, unidad, acervo.

Retar: desafiar, provocar, reprender, reprobar.
Retardar: retrasar, atrasar, aplazar, rezagar.
Retardatario: lento, perezoso, demoroso, postergado.
Retardo: retraso, atraso, demora, lentitud, calmosidad.
Retención: conservación, preservación, custodia, salvaguardia.
Retener: guardar, conservar, mantener, reservar.
Reticencia: reserva, mesura, disimulo, tapujo.
Reticente: mesurado, circunspecto, parco, medido.
Retirada: retroceso, repliegue, huida, desbandada.
Retirado: alejado, distante, apartado, jubilado.
Retirar: apartar, alejar, sacar, descartar.
Retiro: apartamiento, retraimiento, alejamiento, encierro.
Reto: desafío, incitación, incentivo, provocación.
Retocar: modificar, corregir, restaurar, delinear.
Retorcer: torcer, enroscar, curvar, arquear.
Retorcido: doblado, malpensado, sinuoso, tortuoso, maquiavélico.
Retorcimiento: ondulación, malicia, zorrería, hipocresía.
Retórica: corrección, comprensión, grandilocuencia, claridad.

Dilatar: ampliar, desarrollar, amplificar, prolongar.
Fenecer: sucumbir, extinguirse, apagarse, expirar.
Desaparición: muerte, decadencia, declive, ocaso.
Nadería: nimiedad, futileza, bicoca, insignificancia.
Espigado: esbelto, alto, delgado, fino.
Tímido: timorato, apocado, cohibido, retraído.
Vanguardia: delantera, avanzada, reconocimiento, exploración.
Separación: clasificación, división, desviación, bifurcación.
Elogiar: elevar, encarecer, ennoblecer, loar, ponderar.
Apresurar: acelerar, aligerar, activar, acuciar.
Apremiado: instado, acosado, apurado, urgido.
Apresuramiento: aceleración, activación, precipitación, aligeramiento.
Liberación: rescate, recuperación, salvación, emancipación.
Soltar: librar, libertar, desprender, independizar.
Expansión: desahogo, efusión, solaz, distracción.
Efusivo: locuaz, alegre, expresivo, cordial.
Avance: progresión, adelanto, progreso, ascenso.
Cercano: próximo, contiguo, aledaño, trabajador.
Acercar: aproximar, arrimar, poner, ubicar.
Actividad: movimiento, operación, diligencia, prontitud.
Respuesta: réplica, contestación, refutación, objeción.
Conservar: mantener, reservar, retener, velar.
Estirar: extender, alargar, prolongar, enderezar.
Franco: sincero, llano, noble, sencillo.

Estiramiento: sinceridad, transparencia, naturalidad, espontaneidad.
Confusión: embrollo, mezcolanza, perturbación, vacilación.

Retórico: elocuente, convincente, persuasivo, expresivo.
Retornar: regresar, devolver, desandar, retroceder.
Retorno: regreso, vuelta, llegada, reintegro.
Retorsión: encurvamiento, enroscamiento, entorchamiento, arqueamiento.
Retozar: brindar, saltar, travesear, cabriolar.
Retracción: rectificación, modificación, corrección, denegación.
Retractar: anular, revocar, invalidar, desdecirse.
Retraer: apartar, alejar, disuadir, distanciar.
Retraído: reservado, retirado, refugiado, misántropo.
Retraimiento: alejamiento, apartamiento, incomunicación, reclusión.
Retrasar: atrasar, retardar, demorar, suspender.
Retraso: atraso, demora, dilación, retardo, posposición.
Retratar: imitar, copiar, describir, pincelar.
Retreparse: recostarse, apoyarse, arrellanarse, repantingarse.
Retribución: recompensa, premio, bonificación, remuneración.
Retribuir: recompensar, premiar, remunerar, estimular.
Retributivo: lucrativo, rentable, provechoso, beneficioso.
Retroceder: desandar, retirarse, retrogradar, alejarse.
Retroceso: regresión, retirada, empeoramiento, recrudecimiento.
Retrogradar: retroceder, retirar, recular, replegar.
Retrógrado: atrasado, reaccionario, tradicionalista, conservador.
Retrospección: examen, análisis, f- mirada hacia atrás.
Retrospectivo: retroceso, regresión, f- examen del tiempo pasado.
Retumbar: tronar, resonar, estallar, explosionar.
Reunir: agrupar, acopiar, congregar, juntar.
Revalidar: ratificar, confirmar, convalidar, asegurar.
Revelación: descubrimiento, declaración, manifestación, detectamiento.

Sobrio: sencillo, seco, conciso, parco.
Salir: partir, irse, marcharse, confinar.
Ida: marcha, partida, traslado, viaje.
Estiramiento: alargamiento, prolongación, extensión, crecimiento.
Reprimir: contener, refrenar, sujetar, dominar.
Ratificación: confirmación, corroboración, revalidación, asentimiento.
Validar: admitir, aceptar, aprobar, sancionar.
Juntar: unir, ligar, enlazar, acoplar.
Comunicativo: afable, expansivo, efusivo, extrovertido.
Acercamiento: aproximamiento, convivencia, comunidad, compartición.
Adelantar: anticipar, alcanzar, activar, apresurar.
Adelanto: avance, adelantamiento, progreso, desarrollo.
Anular: velar, revocar, rehusar, nulificar.
Levantarse: erguirse, incorporarse, alzarse, enderezarse.
Privación: suspensión, carencia, disminución, descuento.
Castigar: advertir, reprender, amonestar.
Desventajoso: improductivo, infructuoso, perjudicial, nocivo.
Avanzar: progresar, prosperar, acometer, emprender.
Avance: adelanto, progreso, prosperidad, embestida.
Avanzar: progresar, prosperar, adelantar, vanguardiar.
Progresista: innovador, renovador, novizado, futurizado.
Progresión: adelantamiento, avance, proyección, prospección.
Progresivo: avanzante, adelantante, anticipante, conjeturante.
Silenciar: acallar, enmudecer, aquietar, aplacar.
Separar: apartar, incomunicar, dividir.
Rectificar: corregir, enmendar, modificar, reformar.
Ocultación: silencio, enmudecimiento, sigilo, secreto.

Revelar: mostrar, declarar, detectar, confesar. — **Encubrir:** esconder, tapar, ocultar, aparentar, camuflar.
Reventar: romper, abrirse, estallar, detonar. — **Restaurar:** remendar, parchear, reparar, zurcir.
Reverberar: reflejar, flamear, reflectar, reverdecer. — **Absorber:** embeber, empapar, sorber, obscurecer, opacar.
Reverdecer: renovarse, rejuvenecerse, restablecerse, remozarse. — **Agostar:** marchitar, ajar, enlaciar, enmustiar.
Reverencia: respeto, veneración, consideración, salutación. — **Desacato:** irrespeto, irreverencia, desprecio, contravención.
Reverenciar: venerar, respetar, obedecer, acatar. — **Ofender:** despreciar, insultar, agraviar, denigrar.
Reversible: invertible, alterable, cambiable, contrafacible. — **Irreversible:** estable, inamovible, inalterable, permanente.
Reverso: revés, dorso, contrafaz, percance. — **Anverso:** cara, rostro, mirada, rectitud.
Revertir: invertir, alterar, trabucar, restituir. — **Restablecer:** reponer, reconsiderar, reparar, sustituir.
Revés: dorso, vuelta, envés, fracaso. — **Derecho:** anverso, haz, cara, éxito.
Revestir: cubrir, vestir, recubrir, ocultar. — **Descubrir:** desnudar, destapar, exhumar, revelar.
Revezar: reemplazar, sustituir, suplir, relevar. — **Mantener:** conservar, sostener, defender, amparar.
Revindicar: demandar, reclamar, recuperar, apremiar. — **Desistir:** renunciar, cejar, cesar, dejar.
Revisar: controlar, inspeccionar, analizar, examinar. — **Inadvertir:** distraer, descuidar, omitir, desechar.
Revisión: control, inspección, revista, verificación. — **Valoración:** aceptación, estimación, asentimiento, aprobación.
Revisionismo: examinismo, rectifiquismo, corregismo, inconformismo. — **Conformismo:** avenismo, aceptismo, anuencismo, consentismo.
Revivir: renacer, resurgir, resucitar, evocar, recordar. — **Morir:** desaparecer, fallecer, perecer, olvidar.
Revocación: anulación, cancelación, derogación, rescisión. — **Vigencia:** persistencia, validez, vigor, valor.
Revocar: anular, desautorizar, abrogar, omitir. — **Promulgar:** publicar, difundir, decretar, sancionar.
Revolcar: revolver, maltratar, pisotear, derribar. — **Exaltar:** ensalzar, elevar, realzar, honrar.
Revoltijo: enredo, mezcolanza, confusión, argamasa. — **Ordenación:** arreglo, preparación, método, armonía.
Revoltoso: sedicioso, insurrecto, inquieto, alborotado, intrigante. — **Tranquilo:** sereno, aquietado, apaciguado, conciliador.
Revolución: conmoción, agitación, perturbación, revuelta. — **Tranquilidad:** serenidad, apaciguamiento, normalidad, conformidad.
Revolucionar: agitar, sublevar, amotinar, soliviantar. — **Aquietar:** calmar, tranquilizar, relajar, sosegar, subordinar.
Revolucionario: sedicioso, rebelde, amotinado, subversivo. — **Reaccionario:** conservador, tradicionalista, opositor, sometido.
Revolver: inquietar, enredar, agitar, mezclar. — **Adecuar:** arreglar, acondicionar, disponer, adaptar.

Revuelto: enredado, intrincado, revesado, abstruso.
Reyerta: riña, pendencia, contienda, trifulca.
Rezagado: retardado, distanciado, atrasado, remolón.
Rezagar: diferir, atrasar, retardar, suspender.
Rezar: orar, implorar, glorificar, divinizar.

Rezongar: refunfuñar, mascullar, bujar, murmurar.
Ribera: orilla, borde, margen, litoral.
Ribete: aumento, añadidura, acrecentamiento, adorno.
Rico: adinerado, opulento, acaudalado, fecundo.
Ridiculez: excentricidad, extravagancia, bufonada, adefesio.
Ridiculizar: abochornar, mortificar, avergonzar, satirizar.
Ridículo: divertido, extravagante, extraño, impertinente.
Rienda: mando, dirección, gobierno, sujeción.
Riesgo: peligro, inseguridad, aventura, tropiezo.
Rifar: sortear, apostar, albur, azar.

Rigidez: tensión, inflexibilidad, endurecimiento, rigurosidad.
Rígido: tieso, duro, tenso, severo.
Rigor: dureza, severidad, crueldad, inclemencia.
Rigurosidad: adustez, seriedad, severidad, austeridad.
Riguroso: severo, inflexible, exacto, crudo, preciso.
Rimar: versificar, componer, asonantar, coordinar.
Rimbombante: altisonante, retumbante, ampuloso, enfático.
Riña: pendencia, pelea, altercado, camorra.

Riqueza: opulencia, abundancia, magnificencia, fertilidad.
Risa: carcajada, sonrisa, risotada, alborozo, gracia.
Risible: irrisorio, cómico, ridículo, burlesco.

Desenredado: desembrollado, desenmarañado, ordenado, comprendido.
Paz: concordia, armonía, apacibilidad, tregua.
Rápido: adelantado, raudo, veloz, retrasado.
Avanzar: adelantar, apurar, apresurar, acuciar.
Blasfemar: maldecir, imprecar, renegar, perjurar.
Gritar: vociferar, vocear, chillar, bramar.
Centro: foco, corazón, epicentro, núcleo.
Disminución: merma, decrecimiento, descenso, afeamiento.
Pobre: indigente, mendigo, necesitado, paupérrimo.
Seriedad: formalidad, sensatez, prudencia, mesura.
Alabar: enaltecer, elogiar, ensalzar, ponderar.
Normal: común, habitual, equilibrado, sereno.
Incontinencia: desenfreno, incontrol, deshonestidad, disparación.
Protección: seguridad, amparo, resguardo, solución.
Confiar: fiar, esperar, encomendar, depositar.
Flexibilidad: ductilidad, docilidad, blandura, maleabilidad.
Dúctil: dócil, blando, flexible, laxo.
Comprensión: entendimiento, perspicacia.
Benevolencia: bondad, comprensión, indulgencia, abnegación.
Clemente: impreciso, inexacto, bonancible, templado.
Prosificar: liberalizar, escribir, f- graficar en prosa.
Sencillo: natural, simple, corriente, discreto.
Tranquilidad: serenidad, apaciguamiento, conciliación, concordia.
Pobreza: privación, inopia, carencia, pauperismo.
Llanto: seriedad, gravedad, gimoteo, sollozo.
Serio: grave, formal, mesurado, cauto.

Ristra: fila, hilera, línea, cola.
Desorden: desconcierto, trastorno, desbarajuste, revoltijo.

Risueño: alegre, placentero, gozoso, exultante.
Compungido: triste, melancólico, transido, acongojado.

Ritmo: armonía, compás, simetría, sinfonía.
Disonía: arritmia, disonancia, inarmonía, destemplanza.

Ritual: ceremonial, protocolar, solemne, litúrgico.
Informal: irregular, ligero, voluble, vago.

Rival: competidor, antagonista, contrario, adversario.
Adicto: aliado, partidario, amigo, colega.

Rivalidad: oposición, competencia, antagonismo, adversidad.
Alianza: liga, unión, concordia, coalición.

Rivalizar: emular, lidiar, competir, enfrentarse.
Confraternizar: amistar, intimar, armonizar, concordar.

Rizar: ondular, ensortijar, serpentear, enredar.
Alisar: pulir, pulimentar, planchar, aderezar.

Robar: hurtar, timar, substraer, rapiñar.
Regalar: obsequiar, congratular, donar, ofrendar.

Robo: hurto, estafa, fraude, desfalco.
Restitución: devolución, reintegro, retorno, reposición.

Robustecer: vigorizar, remozar, fortalecer, consolidar.
Debilitar: fatigar, extenuar, agotar, languidecer.

Robustez: vigor, fuerza, energía, potencia.
Debilidad: endeblez, fragilidad, flojedad, flaqueza.

Robusto: fuerte, forzado, firme, pujante.
Débil: enteco, lánguido, exangüe, exánime.

Rociar: regar, humedecer, esparcir, irrigar.
Secar: enjugar, tender, asolear, ventilar.

Rocoso: pedregoso, riscoso, roqueroso, enriscado.
Terroso: terrífero, gredoso, pastoso, terruñoso.

Rodar: caer, resbalar, balear, tropezar.
Levantar: alzar, parar, erguir, ensalzar.

Rodear: cercar, acordonar, encerrar, bloquear.
Eludir: huir, escapar, arrancar, evadirse.

Rodeo: perífrasis, circunloquio, diversión, vacuneo.
Precisión: exactitud, claridad, regularidad, caracterización.

Roer: carcomer, corroer, debilitar, deteriorar.
Conservar: mantener, preservar, cuidar, retener.

Rogar: instar, implorar, suplicar, solicitar.
Intimar: asustar, amedrentar, requerir, atemorizar, amilanar.

Roído: deteriorado, estropeado, apolillado, maltratado.
Intacto: sano, completo, entero, incólume.

Rol: lista, nómina, catálogo, índice.
Objeto: cosa, asunto, materia, propósito.

Rolar: circular, rodar, catalogar, nominar.
Inmovilizar: detener, paralizar, fijar, clavar.

Rollizo: gordo, grueso, robusto, fornido.
Flaco: delgado, endeble, esquelético, escuchimizado.

Romance: flirteo, pololeo, poema, novela.
Desamor: enemistad, distancia, oposición, competencia.

Romántico: sensiblero, fantástico, tierno, enamorado.
Realista: clásico, práctico, sensato, objetivo.

Romo: chato, obtuso, tonto, lerdo.
Afilado: puntiagudo, listo, inteligente, agudo.

SINÓNIMOS	ANTÓNIMOS
Romper: quebrar, fragmentar, demoler, destruir.	**Componer:** arreglar, remendar, adornar, acicalar.
Rompimiento: ruptura, quebrantamiento, fractura, desavenencia.	**Amistad:** afecto, apego, afición, devoción.
Roncar: gamitar, bramar, rugir, ulular.	**Silenciar:** callar, enmudecer, inmovilizar, aquietar.
Roncear: dilatar, aplazar, adular, halagar.	**Aligerar:** acelerar, apresurar, vituperar, odiar.
Ronda: guardia, vigilancia, custodia, rondinada.	**Acometida:** ataque, agresión, embestida, asalto.
Rondar: vigilar, observar, cuidar, velar.	**Acometer:** atacar, embestir, agredir, embestir.
Roña: mugre, porquería, tacañería, ruindad.	**Limpieza:** pulcritud, aseo, generosidad, dadivosidad.
Roñoso: sucio, repulsivo, asqueroso, deteriorado.	**Pulcro:** aseado, limpio, decoroso, correcto.
Rostro: cara, semblante, aspecto, fisonomía.	**Espalda:** dorso, revés, columna, trasero.
Rotar: girar, virar, circular, rodar.	**Estacionar:** detener, situar, colocar, aparcar.
Rotario: benévolo, generoso, magnánimo, fraternal.	**Malévolo:** malintencionado, venenoso, perverso, malandrín.
Rotatorio: giratorio, circulatorio, volvible, viratorio.	**Estacionario:** detenido, parado, inmovilizado, paralizado.
Roto: partido, rajado, destrozado, desaliñado.	**Intacto:** perfecto, arreglado, aseado, impecable.
Rotular: marcar, etiquetar, sellar, caracterizar.	**Inrotular:** anular, borrar, suprimir, invalidar.
Rótulo: letrero, inscripción, marca, etiqueta.	**Envoltorio:** bulto, fardo, equipaje, bagaje.
Rotundo: concluyente, terminante, imperativo.	**Indefinido:** impreciso, vacilante, perplejo, enervado.
Rotura: rompimiento, rasgadura, fractura, destrozo.	**Reparación:** arreglo, compostura, restauración, remiendo.
Rozamiento: fricción, desavenencia, discordia, disensión.	**Amistad:** apego, cariño, afecto, aprecio.
Rozar: tocar, palpar, raspar, cortar.	**Sosegar:** templar, aplacar, serenar, moderar, calmar.
Rubor: sonrojo, bochorno, turbación, timidez.	**Desvergüenza:** impudicia, descaro, procacidad, inverecundia.
Ruborizar: sonrojar, avergonzar, abochornar, confundir.	**Desvergonzar:** atreverse, osar, envalentonarse, zafarse.
Rubricar: firmar, suscribir, avisar, autografiar.	**Analizar:** descomponer, estudiar, cotejar, observar, deducir.
Rudeza: brusquedad, aspereza, terquedad, descortesía.	**Cortesía:** amabilidad, cordialidad, gentileza, delicadeza.
Rudimentario: elemental, embrionario, primario, preparatorio.	**Acabado:** completo, consumado, perfecto, pulido.
Rudo: torpe, duro, violento, impetuoso.	**Refinado:** cortés, fino, cordial, atento.
Rueda: círculo, rodaje, llanta, forro.	**Interior:** centro, entraña, secreto, enigma.

SINÓNIMOS	ANTÓNIMOS
Ruego: súplica, plegaria, instancia, petición.	**Pretensión:** aspiración, exigencia, demanda, anhelos.
Rufián: alcahuete, chantajista, desvergonzado, malvado.	**Honesto:** íntegro, virtuoso, correcto, pudoroso.
Rugir: bramar, rechinar, crujir, chirriar.	**Callar:** enmudecer, silenciar, omitir, observar.
Rugoso: arrugado, áspero, granuloso, abrupto.	**Liso:** planchado, llano, uniforme, terso.
Ruido: rumor, murmullo, bulla, griterío.	**Silencio:** mutismo, enmudecimiento, sigilo, reticencia.
Ruidoso: ensordecedor, atronador, estridente, estrepitoso.	**Silencioso:** callado, sigiloso, reservado, tranquilo.
Ruin: bajo, servil, abyecto, vil.	**Digno:** meritorio, respetable, noble, señorial.
Ruina: destrucción, hecatombre, perdición, desolación, quebranto.	**Apogeo:** auge, plenitud, cumbre, esplendor.
Ruindad: infamia, bajeza, vileza, abyección.	**Generosidad:** dignidad, decoro, voluntad, pundonor.
Ruinoso: decadente, desmedrado, desmirriado, empobrecido.	**Remozado:** lozano, gallardo, rejuvenecido, engrandecido.
Rumbo: dirección, ruta, orientación, curso, camino.	**Desconcierto:** confusión, desorientación, complejidad, laberinto.
Rumboso: ostentoso, pomposo, lujoso, espléndido.	**Inopioso:** miserable, mezquino, indigente, estrecho.
Rumor: susurro, murmullo, hablilla, habladuría.	**Mutismo:** silencio, pausa, mudez, detención.
Rumorear: decirse, secretear, susurrar, sonar.	**Silenciar:** callar, enmudecer, mudizar, afonizar.
Ruptura: enemistad, rompimiento, riña, distanciamiento.	**Unión:** armonía, comprensión, entendimiento, concordia.
Rural: campestre, campesino, bucólico, silvestre.	**Urbano:** cívico, ciudadano, metropolitano, amable.
Rústico: burdo, ramplón, tosco, ordinario.	**Educado:** fino, amable, cordial, urbano, delicado.
Ruta: vía, senda, camino, rumbo.	**Desconcierto:** confusión, mezcolanza, desorientación, barullo.
Rutilante: brillante, resplandeciente, fulgurante, luminoso.	**Apagado:** opaco, oscuro, tenue, débil.
Rutilar: llamear, resplandecer, brillar, sobresalir.	**Apagar:** extinguir, sofocar, contener, reprimir.
Rutina: costumbre, tradición, hábito, repetición.	**Anormalidad:** rareza, extrañeza, estolidez, esnobismo.
Rutinario: frecuente, habitual, maquinal, inconsciente.	**Insólito:** desusado, extraño, inaudito, anómalo.

S

Sabana: llanura, planicie, explanada, llano.
Sabandija: bicho, alimaña, animal, bicharraco.
Saber: conocer, entender, dominar, erudición.
Sabiduría: saber, sapiencia, conocimiento, cognición.
Sabihondo: sabelotodo, pedante, petulante, vanaglorioso.
Sabio: culto, docto, erudito, sapiente.

Sabor: gusto, sapidez, paladar, agrado.

Saborear: gustar, agradar, paladear, catar.

Sabotaje: perjuicio, deterioro, desperfecto, boicoteo.
Sabroso: delicioso, agradable, suculento, exquisito.
Sabueso: pesquisador, investigador, husmeador, intuitivo.
Sacacuartos: aprovechado, gorrón, sablista, interesado.
Sacar: quitar, mermar, extraer, descontar.
Sacerdotal: eclesiástico, clerical, monacal, religioso.
Sacerdote: clérigo, prelado, eclesiástico, monje, presbítero.
Saciar: satisfacer, hartar, saturar, llenar.

Saciedad: hartura, hartazgo, saturación, bacanal.
Saco: bolsa, gabán, vestón, talego.

Sacramento: misterio, secreto, arcano, sigilo.
Sacrificado: ofrecido, inmolado, mártir, víctima.
Sacrificar: inmolar, ofrendar, asesinar, aniquilar.
Sacrificio: abnegación, inmolación, renunciamiento, holocausto.

Selva: bosque, espesura, arboleda, monte.
Pájaro: ave, alado, volátil, pajarillo.

Ignorar: desconocer, equivocar, desentender, rebuznar.
Ignorancia: incultura, tiniebla, nesciencia, ineptitud.
Modesto: sencillo, moderado, natural, espontáneo.
Inculto: indocto, ignorante, iletrado, inadecuado.
Desagrado: disgusto, enfado, fastidio, descontento.
Desagradar: disgustar, desconcertar, molestar, enfadar.
Reparación: compensación, resarcimiento, indemnización, recompensa.
Insulso: soso, insubstancial, desabrido, acibarado.
Simplón: soso, insulso, inculto, bobo.

Incauto: ingenuo, inocente, cándido, insensato.
Poner: colocar, concurrir, agregar, añadir.
Seglar: secular, laico, lego, civil.

Seglar: laico, lego, civil, irreligioso.

Ayunar: privarse, abstenerse, desnutrirse, adiestrarse.
Necedad: penuria, escasez, indigencia, apuro.
Canasto: cesto, banasta, canastillo, cuévano.
Revelación: descubrimiento, manifestación, detectación, intuición.
Opresor: victimario, déspota, tirano, dictador.
Beneficiar: favorecer, utilizar, aprovechar, colaborar.
Beneficio: provecho, usufructo, utilidad, aprovechamiento.

SINÓNIMOS	ANTÓNIMOS
Sacrilegio: blasfemia, herejía, profanación, perjuicio.	**Veneración:** respeto, reverencia, aprecio, distinción.
Sacrílego: impío, profano, blasfemo, irreligioso, profanador.	**Fiel:** pío, devoto, piadoso, religioso.
Sacudida: convulsión, conmoción, golpe, zarandeo.	**Quietud:** tranquilidad, calma, reposo, sosiego.
Sacudir: mover, menear, vapulear, zurrar.	**Aquietar:** detener, parar, sosegar, estancar.
Sádico: bestial, despiadado, feroz, salvaje.	**Piadoso:** angelical, compasivo, demente, misericordioso.
Sadismo: crueldad, ferocidad, saña, perversión.	**Piedad:** amor, clemencia, compasión, misericordia.
Saeta: dardo, flecha, manecilla, brújula.	**Bastón:** palo, vara, báculo, bordón.
Sagacidad: astucia, perspicacia, penetración, refinamiento.	**Obtusidad:** torpeza, rudeza, estupidez, bobería.
Sagaz: ladino, perspicaz, cauto, prudente.	**Necio:** obtuso, tonto, zonzo, bobo.
Sagrado: bendito, santificado, sacramento, venerable.	**Inverecundo:** profano, impúdico, insolente, irrespetuoso.
Sahumar: perfumar, aromatizar, aromar, incensar.	**Heder:** apestar, oliscar, fetidificar, desagradar.
Sajar: cortar, sangrar, hendir, escarificar.	**Cerrar:** tapar, curar, cubrir, cicatrizar.
Salado: salobre, sabroso, divertido.	**Dulce:** soso, insípido, aburrido, insulso.
Salario: estipendio, emolumento, pago, sueldo.	**Gasto:** expendio, dispendio, consumo, egreso.
Saldar: pagar, cubrir, cancelar, cumplir.	**Cobrar:** recaudar, recibir, percibir, colectar.
Saldo: liquidación, pago, abono, finiquito.	**Deuda:** carestía, débito, encarecimiento, inflación.
Saleroso: divertido, chistoso, agudo, gracioso.	**Aburrido:** soso, pesado, tedioso, insulso.
Salida: partida, marcha, viaje, ida.	**Venida:** llegada, advenimiento, vuelta, retorno.
Saliente: visible, prominente, aparente, manifiesto.	**Poniente:** entrante, escondido, occidente, oeste.
Salir: partir, ausentarse, marcharse, largarse.	**Llegar:** arribar, venir, entrar, irrumpir.
Salmodia: monserga, canturreo, tarareo, zumbido.	**Melodía:** armonía, musicalidad, acorde, ritmo.
Salpicar: rociar, chapotear, esparcir, humedecer.	**Limpiar:** lavar, asear, enjugar, purificar.
Saltar: brincar, cabriolar, atravesar, franquear.	**Impedir:** obstaculizar, obstruir, dificultar, fastidiar.
Salubridad: higiene, limpieza, salud, sanidad.	**Insalubridad:** suciedad, inmundicia, contaminación, desaseo.
Salud: vitalidad, energía, potencia, robustez.	**Enfermedad:** dolencia, malestar, padecimiento, afección.
Saludable: higiénico, salutífero, sano, benéfico.	**Malsano:** dañino, nocivo, malo, pernicioso.
Salutación: saludo, besamano, reverencia, inclinación.	**Irreverencia:** desconsideración, indelicadeza, irrespetuosidad, desacato.
Salvado: liberado, rescatado, libre, emancipado.	**Condenado:** sujeto, procesado, culpado, penado.

SINÓNIMOS

Salvaguardar: salvar, defender, cuidar, proteger, amparar.
Salvaguardia: custodia, garantía, amparo, tutela.
Salvaje: cruel, bárbaro, feroz, vándalo.
Salvajismo: brutalidad, atrocidad, barbaridad, monstruosidad.
Salvar: librar, saltar, guarecer, salvaguardar.
Salvedad: excepción, pretexto, enmienda, subterfugio.
Salvo: ileso, incólume, indemne, seguro.
Salvoconducto: pasaporte, licencia, autorización, execuátur.
Sambenito: deshonra, descrédito, difamación, vituperio.
Sanar: curar, reponerse, recuperarse, mejorar.
Sanción: castigo, punición, norma, ordenanza.
Sancionar: autorizar, confirmar, aprobar, homologar.
Sandio: necio, cretino, estúpido, mentecato.
Sandunga: fiesta, garbosidad, donaire, jocosidad.
Sandunguero: divertido, chistoso, gracioso, salado.
Saneamiento: compostura, higiene, limpieza, depuración.
Sanear: purificar, acendrar, limpiar, higienizar, remediar.
Sangrar: desangrar, derramar, salir, sisar.
Sangriento: sangrante, cruento, mortífero, insultante.
Sanguijuela: usurero, embaucador, explotador, negrero.
Sanguinario: inhumano, cruel, salvaje, feroz.
Sano: robusto, fuerte, saludable, higiénico.
Sansón: forzudo, hércules, titánico, cachas.
Santiamén: instante, momento, segundo, soplo.
Santidad: virtud, perfección, espiritualidad, misticismo.
Santificar: consagrar, bendecir, glorificar, canonizar.

ANTÓNIMOS

Desproteger: abandonar, atacar, desamparar, desasistir.
Desamparo: abandono, dejación, desvalimiento, soledad.
Refinado: civilizado, cultivado, pulido, educado.
Civismo: cultura, educación, pulimiento, cortesía.
Condenar: castigar, sentenciar, sancionar, reprobar.
Inclusión: anexión, incorporación, agregación, introducción.
Inseguro: perjudicado, dañado, herido, lastimado.
Registro: anotación, inscripción, nomenclatura, archivo.
Honra: honor, reputación, respeto, nombradía, integridad.
Enfermar: empeorar, indisponerse, debilitarse, desmejorarse.
Absolución: indulto, conmutación, perdón, excarcelación.
Desaprobar: reprobar, censurar, condenar, vituperar.
Sensato: cuerdo, juicioso, prudente, mesurado.
Insulsez: sosería, estupidez, tontería, insubstancialidad.
Aburrido: soso, pesado, soporífero, tedioso.
Suciedad: insalubridad, inmundicia, contaminación, desaseo.
Estropear: deteriorar, empeorar, perjudicar, averiar.
Estancar: detener, curar, restañar, detener.
Apacible: calmado, sereno, reflexivo, cauteloso, controlado.
Desinteresado: generoso, desprendido, altruista, caritativo.
Pacífico: incruento, compasivo, benévolo, indulgente.
Débil: enfermizo, enclenque, insalubre, antihigiénico.
Enclenque: débil, enfermizo, flojo, raquítico.
Continuado: extenso, seguido, dilatado, ininterrumpido.
Pecado: condenación, vicio, imperfección, maldad.
Condenar: castigar, sancionar, penar, encarcelar.

Santiguar: persignarse, maravillarse, f- acción supersticiosa.	**Jurar:** afirmar, certificar, asegurar, blasfemar.
Santo: beato, justo, canonizado, bienaventurado.	**Condenado:** pecador, malo, penitente, reo, transgresor.
Santuario: templo, capilla, iglesia, tabernáculo.	**Vituperio:** baldón, diatriba, censura, insulto.
Santurrón: santón, misticón, mojigato, gazmoño.	**Piadoso:** devoto, religioso, ferviente, místico.
Saña: encono, furia, crueldad, violencia.	**Apacibilidad:** mansedumbre, suavidad, tranquilidad, paciencia.
Sañudo: airado, virulento, furioso, cruel.	**Piadoso:** dulce, amable, afable, compasivo.
Sápido: sabroso, gustoso, apetitoso, deleitoso.	**Desabrido:** malo, desagradable, soso, insípido.
Sapiencia: sabiduría, erudición, ilustración, conocimientos.	**Ignorancia:** insapiencia, nesciencia, tinieblas, analfabetismo.
Saquear: saltear, depredar, merodear, defraudar.	**Custodiar:** proteger, preservar, guardar, vigilar.
Sarcasmo: mordacidad, causticidad, irritación, ironía.	**Adulación:** halago, lisonja, elogio, aplauso.
Sarcástico: sardónico, virulento, punzante, burlesco.	**Elogiador:** adulador, seductor, encantador, fascinante.
Sarcófago: tumba, sepulcro, sepultura, cripta.	**Cavidad:** oquedad, hendidura, vaciedad, depresión.
Sardónico: cáustico, sarcástico, irónico, mordaz.	**Gracioso:** cómico, jocoso, jovial, risueño.
Satánico: diabólico, demoníaco, perverso, protervo.	**Angélico:** celestial, angelical, seráfico, virtuoso.
Satinar: pulir, alisar, abrillantar, pulimentar.	**Empañar:** deslucir, deslustrar, ensuciar, manchar.
Sátira: ironía, burla, mordacidad, incisión.	**Elogio:** alabanza, loa, halago, lisonja.
Satírico: irónico, sarcástico, punzante, incisivo.	**Amable:** elogioso, afectuoso, cariñoso, cordial.
Satirizar: censurar, burlar, zaherir, escarnecer.	**Agradar:** contentar, complacer, regocijar, deleitar.
Satisfacción: contentamiento, fruición, recompensa, excusa.	**Morfificación:** lesión, martirio, castigo, zaherimiento.
Satisfacer: agradar, complacer, saciar, solucionar, solventar.	**Mortificar:** atormentar, lesionar, martirizar, ridiculizar.
Satisfactorio: agradable, grato, lisonjero, regocijante.	**Desagradable:** molesto, ingrato, fastidioso, incómodo.
Satisfecho: ufano, dichoso, feliz, saciado.	**Insatisfecho:** descontento, disgustado, contrariado, hambriento.
Sátrapa: astuto, ocurrente, jerarca, dignatario.	**Torpe:** rudo, rústico, incapaz, deshonesto.
Saturar: llenar, impregnar, colmar, satisfacer.	**Vaciar:** sacar, arrojar, afluir, desocupar.
Savia: jugo, fuerza, energía, sangre.	**Impotencia:** debilidad, insuficiencia, imposibilidad, agotamiento.
Sayo: censura, murmuración, capote, vestido.	**Loor:** elogio, alabanza, encomio, enaltecimiento.

SINÓNIMOS	ANTÓNIMOS
Sazón: madurez, sensatez, oportunidad, culminación.	**Inmadurez:** precipitación, ofuscamiento, irreflexión, tontería.
Sazonar: aderezar, aliñar, condimentar, perfeccionar.	**Descuidar:** desaliñar, malear, salar, estropear.
Secar: enjugar, desecar, marchitar, agotar.	**Mojar:** humedecer, impregnar, rociar, empapar.
Sección: división, parte, departamento, sector, fracción.	**Unidad:** completación, integridad, totalidad, concordia.
Seccionar: cortar, hender, escindir, partir.	**Unir:** juntar, pegar, agregar, ensamblar.
Secesión: separación, segregación, bifurcación, disgregamiento.	**Unión:** enlace, trabazón, vínculo, integración.
Seco: deshidratado, desecado, árido, estéril.	**Húmedo:** mojado, fértil, verde, fuerte.
Secretario: colaborador, ayudante, actuario, ministro.	**Jefe:** director, superior, patrón, líder.
Secreto: confidencia, ocultación, misterio, reserva.	**Manifiesto:** revelado, divulgado, declarado, notorio.
Secta: grupo, tribu, clan, doctrina.	**Alcurnia:** linaje, prosapia, abolengo, tronco.
Sectario: secuaz, partidario, fanático, extremista.	**Transigente:** tolerante, conciliador, comprensivo, paciente.
Sectarismo: disidencia, intransigencia, fanatismo, intolerancia.	**Comprensión:** objetividad, imparcialidad, tolerancia, transigencia.
Sector: parte, fracción, división, hatajo.	**Conjunto:** todo, entero, completo, fusión.
Secuaz: partidario, adicto, prosélito, satélite.	**Antagonista:** adversario, oponente, rival, contrario, émulo.
Secuela: consecuencia, efecto, resultado, huella, deducción.	**Causa:** motivo, móvil, origen, fuente.
Secuencia: serie, cadena, sucesión, frecuencia.	**Eventualidad:** intermitencia, discontinuidad, interrupción, ocasionalidad.
Secuestrar: aprehender, encerrar, retener, aprisionar.	**Libertar:** rescatar, liberar, recuperar, recobrar.
Secular: antiguo, añejo, longevo, veterano.	**Nuevo:** flamante, reciente, fresco, moderno.
Secundar: auxiliar, coadyuvar, cooperar, colaborar.	**Rechazar:** objetar, opugnar, enfrentar, encarar.
Secundario: accesorio, auxiliar, ayudante, dependiente.	**Primordial:** esencial, primario, fundamental, capital.
Sed: necesidad, deseo, anhelo, dipsomanía.	**Saciedad:** hartazgo, repletación, hartura, saturación.
Sedante: calmante, lenitivo, sedativo, paliativo.	**Excitante:** estimulante, incitante, instigante, enardeciente.
Sedar: apaciguar, calmar, sosegar, tranquilizar.	**Excitar:** exaltar, instigar, promover, provocar.
Sede: silla, trono, asiento, diócesis.	**Núcleo:** centro, corazón, foco, médula.
Sedentario: estacionario, fijo, inmóvil, permanente.	**Errante:** nómada, vagabundo, gitano, ambulante.
Sedición: rebeldía, insurrección, levantamiento, alzamiento.	**Sumisión:** sometimiento, acatamiento, rendimiento, obediencia.
Sedicioso: insurrecto, sublevado, rebelde, faccioso.	**Sumiso:** obediente, dócil, sujeto, disciplinado.
Sediento: anheloso, ansioso, deseoso, ambicioso.	**Ahíto:** repleto, hartado, saciado, empachado.

SINÓNIMOS	ANTÓNIMOS
Sedimento: pósito, residuo, heces, concho.	**Base:** cimiento, basamento, fundamento, principio.
Sedoso: delicado, suave, fino, liso.	**Áspero:** tosco, burdo, rugoso, granuloso.
Seducción: persuasión, fascinación, atracción, engaño.	**Repulsión:** repudio, aversión, repugnancia, antipatía.
Seducir: atraer, encantar, cautivar, embrujar.	**Repeler:** rechazar, repudiar, arrojar, repulsar.
Seductor: cautivador, fascinante, atrayente, hechicero.	**Repugnante:** desagradable, asqueroso, repulsivo, odioso.
Segar: tronchar, guadañar, cortar, enceguecer.	**Aglutinar:** unir, juntar, mancomunar, anexionar, cohesionar.
Seglar: civil, laico, lego, secular.	**Religioso:** espiritual, sacerdote, cura, monje.
Segmentar: partir, diseccionar, fraccionar, dividir, fragmentar.	**Unir:** integrar, fundir, fusionar, reunir.
Segmento: porción, fragmento, fracción, cupo.	**Todo:** completo, íntegro, entero, conjunto.
Segregar: gotear, rezumar, separar, apartar.	**Mancomunar:** unir, fusionar, juntar, incorporar.
Seguido: continuo, frecuente, incesante, ininterrumpido.	**Interrumpido:** cortado, separado, roto, cercenado.
Seguidor: discípulo, continuador, adepto, admirador.	**Perseguidor:** adversario, opuesto, rival, competidor.
Seguir: continuar, proseguir, adoptar, practicar.	**Interrumpir:** cortar, detener, impedir, romper.
Segundo: instante, soplo, ayudante, suplente.	**Principal:** gerente, director, superior, importante.
Seguridad: certeza, garantía, precisión, caución, certidumbre.	**Inseguridad:** confusión, desacierto, desorden, ambigüedad.
Seguro: cierto, indudable, infalible positivo.	**Incierto:** erróneo, falible, confuso.
Selección: elección, preferencia, alternativa, opción, colección.	**Indistinción:** indistinguible, indefinible, impreciso, indistinto.
Selecto: escogido, preferido, prototipo, dechado.	**Común:** frecuente, trivial, ordinario, general.
Selva: bosque, espesura, monte, algaba.	**Desierto:** despoblado, inhabitado, yermo, páramo.
Selvático: silvestre, tosco, rudo, palurdo.	**Cultivado:** pulido, refinado, educado, ilustrado.
Sellar: timbrar, estampar, franquear, terminar.	**Abrir:** destapar, descubrir, descorrer, desgarrar.
Semana: septésima, hebdómana, septenaria, hebdomadaria.	**Mes:** mensualidad, docedario, sueldo, emolumento.
Semántica: semasiología, innovación, trayectoria, evolución.	**Invariabilidad:** permanencia, estabilidad, inmutabilidad, inmanencia.
Semblanza: biografía, resumen, analogía, historial.	**Disparidad:** heterogeneidad, desigualdad, diversidad, contraste.
Sembrar: esparcir, derramar, desparramar, difundir.	**Cosechar:** recoger, recolectar, reunir, acumular.
Semejante: parecido, similar, análogo, equivalente.	**Diferente:** distinto, diverso, divergente, opuesto.

Semejanza: igualdad, analogía, afinidad, similitud.
Semilla: germen, origen, simiente, embrión.

Seminario: cultivatorio, investigatorio, semillerío, enseñatorio.
Sempiterno: eterno, perpetuo, imperecedero, inmortal.
Senado: congreso, parlamento, asamblea, cámara.
Sencillez: simplicidad, afabilidad, franqueza, llaneza.
Sencillo: simple, natural, llano, franco.

Senda: camino, sendero, ruta, arteria.
Sendos: respectivos, compartidos, f- uno para cada cual.
Senectud: ancianidad, vejez, senilidad, vetustez.
Senil: anciano, viejo, decrépito, caduco.
Senior: adulto, maduro, reflexivo, sazonado.
Seno: regazo, pecho, busto, ensenada.

Sensación: impresión, emoción, percepción, exaltación.
Sensacional: impresionante, increíble, extraño, sobresaliente.
Sensacionalista: efectista, escandaloso, populachero, indiscreto.
Sensatez: cordura, discreción, juicio, mesura.
Sensato: discreto, prudente, razonable, reflexivo.
Sensibilidad: delicadeza, comprensión, ternura, sentimentalidad.
Sensible: manifiesto, susceptible, impresionable, perceptible.
Sensiblería: cursilería, sentimentalismo, compasión, sensibilidad.
Sensiblero: cursi, sentimental, emotivo, sensible.
Sensual: sensitivo, deleitable, materialidad, sibarita.
Sensualidad: sensualismo, materialismo, voluptuosidad, lujuria.
Sentado: establecido, fijado, determinado, precisado.
Sentar: acomodar, allanar, aplanar, registrar.

Desigualdad: desemejanza, disparidad, disimilitud, discrepancia.
Fruto: beneficio, provecho, cosecha, producto.
Analfabetario: incultivatorio, rebuznatorio, nescienzario, lagunario.
Perecedero: efímero, fugaz, pasajero, transitorio.
Auditorio: público, oyente, concurrencia, asistencia.
Orgullo: arrogancia, altanería, altivez, engreimiento.
Altanero: altivo, orgulloso, soberbio, arrogante.
Llanura: páramo, desierto, sabana, yermo.
Consecuencia: razón, motivo, objeto, finalidad.
Juventud: mocedad, nubilidad, adolescencia, lolería.
Infantil: juvenil, pueril, jovial, lozano.
Junior: adolescente, mozo, muchacho.

Columna: espinazo, espalda, dorso, posaderas.
Indiferencia: apatía, frialdad, displicencia, escepticismo.
Normal: común, corriente, conocido, cotidiano.
Discreto: mesurado, prudente, sensato, moderado.
Necedad: simpleza, sandez, nesciencia, bobedad.
Insensato: imprudente, bobo, necio, tonto.

Insensibilidad: indiferencia, frialdad, indolencia, impasibilidad.
Insensible: adormecido, entorpecido, exánime, indiferente.
Moderación: objetividad, sensatez, juicio, medida.
Frío: duro, impasible, insensible, imperturbable.
Espiritual: anímico, incorrupto, desinteresado, idealista.
Castidad: continencia, pureza, virginidad, honestidad.
Impaciente: inquieto, preocupado, turbado, nervioso.
Dificultar: entorpecer, obstaculizar, impedir, fastidiar.

SINÓNIMOS	ANTÓNIMOS
Sentencia: juicio, fallo, dictamen, sanción.	**Exculpación:** perdón, absolución, condonación, eximición.
Sentencioso: grave, enfático, afectado, aforístico.	**Desdoblado:** desenvuelto, extendido, desplegado, desarrollado.
Sentido: significado, acepción, expresión, conocimiento.	**Confusión:** desconcierto, desorientación, complejidad, trastorno.
Sentimiento: emoción, impresión, percepción, consideración.	**Alegría:** contento, exultación, regocijo, satisfacción.
Sentina: sumidero, cloaca, albañal, lupanar.	**Pulcritud:** limpieza, atildamiento, delicadeza, escrupulosidad.
Sentir: percibir, experimentar, padecer, deplorar.	**Alegrarse:** animarse, alentarse, alborozarse, complacerse.
Señal: jalón, hito, nota, imagen.	**Diferencia:** disparidad, diversidad, defecto, tacha.
Señalar: indicar, mostrar, apuntar, especificar.	**Esconder:** ocultar, embozar, disfrazar, enmascarar.
Señero: único, indistinto, solitario, separado.	**Distinto:** diverso, diferente, preciso, inconfundible.
Señorío: hidalguía, linaje, distinción, dominio, gravedad.	**Vulgaridad:** insignificancia, poquedad, trivialidad, villanía.
Señuelo: carnada, cebo, cimbel, anzuelo.	**Apariencia:** forma, figura, aspecto, traza.
Separación: clasificación, análisis, desacuerdo, desavenencia.	**Unión:** vinculación, mancomunación, confluencia, asociación.
Separado: emancipado, libre, independizado, autónomo.	**Sometido:** unido, sujeto, dominado, agarrado.
Separar: apartar, desglosar, clasificar, desunir, desplazar.	**Juntar:** unir, ligar, asociar, congregar.
Septenario: semanal, hebdomedario, f-período de siete días.	**Cotidiano:** diario, periódico, jornalero, habitual.
Septentrional: nórdico, ártico, boreal, norteño.	**Meridional:** antártico, austral, sureño.
Sepultar: inhumar, enterrar, soterrar, ocultar.	**Exhumar:** desenterrar, descubrir, autopsiar, levantar.
Sepultura: tumba, sepulcro, yacija, sarcófago.	**Lozanía:** verdor, frondosidad, gallardía, jovialidad.
Sequedad: sequía, aridez, baldío, yermo.	**Humedad:** rocío, vapor, riego, fertilidad.
Séquito: acompañamiento, comitiva, cortejo, escolta.	**Aislamiento:** soledad, incomunicación, retraimiento, abandono.
Ser: existir, subsistir, ente, esencia.	**Fallar:** faltar, restar, morir, fenecer.
Seráfico: angelical, puro, espiritual, etéreo.	**Demoniaco:** diabólico, maligno, perverso, satánico.
Serenar: sosegar, aquietar, tranquilizar, consolar.	**Inquietar:** turbar, azorar, preocupar, conturbar.
Serenidad: tranquilidad, quietud, sosiego, imperturbabilidad.	**Inquietud:** impaciencia, excitación, agitación, azoramiento.
Sereno: tranquilo, sosegado, calmoso, despejado.	**Intranquilo:** nervioso, inquieto, excitado, nublado.
Serie: sucesión, encadenamiento, progresión, catálogo.	**Interrupción:** detención, estancamiento, cercenamiento, oclusión.

Seriedad: gravedad, circunspección, formalidad, mesura.
Informalidad: irresponsabilidad, dejación, descuido, irregularidad.

Serio: formal, sensato, responsable, prudente.
Informal: alegre, irresponsable, desenfadado, divertido.

Serrar: cortar, aserruchar, aserrar, fraccionar.
Unir: trabar, fundir, concordar, enlazar.

Servicio: favor, ayuda, atención, asistencia.
Indiferencia: desidia, negligencia, desatención, desaire.

Servidor: sirviente, criado, mozo, asistente.
Amo: patrono, jefe, señor, dueño.

Servidumbre: esclavitud, yugo, vasallaje, obligación.
Poder: dominio, derecho, exigencia.

Servil: bajo, rastrero, esclavo, lacayo.
Digno: meritorio, honorable, atento, noble.

Servilismo: bajeza, humillación, abyección, envilecimiento.
Orgullo: altanería, arrogancia, engreimiento, vanagloria.

Servir: ofrecer, dedicar, atender, recurrir.
Perjudicar: dañar, lesionar, estropear, deteriorar.

Sesgado: oblicuo, torcido, tendencioso, inclinado.
Recto: objetivo, imparcial, ecuánime, justo.

Sesgar: torcer, atravesar, oblicuar, equivocar.
Rectizar: horizontalizar, enderezar, moralizar, rectificar.

Sesión: reunión, deliberación, asamblea, concilio.
Dispersión: disociación, disgregación, separación, discriminación.

Seso: mollera, juicio, discrecion, madurez.
Insensatez: necedad, imbecilidad, sandez, simpleza.

Sestear: descansar, reposar, dormir, adormilarse.
Velar: trabajar, bregar, trajinar, ocuparse.

Sesudo: sensato, juicioso, sabio, inteligente.
Irreflexivo: inmaduro, alocado, inconsciente, imprudente.

Seudo: falso, supuesto, falaz, ficticio.
Auténtico: verdadero, verídico, veraz, legítimo.

Seudónimo: distintivo, simulativo, señalativo, sobrenombre.
Nombre: calificativo, apelativo, título, denominación.

Severidad: dureza, rigidez, gravedad, adustez.
Dulzura: suavidad, bondad, amabilidad, afabilidad.

Severo: estricto, riguroso, duro, rígido.
Tolerante: flexible, comprensivo, transigente, dócil.

Sexismo: discriminación, diferencia, especificación, separación.
Confusión: machismo, conturbación, atavismo, equivocación.

Sexo: género, sexualidad, f- diferente de macho a hembra.
Asexuado: insexo, anómalo, infecundo, anormal.

Sibarita: voraz, degustador, probador, saboreador.
Frugal: parco, templado, moderado, sobrio.

Sibila: adivina, pitonisa, profetisa, gitana.
Factible: posible, admisible, probable, aceptable.

Sibilino: obscuro, confuso, misterioso, indescifrable.
Claro: diáfano, cristalino, transparente, límpido.

Sicalipsis: pornografía, obscenidad, impudicia, deshonestidad.
Honestidad: rectitud, pudicia, decencia, pudorosidad.

SINÓNIMOS	ANTÓNIMOS
Sicastenia: indecisión, vacilación, angustia, ansiedad.	**Ataraxia:** tranquilidad, impasibilidad, quietud, serenidad.
Sicodélico: seducido, deslumbrado, ensoñado, alucinogenado.	**Consciente:** responsable, advertido, juicioso, escrupuloso.
Sicofante: vituperador, zaheridor, impostor, detractor.	**Loador:** elogiador, apologista, ensalzador, glorificador.
Sicopatía: oligofrenia, sicofrenia, conturbación, anormalidad.	**Normalidad:** regularidad, naturalidad, salubridad, espontaneidad.
Sideración: sideralización, atmosferización, celestialización, astrorización.	**Neutralización:** anulación, ambientación, superación, acostumbramiento.
Siempre: ahora, constantemente, continuamente, eternamente.	**Nunca:** jamás, inexorablemente, infaliblemente, indefectiblemente.
Siervo: cautivo, oprimido, esclavizado, servidor.	**Señor:** calificado, señalado, noble, aristócrata.
Sietemesino: canijo, enclenque, débil, esmirriado.	**Robusto:** fuerte, vigoroso, recio, fornido.
Sigilar: silenciar, callar, ocultar, esconder.	**Revelar:** descubrir, detectar, mostrar, manifestar.
Sigilo: reserva, secreto, silencio, disimulo.	**Indiscreción:** curiosidad, intromisión, husmeamiento, revelación.
Sigiloso: secreto, reservado, callado, discreto.	**Ruidoso:** escandaloso, atronador, estridente, estrepitoso.
Signar: señalar, distinguir, marcar, rubricar.	**Particularizar:** ampliar, extender, desarrollar, incrementar.
Signatario: firmante, suscribiente, rubricante, infrascrito.	**Hojeante:** leyente, revisor, informante, observador.
Significación: acepción, significado, sentido, concepto.	**Indefinición:** incierto, indefinido, indeterminado, ambiguo.
Significar: denotar, figurar, expresar, contener.	**Omitir:** prescindir, silenciar, suprimir, evitar, descuidar.
Significativo: expresivo, elocuente, revelador, característico.	**Inexpresivo:** seco, vacilante, indeterminado, enigmático.
Signo: señal, huella, indicio, emblema.	**Causa:** motivo, origen, razón, principio.
Signofonía: estenofonía, sonemografía, signoscritura, democritura, f- escritura signológico-alfabética.	**Dactilografía:** mecanografía, teletiposcritura, estenotipia, f- taquigrafía antigua.
Siguiente: subsiguiente, sucesor, posterior, ulterior.	**Anterior:** precedente, previo, antecedente, anteriormente.
Silenciar: ocultar, omitir, encubrir, callar.	**Revelar:** declarar, descubrir, desvelar, confesar.
Silencio: pausa, calma, sigilo, mutismo.	**Bulla:** griterío, algazara, estridencia, vocinglería.
Silencioso: callado, sigiloso, prudente, reservado.	**Sonoro:** hablador, ruidoso, parlanchín, locuaz.
Silente: silencioso, tranquilo, sosegado, taciturno.	**Intranquilo:** alarmado, perturbardo, inquieto, impaciente.
Silogismo: conclusión, deducción, resultado, consecuencia.	**Premisa:** proposición, enunciación, indicio, seña.
Silogizar: argüir, exponer, disputar, cuestionar.	**Silenciar:** olvidar, callar, ocultar, enmudecer.

Silueta: contorno, croquis, perfil, trazo.
Silvestre: selvático, campestre, salvaje, bucólico.
Sima: depresión, fosa, hondonada, abismo.
Simbiótico: asociante, mancomunante, sinergético, sinestésico.
Simbólico: alegórico, alusivo, figurado, representativo.
Simbolizar: representar, encarnar, interpretar, personificar.
Símbolo: imagen, emblema, figura, insignia.
Simetría: armonía, proporción, conformidad, cadencia.
Simétrico: proporcionado, equilibrado, regular, armónico.
Similar: análogo, símil, sinónimo, homólogo.
Similitud: semejanza, analogía, parecido, gemelidad.
Simpatía: afinidad, similitud, relación, avenimiento.
Simpático: amable, gentil, agradable, placentero.
Simpatizante: adepto, partidario, seguidor, admirador.
Simpatizar: congeniar, entenderse, avenirse, comprenderse.
Simple: sencillo, elemental, fácil, evidente.
Simpleza: bobería, tontería, necedad, zoncería.
Simplificar: facilitar, ayudar, resumir, compendiar.
Simulación: fingimiento, doblez, falsedad, apariencia.
Simulacro: representación, maniobra, apariencia, simulación.
Simular: fingir, aparentar, engañar, encubrir.
Simultaneidad: coincidencia, concurrencia, concomitancia, concordancia.
Simultáneo: sincrónico, coincidente, concordante, isócrono.
Sinalefa: enlace, unión, trabazón, ligamiento.
Sincerarse: confesar, declarar, revelar, abrirse.
Sinceridad: franqueza, veracidad, lealtad, rectitud.

Modelo: muestra, tipo, pauta, regla.
Cultivado: sembrado, laborado, colonizado, civilizado.
Altura: elevación, cumbre.
Separatista: separante, bifurcante, desviante, dividiente.
Real: auténtico, evidente, verídico, cierto.
Parodiar: imitar, semejar, plagiar, reproducir.
Realidad: evidencia, certidumbre, convicción, efectividad.
Asimetría: desigualdad, irregularidad, desarmonía, desavenencia.
Asimétrico: desproporcionado, desigual, irregular, disimétrico.
Disímil: distinto, diferente, desigual, antagónico.
Disparidad: desigualdad, diferencia, discrepancia, heterogeneidad.
Antipatía: aversión, ojeriza, inquina, animadversión.
Antipático: molesto, fastidioso, cargante, chocante.
Detractor: hostil, opositor, crítico, vituperador.
Desavenirse: malquistarse, desacordar, dividir, discordar.
Complejo: enredado, difícil, intrincado, arduo.
Astucia: sagacidad, picardía, sutileza, perspicacia.
Complicar: obstaculizar, confundir, enmarañar, dificultar.
Verdad: certeza, veracidad, realidad, axioma.
Verosimilitud: creencia, credibilidad, probabilidad, aceptación.
Detectar: revelar, descubrir, reconocer, admitir.
Divergencia: diferencia, anacronía, desacuerdo, disentimiento.
Anacrónico: anticuado, desusado, caduco, extemporáneo.
Hiato: separación, desarmonía, desunión, azeuxis.
Ocultar: mentir, silenciar, encubrir, esconder.
Hipocresía: doblez, simulación, fingimiento, mojigatería.

SINÓNIMOS	ANTÓNIMOS
Sincero: franco, veraz, real, formal.	**Falso:** insincero, hipócrita, simulador, artificial.
Sincopar: abreviar, resumir, compendiar, sintetizar, acortar.	**Ampliar:** extender, expandir, amplificar, desarrollar.
Sincrético: acumulado, condensado, concentrado, conciliado.	**Esparcido:** separado, desperdigado, divergente, inarmónico.
Sincretismo: conciliación, armonía, concordancia, condensación.	**Divergencia:** discordancia, discrepancia, desarmonía, bifurcación.
Sincronía: simultaneidad, coincidencia, concordancia, isocronismo.	**Asincronía:** contrariedad, oposición, disimilitud, unisocronismo.
Sincronizar: armonizar, coincidir, concordar, encajar.	**Constrastar:** discordar, divergir, desarmonizar, desigualar.
Sindicar: acusar, delatar, incriminar, inculpar.	**Exculpar:** defender, disculpar, justificar, cohonectar.
Síndrome: síntoma, pródomo, indicio, principio.	**Causa:** origen, motivo, razón, circunstancia.
Sinecura: prebenda, ventaja, delantera, beneficio.	**Perjuicio:** quebranto, detrimento, daño, desmedro.
Sinéresis: comprensión, entendimiento, contracción, perspicacia.	**Diéresis:** desunión, separación, disgregación, complejidad.
Sinergia: asociación, mancomunación, aunamiento, simbiosis.	**Asinergia:** desarmonía, desconexión, desarticulación, discordancia.
Sinfín: sinnúmero, infinidad, pluralidad, cúmulo.	**Confín:** término, linde, límite, frontera.
Sinfonía: armonía, concordancia, conformidad, eufonía.	**Inarmonía:** disonancia, discordancia, destemplanza, cacofonía.
Singular: extraño, inusitado, particularidad, único.	**Plural:** normal, común, ordinario, usual.
Singularidad: particularidad, propiedad, especialidad, originalidad.	**Normalidad:** naturalidad, regularidad, sistematicidad, proverbialidad.
Singularizar: distinguir, separar, particularizar, caracterizar.	**Generalizar:** divulgar, pluralizar, publicar, televisar.
Siniestrado: dañado, incendiado, accidentado, naufragado.	**Indañado:** intocado, intacto, completo, ileso.
Siniestro: trágico, avieso, aciago, funesto.	**Próvido:** propicio, benévolo, dichoso, correcto.
Sino: destino, estrella, suerte, azar.	**Consecuencia:** efecto, secuela, inferencia, deducción.
Sínodo: asamblea, reunión, concilio, f- junta eclesiástica y deliberativa.	**Sociedad:** agrupación, compañía, entidad, corporación.
Sinónimo: igual, semejante, equivalente, parecido.	**Antónimo:** contrario, distinto.
Sinopsis: resumen, síntesis, suma, referencia.	**Desarrollo:** aumento, ampliación, incremento, crecimiento.
Sinsabor: disgusto, pesar, pena, contrariedad.	**Alegría:** satisfacción, gozo, placer, agrado.
Síntesis: compendio, resumen, extracto, eclecticismo.	**Desarrollo:** aumento, progreso, auge, amplitud.
Sintético: artificial, imitado, elaborado, industrial.	**Natural:** auténtico, legítimo, genuino, original.

Sintetizar: compendiar, extractar, resumir, esquematizar.
Síntoma: indicio, presagio, señal, augurio.
Sinuosidad: concavidad, ondulación, serpenteo, deformidad.
Sinuoso: confuso, zigzagueante, ondulante, diagonal.
Sinvergüenza: desfachatado, inverecundo, bribón, descriteriado.
Síquico: inmaterial, espiritual, mental, intelectual.
Siquiera: aunque, f- por lo memos, con tal que, haz esto.
Sisar: hurtar, robar, escamotear, substraer.
Siseo: abucheo, protesta, desaprobación, cuchicheo.
Sistema: método, régimen, norma, técnica.
Sistemático: metódico, regular, preceptivo, consecuente.
Sistematizar: reglamentar, normalizar, metodizar, coordinar.
Sitiar: asediar, rodear, bloquear, apremiar.
Situación: condición, estado, categoría, disposición.
Situar: colocar, emplazar, estacionar, consignar.
Soberanía: poder, autoridad, imperio, independencia.
Soberbia: orgullo, altivez, altanería, arrogancia.
Soberbio: altanero, orgulloso, arrogante, irascible.
Sobornar: corromper, cohechar, inducir, malear.
Soborno: corrupción, fraude, vicio, maleamiento, cohecho.
Sobrar: quedar, restar, exceder, sobrepasar.
Sobre: encima, referente, relativo, acerca de, además de.
Sobrecargar: exceder, recargar, abrumar, traspasar.
Sobrecogedor: estremecedor, aterrador, espantoso, horroroso.
Sobrecoger: sorprender, alarmar, asombrar, amedrentar.
Sobreexcitarse: emocionarse, agitarse, alterarse, inquietarse.

Amplificar: ampliar, extender, aumentar, acrecentar.
Causa: razón, origen, enfermedad, proceso.
Derechura: lisidez, llanura, verticalidad, rectitud.
Recto: derecho, lineal, paralelo, horizontal.
Circunspecto: discreto, prudente, correcto, compuesto.
Somático: corporal, carnal, corpóreo, material.
Nunca: jamás, f- de ningún modo, ninguna vez, en algún tiempo.
Devolver: restituir, reintegrar, regresar, tornar.
Aplauso: ovación, aclamación, aprobación, palmoteo, silencio.
Anarquía: confusión, caos, desorden, acracia.
Confuso: desordenado, anárquico, revuelto, embrollado.
Desconcertar: confundir, trastornar, sorprender, alterar.
Romper: quebrar, destrozar, irrumpir, desgajar.
Alteración: variación, mutación, cambio, perturbación.
Escapar: huir, evadirse, escabullirse, escurrirse.
Dependencia: sujeción, subordinación, supeditación, subyugación.
Modestia: humildad, sencillez, docilidad, moderación.
Humilde: dócil, sumiso, natural, discreto.
Moralizar: corregir, enmendar, limpiar, depurar.
Integridad: honradez, probidad, rectitud, perfección.
Faltar: fallar, escasear, necesitar, carecer.
Bajo: debajo, abajo, pequeño, menudo.
Aligerar: aliviar, moderar, atenuar, apresurar.
Agradable: alegre, tranquilizador, atractivo, grato.
Tranquilizar: serenar, moderar, atenuar, apresurar.
Tranquilizarse: sosegarse, calmarse, apaciguarse, serenarse.

SINÓNIMOS	ANTÓNIMOS
Sobregirar: exceder, extralimar, sobrepasar, traspasar.	**Contener:** reprimir, moderar, dominar, sujetar.
Sobrellevar: aguantar, soportar, sufrir, tolerar.	**Quejarse:** lamentar, dolerse, protestar, padecer.
Sobrenatural: inmaterial, mágico, milagroso, metafísico.	**Natural:** real, propio, original, lógico.
Sobrentendido: implícito, virtual, tácito, incluido.	**Explícito:** expreso, manifiesto, claro, concluyente.
Sobreponer: aplicar, cubrir, recubrir, adaptar.	**Preparar:** prevenir, arreglar, acondicionar, proyectar.
Sobresaliente: notable, destacado, excelente, descollante.	**Reprobado:** censurado, criticado, execrado, vituperado.
Sobresalir: resaltar, descollar, prevalecer, aventajar.	**Inadvertir:** omitir, descuidar, oscilar, distraer.
Sobresalto: sorpresa, temor, susto, turbación.	**Confianza:** tranquilidad, serenidad, esperanza, seguridad.
Sobreseer: liberar, exculpar, derogar, suspender, nulificar.	**Sancionar:** encarcelar, castigar, condenar, multar, encerrar.
Sobreseído: liberado, soltado, excarcelado, exculpado.	**Castigado:** sancionado, condenado, multado, encarcelado.
Sobrevenir: suceder, acontecer, ocurrir, surgir.	**Prever:** prevenir, precaver, preconizar, sospechar.
Sobreviviente: superviviente, librado, escapado, salvado.	**Excluido:** eliminado, apartado, descartado, exceptuado.
Sobriedad: moderación, parsimonia, cautela, ponderación.	**Incontinencia:** deshonestidad, liviandad, inmoderación, desenfreno.
Sobrio: moderado, templado, mesurado, prudente.	**Vicioso:** corrompido, desenfrenado, disoluto, inmoral.
Socarrón: burlón, guasón, irónico, ladino.	**Serio:** noble, sincero, sencillo, franco.
Socarronería: burla, ironía, picardía, astucia.	**Seriedad:** nobleza, sinceridad, naturalidad, franqueza.
Socavar: minar, debilitar, carcomer, dragar.	**Reforzar:** vigorizar, fortalecer, robustecer, renovar.
Sociabilidad: cortesía, civilidad, trato, comunicabilidad.	**Descortesía:** desatención, incivilidad, desconsideración, indiferencia.
Sociable: tratable, afable, educado, comunicativo.	**Hosco:** adusto, ceñudo, intratable, tosco.
Social: beneficial, ciudadario, generalario, civilario.	**Especial:** particular, singular, peculiar, propio.
Socializar: colectivizar, estatizar, nacionalizar, usualizar.	**Individualizar:** particularizar, personalizar, pormenorizar, especificar.
Sociedad: asociación, agrupación, empresa, compañía.	**Insociedad:** disolución, ruptura, anulación, divorcio.
Socorrer: auxiliar, amparar, ayudar, proteger.	**Abandonar:** desamparar, descuidar, entregar, desproteger.
Sodomita: invertido, homosexual.	**Natural:** heterosexual, normalizado, púdico, pudoroso.
Soez: bajo, vil, zafio, patán.	**Delicado:** fino, atento, correcto, amable.
Sofisma: argucia, sutileza, engaño, tergiversación.	**Naturalidad:** sencillez, simplicidad, llaneza, verosimilitud.

Sofisticar: falsear, adulterar, engañar, mixtificar.
Autentificar: validar, certificar, formalizar, legalizar.

Sofístico: aparente, fingido, supuesto, artificial.
Real: existente, verdadero, auténtico, verídico.

Sofocante: asfixiante, angustioso, agobiante, opresor.
Refrescante: refrigerante, liberal, tolerante, liberador.

Sofocar: oprimir, asfixiar, ahogar, enervar.
Avivar: reanimar, estimular, vitalizar, resucitar.

Sofrenar: detener, reprimir, atajar, refrenar.
Excitar: estimular, impulsar, vitalizar, resucitar.

Sojuzgar: someter, avasallar, dominar, subyugar.
Emancipar: liberar, redimir, manumitir, rescatar.

Solana: solanada, soleamiento, f- lugar donde el sol da de lleno.
Umbría: sombra, follaje, sombrío, opaco.

Solapado: oculto, taimado, ladino, malicioso.
Manifiesto: abierto, sincero, franco, confiado.

Solapar: esconder, ocultar, velar, encubrir.
Manifestar: mostrar, exhibir, expresar, presentar.

Solaz: distracción, expansión, esparcimiento, diversión.
Aburrimiento: fastidio, tedio, hastío, cansancio.

Solazar: alegrar, divertir, distraer, expandir.
Aburrir: fastidiar, molestar, agobiar, jorobar.

Soleado: radiante, claro, luminoso, alegre.
Nublado: triste, oscuro, encapotado, lluvioso.

Soledad: aislamiento, abandono, retraimiento, enclaustramiento.
Compañía: séquito, comitiva, cortejo, sociedad.

Solemne: suntuoso, grandioso, pomposo, majestuoso.
Sencillo: natural, simple, fácil, evidente.

Solemnizar: celebrar, festejar, honrar, engrandecer.
Minimizar: empequeñecer, achicar, comprimir, enfrascar.

Solicitar: celebrar, festejar, requerir, procurar.
Resolver: estudiar, examinar, decidir, determinar.

Solícito: atento, afectuoso, cuidadoso, diligente.
Desatento: descortés, desconsiderado, insolente, irrespetuoso.

Solidaridad: apoyo, fraternidad, camaradería, adhesión.
Insolidaridad: repulsa, hostilidad, egoísmo, antipatía.

Solidario: junto, unido, asociado, recíproco.
Insolidario: único, solo, separado, inconexo.

Solidarizar: unirse, adherirse, compartir, concordar.
Discrepar: divergir, disentir, discordar, diferir.

Solidez: consistencia, cohesión, firmeza, fortaleza.
Debilidad: lasitud, extenuación, decaimiento, languidez.

Solidificar: endurecer, condensar, concentrar, comprimir.
Licuar: fluidificar, liquidar, diluir, disolver.

Sólido: firme, duro, denso, macizo.
Fluido: corrido, derramado, claro, brotado.

Soliloquio: monólogo, sólogo, f- conversación con uno mismo.
Coloquio: conversación, diálogo, plática, conferencia.

Solio: asiento, silla, trono, butaca.
Camilla: parihuela, angarilla, andas.

Solitario: despoblado, desierto, insociable, huraño.
Populoso: habitado, repleto, sociable, abierto.

SINÓNIMOS	ANTÓNIMOS
Soliviantar: sublevar, inducir, incitar, subvertir.	**Disuadir:** convencer, desalentar, desanimar.
Soltar: libertar, emancipar, excarcelar, desatar.	**Aprisionar:** apresar, asir, capturar, aprehender.
Soltería: celibato.	**Matrimonio:** unión, enlace.
Soltura: agilidad, destreza, presteza, desenvoltura.	**Torpeza:** ineptitud, inhabilidad, impericia, zafiedad.
Solución: resultado, terminación, desenlace, decisión.	**Dificultad:** tropiezo, complicación, contrariedad, entorpecimiento.
Solvencia: garantía, crédito, capital, responsabilidad.	**Insolvencia:** deuda, débito, compromiso, adeudamiento.
Solventar: responder, solucionar, resolver, determinar.	**Dificultar:** complicar, obstaculizar, enredar, involucrar.
Solvente: acreditado, acomodado, pudiente, adinerado.	**Insolvente:** endeudado, pobre, arruinado, indigente.
Sollozar: gimotear, llorar, sentir, deplorar.	**Reír:** gozar, carcajear, sonreír, regocijarse, alegrarse.
Sombra: obscuridad, opacidad, nebulosidad, lobreguez.	**Luz:** claridad, luminosidad, resplandor, diafanidad.
Sombrío: lúgubre, tétrico, obscuro, tenebroso.	**Claro:** diáfano, despejado, visible, manifiesto.
Somero: sucinto, superficial, ligero, sinóptico.	**Extenso:** esmerado, cuidadoso, mesurado, dilatado.
Someter: avasallar, conquistar, dominar, reducir.	**Liberar:** libertar, emancipar, licenciar, soltar.
Sometimiento: sumisión, acatamiento, rendición, obediencia.	**Rebeldía:** indisciplina, rebelión, asonada, escalada.
Somnífero: soporífero, letargo, hipnótico, soporoso.	**Excitante:** incitante, despertante, activante, estimulante.
Somnolencia: sopor, pesadez, soñolencia, modorra.	**Vivacidad:** vigilia, actividad, dinamismo, voluntad.
Sonámbulo: andante, hablante, f- persona que anda y habla de noche.	**Diámbulo:** levantante, ambulante, errante, vagabundo.
Sonar: bocinar, retumbar, tronar, golpear.	**Callar:** silenciar, enmudecer, olvidar, esconder.
Sondear: ahondar, pulsar, inquirir, explorar.	**Detenerse:** estancar, atascar, frenarse, estacionarse.
Sonido: sonoridad, ruido, son, voz.	**Silencio:** sigilo, prudencia, discreción, omisión.
Sonoro: melodioso, canoro, sonante, rumoroso.	**Silencioso:** callado, silente, áfono, mudo.
Sonriente: alegre, contento, risueño, placentero.	**Triste:** afligido, melancólico, abatido, atribulado.
Sonrojar: confundir, avergonzar, abochornar, soflamar.	**Palidecer:** blanquecer, amarillentar, descolorar, debilecer.
Sonsacar: averiguar, indagar, obtener, procurar.	**Ocultar:** tapar, encubrir, esconder, silenciar.
Soñador: fantaseador, visionario, imaginativo, idealista.	**Realista:** sensato, práctico, positivo, objetivo.
Soñar: ensoñar, trasoñar, evocar, idealizar.	**Concretar:** precisar, determinar, expresar.

SINÓNIMOS	ANTÓNIMOS
Sopesamiento: tanteamiento, reflexionamiento, pulsamiento, examinación.	**Desistimiento:** cejamiento, cesación, abandonamiento, renunciamiento.
Sopesar: tantear, balancear, medir, pulsar.	**Desistir:** cejar, cesar, abandonar, renunciar.
Soplar: bufar, insuflar, suspirar, sugerir.	**Aspirar:** inspirar, ansiar, anhelar, desear.
Soplonear: denunciar, delatar, acusar, descubrir.	**Ocultar:** reservar, callar, velar, disfrazar.
Sopor: letargo, adormecimiento, carosis, aletargamiento.	**Avivamiento:** despabilación, despertamiento, viveza, actividad.
Soporífero: hipnótico, soñoliento, soporoso, somnífero.	**Excitante:** estimulante, provocante, aguijoneante, exaltante.
Soportable: aguantable, llevadero, admisible, aceptable.	**Insufrible:** intolerable, inadmisible, inaguantable, abusivo.
Soportar: sobrellevar, aguantar, sufrir, padecer.	**Reaccionar:** oponer, resistir, argüir, renunciar.
Sorber: aspirar, absorber, tragar, masticar.	**Expeler:** arrojar, lanzar, echar, expulsar.
Sórdido: tacaño, mezquino, impuro, escandaloso.	**Pródigo:** generoso, liberal, desprendido, honesto.
Sordo: insonoro, callado, silencioso, inflexible.	**Oyente:** atento, cordial, deferente.
Sorna: burla, broma, disimulo, irrisión.	**Mesura:** seriedad, circunspección, moderación, ocurrencia.
Sorprendente: asombroso, imprevisto, prodigioso, impresionante.	**Normal:** corriente, usual, regular, común.
Sorprender: asombrar, pasmar, admirar, maravillar.	**Reaccionar:** resistir, oponer, encarar, enfrentar.
Sorpresa: asombro, estupor, admiración, estupefacción.	**Aplomo:** serenidad, quietud, reflexión, impavidez.
Sortear: rifar, burlar, evadir, esquivar.	**Afrontar:** arrostrar, enfrentar, encarar, apechugar.
Sortija: anillo, alianza, sello, compromiso.	**Circunstancia:** oportunidad, coyuntura, ocasión, motivo.
Sortilegio: adivinación, auguración, hechicería, superstición.	**Realidad:** efectividad, objetividad, concreción, naturalidad.
Sosegado: pacífico, reposado, plácido, tranquilo.	**Nervioso:** irritable, intranquilo, excitado, inquieto.
Sosegar: moderar, templar, aplacar, pacificar.	**Inquietar:** impacientar, intranquilizar, alterar, fastidiar.
Sosería: insulsez, pesadez, insipidez, bobería.	**Interés:** atención, curiosidad, afabilidad, beneficio, provecho.
Sosiego: calma, serenidad, quietud, reposo.	**Intranquilidad:** nerviosismo, inquietud, ocupación, trabajo.
Soslayar: inclinar, sesgar, esquinar, sortear.	**Afrontar:** desafiar, oponer, resistir, enfrentar.
Soso: insípido, insulso, desaborido, apático.	**Sabroso:** salado, gracioso, animado, divertido.
Sospecha: suposición, conjetura, recelo, temor.	**Confianza:** certeza, seguridad, evidencia, convicción.
Sospechar: conjeturar, barruntar, presumir, maliciar.	**Confiar:** fiar, esperar, entregar, delegar.

Sospechoso: equívoco, desconfiado, receloso, suspicaz.
Sostener: soportar, sustentar, mantener, apoyar.
Sostenido: continuado, permanente, constante, regular.
Sostenimiento: sostén, apoyo, mantenimiento, nutrimiento.
Soterrar: sepultar, enterrar, esconder, ocultar.
Sovietizar: comunizar, subyugar, esclavizar, oprimir.
Suave: terso, liso, sedoso, fino.
Suavidad: lisura, blandura, finura, esponjosidad.
Suavizar: alisar, moderar, mitigar, pulimentar.
Subalterno: inferior, dependiente, subordinado, sometido.
Subasta: encante, ofrecimiento, almoneda, licitación.
Subestimar: subvalorar, infravalorar, menospreciar, desdeñar.
Subida: ascenso, escalada, alza, incremento.
Subido: vivo, chillón, fuerte, osado.
Subir: trepar, escalar, ascender, remontar.
Súbito: imprevisto, repentino, inesperado, precipitado.
Subjetivo: personal, individual, intransferible, intangible.
Sublevar: amotinarse, subvertir, solivantar, rebelarse.
Sublimar: enaltecer, ensalzar, exaltar, engrandecer.
Sublime: elevado, excelente, grandioso, extraordinario.
Subordinación: sometimiento, acatamiento, dependencia, sumisión.
Subordinar: someter, sujetar, disciplinar, clasificar.
Subrayar: recalcar, valorar, ponderar, trascender.
Subrepticio: disimulado, oculto, ilícito, encubierto.
Subrogar: sustituir, remplazar, suplir, representar.
Subsanar: enmendar, corregir, rectificar, remediar.

Confiado: fiado, entregado, depositado, esperado.
Ceder: renunciar, desistir, cejar, abandonar.
Interrumpido: alterno, variable, rotatorio, alternativo.
Abandono: desamparo, defección, deserción, dimisión.
Exhumar: desenterrar, descubrir, autopsiar, necropsiar.
Democratizar: liberar, emancipar, independizar, manumitir.
Áspero: rudo, rugoso, duro, tosco.
Aspereza: rudeza, brusquedad, rigidez, escabrosidad.
Asperizar: quebrantar, rayar, asperar, resquebrajar.
Superior: jefe, líder, gerente, empleador.
Determinación: decisión, resolución, precisión, disposición.
Sobrestimar: ensalzar, ponderar, encomiar, aclamar.
Bajada: descenso, declive, pendiente, desnivel.
Suave: débil, comedido, tranquilo, dócil.
Bajar: descender, apearse, rebajar, decrecer.
Concebido: pensado, deliberado, voluntario, previsto.
Objetivo: fin, meta, razón, sustantivo.
Apaciguar: aquietar, sosegar, pacificar, dulcificar.
Despotricar: menospreciar, desestimar, empequeñecer, minimizar.
Vulgar: ruin, ordinario, abominable, material.
Insubordinación: rebeldía, desobediencia, desacato, sublevación.
Independizar: eximir, libertar, manumitir, emancipar.
Invalorar: desmerecer, empequeñecer, apocar, subestimar.
Manifiesto: evidente, notorio, palpable, ostensible.
Permanecer: persistir, continuar, quedarse, mantenerse.
Dañar: lastimar, perjudicar, deteriorar, malear.

SINÓNIMOS

Subsidiario: accesorio, complementario, secundario, auxiliante.
Subsidio: ayuda, auxilio, socorro, subvención.
Subsistencia: estabilidad, permanencia, conservación, mantenimiento.
Subsistir: existir, vivir, durar, permanecer.

Substancia: esencia, principio, valor, enjundia.
Substancial: principal, fundamental, esencial, cardinal.
Substituir: cambiar, remplazar, subrogar, conmutar.
Substituto: remplazante, suplente, sustituyente, sucedáneo.
Subterfugio: pretexto, excusa, evasiva, ambages.
Subterráneo: sótano, caverna, bóveda, catacumbas.
Suburbio: afuera, barrio, arrabal, contorno.

Subvención: ayuda, socorro, auxilio, asistencia.
Subvenir: ayudar, sostener, socorrer, proteger.
Subversión: motín, revolución, revuelta, conmoción.
Subvertir: resolver, trastornar, perturbar, desordenar.
Subyugar: domeñar, someter, avasallar, supeditar.
Succión: libación, sorbo, chupada, gustación.
Succionar: chupar, sacar, beber, absorber.

Sucedáneo: sustitutivo, similar, sustituto, análogo.
Suceder: acaecer, acontecer, ocurrir, provenir.
Sucesión: continuación, decurso, descendencia, generación.
Sucesivo: siguiente, continuo, consecutivo, correlativo.
Suceso: acontecimiento, incidente, hecho, contingencia.
Sucesor: sustituto, heredero, continuador, discípulo.
Suciedad: impureza, ascosidad, desaseo, inmundicia.

ANTÓNIMOS

Valioso: importante, trascendente, significativo, sustancial.
Desamparo: abandono, descuido, soledad, desvalimiento.
Alteración: cambio, variación, mudanza, perturbación.
Perecer: fallecer, expirar, sucumbir, desaparecer.
Nadería: nimiedad, vulgaridad, bagatela, friolera.
Insubstancial: soso, insulso, vano, hueco.

Permanecer: continuar, seguir, proseguir, persistir.
Conservante: preservado, sosteniente, continuante, persistente.
Certeza: seguridad, convicción, evidencia, veracidad.
Supeficie: cubierta, sobrehaz, encima, techo.
Centro: interior, medio, núcleo, movimiento.
Desamparo: abandono, aislamiento, desvalimiento, desatención.
Desamparar: abandonar, dejar, aislar, desatender.
Ordenamiento: mandato, decreto, dispositivo, organización.
Ordenar: disponer, coordinar, arreglar, preceptuar.
Rescatar: liberar, redimir, emancipar, desligar.
Echamiento: lanzamiento, arrojación, vomitación, expulsión.
Expulsar: echar, arrojar, expeler, despedir.
Original: auténtico, único, ejemplar, singular.
Conservar: mantener, cuidar, permanecer, ostentar.
Estirpe: linaje, alcurnia, tronco, origen.

Interrumpido: cortado, cercenado, impedido, suspendido.
Perspectiva: faceta, matiz, cariz, aspecto.

Predecesor: precursor, antecesor, progenitor, padre.
Limpieza: aseo, higiene, pulcritud, brillantez.

Sucinto: somero, conciso, ceñido, escueto. **Vasto:** amplio, grande, ancho, extenso.

Sucio: mugriento, grasiento, inmundo, asqueroso. **Limpio:** aseado, pulcro, morondo, inviolado.

Suculento: sabroso, nutritivo, substancioso, exquisito. **Insípido:** soso, desabrido, insulso, anodino.

Sucumbir: perecer, fenecer, expirar, extinguirse. **Vivir:** existir, subsistir, morar, residir.

Sucursal: agencia, filial, rama, dependencia. **Matriz:** central, núcleo, corazón, madre.

Sudario: mortaja, envoltorio, envoltura, cubrimiento. **Ataúd:** féretro, cajón, sarcófago, catafalco.

Suelto: desligado, desembarazado, diestro, expedito. **Encadenado:** fijado, amarrado, dificultado, entorpecido.

Sueño: dormición, descanso, olvido, quimera. **Realidad:** verdad, vigilia, concreción, existencia.

Suerte: ventura, casualidad, estrella, sino. **Lógica:** razón, motivo, deducción, certidumbre.

Suficiencia: capacidad, aptitud, competencia, copiosidad. **Insuficiencia:** poquedad, escasez, carencia, restricción.

Suficiente: bastante, asaz, capaz, idóneo. **Insuficiente:** poco, escaso, corto, incompleto.

Sufragar: auxiliar, ayudar, favorecer, costear. **Desamparar:** abandonar, dejar, olvidar, omitir.

Sufragio: ayuda, protección, voto, dictamen. **Abandono:** desamparo, dejación, olvido, desidia.

Sufrido: resignado, paciente, tolerante, resistente. **Quejica:** protestón, quejicoso, plañidero, llorón.

Sufrimiento: resignación, paciencia, conformidad, tolerancia. **Alegría:** contento, satisfacción, gozo, alborozo.

Sufrir: padecer, tolerar, sentir, deplorar. **Confortar:** consolar, reanimar, alentar, aliviar.

Sugerir: insinuar, aconsejar, inspirar, exhortar. **Disuadir:** desalentar, desanimar, decepcionar, desilusionar.

Sugestión: sugerencia, insinuación, consejo, recomendación. **Disuasión:** convicción, razonamiento, reflexión, discernimiento.

Sujeción: obediencia, dependencia, subordinación, contención. **Liberación:** redención, emancipación, rescate, salvación.

Sujetar: detener, atajar, frenar, sojuzgar. **Libertar:** desligar, desunir, soltar, desasir.

Sujeto: individuo, persona, asunto, causante. **Independiente:** liberto, manumiso, desligado, autónomo.

Sulfurar: irritar, enojar, encolerizar, enfurecer. **Apaciguar:** calmar, tranquilizar, pacificar, sosegar.

Suma: adición, monto, total, resultado. **Resta:** sustracción, diferencia, descuento, deducción.

Sumar: añadir, agregar, adicionar, juntar. **Restar:** sacar, quitar, substraer, desligar.

Sumario: resumen, extracto, proceso, sinopsis. **Extenso:** ampliado, vasto, largo, espacioso.

Sumergir: hundir, zambullir, inmergir, zozobrar. **Emerger:** flotar, bracear, nadar, extraer.

Sumersión: sumergimiento, hundimiento, inmersión, zambullida.
Suministrar: proveer, entregar, abastecer, surtir.
Sumisión: acatamiento, sometimiento, rendimiento, obediencia.
Sumiso: obediente, dócil, manejable, obsecuente.
Sumo: supremo, altísimo, elevado, máximo.
Suntuosidad: esplendor, fastuosidad, ostentación, pomposidad.
Suntuoso: opulento, regio, señorial, magnífico.
Supeditación: dependencia, sujeción, sumisión, subordinación.
Supeditar: someter, doblegar, avasallar, oprimir.
Superabundancia: exceso, colmo, plétora, demasía.
Superabundar: proliferar, abundar, prodigarse, exceder.
Superación: vencimiento, dominio, avasallamiento, victoria.
Superar: vencer, sobrepasar, soslayar, sortear.
Superávit: exceso, demasía, residuo, sobrante.
Superchería: engaño, falsedad, impostura, artificio.
Superficial: ligero, frívolo, somero, feble.
Superficialidad: frivolidad, trivialidad, ligereza, simpleza.
Superficie: espacio, plano, extensión, terreno.
Superfluo: inútil, innecesario, prescindible, eludible.
Superintendencia: sobreintendencia, sobredirección, sobregobierno.
Superior: preeminente, dominante, óptimo, excelente.
Superioridad: supremacía, preeminencia, eminencia, preponderancia.
Superlativo: máximo, superior, descollante, preeminente.
Superposición: anteposición, intercalación, añadido, recubrimiento.
Supersónico: meteórico, vertiginoso, veloz, raudo.

Emersión: flotación, braceamiento, extracción, nadamiento.
Desproveer: quitar, despojar, privar, desposeer.
Insumisión: indocilidad, desobediencia, desacato, contravención.
Rebelde: insurrecto, sublevado, insurgente, reacio.
Inferior: bajo, mínimo, accesorio, subalterno.
Inopia: pobreza, indigencia, necesidad, pauperismo.
Miserable: mísero, avaro, tacaño, mezquino, pobre.
Ascendencia: dominio, elevación, superioridad, predominio.
Liberar: emancipar, rescatar, libertar, desvincular.
Escasez: falta, penuria, poquedad, exigüidad.
Escasear: faltar, carecer, disminuir, limitar.
Frustración: fracaso, derrota, zozobra, malogramiento.
Entorpecer: dificultar, estorbar, complicar, embarazar.
Déficit: falta, carencia, ausencia, escasez.
Verdad: certidumbre, autenticidad, evidencia, realidad.
Fundamental: esencial, principal, cardinal, primordial.
Trascendencia: importancia, relevancia, categoría, dignidad.
Profundidad: hondura, fondo, interioridad, depresión.
Esencial: básico, necesario, indispensable, substancial.
Portería: conserjería, ordenanza, mayordomía, guardería.
Inferior: pésimo, deficiente, peor, subalterno.
Inferioridad: medianía, minoría, dependencia, subordinación.
Mínimo: exiguo, pequeño, diminuto, ínfimo.
Postergación: subordinación, sumisión, inferioridad, acatamiento.
Lento: parsimonioso, calmoso, pausado, tranquilo.

Superstición: hechicería, fetichismo, magia, cábala.
Supersticioso: agorero, fetichista, maniático, ingenuo.
Supervisar: revisar, examinar, controlar, vigilar.
Supervivencia: perduración, vida, longevidad, perpetuación.
Supino: tendido, horizontal, ignaro, otario.

Suplantar: relevar, substituir, remplazar, suplir.
Suplementario: accesorio, adicional, secundario, subsidiario.
Suplemento: remplazo, complemento, suplición, aditamiento.
Suplente: sustituto, interino, auxiliar, eventual.
Supletorio: complemento, accesorio, secundario, extra.
Suplicar: rogar, clamar, implorar, invocar.

Suplicio: tortura, tormento, martirio, punición.
Suplir: substituir, suplantar, revezar, remplazar.
Suponer: conjeturar, presumir, estimar, considerar.
Suposición: conjetura, hipótesis, posibilidad, presunción.
Supremacía: superioridad, hegemonía, preeminencia, desiderátum.
Supremo: soberano, superior, sumo, potente.
Supresión: eliminación, omisión, cesación, exterminio.
Suprimir: anular, abolir, abrogar, eliminar.
Supuesto: imaginario, presunto, hipotético, apócrifo.
Supuración: segregación, manación, secreción, escurrimiento.
Supurar: segregar, manar, correr, escurrir.
Sur: mediodía, austro.
Surcar: cortar, henchir, andar, atravesar.
Surgimiento: brotamiento, aparecimiento, surtimiento, levantamiento.
Surgir: aparecer, aflorar, manar, germinar.

Creencia: fe, convicción, confianza, opinión.
Escéptico: realista, objetivista, humano, observante.
Consentir: permitir, tolerar, admitir, acceder.
Extinción: muerte, desaparición, fallecimiento, cese.
Frontal: frente, anverso, prono, amistoso.

Designar: nombrar, elegir, escoger, preferir.
Principal: esencial, fundamental, trascendental, conspicuo.
Fundamento: base, apoyo, sostén, principio.
Titular: fijo, estable, sujeto, consolidado.

Principal: fijo, primordial, básico, esencial.
Denegar: rehusar, rechazar, objetar, refutar.
Diversión: pasatiempo, entretenimiento, distracción, esparcimiento.
Permanecer: quedarse, mantenerse, seguir, persistir.
Verificar: comprobar, compulsar, demostrar, evidenciar.
Comprobación: verificación, demostración, confirmación, testimonio.
Inferioridad: desventaja, insignificancia, medianía, dependencia.
Ínfimo: bajo, inferior, último, mínimo.

Incorporación: anexión, fusión, adjunción, yuxtaposición.
Mantener: sostener, conservar, patrocinar, amparar.
Implícito: real, verdadero, auténtico, verídico.
Curación: sanamiento, mejoría, remedio, recuperación.
Curar: sanar, atender, remediar, cuidar.

Norte: ártico, septentrión.
Llenar: henchir, colmar, ocupar, plantar.
Desaparecimiento: ocultación, esfumación, pérdida, marchitez.
Desaparecer: perderse, esconderse, ocultarse, esfumarse.

Surtido: conjunto, muestrario, existencia, mercadería.
Surtir: abastecer, proveer, suministrar, aprovisionar.
Surto: anclado, fondeado, detenido, varado.

Susceptible: capaz, dispuesto, apto, quisquilloso.
Suscitar: causar, provocar, producir, irrogar.
Suscribir: firmar, rubricar, asentir, acceder.

Suscrito: firmante, infrascrito, certificante, rubricante.
Susodicho: citado, referido, aludido, antedicho.
Suspender: detener, interrumpir, asombrar, maravillar.
Suspensión: interrupción, detenimiento, tregua, cesación.
Suspenso: asombro, atónito, admirado, absorto.
Suspicacia: recelo, desconfianza, sospecha, resquemor.
Suspicaz: malicioso, desconfiado, escéptico, irresoluto.
Suspirar: quejarse, afligirse, lloriquear, sollozar.
Sustancial: esencial, fundamental, primordial, básico.
Sustantivo: existencia, independencia, f- expresión substancial de una cosa.
Sustentar: alimentar, nutrir, sostener, mantener.
Susto: miedo, pavor, julepe, sobresalto.
Sustracción: resta, diferencia, disminución, robo.
Susurrar: musitar, murmurar, mascullar, rumorear.
Sutil: tenue, fino, delgado, elegante.
Sutileza: sutilidad, perspicacia, astucia, argucia.
Sutilizar: limar, pulir, afinar, profundizar

Poquedad: escasez, exigüidad, cortedad, insuficiencia.
Cesar: suspender, interrumpir, acabar, terminar.
Inquieto: intranquilo, impaciente, importuno, turbulento.
Tolerable: llevadero, soportable, permisible, inapto.
Eliminar: alejar, apartar, descartar, excluir.
Rectificar: modificar, reformar, corregir, acendrar.
Impugnante: objetante, refutante, denegante, contradictor.
Olvidado: omitido, descuidado, callado, abandonado.
Proseguir: continuar, insistir, prolongar, persistir.
Prosecución: continuación, continuidad, prolongación, alargamiento.
Reflexivo: atento, pensativo, caviloso, introspectivo.
Confianza: esperanza, seguridad, tranquilidad, llaneza.
Confiado: crédulo, candoroso, llano, sencillo.
Celebrar: aplaudir, encomiar, conmemorar, encarecer.
Insustancial: intrascendente, trivial, vulgar, anodino.
Inexistencia: irrealidad, falacia, ilusión, quimera.
Considerar: examinar, estudiar, analizar, valorar.
Entereza: ánimo, valentía, valor, energía.
Adición: suma, monto, total, devolución.

Observar: atender, vigilar, contemplar, estudiar.
Basto: tosco, burdo, vulgar, rudo.
Necedad: sandez, estupidez, simpleza, desatino.
Engrosar: acrecentar, aumentar, ensanchar, agrandar.

T

Tabarra: incordio, lata, matraca, molestia.
Taberna: cantina, fonda, bodega, tasca.
Tabernáculo: altar, sagrario, trono, solio.
Tabla: plancha, pliegue, catálogo, rol.

Tabú: prohibición, vedación, intocable, inabordable.
Tabular: columnar, cuadrar, calcular, marginar.
Tacañería: roñosería, avaricia, mezquindad, ruindad.
Tacaño: avaro, mezquino, cicatero, miserable.
Tácito: virtual, implícito, silencioso, presunto.
Taciturno: melancólico, cazurro, apesadumbrado, silente.
Táctica: sistema, método, procedimiento, escuela.
Tacto: tino, acierto, habilidad, juicio.

Tacha: falta, defecto, mancha, desdoro.
Tachar: borrar, eliminar, suprimir, difamar.

Tahúr: jugador, fullero, garitero, apostador.

Taimado: ladino, tunante, marrullero, bellaco.
Tajada: fragmento, trozo, porción, rebanada.
Tajante: cortante, inciso, categórico, lapidario.
Tajar: cortar, partir, abrir, rebanar.
Taladrar: horadar, perforar, penetrar, atravesar.
Tálamo: lecho, cama, yacija, álveo.

Talar: cortar, tajar, segar, devastar.

Talento: ingenio, capacidad, habilidad, pericia.
Talón: pulpejo, comprobante, resguardo, recibo.

Deleite: amenidad, placer, agrado, encanto.
Refugio: asilo, amparo, protección, cobijo.
Cenáculo: sala, reunión, círculo, centro.
Circunstancia: incidencia, particularidad, evento, coyuntura.
Permisión: permiso, autorización, consentimiento, licencia.
Diferir: diferenciar, discrepar, retardar, retrasar.
Generosidad: desprendimiento, altruismo, prodigalidad, desinterés.
Dadivoso: generoso, bondadoso, filántropo, ofrendante.
Expreso: manifiesto, evidente, explícito, concreto.
Alegre: gozoso, jubiloso, divertido, contento.
Campaña: acción, operación, gestión, expedición.
Indiscreción: imprudencia, desatino, intromisión, precipitación.
Perfección: honor.
Incorporar: agregar, adicionar, añadir, acompañar.
Honrado: correcto, estimado, considerado, enaltecido.
Bobo: tonto, pánfilo, leso, imbécil, alcornoque.
Todo: entero, íntegro, bloque, completo.
Difuso: amplio, extenso, dilatado, latoso.

Unir: juntar, reunir, englobar, fundir.
Cerrar: obstruir, taponar, obturar, juntar.

Alcoba: dormitorio, aposento, estancia, recámara.
Crecer: desarrollar, aumentar, incrementar, progresar.
Torpeza: inercia, simplicidad, tontería, estulticia.
Motivo: razón, causa, móvil, objeto.

Tallar: librar, esculpir, modelar, plasmar.
Taller: obradero, plantel, tienda, escuela.
Tallo: retoño, vástago, renuevo, pimpollo.
Talludo: crecido, alto.
Tamaño: dimensión, espacio, magnitud, medida.
Tambalear: oscilar, bambolear, moverse, inclinarse.
También: además, asimismo, otrosí, siempre.
Tamiz: cedazo, criba, harnero, cernidor.

Tanda: vuelta, serie, cantidad, alternativa.
Tangencial: secundario, accesorio, adjunto, accidental.
Tangente: tocante, rayano, lindante, eludible.
Tangible: palpable, tocable, visible, evidente.
Tantear: pulsar, probar, explorar, ensayar.
Tanto: punto, unidad, ficha, baza.
Tañer: pulsar, tocar, palpar, llamar.
Tapar: cubrir, taponar, abrigar, arropar.
Tapete: sobremesa, mantelillo, cubierta, armadillo.
Tapón: tapador, taco, corcho, burlete.
Taponar: tapar, obstruir, atascar, cegar.

Tapujo: disfraz, embozo, disimulo, pretexto.
Taquigrafía: estenografía, quirografía, velocigrafía, criptografía.
Taquilla: ventanilla, boletería, billetería, casillero.
Tara: peso, embalaje, envase, mercadería.

Tarambana: zascandil, alocado, calavera, botarate.
Tardanza: demora, detención, dilación, lentitud.
Tardar: durar, diferir, rezagar, retener.

Tarde: atardecer, crepúsculo, anochecer.
Tardío: retrasado, pausado, retardado, moroso.
Tardo: lento, pausado, pesado, calmoso.
Tarea: faena, labor, trabajo, lección.
Tarifa: tasa, arancel, derecho, cuota.

Forjar: concebir, crear, urdir, formar.
Morada: habitación, vivienda, hogar, motel.
Savia: jugo, esencia, fuerza, sangre.
Seco: verde, joven.
Tenuidad: debilidad, fragilidad, delgadez, levedad.
Afianzar: inmovilizarse, estabilizarse, inflexibilizar, densificar.
Nunca: jamás, tampoco, ninguno, imposible.
Amalgama: mezcolanza, combinación, atadura, ligadura.
Razón: motivo, móvil, causa, fundamento.
Básico: fundamental, esencial, principal, sustancial.
Lejano: distante, apartado, alejado, extremo.
Intangible: imperceptible, etéreo, invisible, imaginario.
Lograr: alcanzar, obtener, llegar, concretar.
Poco: corto, escaso, ilimitado, apenas.
Recitar: decir, declamar, contar, referir.
Destapar: abrir, descubrir, exponer, señalar.
Tabla: tablilla, tablero, temario, rol.

Agujero: orificio, ojo, boca, hoyo.
Destaponar: desatascar, abrir, descorchar, desatrancar.
Pesquisa: indagación, averiguación, investigación, encuesta.
Estenotipia: dactilografía, mimeografía, magnetofonía, xerografía.
Control: vigilancia, cuidado, inspección, contabilidad.
Cualidad: don, maestría, disposición, capacidad.
Sensato: juicioso, prudente, discreto, moderado.
Premura: prisa, prontitud, urgencia, instancia.
Anticipar: adelantar, avanzar, aventajar, madrugar.
Mañana: amanecer.
Precoz: maduro, desarrollado, anticipado, prematuro.
Rápido: ligero, veloz, ágil, presto.
Ocio: descanso, reposo, inacción, holganza.
Prerrogativa: privilegio, dispensa, exención, ventaja.

Tarima: estrado, entablado, plataforma, estribo.
Tarjeta: cédula, papeleta, etiqueta, ficha.
Tartamudear: tartajear, cecear, susurrar, farfullar.
Tarugo: cuña, clavija, coda, zoquete.
Tasar: valorar, valuar, calcular, estimar.
Taumaturgia: sobrenaturalidad, prodigiosidad, milagro, prodigio.
Taxativo: concreto, expreso, limitado, especificado.
Taxonomía: clasificadión, ordenamiento, encasillamiento, disposición.
Teatral: dramático, fingido, artificial, afectado.
Teatro: coliseo, escena, tablas, candilejas.
Técnica: sistema, procedimiento, norma, pericia.
Tecnología: f- conjunto de técnicas, acervo de conocimientos propios de cada procedimiento u oficio.
Tedio: desgano, esplín, hastío, aburrimiento.
Tedioso: aburrido, fastidiado, enfadado, pesado.
Tejemaneje: habilidad, destreza, diligencia, actividad.
Tejer: ordenar, componer, entrelazar, cruzar.
Tela: tejido, género, lienzo, casimir.
Telaraña: futilidad, frusleria, friolera, bagatela.
Telegrama: radiograma, cablegrama, mensaje, telefonema.
Teleología: causa, motivo, objeto, principio.
Telepatía: transmisión, comunicación, participación, telestesia.
Televisivo: transmisible, televisable, f- lo que puede ser televisado.
Televisual: televisuante, televisional, f- perteneciente a la televisión.
Tema: materia, asunto, contenido, plan.
Temblor: sacudida, remezón, seísmo, vibración.
Temer: dudar, recelar, sospechar, inquietarse.

Cátedra: aula, clase, paraninfo, tribuna.
Credencial: título, acreditativo, justificativo, nombre.
Gritar: vociferar, bramar, vocear, llamar.
Hoyo: hueco, vacío, vacuo, hondura.
Invalorar: desestimar, devaluar, desechar, subestimar.
Necedad: sandez, estupidez, inepcia, disparate.
Tácito: implícito, comprendido, presunto, teórico.
Revocación: anulación, abrogación, retracción, disuasión.
Natural: espontáneo, sencillo, franco, sincero.
Morada: habitación, casa, hogar, domicilio.
Torpeza: ineptitud, inhabilidad, zafiedad, inexperiencia.
Incipiencia: principio, comienzo, nasciencia, novatoria.
Esparcimiento: distracción, diversión, recreación, pasatiempo.
Distraído: divertido, recreado, descuidado, atolondrado.
Tranquilidad: sosiego, descanso, tregua, pausa.
Destejer: desordenar, trastornar, desarreglar, desbaratar.
Tabla: plancha, tablilla, bandal, contenido.
Importancia: significación, trascendencia, categoría, consideración.
Crucigrama: estenograma, sonemograma, criptograma, jeroglífico.
Efecto: resultado, consecuencia, implicancia, secuela.
Discordancia: inconexión, desconexión, desarmonía, incoherencia.
Intelevisivo: intransmisible, intelevisuable, f- lo que no puede ser televisado.
Radial: radiodifusional, radioemisional, f- relativo a la radiodifusión.
Olvido: descuido, omisión, desmemoria, amnesia, inadvertencia.
Quietud: pasividad, inmovilidad, serenidad, inalterabilidad.
Osar: atreverse, arriesgarse, emprender, incursionar.

SINÓNIMOS	ANTÓNIMOS
Temerario: arriesgado, atrevido, osado, audaz.	**Prudente:** sensato, juicioso, moderado.
Temeridad: arrojo, osadía, decisión, irreflexión.	**Reflexividad:** deliberación, mesura, circunspección, morigeración.
Temeroso: miedoso, cobarde, desconfiado, tímido.	**Valiente:** decidido, atrevido, arriesgado, osado.
Temible: espantoso, terrible, horrendo, aterrador.	**Apacible:** sereno, calmado, bueno, pacífico.
Temor: espanto, pavor, pánico, timidez.	**Valentía:** valor, gesta, hazaña, intrepidez.
Temperamental: impulsivo, descontrolado, impelente, extravagante.	**Controlado:** juicioso, sereno, reflexivo, consciente.
Temperamento: carácter, naturaleza, índole, constitución.	**Personalidad:** individualidad, singularidad, peculiaridad, modalidad.
Temperante: templado, moderado, calmado, abstemio.	**Cálido:** caliente, caldeado, caluroso, expresivo.
Temperar: atemperar, calmar, templar, apaciguar.	**Soliviantar:** inducir, impulsar, llevar, alborotar.
Tempestad: tormenta, temporal, torbellino, borrasca.	**Bonanza:** tranquilidad, quietud, calma, inalterabilidad.
Tempestivo: oportuno, conveniente, provechoso, congruente.	**Extemporáneo:** intempestivo, inoportuno, incongruente, improcedente.
Tempestuoso: agitado, tormentoso, encolerizado, violento.	**Calmado:** tranquilo, sosegado, apacible, sereno.
Templado: cálido, tibio, comedido, mesurado.	**Frío:** fresco, helado, extremado, inmoderado.
Templanza: moderación, sobriedad, prudencia, continencia.	**Intemperancia:** inmoderación, exceso, abuso, exageración.
Temple: condición, carácter, idiosincrasia, naturaleza.	**Debilidad:** decaimiento, lasitud, languidez, desnutrición.
Temporal: tempestad, tormenta, torbellino, vendaval.	**Permanente:** estable, firme, continuo, persistente.
Temporalizar: precarizar, transitoriar, brevizar, efimerizar.	**Eternizar:** perpetuar, inmortalizar, glorificar, perdurabilizar.
Temprano: anticipado, prematuro, adelantado, precoz.	**Tardío:** atrasado, rezagado, fallado, demorado.
Tenacidad: obstinación, pertinencia, constancia, porfía.	**Inconstancia:** volubilidad, ligereza, versatilidad, mutabilidad.
Tenaz: constante, persistente, pertinaz, obstinado.	**Inconstante:** débil, inseguro, variable, voluble.
Tendencia: proporción, inclinación, disposición, vocación.	**Aversión:** repudio, repulsión, fobia, antipatía.
Tendencioso: propenso, aficionado, partidario, simpatizante.	**Adverso:** opuesto, contrario, enemigo, adversario.
Tender: dilatar, estirar, espandir, propender.	**Encoger:** contraer, plegar, retraer, estrechar.
Tendiente: inclinado, propenso, colgante, dilatado.	**Plegante:** encogente, contrayente, recogido, estrechado.
Tenebroso: obscuro, sombrío, tétrico, misterioso.	**Diáfano:** claro, cristalino, transparente, nítido.
Tenencia: posesión, adquisición, impulsión, jefatura.	**Carencia:** falta, privación, inexistencia, ausencia.

Tener: poseer, adquirir, detener, coger.
Teniente: poseedor, adquiridor, maduro, oficial, grado militar.
Tenor: cantante, soprano, texto, contenido.
Tensar: templar, estirar, alargar, extender.
Tensión: rigidez, tirantez, contracción, crispación.
Tenso: estirado, tirante, rígido, nervioso.
Tentación: atracción, seducción, fascinación, estímulo.
Tentador: provocativo, atrayente, seductor, atractivo.
Tentar: probar, ensayar, palpar, emprender.
Tentativa: prueba, experimento, conato, ensayo.
Tentempié: bocadillo, refrigerio, cóctel, refresco.
Tenue: sutil, delicado, frágil, grácil.
Tenuidad: sutileza, delicadeza, fragilidad, escualidez.
Teñir: almagrar, entintar, colorear, alheñar.
Teofonía: aparición, epifonía, percepción, visión.
Teoría: hipótesis, suposición, especulación, medición.
Teórico: hipotético, supuesto, utópico, ideal.
Teorizar: especular, idealizar, sistematizar, soñar.
Terapéutica: tratamiento, medicina, método, control.
Terciar: intervenir, participar, mediar, interferir.
Terco: tenaz, testarudo, tozudo, pertinaz.
Tergiversación: sutileza, deformación, elusión, trastocamiento.
Tergiversar: falsear, mixtificar, desfigurar, deformar.
Terminación: conclusión, finalización, consumación, cristalización.
Terminante: concluyente, categórico, tajante, obligatorio.
Terminar: concluir, finalizar, acabar, suspender.

Carecer: faltar, privar, restar, precisar.
Indigente: desvalido, necesitado, menesteroso, paupérrimo.
Monótono: uniforme, igual, pesado, molesto.
Destensar: comprimir, aflojar, reducir, distender.
Relajación: afloramiento, distorsión, laxitud, atenuación.
Flojo: flexible, fláccido, relajado, distendido.
Repulsión: repudio, repulsa, disgusto, distanciamiento.
Disuasor: repelente, desagradable, repulsivo, repugnante.
Desistir: cejar, abandonar, cesar, renunciar.
Hallazgo: encuentro, descubrimiento, detección, novedad.
Almuerzo: comida, alimento, banquete, comilona.
Denso: espeso, macizo, poblado, duro.
Densidad: consistencia, macicez, condensación, compacticidad.
Desteñir: despintar, descolorar, desblanquecer, destintar.
Realidad: concreción, veracidad, materialidad, efectividad.
Práctica: método, sistema, experiencia, empirismo.
Práctico: real, auténtico, verídico, cierto.
Experimentar: ensayar, probar, comprobar, examinar.
Desidia: incuria, dejadez, pigricia, negligencia.
Apartarse: abstenerse, privarse, alejarse, desligarse.
Corregible: arrepentido, disuasivo, enmendable, modificable.
Verdad: realidad, evidencia, certeza, autenticidad.
Esclarecer: dilucidar, aclarar, descubrir, descifrar.
Iniciación: principio, comienzo, apertura, instalación.
Indeciso: vacilante, cambiante, incierto, trepidante.
Comenzar: empezar, iniciar, principiar, auspiciar.

Término: fin, objeto, meta, vocablo.
Ternura: afecto, delicadeza, amor, sensibilidad.
Terquedad: porfía, tozudez, pertinencia, obstinación.
Terrateniente: latifundista, hacendado, estanciero, prediario.
Terraza: azotea, glorieta, galería, veranda.
Terrenal: terreno, temporal, transitorio, tangible.
Terrible: espantoso, terrorífico, pavoroso, aterrador.
Terror: miedo, pavor, temor, pánico.

Terrorífico: aterrador, espantoso, espeluznante, horrible.
Terrorismo: confusión, convulsión, amedrentamiento, extremismo.
Terrorista: amotinador, revolucionario, activista, extremista.
Terso: limpio, bruñido, brillante, resplandeciente.
Tersura: finura, suavidad, nitidez, pureza.

Tertulia: reunión, peña, charla, conversación.
Tesis: conclusión, deducción, exposición, proposición.
Tesón: constancia, empeño, firmeza, asiduidad.
Tesoro: reserva, erario, fisco, santuario.

Testar: testamentar, disponer, otorgar, legar.
Testarudez: tozudez, terquedad, obcecación, obsesión.
Testarudo: pertinaz, obcecado, tozudo, porfiado.
Testimoniar: testificar, atestiguar, aseverar, demostrar.
Tétrico: lúgubre, sombrío, funesto, lóbrego.

Texto: cuerpo, contenido, pasaje, párrafo.
Tiberio: confusión, alboroto, griterío, desorden.
Tibieza: templanza, suavidad, benignidad, blandicia.
Tibio: cálido, templado, desapasionado, indiferente.
Tiempo: era, edad, época, período.

Origen: causa, fuente, génesis, raíz.
Animosidad: rencor, odio, encono, aversión.
Comprensión: tolerancia, transigencia, convivencia, indulgencia.
Miniteniente: minifundista, sitioísta, huertista, patioísta.
Techo: cielo, techumbre, cubierta, tejado.
Espiritual: intangible, perenne, anímico, incorpóreo.
Atrayente: ameno, delicioso, encantador, placentero.
Atracción: seducción, fascinación, embelesamiento, júbilo.
Tranquilizador: sedante, calmante, agradable, grato.
Repelimiento: rechazo, repudio, aversión, repugnancia.
Pacifista: tranquilo, respetuoso, benigno, conciliador.
Empañado: pálido, descolorido, desteñido, grisado.
Opacidad: rugosidad, aspereza, suciedad, sequedad.
Soledad: aislamiento, abandono, tristeza, melancolía.
Antítesis: oposición, antinomia, paradoja, contradicción.
Abulia: apatía, dejadez, desidia, indiferencia.
Imprevisión: inadvertencia, descuido, impremeditación, desacierto.
Regalar: donar, obsequiar, festejar, deleitar.
Condescendencia: benevolencia, indulgencia, blandura, complacencia.
Transigente: flexible, benévolo, tolerante, condescendiente.
Impugnar: refutar, rebatir, contradecir, controvertir.
Animado: alentado, conformado, movido, divertido.
Parte: trozo, fragmento, pedazo, porción.
Orden: concierto, método, disposición, armonía.
Indiferencia: apatía, desapego, frialdad, displicencia.
Apasionado: entusiasta, vehemente, ardiente, impetuoso.
Circunstancia: causa, hecho, evento, condición.

SINÓNIMOS	ANTÓNIMOS
Tiento: cautela, prudencia, moderación, cuidado.	**Imprudencia:** precipitación, temeridad, descuido, indiscreción.
Tierno: cariñoso, delicado, suave, nuevo.	**Hosco:** rígido, rústico, aborrecible, detestable.
Tierra: orbe, mundo, suelo, superficie.	**Espacio:** aire, viento, nube, firmamento.
Tieso: rígido, tenso, arrogante, orgulloso.	**Flojo:** encogido, maleable, humilde, sencillo.
Tildar: tachar, censurar, criticar, culpar.	**Honrar:** reverenciar, distinguir, favorecer, proteger.
Timar: estafar, robar, desfalcar, escamotear.	**Regalar:** obsequiar, donar, ofrendar, dedicar.
Timbre: señal, marca, sello, blasón.	**Razón:** motivo, causa, móvil, sistema.
Timidez: cortedad, turbación, apocamiento, encogimiento.	**Osadía:** valentía, arrojo, audacia, temeridad.
Tímido: vergonzoso, apocado, retraído, leve.	**Osado:** resuelto, atrevido, intenso, fuerte.
Timón: mando, dirección, gobierno, volutad.	**Motivo:** causa, fundamento, objetivo, razón.
Timorato: tímido, temeroso, pávido, acomplejado.	**Resuelto:** decidido, resoluto, osado, denodado.
Tino: acierto, destreza, juicio, cautela.	**Desacierto:** desatino, imprudencia, intromisión, impertinencia.
Típico: peculiar, característico, propio, significativo.	**Extraño:** ajeno, impropio, raro, insólito.
Tipificar: normalizar, plasmar, representar, caracterizar.	**Desordenar:** desconcertar, confundir, trastornar.
Tiranía: abuso, arbitrariedad, opresión, iniquidad.	**Libertad:** autonomía, independencia, liberación, prerrogativa.
Tirante: tenso, tieso, estirado, rígido.	**Relajante:** suavizado, ablandado, debilitado, atenuado.
Tirantez: tensión, rigidez, enemistad, hostilidad.	**Relajación:** atenuación, alivio, distorsión, aflojamiento.
Tirar: lanzar, echar, arrojar, botar.	**Recoger:** juntar, aunar, acumular, acopiar.
Tiritar: temblar, dentellar, castañear, trepidar.	**Aquietar:** tranquilizar, aplacar, serenar, inmutabilizar.
Tirocinio: aprendizaje, enseñanza, pasantía, instrucción.	**Ocultación:** tapamiento, velación, cubrimiento, furtividad.
Tirria: ojeriza, odio, aversión, aborrecimiento.	**Simpatía:** querencia, amistad, atractivo, gracia.
Titánico: grandioso, coloso, descomunal, prodigioso.	**Pequeño:** chico, enano, menudo, pigmeo.
Titubeante: indeciso, vacilante, inseguro, irresoluto.	**Seguro:** decidido, resuelto, cierto, infalible.
Titubear: vacilar, dudar, fluctuar, sospechar.	**Resolver:** decidir, determinar, definir, disponer.
Titubeo: duda, vacilación, irresolución, indecisión.	**Seguridad:** decisión, determinación, resolución, firmeza.
Titular: señalar, rotular, f- estar en propiedad.	**Innominar:** desechar, desestimar, remplazar, sustituir.
Título: nombre, denominación, rótulo, acreditativo.	**Circunstancia:** razón, motivo, causa, asunto.

Tiznar: manchar, ensuciar, almagrar, mancillar.
Limpiar: lavar, asear, bañar, enjuagar.

Tocado: chiflado, chalado, perturbado, loco.
Cuerdo: sensato, juicioso, prudente, formal.

Tocador: lavabo, neceser, toilette, aseófico.
Excusado: deyectivo, excrementario, depositivo, excretario.

Tocar: palpar, rozar, pulsar, tañer.
Guardar: cuidar, vigilar, velar, custodiar.

Todo: completo, íntegro, entero, absoluto.
Nada: cero, esfumo, inmateria, inexistencia.

Toldería: campamento, acantonamiento, vivaque, atropamiento.
Ciudadela: fortaleza, alcázar, castillo, resistencia.

Tolerancia: anuencia, indulgencia, aguante, comprensión.
Inconsideración: irreverencia, intolerancia, rebelión, inclemencia.

Tolerante: condescendiente, complaciente, indulgente, paciente.
Intolerante: severo, arisco, hosco, cruel.

Tolerar: soportar, aguantar, resistir, conllevar.
Rebelarse: oponerse, encarar, enfrentar, sublevar

Tolondro: aturdido, alocado, destinado, irreflexivo.
Reflexivo: pensativo, madurado, aplomado, concienzudo.

Tomar: recibir, aceptar, ocupar, conquistar.
Entregar: dar, ceder, devolver, complacer.

Tonalidad: matiz, gema, tono, modo.
Imprecisión: indefinición, indistinción, indecisión, vaguedad.

Tongo: trampa, maula, enjuague, engaño.
Autenticidad: verdad, efectividad, veracidad, vericidad.

Tonificar: vigorizar, fortalecer, alentar, remozar.
Debilitar: desanimar, desalentar, fatigar, extenuar.

Tono: inflexión, matiz, manera, carácter.
Singularidad: acentuación, propiedad, distinción, originalidad.

Tontería: bobada, estupidez, sandez, necedad.
Agudeza: sensatez, sutileza, discreción, cordura.

Tonto: imbécil, bobo, majadero, estúpido.
Inteligente: listo, espabilado, astuto, avispado.

Tópico: asunto, materia, tema, expresión.
Particularidad: propiedad, singularidad, extrañeza, excentricidad.

Topología: razonamiento, consideración, estudio, reflexión.
Consecuencia: deducción, inferencia, conclusión, secuela.

Torbellino: impetuoso, alocado, impulsivo, atropellado.
Pacífico: cerebral, juicioso, sensato, moderado.

Torcer: arquear, encorvar, doblar, tergiversar.
Enderezar: rectificar, destorcer, estirar, esclarecer.

Tormenta: tempestad, vendaval, tornado, torbellino.
Calma: reposo, sosiego, serenidad, pasividad.

Tormento: suplicio, martirio, tortura, sufrimiento.
Gozo: dicha, alegría, júbilo, felicidad.

Tormentoso: nublado, borrascoso, ventoso, huracanado.
Despejado: apacible, claro, sereno, raso.

Tornadizo: cambiante, voluble, veleidoso, versátil.
Constante: firme, inalterable, incambiable, persistente.

Tornar: volver, regresar, retornar, restituir.
Marcharse: irse, alejarse, distanciarse, olvidarse.

Torneo: justa, liza, combate, lucha.
Concordia: armonía, conformidad, amistad, avenencia.

SINÓNIMOS	ANTÓNIMOS
Torpe: inhábil, inútil, incapaz, deficiente.	**Hábil:** listo, astuto, ocurrente, sagaz.
Torpeza: impericia, inhabilidad, ineptitud, rusticidad.	**Habilidad:** sagacidad, aptitud, ingenio, baquía.
Torre: atalaya, torreón, alminar.	**Cerro:** colina, montículo, alvor, monte.
Torrente: cascada, arroyo, chorro, multitud.	**Poquedad:** escasez, cortedad, insignificancia, penuria.
Tórrido: ardiente, quemante, abrasador, tropical.	**Helado:** gélido, glacial, frío, congelado.
Tortuoso: sinuoso, torcido, serpenteado, artificioso.	**Recto:** justo, íntegro, derecho, normal.
Tortura: suplicio, angustia, inquietud, desazón.	**Alivio:** satisfacción, regocijo, gozo, agrado.
Torturar: atormentar, martirizar, sacrificar, angustiar.	**Complacer:** agradar, satisfacer, alegrar, regocijar.
Torvo: fiero, hosco, avieso, aterrador.	**Benévolo:** amable, indulgente, clemente, magnánimo.
Tosco: rudo, basto, inculto, grosero.	**Culto:** educado, instruido, refinado, erudito.
Tósigo: ponzoña, veneno, toxina, congoja.	**Antídoto:** contraveneno, antitóxico, neutralizante, aliviante.
Total: completo, entero, conjunto, integral.	**Parcial:** fragmento, truncado, fraccionario, secuaz.
Totalidad: integridad, todo, plenitud, entero.	**Parcialidad:** fragmentariedad, nada, carencia, cero.
Totalitario: dictatorio, absoluto, hegemónico, poderativo.	**Libertario:** ácrata, anarquista, desenfrenatorio, orgiario.
Totalitarismo: absolutismo, dictadura, tiranía, autocracia.	**Democracia:** liberalismo, progresismo, tolerancia, comprensión.
Totalizar: sumar, completar, integrar, concretar.	**Deducir:** inferir, colegir, desprender, descontar.
Toxicomanía: f- vicio consistente en el uso del éter, morfina, cocaína y opio.	**Virtuosidad:** integridad, temperancia, salubridad, honestidad.
Tozudo: porfiado, pertinaz, obstinado, contumaz.	**Dócil:** condescendiente, fácil, apacible, sumiso.
Traba: obstáculo, estorbo, impedimento, inconveniente.	**Facilidad:** sencillez, simplicidad, capacidad, fluidez.
Trabajado: cansado, fatigado, elaborado, cuidado.	**Descansado:** sosegado, ocioso, descuidado, desaliñado.
Trabajador: activo, laborioso, diligente, aplicado.	**Perezoso:** dejado, abúlico, desidioso, pigricio.
Trabajar: laborar, ejecutar, obrar, elaborar.	**Gandulear:** holgar, descansar, reposar, poltronear.
Trabajo: ocupación, cometido, labor, tarea.	**Ocio:** descanso, holgazanería, reposo, pausa.
Trabajoso: laborioso, arduo, difícil, penoso.	**Fácil:** sencillo, cómodo, simple, elemental.
Trabar: enlazar, juntar, unir, coordinar.	**Soltar:** desunir, destrabar, desligar, desprender.
Trabazón: unión, enlace, atadura, mancomunión.	**Desunión:** separación, disgregación, divergencia, discrepancia.

Trabucar: alterar, desbaratar, enredar, confundir. — **Ordenar:** componer, arreglar, preparar, regularizar.

Tracción: arrastre, tiramiento, remolque, transporte. — **Frenamiento:** sujeción, detención, estancamiento, sofrenamiento.

Tractivo: arrastrante, transportante, conducente, remolcante. — **Inactivo:** estable, detenido, paralizado, estático.

Tradición: usanza, costumbre, hábito, rutina. — **Novedad:** primicia, creación, innovación, esnobismo.

Tradicional: acostumbrado, típico, habitual, histórico. — **Nuevo:** moderno, actual, reciente, renovado.

Traducir: interpretar, trasladar, verter, convertir. — **Marrar:** errar, faltar, desacertar, equivocar.

Traer: trasladar, conducir, transportar, acercar. — **Eludir:** evitar, obviar, rehusar, soslayar.

Traficar: comerciar, negociar, especular, contratar. — **Adquirir:** obtener, lograr, conseguir, cancelar.

Tráfico: tránsito, ajetreo, inquietud, negocio. — **Sosiego:** reposo, calma, silencio, serenidad.

Tragar: deglutir, ingerir, devorar, zampar. — **Ayunar:** privarse, abstenerse, desnutrirse, inhibirse.

Tragedia: desastre, catástrofe, hecatombe, drama. — **Contingencia:** eventualidad, casualidad, salvación, excepción.

Trágico: funesto, infausto, deplorable, adverso. — **Fausto:** feliz, venturoso, dichoso, afortunado.

Traición: felonía, infidelidad, perfidia, alevosía. — **Lealtad:** fidelidad, rectitud, nobleza, devoción.

Traicionar: engañar, felonizar, abandonar, desertar. — **Fidelizar:** legalizar, nobilizar, invulnerabilizar, respetar.

Traidor: desleal, infiel, desertor, conspirador. — **Leal:** fiel, noble, honrado, adepto.

Trajín: ajetreo, actividad, agitación, esfuerzo. — **Calma:** tranquilidad, descanso, reposo, sosiego.

Trajinar: moverse, agitarse, cruzar, atravesar. — **Detenerse:** parar, descansar, estancar, suspender.

Tramar: fraguar, maquinar, urdir, complotar. — **Moralizar:** aleccionar, predicar, reformar, educar.

Tramitar: gestionar, diligenciar, despachar, expedir. — **Resolver:** examinar, decidir, determinar, entorpecer.

Trámite: diligencia, tramitación, papeleo, burocracia. — **Dificultad:** obstáculo, impedimento, obstrucción, complicación.

Tramo: trecho, proyecto, recorrido, distancia. — **Conjunto:** unidad, contigüidad, combinación, integridad.

Tramoya: artilugio, farsa, enlabio, trabazón. — **Invención:** creación, hallazgo, concepción, ideación.

Trampa: ardid, engaño, artificio, timación. — **Integridad:** rectitud, derechura, justicia, imparcialidad.

Tramposo: embustero, estafador, engatusador, maulero. — **Honesto:** honrado, correcto, justo, pudoroso.

Trance: suceso, aprieto, ocurrencia, duelo. — **Concurrencia:** coincidencia, concomitancia, convergencia.

Tranquilidad: serenidad, sosiego, apacibilidad, ataraxia.
Intranquilidad: inquietud, impaciencia, agitación, nerviosidad.

Tranquilizar: serenar, aquietar, apaciguar, reprimir.
Conturbar: azorar, preocupar, alterar, alarmar.

Tranquilo: pacífico, apacible, indiferente, indolente.
Irritable: iracundo, intranquilo, nervioso, vivaz.

Transacción: avenencia, acuerdo, negociación, estipulación.
Deliberación: planteamiento, reflexión, discusión, controversia.

Transar: ceder, convenir, pactar, negociar.
Discutir: debatir, controvertir, altercar, disputar.

Transcribir: trasladar, trasuntar, insertar, reproducir.
Relatar: referir, contar, narrar, relacionar.

Transcripción: versión, traslación, traducción, trasunto.
Relato: narración, referencia, mención, citación.

Transcurrir: suceder, pasar, ocurrir, acontecer.
Conservar: guardar, retener, mantener, preservar.

Transeúnte: caminante, paseante, viandante, ambulante.
Turista: visitante, excursionista, veraneante, peregrino.

Transferencia: traspaso, cesión, transmisión, entrega.
Apropiación: retención, apoderación, adueñamiento, confiscación.

Transferir: traspasar, transmitir, trasladar, diferir.
Adelantar: avanzar, preceder, anticipar, aventajar.

Transfigurar: transformar, mudar, cambiar, metamorfosear.
Permanecer: continuar, seguir, persistir, quedarse.

Transformación: cambio, mudanza, mutación, alteración.
Inalterabilidad: invariabilidad, permanencia, impasibilidad, estabilidad.

Transformar: cambiar, alterar, trasmutar, modificar.
Mantener: repetir, persistir, conservar, permanecer.

Transgredir: vulnerar, quebrantar, infringir, profanar.
Cumplir: realizar, efectuar, ejecutar, acatar.

Transgresión: violación, contravención, infracción, culpabilidad.
Sanción: castigo, pena, punición, enjuiciamiento.

Transgresor: infractor, delincuente, inobservante, vulnerador.
Respetuoso: observante, educado, atento, cortés.

Transición: mutación, cambio, metamorfosis, evolución.
Inmutabilidad: permanencia, inmovilidad, estabilidad, durabilidad.

Transigente: condescendiente, benévolo, contemporizador, tolerante.
Intransigente: intolerante, fanático, obcecado, terco.

Transigir: avenirse, entenderse, condescender, contemporizar.
Resistir: sostener, contrarrestar, afrontar, forcejear.

Transitable: franqueable, expedito, accesible, despejado.
Intransitable: infranqueable, tortuoso, escabroso, intrincado.

Transitar: caminar, andar, circular, deambular.
Estacionar: parar, detenerse, colocar, situar.

Transitorio: pasajero, momentáneo, efímero, temporal.
Permanente: fijo, continuo, inamovible, imperecedero.

Transmisión: comunicación, difusión, divulgación, televisión.
Silenciamiento: enmudecimiento, sigilo, ocultamiento, callamiento.

Transmitir: comunicar, participar, difundir, divulgar.
Retener: mantener, guardar, silenciar, enmudecer.

Transmutación: cambio, evolución, metamorfosis, mudanza.
Transparencia: diafanidad, claridad, luminosidad, refulgencia.
Transparente: claro, limpio, cristalino, trasluciente.
Transpiración: sudor, trasudor, diaforesis, trabajo.
Transpirar: sudar, exhalar, rezumar, trasudar.
Transponer: atravesar, cruzar, traspasar, franquear.
Transportar: conducir, trasladar, acarrear, llevar.
Transporte: conducción, traslado, arrastre, transportación.
Transposición: trocamiento, alteración, permutación, metátesis.
Transversal: cruzado, atravesado, oblicuo, sesgado.
Trascendencia: importancia, repercusión, resonancia, impacto.
Trascendental: culminante, trascendente, mirífico, sobresaliente.
Trascender: penetrar, extenderse, difundirse, comunicarse.
Trasladar: llevar, conducir, transportar, transmutar.
Traslúcido: transparente, diáfano, límpido, cristalino.
Traslucir: verse, transparentar, divisar, reflejar.
Trasnochado: anacrónico, anticuado, pasado, obsoleto.
Traspapelar: extraviar, perder, trastocar, mezclar.
Traspasar: transferir, endosar, transmitir, ceder.
Traspié: resbalón, tropiezo, tropezón, caída.
Trasplantar: replantar, trasladar, llevar, convertir.
Trasplante: traspaso, permuta, intervención, operación.
Trastabillar: tambalear, tropezar, vacilar, tartalear.
Trasto: utensilio, trebejo, cosa, muebles pequeños.
Trastocar: revolver, enmarañar, trastornar, desordenar.

Estabilidad: inalterabilidad, permanencia, fijeza, quietud.
Opacidad: obscuridad, nebulosidad, lobreguez, obscurecimiento.
Obscuro: opaco, sombrío, fosco, umbroso.
Preocupación: inquietud, intranquilidad, tribulación, ansiedad.
Padecer: sufrir, enfermar, soportar, dañar.
Detenerse: pararse, contenerse, retenerse, inmovilizarse.
Inmovilizar: paralizar, estancar, detener, embotar.
Indiferencia: apatía, dejadez, negligencia, frialdad.
Inmutabilidad: permanencia, estabilidad, constancia, fijeza.
Recto: derecho, directo, rectilíneo, vertical.
Futilidad: bagatela, insignificancia, pequeñez, frivolidad.
Insignificante: fútil, baladí, trivial, nimio.
Moderar: templar, mitigar, atenuar, contener.
Permanecer: mantener, persistir, continuar, estabilizar.
Opaco: sucio, turbio, velado, oscuro.
Obscurecer: ensombrecer, palidecer, atardecer, anochecer.
Moderno: actual, reciente, joven, nuevo.
Ordenar: encontrar, organizar, clasificar, coordinar.
Retener: conservar, guardar, preservar, custodiar.
Cuidado: precaución, cautela, prudencia, vigilancia.
Asegurar: fijar, afianzar, garantir, inmovilizar.
Mantenimiento: permanencia, estancia, continuidad, duración.
Estabilizar: afirmar, asegurar, afianzar, consolidar.
Bagatela: futesa, nimiedad, minucia, friolera.
Ordenar: arreglar, preparar, clasificar, decretar.

Trastornar: perturbar, enredar, confundir, enloquecer.
Trastorno: desorden, desarreglo, confusión, embrollo.
Trastrocar: trastornar, revolver, desordenar, extraviar.
Trasuntar: trasladar, copiar, registrar, transcribir.
Trasunto: copia, remedo, imitación, traslado.
Tratable: amable, sociable, cortés, deferente.
Tratado: acuerdo, convenio, pacto, negociación.
Tratamiento: procedimiento, forma, sistema, método.
Tratar: usar, manejar, atender, gestionar.

Tratativa: acuerdo, móviles, pactación, decisión.
Trato: convenio, compromiso, relación, amistad.
Trauma: herida, lesión, f- choque emocional e impresivo.
Traumatizar: contundir, golpear, f- producir lesiones cerebrales.
Travesía: recorrido, trayecto, viaje, excursión.
Travesura: bullicio, diablura, jugada, trastada.
Travieso: astuto, listo, agudo, sagaz.

Trayecto: recorrido, dirección, distancia, itinerario.
Trazar: marcar, delinear, dibujar, proyectar.
Trebejos: enseres, útiles, bártulos, utensilios.
Trecho: espacio, distancia, recorrido, trayecto.
Tregua: pausa, cesación, descanso, interrupción.
Tremebundo: terrible, tremendo, terrorífico, trémulo.
Tremendo: enorme, colosal, gigantesco, grandioso.
Tremolar: ondear, flamear, enarbolar, izar.
Trémulo: tembloroso, convulso, vibratorio, nervioso.
Trenzar: entrelazar, entretejer, cruzar, entremezclar.

Coordinar: ordenar, juntar, preceptuar, cohesionar.
Orden: concierto, disposición, armonía, equilibrio.
Organizar: mantener, respetar, ordenar, clasificar.
Conservar: mantener, retener, preservar, observar.
Original: singular, único, propio, peculiar.
Hosco: intratable, adusto, ceñudo, inmutable.
Desacuerdo: ruptura, discordia, disensión, desavenencia.
Razón: motivo, móvil, objetivo, circunstancia.
Desatender: descuidar, abandonar, olvidar, desestimar.
Incongruencia: desarmonía, inconexión, desacuerdo, inconveniencia.
Ruptura: desacuerdo, discordia, enemistad, hostilidad.
Ilesión: indemnia, incolumia, zafomiento, salvamiento.
Proteger: preservar, salvaguardar, prevenir, resguardar.
Descanso: reposo, quietud, respiro, tregua.
Tranquilidad: formalidad.

Sosegado: quieto, calmado, reposado, tranquilo.
Detención: estacionamiento, permanencia, aposento, asentamiento.
Borrar: tachar, rayar, anular, esfumar.
Valores: beneficios, provecho, comodidad, trascendencia.
Extremo: término, fin, extremidad, límite.

Movimiento: actividad, diligencia, prontitud, dinamismo.
Atractivo: encanto, seducción, fascinación, atrayente.
Pequeño: menudo, ínfimo, mínimo, exiguo.
Arriar: bajar, descender, aflojar, soltar.
Inmutable: tranquilo, sereno, quieto, controlado.
Destrenzar: desprender, soltar, liberar, destrabar.

SINÓNIMOS	ANTÓNIMOS
Trepanar: perforar, horadar, taladrar, agujerear.	**Obturar:** cerrar, tapar, obstruir, clausurar.
Trepar: subir, elevar, encaminar, escalar.	**Bajar:** descender, decrecer, menguar, degradar.
Trepidar: temblar, vibrar, estremecer, palpitar.	**Calmar:** aquietar, sosegar, serenar, tranquilizar.
Treta: trampa, ardid, fraude, artificio.	**Corrección:** enmienda, arreglo, rectificación, modificación.
Tribulación: congoja, amargura, sufrimiento, aflicción.	**Alegría:** regocijo, gozo, alborozo, fruición.
Tribunal: juzgado, justicia, fiscalía, magistratura.	**Consecuencia:** deducción, inferencia, efecto, conclusión.
Tributario: dependiente, subordinado, vasallo, feudatario.	**Independiente:** libre, emancipado, autónomo, exento.
Tributo: impuesto, gravamen, contribución, gabela.	**Erario:** fisco, tesoro, hacienda, reserva.
Trifulca: pendencia, pelea, alboroto, discusión.	**Conciliación:** entendimiento, avenencia, armonía, concordia.
Trillado: común, sabido, conocido, notorio.	**Original:** nuevo, diferente, desconocido, insólito.
Trillar: palear, apalear, traspalear, pisotear.	**Rehuir:** eludir, evitar, esquivar, soslayar.
Trinar: gorjear, cantar, gorgoritar, murmurar.	**Silenciar:** sosegar, aquietar, mirar, observar.
Trincar: atar, ligar, trabar, sujetar.	**Desatar:** desligar, desasir, deshacer, desenlazar.
Trinchar: cortar, dividir, separar, rebanar.	**Unir:** juntar, englobar, enlazar, coordinar.
Trinchera: zanja, parapeto, fosa, excavación.	**Explanada:** llanura, explanación, planicie, extensión.
Tripulación: dotación, personal, equipo, conjunto.	**Enmarañamiento:** enredo, confusión, embrollo, entrevero.
Tripular: equipar, dotar, conducir, pilotar.	**Perderse:** extraviarse, desorientarse, conturbarse, confundirse.
Triste: afligido, tribulado, amargado, cabizbajo.	**Alegre:** feliz, risueño, dichoso, venturoso.
Tristeza: aflicción, tribulación, pesadumbre, abatimiento.	**Alegría:** alborozo, regocijo, fruición, júbilo.
Triturar: moler, machacar, desmenuzar, fraccionar.	**Juntar:** mezclar, unificar, amalgamar, cohesionar.
Triunfador: vencedor, campeón, dominador, invicto.	**Derrotado:** perdedor, vencido, víctima, ganado.
Triunfar: ganar, vencer, derrotar, dominar.	**Sucumbir:** perder, derrotar, claudicar, abandonar.
Triunfo: éxito, victoria, conquista, trofeo.	**Derrota:** pérdida, vencimiento, fracaso, sometimiento.
Trivial: vulgar, baladí, ordinario, trillado.	**Singular:** único, extraordinario, excepcional, especial.
Trivialidad: vulgaridad, ordinariez, pamplina, friolera.	**Importancia:** categoría, trascendencia, significación, calidad.
Trizar: trozar, destrozar, romper, destruir.	**Componer:** remedar, arreglar, acomodar, restaurar.

Trocar: cambiar, canjear, permutar, compravender.
Trocha: senda, camino, atajo, sendero.
Tronchar: romper, cortar, segar, truncar.

Trofeo: premio, conquista, triunfo, victoria.
Tromba: tifón, huracán, torbellino, ciclón.
Tronado: arruinado, empobrecido, maltrecho, estropeado.
Tronar: estallar, rugir, detonar, retumbar, resonar.
Trono: solio, sitial, sede, asiento.
Tropa: batallón, legión, manada, recua.
Tropel: movimiento, agitación, turba, alboroto.
Tropelía: abuso, injusticia, arbitrariedad, violencia.
Tropezar: chocar, topar, encontrar, estrellarse.
Tropical: ardiente, caliente, sofocante, tórrido.
Tropiezo: tropezón, resbalón, desliz, caída.
Trotar: correr, apresurarse, apurarse, jadear.
Trovar: versificar, componer, imitar, poetizar.
Trozar: fragmentar, dividir, rebanar, desmenuzar.
Truco: ardid, treta, artimaña, artificio.

Truculencia: crueldad, atrocidad, espanto, horror.
Truculento: tremendo, violento, tremebundo, despiadado.
Truhán: bellaco, bribón, pícaro, granuja.

Truhanería: bellaquería, bribonada, granujada, engaño.
Truncar: mutilar, cortar, cercenar, suprimir.
Tugurio: garito, pocilga, chamizo, chabola.
Tuición: tutoría, cuidado, protección, defensa.
Tullir: baldar, lisiar, incapacitar, estropear.
Tumbar: abatir, derribar, derrumbar, derrocar.
Tumulto: alboroto, agitación, disturbio, insurrección.

Conservar: mantener, continuar, preservar, estagnarse.
Llanura: yermo, desierto, sabana, páramo.
Componer: arreglar, acomodar, ajustar, restaurar.
Botín: robo, despojo, saqueo, pillaje.
Brisa: airecillo, vientecillo, céfiro, aura.
Elegante: rico.

Refulgir: brillar, lucir, fulgurar, irradiar.
Escaño: banco, poyo, banquete, arrimero.
Milico: soldado, miliciano, militar, recluta.
Tranquilidad: quietud, sosiego, calma, reposo.
Equidad: ecuanimidad, igualdad, justicia, ordenamiento.
Esquivar: eludir, evitar, evadir, soslayar.

Frío: helado, gélido, congelado, glacial.

Acierto: tiento, tino, cuidado, destreza.
Detenerse: pararse, estacionarse, inmovilizarse, permanecer.
Borrar: anular, tachar, suprimir, esfumar.

Juntar: unir, ligar, enlazar, trabar.

Naturalidad: llaneza, simplicidad, espontaneidad, corrección.
Bondad: humanidad, benevolencia, amabilidad, cordialidad.
Suavizado: dulcificado, calmado, apaciguado, indulgente.
Honesto: honrado, decoroso, pudoroso, digno.
Seriedad: honradez, formalidad, sensatez, prudencia.
Mantener: conservar, preservar, cuidar, defender.
Casa: chalé, morada, casona, granja.
Indefensión: desamparado, abandonado, desprotegido, inerme.
Capacitar: habilitar, facultar, agilizar, posibilitar.
Levantar: alzar, elevar, subir, enarbolar.

Orden: norma, regla, método, estructura.

Tumultuoso: agitado, alborotado, escandaloso, bullicioso.

Tupé: atrevimiento, frescura, desfachatez, irreverencia.

Tupido: compacto, espeso, denso, apretado.

Tupir: intensificar, densificar, compactar, apretar.

Turbación: aturdimiento, alteración, confusión, trastorno.

Turbador: desconcertante, inquietante, emotivo, sorprendente.

Turbar: azorar, aturdir, perturbar, intranquilizar.

Turbio: confuso, borroso, perturbado, embrollado.

Turbulencia: turbiedad, revoltosidad, confusión, alteración.

Turbulento: alborotador, rebelde, inquieto, ruidoso.

Turgente: elevado, prominente, abultado, abombado.

Turificar: estimular, acicatear, turibular, incensar.

Turulato: atónito, estupefacto, alelado, sobrecogido.

Tute: trajín, ajetreo, fatiga, esfuerzo.

Tutela: tutoría, curaduría, patrocinio, defensa.

Tutelar: amparar, custodiar, protector, defensor.

Tutor: guardador, curador, protector, amparador

Tranquilo: pacífico, apacible, reposado, sosegado.

Cortesía: atención, deferencia, finura, urbanidad.

Claro: ralo, poroso, quebradizo, fofo.

Ralear: arralar, clarear, dispersar, esparcir.

Serenidad: imperturbabilidad, inalterabilidad, impavidez, dominio.

Indiferente: calmante, tranquilizante, insensible, apático.

Tranquilizar: serenar, sosegar, contener, refrenar.

Clarificado: comprendido, fácil, ordenado, encasillado.

Tranquilidad: concierto, trabazón, armonía, transparencia.

Tranquilo: pacífico, moderado, sosegado, apacible.

Fláccido: lacio, ajado, marchito, mustio.

Desalentar: desanimar, descorazonar, desturizar, encarecer.

Despierto: despejado, despabilado, avivado, desembarazado.

Descanso: tranquilidad, calma, sosiego, reposo.

Desamparo: desvalimiento, desatención, soledad, aislamiento.

Desamparar: abandonar, desatender, enemigo, malhechor.

Extraño: ajeno, desconocido, desatento, hosco.

U

Ubérrimo: abundante, fecundo, fértil, fructuoso.	**Estéril:** árido, infecundo, vano, inútil.
Ubicar: encontrar, situar, hallar, estacionar.	**Sacar:** quitar, alejar, apartar, separar.
Ubicuo: presente, eterno, absoluto, omnímodo.	**Ficticio:** falso, inventado, supuesto, fingido.
Ufanarse: engreírse, ensoberbecerse, vanagloriarse, alardear.	**Humillarse:** avergonzarse, ofenderse, despreciarse, deshonrarse.
Ufano: envanecido, engreído, arrogante, presuntuoso.	**Modesto:** humilde, pudoroso, decente, moderado.
Ujier: portero, bedel, guardián, ordenanza.	**Patrón:** amo, dueño, principal, jefe.
Ulterior: posterior, siguiente, allende, consecutivo.	**Anterior:** precedente, previo, antecedente, primero.
Ultimar: acabar, concluir, finalizar, terminar.	**Comenzar:** iniciar, principiar, empezar, emprender.
Último: final, posterior, extremo, remoto.	**Primero:** inicial, primitivo, primario, primado.
Ultrajante: injurioso, vejatorio, humillante, ofensivo.	**Elogioso:** honroso, honorífico, respetable, honorable.
Ultrajar: insultar, ofender, injuriar, agravar.	**Honrar:** respetar, enaltecer, admirar, ensalzar.
Ultraje: insulto, afrenta, agravio, baldón.	**Adulación:** alabanza, aplauso, halago.
Ulular: aullar, gritar, clamar, chillar.	**Callar:** silenciar, enmudecer, omitir, olvidar.
Umbral: limen, entrada, acceso, comienzo.	**Término:** fin, meta, confín, terminal.
Umbrío: umbroso, sombreado, fresco, frondoso.	**Claro:** luminoso, diáfano, resplandeciente, radiante.
Umbroso: umbrío, sombrío, opaco, obscuro.	**Claro:** transparente, límpido, diáfano, cristalino.
Unánime: acorde, concorde, conforme, general.	**Discorde:** disconforme, disonante, discrepante, divergente.
Unanimidad: conformidad, totalidad, fraternidad, concordia.	**Discordia:** disconformidad, divergencia, contrariedad, oposición.
Unción: fervor, piedad, devoción, arrobamiento.	**Impiedad:** laicismo, ateísmo, apostasía, herejía.
Uncir: enyugar, acoyuntar, enlazar, hermanar.	**Separar:** dividir, fraccionar, alejar, distanciar.
Undoso: ondulante, enrizado, rugoso, ensortijado.	**Liso:** plano, llano, parejo, raso.
Ungir: proclamar, investir, conferir, sacramentar.	**Deponer:** relevar, despedir, inhabilitar, destituir.

SINÓNIMOS	ANTÓNIMOS
Único: singular, extraordinario, original, solitario.	**Común:** general, usual, corriente, frecuente.
Unidad: conformidad, avenencia, unión, afinidad.	**Desavenencia:** disconformidad, desarmonía, discusión, incidencia.
Unido: junto, yuxtapuesto, pegado, aliado.	**Desunido:** distinto, separado, dividido, enfrentado.
Unificar: agrupar, aunar, juntar, centralizar.	**Desunir:** alejar, distanciar, desigualar, cambiar, variar.
Uniformar: igualar, asimilar, equilibrar, nivelar.	**Diversificar:** diferenciar, desigualar, cambiar, variar.
Uniforme: igual, similar, parejo, liso.	**Desigual:** diverso, diferente, asimétrico, deforme.
Uniformidad: igualdad, semejanza, exactitud, coincidencia.	**Diversidad:** variedad, diferencia, desigualdad, disparidad.
Unión: armonía, concordancia, alianza, vínculo.	**Desunión:** separación, oposición, inconexión, antagonismo.
Unir: atar, ligar, enlazar, fusionar.	**Separar:** alejar, aislar, dividir, incomunicar.
Unísono: acorde, unánime, concorde, conforme.	**Discorde:** contrario, opuesto, disonante, incoherente.
Unitario: indiviso, inseparable, indivisible, gemelo.	**Separable:** disociable, segregable, fragmentario, desviable.
Universal: mundial, internacional, cosmopolita, ecuménico.	**Particular:** personal, individual, singular, unilateral.
Universalizar: extender, generalizar, pluralizar, diversificar.	**Restringir:** particularizar, limitar, reducir, acortar.
Uno: simple, indiviso, solo, único.	**Plural:** varios, muchos, algunos, ciertos.
Untar: ensuciar, manchar, engrasar, ensebar.	**Limpiar:** asear, lavar, depurar, purificar.
Urbanidad: civilidad, cortesía, afabilidad, corrección.	**Rusticidad:** desatención, incorrección, aspereza, descortesía.
Urbano: ciudadano, cívico, atento, cortés.	**Rural:** rústico, insociable, hosco, huraño.
Urbe: ciudad, capital, región, circunscripción.	**Campo:** villorrio, pueblo, aldea, villa.
Urdir: tejer, tramar, preparar, maquinar.	**Apartar:** alejar, retirar, desviar, disuadir.
Urente: ardiente, urticante.	**Refrescante:** refrigerante.
Urgencia: premura, emergencia, apremio, prontitud.	**Demora:** dilación, retraso, detención, tardanza.
Urgente: apremiante, perentorio, inminente, terminante.	**Aplazable:** dilatorio, demorable, prorrogable, retenible.
Urgir: instar, apremiar, apurar, apresurar.	**Contener:** reprimir, sujetar, frenar, dominar.
Urticante: picante, irritante, ardiente, urente.	**Calmante:** emoliente, refrescante, analgésico, sedante.
Usado: desgastado, estropeado, raído, viejo.	**Nuevo:** flamante, reciente, actual, renovado.
Usar: emplear, manejar, disfrutar, utilizar.	**Desechar:** malograr, inutilizar, desperdiciar, deteriorar.
Usual: común, frecuente, habitual, general.	**Inusual:** inusitado, anómalo, extraño, insólito.

Usuario: beneficiario, provechario, f- persona que usa una cosa.
Perjudiciario: dañado, lesivo, menoscabado, quebrantado.

Usufructo: utilidad, posesión, provecho, beneficio.
Pérdida: privación, quebranto, daño, ruina.

Usufructuario: beneficiario, usuario, favorecido, aprovechado.
Perjudiciario: quebrantado, menoscabado, lesionado, deteriorado.

Usura: ventaja, logro, provecho, exceso.
Generosidad: largueza, magnanimidad, munificencia, caridad.

Usurero: prestamista, avaro, tacaño, mezquino.
Generoso: espléndido, desprendido, desinteresado, altruista.

Usurpación: incautación, apropiación, apoderamiento, arrogamiento.
Restitución: reposición, devolución, integración, reversión.

Usurpar: adueñarse, apropiarse, incautarse, expoliar.
Restituir: devolver, reponer, reintegrar, reembolsar.

Útil: provechoso, beneficio, ventaja, conveniencia.
Perjudicial: dañino, pernicioso, inservible, improductivo.

Utilidad: provecho, beneficio, ventaja, conveniencia.
Pérdida: perdición, perdimiento, extravío, privación.

Utilizable: aprovechable, apto, útil, provechoso.
Inutilizable: inútil, inservible, ineficaz, incompetente.

Utilizar: emplear, aprovechar, usar, usufructuar.
Malograr: desperdiciar, derrochar, malbaratar, nulificar.

Utopía: quimera, fantasía, ficción, delirio.
Realidad: evidencia, oibjetividad, verdad, existencia.

Utópico: fantástico, irreal, quimérico, ilusorio.
Real: positivo, efectivo, cierto, auténtico.

Uxoricidio: ginecidio, mujercidio, f- muerte de la mujer por su marido.
Protección: cuidado, salvaguardia, defensa, salvamento.

V

Vacación: descanso, reposo, veraneo, feriado.

Vacante: inactivo, desierto, desocupado, disponible.

Vacar: cesar, holgar, faltar, carecer.

Vaciar: verter, desocupar, arrojar, desaguar.

Vaciedad: necedad, bobería, simpleza, sandez.

Vacilación: dubitación, perplejidad, incertidumbre, escepticismo.

Vacilante: indeciso, irresoluto, confuso, inseguro.

Vacilar: dudar, titubear, hesitar, trepidar.

Vacío: desocupado, libre, frívolo, necio.

Vacuidad: vacío, hueco, oquedad, vaciedad.

Vacunar: inmunizar, defender, preservar, higienizar.

Vacuo: vacío, vaciedad, vacuidad, oquedad, inexistente.

Vadear: cruzar, pasar, atravesar, orillar.

Vagabundear: vagar, callejear, deambular, holgazanear.

Vagabundo: errante, callejero, errabundo, andarín.

Vagancia: ociosidad, inactividad, holgazanería, cesantía.

Vagar: holgar, errar, vagabundear, gandulear.

Vagido: llanto, lloriqueo, plañido, gemido.

Vago: vagabundo, harón, vilordo, baldragas.

Vaguear: holgazanear, gandulear, holgar, haraganear.

Vaguedad: imprecisión, irresolución, confusión, indefinición.

Vahído: desmayo, desvanecimiento, vértigo, síncope.

Trabajo: labor, faena, obra, tarea.

Ocupado: atareado, entretenido, poseído, enfrascado.

Tener: poseer, disfrutar, haber, sostener.

Llenar: colmar, cubrir, repletar, henchir.

Ingenio: agudeza, ocurrencia, chispa, gracejo.

Certidumbre: firmeza, convicción, evidencia, demostración.

Decidido: resuelto, seguro, terminante, rotundo.

Afirmar: asegurar, confirmar, convicción, evidencia, demostración.

Lleno: ocupado, atestado, reflexivo, profundo.

Cabalidad: completación, totalidad, hartura, saturación.

Contaminar: contagiar, infectar, intoxicar, emponzoñar.

Cabal: entero, exacto, justo, completo.

Obstaculizar: estorbar, impedir, enredar, dificultar.

Trabajar: trajinar, bregar, ajetrearse, afanarse.

Sedentario: estacionario, aposentado, detenido, inmovilizado.

Ocupación: quehacer, trabajo, empleo, actividad.

Trabajar: laborar, cultivar, formar, promover.

Risa: hilaridad, irrisión, carcajada, risotada.

Diligente: activo, dinámico, esmerado, rápido.

Trabajar: bregar, trajinar, laborar, producir.

Precisión: exactitud, regularidad, claridad, comprensión.

Recobramiento: recuperación, reanimamiento, restablecimiento, reposición.

SINÓNIMOS	ANTÓNIMOS
Vaina: funda, envoltura, estuche, cubierta.	**Contenido:** fondo, esencia, sumo, entraña.
Vaivén: oscilación, fluctuación, inestabilidad, variabilidad.	**Estabilidad:** equilibrio, inmovilidad, permanencia, durabilidad.
Valentía: arrojo, aliento, esfuerzo, osadía.	**Cobardía:** temor, pavor, pusilanimidad, irresolución.
Valer: costar, importar, equivaler, estimar.	**Computar:** registrar, calcular, inventariar, catalogar.
Valeroso: poderoso, eficaz, eficiente, decidido.	**Ineficaz:** inactivo, inerte, nulo, inepto.
Valetudinario: enfermizo, delicado, enclenque, achacoso.	**Fuerte:** sano, vigoroso, resistente, saludinario.
Valía: aprecio, mérito, poder, influencia.	**Depreciación:** rebaja, demérito, desvalimiento, desmerecimiento.
Validación: admisión, aprobación, confirmación, ratificación.	**Inseguridad:** incertidumbre, inestabilidad, vacilación, perplejidad.
Validar: aprobar, homologar, legalizar, legitimar.	**Depreciar:** rebajar, menguar, disminuir, invalorar, desestimar.
Válido: útil, provechoso, firme, robusto.	**Desahuciado:** despedido, apartado, desligado, alejado.
Valiente: intrépido, impávido, temerario, osado.	**Cobarde:** miedoso, temeroso, asustado, acobardado.
Valimiento: amparo, apoyo, valía, protección.	**Desvalimiento:** desamparo, descuido, desatención, abandono.
Valioso: importante, inestimable, inapreciable, meritorio.	**Inútil:** vano, vacuo, fútil, inane.
Valor: importe, valentía, osadía, coraje.	**Pavor:** miedo, susto, pánico, espanto.
Valorar: apreciar, evaluar, cotizar, valorizar.	**Depreciar:** subestimar, rebajar, reducir, disminuir.
Valorizar: incrementar, valorar, aumentar, acrecentar.	**Desvalorizar:** rebajar, decrecer, depreciar, menguar.
Valla: dificultad, obstáculo, estorbo, inconveniente.	**Facilidad:** posibilidad, factibilidad, expedición, destreza.
Valladar: obstáculo, defensa, inconveniente, dificultad.	**Facilidad:** oportunidad, habilidad, capacidad, desenvoltura.
Vallar: cercar, tapiar, alambrar, cerrar.	**Abrir:** descercar, romper, agrietar, perforar.
Vampiro: avaro, codicioso, usurero, ávido.	**Desprendido:** generoso, dadivoso, altruista, desinteresado.
Vanagloria: engreimiento, vanidad, fatuidad, jactancia.	**Modestia:** llaneza, sencillez, humildad, espontaneidad.
Vanagloriarse: jactarse, enorgullecerse, engreírse, alardear.	**Humillarse:** rebajarse, avergonzar, despreciar, monospreciar.
Vandalismo: asolación, devastación, asolamiento, destrucción.	**Benevolencia:** clemencia, bondad, simpatía, magnanimidad.
Vándalo: destructor, vandálico, cruel, inhumano.	**Benévolo:** bondadoso, generoso, benigno, clemente.
Vanguardia: avanzada, delantera, embestida, exploración.	**Retaguardia:** zaga, detrás, trasera, atrás.
Vanidad: ostentación, pompa, vanagloria, engreimiento.	**Modestia:** humildad, timidez, sencillez, moderación.

Vanidoso: orgulloso, presumido, fatuo, presuntuoso.
Humilde: sencillo, modesto, natural, franco.

Vanilocuo: hablador, parlanchín, charlatán, farolero.
Parco: mesurado, templado, sobrio, circunspecto.

Vano: vacío, hueco, vacuo, inútil.
Modesto: sencillo, natural, simple, espontáneo.

Vapor: fluido, vaho, hálito, nave.
Consecuencia: resultado, producto, corolario, conclusión.

Vaporoso: humano, espiritoso, gaseiforme, sutil.
Denso: compacto, macizo, apretado, tupido.

Vapulear: azotar, zurrar, golpear, zamarrear.
Arrullar: mimar, halagar, adular, acariciar.

Vara: varal, garrocha, bastón, percha.
Traba: estorbo, obstáculo, dificultad, impedimento.

Variabilidad: variedad, alternabilidad, variación, diversidad.
Certidumbre: certeza, seguridad, constancia, convicción.

Variabilizar: diferenciar, pluralizar, diversificar, disparidar.
Fijar: determinar, inmovilizar, concretar, señalar.

Variable: cambiante, transformable, alterable, reformable.
Fijo: estable, seguro, invariable, consolidado.

Variado: vario, diverso, heterogéneo, entretenido.
Uniforme: monótono, homogéneo, semejante, similar.

Variar: mudar, cambiar, invertir, transformar.
Mantener: conservar, resistir, defender, preservar.

Variedad: diversidad, heterogeneidad, complejidad, disparidad.
Uniformidad: homogeneidad, igualdad, semejanza, similitud.

Varón: hombre, macho, señor, caballero.
Mujer: hembra, señora, dama.

Varonil: viril, masculino, fuerte, recio.
Cobarde: pusilánime, tímido, débil, encogido.

Vasallo: tributario, feudatario, obediente, súbdito.
Monarca: rey, soberano, príncipe, general.

Vástago: descendiente, retoño, renuevo, sucesor.
Antepasado: ascendiente, antecesor, padre, progenitor.

Vastedad: anchura, dilatación, grandeza, espaciosidad.
Estrechez: encogimiento, cortedad, apocamiento, pusilanimidad.

Vasto: amplio, extenso, dilatado, considerable.
Pequeño: chico, minúsculo, limitado, diminuto.

Vate: poeta, bardo, adivino, astrólogo.
Enmarañado: complicado, complejo, intrincado, revuelto.

Vaticinar: predecir, presagiar, profetizar, augurar.
Intuir: vislumbrar, percibir, entrever, comprender.

Vecinal: municipal, común.
Particular: privado.

Vecino: cercano, contiguo, inmediato, lindante.
Lejano: apartado, distante, retirado, distanciado.

Vedar: privar, prohibir, impedir, oponer.
Permitir: asentir, acceder, otorgar, consentir.

Veedor: registrador, observador, investigador, examinador.
Resolutor: decididor, resolvedor, solucionador, discurrente.

Vegetalizar: insentir, insensibilizar, adormeder, alborizar.
Sensibilizar: comprender, evaluar, sentir, manifestar.

SINÓNIMOS	ANTÓNIMOS
Vegetar: germinar, crecer, vivir, existir.	**Gestionar:** diligenciar, procurar, intentar, resolver.
Vegetativo: invivificado, autómata, lerdizado, plantizado.	**Vivificado:** energizado, dinámico, animado, exhortado.
Vehemencia: fogosidad, ardor, impetuosidad, pasión.	**Indiferencia:** apatía, insensibilidad, desafición, frialdad.
Vehemente: apasionado, impetuoso, ardiente, exaltado.	**Indiferente:** displicente, desafecto, apático, escéptico.
Vehículo: coche, automóvil, carruaje, camión.	**Ferrocarril:** automotor, metro, macrobus, tren.
Vejación: ofensa, humillación, escarnio, ultraje.	**Elogio:** alabanza, loa, aclamación, ponderación.
Vejamen: afrenta, ofensa, vejación, calumnia.	**Ensalzamiento:** elogio, alabanza, aplauso, glorificación.
Vejar: mortificar, molestar, oprimir, estorbar.	**Honrar:** enaltecer, venerar, ennoblecer, engrandecer.
Vejez: senectud, vetustez, ancianidad, longevidad.	**Juventud:** infancia, niñez, nubilidad, mocedad.
Velado: turbio, opaco, oculto, cubierto.	**Manifiesto:** claro, evidente, visible, abierto.
Velar: cuidar, vigilar, guardar, guarecer.	**Descuidar:** desatender, abandonar, dejar, olvidar.
Veleidad: ligereza, capricho, antojo, inconstancia.	**Constancia:** estabilidad, fidelidad, tenacidad, perseverancia.
Veleidoso: antojadizo, caprichoso, voluble, frívolo.	**Serio:** constante, tenaz, perseverante, sensato.
Velo: manto, céfiro, simulación, obscuridad.	**Nimiedad:** futileza, friolera, vaguedad, insignificancia.
Velocidad: prontitud, ligereza, presteza, celeridad.	**Lentitud:** calma, demora, tardanza, aplazamiento.
Veloz: ágil, raudo, presto, diligente.	**Lento:** tardo, calmoso, moroso, pausado.
Velludo: velloso, peludo, hirsuto, tupido.	**Lampiño:** pelado, pelón, imberbe, impúber.
Vena: vaso, veta, filón, musa.	**Embotamiento:** enervamiento, debilitamiento, entorpecimiento, vacuidad.
Venal: sobornable, vendible, inmoral, chantajista.	**Íntegro:** cabal, honesto, honrado, intacto.
Venalidad: corrupción, inmoralidad, soborno, deshonestidad.	**Honradez:** honestidad, integridad, seriedad, rectitud.
Vencedor: ganador, triunfador, victorioso, campeón.	**Perdedor:** ganado, vencido, derrotado, víctima.
Vencer: zanjar, dominar, allanar, solventar.	**Perder:** fracasar, malograr, fallar, deteriorar.
Vencido: dominado, subyugado, abatido, conquistado.	**Triunfador:** ganador, dominador, vencedor, conquistador.
Vendaval: ventarrón, sobreviento, tromba, temporal.	**Bonanza:** serenidad, calma, placidez, apacibilidad.
Vendedor: comerciante, tendero, representante, dependiente.	**Comprador:** cliente, consumidor, usuario, parroquiano.

SINÓNIMOS	ANTÓNIMOS
Vender: ceder, transferir, traspasar, despachar.	**Comprar:** adquirir, obtener, captar, conquistar.
Venerable: respetado, considerado, honrado, honorable.	**Despreciable:** aborrecible, indigno, carcamán, ruin.
Veneración: devoción, homenaje, respeto, acatamiento.	**Desprecio:** irreverencia, desdén, grosería, menosprecio.
Venerar: acatar, respetar, considerar, realzar.	**Despreciar:** desestimar, invalorar, denigrar, desdeñar.
Venero: manantial, fuente, veta, principio.	**Aridez:** sequedad, esterilidad, sequía, marchitez.
Venganza: revancha, represalia, desquite, vindicta.	**Indulgencia:** remisión, perdón, piedad, comprensión.
Vengar: desagraviar, ajustar, desquitarse, escarmentar.	**Perdonar:** olvidar, absolver, disculpar, eximir.
Vengativo: rencoroso, vengador, resentido, justiciero.	**Generoso:** magnánimo, altruista, noble, desinteresado.
Venia: permiso, licencia, autorización, anuencia.	**Negación:** rechazo, negativa, repulsa, refutación.
Venial: ligero, pequeño, leve, intrascendene.	**Grave:** pesado, arduo, oneroso, capital.
Venida: advenimiento, llegada, regreso, vuelta.	**Ida:** marcha, partida, salida, retirada.
Venidero: futuro, próximo, porvenir, mañana.	**Anterior:** pasado, pretérito, remoto, antiguo.
Venir: arribar, retornar, volver, regresar.	**Irse:** marcharse, retirarse, despedirse, alejarse.
Ventaja: beneficio, provecho, utilidad, quórum.	**Desventaja:** inferioridad, minoría, inconveniente, impedimento.
Ventajoso: provechoso, útil, conveniente, aconsejable.	**Perjudicial:** desventajoso, dañino, nocivo, negativo.
Ventana: abertura, ventilación, lumbrera, entrada.	**Cerradura:** cerramiento, cubrimiento, cerraja, cicatrización.
Ventilar: airear, crear, aclarar, dilucidar.	**Ocultar:** esconder, acallar, encubrir, disimular.
Ventura: felicidad, dicha, fortuna, estrella.	**Adversidad:** desgracia, contratiempo, fatalidad, infortunio.
Venturoso: afortunado, dichoso, feliz, alegre.	**Desgraciado:** infeliz, infortunado, desdichado, aciago.
Ver: advertir, distinguir, avistar, atender.	**Desconocer:** ignorar, incomprender, confundir, desadvertir.
Veracidad: autenticidad, verdad, naturalidad, sinceridad.	**Falsedad:** engaño, embuste, fraude, mentira.
Veraniego: estival, canicular, caluroso, liviano.	**Invernal:** frío, riguroso, crudo, severo.
Veraz: cierto, verdadero, certero, fidedigno.	**Falaz:** falso, inexacto, ficticio, infundado.
Verbal: oral, hablado, expresado.	**Escrito:** gráfico.
Verbosidad: labia, facundia, locuacidad, verborrea.	**Concisión:** brevedad, precisión, laconismo, sobriedad.

Verboso: hablante, facundo, parlante, divagante.
Verdad: certeza, certidumbre, veracidad, evangelio.
Verdadero: cierto, evidente, exacto, verídico.
Verdarizar: veridizar, fidedignizar, dogmatizar, axiomatizar.
Verde: inmaduro, tierno, precoz, inconsistente.
Verdor: verdosidad, follaje, verdura, lozanía.
Verdugo: criminal, cruel, sanguinario, electrocutador.
Veredicto: fallo, sentencia, dictamen, resolución.
Vergonzoso: tímido, apocado, indigno, indecoroso.
Vergüenza: cortedad, aturdimiento, turbación, confusión.
Vericueto: laberinto, senderillo, vertiginario, reventadero.
Verídico: sincero, verdadero, cierto, fehaciente.
Verificación: examen, comprobación, control, justificación.
Verificar: comprobar, compulsar, demostrar, revisar.
Vernáculo: autóctono, nativo, aborigen, indígena.
Verosímil: creíble, factible, admisible, viable.
Verosimilitud: creencia, credulidad, certidumbre, probabilidad.
Versado: docto, erudito, letrado, instruido.
Versar: tratar, manejar, atender, comerciar.
Versátil: tornadizo, voluble, mudable, variable.
Versatilidad: mutabilidad, inconstancia, volubilidad, variabilidad.
Versificar: metrificar, versear, componer, poetizar.
Versión: traducción, interpretación, explicación, presentación.
Verter: derramar, volcar, vaciar, difundir.
Vertical: enhiesto, erguido, tieso, eréctil.

Conciso: preciso, breve, cabal, lacónico.
Mentira: falsedad, engaño, impostura, cuento.
Falso: engañoso, ficticio, adventicio, supuesto.
Falsear: mentir, engañar, falsificar, adulterar.
Maduro: sazonado, madurado, sabroso, juicioso.
Marchitez: ajamiento, arrugadura, mustiedad, enlaciamiento.
Misericordioso: clemente, piadoso, indulgente, bondadoso.
Revocación: anulación, casación, abrogación, abolición.
Atrevido: resuelto, decidido, decente, decoroso.
Desplante: despabilación, arrogancia, osadía, aplomo.
Llanidad: planicie, parejidad, lisura, llanura.
Embustero: falso, mentiroso, impostor, hipócrita.
Rectificación: modificación, revisión, alineamiento, enderezamiento.
Conjeturar: presentir, barruntar, sospechar, vislumbrar.
Foráneo: forastero, afuerino, advenedizo, extranjero.
Increíble: inverosímil, inconcebible, inadmisible, sorprendente.
Imposibilidad: improbabilidad, inverosimilitud.
Inexperto: iletrado, inculto, indocto, analfabeto.
Disentir: discordar, discrepar, divergir, desavenir.
Constante: persistente, consecuente, permanente, perdurable.
Constancia: seriedad, perseverancia, rectitud, invariabilidad.
Estropear: dañar, malograr, averiar, lesionar.
Antinomia: oposición, antítesis, contradicción, paradoja.
Llenar: completar, repletar, atestar, atiborrar.
Horizontal: tendido, supino, yacente, acostado.

Vértice: ángulo, cúspide, f- punto en que se unen los extremos.
Vertiente: ladera, falda, desnivel, declive.
Vertiginoso: acelerado, raudo, impetuoso, presuroso.
Vértigo: mareo, desmayo, vahído, desvanecimiento.
Vesania: demencia, furia, delirio, enajenación.
Vesánico: demente, loco, enajenado, paranoico.
Vesicante: urticante, irritante, picante, cáustico.
Vespertino: atardecido, anochecido, obscurecido, crepusculado.
Vestíbulo: pórtico, atrio, portal, antesala.
Vestigio: señal, huella, indicio, pista.
Vestir: cubrir, envolver, embozar, engalanar.
Veteranía: antigüedad, madurez, experiencia, destreza.
Veterano: avezado, aguerrido, ducho, experimentado.
Veto: prohibición, negativa, impedimento, denegación.
Vetusto: antiguo, añejo, viejo, ruinoso.
Vez: punto, razón, ocasión, vicisitud.
Vía: camino, ruta, senda, medio.
Viable: factible, posible, hacedero, realizable.
Viajar: rodar, pasear, salir, excursionar.
Viandante: peatón, transeúnte, caminante, vagabundo.
Viático: complemento, suplemento, provisión, reserva.
Vibración: oscilación, temblor, trepidación, convulsión.
Vibrante: cimbreante, oscilante, resonante, retumbante.
Vibrar: agitarse, conmoverse, emocionarse, enternecerse.
Viceversa: contrario, opuesto, invertido, inverso.

Línea: raya, rasgo, trazo, barra.
Planicie: llanura, explanada, llano, valle.
Lento: tardo, pausado, lerdo, torpe.
Recuperación: rehacimiento, recobramiento, fortalecimiento, restablecimiento.
Sensatez: cordura, juicio, discreción, prudencia.
Sensato: cuerdo, razonable, reflexivo, juicioso.
Suavizante: calmante, tranquilizante, sedante, refrescante.
Matutino: amanecido, clareado, alboreado, madrugado.
Glorieta: pérgola, pabellón, caseta, plazoleta.
Esfumación: disipación, escurrimiento, evaporación, desvanecimiento.
Desnudar: desvestir, desarropar, desabrigar, descubrir.
Inmadurez: inexperiencia, impericia, bisoñez, juventud.
Novicio: principiante, empezante, iniciante, novato.
Acuerdo: autorización, permiso, licencia, venia.
Nuevo: flamante, reciente, fresco, moderno.
Consecuencia: afecto, secuela, resultado, corolario.
Impedimento: traba, obstáculo, dificultad, cercenamiento.
Improbable: irrealizable, imposible, impracticable, quimérico.
Reposar: descansar, yacer, detenerse, acostarse.
Sentado: detenido, parado, establecido, tranquilo.
Sueldo: mensualidad, estipendio, pago, emolumento.
Quietud: inmovilidad, calma, sosiego, reposo.
Silenciante: aquietante, sigiloso, callante, silente.
Apaciguar: serenar, calmar, sosegar, tranquilizar.
Coincidente: concomitante, concurrente, sincrónico.

Viciar: corromper, dañar, pervertir, perder. — **Corregir:** dignificar, beneficiar, renovar, moralizar.

Vicio: corrupción, degeneración, depravación, imperfección. — **Ética:** moralidad, virtud, perfección, rectitud.

Vicioso: corrompido, pervertido, depravado, impúdico. — **Virtuoso:** honesto, honrado, probo, digno.

Vicisitud: alternativa, mudanza, cambio, altibajos. — **Estabilidad:** inmovilidad, permanencia, duración, seguridad.

Víctima: herido, lesionado, sacrificado, martirizado. — **Incólume:** sano, ileso, indemne, intacto.

Victoria: triunfo, conquista, laurel, trofeo. — **Derrota:** fracaso, frustración, desastre, descalabro.

Victorioso: ganador, campeón, vencedor, glorioso. — **Perdedor:** derrotado, vencido, agotado, acabado.

Vida: existencia, savia, energía, biografía. — **Muerte:** óbito, deceso, extinción, fallecimiento.

Vidente: adivino, profeta, iluminado, veedor. — **Ciego:** invidente, obsesionado, tozudo, obnubilado.

Vídeo: representación, electrovisión, sonorización, prosopopeyización. — **Instantanización:** momentanización, vivificación, presentización, vivencialización.

Vidrioso: cristalino, vítreo, delicado, frágil. — **Opaco:** oscuro, velado, duro, inquebrantable.

Viejo: anciano, veterano, longevo, provecto. — **Joven:** mancebo, adolescente, lozano, nuevo.

Viento: corriente, racha, soplo, rumbo. — **Quietud:** sosiego, calma, silencio, inalterabilidad.

Vigencia: actualidad, validez, permanencia, vigor. — **Caducidad:** prescripción, anulación, nulidad, rescisión.

Vigente: actual, presente, moderno, efectivo. — **Pasado:** anterior, lejano, remoto, antiguo.

Vigía: atalaya, vigilante, oteador, centinela. — **Letargo:** sopor, modorra, soñolencia, durmimiento.

Vigilancia: cuidado, atención, custodia, prolijidad. — **Negligencia:** incuria, indolencia, omisión, olvido.

Vigilante: cuidadoso, atento, cauteloso, alerta. — **Descuidado:** negligente, distraído, indolente, apático.

Vigilar: atender, custodiar, velar, observar. — **Descuidar:** olvidar, desatender, desalentar, desprevenir.

Vigilia: abstinencia, abstención, insomnio, desvelo. — **Sueño:** dormición, soñolenica, letargo, sopor.

Vigor: energía, fuerza, entereza, vitalidad. — **Debilidad:** decaimiento, desánimo, languidez, marchitez.

Vigorizar: robustecer, alentar, tonificar, fortificar. — **Abatir:** debiltar, agotar, fatigar, extenuar.

Vigoroso: enérgico, corpulento, robusto, fuerte. — **Débil:** impotente, flojo, endeble, delicado.

Vil: bellaco, indigno, abyecto, infame. — **Noble:** digno, honorable, honrado, franco.

Vileza: ruindad, bajeza, alevosía, villanía. — **Dignidad:** decencia, decoro, señorío, pundonor.

SINÓNIMOS	ANTÓNIMOS
Vilipendiar: despreciar, rebajar, detractar, escarnecer.	**Ensalzar:** elogiar, alabar, encomiar, enaltecer.
Vilipendio: afrenta, ofensa, ultraje, desprecio.	**Elogio:** alabanza, felicitación, enaltecimiento, ponderación.
Villanía: vileza, bajeza, ruindad, obscenidad.	**Honestidad:** bondad, pudor, decoro, compostura.
Villano: bajo, vil, plebeyo, rústico.	**Noble:** ilustre, hidalgo, elevado, insigne.
Villorrio: aldea, poblado, aldehuela, lugarejo.	**Ciudad:** urbe, población, región, zona.
Vincular: relacionar, enlazar, supeditar, sujetar.	**Desvincular:** desligar, emancipar, liberar, independizar.
Vínculo: unión, atadura, enlazamiento, mancomunión.	**Disolución:** discordia, desavenencia, desacuerdo, separación.
Vindicación: rehabilitación, reivindicación, venganza, restitución.	**Perdón:** olvido, clemencia, gracia, indulto.
Vindicar: defender, reivindicar, exculpar, rehabilitar.	**Incriminar:** culpar, imputar, acusar, sindicar.
Vindicta: venganza, satisfacción, desquite, represalia.	**Perdón:** remisión, absolución, indulto, indulgencia.
Violación: infracción, quebrantamiento, conculcación, profanación.	**Acatamiento:** respeto, veneración, reverencia, sumisión.
Violar: vulnerar, quebrantar, transgredir, estropear.	**Respetar:** acatar, obedecer, cumplir, venerar.
Violencia: ímpetu, virulencia, furor, saña.	**Mansedumbre:** apacibilidad, tranquilidad, dulzura, benignidad.
Violentar: forzar, violar, atropellar, vulnerar.	**Suplicar:** implorar, instar, invocar, impetrar.
Violento: agresivo, brusco, irascible, impetuoso.	**Pacífico:** controlado, afable, reposado, plácido.
Viperino: vipéreo, venenoso, maldiciente, insidioso.	**Leal:** fiel, noble, afecto, devoto.
Virar: girar, torcer, volver, doblar.	**Continuar:** seguir, proseguir, persistir, permanecer.
Virgen: impoluta, pura, casta, incorrupta.	**Incasta:** maculada, poluta, corrupta, erótica.
Virginidad: castidad, inocencia, doncellez, entereza.	**Sensualidad:** sexualidad, lujuria, concupiscencia, voluptuosidad.
Viril: masculino, varonil, fuerte, vigoroso.	**Femenil:** femíneo, doncellil, delicado, frágil.
Virilidad: hombría, masculinidad, fortaleza, energía.	**Femineidad:** timidez, delicadeza, ternura, suavidad.
Virtual: implícito, tácito, aparente, sobrentendido.	**Expreso:** notorio, manifiesto, palmario, explícito.
Virtualidad: eficacia, potencia, capacidad, posibilidad.	**Imposibilidad:** incapacidad, ineficacia, impotencia, inviabilidad.
Virtud: potestad, poder, integridad, dignidad.	**Vicio:** defecto, corrupción, lacra, desviación.
Virtuosismo: habilidad, experiencia, arte, capacidad.	**Ignorancia:** incompetencia, desconocimiento, incapacidad, torpeza.

Virtuoso: probo, justo, íntegro, honesto. **Disoluto:** vicioso, licencioso, perverso, crápula.

Virulencia: encono, saña, violencia, malignidad. **Benevolencia:** generosidad, delicadeza, afabilidad, benignidad.

Virulento: maligno, ponzoñoso, purulento, punzante. **Beneficioso:** útil, provechoso, fructuoso, generoso.

Visar: examinar, refrendar, firmar, reconocer. **Ratificar:** confirmar, revalidar, reafirmar, corroborar.

Viscoso: gelatinoso, denso, pastoso. **Fluido:** ligero, claro, líquido, ligero.

Visibilidad: luminosidad, claridad, perceptibilidad, evidencia. **Opacidad:** invisibilidad, oscuridad, imperceptibilidad, negrura.

Visibilizar: entrever, transparentizar, f- hacer visible una cosa. **Invisibilizar:** inmaterializar, ocultar, encubrir, esconder.

Visible: perceptible, sensible, manifiesto, palmario. **Invisible:** intangible, escondido, encubierto, inmaterial.

Visión: imagen, figura, espectro, ilusión. **Realidad:** evidencia, objetividad, veracidad, convicción.

Visionario: soñador, idealista, iluminado, utópico. **Realista:** materialista, pragmático, práctico, empírico.

Visitar: cumplimentar, saludar, recibir, inspeccionar. **Invitar:** convidar, animar, brindar, ofrecer.

Vislumbrar: entrever, atisbar, divisar, sospechar. **Verificar:** comprobar, compulsar, demostrar, constatar.

Viso: reflejo, aspecto, destello, vislumbre. **Obscuro:** opaco, umbroso, sombrío, lóbrego.

Víspera: proximidad, cercanía, inmediación, vecindad. **Lejanía:** distancia, alejamiento, avanzada, diferencia.

Vista: ojos, mirada, visión, panorama. **Ceguera:** obscuridad, ceguedad, obnubilación, ofuscación.

Visto: examinado, observado, manido, ajado. **Imperceptible:** oscuro, velado, nuevo, novedoso.

Vistosidad: encanto, hermosura, gracia, donaire. **Vulgaridad:** deslucimiento, zafiedad, ordinariez, grosería.

Vistoso: llamativo, atrayente, sugestivo, brillante. **Repulsivo:** desagradable, desdeñale, repugnante, repelente.

Visualizar: visibilizar, representar, imaginar, concebir. **Obscurecer:** opacar, ennegrecer, enturbiar, confundir.

Vital: trascendente, importante, esencial, nutritivo. **Intrascendente:** fútil, irrelevante, insubstancial, superficial.

Vitalidad: vigor, fuerza, potencia, vivacidad. **Decaimiento:** declinación, debilitamiento, decadencia, declive.

Vitalizar: robustecer, rejuvenecer, vivificar, notificar. **Debilitar:** marchitar, extenuar, disminuir, enervar.

Vitorear: aplaudir, aclamar, palmotear, homenajear. **Abuchear:** reprobar, pifiar, silbar, gritar.

Vítreo: diáfano, transparente, cristalino, clarificado. **Opaco:** obscuro, sombrío, velado, turbio.

Vitualla: provisiones, víveres, abastecimiento, almacenamiento. **Escasez:** penuria, necesidad, falta, miseria.

SINÓNIMOS	ANTÓNIMOS
Vituperable: abominable, reprobable, reprochable, censurable.	**Elogiable:** plausible, loable, encomiable, laudable.
Vituperar: condenar, censurar, reprobar, reprochar.	**Encomiar:** alabar, ensalzar, celebrar, palmotear.
Vituperio: baldón, vilipendio, reproche, reprobación.	**Elogio:** alabanza, encomio, ensalzamiento, ponderación.
Viudedad: f- pensión asignada a una viuda, haber que recibe una viuda.	**Casamiento:** matrimonio, desposamiento, enlace, unión.
Vivacidad: viveza, agilidad, presteza, energía.	**Indolencia:** inercia, pigricia, apatía, abulia.
Vivaracho: avispado, listo, vivo, travieso.	**Desmañado:** torpe, inhábil, lerdo, molondro.
Vivaz: despierto, agudo, sagaz, ingenioso.	**Zonzo:** lerdo, mortecino, pánfilo, estólido.
Viveza: vivacidad, presteza, prontitud, perspicacia.	**Torpeza:** inhabilidad, impericia, ineptitud, tontería.
Vivificar: alentar, animar, confortar, infundir.	**Desalentar:** intimidar, anonadar, amedrentar, amilanar.
Vivir: existir, durar, mantenerse, habitar.	**Morir:** fallecer, expirar, perecer, sucumbir.
Vivo: viviente, vital, enérgico, activo.	**Exangüe:** exánime, parado, calmoso, tranquilo.
Vocabulario: diccionario, léxico, glosario, enciclopedia.	**Ideario:** pensamiento, invención, proceso, ideograma.
Vocación: inclinación, propensión, aptitud, disposición.	**Aversión:** oposición, antipatía, aborrecimiento, animosidad.
Vocativo: llamativo, distintivo, demarcativo, interpretativo.	**Oración:** alocución, proposición, sermón, peroración.
Vocear: gritar, bramar, chillar, desgañitarse.	**Silbar:** chiflar, pitar, rechiflar, reprobar.
Vocerío: griterío, alboroto, algarabía, confusión.	**Silencio:** calma, sosiego, paz, quietud.
Vociferar: gritar, clamar, vocear, loquear.	**Callar:** enmudecer, silenciar, omitir, disimular.
Vocinglero: gritón, alborotador, escandaloso, jaranero.	**Silencioso:** callado, calmado, tranquilo, formal.
Voladura: derribo, desplome, hundimiento, destrucción.	**Construcción:** erección, edificación, levantamiento, alzamiento.
Volante: suelto, cuartilla, plana, papel.	**Fijo:** clavo, sujeto, firme, estable.
Volar: volitar, revolotear, elevarse, levantarse.	**Pararse:** detenerse, estacionarse, inmovilizarse, descansar.
Volátil: etéreo, vaporoso, tornadizo, mudable.	**Sólido:** duro, firme, resistente, macizo.
Volatilizar: vaporizar, evaporizar, gasificar, esfumarse.	**Licuar:** diluir, fundir, disolver, liquidar.
Volitar: revolotear, volar, f- volar en derredor de algo.	**Detenerse:** parar, paralizar, suspender, frenar.
Volitivo: voluntario, autoexhortativo, f- impulso de la voluntad.	**Negativo:** contradictivo, abominativo, vedativo, retractivo.
Volubilidad: variabilidad, mudanza, versatilidad, frivolidad.	**Constancia:** persistencia, tenacidad, perseverancia, fidelidad.

Voluble: variable, versátil, inconstante, caprichoso. — **Constante:** fiel, tenaz, asiduo, persistente.

Volumen: cuerpo, bulto, libro, tomo. — **Envase:** recipiente, embotellado, vasija, envoltura.

Voluminoso: abultado, grande, corpulento, enorme. — **Pequeño:** reducido, escaso, nimio, estrecho.

Voluntad: ánimo, disposición, propósito, resolución. — **Negación:** rechazo, repulsa, negativa, objeción.

Voluntario: espontáneo, discrecional, facultativo, volitivo. — **Indeliberado:** involuntario, impuesto, obligado, irreflexivo.

Voluptuosidad: apasionamiento, morbidez, sensualismo, concupiscencia. — **Honestidad:** decencia, compostura, moderación, pudicia.

Voluptuosidad: sensualidad, erotismo, concupiscencia, lujuria. — **Castidad:** templanza, pureza, continencia, pudor.

Voluptuoso: apasionado, vehemente, sensual, mórbido. — **Púdico:** pudoroso, continente, recatado, decoroso.

Volver: regresar, tornar, retornar, restituir. — **Irse:** retirarse, marcharse, ausentarse, alejarse.

Vomitar: arrojar, devolver, regurgitar, trasbocar. — **Ingerir:** tragar, comer, yantar, masticar.

Voracidad: avidez, adefagia, glotonería, gula. — **Sobriedad:** mesura, moderación, cautela, normalidad.

Vorágine: remolino, torbellido, tromba, enmarañamiento. — **Quietud:** naturalidad, placidez, inmovilidad, pasividad.

Voraz: glotón, tragón, comilón, hambriento. — **Desganado:** inapetente, moderado, sobrio, mesurado.

Votar: sufragar, elegir, señalar, nominar. — **Abstenerse:** inhibirse, privarse, prescindir, indiferenciarse.

Votivo: ofrecido, prometido, jurado, comprometido. — **Denegativo:** desestimativo, inconsiderado, desaprobado, opositivo.

Voz: sonido, grito, voto, palabra. — **Silencio:** quietud, sosiego, mutismo, insonoridad.

Vuelta: rotación, virada, retorno, regreso. — **Detenimiento:** detención, inmovilidad, paralización, frenamiento.

Vulgar: ordinario, corriente, chabacano, tosco. — **Selecto:** especial, refinado, elegante, educado.

Vulgaridad: trivialidad, tosquedad, chabacanería, rusticidad. — **Genialidad:** singularidad, excelencia, relevancia, eminencia.

Vulgarizar: difundir, extender, familiarizarse, generalizar. — **Guardar:** silenciar, callar, esconder, ocultar.

Vulnerabilidad: debilidad, lasitud, ablandamiento, extenuación. — **Invulnerabilidad:** resistencia, protección, inmunidad, inexpugnabilidad.

Vulnerable: débil, endeble, delicado, frágil. — **Consciente:** fuerte, duro, resistente, estable.

Vulnerar: dañar, herir, lesionar, transgredir. — **Respetar:** considerar, estimar, favorecer, beneficiar

X

Xenofilia: foranismo, extranjerismo, afuerismo, exotismo.

Xerografía: fotocopia, reproducción, repetición, producción.

Xenobofia: antiextranjerismo, antiforanismo, antiexotismo, f- odio a lo extranjero.

Originalidad: autenticidad, personalidad, singularidad, espontaneidad.

Y

Yacer: reposar, dormir, descansar, f- cópula matrimonial.

Yaciente: tendido, plano, acostado, horizontal.

Yacimiento: mina, filón, veta, petróleo.

Yantar: comer, manjar, alimento, vianda.

Yema: retoño, renuevo, brote, capullo.

Yermo: baldío, infértil, páramo, desierto.

Yerro: error, equivocación, olvido, confusión.

Yerto: rígido, tieso, gélido, álgido.

Yesca: pajuela, hupe, acicate, incentivo.

Yugo: dominio, opresión, sujeción, sumisión.

Yunque: bigornia, forzuado, paciente, esforzado.

Yusión: precepto, mandato, orden, disposición.

Yuxtaponer: arrimar, apoyar, acercar, aproximar.

Yuxtaposición: aposición, adosamiento, aplicación, amalgama.

Despabilar: animarse, despertar, moverse, avivarse.

Enhiesto: levantado, erguido, parado, apuesto.

Piedra: peñasco, roca, risco, pedrusco.

Desperdicio: sobra, residuo, desecho, excedente.

Fruta: producto, provecho, beneficio, cosecha.

Feraz: fecundo, fértil, productivo, óptimo.

Acierto: tino, tacto, tiento, destreza.

Animado: movido, reanimado, alentado, confortado.

Razón: finalidad, objetivo, circunstancia, resultado.

Autonomía: libertad, independencia, emancipación, liberación.

Inane: vacuo, hueco, vano, baladí.

Motivo: razón, móvil, causa, efecto.

Separar: alejar, distanciar, apartar, desperdigar.

Distanciamiento: apartamiento, aislamiento, alejamiento, desperdigamiento.

Z

Zaborro: gordinflón, rechoncho, grueso, obeso.

Zafar: soltar, desligar, liberar, desprender.

Zafarrancho: desembarazo, limpieza, descalabro, combate.

Zafiedad: rusticidad, incultura, rudeza, poquedad.

Zafio: rústico, tosco, rudo, inculto.

Zafo: libre, suelto, incólume, indemne.

Zaga: detrás, atrás, reverso, espalda.

Zagal: muchacho, mozo, chaval, mancebo.

Zaguero: trasero, postrero, último, rezagado.

Zahareño: esquivo, hosco, huraño, desdeñoso.

Zaherir: mortificar, censurar, vejar, criticar.

Zahorí: adivino, sibila, vate, perspicaz.

Zahúrda: pocilga, cuchitril, porqueriza, buhardilla.

Zaino: falso, hipócrita, negro, castaño.

Zalagarda: pelea, lucha, emboscada, celada.

Zalama: zalamería, carantoña, fiesta, saludo.

Zalamero: adulador, alabador, halagüeño, lagotero.

Zamarrear: menear, sacudir, zarandear.

Zamborrocotudo: tosco, rudo, grosero, ordinario.

Zambullir: sumergir, hundir, meter, introducir.

Zampabollos: glotón, tragón, comilón, tragaldabas.

Zanganear: holgazanear, vaguear, haraganear, gandulear.

Zángano: gandul, perezoso, holgazán, haragán.

Delgado: espigado, esbelto, alto, elevado.

Amarrar: atar, ligar, sujetar, trincar.

Tranquilidad: quietud, calma, reposo, sosiego.

Cultura: educación, ilustración, saber, civilización.

Culto: ilustrado, educado, erudito, docto.

Lesionado: dañado, herido, vulnerado, afectado.

Delantera: vista, primera, frente, fachada.

Viejo: anciano, veterano, cano, longevo.

Delantero: puntero, destacado, primero, sobresaliente.

Amable: afable, atento, cordial, afectuoso.

Complacer: agradar, deleitar, satisfacer, contentar.

Obtuso: torpe, lerdo, tonto, leso, imbécil.

Morada: habitación, vivienda, casa, hogar.

Fiel: leal, constante, perseverante.

Concordia: unión, amistad, conformidad, cordialidad.

Desprecio: indiferencia, desdeñosamiento, menosprecio, desapego.

Indiferente: apático, displicente, desdeñoso, despreciativo.

Mimar: acariciar.

Refinado: culto, distinguido, primoroso, delicado.

Emerger: aparecer, surgir, encimar, brotar.

Sobrio: frugal, comedido, mesurado, moderado.

Trabajar: trajinar, ocuparse, producir, atarearse.

Diligente: activo, ocurrente, expeditivo, dinámico.

Zanjar: allanar, transar, superar, resolver.
Zarandear: agitar, sacudir, revolver, ajetrear.
Zarpar: salir, partir, navegar, timonear.
Zarpazo: zarpada, porrazo, golpe, arañazo.
Zarrapastroso: andrajoso, roto, sucio, mugriento.
Zascandil: enredador, tarambana, botarate, mequetrefe.
Zeugma: adjunción, elipsis, f- empleo de un verbo o adjetivo no repetido dentro de la oración.
Zonzo: soso, insulso, leso, insípido, desabrido.
Zopenco: bobo, rudo, bruto, tonto.
Zoquete: bruto, ignorante, torpe, mentecato.
Zorrería: astucia, sagacidad, picardía, sutileza.
Zorro: astuto, ladino, pícaro, taimado.
Zozobra: inquietud, angustia, aflicción, sobresalto.
Zozobrar: peligrar, afligir, angustiar, naufragar.
Zumbar: retumbar, matraquear, frisar, rayar.
Zurcir: remediar, recomponer, coser, tramar.
Zurdo: zocato.
Zurrar: tundir, azotar, apalear, vapulear.

Suscitar: causar, producir, provocar, ocasionar.
Asegurar: afirmar, mantener, consolidar, sostener.
Arribar: llegar, atracar, recalar, fondear.
Prevención: cautela, precaución, esquivamiento, soslayamiento.
Elegante: galano, gallardo, apuesto.
Serio: formal, sensato, prudente, responsable.
Repetición: iteración, insistencia, imitación, monotonía.
Ameno: grato, entretenido, deleitoso, placentero.
Listo: ocurrente, avispado, diligente, despierto.
Inteligente: despierto, espabilado, listo, avispado.
Candidez: ingenuidad, inocencia, candor, sencillez.
Ingenuo: cándido, franco, inocente, sencillo.
Tranquilidad: serenidad, reposo, inalterabilidad, impasibilidad.
Proteger: amparar, preservar, resguardar, prevenir.
Aquietar: tranquilizar, sosegar, inmovilizar, pacificar.
Romper: destrozar, rajar, deteriorar, destruir.
Diestro: derecho.
Acariciar: mimar, halagar, apreciar, considerar.

SEGUNDA PARTE: Paronimia y Paronomasia Frasificadas

Se denominan voces parónimas o vocablos homónimos, las palabras que se pronuncian iguales, pero que tienen diferente escritura y distinto significado. Entre los parónimos usuales de nuestro idioma cabe considerar:

a: prep. que indica dirección, situación o término: Luego iré **a** Maipú.

ha: forma indic. del verbo haber, empleda antes de los participios pasivos: Creo que ese señor **ha** ido al sur.

¡ay!: interj. que significa dolor o pena: **¡Ay!,** qué angustia.

¡ah!: interj. que expresa admiración o aflicción: **¡Ah!,** qué noble es él.

hay: forma impersonal del verbo haber: **Hay** señales de movimiento.
En cuanto a las interjecciones **Ay-Ah,** como en otros casos de nuestro idioma, según la entonación o el significado que se quiera dar, es la escritura correcta de cada caso. De ahí que ambas interpretaciones tienen mucha similitud.

había: pret. imperf. del verbo haber: En la casa **había** varios invitados (recuérdese que todas las formas del verbo haber que indican impersonalidad, siempre se emplean en singular y nunca en plural).

avía: presente indic. del verbo aviar(prevenir, alistar): Ella siempre **avía** los hechos en la senda.

abría: pret. imperf. del verbo abrir: Bernarda **abría** la puerta de la calle.

habría: modo potencial del verbo haber: Ella **habría** llegado, a las 22 hrs.

ablando: presente indic. del verbo **ablandar:** Mientras **ablando** la masa, escucho música selecta.

hablando: gerundio del verbo hablar: Betty está **hablando** con Marilda.

abalar: zarandear, agitar, mover: No **abale** el ambiente sin motivo alguno.

avalar: garantir por medio del aval un compromiso: Es preciso que **avale** nuevamente al comprador.

abitar: amarrar las bitas: Es menester **abitar** los implementos del navío.

habitar: vivir o morar en una vivienda: Ella anhela **habitar** esa morada.

acechar: observar, aguardar o atisbar cautelosamente: El veedor **acecha** al transeúnte.

asechar: engañar con artificio para causar daño: El ratero **asecha** al pasajero.

acechanza: espionaje u observación cautelosa: Cuídese de la **acechanza** de los malvados.

asechanza: engaño o artificio para causar perjuicio: La **asechanza** del forajido es ostensible en ese villorio.

acervo: conjunto de cosas: Paul ostenta un **acervo** de conocimientos útiles.

acerbo: áspero, tosco, cruel: El campesino tiene un rostro **acerbo.**

aceros: plural del sust. acero: Los **aceros** bien trabajados son eternos.

haceros: forma complem. del verbo hacer: Creo **haceros** un favor con esta medida.

acecinar: salar la carne para que se seque y se conserve: Teresa **acecina** la carne para el invierno.

asesinar: quitar la vida a un ser humano: El hampón **asesina** a su víctima.

acezar: respirar anhelosamente: El joven observa cómo **aceza** el can.

asesar: adquirir seso o tener criterio: Jorge ahora **asesa** obviamente.

abrasar: quemar o reducir las brasas: La madre pereció **abrasada** con su hija.

abrazar: ceñir con los brazos: La madre está **abrazada** con su hija mayor.

asenso: asentimiento de lo dicho por otra persona: El **asenso** fue unánime en la reunión del directorio.

ascenso: promoción a un cargo superior: El **ascenso** del Capitán fue muy bien acogido.

ase: forma de los verbos asar y asir: El detective **ase** al carterista.

hace: presente indic. del verbo hacer: ¿A qué hora **hace** el aseo?

asiendo: gerundio del verbo asir: El policía está **asiendo** al malhechor.

haciendo: gerundio del verbo **hacer:** La dueña de casa está **haciendo** la cena.

asar: cocer al fuego alimentos: Es preciso **asar** esta tarde la carne.

azar: casualidad o asunto fortuito: Encontré por **azar** el can perdido.

asa: forma del verbo **asar:** La cocinera **asa** la carne.
aza: porción de tierra cultivable: La mitad de la **aza** del valle es de Sergio Swtt.
as: carta del naipe o persona que sobresale en algo: Patricio es el **as** del balompié.
Has: presente indic. del verbo hacer: No **has** hecho lo que te dije.
haz: imperativo del verbo hacer: porción de leña o hierbas: Bernardo trae un **haz** de pasto. **Haz** ahora lo que dijiste ayer.
abollar: hundir alguna cosa: El tapabarro del automóvil está **abollado.**
aboyar: poner las boyas en el mar: Ese rincón del mar está **aboyado.**
abocar: tomar con la boca o aproximar una cosa: Es menester **abocar** la artillería.
avocar: hacerse cargo el juez de una cosa: El magistrado cree **avocar** esta semana la causa de la sucesión Sánchez-Morales.
arte: conjunto de normas de una disciplina: El **arte** distrae el espíritu.
harte: presente indic. del verbo hartarse (saciarse, llenarse): Come hasta que te **hartes.**
arroyo: pequeña corriente de agua: En el **arroyo** está el ganso.
arrollo: presente indic. del verbo arrollar: El camión **arrolló** las aves.
asolar: destruir, arrasar o arruinar: El fuego suele **asolar** las montañas.
azolar: desbastar la madera con la azuela: Es menester **azolar** las vigas del chalé que se está construyendo.
asta: palo en que se coloca la **bandera:** Ahí está el **asta** de la bandera.
hasta: prep. que indica término o fin: «Hasta mañana», dice el sereno.
hacia: prep. que denota dirección de un movimiento: Voy **hacia** el norte.
Asia: uno de los cinco continentes del orbe: **Asia** es cuatro veces más extensa que Europa.
ases: plurar del sust. as: Aquéllos son los **ases** del atletismo.
haces: plural de haz y forma del verbo hacer: Allí están los **haces** del pasto que necesita.
aremos: presente indic. plurar del verbo arar: Pedro dice: «Ahora **aremos** la tierra del bajo».
haremos: futuro imp. del verbo haber: ¡Qué **haremos** este mes!
ato: presente indic. del verbo atar: En tanto **ato** este pasto, ve por la hoz.
hato: porción de ganado: En el potrero está el **hato** de bueyes.
atajo: pres. indic. del verbo atajar. Además, senda por donde se acorta el camino: Todos los excursionistas iban por el **atajo.**
hatajo: división o porción de ganado: Dirija con acierto ese **hatajo** de animales.
aya: mujer encargada de la crianza y cuidado de niños: El **aya** se encuentra en este momento en La Haya (capital de Holanda).
haya: pres. subj. del verbo haber: Quien **haya** encontrado el anillo, debe devolverlo a su dueña.
halla: forma del verbo hallar (encontrar): En esa librería se **halla** el texto: «Ética Secretarial y Principios de Ejecutividad.»
ayes: quejas o plural de ay: Los **ayes** no solucionan los problemas humanos.
halles: pres. subj. del verbo hallar: Cuando te **halles** en ese trance, piensa bondadosamente en el Creador.
¡bah!: interj. que denota duda o desprecio: **¡Bah,** qué sorpresa!
va: forma del verbo ir y símbolo en electricidad: Ella **va** para el huerto.
bacía: vasija que usan los barberos: La **bacía** está en el baño.
vacía: cosa o envase desocupado: Ahí está la caja **vacía.**
baca: cubierta o portaequipaje: Los bultos van en la **baca** del automóvil.
vaca: hembra del toro: La leche de **vaca** es un gran alimento para los niños.
Basta: forma del verbo bastar (suficiente); hilván cosido en puntadas grandes: **Basta** con lo que dice sobre este asunto.
vasta: extensa, dilatada, amplia: ¡Qué **vasta** es aquella región!
basar: fundamentar o apoyar una base: Es preciso **basar** con lógica los argumentos.
vasar: mueble o estantería llena de vasos: El **vasar** de Ema está manchado.
bazar: tienda de objetos diversos: En el **bazar** «La Conquista» se venden toda clase de artículos de hogar.
bacante: mujer ebria o lujuriosa: Esa mujer **bacante** es sorda.

vacante: cargo o empleo, sin proveer: Esa joven aspira a esa **vacante.**
bale: presente de subj. del verbo balar: Deje que el animal **bale** hasta la noche.
vale: pres. indic. del verbo valer: Ese objeto **vale** cinco **dólares.**
bacilo: microbio: Ese **bacilo** ya está medio exterminado.
vacilo: pres. indic. del verbo vacilar: Aún **vacilo** en esta materia.
balón: bala grande o recipiente para contener cuerpos gaseosos: ¿Dónde está el **balón** de gas?
valón: gentilicio de un pueblo francés: El **valón** se jacta de su linaje.
bao: pieza de consolidación de los buques: el **bao** del navío está trizado.
vaho: vapor que despiden algunos cuerpos: El vaho de la tetera hace sonar la tapa.
banal: común, vulgar, trivial: El vulgarismo **banal** es usual en la lengua española.
vanal: adj. derivado de vano: Este asunto **vanal** no es tema del día.
bario: metal blanco y oxidable: El **bario** es un metal fusible a los 710º.
vario: diverso, mutable: ¡Cómo aunar lo único con lo **vario!**
barón: título de nobleza: El **barón** de Ide vive aún en esa mansión.
varón: sexo masculino: El matrimonio Bells-Hill tuvo otro **varón.**
baso: pres. indic. del verbo basar: En ese hecho **baso** mi parecer.
vaso: receptáculo para contener líquidos: El **vaso** está lleno de agua.
bazo: glándula vascular situada en el hipocondrio izquierdo: El anciano se queja de un dolor agudo al **bazo.**
baya: fruto carnoso y jugoso de ciertas plantas: La **baya** de la grosella es exquisita.
vaya: forma del verbo ir: **Vaya** ahora al hermoso paseo cordillerano.
valla: obstáculo, impedimento: ¡Cómo obviar la **valla** del camino!
bate: pres. indic. del verbo batir: Isolina **bate** el huevo con parsimonia.
vate: poeta, adivino: El **vate** del villorrio es un hombre generoso.
basca: ansia, desazón, furia: Ese hombre actúa según la **basca** del momento.
vasca: gentilicio de mujer e idioma de los vascos: La **vasca** se halla en esa habitación.
bello: hermoso, bonito: ¡Qué **bello** es aquel caserío ribereño!
vello: pelo corto y suave del cuerpo humano: El **vello** de los brazos es propio de los varones.
beso: acción de besar: El **beso** es sinónimo de cariño o estimación.
bezo: labio grueso: La doncella es notoria por el **bezo.**
baga: cápsula, soga: Asegure la **baga** de la caballería.
vaga: ociosa, inactiva: La **vaga** se encuentra en la plaza.
beta: letra del alf. griego: Hay voces que suelen graficarse con **«beta».**
veta: filón de lámina de mina: La **veta** de oro es valiosísima.
bienes: conjunto de cosas que se poseen: Son cuantiosos los **bienes** del barbicano.
vienes: pres. indic. del verbo venir: ¿Cuándo **vienes** a esta región?
vienés: gentilicio de los ciudadanos de Viena, y gramaticalmente un «paronomástico» y no un parónimo: El **vienés** regresa el próximo lunes.
billar: juego de destreza con tacos y bolas de marfil: El **billar** es un juego muy entretenido.
villar: pueblo pequeño o villorrio: En el **villar** «El Pardo» vive el profesor de «Signofonía» o de Segunda Escritura Estenofónica.
bidente: que tiene dos dientes: El niño **bidente** es la admiración de sus padres, pues sólo tiene dos meses.
vidente: adivino: El **vidente** profetiza hechos desvelantes.
bizco: bisojo o turnio: El **bizco** es un taciturno impactante.
visco: liga o materia viscosa para cazar aves: En el **visco** hay varios jilgueros.
binaria: compuesto de dos elementos: El caso lidante mb-mp, es gramaticalmente una fusión **binaria** o bilítera.
vinario: adj. relativo al vino: El caldo **vinario** está en el tonel.
bobina: carrete o pieza mecánica: La **bobina** de la máquina de coser está deteriorada.
bovina: adj. que se aplica a los vacunos: La carne **bovina** está en el frigorífico.
bocal: adj. relativo a la boca: Ese rictus **bocal** no es natural.

vocal: derivado de voz; cada una de las vocales; persona con alguna representación: El **vocal** aún no firma el acta. La A es la **vocal** más frecuente del español.

botar: arrojar con violencia: Ahora debe **botar** ese papel deteriorado.

votar: emitir el voto: Ya es hora de ir a **votar** por ese candidato.

bote: forma del verbo botar o barco pequeño: No **bote** el papel rayado.

vote: forma imperativa del verbo votar: Es posible que **vote** por ese candidato.

boyero: persona que cuida los bueyes: El **boyero** se quedó dormido.

bollero: persona que hace o vende bollos: El **bollero** viene con el canasto vacío.

brasa: leña o carbón encendido: La **brasa** de leño calienta la alcoba.

braza: medida de longitud equivalente a 1.671 metros. El barco avanza a 100 brazas.

brisa: aura, céfiro, airecillo: La **brisa** es un viento suave y fresco.

briza: planta gramínea, utilizada frecuentemente como adorno: ¡Qué única es esa mata de **briza!**

cabo: extremo de una cosa; grado superior de soldado: ¿Dónde está el **cabo** Von Schart?

cavo: presente indic. del verbo cavar: ¿Hasta dónde **cavo** la tierra?

cabe: forma del verbo caber: Esa ropa no **cabe** dentro de este ropero.

cave: forma del verbo cavar: **Cave** este hoyo hasta que salga agua.

callado: participio del verbo callar: Hernán está **callado** mientras hace la tarea.

cayado: bastón o báculo pastoral de los prelados: El capellán va con su **cayado** al villorrio.

callos: dureza, juanete, f- pedazo de estómago: Los zapatos duros suelen producir **callos** en los pies.

cayos: roca, peñasco: En el mar es frecuente encontrar **cayos** notorios.

casar: contraer matrimonio o derogar una sentencia: Dice que se va a **casar** en el curso del próximo mes.

cazar: atrapar o asir aves o animales: Es preciso **cazar** el gato montés.

casa: habitación o vivienda: Allí está la **casa** de don Macario.

caza: forma del verbo cazar: En la **caza** del gato montés vi a don Fermín.

casado: desposado: Andrés está **casado** con Marisol Troyenko.

cazado: atrapado, asido: Ayer fue **cazado** el gato montés.

caso: suceso, evento: Este **caso** es único en los anales de la historia.

cazo: presente indic. del verbo cazar: De vez en cuando **cazo** perdices.

cauce: lecho de un río o acequia: Ese es el **cauce** del río Loa.

cause: forma del verbo causar (originar, ocasionar): No **cause** tanto contratiempo.

cede: presente indic. del verbo ceder: Darío **cede** el asiento a la dama.

sede: local o recinto de una entidad: En esa urbe está la **sede** del Centro Ecológico.

ceda: presente subj. del verbo ceder: **Ceda** el asiento a los ancianos.

seda: hilo finísimo y flexible: En la bodega está la pieza de **seda.**

cepa: raíz o parte del tronco de la vid: La **cepa** de ese replante es selecta.

sepa: presente subj. del verbo saber: **Sepa** usted que la verdad es obvia.

cebo: alimento o carnada para cazar o pescar: Con este **cebo** cazaré el puma.

sebo: grasa de los animales: El **sebo** de los animales se emplea en la industria química.

cena: comida nocturna: El señor Santers está invitado a la **cena** de Año Nuevo.

sena: nombre de un río de Francia y conjunto de seis puntos en el dominó: Frente al **Sena** estaba el visitante.

ciega: perder la vista u ofuscarse: La anciana quedó **ciega.**

siega: cortar hierbas, pasto o trigo: En la **siega** del trigo vi a Fidel.

censual: adj. relativo al censo: El trabajo **censual** se realiza cada cierto tiempo.

sensual: adj. relativo a los sentidos: Hay notoria diferencia entre lo **sensual** y lo sexual, pues lo segundo se refiere al «sexo».

censor: persona encargada del control de libros: El **censor** está revisando los libros de clases.

sensor: instrumento electrónico para detectar hechos: Por medio del **sensor** se descubrió este caso.

cenador persona que come de noche: El glotón, como buen **cenador,** no puede acostarse sin comer.

senador: legislador del Senado: Ese hombre fue un gran **senador** del primer cincuentenario de este siglo.
seres: plural del sust. ser: El mundo está medio saturado de **seres** humanos.
ceres: diosa latina de los agricultores: **Ceres** era el símbolo de los agricultores romanos.
cerrar: asegurar la puerta o impedir la entrada: A las 22 horas es preciso **cerrar** la puerta de calle.
serrar: cortar con la sierra: Es menester **serrar** ahora la madera.
cesión: acción de ceder o dejar algo en favor de otra persona: Se rumorea con insistencia la pronta **cesión** de bienes de Santruy y Cía.
sesión: reunión de personas o junta de socios: El próximo martes se realizará la **sesión** extraordinaria.
ceso: forma del verbo cesar: No **ceso** en sopesar este asunto.
seso: masa cerebral; prudencia, cavilación: Se cree que ese señor perdió el seso (volvió loco).
cidra: fruto del cidro: A Germán le agrada la **cidra** a medio madurar.
sidra: bebida alcohólica obtenida de la manzana: Para muchos la **sidra** es una bebida exquisita.
Cima: punto más elevado de un lugar (cúspide): En la **cima** del cerro moran las águilas.
sima: abismo o punto más profundo de un lugar: En la **sima** de la hondonada pastan los animales.
cien: apócope del numeral «ciento»: Ese motor rinde al **cien** por ciento.
sien: cada una de las dos partes laterales de la cabeza: La aprendiz recibió un golpe en la **sien** derecha.
ciento: numeral equiv. a «100»: Muchos dólares vale el **ciento** de cajas de manzanas.
siento: forma indic. del verbo sentir: **Siento** enormemente lo sucedido.
ciervo: animal rumiante: Allí vi al **ciervo** de la señora Reyter.
siervo: esclavo o persona que sirve espiritualmente a Dios: Don Malaquías fue un **siervo** de la causa cristiana.
civil: adj. que concierne a los ciudadanos: Esta causa afecta a lo **civil** y no a lo criminal.
sibil: gruta natural o artificial: Frente a la **sibil** se erigirá una torre de diez pisos.
cirio: vela de cera de un pabilo: El **cirio** arde desde el amanecer.
sirio: gentilicio de Siria: El **sirio** aún vive en la ribera del arroyo.
ciclo: período de tiempo: Romualdo habla de un **ciclo** estenofónico.
siclo: moneda de plata de Israel: El **siclo** no es conocido entre nosotros.
cocer: preparar alimentos por medio del fuego: Magaly luego ha de **cocer** las papas (Las formas perifrásticas «HE DE-HA DE», siempre se escriben con H. Se caracterizan porque van antes de un infinitivo).
coser: unir con hilo piezas de géneros: Ella ha de **coser** el ruedo de su vestido.
consejo: indicación personal o junta de una entidad: El mejor **consejo** es la experimentación personal de los hechos.
concejo: ayuntamiento o administración municipal: El edil está en el **concejo** de reparación.
corso: paseo de carruajes: El **corso** es un bello recuerdo del ayer.
corzo: cuadrúpedo rumiante: El **corzo** es un animal medio extinguido.
consciente: ser que piensa y actúa con pleno conocimiento: Toda persona **consciente** actúa con criterio y discernimiento.
consiente: forma del verbo consentir: Arnoldo no **consiente** lo anhelado por sus vecinos.
desasía: forma del verbo desasir: En tanto él **desasía** al reo, el inculpado lo observaba con desvelo.
deshacía: pret. imperf. del verbo deshacer: Mientras **deshacía** las amarras se sentía nervioso.
desecho: sobra, desperdicio: En el tarro de la basura está el **desecho** de papeles.
deshecho: participio del verbo deshacer: Claudio está **deshecho** de pesar.
desmayar: perder el conocimiento o acobardarse: No he de **desmayar** ante las adversidades.
desmallar: cortar las mallas de algo: Ahora no he de **desmallar** las redes.
deshojar: sacar o quitar las hojas: El otoño **deshoja** naturalmente muchos árboles.
desojar: destruir el ojo de un instrumento: El bobo **desoja** la cámara fotográfica.

dúo: pieza que se canta o toca entre dos personas: El **dúo** Liendo-Suazo dejó absortos a los espectadores.

dúho: asiento de madera o piedra usado por los indios: Aún en Arauco se conoce al **dúho.**

echo: presente indic. del verbo echar (arrojar, inclinar, atribuir): **Echo** cotidianamente estos desperdicios a la basura.

hecho: participio irregular del verbo hacer: En cuanto esté **hecho** ese trabajo, entrégueselo en el acto al jefe.

e: variante de la conjunción «y»: Alfredo **e** Hilario van de paseo.

he: presente indic. del verbo haber, empleado antes de los participios pasivos: **He** aguardado inútilmente su arribo a esta ciudad.

errar: andar errante: Demetrio acostumbra a **errar** sin motivo alguno.

herrar: poner herraduras a los animales: Es preciso **herrar** cuanto antes a la pareja de caballos.

encausar: enjuiciar o abrir causa: Es posible **encausar** estos días al infractor matritense.

encauzar: dirigir, encaminar, guiar: Es menester **encauzar** al novato.

enebro: arbusto: El **enebro** es un arbusto de Europa.

enhebro: presente indic. del verbo enhebrar: Cuando **enhebro** la aguja, recuerdo la prolijidad de la señora Sandrey.

encima: adv. que indica «sobre sí» o puesto en lugar superior: **Encima** del escritorio está el *Manual de redacción comercial, administrativa y oficial.*

enzima: substancia proteínica que producen las células: La **enzima** actúa como catalizador en el proceso del metabolismo.

enlosar: cubrir el suelo con losa o cementarlo: Es necesario **enlosar** de nuevo el patio trasero.

enlozar: cubrir con un baño de loza o esmaltar una superficie: Proceda a **enlozar** el baño del segundo piso.

encobar: empollar las aves los huevos: En estos meses suelen **encobar** esos pájaros.

encovar: meter una cosa en una cueva o guardarla: Los jóvenes suelen **encovar** sus instrumentos de pesca en la bodega.

es: presente indic. del verbo ser: **Es** hora adecuada para cumplir con lo indicado.

hez: desperdicio o excremento: Ese perverso es la **hez** de la vileza.

escollo: dificultad, obstáculo:¡Cómo superar este **escollo!**

escoyo: escobajo del racimo de las uvas: El **escoyo** de las uvas no es útil para nada.

estiba: forma del verbo estibar: En la **estiba** encontré a Nelson Duarte.

estiva: nombre dado al calor del verano: En enero la **estiva** solar es preocupante.

ética: nombre relativo a la moral y las obligaciones de los seres humanos: La **ética** impone por doquier sus predicados.

hética: flaco, delgado, tísico: La yegua **hética** no come pasto.

fas: junta o juntamente; por una cosa o por otra: Por **fas** fue impreso ese prospecto.

faz: rostro o cara: Los hechos vistos de **faz** a **faz** son determinantes.

faces: plural de faz: No es posible descubrir simultáneamente todas las **faces** (facetas) de los seres humanos.

fases: apariciones de la luna: Las **fases** de la luna son axiomáticas.

fresar: planta o fruto de la familia de las rosáceas; instrumento de dientes cortantes para horadar o labrar: Para trabajar en el **fresar** es necesario atención y cuidado.

frezar: desove de los peces: En el tiempo del **frezar** es conveniente no cazar los peces.

fusilar: quitar la vida con el fusil: Al amanecer van a **fusilar** al reo convicto.

fucilar: fulgurar o resplandecer, en poética: El horizonte se ve **fucilar** con frecuencia.

gallo: macho de la gallina: El **gallo** castellano es un hermoso ejemplar.

gayo: persona alegre y vistosa: Ese hombre tiene traza de **gayo** sureño.

gira: forma del verbo girar: **Gira** esta noche el cheque para don Hernán.

jira: tira de tela; merienda campestre: El señor Tersand estaba en la **jira.**

gravar: imponer pagos o tributos: Es preciso **gravar** los artículos suntuarios.

grabar: estampar, esculpir en madera o metal: Es aconsejable **grabar** ahora las medallas de plata.

grave: muy enfermo, difícil o complicado: Este hecho es **grave** por muchas razones.
grabe: forma subj. del verbo grabar: En cuanto **grabe** estas letras queda libre por toda la tarde.
grulla: ave zancuda: En la poza se suele ver una **grulla** al atardecer.
gruya: forma de verbo gruir: Escuché la **gruya,** cuando la grulla vio gente.
hallamos: plural indic. del verbo hallar: Aún no **hallamos** los objetos extraviados.
hayamos: plural indic. del verbo haber: No es posible que nos **hayamos** extraviado en el bosque.
hierba: planta pequeña y perecible: En el jardín hay más de una **hierba** silvestre.
hierva: forma subj. del verbo hervir: **Hierva** primero el agua y después escuche música.
hinca: presente indic. del verbo hincar: Ella se **hinca** todo el tiempo de la misa.
inca: príncipe de los antiguos indios peruanos: En el antiguo Perú, el **inca** era un señor de poder y de relevancia.
hizo: pret. indef. del verbo hacer: ¿Ya **hizo** el trabajo indicado?
izo: presente indic. del verbo izar: Cuando **izo** la bandera, me siento cohibido.
hojear: pasar con rapidez las hojas de un libro: Para comprender el objetivo de un libro, no es procedente el **hojear** las páginas con premura.
ojear: mirar o escudriñar con atención: Es menester **ojear** el horizonte con mayor detenimiento.
hojosa: lleno de hojas: Esa arboleda es **hojosa** por excelencia.
ojosa: colmada de ojos: Hay clases de papas que son **ojosas.**
hora: espacio de tiempo de 60 minutos: Hace una **hora** que lo aguardo.
ora: forma indic. del verbo orar y conjunción distributiva: Allí **ora** con unción el creyente.
honda: trenza o utensilio para lanzar piedras: El chico aún no sabe usar la **honda** que le regaló su tío.
onda: ondulación en el agua o en la cabellera: ¡Qué **onda** más llamativa se le forma a esa niña!
hoya: hondura o cavidad: Esa es la **hoya** del río Maule.
olla: vasija para cocinar o hacer comida: ¿Dónde está la **olla** de aluminio?
hozar: remover la tierra con el hocico: El cerdo suele **hozar** por doquier.
osar: atreverse: Es preciso ser decidido para **osar** en hechos futuros.
hoz: instrumento curvo para segar: El segador limpia la **hoz** con cuidado.
os: dativo y acusativo del pron. de segunda persona: **Os** habéis equivocado, señores.
hola: interj. que se usa para saludar con familiaridad: **¡Hola,** mis estimados amigos!
ola: onda grande que se forma en la superficie del mar o de un lago: La **ola** hizo desaparecer al pato.
horca: lugar para ahorcar a los condenados: La **horca** era el castigo ejemplar de otros tiempos.
orca: cetáceo de los mares del norte: La **orca** se come las focas.
hornada: cantidad de pan u otras unidades: La **hornada** de pasteles se vendió entre la **hornada** de los nuevos alumnos.
ornada: part. derivado del verbo ornar: ¡Qué llamativa se ve la falda **ornada** de esa joven.
horno: fogón que da mucho calor: La cocinera saca las empanadas del **horno.**
orno: forma verbal del infinitivo ornar (adornar): «De vez en cuando **orno** los vestidos», dice la señora Marsolt.
hulla: carbón fósil extraído de las minas: La **hulla** es usada en las industrias fabriles.
huya: forma verbal del infinitivo huir: No **huya** sin motivo alguno.
huso: instrumento para hilar: La anciana perdió el **huso** con que hilaba.
uso: presente indic. del verbo usar: Con frecuencia **uso** este instrumento.
incipiente: naciente, novicio, principiante: El joven **incipiente** aún no memoriza todas las partes principales de esa maquinaria.
insipiente: necio, falto de juicio: El ingaro es un **insipiente** obsesionado.
ingerir: comer alimentos: Es preciso **ingerir** todos los alimentos.
injerir: entrometerse o mezclarse en lo ajeno: No es bien mirado **injerirse** en los asuntos del vecino.

ingerencia: acción de comer: La **ingerencia** de alimentos debe ser en las horas adecuadas.
injerencia: intromisión en asuntos ajenos: La **injerencia** en los asuntos matrimoniales no es siempre bien recibida.
intención: deseo liberado de un anhelo: Todo impulso o **intención** debe ser previamente analizado.
intensión: efecto de intensidad: En la **intensión** de la brega se suscitó ese resultado.
labe: mancha, tilde, plaga: No es fácil sacar la **labe** del vestón.
lave: forma del verbo lavar: **Lave** ahora la ropa del niño.
laso: falta de fuerza o cansancio: El hombre **laso** mira con ojos cansinos.
lazo: unión, vínculo o nudo: El **lazo** del capataz está deteriorado.
lisa: igual, plano, razo, sin aspereza: Es necesario dejar completamente **lisa** la superficie de este piso.
liza: campo preparado para la lid: En la **liza** se miden las fuerzas.
losa: lápida, baldosa o piso: En la **losa** del tercer piso vi ese objeto.
loza: vasija usual o barro cocido: En cuanto lave la **loza,** vaya a traer la olla de greda.
masa: mezcla de materias pulverizadas: Prepare la **masa** para hacer el pan.
maza: arma antigua hecha de palo: Los indios solían usar la **maza** en las contiendas.
malla: tejido de pequeños eslabones: La **malla** de pescar está al sol.
maya: indio que vivía en la América central: Todavía hay recuerdos de la raza **maya.**
mesa: mueble para comer o escribir: Encima de la **mesa** quedó la taza.
meza: forma verbal del infinitivo mecer, y comúnmente apellido: **Meza** la guagua con cuidado.
ollera: persona que hace o vende ollas: La **ollera** vive en una choza campestre.
oyera: pret. imperf. subj. del verbo oír: Si ella **oyera** lo que dice la gente, se estremecería de ira.
paces: plural de paz: ¡Ojalá siempre los pueblos vivieran sumidos en las **paces** eternas!
pases: plural de pase o autorización: Encima del escritorio están los **pases** que anhela.
pase: forma del verbo pasar: **Pase** siempre las calles con luz verde.
pollo: cría de las aves: El **pollo** es un alimento usual.
poyo: banco que se pone usualmente en la puerta de la casa: El vaquero está en el **poyo** de la vivienda.
poso: sedimento de un líquido o forma del verbo posar: «Cuando **poso** para la prensa, lo hago con parsimonia», dice el líder de la paz.
pozo: hoyo profundo: El agua del **pozo** es siempre helada.
posa: forma indic. del verbo posar: Ella **posa** para el pintor.
poza: hoyo con agua o lugar con agua detenida: En la **poza** «El Peral» están los patos.
rallar: desmenuzar una cosa con el rallador: Ahora vaya a **rallar** las zanahorias para el almuerzo.
rayar: hacer rayas o anular con rayas: No es adecuado **rayar** la muralla.
ración: porción, medida: Ellos reciben diariamente la **ración** correspondiente.
rasión: raspamiento, rasamiento: Los trabajadores ya efectuaron la **rasión** del predio.
rallo: forma del verbo rallar: Cuando **rallo** el queso, debo lavarme las manos.
rayo: línea de luz emitida por un cuerpo luminoso: El **rayo** atmosférico es un fucilazo pavorizante.
rebosada: derramar un líquido por encima de los bordes: La copa está **rebosada** de helados.
rebozada: cubrir el cuerpo con una capa o manto: Ivonne va **rebozada** con el poncho de su tía Mafalda.
rebelar: desobedecer una orden o levantarse contra el jefe: Se cree que esa legión se puede **rebelar** de un momento a otro.
revelar: descubrir o hacer público un secreto: Es menester **revelar** este fraude.
reciente: nuevo, recién hecho: Ese hecho **reciente** fue muy comentado.
resiente: forma indic. del verbo resentir: El exceso de trabajo **resiente** la salud.
recabar: conseguir, alcanzar o solicitar: Es preciso **recabar** lo propuesto.
recavar: volver a cavar: Mañana ha de **recavar** de nuevo esta ladera.
revesar: vomitar, intrincar, oscurecer o dificultar: Esa oración **revesada** es medio incomprensible.

revezar: remplazar, substituir o relevar: Cuando esa disposición sea **revezada,** tendrá aplicación este anhelo.
retazo: pedazo de tela o fragmento de una cosa: ¿Dónde está el **retazo** de popelina?
retaso: presente indic. del verbo retasar: Es menester efectuar el **retaso** de este predio.
ribera: orilla de un río, lago o mar: A los indios les gustaba hacer sus chozas en torno a la **ribera** de los ríos.
rivera: arroyo o riachuelo: El cauce de esa **rivera** crece mucho en el invierno.
risa: emoción causada por algún hecho alegre o cómico: La **risa** es don de la alegría.
riza: presente indic. del verbo rizar: La joven se **riza** el pelo con frecuencia.
rosa: planta o flor del rosal: ¡Qué hermosa es aquella mata de **rosa!**
roza: forma indic. del verbo rozar: En la **roza** del pasto encontré este objeto.
resumar: volver a sumar ciertas cantidades o verificarla: Cuando **resuma** todo este contenido, agregue estos resultados.
rezumar: dejar pasar a través de los poros o intersticios algún líquido: La pared del lado de la sombra con frecuencia **rezuma** humedad.
sabia: mujer que posee vastos conocimientos: La **sabia** en arboricultura predice el creciente auge de la fruticultura.
savia: jugo vital que nutre las plantas: La **savia** es la vida de las plantas.
saga: relato legendario de un grupo humano: La **saga** de los mayas es maravillosa.
zaga: parte posterior de una cosa o defensa deportiva: La **zaga** es la mayor confianza de los grandes equipos.
saquear: saltear, depredar: Se cree que ayer **saquearon** esta tienda.
zaquear: trasegar o transportar líquidos. Ella afirma que ayer **zaquearon** toda el agua.
sumo: presente indic. del verbo sumar: Cuando **sumo** estos valores, sólo entonces valoro el alcance de este contenido.
zumo: líquido exprimido de las frutas o plantas: El **zumo** de manzanas es exquisito.
sueco: gentilicio de Suecia: El **sueco** es un gran amigo del rioplatense.
zueco: zapato de madera de una pieza: A la joven se le extravió el **zueco** derecho.
tasa: forma indic. del verbo tasar: La **tasa** de ese predio es muy subida.
taza: vasija para tomar líquidos: La **taza** de greda está llena de leche.
tención: tenencia, posesión: Desde hace meses que esta **tención** le pertenece al comprador.
tensión: tirantez, rigidez: Esa **tensión** es efecto de la presión que ejerce el interesado.
transar: transigir o ajustar algún trato: Es menester **transar** de nuevo estos valores inmobiliarios.
tranzar: cortar, tronchar o partir un contenido: Es prudente **tranzar** con cuidado estos retazos de tejidos.
tubo: pieza hueca y abierta por ambos extremos: En la bodega sólo queda un **tubo** de cemento.
tuvo: pret. indef. del verbo tener: Simón **tuvo** que ir a buscar un **tubo** de cemento.
tuya: adj. posesivo: **Tuya** es la culpa de este desconcierto.
tulla: pret. subj. del verbo tullir: Es frecuente que se **tulla** quien pasa comúnmente inmóvil.
veraz: sincero, verídico, franco: Toda persona **veraz** es noblemente sincera.
verás: forma del verbo ver: Luego **verás** todo lo que te prometí.
vez: tiempo, ocasión: Esta **vez** iré más temprano a la ciudad.
ves: forma indic. del verbo ver: **Ves** cómo esta **vez** no es lo mismo esto que aquello.
vocear: dar voces o gritos: ¡Cómo **vocean** los niños!
vosear: tratar de vos: En ese ambiente muchos amigos se vosean, en tanto otros se tutean.
boxear: luchar con guantes y a puñetazos: Para **boxear** con éxito, es necesario habilidad, inteligencia y fuerte pegada.

PARONOMÁSTICOS FRASIFICADOS

Los vocablos que sólo se diferencian por una letra o por el uso del acento, como **ADAPTAR/ADOPTAR-VÍVIDO/VIVIDO** (adj.-part.), se llaman voces **paronomásticas** y no **vocablos parónimos.** Por eso existe diferencia entre la paronimia y la paronomasia.

Algunos casos paronomásticos:

adoptar: recibir como hijo a un niño o admitir lo propuesto: No **adopte** esa posición tan inflexible.

adaptar: acomodar o adecuar un hecho a las circunstancias: Es necesario **adaptarse** anímicamente a las circunstancias.

absolver: liberar de algún cargo o libertar a un reo: Es menester **absolver** al inculpado.

absorber: atraer o retener algo: Es necesario **absorber** con la toalla ese líquido.

abjurar: desdecirse con juramento o renunciar solemnemente a una causa: Santiago **abjura** públicamente al protestantismo.

adjurar: conjurar o rogar encarecidamente: Ramberto **adjura** con énfasis lo impetrado.

actitud: disposición para actuar: Esa **actitud** es inadmisible.

aptitud: capacidad o idoneidad para actuar: La **aptitud** del cronista es plausible.

aceptar: recibir o dar conformidad a un hecho: **Acepto** sin objeción esta sugerencia.

acertar: dar en el punto deseado: No siempre se **acierta** en lo anhelado.

aprender: adquirir conocimientos: Es preciso **aprender** cotidianamente nuevas materias de la Universidad de la Vida.

aprehender: asir o apresar: Es preciso **aprehender** a ese hampón.

afección: afecto, inclinación, ternura: El antónimo de **afección** es la antipatía.

afición: inclinación, entusiasmo: La **afición** es ingrata con los derrotados.

alto: levantado o elevado: En lo **alto** del monte vi perdices.

harto: forma del verbo hartar: «Estoy **harto** de tantas injusticias», dice el inconformista.

altura: elevación, cumbre, cúspide: Muchas personas sienten vahídos en la **altura** de la montaña.

hartura: hartazgo, abundancia: La **hartura** de alimentos suele producir molestias estomacales.

alteza: elevación, excelencia, magnanimidad: Su **Alteza** Real padece de bronquitis.

artesa: recipiente apto para lavar o amasar: La **artesa** es parte del mobiliario campesino.

arriar: bajar la bandera o las velas de los barcos: Cuando **arrío** la bandera, siento cierto malestar espiritual.

arrear: conducir al ganado: Cuando **arreo** los bueyes preciso el auxilio de la picana.

azar: caso fortuito o casualidad: Hallé por azar lo que buscaba.

azahar: flor del naranjo o cidro: El **azahar** es oloroso.

asidero: lo que se puede asir o alcanzar: La cultura es **asidera** por medio del estudio y la lectura razonada.

hacedero: lo que se puede hacer: La comida es **hacedera** y la ilustración, **asidera.**

ascético: consagrado a los ejercicios piadosos: El **asceta** es austero hasta para conversar.

aséptico: relativo a la asepsia o aseo: El cuidado **aséptico** es indispensable en medicina.

asido: participio del verbo asir: Ayer fue **asido** el carterero.

ácido: agraz o con sabor a vinagre: El vino está **acido.**

botella: ampolla, redoma: Vasija de cuello largo: La **botella** está a medio llenar.

botillas: horceguí o especie de calzado de mujeres: Antiguamente se usaban mucho las **botillas.**

botellería: comercio donde se venden refrescos y licores.

botillería: tienda en que se hacen y venden botillas. (Por hábito en nuestro idioma también se suele usar «botillería», por «botellería».)

combino: presente indic. del verbo combinar: Mañana **combino** todas las cosas disímiles.

convino: pret. indef. del verbo convenir: Ismael **convino** con su amigo lo que anhelaba, mientras almorzaba **con vino** tinto. (Consultar cont. 50 de *Técnica de la escritura y expresión correcta,* editorial Antártica.)

compete: incumbe, pertenece: Estos hechos le **competen** al jefe.

compite: contienda, lucha, pugna: En la eliminación **compiten** varios conjuntos provincianos.

concepción: idea o propósito: La **concepción** de este tema requiere atención y discernimiento.

concesión: privilegio, prerrogativa: El casino está entregado en **concesión** por un plazo determinado.

diferente: distinto, diverso: Este asunto es básicamente **diferente.**

deferente: atento, amable, cordial, afable: La secretaria del señor Sanval es **deferente** hasta para oír.

emigrar: salir de su país: Los **emigrantes** no siempre son bien recibidos.

inmigrar: llegar o regresar a su país: Los **inmigrantes** son comúnmente personas de iniciativas.

embiste: acometer, arremeter: El toro **embiste** la capa del torero.

invista: conferir, conceder: Para cumplir exitosamente esa misión, es preciso que invista al comitente.

invertir: trastocar, alterar: No es necesario **invertir** tanto dinero en esa actividad.

ensalzar: exaltar, glorificar, alabar: **Ensalzar** a los emprendedores implica reconocerles sus méritos.

enzarzar: llenar de zarzas o enmarañar un asunto: No es aconsejable **enzarzar** los lindes divisorios de los predios.

entrena: ejercitarse, adiestrarse: Ese conjunto musical **entrena** todos los días.

estrena: presentar por primera vez una cosa (novizar o primerificar): En la próxima semana se **extrenará** esa obra.

envasar: embotellar o echar un líquido en vasijas: Es preciso **envasar** en el acto este contenido.

embazar: teñir de color bazo; detener, suspender: Ese hecho extraordinario ha de **embazar** a los espectadores.

elocución: expresión, estilo: La **elocución** se refiere a la elección o distribución de las palabras. Por eso se dice: «Manera de expresarse.»

alocución: discurso, arenga: La **alocución** se refiere al razonamiento de lo expresado. Por ello la **alocución** es el contenido breve que un superior dirige a sus dependientes.

esotérico: oculto secreto, reservado: Los antiguos practicaban costumbres **esotéricas.**

exotérico: común, vulgar, frecuente: Los conocimientos exotéricos son accesibles a todo el mundo.

estasis: estancamiento, detención: **Estasis** de la sangre en el pulgar.

éxtasis: arrobamiento, embriaguez: El **éxtasis** es efecto del espíritu.

éxito: resultado o fin de una empresa: Toda iniciativa puede tener buen o mal **éxito.**

excito: pres. indic. del verbo excitar: En las lides deportivas es necesario el **excito** previo.

excitación: incitación, provocación, estimulación: La **excitación** desmedida produce resultados negativos.

hesitación: vacilación, perplejidad, titubeo: La **hesitación** conduce al desconcierto.

firmar: signar, rubricar, suscribir: Es preciso **firmar** este documento.

filmar: cinematografiar, proyectar, rodar: Luego deberé **filmar** esas escenas.

franco: sincero, abierto, leal, espontáneo: La persona campechana es **franca** hasta en el pensar.

flanco: parte, lado: Ese elenco acostumbra avanzar por el **flanco** derecho.

inminente: por suceder, amenazante, culminante: Este hecho **inminente** tiene alarmados a los lugareños.

inmanente: permanente, inseparable, constante: El poder **inmanente** es propio del Creador.

lazo: unión o atadura: Los guasos usan el **lazo** con mucha baquía.

laxo: flojo o relajado: Para enfrentar las contingencias es menester estar materialmente **laxo.**

lasitud: cansancio, desfallecimiento: El exceso de trabajo suele porducir **lasitud.**
laxitud: flojera, falta notoria de ánimo: El calor excesivo produce comúnmente **laxitud.**
lección: contenido que da el profesor: Es preciso estudiar cada **lección** con interés y concentración mental.
lesión: daño producido por un golpe: En aquel accidente el señor Lara sufrió una **lesión** en la pierna izquierda.
malversar: hacer mal uso de los caudales: Ese dinero fue **malversado.**
malvezar: acostumbrar mal a una persona: El **malvezado** actúa por hábito.
óbolo: donación, limosna: Contribuya con su **óbolo** al orfanato.
óvulo: célula sexual femenina: El embarazo se produce por la fecundación del **óvulo.**
obertura: preludio o introducción: Esta es la **obertura** de esa ópera.
abertura: hendidura, grieta o agujero: Por esa **abertura** penetra el aire.
prever: ver con anticipación: Ojalá siempre pudiéramos **prever** los hechos contingentes.
proveer: suministrar o facilitar lo anhelado: Para **proveer** a los minoristas, es necesario tener buena existencia de mercaderías.
revezar: remplazar, sustituir: En el período de vacaciones se emplea el sistema de **revezo** laboral.
reversar: volver una cosa al revés: Todas las cosas tienen **reverso.**
revolver: mover una cosa de un lado para otro: No es prudente **revolver** tanto este contenido.
revólver: arma de fuego: El dueño de casa guarda el **revólver** en su cabecera.
resorber: reabsorber: Es menester **resorber** el líquido derramado.
resolver: solucionar, decidir: Es preciso **resolver** en el acto este dilema.
sesión: reunión o junta: En la **sesión** del jueves próximo se tratará la **cesión** de bienes del fallido.
sección: parte o división de una empresa: En la **sección** de contabilidad se encuentra el principal.
sectario: partidario, fanático: El **sectario** no acepta el sentir deliberativo.
sextario: medida antigua, equiv. a la sexta parte: Actualmente no se usa el hábito sextario, pero sí el empleo de «nudo», el que equivale a 1.852 metros por hora, guarismo que implica una milla marina por hora.
seso: cerebro, juicio, prudencia: Los hechos de ese hombre evidencian un **seso** inmaduro.
sexo: diferencia orgánica entre macho y hembra: Por deferencia, a la mujer se le llama «**sexo** débil».
testo: presente indic. del verbo testar: Don Fermín dice: «El próximo mes **testo** en favor de mis nietos».
texto: obra, libro, contendido didáctico: En el escritorio está el **texto** *Manual de técnicas integradas de oficinas.*
venal: relativo a las venas. Hechos comprables con dinero por cosas: Los hechos **venales** son repudiables por todo el mundo.
venial: hecho pecaminoso o pecado leve: Los pecados **veniales** son perdonados por los clérigos.
yelmo: casco, armadura antigua: El uso del **yelmo** era parte del soldado de la antigüedad.
yermo: páramo, erial: Sólo los pájaros frecuentan el **yermo.**